세종학과 융합 인문학

세종대왕 즉위 600돌 기념 출판

세종학과 융합 인문학

김슬옹 지음

보고사
BOGOSA

세종대왕의 융합 정신을 되살리다

2018년은 세종큰임금 즉위 600돌이 되는 해이자 세종대왕기념사업회가 1956년 세워진 진 62돌이 되는 해이기도 하다. 이런 뜻깊은 해에 세종대왕기념사업회 김슬옹 전문위원이 세종학과 세종식 융합 인문학을 집대성한 책을 내게 되었다.

세종대왕기념사업회는 세종의 다양한 업적을 널리 기리고 알리면서 1986년부터 '세종학 연구'라는 학술 잡지를 꾸준히 발행해왔다. 세종학은 세종대왕 업적을 학문 차원에서 바로 세우는 바탕이기 때문이다.

이 책은 그런 취지를 살려 1부에서는 세종학을 세우고 2부에서는 다양한 업적을 중심으로 융합 인문학이라는 또 다른 학문으로 녹여냈다. 3부에서는 누구나 세종학을 공부할 수 있게끔 각종 자료를 집대성했다. 이로써 세종대왕기념사업회가 50년 넘게 이룩한 업적이 세종 업적과 더불어 다시 갈무리 되는 성과를 거두었다.

김슬옹 전문위원은 이미 고등학교 1학년 때 세종대왕기념사업회를 세우는데 주춧돌 역할을 하신 외솔 최현배 선생의 책을 읽고 세종에 대한 꿈을 키운 지 어느 새 40년이 되었다고 한다. 그런 연륜이 쌓여 나온 책이니 세종의 큰 뜻을 기리는 또 다른 샘물같은 책이 될 것이다.

이 책으로 인해 더 많은 사람들이 세종을 알고 세종을 기리는 큰 길을 함께 하기를 빌어 본다.

최홍식

(세종대왕기념사업회 회장, 연세대학교 의대 교수)

세종 인문 정신, 맥락(곡절) 파악이 중요하다

2018년은 세종 즉위 600돌이 되는 해이다. 세종은 22세에 임금 자리에 올라 54세에 운명하기까지 32년간 나라를 다스리며 헤아릴 수 없는 큰 업적을 남겼다. 그만큼 우리는 누구나 세종을 흠모하고 있지만 세종을 누구나 잘 아는 것은 아니다.

세종은 어떻게 그렇게 뛰어난 학자가 되었고 정치가가 되었을까. 나는 그 답을 세종이 맥락을 중요하게 여기는 태도에서 찾는다. 맥락 중심 사고가 인문학의 핵심이다.

맥락은 어떤 일이나 사건이 일어나는 구체적인 상황이나 그러한 상황의 역사, 사회, 문화 배경을 말한다. 뭔가를 총체적으로 파악하고 표면적인 현상보다는 그러한 현상의 근본을 중요하게 여기는 태도이기도 하다. 그래서 세종은 학문이든 정치든 맥락 중심 태도로 한결같이 했다.

세종이 맥락을 중요하게 여기는 태도를 잘 보여주는 실록 기사가 있다. 세종 14년(1432) 음력 1월 7일자 기사(세종실록 55권)이다. 외국어 통역사를 관리하는 승문원(承文院) 관리들의 중국어 습득에 대한 논의가 이루어진다. 세종이 먼저 이렇게 말한다.

"통역사로서 요동(遼東)에 간 자는 그대로 머물러 있으며 중국어[漢語]를 배우게 하는 것이 유익하지 않겠는가."1

이때 바른 소리 잘하기로 유명한 허조가 이렇게 말한다.

"통역사 등이 공관에 묵어야 하니 오래 머무르기가 어렵습니다. 어찌 널리 중국어를 들을 수 있겠습니까. 지금 승문원을 설치하고 중국어를 전공하게 하나 그 효과를 얻지 못하고 있습니다. 중국어 배우는데 본보기가 될 것들을 주자소에서 간행하여 항상 승문원의 관리들로 하여금 읽고 학습하게 하며, 이어 학관청(學官廳)을 세워 학생들이 열심히 하는지를 잘 살피게 하소서."

세종이 현지에서의 실전 학습을 강조한 반면 허조는 책과 엄한 훈육을 통한 이른바 정통 학습법을 주장한 것이다. 세종은 이에 대한 즉답은 하지 않는 대신 살아있는 실전 훈련의 중요성을 이렇게 에둘러 말한다.

"대개 말이라는 것은 곡절을 통역하게 하는 데에 맛도 있고 의미도 있는 것인데[凡言語 辨通曲折 而味趣存焉] 지금의 통역사들은 대충 그 대강만을 말한 뿐이고, 그 곡절을 통변하지 못하니 한스러운 일이다[不能變通 是可恨也]."

여기서 '곡절'이 이런저런 복잡한 사정이나 이유를 가리키는 것으로 바로 맥락이다. 서로 다른 말을 하는 사람들의 말을 옮기는 것이니 그 맥락을 잘 살펴 옮기는 것이 중요하다. 똑같은 낱말이나 문장이라도 당연히 맥락에 따라 말맛이 다르고 의미가 달라진다. 그런데 마치 요약해서 핵심 요지만 옮기듯이 옮기면 구체적인 맥락은 소거가 된다. 그렇게 되면 핵심 정보는 전달이 되었을지라도 그 핵심 정보를 왜 전달하고자 하는지 또는 강조하

---

1 조선왕조실록 번역(http://sillok.history.go.kr)은 온라인 번역을 따르되 지나친 직역으로 인해 어려운 번역에 한해 중고등학교 수준으로 다듬고 한문은 괄호나 주석으로 인용하였다. 한문은 세종대왕기념사업회 소장 영인본을 대조하였고 일부는 국립중앙도서관 소장 북한 실록 번역본 영인본을 참조하였다.

고자 하는지는 정작 **빠지게** 된다.

중국어 통역사가 제대로 된 동시 통역을 위해서는 실전 중국어 실력이 중요함을 세종은 역설한 것이다. 이러한 실전 중국어는 승문원에서 책 중심의 교육으로는 한계가 있음을 역설한 것이다. 이때는 한글 창제 전이어서 중국어 발음조차도 정확히 적은 책이 없었으므로 중국어 교육은 더욱 어려웠을 것이다.

아마도 세종이 한글을 창제하게 된 것도 곡절(맥락)을 맘껏 적을 수 있는 문자를 위해서이지 않았을까. 한자 모르는 백성들조차 맘껏 자신의 곡절을 적을 수 있고 한문으로는 적을 수 없는 곡절을 정확히 적을 수 있는 문자, 훈민정음. 바로 한글은 맥락주의자 세종에 의해 맥락을 살려 적는 문자를 통해 백성들이 편안히 생활하게 하기 위해 태어난 것이다.

이 책은 모두 3부로 구성하였다. 1부에서는 세종학의 역사와 특성, 그에 따른 전망을 분석해 보았다. 세종학을 바로 세우지 않고 세종 업적을 제대로 빛낼 수는 없다. 2부에서는 세종식 융합 인문학을 분야나 주제별로 살펴보았다. 『우리문화신문』과 『영웅』 잡지에 연재하면서 많은 분들과 소통했던 글들을 가다듬었다. 3부에서는 세종학에 관한 각종 문헌을 주제별로 분류하고 세종학의 1차 문헌을 정리하였다. 정통 학술서나 논문이 아니더라도 세종에 관한 것은 포함시켰다. 3부는 세종대왕기념사업회의 오랜 연구 축적과 필자의 오랜 자료 수집을 바탕으로 구성하였다.

필자가 세종에 대해 본격적으로 공부하게 된 것은 1977년 철도고 1학년 시절, 세종 정신이 가장 빛나는 한글을 무시하는 신문을 보고서였다. 그래서 세종대왕기념사업회를 만드는데 핵심 구실을 하신 외솔 최현배 선생의 『우리말 존중의 근본 뜻』을 읽게 되었고 "세종을 닮는 슬기롭고 옹골찬 옹달샘"이 되자고 이름을 바꾸면서였다. 어느덧 40년이 흘러 세종대왕기념사업회 전문위원으로 이 책을 내게 되어 더욱 감회가 새롭다. 세종학은 워낙 넓고 깊다. 이 책은 작은 주춧돌 하나 놓은 셈이니 그나마도 세종대왕기념사업회의 오랜 역사와 그 지혜가 아니라면 감히 손도 댈 수 없었을 것이다. 더불어 3부에서 집약된 세종 저술가분들과 세종 생가터 복원 운동을 펼치고 있는 '세종대왕나신곳성역화국민위원회'와 '세종마을가꾸기회', 세종사랑을 나누는 '세종사랑방', 세종실록을 연구하는 '원정재'를 비롯한 수많은 단체와 모임들과 함께 가는 길이기에 이렇게 옹달샘을 팔 수 있었다. 세종 뜻을 널리 펴는 데 기꺼이 동참해 주신, 보고사 김흥국 대표님과 이순민 선생님을 비롯한 편집부 선생님들께도 감사드린다. 이 책을 마무리하는 과정에서 훈민정음가치연구소의 박정배, 김태영, 정성현, 육선희 등 여러분의 헌신적인 도움이 있었기에 기립니다.

세종대왕기념사업회 전문위원

지은이 적음

제1부

세종학의 위상과 전망

1. 머리말

세종학을 논의하기에 앞서 우리는 몇 가지 전제로 깔아둘 것이 있다.[1] 세종을 정치가로서보다는 학자요 다양한 분야의 전문인으로 보자는 것이다. 물론 그가 이룬 업적은 사실 정치가, 한 나라 임금이었기에 가능했지만 그 반대로 일반 임금과 다른 학자 군주로서의 위상이 분명했기에 그 많은 업적을 남길 수 있었다.

또 하나는 이름이다. 우리는 어쩔 수 없이 이름의 대중성 때문에 사후의 이름인 '세종'을 그대로 부르지만 그의 본명인 '이도'를 최소한 병기하여 '세종 이도'라고 부를 필요를 느낀다. 관례대로 '세종'이라 부를 수밖에 없겠지만 이 이름은 사실 중국에도 있고 고려에도 있어 겹칠 뿐만 아니라 시호는 특별 명칭일 뿐 본 이름이 아니기 때문이다. 이렇게 본명을 병기하자는 것은 세종을 임금이 아닌 학자로 조명하기 위한 전략과도 일치한다.[2]

---

1 필자는 2013년도에 「세종학의 필요성과 주요 특성」(『한민족문화연구』 42, 한민족문화학회, 7-42쪽)이라는 논문을 발표했다. 그 뒤에 세종에 대한 많은 논저가 쏟아졌으나 '세종학(Sejong Studies)'이라는 학문 위상이 더 진전된 징후는 보이지 않는다. 따라서 이 글은 2013년도에서 논의한 것을 바탕으로 그간의 연구 성과를 짚어 보고 나름의 세종학 흐름을 전망해 보고자 한다.

2018년은 세종큰임금 즉위 600돌이 되는 해이다. 세종은 22세에 임금 자리에 올라 54세에 운명하기까지 32년간 나라를 다스리며 헤아릴 수 없는 큰 업적을 남겼다. 아무리 절대 군주라 해도 그의 학문적 노력이 없이는 불가능한 업적이다.

세종학은 세종의 학자로서의 업적이 제일 중요하지만 정치가로서의 모든 업적을 연구하는 것도 당연히 세종학 범주에 들어간다. 다만 가장 중요한 것이 세종이 이룩한 학문적 위상이기에 세종 이도의 학문에 대한 접근이 중요하다.

세종학은 세종이 이룩한 업적 중심의 학문이므로 세종의 학문 태도는 세종학의 가치와 의미를 규정짓는다. 세종은 다양한 방식으로 학문을 진작시켰다. 세종은 왕위에 오른 지 얼마 안 된 1420년 3월 16일(세종 2년 24세)에 집현전을 확장하여 영전사, 대제학, 제학, 부제학, 직제학, 직전, 응교, 교리, 부교리, 수찬, 부수찬, 박사, 저작, 정자 등의 관원을 둠으로써 학문을 제도 차원에서 부흥시킬 수 있는 기반을 마련하였다. 1421년(세종 3년 25세)에는 윤사웅, 최천구, 장영실을 중국에 유학 보내 각종 천문 기계를 익혀오라고 해 장영실 일행은 1년간 중국에서 머무르다 돌아 왔다고 《연려실기술》(별집 15권)은 전하고 있다. 장영실은 태종이 발탁했으나 세종에 의해 최고의 과학 인재로 성장하여 업적을 남겼다. 그의 재주에 관계없이 관노 출신을 국비 장학생으로 유학까지 보낸 것이다. 1426년 12월 11일(세종 8년 30세)에는 나이가 젊고 장래가 있는 이를 뽑아 사가 독서제를 실시함으로써 실질적인 학문 연구를 장려했음을 알 수 있다. 1428년 윤 4월 1일(세종 10년 32세)에는 경상도에서 인쇄하여 바친 중국의 성리학 총서인 《성리대

---

2 이런 식의 주장은 정희성(전 선문대 교수, 네오패드 대표) 박사가 자주 펼치는 것으로 필자도 동의한다. 정박사는 세종이도 국제학회를 세우는 게 꿈이라고 했는데 필자의 꿈도 같다.

전》 50부를 문신들에게 나누어 주었다.

세종은 철저히 공동 연구를 지향하였으며 또한 이론 연구와 실천을 애오라지 결합시켰다. 공동 연구는 임금이기에 가능한 것이기도 하지만 임금으로서의 일반적 관례를 넘어서는 것이기도 하다. 왜냐하면 주요 국가 프로젝트형 연구에서 세종 본인이 대부분 연구 주체로 참여했기 때문이다. 일방적 지시가 아닌 공동 연구 또는 기획 저자나 교신 저자로 참여한 것이다.[3]

(1) 집현전 교리 최항, 부교리 박팽년, 부수찬 신숙주, 이선로, 이개, 돈녕부 주부 강희안 등에게 지시하여 의사청에 가서 언문으로 《운회(韻會)》를 번역하게 하였다. 세자(동궁)와 진양대군 유, 안평대군 용(瑢)과 함께 이 일을 주관하게 하였는데, 모두 임금의 결재를 받아 처리하였다. 상을 듬뿍듬뿍 주고 공급을 아주 후하게 해주었다.[4]　　　　　　　　　　　　　　　　　　　　　　－ 세종 26/1444/2/16

(2) 공손히 생각하건대 우리 주상 전하께옵서 유교를 숭상하시고 도를 소중히 여기시며, 문학을 힘쓰고 교화를 일으킴에 그 지극함을 쓰지 않는 바가 없사온데, 모든 일을 살피시는 여가에 이일에 생각을 두시와, 이에 신 신숙주와 수집현전 직제학 신 최항, 수직집현전 신 성삼문·신 박팽년, 수 집현전 교리 신 이개, 수이조 정랑 신 강희안, 수병조 정랑 신 이현로, 수승문원 교리 신 조변안, 승문원 부교리 신 김증에게 명하시와, 세속의 습관을 두루 채집하고 전해 오는 문적

3　공동 연구를 했다고 해서 핵심 연구자나 기획자로서의 세종의 위치가 문제가 되지 않는다. 공동 연구에 참여한 신하들의 세종에 대한 평가도 변함이 없다. 세종과 그의 공동 연구자들은 상생 관계의 전형을 보여주고 있기 때문이다. 공동연구로 인하여 신하들, 특히 정인지, 신숙주, 이순지, 장영실 등 핵심 연구자들의 가치는 더욱 빛을 냈다. 이런 상생의 공동 연구는 박현모(2007)의 『세종, 실록 밖으로 행차하다 : 조선의 정치가 9인이 본 세종』에서 잘 드러나 있다.

4　命集賢殿校理崔恒, 副校理朴彭年, 副修撰申叔舟·李善老·李塏, 敦寧府注簿姜希顔等, 詣議事廳, 以諺文譯《韻會》, 東宮與晉陽大君 瑈, 安平大君 瑢監掌其事. 皆稟睿斷, 賞賜稠重, 供億優厚矣. －《세종실록》, 세종 26/1444/2/16

을 널리 상고하여, 널리 쓰이는 음(音)에 기본을 두고 옛 음운의 반절법에 맞추어서 자모(字母)의 칠음(七音)과 청탁(淸濁)과 사성(四聲)을 자세한 근원까지 연구하지 아니한 것이 없게 하여 옳은 길로 바로잡게 하셨사온데, 신들이 재주와 학식이 얕고 짧으며 학문 공부가 좁고 비루하매, 뜻을 받들기에 미치지 못하여 매번 지시하심과 돌보심을 번거로이 하게 되겠삽기에, 이에 옛사람의 편성한 음운과 제정한 자모를 가지고 합쳐야 할 것은 합치고 나눠야 할 것은 나누되, 하나의 합침과 하나의 나눔이나 한 성음과 한 자운마다 모두 결재를 받고, 또한 각각 고증과 증거를 두었다. 이에 사성(四聲)으로 조절하여 91운(韻)과 23자모(字母)를 정하여, 임금께서 직접 지으신《훈민정음》으로 그 음을 정하고, 또 '질(質)'·'물(勿)' 둘의 운(韻)은 '영(影)'[ㆆ]으로써 '내(來)'[ㄹ]를 기워서 속음을 따르면서 바른 음에 맞게 하니, 옛 습관의 그릇됨이 이에 이르러 모두 고쳐진지라. 글이 완성되매 이름을 하사하시기를, '《동국정운(東國正韻)》'이라 하시고, 인하여 신(臣) 숙주에게 명하시어 서문)을 지으라 하시었다.[5]

- 세종 12/1447/9/29

(3) 제왕의 정치는 역법과 천문으로 때를 맞추는 것보다 더 큰 것이 없는데, 우리나라 천문관들이 그 방법을 소홀히 한 지가 오래인지라, 선덕(宣德) 계축년(1433) 가을에 우리 전하께서 거룩하신 생각으로 모든 천문학과 해시계, 물시계며, 천문과 역법의 책을 연구하지 않은 것이 없어서, 모두 극히 정묘하고 치밀하시었다.[6]

-《제가역상집》서문(《세종실록》, 세종 27/1445/3/30)

---

5 恭惟我主上殿下崇儒重道, 右文興化, 無所不用其極, 萬機之暇, 慨念及此, 爰命臣叔舟及守集賢殿直提學臣崔恒, 守直集賢殿臣成三問·臣朴彭年, 守集賢殿校理臣李愷, 守吏曹正郎臣姜希顏, 守兵曹正郎臣李賢老, 守承文院校理臣曹變安, 承文院副校理臣金曾, 旁採俗習, 博考傳籍, 本諸廣用之音, 協之古韻之切, 字母七音, 淸濁四聲, 靡不究其源委, 以復乎正. 臣等才識淺短, 學問孤陋, 奉承未達, 每煩指顧, 乃因古人編韻定母, 可併者併之, 可分者分之, 一併一分, 一聲一韻, 皆禀宸斷, 而亦各有考據. 於是調以四聲, 定爲九十一韻二十三母, 以御製《訓民正音》定其音. 又於質勿諸韻, 以影補來, 因俗歸正, 舊習謬誤, 至是而悉革矣. 書成, 賜名曰《東國正韻》, 仍命臣叔舟爲. -《세종실록》, 세종 12/1447/9/29

6 帝王之政, 莫大於曆象授時也, 而吾東國日官之疎於其術久矣. 宣德癸丑秋, 我殿下發於宸衷, 凡諸儀象晷漏之器, 天文曆法之書, 靡不講究, 皆極精緻. -《세종실록》, 세종 27/1445/3/30

(1)은 훈민정음 창제 직후의 운회 번역 프로젝트를 세종이 일일이 이끌었음을 보여주는《세종실록》기사다. (2)는 신숙주가 대표 저술한《동국정운》서문이며 (3)은 이순지가 대표 저술한《제가역상집》서문이다. 대표저술자인 신숙주, 이순지 모두 세종의 학문적 위상과 위치를 언급하고 있다.[7]

2. 세종학 용어의 기원과 역사

'세종학'의 기원은 이미 세종시대부터 비롯된 것이지만 용어 자체가 적극적으로 쓰인 역사는 길지 않다. 세종대왕기념사업회에서 1986년에 처음으로 '세종학 연구'라는 학술 잡지를 창간하면서 '세종학'이란 용어를 공식화하였다. 이 잡지는 2016년 16집까지 간행되었다. 미국의 고 김석연 교수가 2000년대 초에 세종학 연구소(www.sejongstudies.org)를 미국 주립대학에 세웠고(현재는 사설 연구소), 2005년도에는 세종대왕기념사업회 박종국 회장이 세종학 연구원을 설립하였다. 그리고 한국학중앙연구원은 박현모·정윤재 교수의 주도로 2009년 10월 9일 1회 '세종학 국제학술대회'를 열면서 행사 명칭으로 쓴 바 있다. 간행물로는 "박현모(2010), 『세종학 개론(세종실록 아카데미 교재)』, 주최 : 세종문화회관(재), 주관 : 한국학중앙연구원·세종국가경영연구소."에서 사용하였다.[8] 대학 과목으로는 2012년 세종대학교가 처음으로 '세종학의 이해(김슬옹)'를 '한글의 세계화'와 더불어 개설했다.

---

7 세종의 학문 자체를 다룬 단행본은 "이숭녕(1981), 『世宗大王의 學文과 思想 : 學者들과 그 業績』, 아세아문화사."가 있다.

8 정식 출판된 책은 아니지만 단행본 체재로서는 최초이다. 1장, 세종, 그는 누구인가, 2장 세종의 정치비번과 민생경영, 3장 세종의 인재경영, 4장 세종의 지식경영, 5장 법과 인의(仁義) 경영, 6장 세종의 혁신경영, 7장 사대외교와 북방영토경영, 8장 훈민정음 창제와 창조경영, 9장 감동경영, 10장 세종정치의 빛과 그늘 등으로 구성되어 있으나 세종학 자체에 관한 글은 없다.

여주대학교는 2013년부터 세종리더십연구소(소장 박현모)를 세우고 세종리더십 연구와 교육, 세종문헌DB화 사업을 비롯한 세종학 관련 사업을 벌이고 있다. 2015년에는 김슬옹은 비영리 단체인 '세종학교육원(cafe.daum.net/tosagoto)'을 세웠다.

이렇게 '세종학'이란 용어가 꾸준히 사용되어 왔지만 세종학의 개념과 실체가 제대로 조명된 적은 아쉽게도 없다. 전 세계적으로도 인물 이름을 딴 학문 명칭이 많은 것은 아니다. 물론 '촘스키학파'와 같이 학파 명칭 속에 인물 이름이 들어가 경우는 꽤 있지만, '퇴계학'처럼 학문적 체계를 표방한 인물명칭 사용 학은 매우 귀하다. 해외에서는 '소쉬르학' 정도가 두루 쓰이는 편이다. 이런 면에서 '퇴계학'이란 명칭은 네이버 백과사전에 주요 표제어로 설정되어 기술되어 있어 주목할 만하다. 다만 이때의 '퇴계학'은 퇴계 이황이라는 인물에 대한 종합 학문이 아니라 퇴계의 '성리학설'에 관한 학문이다.

그러나 필자가 이 글에서 '세종학'의 내용으로 설정한 것은 세종이 이룩한 모든 업적과 학문뿐만 아니라 세종이란 인물을 대상으로 하는 모든 학문 체계를 아우르는 것이다. 이제는 세종을 임금이나 훈민정음 발명가로서가 아니라 학자로서, 사상가로서의 이도(세종 본명)로 조명할 때다. 그는 인류 최고 수준의 사상가이며 통합, 통섭학자였다. 필자는 이런 얘기를 자주 하게 되는데 대부분의 반응은 필자를 민족주의자 또는 세종에 대한 통념적 찬사쟁이 정도로만 여기는 태도가 지배적이었다. 필자는 이런 반응의 문제에 대해 학문으로 증명해야 했다. 그래서 현재까지 통합 통섭학자로서 가장 인기 있는 소쉬르, 들뢰즈, 촘스키와 비교하기로 했고 먼저 소쉬르와 들뢰즈와 비교하는 논문을 다음과 같이 발표했다.

김슬옹(2008), 「세종과 소쉬르의 통합언어학적 비교 연구」, 『사회언어학』 16권 1호, 한국사회언어학회, 1-23쪽.

김슬옹(2014), 「세종과 들뢰즈의 언어관」, 『세계문자심포지아 2014 : 문자생태계, 그 100년 후를 읽는다』, 세계문자연구소 1회 국제학술대회(10.24-26) 발표자료집, 세계문자연구소.

물론 필자가 우월주의 관점에서 세종과 다른 학자들을 비교하는 것은 아니다. 각기 학문 위상이 다르고 시대 맥락이 다른데 어찌 객관적 비교 평가가 가능하겠는가? 다만 이렇게 비교하는 것은 세종 학문과 사상의 진실과 가치를 제대로 인식하지 않는 현실에 대한 비판 의식에서 비교해 본 것이다.

소쉬르는 근대 언어학의 시조이면서 탈근대 학문의 시조로도 추앙받고 있다. '근대-탈근대'라는 뭔가 대립된 방법론 모두에서 추앙받는다는 것이 뭔가 이상하지만 그의 제자들이 펴낸 '일반언어학강의'는 분명 양쪽의 관점과 방법론을 명확하고 체계적으로 기술하고 있다. 이는 모순이 아니라 언어의 다면성을 소쉬르가 정확하게 포착한 결과였다. 이런 언어의 보편성과 특수성을 통합적으로 파악한 뒤 그 결과로 '훈민정음'이란 전무후무한 문자를 창제한 이가 세종 이도였다.

소쉬르의 구조주의적, 보편적 언어관을 발전시킨 이가 촘스키이며 소쉬르의 탈구조의적 언어관을 발전시킨 이가 들뢰즈다. 들뢰즈는 촘스키의 보편주의 언어관을 비판하고(Deleuze, Gilles & Guattari, Félix, 1980, 4장) 생성 철학을 바탕으로 한 생성주의 언어관을 설파했다. 촘스키 언어학은 이런 비판에도 불구하고 전산언어학과 같은 첨단 학문과 결합되어 끊임없이 인기를 끌고 있고 많은 학자들이 그의 학문을 변함없이 추종하고 있다. 놀랍게도 소쉬르와 촘스키, 들뢰즈를 싸안으면서도 이들을 뛰어넘은 사상가가 세종이다. 그는 신하들과 함께 펴낸 《제가역상집》(1445), 《훈민정음》(해례본, 1446)과 《용비어천가》(1447), 《동국정운》(1448) 등을 통해 그런 점을 남겼다.[9] 뿐만 아니라 이 네 책은 역사학, 천문학, 동양철학, 음악학, 수학을 통섭하면서도 그것을 뛰어넘는 천지자연의 '정음학'의 실체를 보여 주고 있다.

3. 세종학의 개념과 세종학의 목적

세종학은 조선의 4대 임금이자 통섭학자였던 세종에 관한 학문이다. 그렇다면 세종학의 내용으로는 세종이 이룩한 업적과 세종이란 인물론, 세종의 사상, 세종학을 구축하기 위한 세종학만의 방법론 등이 포함된다. 세종학은 융합학 또는 통섭학으로 정음학을 비롯하여 천문학, 음악학 등 다양한 분야를 아우르는 학문을 말한다.

이러한 세종학의 목적은 첫째 '세종'이라는 인물을 조명하는 것이다. 세종이란 인물이 이룩한 업적은 이미 충분히 드러난 바 있으므로 재론의 여지가 없다. 문제는 그런 업적을 세종학이란 독자적인 학문 영역 안에서 제대로 조명하는 일이다. 세종에 대한 제대로 된 평가를 위해서 세종학의 학문적 기반 위의 평가가 필요하다. "Margaret Thomas(2011), *King Sejong the Great*(1397-1450), Fifty Key Thinkers on Language and Linguistics, London and New York : Routledge, pp. 49-55"에서 언어와 언어학에 관한 50대 사상가 반열에 이름을 올렸을 뿐이다.[10] 이 글은 세종을 문화적,

---

9 《악학궤범》(성종 24/1493년, 성현 외)은 세종 때 나온 책은 아니지만 세종의 음악 사상을 담고 있다.

10 김슬옹 옮김(2016), 「세종대왕(1397-1450)」, 『세종학 연구』 16, 세종대왕기념사업회, 189-198쪽(원문 재수록 : 199-204쪽).

과학적, 기술적 진보를 이룩한 왕으로 보고 세종의 훈민정음 문자 창제 공적을 통해 언어학자로서의 위치도 대략 조명하고 있다.[11] 한글은 적절한 언어학적 디자인(felicitous linguistic design)이라 표현하여 한글이 단순한 문자가 아닌 언어학적 성과로 평가하고 있다. 따라서 한글은 문자 체계의 본질에 관한 유럽의 가설들을 차단함으로써 한국 언어 공동체에 특별한 가치를 부여하고 언어의 일반 연구에도 기여해 왔다고 보았다. 문자 발달 사에서 선진적인 위치를 차지하고 언어학도 앞서 나갔던 유럽의 흐름을 넘어선 것임을 말한 것이다. 훈민정음의 언어학적 성과에 관한 기본 사실 은 익히 알려진 바이지만 유럽의 시각으로 그 공적을 인정한 의미가 두드러 진다.[12]

세종을 언어학자로 제대로 규명해 준 것은, 김슬옹(2008)에서 세종의 언어학 또는 훈민정음 중심 업적을 소쉬르의 근대언어학적, 탈근대적 성 과와 비교함으로써 극명하게 드러난 것이지만 통섭학자로서의 위치는 제 대로 조명하지 못했다.

세종학의 두 번째 목적으로 이런 통섭학자로서의 세종을 조명하기 위 해서 세종학이 절실하다는 것이다. 훈민정음이 세종의 대표 업적이고 훈 민정음학이 세종학의 중심이라 하더라도 세종을 언어학자로 자리매김하 기보다는 통합, 통섭학자로 자리매김하는 전략이 더 가치가 있다. 따라 서 Margaret Thomas(2011:49-55)에서 언어에 대한 사상가로 설정하는 것도 의미 있지만 통섭학자로 주목하는 전략도 절실하므로 훈민정음학을

---

11 '대략'이라 표현한 것은 6쪽 정도의 짧은 글이기 때문이다. 물론 길이에 관계없이 50대 인물로 뽑은 전략이 중요하다.

12 한글의 우수성 연구 계보는 김슬옹(2012)에서 밝혔듯이 조선 말기에 서양에 알려 졌으 나 그 창제자 세종은 그렇지 못했다. 훈민정음 창제는 세종이 집현전 학자들과 함께 했다는 잘못된 설 때문이기도 하고 세종을 문자 발명가나 학자로서보다는 왕으로 자리 매김한 탓도 크다고 본다.

넘어서는 융합적 세종학 설정 맥락이 중요하다.

셋째, 세종학의 목적은 세종의 총체적 업적을 조명하기 위함이다. 세종의 총체적 업적 의미는 서양의 르네상스와 비교함으로써 쉽게 드러난다. 세종은 다양한 분야에 걸쳐 300년 이상 걸쳐 이룩한 서양의 르네상스를 30년 만에 해치웠다.[13]

서양의 르네상스를 본격적으로 연 것은 보카치오(Giovanni Boccaccio, 1313~1375)의 《데카메론》(Decameron, 1349~1351)이란 문학작품에서였고 이 작품이 나온 것은 14세기 중반이었다.[14] 세종과 같이 다양한 분야에서 르네상스의 꽃을 피웠던 레오나르도 다빈치(Leonardo da Vinci, 1452~1519)는 15세기 후반에서 16세기 초반에 활동했다. 르네상스 미술의 상징인 렘브란트(Rembrandt Harmenszoon van Rijn, 1606~1669)의 활동 시기는 17세기 중반 이후다. 세종은 15세기 중엽인 1427년 우리식 표준 악기인 편경 제작을 시작으로 운명하는 1450년까지 20여 년간 서구의 르네상스 업적을 뛰어넘거나 버금가는 각종 업적을 남긴 것이다.

보카치오가 데카메론 문학을 통해 인간은 인간다워야 한다는 사랑 이야기로 중세를 극복하는 근대 의식을 열었다면 세종은 훈민정음을 통해 실질적인 사람다움의 길을 연 것이다. 언문일치가 한국 근대화의 핵심 징표였다면 그 바탕과 길은 세종의 훈민정음 창제에서 비롯된 것이다. 이 땅의 대다수 지배층과 핵심 지식인들은 그러한 길을 거의 외면하고 철저히 훈민

---

13 30년이란 잣대는 세종 재위 기간인 32년(1418~1450)을 기준으로 설정한 것이다. 세종의 학문은 임금이 되기 전부터 형성된 것이지만 본격적인 연구는 4대 임금에 즉위하면서이다.

14 한태동(2009:128-131)에서는 데카메론에 나타난 이러한 근대적 사유를 "젊음(X)은 젊음(X)끼리 어울려야 한다는 X^2 구조로 설명하였다. 김슬옹(1985)에서는 훈민정음이 글말(X)은 글말(X)다워야" 한다는(입말의 성질을 반영한) X^2 구조의 의식혁명을 마련한 것으로 보았다.

정음을 비주류 문자로 묶어 두었다. 상대적 진보의 놀라운 업적을 남긴 박지원(1737~1805), 정약용(1762~1836)조차 철저히 문자혁명의 르네상스를 배격한 것은 그들의 한계였고 조선의 안타까운 한계였다.[15]

4. 세종학의 특성과 위상

세종학의 특성은 세종학의 정체성이면서 타학문과의 위상을 정립하는 근거가 된다. 그런 차원에서 세종학의 특성은 융합성(통합적 융합과 통섭적 융합)과 자주성, 생태성 등으로 나눠볼 수 있다.

학문 차원의 세종학의 가장 큰 특성은 융합성이다. 융합은 서로 다른 요소들이 하나로 통합되어 제3의 새로운 요소로 창조되는 것을 말한다. 서로 이질적인 요소가 어울려 하나됨을 뜻하는 것으로 개체의 특이성이나 고유성이 없어진 것은 아니지만 겉으로 배타적으로 드러나지 않은 특성이 융합성이다. 과일과 물이 만나 과일 주스가 되는 경우와 한국의 비빔밥이 융합의 대표적인 경우다.[16]

1) 통합적 융합성

통합적 융합은 대등적 융합으로 개체의 특이성이 살아 있고 분명한 경계를 가지면서 하나로 합치는 경우를 말한다. 비빔밥과 같은 경우가 그

---

15 서양의 르네상스는 곧바로 근대로 이어졌으나 조선의 세종 르네상스는 그러하지는 못했다. 박지원이 한문으로 창작한 위대한 문학과 정약용이 한문으로 저술한 수많은 저술은 그들이 배격한 한글 덕에 빛을 보고 있다.

16 백두현(2012:89-90)에서는 "출처가 서로 다른 사상과 이론, 전통과 경험 등의 이질적 요소가 결합하여 새로운 창조적 결과물을 만들어 내는 것"을 융합으로 보았다.

렇다. 각각의 음식 재료들이 제각각의 형태와 맛을 내면서 하나의 밥으로 통합되어 새로운 맛을 낸다.

이러한 세종학의 융합성은 근대성과 탈근대성의 융합과 이론과 실천의 융합으로 나타난다. 졸고 김슬옹(2008)에서는 통섭 언어학자 소쉬르에 기대어 세종 언어학의 근대 속성과 탈근대 속성을 논증할 수 있었다. 소쉬르의 《일반언어학 강의》(1916)와 《훈민정음》(해례본, 1446)에 담긴 언어관과 실제 언어 분석을 통해 마치 대립되어 있는 듯한 두 속성이 융합되어 있음을 밝혔다. 근대성은 과학적 보편주의라 볼 수 있고 탈근대성은 생태적 보편주의라 볼 수 있다. 흔히 근대주의자들은 탈근대주의를 부정적으로 보고 탈근대주의자들은 근대주의를 부정적으로 본다. 탈근대주의는 근대주의의 한계 속성 때문에 또는 한계를 극복하기 위해 설정된 것이므로 당연히 대립 속성이 성립할 수밖에 없다. 그러나 소쉬르가 그랬듯이 대립 속성을 다양성 차원에서 보면 동전의 양면처럼 하나로 융합될 수 있다.

근대성과 탈근대성의 잣대를 세종학에 적용하는 것은 단지 지금 시각에서 보는 전략이다. 이러한 전략은 역사란 과거와 현재의 대화라는 E. H. 카의 역사관의 긍정성을 잘 보여주는 것이기도 하지만 과거의 사실을 지나치게 지금의 시각으로 채색하는 부정 효과도 있다. 따라서 이 글에서는 근대성을 과학적 보편주의로 탈근대성을 생태적 보편주의로 나눠 부르기로 한다. '과학'과 '생태' 또한 근대 이후의 용어로 볼 수 있지만 역사의 단선적 진보관을 보여주는 '근대-탈근대'의 틀은 지양할 수 있다. 객관성을 지향하는 '과학'과 특이성을 존중해 주는 '생태' 속성은 15세기에도 얼마든지 있는 현상이기도 하다.

세종은 언어학 또는 문자에만 두 보편주의를 적용한 것은 아니다. 그가 이룩한 문화적, 과학적 업적에 모두 적용하였다. 음악의 경우도 철저하게 객관적으로 표준음을 잡고 거기에 따른 견고한 악기를 제정하고 일정한 소통이 가능한 악보를 만든 것은 과학적 보편주의이다.[17] 그런데 표준음을 잡기 위해 중국의 도구(기장, 대나무 등)나 중국식 표준을 따르지 아니하고 이 땅에 나는 재료를 쓰고 우리식 음악을 추구한 것은 생태적 보편주의다.

　과학에서도 동양의 천문학에 관한 선행 연구와 과학 기구 점검을 통해 객관성을 확보한 뒤 우리의 별자리, 우리의 기후에 맞는 각종 과학 기구를 만들어 실용화시켰다. 앙부일구(1434)와 자격루(1434)는 그러한 대표적인 과학 기구이다. 앙부일구는 정확한 북극 고도 측정을 통해 표준 관측 기준을 마련하고 우리식 농사와 기후에 맞는, 우리 문화에 맞는 시계를 만들어냈다. 자격루 또한 각종 과학적 측정 과정 구현을 통해 우리식 물시계의 전형을 보여 주었다.

　이론과 실천의 융합은 세종의 일관된 학문관이다. 그의 대표적인 저술인 《훈민정음》(해례본)은 이론서이자 실용서이다. 훈민정음 문자 창제의 배경 이론이 기술되어 있고 그것을 쉽게 전달할 수 있는 노래 가사까지 기술한데서 알 수 있다.

　세종은 음악 정책, 과학 정책 등 수많은 정책을 이론 연구에 의해서 수행했거나 병행했다. 정인지가 대표 저술한 음악책 《아악보》(1430), 이순지가 대표 저술한 과학책 《제가역상집》(1445) 등이 대표적인 경우다. 이들 책은 선행 연구를 집약시키면서 핵심 이론을 간결하게 기술하면서도 실용적인 지식을 체계적으로 정리하고 있다.

---

17 이한우(2006:6)에서 "조선의 표준을 세운 임금이 바로 세종이다."라고 언급한 것처럼 세종은 음악, 과학, 언어 등 조선의 주요 표준을 학문과 제도와 실제 문물을 통해 이룩했다.

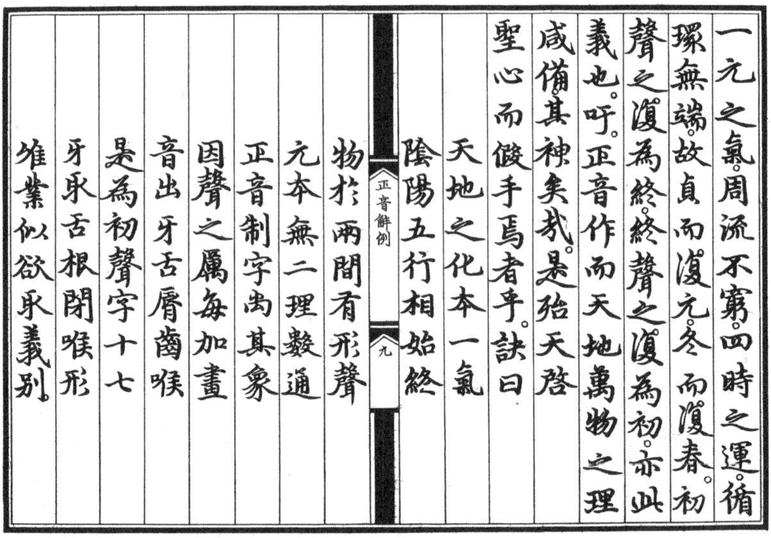

一元之氣周流不窮。四時之運循
環無端故貞而復元冬而復春。
聲之復爲終終聲之復爲初。亦此
義也。吁。正音作而天地萬物之理
咸備其神矣。是殆天啓
聖心而假手焉者乎訣曰
天地之化本一氣

正音解例

九

陰陽五行相始終
物於兩間有形聲
元本無二理數通
正音制字尚其象
因聲之厲每加畫
音出牙舌脣齒喉
是爲初聲字十七
牙取舌根閉喉形
唯業似欲取義別

[사진 1] 7행으로 기술한 노래가사 형식의 갈무리
(《훈민정음》 해례본, 정음해례 9ㄱㄴ)(한글학회 영인본, 1997)

세종은 1418년 8월 11일 즉위 교서에서 "나는 학문이 낮고 거칠어서 …
(予以學問疎淺 … -《세종실록》, 세종 즉위년/8/11)" 왕좌에 오르는 것을 사양했
다고 적었다. 이는 겸손 차원의 말이지만 제왕은 학문이 높아야 함을 의
미한다. 세종은 그래서인지 다양한 학문을 추구하였고 그러한 학문을 민
본주의 틀 속에서 통합하였다. 이러한 점은 세종이 운명(1450.2.17.)한 지
닷새 후의 추도문에서 잘 드러난다. "처음부터 끝까지 항상 학문에 종사
하시와, 잘 정치하는 근본을 연구해 내시기에 밤낮으로 정력을 다 쓰셨
고, 정치하는 강목을 넓게 펴셨습니다. 유교를 숭상하시어 교화를 일으
키셨고, 농사를 권면하시고 형벌을 측은히 여기셨으며, 조상을 존대하고
친척을 공경하는 데 정성을 다하셨습니다.(終始典學, 克濬出治之源; 宵旰勵精,
恢張爲政之目. 崇儒興化, 勸農恤刑. 致尊祖敬宗之誠, 盡事大交隣之道.《세종실록》, 세종
32/1450/2/22)"라고 하여 학문을 바탕으로 정치와 인덕을 이루었음을 기록

하고 있다. 같은 날 의정부에서 올린 애도문은 세종의 학문적 태도와 방법을 자세히 보여주고 있다.

왕은 매일 4고(四鼓)에 일어나서, 환하게 밝으면 군신의 조참을 받은 연후에 정사를 보며, 모든 정사를 처결한 연후에 윤대(輪對)를 행하여 나라를 다스리는 도리를 묻고, 수령의 하직을 고하는 자를 불러 보고 면담하여, 형벌 받는 것을 불쌍하게 생각하며, 백성을 사랑하라는 뜻을 타이른 연후에, 경연에 나아가 성학(聖學)에 잠심하여 고금을 강론한 연후에 내전으로 들어가서 편안히 앉아 글을 읽으시되, 손에서 책을 떼지 않다가, 밤중이 지나서야 잠자리에 드시니, 글은 읽지 않은 것이 없으며, 무릇 한번이라도 귀나 눈에 거친 것이면 종신토록 잊지 않았는데, 경서를 읽는 데는 반드시 백 번을 넘게 읽고, 역사서는 반드시 30번을 넘게 읽고, 성리학을 정밀하게 연구하여 고금에 모든 일을 널리 통달하셨습니다. 집현전을 설치하여 선비들을 모아 고문(顧問)을 갖추었으며, 또, 널리 고금의 충신과 효자·열녀의 사적과 도형 기전(圖形紀傳)을 모아 시(詩)와 찬(讚)을 써서 이름하기를, 《삼강행실(三綱行實)》이라 하여 안팎에 반포하니, 궁벽한 촌 동리의 어린이와 부녀자에 이르기까지 보고 살피지 않는 이가 없게 하였습니다. 또, 주(周)나라 처음부터 이제까지와 우리 나라의 모든 치란 흥망(治亂興亡)으로서 본받을 만한 것과 경계하여야 할 일을 널리 찾아 기록한 것이 모두 1백 50권인데, 이름하기를 《치평요람(治平要覽)》이라 하였습니다. 음률이나 천문에 이르기까지도 모두 밝게 통달하며, 신하를 예도로서 대우하여 왕의 세상이 끝나도록 사대부로서 형벌에 죽은 자 없었습니다.[18] － 세종 32/1450/2/22

18 王每日四鼓而起, 平明受群臣朝參, 然後視事; 處決庶政, 然後聽輪對, 咨訪治道. 引見守令拜辭者, 面諭恤刑愛民之意, 然後臨經筵; 潛心聖學, 講論古今, 然後入內. 燕坐讀書, 手不釋卷, 夜分乃寢. 於書無所不讀, 凡一經耳目, 終身不忘, 而其讀經書, 則必過百遍, 子史則必過二十遍, 精研性理, 博通古今. 設集賢殿, 聚儒士以備顧問. 又裒集古今忠臣孝子烈女事迹, 圖形紀傳, 係以詩讚, 名曰《三綱行實》, 頒諸中外, 至於窮村僻巷兒童婦女, 莫不觀省. 又自姬周之初, 迄于今, 以及吾東方, 凡治亂興亡可法可戒之事, 廣搜該載, 共百五十卷, 名曰《治平要覽》. 至於音律天文, 皆所洞曉. 禮遇臣下, 終王之世, 士大夫無遭刑戮者. －《세종실록》, 세종 32/1450/2/22

'사서삼경' 같은 경전뿐만 아니라 다양한 학문 세계를 보여주는 제자백가의 책이라든가 실용 학문서인 역사서도 30번 넘게 읽고 탐구했음을 밝혀 놓았다. 주류 학문과 비주류 학문을 가리지 않고 다양한 학문을 철두철미하게 탐구했음을 보여 준다.

그렇다면 세종이 추구한 학문은 무엇이었으며 그것이 어떻게 통합성을 띤다는 것인지가 문제다. 첫째 역사학이 있다. 세종은 역사서 집필에 남다른 열정과 연구를 쏟았으며 중국 역사서 출판에도 지대한 관심을 보였다. 왕이 되던 해인 1418년 12월 25일(세종 원년 22세) 태조 때 정도전이 고려 공민왕 이하를 첨삭한 《고려사》를 다시 고쳐 짓게 하면서 즉위 내내 역사서 바로잡기에 매달렸다. 또한 중국 북송(北宋)의 사마광(司馬光, 1019~1086)이 1065년~1084년에 편찬한 편년체 역사서인 《자치통감(資治通鑑)》은 1434년 7월 16일(세종 16년 38세) 갑인자로 간행한 이래 2년 뒤인 1436년 4월 4일(세종 18년 40세)에는 《자치통감훈의(資治通鑑訓義)》를 편찬하여 인쇄, 배포하였다.

다음은 수학과 과학이다. 세종은 1431년 3월 2일에 김한·김자안 등을 명나라 베이징에 보내 산법을 익히게 하면서 "산법(算法)이란 유독 역법에만 쓰는 것이 아니다. 만약 병력을 동원한다든가 토지를 측량하는 일이 있다면, 산법 없이는 달리 구할 방도가 없으니…. (算法, 非獨用於曆也. 若有起兵量地之事, 則捨是無以他求…. -《세종실록》, 세종 13/1431/3/2)"라고 하여 수학의 중요성을 강조하면서 실용 분야의 원천 기술은 수학이 바탕임을 정확히 꿰뚫고 있다. 세종 당대의 과학은 이런 수학이 바탕이 된 것이다. 이런 노력이 있었기에 훈민정음은 유클리드 기하학인 점과 선과 원만으로 완벽한 대칭형 문자를 만들어냈다. 또한 비행기나 우주 공간 연구에서 발달한 위상수학 원리까지 적용되어 있다. 자음자 기역을 고정시킨 상태에서 'ㅏ'를 90도씩 틀면 "가→구→거→고"가 생성된다(정희성, 1994).

2) 통섭적 융합성

통섭성은 어느 한 문제를 설정하여 탐구와 토론 과정을 거쳐 몰입하는 방식으로 주요 연구를 추진한 것을 말한다. 세종은 이런 몰입과 집중 전략을 거의 모든 분야에 적용했다. 세종의 이런 태도에 대해 이한우(2006:5)에서 "세종은 세상 밖의 온갖 문제를 자기 안으로 끌어들여 간결한 해결책을 만든 다음 그것을 집요하게 관철해 내는 지도자였다."라고 평한 것은 이런 점에서 매우 적절하다.

통섭(統攝)은 최재천 교수가 미국 생물학자인 윌슨의 'consilience'를 옮긴 것으로 특정 학문을 중심으로 다른 학문을 아우르는 것을 말한다. 일종의 환원적 통합으로 윌슨의 시각은 생물학 환원주의(reductionism)이다.[19] 이러한 통섭은 특정 분야나 지식을 중심으로 모든 분야를 아우르는 것이므로 전략과 방식을 중심으로 하는 통합과 다르다. 일종의 몰입과 집중의 특성이다. 세종의 모든 학문적 노력과 정치적 이상은 결과적으로 보면 훈민정음 창제와 반포로 귀결되었다. 세종의 입장에서 보면 훈민정음을 통하여 또는 훈민정음학을 통해 모든 것을 종합 귀결시킨 것이다. 이는 훈민정음 창제가 생애 또는 통치 막바지에 이루어졌음을 통해서도 알 수 있다.

---

19 최재천 교수는 여러 언론을 통해 '統攝'이란 용어는 원효 사상에서 가져왔다고 했다. 이에 대해 원효 사상을 연구해 온 이도흠 교수는 필자와의 편지에서 '統攝'은 원효가 쓴 용어가 아닐 뿐더러 '통제한다'는 것과 '포섭한다'는 뜻을 담고 있어 원효의 사상과 반대될 뿐 아니라, 지금 현재 한국사회에서 널리 사용되는 의미와도 반대되는 용어라고 보았다. 원효가 쓰는 용어는 '圓融會通'으로 진리라 하는 것에도 일말의 허위가 있고, 허위라 하는 것에도 일말의 진리가 있고, '눈부처'처럼 이슬람 경전인 꾸란에도 성경과 통하는 내용이 80%가 있고, 이슬람인에게도 미국인과 유사한 본성이 7,80%가 있음을 깨닫고 서로 하나가 되는 것이므로 통섭을 회통으로 바꾸어야 지금 사용하고 있는 뜻에 부합하며, 최소한 '統攝'을 '通攝'으로 바꾸어 불러야 한다고 밝혔다.

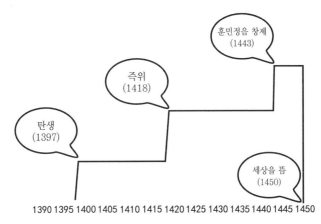

[그림 1] 훈민정음 창제 시기도

필자는 김슬옹(2010)에서 '훈민정음학'이란 말을 처음 썼지만 여기서는 이 말과 '정음학'을 구별하기로 한다.[20] 정음학은 훈민정음학을 중심으로 하되 세종의 '정음사상'을 통해 다양한 학문과 사상을 아우르는 학문 명칭으로 쓰고자 한다.

정음사상의 핵심은 예악 정치의 핵심이기도 하고 이는 바른 소리(정음)에 대한 연구가 바탕이 된다. 세종은 세종 7년(1425) 12월에 "이제 박연이 조회악(朝會樂)을 바로잡으려 하나, 바른 것을 얻기는 어려운 일이다. 《율려신서》도 글로만 갖추었을 뿐이다. 우리나라의 음악이 진선(盡善)은 못되나 반드시 중국에 비하여 부끄러울 것이 없으며, 중국의 음악이라고 또한 어찌 바른 것을 얻었다고 하겠는가"라고 하였고 이런 세종의 음악관에 힘입어 1427년 5월 15일(세종 9년 31세) 박연은 남양에서 나는 돌로 1틀(12개)의 편경을 만들어 표준음 제정의 기초를 놓았다. 1430년 윤12월 1일(세종 12년 34세)에는 정인지 등이 《아악보》를 완성하였다.

---

20 '정음학'이란 명칭은 최현배(1942), 《한글갈》에서 처음으로 썼다.

1433년 1월 1일(세종 15년 37세) 편경 연주를 듣고 아홉 번째 줄소리가 약간 높음을 박연에게 지적하였는데 이때는 훈민정음 창제 10년 전이므로 이때부터 소리에 대한 확고한 신념이 형성된 듯하다. 1446년(세종 28년 50세)에는 12율의 기본음인 황종율(黃鐘律)을 낼 수 있는 정확한 황종관(黃鐘管)을 만들고, 그 길이를 기준으로 영조척(營造尺; 목수가 쓰던 자)을 만들었고 1447년 6월 4일(세종 29년 51세) '용비어천가, 여민락, 취화평, 취풍형' 등의 음악을 잔치에 사용하였다.

이와 같이 예악 연구와 정책은 다음 표와 같은 훈민정음의 정음 전략으로 융합되어 새 문자가 완성되었다.

[표 1] 훈민정음 자음자와 모음자의 상형 전략과 실제(김슬옹 : 2012 수정 재인용)

상형 전략과 원리			상형 방식	문자 성격	원형 문자
정음 전략	모음자	삼재 음양 전략	자연 현상 상형하기	하늘의 둥근 모양	양성(천)	·
			땅의 평평한 모양	음성(지)	―
			사람의 서있는 모양	양음(인)	ㅣ
	자음자	오행 전략	발음기관 상형하기	혀뿌리가 목구멍을 막는 모양	아음(목)	ㄱ
			혀가 윗잇몸에 닿는 모양	설음(화)	ㄴ
			입 모양	순음(토)	ㅁ
			이 모양	치음(금)	ㅅ
			목구멍 모양	후음(수)	ㅇ

그러므로 세종학의 통섭성은 미시적으로 보면 훈민정음 문자 창제를 중심으로 하는 통섭이며 거시적으로 보면 정음학을 중심으로 통섭이다. 바른 이론을 바탕으로 바른 소리글을 만들어 바른 소리글을 통한 바른 사람들이 부려쓸 수 있는 바른 누리가 정음 세상이요 정음학의 실체이다.

정음학의 진정한 취지와 가치는 《동국정운》 서문 마지막에서 다음과 같이 기술되어 있다.

> 옛사람이 운서 책의 그림을 그릴 때, 같은 음을 쓰는 '음화(音化)', 다른 부류의 음으로 대신 쓰는 '유격(類隔)', 순서대로 음을 쪼개는 '정절(正切)', 맥락에 따라 다르게 음을 쪼개는 '회절(回切)'로 하는 등의 방법을 매우 자세하게 기술해 놓았지만 배우는 이가 입을 어물거리고 더듬더듬하여 음을 고르고 운을 맞추기에 어두웠다. 이제 훈민정음이 창제되어 오랜 하나의 소리라도 털끝만큼도 틀리지 아니하니, 실로 정음이 음을 전하는 중심줄이 되었다. 청탁이 분별되니 천지의 도가 정하여지고, 사성이 바로잡히매 네 계절의 운행이 순조롭게 되니, 진실로 거친 우주를 조화롭게 다스리려 오묘한 뜻이 현묘한 길에 부합되고 신묘한 기운이 대자연의 소리에 통한 것이 아니면 어찌 능히 이에 이르리요? 청탁이 돌고 구르며 자모(첫소리)가 서로 밀어 칠음과 12운율과 84성조가 가히 성악의 바른 길로 더불어 한 가지로 크게 화합하게 되었다. 아아, 소리를 살펴서 음을 알고, 음을 살펴서 음악을 알며, 음악을 살펴서 정치를 알게 되나니, 뒤에 보는 이들이 반드시 얻는 바가 있으리로다.
>
> (古人著書作圖, 音和類隔, 正切回切, 其法甚詳, 而學者尙不免含糊囁嚅, 昧於調協. 自正音作而萬口一聲, 毫釐不差, 實傳音之樞紐也 淸濁分而天地之道定; 四聲正而四時之運順, 苟非彌綸造化, 轇轕宇宙, 妙義契於玄關, 神幾通于天籟, 安能至此乎? 淸濁旋轉, 字母相推, 七均而十二律而八十四調, 可與聲樂之正同其大和矣. 吁! 審聲以知音, 심음이知樂, 審樂以知政, 後之觀者, 其必有所得矣.)
>
> —《동국정운》 서

정음은 바로 대자연의 이치이며 성악의 정도이며 바른 정치의 척도라는 것이다.

3) 자주성

세종학은 15세기 조선 임금에 의해 비롯되고 형성된 학문이므로 철저히 조선의 자주성을 바탕으로 태동되었고 역시 그런 특성을 가지고 있다. 세종의 자주성은 크게 네 가지로 나눠볼 수 있다.

첫째는 역사적, 문화적 자주이다. 세종은 세종 7년(1425) 9월 25일에 정척의 건의를 받아들여 단군 사당을 정비하였다. 기자(箕子) 조선의 기자 사당과 같은 남향으로 설치되어 있는 것을 별도의 사당으로 세우게 하였다.[21] 1427년 8월 21일에도 "단군과 기자의 묘제를 다시 의논하고, 신라·고구려·백제의 시조의 묘를 세워 치제(致祭)하는 일을 모두 고제(古制)를 상고하여 상세하게 정하여 아뢰라"고 예조에 지시를 내렸던 것이다.[22]

세종은 또한 우리식 역법서인 《칠정산내외편(七政算內外篇)》을 펴냈다. 1433년 정인지 등에게 편찬하게 한 뒤 1442년에 《칠정산내외편》을 완성하고 1444년에 편찬하였다.[23] 1447년에는 우리식 운서인 6권으로 이루어진 《동국정운》을 펴냈다.[24] 문화적 자주의 결정판은 역시 음악 업적에서 드러났다. 세종은 중국식 음악 이론서인 《율려신서(채원정, 성리대전)》를 참고하되 우리식 악기, 음악을 정립(편경, 정간보 외)하였다. "아악은 본시 우리나라 음악이 아니고 중국 음악이다. 중국 사람이라면 평일에 들어 익숙하게 들었을 것이므로 제사에 연주하는 것이 마땅할 것이다. 우리나라 사람들은 살아서는 향악을 듣고, 죽어서는 아악을 듣게 되니 어찌 된

---

21 "…… 別建檀君祠堂, 南向奉祀, 則庶合祀儀." 命下禮曹. 如上書施行. -《세종실록》, 세종 7/1425/9/25

22 傳旨禮曹曰: 檀君 箕子廟制更議. 新羅 高句麗 百濟始祖立廟致祭, 并考古制, 詳定以聞 -《세종실록》, 세종 9/1427/8/21

23 칠정산내편의 편찬 맥락에 대해서는 이은희(1996) 참조.

24 是月, 《東國正韻》成. 凡六卷, 命刊行. -《세종실록》, 세종 29/1447/9/29

셈인가."[25]라는 세종의 탄식은 세종의 자주적 음악 정책 의지를 보여 주고 있다.

둘째는 과학적, 실용적 자주를 추구하였다. 세종 9년인, 1427년에는 조선의 약초를 중심으로 하는《향약구급방》을 간행하게 하고 1430년에는 우리식 농사법을 다룬《농사직설》을 펴냈다. 앙부일구, 천평일구, 현주일구, 자격루 등 시계 시리즈의 발명은 우리식 천문 연구 실용화의 결정판들이다.

셋째는 독창적 자주이다. 이는 1443년의 훈민정음 문자 발명과 1446년 해설 책자 간행으로 이루어졌다. 흔히 국어학계에서는 훈민정음이 중국의 성운학을 바탕으로 창제되었다고 하나 이는 잘못된 생각이다. 분명 세종은 성운학의 이론서인《성리대전》을 탐독하고 참고한 것은 맞지만 성운학과 차원이 다른 학문적 기반을 이룩하고 이를 바탕으로 매우 독창적인 문자 창제에 성공한 것이다. 1434년의 앙부일구 또한 한자 모르는 일반 백성들을 고려해 동물그림으로 시각을 표시한 것 또한 독창적 자주 정신을 보여 준 것이다.

넷째 공존적 자주를 추구하였다. 이는 정치에서의 전략적 사대주의를 가리킨다. 그 당시 국제 정치 질서인 명나라에 대한 사대는 철저히 지켜 국제 조화를 이루면서 우리식 음악과 과학 정책 등을 성공리에 이끌어 내는 주체적인 정치를 시행했다. 금은 조공을 요구하는 명나라의 무리한 요구를 무조건 거부하지 않고 다른 토산물로 대체하게 한, "특히 금·은 공납을 면제하고 토산물의 마땅한 것으로써 대신하게 하여, 상하의 정(情)이 통하게 하고…"[26]와 같은 사례가 공존적 자주의 좋은 보기가 될 것이다.

---

25 雅樂, 本非我國之聲, 實中國之音也. 中國之人平日聞之熟矣, 奏之祭祀宜矣, 我國之人, 則生而聞鄉樂, 歿而奏雅樂, 何如? -《세종실록》, 세종 12/1430/9/11
26 特蠲金銀之貢, 代以物産之宜, 以通上下之情 … -《세종실록》, 세종 11/1429/8/18

이러한 세종의 주체 전략은 다양한 대립 요소간의 상생 전략이 있었기에 가능했다.

4) 생태성

생태성 또는 생태주의는 자연과 각 개체의 존재성과 유기성에 대한 존중 사상을 가리킨다. 이러한 생태주의는 자연을 어떻게 바라보느냐, 자연과 인간의 관계를 어떻게 바라보느냐에 따라 다양한 생태주의가 있지만 그 근본은 자연을 중심으로 한 통합 사상이다.

세종학의 생태성은 훈민정음을 통해 잘 드러난다. 훈민정음 해례본 정인지 서문에서 "천지자연의 소리가 있으면 천지자연의 문자가 있다.[有天地自然之聲, 則必有天地自然之文]"이라고 했다. 말소리의 보편성을 통해 문자 과학의 보편성을 이룬 것이다. 사실 세종이 천 배의 천재성을 가지고 영국이나 일본에 태어나 똑같은 상황 속에서 문자를 창제했다고 한다면 훈민정음과 같은 문자 창제는 불가능했을 것이다. 세종이 훈민정음을 창제할 수 있었던 것은 오랜 세월 동안 말해온 한민족의 섬세하게 발달된 말소리가 있었기에 가능한 것이다. 세종은 그렇게 섬세한 말소리를 가장 정확히 표기할 수 있는 문자를 만든 셈이다. 한국의 말소리는 다른 언어와는 달리 자음과 모음이 골고루 발달되어 있고 하나의 음절이 '초중종성'으로 분화되는 특성을 가지고 있다.

흔히 훈민정음을 과학적인 문자라고 하지만 사실 다음 그림과 같이 세종은 자연의 소리의 일부인 말소리를 가장 정확하게 적을 수 있는 글자를 만들다 보니 과학적인 문자가 된 것이다. 곧 자연 중심의 문자를 만들다 보니 가장 잘 소통을 이룰 수 있는 과학 문자가 되었다. 배달말 자체가 생태성을 띠고 있다. 사람의 말 가운데 가장 오래된 말이라 볼 수 있는

몸에 관한 말을 보면 그 점을 알 수 있다.

(1) 손가락 – finger(영) – Finger(독) – doigt(프)
  발가락 – toe(영) – Zehe(독) – orteil(프)
  머리카락 – hair(영) – Haar(독) – cheveu(프)
(2) 박(머리) -발 -배
(3) 손샅 – 발샅 – 다리샅 / 샅추리(사타구니) – 샅바
  몸통 – 머리통 – 알통 – 염통 – 밥통 – 오줌통 – 숨통
  들숨 – 날숨 – 뱃숨 – 가슴숨 – 어깨숨 – 목숨 –살갗숨
  젖 – 귀젖 – 목젖 –쥐젖
  손아귀 – 입아귀 – 범아귀(웃아귀)
  군살 – 군입 – 군턱 – 군눈 – 군침
  발 – 밟다, 배 – 배다, 다리 – 달리다.
    – 김슬옹(1999), 『그걸 말이라고 하니』, 다른우리, 18–30쪽

 (1)의 경우는 갈라진 곳은 모두 '–가락'이 붙는다. (2) 바탕이 되는 중요한 곳은 '비읍'이 붙은 경우이고 (3)은 생김새에 따라 유기적 구조를 이루고 있는 몸말을 보여 준다. 몸의 특징과 유기적 구조가 마치 인위적으로 어느 날 만든 말처럼 조직적인 배치를 이루고 있다.

 생태성은 획일적 보편주의를 막는 힘이다. 세종은 한자 보편주의의 거대한 벽을 깨는 문자혁명을 이뤄냈다. 만일 훈민정음 창제가 아니었다면 우리말은 한자, 한문의 블랙홀 때문에 큰 변화를 입었을 것이다. 그러한 상징적 증거가 '기역, 디귿, 시옷' 등의 일부 자음 명칭이다. 최세진은 훈몽자회(1527) 범례에서 "니은, 리을"과 같은 과학적인 명칭을 정리했다.[27] 명칭 자체에 해당 자음의 초성자와 종성자가 드러나게 하는 방식으로 한

---

27 이러한 놀라운 명칭은 최세진이 1525년에 펴낸 훈몽자회 일러두기에서 비롯되었다. 안타깝게도 잘못된 세 명칭의 전례를 남긴 것도 최세진이었다.

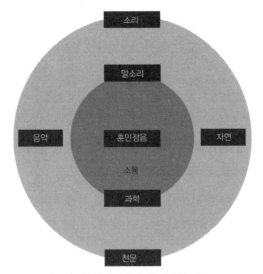

[그림 2] 훈민정음의 천지자연지문도

글의 과학성을 드러내 주는 매우 합리적인 명명법이다. 그런데 최세진은
이 명칭을 이두식 한자로 적다 보니 '기윽, 디귿, 시읏'에서 한자로는 적
기 힘든 '윽, 귿, 읏'을 비슷한 이두식 한자로 바꿔 적다 보니 '기역(其役),
디귿(池末), 시옷(時衣)'이 되었고 이런 잘못된 방식이 계속 이어져 내려온
것이다. 곧 훈몽자회는 한자 학습서였기에 자음 명칭을 한자로 적으면서
한자로 적을 수 없는 '윽, 귿, 읏'을 이두식 한자를 이용해 적다 보니 '기
역, 디귿, 시옷'이 된 것이다. 최세진도 "기윽, 디귿, 시읏" 명칭이 합리적
임을 알았지만 한자에 의존해 설명하다 보니 그런 실수를 했다. 실수라
고 한 것은 그가 한글로 병기할 수 있었음에도 그렇게 하지 않았기 때문
이다. 한글의 과학성에 위배되고 모든 학습자의 학습과 기억 부담량을
높이는 잘못된 한자 표기로 인해 남한 사회에서는 '윽, 귿, 읏'을 사라지
게 만든 것이다.28

---

28 현대 한글 기본 자음 14자 가운데 세 명칭만 규칙에서 벗어나 있다. 다른 자음은 "니은,

한글의 생태성은 현대 사회에서 American Korea[29]에서 영어 제국주의를 막는 최소한의 힘이 되고 있다. 흔히 국어순화론자들은 한글 간판이 사라진 서울 명동 같은 거리를 비판한다. 그러나 한편으로 보면 그나마 한글과 같은 글자가 있기에 이 정도로 영어를 막아내고 있는 것이다. 스타벅스가 세계 최초로 인사동 스타벅스의 간판을 현지 글자인 한글로 달았다. 다국적 기업의 상술 전략이기는 하지만 그것이 영어 중심의 획일주의를 막는 한글의 생태적 힘에서 비롯된 것이다.

인도네시아의 찌아찌아족의 한글 도입은 생태주의 관점에서 바라보아야 하고 그 가능성은 정덕영(2012), 전태현·조태영(2013), 각종 르포에서 확인할 수 있다.[30]

리을, 이응, 지읒, 히읗"처럼 모음 가운데서도 가장 기본 모음인 'ㅣ, ㅡ'를 활용해 나타내고 있다. 이러한 명명법 자체가 한글의 과학성을 드러낸다. 자음은 단독으로 음가를 낼 수 없고 모음의 도움을 받아 음가가 드러난다. 따라서 가장 기본 모음을 붙였을 때 그 자음의 음가가 잘 드러나므로 이런 명명법 자체가 무척 합리적이다. 또한 명칭 자체에 첫소리와 끝소리에 쓰이는 용법 자체를 드러내 줌으로써 명칭의 효용성을 최고로 높이고 있다.

29 영어 몰입, 미국 중심의 한국 사회에 대한 상징적 표기이다. 일부 유럽 사람들이 부르는 한국 명칭이기도 하다.

30 찌아찌아족 최초의 한국어 교사인 아비딘이 한글세계작가대회(필자 직접 섭외) 초청으로 한국에 와서 한 강연에 의하면 정치적인 문제로 한국어와 한글 실험이 위축된 적은 있지만 한 번도 멈춘 적이 없다고 한다. 참조 : Abidin(2015), *Expectation and challenge on using Cia Cia script adapted from Hangeul in Cia Cia Laporo Sorawolio community Baubau city*, 『한글과 한국문학의 세계화, 한글 문학을 노래하다(세계한글작가대회 발표자료집)』, 2015.9.15-18. 경주화백컨벤션센터, 192-196쪽; 김슬옹 번역(아비딘 저)(2017), 「찌아찌아 한글 사용의 진실」, 『말과 글』 150호(봄호), 한국어문기자협회, 70-75쪽.

[표 2] 찌아찌아족 한글 도입 르포 동영상 목록

찌아찌아족, 한글 도입 2년 그 후 (1/4)	11.10.5.	http://www.youtube.com/watch? v=VHpbGTfBZ-Y
찌아찌아족, 한글 도입 2년 그 후 (2/4)	11.10.5.	http://www.youtube.com/watch? v=mUJgFc-rZ60
찌아찌아족, 한글 도입 2년 그 후 (3/4)	11.10.5.	http://www.youtube.com/watch? v=smtcC4ZOHJc
찌아찌아족, 한글 도입 2년 그 후 (4/4)	11.10.5.	http://www.youtube.com/watch? v=eEh87LnYNbw

한글이 사라질 위기에 처해 있는 소수 민족의 소수 언어를 지켜내는 문자로 차용된 것이다. 2012년 5월 7일 미국 국립과학원회보(PNAS)는 생물다양성이 줄어들면 언어도 사라진다는 연구 결과를 보도한 바 있다.[31] 이는 유럽식 문화의 획일주의로 인해 소수의 언어가 다수의 언어에 의해 멸종해 감을 밝혀낸 것이다. 한글이 소수 언어의 멸종을 막아낼 수 있는 힘이 될 수 있는 것은 한글의 생태성 때문이며 이러한 생태성은 세종학의 주요 특성이기도 하다.

이제는 사라져 가는 말을 보존하는 일에 유엔이 한글을 적극적으로 활용하여 적극적으로 나서야 한다. 이런 일을 위해서는 한글이 어느 나라 고유 문자이냐는 것은 중요하지 않다. 사라져 가는 말을 적을 수 있는 문자가 무엇이냐는 것이며 그것이 한글의 생태적 보편주의의 힘이다.

생태성은 조화의 힘으로 이루어진다. 1430년에 정인지가 세종의 명으로 펴낸 아악보에서 "음악은 성인(聖人)이 성정(性情)을 기르며, 신과 사람을 화(和)하게 하며, 하늘과 땅을 자연스럽게 하며, 음양(陰陽)을 조화시키는 방법이다."라고 한 데서 알 수 있듯이 음악은 조화의 바탕이다. 이러한

---

31 The Scinece 보도 참조(김수비, 2012.5.14.)

[사진 2] 찌아찌아족의 한글 교재와 번역 대조(훈민정음학회)

음악에서의 조화 정신은 훈민정음을 통해 음양의 이분법을 넘어선 "하늘과 땅, 사람"의 삼조화 사상으로 더욱 발전되었다. 음양 외에 중성을 설정함으로써 진정한 조화 사상을 실제 문자 창제를 통해 발전시킨 것이다. 《아악보》에서 정인지가 마지막으로 언급하기를, "이제 황종(黃鍾)을 음성의 기본에서 찾아내어 28개의 음성을 마련하였고, 크고 작으며 높고 낮은 것이 제 차례를 문란시키지 아니한 점에 있어서는, 주자(朱子)와 채씨(蔡氏)의 뜻이 천 년 이후에 이르러 조금이라도 펴게 되었으니, 이것은 반드시 우리 왕조를 기다리어 이루어졌다고 아니할 수 없다."라고 하여 28성의 기본음과 훈민정음 기본 28자가 결코 우연의 일치가 아님을 알 수 있다.

이러한 음악과 문자의 조화로움은 철저한 표준음(황종음) 제정과 각기 다른 소리의 정확한 특이성을 제정함으로써 가능했고 그것은 도량형의 과학과 천문학의 과학과 연결되어 가능했다. 이순지가 대표 저술한 과학

서《제가역상집》(1445)에서는 "천문에는 칠정(七政)에 본받아 중외(中外)의
관아에 별의 자리를 배열하여, 들어가는 별의 북극에 대한 몇 도(度) 몇
분(分)을 다 측정하게 하고, 또 고금(古今)의 천문도(天文圖)를 가지고 같고
다름을 참고하여서 측정하여 바른 것을 취하게 하고, 그 28수(宿)의 돗수
(度數)·분수(分數)와 12차서의 별의 돗수를 일체로《수시력(授時曆)》에 따라
수정해 고쳐서 석본(石本)으로 간행"하였다고 쓰고 있다. 이 때의 별자리
28수 또한 음악의 28성, 문자의 28자와 연결되고 있음을 알 수 있다.[32]

  세종의 생태주의적 이상은 민본주의 정치와 더불어 현실 속에서 구현되
었다. 세종의 민본주의는 실질적인 애민정치로 나타났다. 1427년 9월 11일
(세종 9년 31세)에는 고려시대 나왔던《향약구급방》을 다시 인쇄하여 널리
알리게 하였고, 1434년 3월 5일(세종 16년 38세) 노중례에게 명하여《태산요
록(胎産要錄)》을 편찬하게 하고, 주자소로 하여금 인쇄하여 반포하게 함으로
써 생명 구제 정치를 폈다. 1430년 2월 14일(세종 12년 34세)에는《농사직설》
을 각 도에 배포하여 백성들의 먹고 사는 문제를 해결하려 하였고 1434년
10월 2일(세종 16년 38세)에는 농사지을 때 꼭 필요한 절기와 시간을 알 수

---

32 윤덕중·반재원(1983:30), 반재원·허정윤(2007)에서는 28수가 훈민정음 28자의 바탕
   이라고 보고 있다.

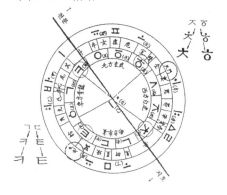

있는 동물 해시계인 앙부일구(오목 해시계)를 보급하였다. 1426년 4월 17일
(세종 8년 30세)에는 관노비의 첩이 아이를 낳으면 휴가를 백 일을 주게 하였
을 뿐 아니라 1434년 4월 26일(세종 16년 38세)에는 아기 낳는 여종의 남편에
게 30일 휴가를 주게 하여 복지 차원의 애민 정책을 폈다.

　이러한 민본주의는 여론에 의한 정책 결정으로 더욱 빛을 발했다. 세종
12년(1430) 3월 5일에 호조에서 벼농사에 따른 현지 조사와 세금 걷는 부조
리를 들어 "공법(貢法)에 의거하여 전답(田畓) 1결(結)마다 조(租) 10말[斗]을
거두게 하되, 다만 평안도(平安道)와 함길도(咸吉道)만은 1결(結)에 7말[斗]을
거두게 하여, 예전부터 내려오는 폐단을 덜게 하고, 백성의 생계를 넉넉하
게 할 것이며, 그 풍재(風災)·상재(霜災)·수재(水災)·한재(旱災)로 인하여 농
사를 완전히 그르친 사람에게는 조세(租稅)를 전부 면제하게 하소서.(請自今
依貢法, 每一結收租十斗, 唯平安, 咸吉道, 一結收七斗, 以除舊弊, 以厚民生. 其因風霜水
旱等災傷, 全失農者, 全免租稅. -《세종실록》, 세종 12/1430/3/5)"라고 매우 온건하
면서도 합리적인 건의로 추정되는 안을 올렸지만, 세종은 "정부·육조와,
각 관사와 서울 안의 전함(前銜) 각 품관과, 각도의 감사·수령 및 품관으로
부터 여염(閭閻)의 세민(細民)에 이르기까지 모두 가부(可否)를 물어서 아뢰
게 하라.(命自政府六曹各司及京中前銜各品, 各道監司守令品官, 以至閭閻小民, 悉訪可
否以聞. -《세종실록》, 세종 12/1430/3/5)"라고 일정한 단계를 거쳐 시행하는 전
략을 썼다.

　이리하여 세종은 여론 조사 중인 7월 5일 "백성들이 좋지 않다면 이를
행할 수 없다. 그러나 농작물의 잘되고 못 된 것을 답사 고험(考驗)할 때에
각기 제 주장을 고집하여 공정성을 잃은 것이 자못 많았고, 또 간사한 아전
들이 잔꾀를 써서 부유한 자를 편리하게 하고 빈한한 자를 괴롭히고 있어,
내 심히 우려하고 있노라. 각도의 보고가 모두 도착해 오거든 그 공법의
편의 여부와 답사해서 폐해를 구제하는 등의 일들을 백관(百官)으로 하여금

숙의(熟議)하여 아뢰도록 하라.(民若不可, 則未可行之. 然損實踏驗之際, 各執所見, 頗多失中. 且姦吏用謀, 富者便之, 貧者苦之, 予甚慮焉. 各道所報皆到, 則貢法便否及踏驗 救弊等事, 令百官熟議以啓. -《세종실록》, 세종 12/1430/7/5)"고 한 뒤 8월 10일 호조에서 실제 조사 결과를 "무릇 가하다는 자는 9만 8천 6백 57인이며, 불가하다는 자는 7만 4천 1백 49명입니다.(者, 凡九萬八千六百五十七人, 否者, 七萬四千一百四十九人 -《세종실록》, 세종 12/1430/8/10)"라고 보고하자 황희 등의 의논에 따르라고 지시하였다.

이 공법 제도가 이른바 '전분 6품, 연분 9등법'으로 알려진 제도로 최종 실시된 것은 세종 26년(1444)이었고, 그것도 "토지 결복(結卜)의 개정 및 전품(田品)의 등급과 연분(年分)의 고하(高下)를 분간하여 조세(租稅) 받는 법을 정하되, 먼저 충청도의 청안(淸安)·비인(庇仁)과, 경상도의 함안(咸安)·고령(高靈)과, 전라도의 고산(高山)·광양(光陽) 등 6고을에 금년부터 시험으로 시행하고자 하니, 그 시행할 수 있는 조건들을 의논하여 올리라.(者, 凡九萬八千六百五十七人, 否者, 七萬四千一百四十九人 -《세종실록》, 세종 26/1444/11/13)"고 하여 단계별로 시행해 나갔다.

이렇게 세종은 진정한 관계를 중요하게 여기는 소통을 철저히 실천했다. 자연과의 소통 사람과의 소통, 학문과의 소통, 정치를 통한 소통을 학문과 정책을 통해 일관되게 추진하였다.

이상의 세종학의 융합적 특성으로 볼 때 융합이 시대의 대세인 만큼 이론이나 실천 분야에서 세종학이 융합 이론과 응용 분야 모두에 매우 중요한 기반이 될 것이다.

세종학의 그 핵심은 과학적 보편주의와 생태적 보편주의의 철저한 결합에 있다. 과학적 보편주의는 공통성, 동질성, 객관성 측면의 보편주의를 말하고 생태적 보편주의는 차이, 나눔, 자연과 인간 중심의 보편주의를 말한다.

과학적 보편주의와 생태적 보편주의는 서로 대립적인 것이 아니라 상호 보완이나 융합 관계에 놓여 있음을 알 수 있다. 세종은 두 가지의 보편주의를 음악, 천문학 등을 통해서 철저히 결합하여 그 결정판으로 훈민정음을 창제했다. 세종학은 세종의 이러한 전략을 핵심 뼈대로 삼고 있으며 그런 특성을 방법론으로 정착하고 학문적으로 규명하기 위한 통섭 학문이다.

5. 세종학 연구 분야와 성과

세종학 수립 과정에서 가장 두드러진 성과는 "세종대왕기념사업회 편 (1986), 『세종학 연구』 1"을 시작으로 "세종대왕기념사업회 편(2016), 『세종학 연구』 16"까지 역주 자료 포함 총 88편이 수록되었다는 것이다. 지속적으로 발간되지 못한 점이 아쉽지만 세종학 전문 학술지로서는 유일하다. (구체적인 내용은 3부 참조.)

또한 세종대왕기념사업회는 《세종문화》라는 월회보를 1977-1985년까지 모두 90호를 발행하였다. 신문 형식이었지만 소논문 수준의 짧은 글이 265편이나 실렸다.

다음으로 세종학 진흥에 크게 기여한 것은 세종학 전문 학술대회이다.

세종대왕기념사업회(1997), 『21세기 문화·과학을 위한 세종대왕 재조명(세종대왕 탄신 600돌 기념 학술 대회)』, 세종대왕기념사업회.
한국학중앙연구원 세종국가경영연구소 편(2007), 『세종의 국가 경영과 21세기 신문명(세종대왕 탄신 610돌 기념 세종 학술회의)』, 한국학중앙연구원·국립국어원.
한국학중앙연구원 세종국가경영연구소 편(2009), 『세종의 국가경영과 한중일 리더십 비교』(제1회 세종학 국제 학술회의 자료집), 세종문화회관.

박현모(2010), 『세종학 개론』(세종실록 아카데미 교재), 주최 : 세종문화회
　　관(재단법인), 주관 : 한국학중앙연구원·세종국가경영연구소.
한국학중앙연구원 세종리더십연구소 편(2010), 『세종대왕의 한글창제와 리더
　　십 승계』(제2회 세종학 학술회의 자료집), 국립고궁박물관 강당.
한국학중앙연구원 세종리더십연구소 편(2010), 『세종대왕의 한글창제와 리
　　더십 승계(제2회 세종학 학술회의 자료집)』, 국립고궁박물관 강당.
한국학중앙연구원 세종리더십연구소 편(2011), 『세종 리더십(제3회 세종학
　　학술회의 자료집)』, 국립고궁박물관 강당.
한국학중앙연구원 세종리더십연구소 편(2012), 『세종의 한글 창제와 출판
　　의 국가경영』(제4회 세종학학술회의), 한국학중앙연구원.
세종리더십연구소 편(2012), 『세종, 음악으로 다스리다』, 한국학중앙연구
　　원·세종리더십연구소.
토지주택박물관 편(2012), 『한글과 세종』, 토지주택박물관.
세종대왕기념사업회 편(2013), 『세종학 학술대회 : 세종시대 과학문화의 재
　　조명』(2013.12.13.), 세종대왕기념사업회. [33]
한국어정보학회(2014), 『한국어정보학회 춘계학술대회[전자자료] : 큰어른
　　이도 선생 탄신 617주년 기념』, 한국어정보학회 주최.
임종화 외(2018), 『실록으로 세종시대를 다시 읽다』(2018년 세종즉위 600
　　돌 기념 원정재 세종실록 완독 기념 학술세미나), 원정재.

　　훈민정음 주제 학술대회 등과 같이 세부 학술대회도 중요하지만 세종
인물을 표방하지 않은 학술대회는 제외하였다.
　　단행본 분야에서는 세종대왕기념사업회의 문고판 전집류 13권이지만
세종 업적을 총체적으로 조명한 것이 세종학의 기반을 마련하는 구실을
하였다.

---

33 "세종대왕기념사업회 편(2013), 『세종학 연구』15, 세종대왕기념사업회."로 재간행되
　　었다.

김성배(1983), 『세종 시대의 예의범절』, 세종대왕기념사업회.

이태극(1983), 『세종대왕의 어린시절』, 세종대왕기념사업회.

박종국(1984), 『세종대왕과 훈민정음』, 세종대왕기념사업회.

성경린(1985), 『세종 시대의 음악』, 세종대왕기념사업회.

손보기(1985), 『세종대왕과 집현전』, 세종대왕기념사업회.

안덕균(1985), 『세종 시대의 보건위생』, 세종대왕기념사업회.

이해철(1985), 『세종 시대의 국토방위』, 세종대왕기념사업회.

최철(1985), 『세종 시대의 문학』, 세종대왕기념사업회.

문명대(1986), 『세종 시대의 미술』, 세종대왕기념사업회.

박병호(1986), 『세종 시대의 법률』, 세종대왕기념사업회.

손보기(1986), 『세종 시대의 인쇄출판』, 세종대왕기념사업회.

전상운(1986), 『세종 시대의 과학』, 세종대왕기념사업회.

세종대왕기념사업회(1987), 『세종대왕 연보』, 세종대왕기념사업회.

다음과 같은 주제별 총서는 세종 업적을 일목요연하게 집중적으로 드러내는 효과가 있었다.[34]

한국정신문화연구원 편(1982), 『世宗朝 文化의 再認識』, 한국정신문화연구원.

한국정신문화연구원 편(1982), 『世宗朝文化硏究 Ⅰ·Ⅱ』, 한국정신문화연구원.

세종대왕기념사업회(1998), 『세종문화사대계 1 : 어학·문학』, 세종대왕기념사업회.

세종대왕기념사업회(2000), 『세종문화사대계 2 : 과학』, 세종대왕기념사업회.

세종대왕기념사업회(2001), 『세종문화사대계 3 : 정치·경제·군사·외교·역사』, 세종대왕기념사업회.

세종대왕기념사업회(1999), 『세종문화사대계 4 : 윤리·교육·철학·종교』, 세종대왕기념사업회.

---

34 구체적인 세부 목록은 3부 참조.

세종대왕기념사업회(2001), 『세종문화사대계 5 : 음악·미술』, 세종대왕기념
　　사업회.

　이밖에 세종을 종합적으로 다룬 단행본들은 세종을 융합적으로 조명
하면서 대중화하는 효과가 있었다. (3부 목록 참조)

　단행본 가운데 "박영규(2008), 『한권으로 읽는 세종대왕 실록』, 웅진씽크
빅"과 "박현모(2008), 『세종처럼 : 소통과 헌신의 리더십』, 미다스북스." 등
은 베스트셀러나 스테디셀러에 올라 세종에 대한 대중 담론을 모으는데
결정적 역할을 하였다.

　학위 논문으로는 세종시대를 종합적으로 다룬 것만 한정하면 석사논
문 편, 박사논문 편이 발표되었다. (3부 목록 참조)

　세종학 연구를 위해서는 1차 기초 자료 구축과 연구가 필수적인데 이
런 측면에서 1차 자료 구축과 번역, 역주 등은 세종학의 바탕이 된다.

　먼저 세종시대 문헌을 정리한 손보기(1986, 2000)는 이 분야에서 독보적
이다.

　　손보기(1986), 『세종 시대의 인쇄출판』, 세종대왕기념사업회.
　　손보기(2000), 「세종 시대의 인쇄 출판」, 『세종문화사대계 2 : 과학』, 세종대
　　　왕기념사업회, 83-232쪽.

　모두 22개 분야(1. 소리-글자, 2. 음악-아악, 3. 의례, 4. 나라 문학, 5. 외국말,
6. 외국 문학, 7. 농사-사냥, 8. 의약-법의학, 9. 나라 역사, 10. 외국 역사, 11. 유학-
철학, 12. 불교, 13. 겨레 교육, 14. 법전, 15. 병법, 16. 중국 법전, 17. 천문, 18. 책력,
19. 수학, 20. 지리-지도, 21. 사전, 22. 서체 법첩)로 나눠 다음과 같이 제시했
다(의례 분야).

[표 3] 세종시대 문헌 목록 예시

책이름	펴낸 해		참고
	세종	서기	
알성의주(謁聖儀註)	태종 14	1414	엮음
신찬건원릉제의주(新撰健元陵祭儀註)	즉위년	1418	엮음
장일통요(葬日通要)	1	1419	주자소 주자
왕세자친영의주(王世子親迎儀注)	8	1426	엮음
시형론	20	1438	엮음
삼례소(三禮疏)	22	1440	목판
의주상정(儀註詳定)	26	1444	엮음
오례의주(五禮儀注)	26	1444~51	목판

《세종실록》을 비롯하여 1차 자료 구축과 역주 사업 현황의 대표 사례
는 다음과 같다.

> (평양)사회과학원 민족고전연구소 역(1993), 『이조실록, 11-20』, 여강출판사.
> 세종대왕기념사업회 편(1968), 『세종장헌대왕실록, 연대기 1-6』, 세종대왕
>   기념사업회.
> 국사편찬위원회 편(1968), 『朝鮮王朝實錄, 1-8』, 국사편찬위원회.
> 세종대왕기념사업회 편(1969), 『세종장헌대왕실록, 17-30』, 세종대왕기념
>   사업회.
> 온라인 세종실록.

세종대왕기념사업회를 중심으로 한 역주 사업의 종합 정리 연구는 다
음과 같다.

박종국(2013), 「한문 문헌 언해와 현대화 고전국역사업-언해의 발자취와 한
　글학회·세종대왕기념사업회·민족문화추진회」; 세종대왕기념사업회 편
　(2013), 『세종학 연구』 15, 세종대왕기념사업회, 111-152쪽.
정우영(2013), 「세종시대 훈민정음 관련 문헌의 국어학적 재조명」, 세종대왕
　기념사업회 편(2013), 『세종학 연구』 15, 세종대왕기념사업회, 51-72쪽.
홍현보(2016), 「불경 언해본의 역주 현황과 의미」, 『세종학 연구』 16, 세종
　대왕기념사업회, 133-188쪽.
박현모 외(2017), 『세종시대 국가경영 문헌의 체계화 사업백서 : 2013년도
　선정 한국학분야 토대연구지원사업』, 한국형리더십개발원 : 여주대학교
　산학협력단 세종리더십연구소.

　학술 기사 분야에서는 "김슬옹(2016), 「세종대왕, 세종학' 관련 연구·자
료 문헌 목록」, 『세종학 연구』 16, 세종대왕기념사업회, 205-246쪽."을
크게 수정 보완하여 950여 편의 논문(학술 기사 포함)을 17개의 범주로 분류
했다. 2018년 9월 9일까지 발행된 한글 표기 문헌으로 국회도서관과 교보
문고 핵심어 검색을 중심으로 하되 세종대왕기념사업회 연구 등을 참고로
정리한 목록으로 3부 1장으로 실었다.

1. 학문·세종학
2. 문자·언어 * 일반 훈민정음 연구 문헌 제외
3. 문학
4. 철학·사상
5. 역사
6. 문화
7. 과학·기술
8. 음악·무용
9. 건축·미술
10. 지리·유적(국토·영토·국방)

11. 인쇄·출판

12. 정치·사회

13. 경제

14. 의료·의학

15. 교육

16. 인물 * 인물은 세종 측근 포함

17. 기관

6. 맺음말 : 세종학의 전망

이제 세종대왕기념사업회를 비롯하여 관련 단체들과 연구자들 노력으로 세종학의 기반과 위상이 날로 높아지고 있음을 알 수 있었다. 그러나 세종의 위상과 그가 이룬 업적, 세종 즉위 600돌이라는 역사의 무게에 비해서는 세종학의 위상은 무척 낮다. 지금까지의 업적을 낮게 보는 것이 아니라 그만큼 세종학 연구 분야는 무궁무진하고 더 연구할 주제가 많다는 의미다.

한글학회에서 주최한 국어학 국제학술대회(2018.10.12)에 세종학 분야 발표가 한 분야를 이루고 있다는 것 자체가 세종학의 위상이 높아지고 그만큼 발전했음을 의미한다. 더욱이 우리는 융복합 연구와 그런 학문 분야가 매우 절실한 시대에 깊숙이 들어와 있다. 이미 그 지혜의 뿌리는 15세기 세종 업적에 담겨 있다.

그 어떤 분야도 학문과 이론 기반 없이 크게 발전할 수 없다. 이제 이번 국제 학술대회를 기점으로 국제세종이도학회를 설립하여 세종학이 더 크게 도약할 수 있는 학문 기반을 닦아야 한다. 국가 차원에서는 세종학 연구를 크게 지원하고 세종학연구소나 세종 대학원 대학교 등을 설립하여 실질적인 세종학 연구와 확장이 이루어지도록 해야 한다.

이제 세종 이도는 15세기 조선의 학자가 아니라 소쉬르, 촘스키, 들뢰즈 등 인류의 석학들의 업적을 아우르고 철학 보편주의와 음악 보편주의, 과학 보편주의, 인문 보편주의를 아우르는 인류의 대사상을 이룩한 인류의 대사상가요 학자로 조명해야 한다.

참고문헌은 책 맨 뒤에 실었다.

제2부

세종 융합 인문학

제1장

정치로 인문 정신을 가장 잘 구현한 세종대왕

1. 왜 인문학인가?

요즘 인문학 열풍이 드세다. 사람다운 세상에 대한 열망이기도 하고 한편으로는 인문학이 자연과학 분야에 비해 푸대접 받는 세상이다 보니 그런 듯하다. 인문학 분야에서 일하고자 하는 사람들이 자연과학 등의 분야에서 일하는 이들보다 턱없이 취업이 안 돼 걱정이 많다고 한다. 이런 때일수록 인문학을 제대로 세우고 다른 학문과 더불어 발전시킬 수 있는 길을 찾아야 하는데 15세기 세종대왕이 바로 인문학을 중심으로 자연과학을 동시에 발전시킨 전무후무한 임금이자 학자였다.

인문학은 모든 학문의 바탕이자 모든 학문을 아우르는 학문이기도 하다. 인문학은 사람다운 세상을 꿈꾸는 학문으로 인문 정신 곧 사람다움의 뜻을 담은 학문이기 때문이다. 그래서 인문학의 위기는 곧 사람의 위기, 더불어 배려하며 살아가는 공동체의 위기를 뜻한다.

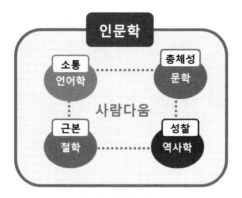

[그림 1] 인문학 구성도

인문학은 넓게 보면 사람다움에 대한, 사람다움을 추구하는 모든 학문을 가리키지만 좁게 보면 대략 네 가지 영역으로 나눌 수 있다. 사람답게 살기 위해 주고받는 배려와 소통의 언어학, 상상의 나래를 통해 서로 다른 세상을 품을 수 있는 총체성으로서의 더불어 문학, 왜 그래야 하는지를 물어 왜 더불어 살아가야 하는지 근본을 따지는 상생의 철학, 더 나은 세상을 위해 우리가 걸어온 발자취를 되돌아보는 성찰의 역사학 등이 그것이다. 사람다운 아름다움의 가치를 추구하는 미학 등도 인문학의 주요 뼈대가 될 수 있을 것이다.

2. 융합 인문학과 세종

인문학은 다양함을 담는 넉넉함이 살아 있는 학문이다. 넓은 의미의 인문학을 좀 더 발전시키면 '융합 인문학'이라는 새로운 용어나 개념을 이끌어 낼 수 있다. 과학과 예술도 사람다운 삶을 위한 문제를 다룬 것이라면 인문학의 품 안으로 들어올 수 있다.

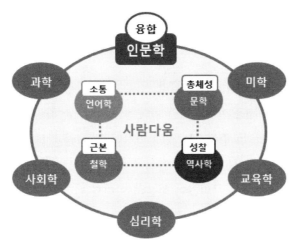

[그림 2] 융합 인문학 구성도

　이러한 융합적 인문학은 사람다움을 가르치고 배우는 길을 다루는 교육학과 마음과 정신의 문제를 다루는 심리학, 사회적 실천과 응용문제를 다루는 사회학을 아우르거나 그런 개별 학문과 연계될 수 있다. 그래서 사람다운 삶을 다루는 인문학은 언어학, 문학, 역사학, 철학, 예술뿐만 아니라 과학, 심리학, 교육학, 사회학 등이 함께 녹아드는 학문이기도 하다.

　이러한 융합 인문학의 이상을 보여준 이가 세종이었다. 세종은 성리학을 중심으로 하되 다양한 개별 학문에 몰입하고 발전시키되 철저하게 사람다운 가치와 실용으로 집약하고 융합시켰기 때문이다. 성리학은 사람이 하늘의 이치대로 어떻게 살 것인가를 추구하는 학문이다. 공자와 맹자의 사상을 바탕으로 발전한 학문이었다. 조선은 성리학을 이념으로 세운 나라였기에 학문으로 보더라도 중국 못지않게 발전했고 그런 성리학을 가장 발전시킨 임금이 세종이었다. 왜 그런가 보자. 성리학의 이념을 가장 잘 담고 있는 중용의 첫 구절을 보자.

天命之謂性(천명지위성)이오 率性之謂道(솔성지위도)요 修道之謂敎(수도지위교)니라.

천명을 가리켜 '성정(마음씨)'이라 하고, 그런 성정대로 사는 것을 도라 하고, 도를 닦는 것을 가르침이라 한다는 뜻이다. 곧 하늘의 뜻대로 사는 것이 도인데 그 도는 주어지는 것이 아니라 교육 곧 가르침과 배움을 통해 갈고 닦을 수 있다는 것이다. 이것이 성리학적 세계관의 핵심이다. 그래서 양반 사대부들은 끊임없이 하늘의 이치를 담고 있는 경전, 곧 사서삼경을 끊임없이 외워가며 공부했던 것이다. 문제는 그런 경전들이 한문으로 되어 있어 누구나 쉽게 가르치고 배울 수 없었다는 것이다. 그런데 세종은 누구나 쉽게 읽고 쓸 수 있는 문자, 훈민정음을 만들어 진정한 교육의 길을 열었으니 세종이야말로 성리학을 가장 잘 배울 수 있는 길을 연 것이었다. 이건 혁명이었다. 왜냐하면 한문을 아는 사람만이 성리학을 실천할 수 있는 것인데 그 틀을 깨고 한문을 몰라도 성리학을 할 수 있는 세상을 연 것이기 때문이다.

그래서 세종은 1446년 훈민정음을 반포한 뒤 얼마 안 돼 사서(논어, 중용, 대학, 맹자) 번역을 지시한 것이었다. 《세종실록》 1448년 3월 28일자에 "상주사 김구를 역마로 부르다. 구는 상주사가 된 지 반년도 못 되었는데, 집현전에서 어명을 받들어 언문으로 《사서》를 번역하게 하였다. 직제학 김문이 이를 맡아 했었으나, 문이 죽었으므로, 집현전에서 구를 천거하기에 특명으로 부른 것이며, 곧 판종부시사를 제수하였다.(驛召尙州[牧]使金鉤. 鉤爲尙州未半年, 時集賢殿奉敎以諺文譯四書, 直提學金汶主之, 汶死, 集賢殿薦鉤, 故特召之, 尋拜判宗簿寺事.)"라고 기록하고 있기 때문이다. 1448년이면 채 반포한 지 2년도 안 된 시점인데 이미 이전에 번역을 시도한 것이다. 김문은 최만리와 더불어 훈민정음 반대 상소를 올린 사람이었으나 집현전 학사로서 학문이 뛰어나고 언문 실력도 뛰어나 용서하고 중책을 맡겼던 것으로 보인다.

결국 배움의 문제와 소통의 문제를 동시에 해결한 훈민정음이야말로 인문 정신의 꽃이었으며 세종식 인문학의 바탕이었다.

그렇다고 하늘의 이치를 알고 실천하는 것이 성리학과 인문학만으로 될 일은 아니었다. 하늘의 이치를 정확히 알기 위해서는 과학이 필요했다. 그래서 세종은 세종 3년(1421)에는 노비 출신인 장영실을 윤사웅, 최천구와 함께 명나라에 유학 보냈고 이로부터 10여 년 후인 1430년대에는 세계 최고의 과학 시대를 열게 만들었다. 이토 준타로(伊東俊太郎) 등이 1983년에 펴낸 《과학사 기술사 사전(科學史技術史事典)》(홍문당, 도쿄)에 의하면 15세기, 세종대왕 시대의 세계 중요 과학기술 업적은 조선이 29건, 명나라가 5건, 일본은 0건이었고, 동아시아 이외 세계는 28건이었다고 하니 당대 과학 수준을 충분히 짐작할 수 있다.[1]

세종은 이순지가 대표 저술한 《제가역상집》(1445) 같은 책을 통해 동양의 과학을 집대성하고 《칠정산내외편》을 통해 우리식 과학을 바로 세우고 실제 자격루와 앙부일구, 측우기 같은 과학 기기로 과학의 업적이 드러나게 했다. 특히 앙부일구는 1434년 훈민정음 창제 9년 전에 제작된 것으로 문자 모르는 백성을 위해 시각 표시를 동물로 표시해 시각을 백성들에게 나눠 주었을 뿐 아니라 소통을 철저히 배려했다.

또한 세종은 《자치통감》 같은 중국의 역사책을 연구하며 성찰의 역사에 충실했다. 《자치통감》은 중국 북송(北宋)의 사마광(司馬光)이 1065년~ 1084년에 편찬한 편년체 역사서인데 세종은 1434년 7월 16일에 직접 갑인자로 간행하고 1436년 4월 4일(세종 18년 40세)에는 《사치봉감훈의(資治通鑑訓義)》를 편찬 배포하여 역사서의 가치를 나누었다.

---

1 박현모(2014), 『세종이라면』, 미다스북스, 78쪽.

[그림 3] 세종 융합 인문학 구성도

우리다운 표준음을 제정하고 우리식 악기 제작을 하고 정인지가 대표 저술한《아악보》(1430)를 통해 그 성과를 정리했다. 이 책 서문에서 정인지는 세종 관련 내용을 다음과 같이 기술하고 있다.

음악은 성인(聖人)이 성정(타고난 마음씨)을 기르며, 신과 사람을 조화롭게 하며, 하늘과 땅을 자연스럽게 하며, 음양을 조화롭게 하는 방법이다. 우리나라는 태평한 지 40년을 내려왔는데도 아직까지 아악(제례 음악)이 갖추어지지 못하였다. 공손히 생각하옵건대, 우리 주상 전하께옵서 특별히 생각을 기울이시와 경술년 가을에 경연에서 채씨(채원정)의《율려신서(律呂新書)》를 공부하시면서, 그 법도가 매우 정밀하며 높고 낮은 것이 질서가 있음에 감탄하시와 음률을 제정하실 생각을 가지셨으나, 다만 황종(표준음)을 갑자기 구하기가 어려웠으므로 그 문제를 중대하게 여기고 있었다.[2]

－《아악보》(1430) 서문 번역(《세종실록》 수록 번역본)

---

2 樂者, 聖人所以養性情, 和神人, 順天地, 調陰陽之道也. 國家昇平垂四十年, 而雅樂尙有未備. 恭惟我主上殿下, 特留宸念, 宣德庚戌秋, 御經筵講蔡氏《律呂新書》, 歎其法度甚精, 尊卑有序, 思欲製律, 第以黃鍾未易遽得, 重其事也. －《세종실록》, 세종 12/1430/윤12/1

《용비어천가》(1447)와 같은 서사시 문학을 통해서 후대 왕들이 백성들을 다스리는데 부지런할 것을 명문화하여 후대 왕들을 경계했다. 왕조의 정당성은 제대로 된 정치를 통해 입증되어야 함을 정치와 정치학의 본령을 얘기하고 있는 것이다.

3. 융합 인문학을 위한 세종의 노력

세종 시대는 15세기였으므로 지금처럼 학문의 분화가 이뤄진 시기는 아니었다. '인문학, 철학, 과학, 사회학' 등은 근대 이후에 학문의 분화로 기존의 학문이 재정립된 것이기 때문이다. 이러한 근대 학문의 분화는 학문을 더욱 세밀하게 발전시키는 결정적인 역할을 했지만 역설적으로 학문과 삶의 괴리라든가 학문의 파편화라는 비판에 부딪치게 되었다. 그래서 근대적 학문의 문제를 극복하고자 하는 노력이 학제적 연구로 이뤄지게 되었고, '통합, 통섭, 융합' 등의 핵심어가 더욱 부각되었다. 따라서 15세기의 학문을 근대 학문 시각으로든 '융합'이라는 시각으로든 지금의 잣대로 이러쿵저러쿵 비평할 수는 없는 것이다. 다만 '인문학'과 '융합'이라는 지금의 시각으로 보아도 세종이 이룩한 학문 세계는 그런 점을 충분히 담아내고 있을 뿐 아니라 바람직한 방향까지 일러준다.

세종은 다양한 인재 양성을 통해 언어학, 역사학, 과학, 음악학, 문학 등을 꽃피우게 했다. 언어학의 위상을 보여주고 있는 《훈민정음》(1446) 해례본은 하층민의 소통을 배려한 문자의 이상을 담고 있다.

이렇게 세종은 당시 학문을 근대 학문처럼 과정과 방법을 엄격히 하여 사람 중심의 세상으로 연결되도록 했습니다. 신분제의 엄격함이 살아 있는 한 사람다운 세상을 이루는 데는 한계가 있지만 그러한 시대의 한계

속에서 사람다움을 배려한 학문과 정치로 그 길을 연 것은 기적이었다. 《세종실록》은 세종의 이러한 학문 태도를 이렇게 정리하고 있다.

> 임금은 매일 4고(북을 네 번 칠 때)에 일어나서, 환하게 밝으면 군신의 조참을 받은 연후에 정사를 보며, 모든 정사를 처결한 연후에 신하들을 차례로 불러 나라를 다스리는 도리를 묻고, 수령의 하직을 고하는 자를 불러 보고 면담하여, 형벌 받는 것을 불쌍하게 생각하며, 백성을 사랑하라는 뜻을 타이른 연후에, 경연에 나아가 성인의 학문에 깊이 몰두하여 고금을 강론한 연후에 내전으로 들어가서 편안히 앉아 글을 읽으시되, 손에서 책을 떼지 않다가, 밤중이 지나서야 잠자리에 드시니, 글은 읽지 않은 것이 없으며, 무릇 한번이라도 귀나 눈에 거친 것이면 종신토록 잊지 않았는데, 경서를 읽는 데는 반드시 백번을 넘게 읽고, 다양한 실용서와 역사서는 반드시 30번을 넘게 읽고, 성리학의 학문을 정밀하게 연구하여 고금에 모든 일을 널리 통달하셨습니다. 집현전을 설치하여 선비들을 모아 연구하고 자문하는 제도를 갖추었으며, 또, 널리 고금의 충신과 효자·열녀의 역사 기록과 그림으로 그린 전기를 모아 시와 기리는 말을 써서 이름하기를, '《삼강행실》'이라 하여 안팎에 반포하니, 궁벽한 촌 동리의 아동 부녀에 이르기까지 보고 살피지 않는 이가 없게 하였습니다. 또, 주나라 처음부터 이제까지와 우리나라의 모든 흥하고 망하는 것으로서 본받을 만한 것과 경계하여야 할 일을 널리 찾아 기록한 것이 모두 1백 50권인데, 이름하기를 《치평요람》이라 하였습니다. 음률이나 천문에 이르기까지도 모두 밝게 통달하며, 신하를 예도로서 대우하여 왕의 세상이 끝나도록 사대부로서 형벌에 죽은 자 없었습니다.[3] — 세종 32/1450/2/22

---

3 王每日四鼓而起, 平明受群臣朝參, 然後視事; 處決庶政, 然後聽輪對, 咨訪治道. 引見守令拜辭者, 面諭恤刑愛民之意, 然後臨經筵; 潛心聖學, 講論古今, 然後入內. 燕坐讀書, 手不釋卷, 夜分乃寢. 於書無所不讀, 凡一經耳目, 終身不忘, 而其讀經書, 則必過百遍, 子史則必過三十遍, 精研性理, 博通古今. 設集賢殿, 聚儒士以備顧問. 又裒集古今忠臣孝子烈女事迹, 圖形紀傳, 係以詩讚, 名曰《三綱行實》, 頒諸中外, 至於窮村僻巷兒童婦女, 莫不觀省. 又自熙周之初, 迄于今, 以及吾東方, 凡治亂興亡可法可戒之事, 廣搜該載, 共百五十卷, 名曰《治平要覽》. 至於音律天文, 皆所洞曉, 禮遇臣下, 終王之世, 士大夫無遭刑戮者. -《세종실록》, 세

이러한 세종의 성실한 학문적, 정치적 노력 덕에 인문학도 과학도 골고루 발전하고 꽃을 피운 시대가 열렸다. 그 노력의 결정판은 역시 《훈민정음》(1446, 해례본)이다. 새 문자의 이론적 근거와 가치를 기술한 이 책에서 세종은 철학과 과학을 융합하고 근대 언어학과 탈근대 언어학을 접속하였으며 음악과 사회학 등의 가치를 집약했기 때문이다. 모든 학문 내용을 손쉽게 담아내고 소통할 수 있는 문자 창제와 그 배경 설명만큼 뛰어난 학문 업적이 어디 있겠는가. 그래서 훈민정음학은 인문학의 결정체이며 융합 인문학의 꽃이다.

2부 각 장의 참고문헌은 세종학과 일치할 경우에는 3부 목록으로 대신함.

종 32/1450/2/22

제2장

세종, 끊임없는 질문으로 세상을 바꾸다

1. 왜 질문인가?

"한국 기자들에게 질문권을 하나 드리고 싶군요. 정말 훌륭한 개최국 역할을 해주셨으니까요."

2010년 서울에서 열린 G20 폐막 기자 회견장. 버락 오바마 미 대통령은 특별히 한국 기자들에게 질문할 기회를 주는 파격적인 배려를 한다. 그러나 단 한 명의 기자도 손을 드는 이가 없다.

"Anybody?"

"질문할 한국 기자 누구 없나요?"

결국 질문권은 중국 기자에게 넘어가는 해프닝이 벌어진다. 한국 기자들의 부끄러움이자 한국의 부끄러움이었다. 기자는 질문하기 위해 존재하는 이들이기 때문이다. 그러나 기자들의 잘못은 아니었다. 질문을 가로막아 온 한국 교육의 잘못이고 한국 문화의 치부였다.

질문은 생각의 출발이고 교육의 출발이고 대화의 출발 아닌가. 더 나아가 "나는 생각한다. 고로 존재한다."가 아니고 "나는 질문한다. 고로 존재한다.”이니 존재의 뿌리요 바탕 아닌가?

하부루타라는 이스라엘식 질문 토론 교육도 특정 주제에 대해 서로 질문을 해가며 대화하고 토론하는 교육이다. 대단히 좋은 교육이지만 이것이 마치 유행처럼 번지고 유행처럼 끝나서는 안 되겠기에 오히려 이런 유행이 달갑지만은 않다. 이스라엘은 이러한 교육이 가정에서, 학교에서, 사회에서 하나의 생활양식으로 자리잡고 있는데 우리는 그렇지 않기 때문이다. 그 어떤 교육도 생활양식으로 터잡지 않는 한 유행으로 그치거나 교육 도구로 전락할 확률이 높다.

그래서 필자는 2000년부터 또물또 운동을 벌여오기도 했다. 또 묻고 또 묻자는 것이다. 더욱이 우리에게는 질문으로 위대한 업적을 남기고 새로운 세상을 연 질문대왕 세종이 있었다. 역사상 질문으로 유명한 성현으로는 공자와 소크라테스가 있다. 공자의 질문식 교육의 흔적은 제자들이 엮은《논어》에 소크라테스가 던진 질문은 플라톤이 엮은『국가』를 비롯한 여러 책에 남아 있다. 세종의 질문은 32년간의 기록인《세종실록》에 낱낱이 남아 있다. 이렇게 축복받은 세종 후손들의 질문은 어디 있는가?

2. 상식과 순리에 따른 세종의 질문

우리나라 사람들이 질문을 못하는 이유는 가정에서나 학교에서나 일방적인 전달 교육에 길들여져 있기 때문이다. 거기다가 전통 사회의 체면 문화와 실문을 살못하면 장씨낭하시 않을까 하는 사기검열이 심한 탓도 있을 것이다. 이러다 보니 질문을 어떻게 하는지조차 모르는 처지가 되었다. ‘질문을 어떻게 하는지’는 사실 특별하고 거창한 것이 아님에도 질문을 던지지 못한다.

이런 사람들을 위해 지극히 평범하고 상식적인 질문으로 위대한 학자가 되고 위대한 정치가가 되었던 세종의 질문법을 배울 필요가 있다. 1440년 세종 22년 1월 30일 기록에서 우리는 세종의 평범하지만 다채로운 세종의 질문의 힘을 발견할 수 있다.

"병진년(1436)에 최해산이 도안무사가 되어 급히 아뢰기를, '정의현(旌義縣)에서 다섯 마리의 용이 한꺼번에 승천하였는데, 한 마리의 용이 도로 수풀 사이에 떨어져 오랫동안 빙빙 돌다가 뒤에 하늘로 올라갔습니다.'"(세종 22/1440/1/30)'라고 하였다는 신고가 제주에서 바다를 건너 말을 달려 급히 세종 임금에게 보고되었다. 그 당시 용은 상상의 동물로 판명이 난 것이고 신령스런 동물이라 임금과 관련된 곳에만 연결시키던 때였다. 이런 때에 실제 용을 다섯 마리나 보았다고 하니 이것은 대형 사건이었던 것이다. 오늘날 UFO 다섯 대를 봤다는 보고 이상의 충격 사건이었을 것이다.

이런 보고를 받은 세종은 어떤 반응을 보였을까 각종 강연에서 청중들에게 묻곤 한다. 대부분은 '노인을 잡아대령하라'는 엉뚱한 답변이 많았다. 그나마 나은 반응은 본 것을 자세히 조사해서 그림으로 그려오라는 반응이었다. 이때 세종이 보인 반응은 무슨 임금만이 가능한 특별한 반응이 아니었다. 평범한 초등학생조차 가능한 반응이었다.

세종은 다음과 같은 질문을 교지로 내렸다.

(1) 용의 크고 작음과 모양과 빛깔과 다섯 마리 용의 형체를 분명히 살펴보 았는가.
(2) 그 용의 전체를 보았는가, 그 머리나 꼬리를 보았는가, 다만 그 허리만 을 보았는가.

---

1 歲在丙辰, 崔海山爲都按撫使, 馳報云: "旌義縣, 五龍一時昇天, 一龍還墜叢薄間, 盤旋久之, 後乃昇天." -《세종실록》, 세종 22/1440/1/30

(3) 용이 승천할 때에 구름 기운과 천둥과 번개가 있었는가.

(4) 용이 처음에 뛰쳐나온 곳이 물속인가, 수풀 사이인가, 들판인가.

(5) 하늘로 올라간 곳이 인가에서 거리가 얼마나 떨어졌는가.

(6) 구경하던 사람이 있던 곳과는 거리가 또 몇 리나 되는가.

(7) 용 한 마리가 빙빙 돈 것이 오래 되는가, 잠깐인가.

(8) 같은 시간에 바라다 본 사람의 이름은?

(9) 용이 이처럼 하늘로 올라간 적이 그 전후에 또 있었는가?

(10) 이전에 보았다면 본 시간과 장소는 무엇인가?

　상상의 동물을 직접 보았다고 하니 이런 구체적인 실상을 파악하게 하는 질문이 중요했던 것이다. 일단 세종은 (1), (2)와 같이 보았다는 사실을 확인하는 질문을 던지고 있다. 1차적인 사실 관계가 불확실하다면 사건 자체가 성립되지 않기 때문이다. 그런 다음 일반 통념을 확인하는 질문(3)을 던졌다. 통상 용이 승천할 때는 천둥 번개가 요동치고 구름 기운과 더불어 승천한다고 알려져 있기 때문이다. 그런 다음 구체적인 정황을 확인하는 질문(4, 5, 6, 7)을 던지고 그런 중요한 사건은 혼자 목격하기 어려우므로 함께 목격한 사람(8)을 묻고 있다. 마지막으로 동일한 사건의 예가 있는지(9, 10)를 통해 이 사건의 의미를 되짚고 있다.

　그 노인에게 상을 주든지 벌을 주든지는 이런 확인을 한 다음의 문제였다. 당연히 이런 식의 질문이 필요했고 이런 질문은 어린이조차 가능한 질문이었다. 문제는 우리는 평소 이런 단순하면서도 꼭 필요한 질문들을 제대로 던지지 않는다는 데 있다. 이런 질문에 평소 익숙해 있다면 한국에 온, 눈 앞에 서 있는 오바마 대통령에게 던질 질문이 얼마나 많았겠는가?

　이 질문이 더욱 가치가 있는 것은 한 나라 임금이 변방의 제주도의 한 노인에게 던진 질문이라는 것이다. 질문에는 그 어떤 경계도 없다. 나이도 신분도 성별도 벽이 될 수 없다. 설령 벽이 있다 하더라도 그 벽을 허

무는 게 질문이다. 질문으로 우리는 대화를 열고 토론을 열고 문제 해결
의 길을 연다.

사실 세종 임금은 이 사건 훨씬 전인 1430년 윤 12월 19일에 신하들과
학술 토론을 하는 가운데 용에 대해 토론한 적이 있다. 중국 책에 어느
황제가 "누런 용과 푸른 용은 길한 징조요, 흰 용과 검은 용은 재난 징조이
다. 내가 황제에 오른 뒤에 검은 용을 한 번 보았으니 이것은 재난 징조이
다."라고 말한 것을 보고 세종은 이렇게 물었다.

"사람이 용을 볼 수 있느냐."
라고 물으니, 김빈이 대답하기를,
"지난번에 양산군의 용연못에서 용이 나타났는데, 사람들은 그 허리만을
보고 머리와 꼬리는 보지 못하였습니다."
라고 하니 세종은 이렇게 자세히 말했다.
"구름과 비 사이에서 굼틀굼틀하며 움직이며 어떤 형태를 이룬 것을 보고
사람들은 이것을 용이 하늘로 올라간다고 하지만, 나의 생각으로는 이것은 용이
아니요, 곧 구름·안개·비·우레의 기운이 우연히 뭉쳐서 형태가 이루어져서
그런 것인 듯하다. 사람들이 말하기를, "어느 연못가에 개가 쭈그리고 앉아 있기
에 가서 보았더니, 개가 아니고 용이었다."하는데, 이것도 꼭 믿을 수 없다."[2]
라고 말한 적이 있다. 이런 논쟁을 벌인 지 10년 만에 제주에서 실제 용을 보
았다고 하니 이렇게 자세히 물은 것이다. 이런 논쟁이 아니었다 하더라도 누
구나 던질 수 있는 질문이었다. 문제는 누구나 이런 질문을 던지지 않는다는
것이다.

세종의 노인에 대한 질문은 잘 전달되어 뒤에 제주 안무사는 이렇게 아뢰었다.

---

2 "人可得見龍乎?" 檢討官金鑌對曰："往者有龍見于梁山郡 龍塘, 人見其腰, 不見頭尾." 上曰：
"雲雨間有搖動成形之物, 人謂之龍上天子, 意以爲此非龍也, 乃雲霧雷雨之氣, 偶爾成形而然
也. 人言：'留後司朴淵邊有狗蹲踞, 就視之, 非狗乃龍也.' 是亦未可必其然否也." -《세종실
록》, 세종 12/1430/12/19

"시골 노인에게 물으니, 지나간 병진년 8월에 다섯 용이 바다 속에서 솟아 올라와 네 용은 하늘로 올라갔는데, 구름 안개가 자우룩하여 그 머리는 보지 못하였고, 한 용은 해변에 떨어져 금물두(今勿頭)에서 농목악(弄木岳)까지 뭍으로 갔는데, 비바람이 거세게 일더니 역시 하늘로 올라갔다 하옵고, 이것 외에는 전후에 용의 형체를 본 것이 있지 아니하였습니다.[3]"

세종의 합리적인 물음이 있었기에 이런 과학적인 답변이 나왔다. 세종은 끊임없이 물었다. 왜 우리는 죽어서까지 중국의 음악을 들어야 하는가? 왜 우리는 우리 실정에 맞지 않는 중국 농서를 보고 농사를 지어야 하는가? 왜 우리는 중국 황제가 중국 하늘을 보고 만든 표준 시간을 따라야 하는가? 왜 우리는 우리말과 말소리를 제대로 적을 수 없는 한문만을 써야 하는가?

세종과 다른 사대부의 차이는 임금과 신하라는 차이보다 더 무서운 게 바로 이런 묻는 태도였다. 사대부들은 이런 물음을 던지지 않았고 던질 생각을 하지 않았다. 세종의 물음은 다양한 학문으로 발전되었고 정치로 이어져 많은 업적을 낳았고 세상을 바꾸는 힘의 뿌리가 되었다.

3. 토론으로 새로운 세상을 열다

세종은 22살의 젊은 나이에 왕위에 올라 임기 내내 의논, 토론 등을 매우 중요하게 실천했다. 세종 즉위년인 1418년 "내가 인물을 잘 알지 못하니, 좌의정·우의정과 이소·병소의 낭상관(堂上官)과 함께 의논하여 벼

---

3 "訪諸古老, 去丙辰年八月, 五龍自海中聳出, 四龍昇天, 雲霧濛暗, 未見其頭. 一龍墜海邊, 自今勿頭至弄木岳陸行, 風雨暴作, 亦昇天. 此外前後, 未有見龍形者." -《세종실록》, 세종 22/1440/1/30

슬을 제수하려고 한다."⁴(8월 12일)라는 식의 열린 국정을 이끌어 갔다.

또한 신하들끼리 중요한 문제를 토론하여 의견을 모을 수 있었다. 풍수지리를 잘 보는 고중안(高仲安)·최양선(崔揚善) 등과 안숭선의 묘자리에 관한 의견이 서로 다르자 "이양달을 불러서 중안·양선과 더불어 토론하게 하라."고 지시를 내렸다. 이양달의 의견이 양선등과 같았지만 좀 더 신중히 검토하기 위해 "내일 아침 회의 때에 내가 친히 하교하겠다."라고 했다.

또한 세종은 중요한 문제는 끝장 토론으로 문제를 해결하도록 했다. 역시 즉위년 12월 17일 경연에서 탁신(卓愼)이 강론 주제에 대해 종일토록 토론하기를 청하자 이를 허락하고 점심밥을 주도록 해 격려하였다. 이 경우는 임금의 명령이 아니라 신하들이 자발적인 요청에 따른 점이 중요하다. 그런 분위기를 만든 것이 중요하기 때문이다.

세종은 토론에서 중요한 경청을 매우 중요하게 여겼다. 세종 1년(1419) 1월 11일에 중국 황제 법도를 따르는 문제에 대해 김점과 허조의 격론이 세종 임금이 지켜보는 가운데 벌어진다. 참찬 김점이 아뢰기를, "전하께서 하시는 정사는 마땅히 중국 황제의 법도를 따라야 될 줄로 아옵니다." 하니, 예조 판서 허조는 아뢰기를, "중국의 법은 본받을 것도 있고 본받지 못할 것도 있습니다."라고 이의제를 제기한다. 곧 김점은 "신은 황제가 친히 죄수를 끌어 내어 자상히 심문하는 것을 보았습니다. 전하께서도 본받아 주시기를 바라옵니다."하니 허조는 "그렇지 않습니다. 관을 두어 직무를 분담시키므로서 각기 맡은 바가 있사온데, 만약 임금이 친히 죄수를 결제하고 대소를 가리지 않는다면, 관을 두어서 무엇하오리까." 라고 맞받아친다. 그러자 김점은 "온갖 정사를 전하께서 친히 통찰하시는 것이 당연하옵고 신하에게 맡기시는 것은 부당하옵니다." 하니, 허조

---

4 子未知人物, 欲與左右議政, 吏兵曹堂上, 同議除授. -《세종실록》, 세종 즉위년/1418/8/ 12

는 "그렇지 않습니다. 어진이를 구하기 위하여 노력하고, 인재를 얻으면 편안해야 하며, 맡겼으면 의심을 말고, 의심이 있으면 맡기지 말아야 합니다. 전하께서 대신을 선택하여 육조의 장을 삼으신 이상, 책임을 지워 성취토록 하실 것이 마땅하며, 몸소 자잘한 일에 관여하여 신하의 할 일까지 하시려고 해서는 아니 됩니다."**5** 하였다.

　여기서 끝이 아니었다. 다시 김점은, "신은 뵈오니, 황제는 위엄과 용단이 측량할 수 없이 놀라와, 6부의 장관이 정사를 아뢰다 착오가 생기면, 즉시 금의(錦衣)의 위관(衛官)을 시켜 모자를 벗기고 끌어 내립니다."고 하니, 허조는, "대신을 우대하고 작은 허물을 포용하는 것은 임금의 넓으신 도량이거늘, 이제 말 한마디의 착오 때문에 대신을 죄로 몰아 죽이며 조금도 사정을 두지 않는다면, 너무도 부당한 줄 아옵니다."라고 하였다. 그러자 김점은 "시왕(時王)의 제도는 따르지 아니할 수 없습니다. 황제는 불교를 존중하고 신앙하여, 중국의 신하들은《명칭가곡(名稱歌曲)》을 외고 읽지 않는 자 없습니다. 그 중에는 어찌 이단으로 배척하는 선비가 없겠습니까마는, 다만 황제의 뜻을 본받기 위해서 그렇지 않을 수 없는 모양입니다." 하니, 허조는, "불교를 존중하고 신앙하는 것은 제왕의 성덕이 아니옵기로, 신은 적이 취하지 않습니다."**6** 하였다.

5　參贊金漸進曰 :"殿下爲政, 當一遵今上皇帝法度." 禮曹判書許稠進曰 :"中國之法, 有可法者, 亦有不可法者." 漸曰 :"臣見, 皇帝親引罪囚, 詳加審覈, 願殿下效之." 稠曰 :"不然. 設官分職, 各有攸司, 若人主親決罪囚, 無問大小, 則將焉用法司?" 漸曰 :"萬機之務, 殿下宜自摠覽, 不可委之臣下." 稠曰 :"不然. 勞於求賢, 逸於得人, 任則勿疑, 疑則勿任. 殿下當愼擇大臣, 俾長六曹, 委任責成, 不可躬親細事, 下行臣職. -《세종실록》, 세종 1/1419/1/11

6　漸曰 :"臣見, 皇帝威斷莫測, 有六部長官奏事失錯, 卽命錦衣衛官, 脫帽曳出." 稠曰 :"體貌大臣, 包容小過, 乃人主之洪量. 今以一言之失, 誅戮大臣, 略不假借, 甚爲不可." 漸曰 :"時王之制, 不可不從. 皇帝崇信釋敎, 故中國臣庶, 無不誦讀《名稱歌曲》者. 其間豈無儒士不好異端者? 但仰體帝意, 不得不然." 稠曰 :"崇信釋敎, 非帝王盛德, 臣竊不取." -《세종실록》, 세종 1/1419/1/11

길지만 전문을 모두 인용해 본 것은 이러한 신하들의 열띤 토론이 세종 임금 앞에서 이루어진 것이라는 점이다. 세종은 끝까지 지켜보며 더 합리적인 의견을 찾았다. 세종의 최종 토론평을 사관이 이렇게 정리해 놓고 있다. "김점은 발언할 적마다 지리하고 번거로우며, 노기만 얼굴에 나타나고, 허조는 서서히 반박하되, 낯빛이 화평하고 말이 간략하니, 임금은 허조를 옳게 여기고 김점을 그르게 여겼다."[7]

마치 한 편의 토론 드라마를 보는 듯하다. 신하들과 직접 대등한 토론을 벌이는 일이 당연히 자주 있었다. 세종 12년인 1430년 10월 25일에 과거 시험 제도에 대한 토론이 벌어졌다. 상정소라는 기관에서 "문과의 초장(初場)에서 강경(경전 외우기)과 제술(논술시험)을 교대로 실시하게 하옵소서."라고 건의하자 세종은 다음과 같이 차분하게 자신의 의견을 제시한다.

"강경은 대면하여 사사로운 감정을 보이는 폐단이 있다. 그러므로 옛적에 권근(權近)은, '이것이 좋지 못하다.' 하였고, 근년에 변계량(卞季良)도 좋지 못하였다고 말하였는데, 다만 박은(朴訔)이 강력히 태종께 말씀을 드리어 마침내 강경하는 법을 실시하였던 것이다. 그러나 내 생각에 제술로 할 때에도 사사로운 정을 쓸 수 있다고 염려하여, 답안지를 꿰매고 책을 바꾸게 하여 협잡을 방지하였는데, 더구나 면대하여 외워 말하게 한다면 공정하지 못한 폐단이 어떻게 없을 수 있겠는가. 무술년 이후에 강경 제도를 폐지하기를 요청한 사람이 상당히 많았고, 대사성 황현(黃鉉)도 변춘정(卞春亭)의 말을 따라, 강경을 폐지할 것을 요청하고 《오경(五經)》 가운데에서 두 가지 문제만을 뽑아내어 제술을 하게 하였는데, 법을 세운 지 얼마 되지 않아 황현(黃鉉)은 다시 아뢰기를, '선비들이 글을 베껴 모으기[抄集]에만 힘을 쓰고 경학(經學)을 숭상하지 아니하니, 강경 제도를 다시 살리기를 원합니다.' 하니, 황현 한 사람으로서도

---

7 漸每發一言, 支離煩碎, 怒形於色, 稠徐徐折之, 色和而言簡, 上是稠而非漸. -《세종실록》, 세종 1/1419/1/11

말하는 것이 이와 같이 이랬다저랬다 하는구나."

그러자 총제(摠制) 정초(鄭招)가 대답하기를, "신의 생각으로는 강경이란 기억하고 외는 것뿐이요, 제술은 문장에만 힘쓰는 것이니, 성인의 성명도덕(性命道德)의 학문이 아닙니다. 역대에서 인재를 시험보이는 데에 모두 제술의 제도를 썼고, 또 명경(明經)의 과목이 있었습니다. 만일 경학(經學)과 역사에 마음을 가진 사람이라면, 아무리 기억하고 외는 공부를 한다 할지라도 오히려 이치에 통달하며 사리를 알게 되는 이익이 있을 것입니다. 베껴 모으는 것만 일삼고 실제의 학문에는 힘쓰지 않는 것이 오늘날에 있어서 큰 폐단이 되고 있사옵니다."라고 하자 세종은 "아무리 베껴 모으는 일에 힘쓴다 할지라도 이것도 모두 경(經)과 역사에서 나오는 글인데, 그렇게 공부한대서 무엇이 나쁜가." 하였다. 정초(鄭招)가 대답하기를, "만일 옛날 학자들이 지은 문장을 모아 가지고 그것을 본받는다면 좋습니다. 지금 과거에 응시할 공부를 하는 사람들은 대부분이 그의 친구들이 지은 글 중에서 남들이 잘 지었다고 칭찬 받는 것들을 주워 모아서, 밤낮으로 외며 생각하여 행여나 한번 들어맞게 될 것을 바라고 있사오니, 그 취지가 매우 비열합니다. 뒤에 과거에 합격된다 하더라도 무엇에 쓰겠습니까. 강경하는 제도를 교대로 시행하는 법을 지금에는 사용하지 않는다 할지라도, 만일 《육전(六典)》에서 삭제하지 않고 그대로 둔다면, 선비들이 어떤 방향으로 시험을 보일지 모르기 때문에 자연 경학(經學)에 대해서도 게을리 하지 않을 것입니다."라고 하니 세종은 "실시하지 않는다면 삭제해 버리는 것이 옳지, 속이는 방법을 쓸 필요야 있겠는가."라고 돌직구를 날린다.

정초도 결코 만만하게 물러서지 않았다. 정초가 "혹 10년에 한 번씩이라도 세상의 경향이 달라지는 것을 보아서 그것을 교대로 사용하여 장래의 폐해를 방지하는 것이 좋겠습니다."라고 하니 세종은 "이 법이야말로 장래의 폐해가 있을 것이다."라고 하였다. 그러자 정초가 "제술로 시험을 보이는 데도 오히려 '집에서 찰밥을 먹어도 과거에 이름이 오를 수 있다.'는 비난이 있는데, 더구나, 면대(面對)하여 강경을 실시하는 데에 어찌 정실이 없다고 할 수야 있겠습니까. 그러나 한 사람만이 도맡아서 하는 것도 아니요, 또 대간이 참석해 있고, 처음 책을 펴는 데에서 강문(講問)한 것을 가지고 어떤 의(義)를 해석한 것은 '조'(粗)라 하고 어떤 의(義)를 통달한 것은 '통'(通)이라 하여 엄정하게 규정을 세워 가지고 시험을 치르는데, 어떻게 공정하지 못한 폐단이 있겠습니까." 하니 세종은 "이것은 사실 폐단이 있는 방법이다. 내가 다시 연구하여 시행하겠다."라고 하였다.

토론은 대등 하되 최종 판단은 되도록 합리적으로 하기 노력하고 있음을 알 수 있음은 토론이 끝난 뒤 세종의 처신에서 알 수 있다. 좌우에 토론하던 사람들이 모두 나가니, 임금이 비서관인 도승지 등에게 다시 물었다. 아무래도 폐단의 문제가 더 크다고 생각했기 때문이다.

도승지 등도 폐단 사례를 말하자 세종은 "내 마음으로 생각해 보아도 잘 아는 사람이 시험에 들어온 것을 보고 어떻게 대답하기 곤란한 문제를 질문하겠는가."라고 하고, 인하여 상정소에 "강경 제도는 다시는 시행하지 않을 것이니 학문을 진흥시킬 수 있는 다른 방법을 논의하여 보고하라."고 최종 행정 명령을 내렸다.

4. 질문과 토론, 세상을 바꾸다

이렇게 상세한 토론 과정이 그대로 담겨 있는 조선왕조실록을 보면 기록 대국으로서의 전통이 놀랍고 그 내용을 보면 질문과 토론이 주는 힘에 대해 다시금 더 놀라게 된다. 이런 기본적인 대화와 토론에서는 세종은 절대 권력을 가진 임금이 아니라 질문과 토론을 즐기고 이를 통해 더 나은 학문과 정치를 하고 그런 학문과 정치로 만백성을 위한 세상을 열어보려고 하는 성실한 학자요 정치가였다.

질문은 관심과 열정과 배려에서 나온다. 요즘 질문하는 교실 만들기 운동이 벌어지고 있기는 한데 학교에서뿐 아니라 가정에서 직장에서 사회에서 활발한 질문으로 서로를 배려하고 함께 상생하는 세상을 열어갔으면 좋겠다.

질문 방법과 수준 또한 천차만별이다 "네 생각은 무엇이며, 어떻게 생각하며, 왜 그렇게 생각하는가?"라는 기본 질문부터 "과연 옳은 생각인가, 다르게 볼 수는 없는가, 더 좋은 방향은 없는가, 다른 대안은 무엇인가, 다르게 생각할 수는 없는가?"라는 비판적이며 도발적인 질문까지 다채롭게 펼쳐진다. 질문은 질문을 낳고 대답은 다시 질문으로 이어지며 끝도 없는 대화와 토론이 벌어질 수 있다.

요즘 우리 교육계 하부르타 열풍이 부는 것은 좋은 교육 방식을 본받자고 하는 것이니 반길 일이다. 그만큼 우리 사회가 질문이 죽어 있음을 의미하기도 한다. 오죽하면 서울시가 '질문 있는 교실'이라는 교육 정책을 내걸었을까. 질문이 없으면 교실이 아닌데 우리는 그동안 무슨 교육을 해왔나 반성부터 앞서게 된다. 필자는 2000년부터 '또 묻고 또 묻자'는 또물또 운동을 펴왔지만 특정 개인의 운동으로 해결될 문제는 아니었다.

이참에 우리 여성들의 수다 문화를 질문 토론 문화 운동으로 끌어왔으면 좋겠다. 그동안 우리는 여성들의 수다를 부정적으로 보아 왔고 사전에서도 "쓸데없이 말수가 많음(표준국어대사전)"이라고 그런 식으로 풀이를 해 놓았다. 상황과 맥락에 맞지 않게 지나치게 말을 많이 한다면 당연히 잘못된 것이지만 서로 즐겁게 조잘조잘 유쾌하게 대화를 이어가는 것을 부정적으로 볼 수 없다. 수다를 살천스레 바라보는 것은 지극히 권위적인 남성 중심의 문화가 낳은 삐딱한 시선이었다. 이제는 여성이든 남성이든 수다 떨든 대화를 하고 토론을 하는 사회를 만들어야 한다.

　세종의 질문을 통한 학문과 토론 정치를 되돌아 볼 일이다. 세종 32년간의 《세종실록》에는 세종이 어떻게 그런 위대한 학자가 되었고 위대한 정치를 통한 업적을 남겼는지가 고스란히 실려 있다. 끝없이 묻고 대화하고 토론을 통한 태도가 빛나는 세종 시대의 힘이었다. 세종 시대의 정점인 세종 15년(1433) 7월 21일 기록만 보아도 이런 사실을 확인할 수 있다.

　세종은 영의정 황희, 좌의정 맹사성, 우의정 권진 등을 불러 의논하며 먼저 "강녕전은 나만이 가질 것이 아니고 그것이 만대에 전할 침전인데, 낮고 좁고 또 어두워 만일 늙어서까지 이 침전에 거처하면 반드시 잔글씨를 보기가 어려워 만 가지 정무를 처결할 수가 없을 것이니, 내가 고쳐지어 후세에 전해 주고자 하는데 어떻겠는가."라고 묻는다. 이날 세종은 궁궐 건축 분야에 대해 중요한 문제든 아니든 질문과 대화를 통해 정책을 의논하고 결정했다. 건축 관련 권도 상소문을 읽고는 직접 불러 상소문 내용을 확인하고 의논하기도 했다.

　신바람 대화가 '수다'다. 가정에서 학교에서 수다를 떨어보자. 수다는 더불어 문제를 나누는 것이며 함께 지혜를 찾는 과정이다. 정답을 찾지 못해도 상관이 없다. 수다를 떨었다는 것 자체가 이미 문제를 푸는 징검다리를 놓은 것 아닌가.

제3장

세종인문학의 꽃, 인재 혁명, 인재를 키우고 더불어 뜻을 이루다

1. 세종 시대는 세종 혼자 이룬 것이 아니었다

세종 시대 32년간에 이룩한 찬란한 업적과 문명은 분야를 가릴 필요도 없이 거의 모든 분야에 걸쳐 꽃피웠다. 당연히 세종 혼자 이룬 것이 아니라 수많은 인재들이 있었기에 가능했고 세종의 핵심 리더십은 바로 인재들을 키우고 그들의 재능을 더불어 맘껏 발휘하게 한 데 있었다.

정인지, 박연, 최항, 신숙주, 성삼문, 김종서, 최윤덕, 이순지, 김담, 이천, 장영실, 황희, 맹사성……

세종시대를 빛낸 인재들, 끝이 없다. 분야를 가릴 것도 없다. 특히 정인지처럼 음악, 언어, 과학 등 여러 분야에서 빛을 낸 융합형 인재도 한둘이 아니다. 심지어 노비 출신 장영실도 있다. 이들이 있었기에 세종은 나라를 다스린 32년간 의료, 음악, 국방, 과학 등 온갖 분야의 업적을 이루었고 당대 최고 수준으로 끌어 올렸다.

세종 시대에 태어나 젊은 시절을 보낸 매월당 김시습은 《매월당집》에서 "인재는 국가의 주춧돌이다. 그러므로 나라를 다스리는 데는 인재를 얻는 것으로 근본을 삼으며, 교화를 일으키는 데는 인재를 기르는 일을 먼저 한다."고 갈파한 바 있다. 세종이 인재를 얼마나 중요하게 여겼는가는 1418년 8월 10일 즉위하고 11일에 즉위 교서를 발표한 지 채 두 달도 되지 않은 10월 7일, 경연에서 세종은 과거를 설치하여 선비를 뽑는 것은 참다운 인재를 얻으려 함이라고 하고 어떻게 하면 인재를 인재답게 키울 것인가 신하들과 의논하였고 이를 위해 끊임없이 노력하였다.

[그림 1] 집현전 학사도(세종대왕기념사업회 소장)

2. 세종의 인재 양성

세종의 인재 양성은 크게 교육, 기관과 제도를 통한 인재 양성, 인재들의 연구를 장려하고 선진 학문을 배워오게 하는 오늘날의 유학과 같은 해외 파견, 공동 연구나 협동 작업으로 인한 재능 발휘의 극대화였다. 세종은 인재 양성이야말로 국가 발전의 바탕임을 실제 정책을 통해 실천하고 이룬 셈이다. 인재 양성의 가장 기본이 되는 길은 교육이며 이러한 교육의 바탕은 책이고 책의 바탕은 문자다.

좀더 세밀하게 살펴보자. 첫째, 세종 때 이르러 각종 학교(향교, 학당) 제도가 크게 정비 되었고 평민 이상이라면 누구나 학교에 들어갈 수 있는 길이 열렸다. 세종은 즉위 초부터 교육 정책에 힘을 쏟았다. 즉위년인 1418년에 "학교는 풍속과 교화의 근원이니, 서울에는 성균관과 오부 학당을 설치하고 지방에는 향교를 설치하여, 권면하고 가르치고 일깨우게 한 것이 지극하지 않음이 없었는데도, 성균관에서 배우는 자가 오히려 정원에 차지 않으니, 생각건대 교양하는 방법이 그 방법을 다하지 못한 때문인가. 사람들의 대세가 다른 데 좋아하는 점이 있는 때문인가. 그 추켜 세우는 방법을 정부와 육조(六曹)에서 검토 연구하여 아뢸 것이다. 더구나 향교 생도는 비록 학문에 뜻을 둔 사람이 있더라도, 있는 곳의 수령이 자세히 쓰는 일을 나누어 맡기고 손님을 응대하는 등, 일에 일정한 때가 없이, 일을 하게 하여 학업을 폐하게 하니, 지금부터는 일절 이를 금지시키고, 그 공부하는 선비(유사)들이 사사로이 서원을 설치하여, 생도를 가르친 자가 있으면, 위에 아뢰어 포상하게 한 것이다.(세종 즉위년/1418/11/3)"[1]라고 유시하였다.

---

1 學校, 風化之源, 內設成均, 五部學堂, 外設鄕校, 勸勉訓誨, 無所不至, 而成均受學者, 尙未滿額. 意者敎養之方, 未盡其術歟? 人之趨向, 他有所好歟? 其振起作成之術, 政府六曹講求以聞. 且鄕校生徒, 雖有志學者, 所在守令, 如損分書役, 應對賓客等事, 無時使喚, 以致廢業, 自今一禁, 其有儒士私置書院, 敎誨生徒者, 啓聞褒賞. –《세종실록》, 세종 즉위년/1418/11/3

[사진 1] 세종 때 집현전을 설치했던 경복궁 수정전

더욱이 책을 매우 좋아하고 그 가치와 효용성을 잘 알았던 세종은《용비어천가》등 중요한 책들은 국가에서 펴내 신하들에게 직접 나눠 주었고 백성들이 쉽게 책을 볼 수 있게 하기 위해 훈민정음을 만들었다.

둘째, 핵심 연구소이자 자문 기관인 집현전을 크게 일으켜 인재들이 맘껏 연구하고 기량을 펼 수 있게 하였다. 집현전은 왕에게 경서와 사서를 강론하는 경연, 세자를 교육하는 서연, 도서의 수집 보관 및 이용, 학문 등의 업무를 담당하는 곳이었다. 집현전의 인재들에게는 국가에서 책이 나오면 가장 먼저 볼 수 있도록 하였다.

집현전은 고려 인종 때인 1136년부터 있었지만 세종은 세종 2년(1420)에 집현전을 새로 정비하고 관원을 크게 늘렸다. 훈민정음 반포를 위한《훈민정음》해례본(1446) 집필에 참여한 정인지, 최항, 박팽년, 신숙주, 성삼문, 이개, 이선로(강희안은 나중에 집현전 학사가 됨) 모두 집현전 학사였다. 물론 훈민정음 반포를 반대했던 최만리, 신석조, 김문, 정창손, 하위지, 송처검,

조근 등도 집현전 학사였다. 임금이 학술 토론을 통해 정치를 논하던 경연
과 똑같은 방식의 왕세자의 서연도 이곳에서 이루어졌으므로 그 당시 집현
전이 얼마나 학술 연구와 정치 비중이 큰지를 알 수 있다.

[그림 2]와 같이 집현전 위치도를 보면 세종이 이 기관을 얼마나 중요
하게 여겼는지를 알 수 있다. 궁궐 안 중심인 근정전 가까운 곳인 핵심
권력 기관인 승정원과 가장 아름다운 경회루 사이에 있었던 것이다.

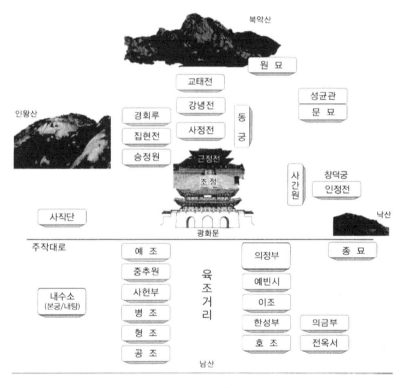

[그림 2] 집현전 위치도(조병인(2016), 『세종식 경청』, 문우사, 44쪽)

셋째, 특정 인재들에게는 오늘날 안식년(일을 쉬면서 연구에 몰두하게 하는 제도)과 같은 사가독서제를 실시하였다. 집현전 학사들에게 주어졌는데 업무에서 벗어나 오로지 독서와 연구만 할 수 있는 특별휴가 제도였다.

세종 8년 때인 1426년 12월 11일의 실록 기록에 의하면, 집현전 권채, 신석견, 남수문 등을 불러 이렇게 말했다.

> 내가 너희들을 집현전 관리로 임명한 것은 나이가 젊고 장래가 있으므로 다만 글을 읽혀서 실제 효과가 있게 하고자 함이었다. 그러나 각각 직무로 인하여 아침저녁으로 독서에 전심할 겨를이 없으니, 지금부터는 출근하지 말고 집에서 열심히 글을 읽어 성과를 나타내어 내 뜻에 맞게 하고, 글 읽는 규범에 대해서는 변계량의 지도를 받도록 하라.[2]   – 세종 8/1426/12/11

당대 최고 학자인 변계량의 지도까지 받게 하는 섬세함도 잊지 않았다. 이렇게 돌아가면서 인재들에게 맘껏 연구할 기회를 주었고 훗날 적재적소에서 기량을 맘껏 드러내는 인재들이 된다.

넷째는 그 당시 중국, 명나라로 유학을 보내 선진 학문을 배워오게 하는 것이다. 집현전을 만든 그 다음 해인 1421년(세종 3년 25세) 남양 부사 윤사웅, 부평 부사 최천구, 동래 관노 장영실을 중국으로 유학을 보냈다. 이때 세종은 노비 출신 장영실에 대한 사대부들의 눈초리를 염두에 둔 듯 공개적으로 "영실은 비록 지위가 천하나 재주가 민첩한 것은 따를 자가 없다. 너희들이 중국에 들어가서 각종 천문 기계의 모양을 모두 눈에 익혀 와서 빨리 모방하여 만들어라."라고 일렀다. 또한 많은 비용을 주어

---

2 召集賢殿副校理權綵, 著作郎辛石堅, 正字南秀文等, 命曰 : "予以爾等除集賢官者, 以其年少有將來, 祗欲其讀書有實效也. 然各緣職事早暮, 未暇專心讀書. 自今勿仕本殿, 在家專心讀書, 以著成效, 以副予意, 其讀書規範, 當受卞季良指畫." -《세종실록》, 세종 8/1426/12/11

중국의 각종 책과 과학 관련 각종 기관, 기구 등의 도면을 그려오게 하였다. 이런 노력이 있었기에 10년 뒤인 1430년데 온갖 과학 기구가 발명되고 쓰이는 과학 르네상스 시대가 열렸다.

1431년 3월에는 명나라에 김한, 김자안을 수학을 배우게 하는 유학을 보내면서 이런 말을 남겼다.

> 산법(수학)이란 유독 천문과학책에만 쓰는 것이 아니다. 만약 병력을 동원한다든가 토지를 측량하는 일이 있다면, 산법 없이는 달리 구할 방도가 없다.[3]
>
> – 세종 13/1431/3/2

우리가 손전화 판매로 천문학적인 돈을 벌지만 번 돈의 많은 돈은 다시 미국 쪽의 수학자들에게 저작권료로 보낸다. 오랜 세월 동안 수학은 모든 과학이나 실용 분야의 원천임을 강조한 세종의 정신을 이어받지 못하고 수학을 홀대한 탓이다.

넷째 적재적소의 인물을 찾아내고 끊임없이 대화하고 토론하였다.《한비자(韓非子)》에 보면 "닭으로 하여금 밤을 담당하게 하고, 고양이로 하여금 쥐를 잡게 한다."라고 인재는 적재적소에서 재능을 발휘하게 하는 것이 중요하다고 하였는데 다음 풍수학 인재에 대한《세종실록》기록을 보면 세종은 이를 잘 실천했던 것이다.

> "역대의 거룩한 임금을 보건대 통하지 않음이 없었다. 그러므로 천문 지리까지도 이치를 모르는 것이 없었고, 그만 못한 임금으로서 천문 지리의 이치를 몸소 알지는 못하더라도 아래에서 그 직무를 받늘어서 한 자가 세대마다 각기 인재가 있었으니, 진(晉)나라의 곽박(郭璞)과 원(元)나라의 순신(舜臣)이 그러했

고, 우리나라의 일로 말하더라도 도읍을 건설하고 능 자리를 정하는 데에 모두 술수 전문가의 말을 채용해 왔는데, 지금 헌릉(獻陵) 내맥(來脈)의 길 막는 일에 있어서 이양달(李陽達)과 최양선(崔揚善) 등이 각기 제가 옳다고 고집하여 분분하게 굴어 정하지 못하고, 나도 역시 그런 이치를 알지 못하기 때문에 그 옳고 그름을 결단하지 못하겠는지라, 장차 집현전의 유신들을 데리고 양달과 함께 날마다 그 이치를 강론하겠으니, 지리에 밝은 자를 널리 선택하여서 보고하게 하라." 하니, 지신사 안숭선(安崇善) 등이 아뢰기를, "경연(經筵)은 오로지 성현의 학문을 강론하고 구명하여 정치 실시의 근원을 밝히는 곳이온데, 풍수학(風水學)이란 것은 그것이 잡된 술수 중에서도 가장 황당하고 난잡한 것이오니, 강론에 참예시킴이 옳지 못하옵니다." 하매, 임금이 말하기를, "비록 그러하더라도 그 근원을 캐 보아야 하겠다."[4]   – 세종 15/1433/7/7

다섯째, 세종은 거의 모든 분야에서 공동 연구로 인재활용의 효율성을 높였다. 여러 명의 수재가 힘을 합치면 연구 결과가 극대화되면서도 개인과 공동체는 상생이 됨을 잘 알고 실천한 것이었다. 세종 시대를 빛낸 중요한 책에 참여한 저술가들을 보면 이런 협업의 놀라운 효과를 볼 수 있다.

---

4 歷觀聖王, 無所不通, 故天文地理, 靡不究致. 自聖而下, 雖不親解其理, 然下之供此職者, 代各有人, 晋之郭璞, 元之舜臣是已. 以我朝之事言之, 建都卜陵, 皆用術者之言, 至于當今獻陵來脈之防路, 李陽達, 崔揚善等各執自是, 紛紜未定, 予亦未知其理, 故未能決其是非, 將率集賢殿儒臣, 與陽達日講其理, 廣擇明於地理者以聞.知申事安崇善等啓曰: "經筵, 專是講明聖學, 以濬出治之源也. 風水學, 乃雜技中之最荒亂者也, 不可參講." 上曰: "雖然不可不究其源也." –《세종실록》, 세종 15/1433/7/7

[표 1] 훈민정음 관련 사업 참여 인사 현황(김슬옹(2017), 『한글혁명』, 살림터, 104쪽)

사업명 / 참여인사명		훈민정음 해례본 (1443-1446)	운회 언문으로 번역하기 (1444)	용비 어천가 (1447)	동국정운 (1448)	홍무정운 역훈 (1455)	직해 동자습 역훈평화	참여 횟수
신숙주		O	O	O	O	O	O	6
성삼문		O		O	O	O	O	5
최항		O	O	O	O			4
박팽년		O	O	O	O			4
이선(현)로		O	O	O	O			4
이개		O	O	O	O			4
강희안		O	O	O	O			4
정인지		O		O				2
조변안					O	O	O	3
김증					O	O	O	3
손수산						O	O	2
권제				O				1
안지				O				1
신영손				O				1
김하							O	1
이변							O	1
감장 (감독)	동궁		O					1
	진양 대군		O			O		2
	안평 대군		O					1
	화의군						O	1
	계양군					O	O	2
모두		8인	9인 (감독 3)	11인	9인	7인 (감독 2)	9인 (감독 2)	53 (중복 포함)

여섯째 인재에 대해 적절한 보상으로 예우하고 믿음으로써 대했다는
것이다.

"행 사직(行司直) 장영실은 그 아비가 본래 원나라의 소주(蘇州)·항주(杭州)
사람이고, 어미는 기생이었는데, 공교(工巧)한 솜씨가 보통 사람에 뛰어나므로
태종께서 보호하시었고, 나도 역시 이를 아낀다. 임인·계묘년 무렵에 상의원(尙
衣院) 별좌(別坐)를 시키고자 하여 이조 판서 허조와 병조 판서 조말생에게 의논
하였더니, 허조는, '기생의 소생을 상의원에 임용할 수 없다.'고 하고, 말생은
'이런 무리는 상의원에 더욱 적합하다.'고 하여, 두 의논이 일치되지 아니하므
로, 내가 굳이 하지 못하였다가 그 뒤에 다시 대신들에게 의논한즉, 유정현(柳廷
顯) 등이 '상의원에 임명할 수 있다.'고 하기에, 내가 그대로 따라서 별좌에 임명
하였었다. 영실의 사람됨이 비단 공교한 솜씨만 있는 것이 아니라 성질이 똑똑
하기가 보통에 뛰어나서, 매양 강무할 때에는 나의 곁에 가까이 모시어서 내시
를 대신하여 명령을 전하기도 하였다. 그러나 어찌 이것을 공이라고 하겠는가.
**이제 자격궁루(自擊宮漏)를 만들었는데 비록 나의 가르침을 받아서 하였지마는,
만약 이 사람이 아니더라면 암만해도 만들어 내지 못했을 것이다.** 내가 들으니
원나라 순제(順帝) 때에 저절로 치는 물시계가 있었다 하나, 그러나 만듦새의
정교함이 아마도 영실의 정밀함에는 미치지 못하였을 것이다. 만대에 이어 전할
기물을 능히 만들었으니 그 공이 작지 아니하므로 호군(護軍)의 관직을 더해
주고자 한다."**5**

– 세종 15/1433/9/16

---

5 "行司直蔣英實, 其父本大元 蘇·杭州人, 母妓也. 巧性過人, 太宗護之, 予亦恤之. 壬寅癸卯年
間, 欲差尙衣院別坐, 議于吏曹判書許稠, 兵曹判書趙末生, 稠曰:'妓産不宜任使於尙衣院.'
末生曰:'如此之輩, 尤宜於尙衣院.'二論不一, 予不敢爲. 其後更議大臣, 柳廷顯等曰:'可任
尙衣院.'予從之, 卽差別坐. 英實爲人, 非徒有巧性, 穎悟絶倫, 每當講武, 近侍予側, 代內竪
傳命. 然豈以是爲功乎? 今造自擊宮漏, 雖承予敎, 若非此人, 必未製造. 予聞元 順帝時, 有自
擊宮漏, 然制度精巧, 疑不及英實之精也. 能製萬世相傳之器, 其功不細, 欲加護軍之職."
– 《세종실록》, 세종 15/1433/9/16

비록 노비 출신으로 반대 세력이 많았지만 그에 거리끼지 않고 적절한 관직으로 보상하였고 그에 힘입어 장영실은 1430년대 찬란한 과학 업적의 중심 역할을 하였다.

3. 융합형 인재 양성의 길

세종대왕은 세종 25년인 마흔일곱 살 때 훈민정음을 창제했고, 세종 28년인 쉰 살에 반포하고 32년의 통치를 끝으로 쉰네 살에 운명했다. 인류의 최고 발명품이라는 문자, 그 중에서도 최고라는 문자가 생애와 통치 막바지에 이루어진 것이다.

학문 차원으로는 오랜 세월 천문학, 음악학 등 다양한 학문에 대한 연구와 섭렵을 바탕으로 정음학을 완성하고 이를 바탕으로 훈민정음 창제가 이루어졌다. 세종은 과학자이자 음악가였으며 언어학자였다.

세종의 이러한 업적을 통해 세종형 인재 유형을 설정할 수 있다. 세종형 인재는 분파적인 지식이 아닌 융합형 지식을 바탕으로 현실 문제를 해결하는데 기여함으로써 우리의 꿈과 이상을 이뤄가는 사람이다. 융합형 지식은 여러 가지를 서로 연계시키거나 어느 하나를 중심으로 합치는 통섭식 지식이다.

훈민정음은 통섭 지식과 통섭형 인물이 아니면 창제가 불가능한 문자였다. 우리는 15세기에 위대한 통섭형 지식인이 있었기에 호사스런 문자 생활을 누리고 있다.

그런데 우리나라는 이러한 통섭식 융합형 지식인을 키우는 데 세 가지 큰 걸림돌이 있다. 하나는 고등학교에서 문과와 이과를 지나치게 경직되게 나누는 것이다. 한국은 전 세계에서 문과와 이과를 유별나게 나누는 대표적인 나라이다. 학생들의 진로 지도의 편의를 위해서라고 하지만 그로인한 부작용이 더 크다고 본다.

문과와 이과를 나누게 하는 기준도 수학이나 과학을 잘하면 이과, 국어를 잘 하면 문과 식의 지나친 편의주의가 넘친다. 우리가 흔히 과학 시간에 배우는 진화론만 하더라도 통섭식 접근이 얼마나 중요한지를 알 수 있다.

굳이 우리 교과 식으로 얘기하면 역사 지식과 과학 지식을 철저하게 연계시켜야 진화론을 제대로 이해할 수 있기 때문이다. 라마르크의 용불용설은 프랑스 대혁명이라는 정치적, 역사적 배경과 함께 이해해야 하고 다윈의 적자생존설은 산업 발달 등과 연계시켜 이해해야 한다.

프랑스 대혁명이 일어났을 당시 라마르크는 왕실 식물원 책임자였다. 당연히 혁명 세력에 의해 죽임을 당할 처지였지만 혁명군은 오히려 막대한 연구비를 주며 라마르크를 지원한다. 특정 개체의 노력에 의해 진화가 이루어진다는 라마르크의 생각이 프랑스 대혁명을 주도한 세력들의 사고방식과 맞아떨어졌기 때문이다.

그러나 그런 시대도 가고 산업 혁명의 발전으로 시스템이나 환경 변화가 중요한 시대가 열리고 다윈의 진화론이 등장하면서 라마르크의 진화론은 역사에서 멀어져 갔다. 우리처럼 이과 문과를 지나치게 나누는 교육에서는 이런 식의 진화론의 실체와 변화를 제대로 이해하기 어려울 것이다.

두 번째 걸림돌은 입학사정관제다. 입학사정관제는 획일적인 교과 성적이나 수능 성적이 아니라 바로 이런 통섭형 인재를 많이 뽑는 데 활용되어야 하는데 그 점이 부족하다. 여러 대학 입학사정관들을 사적으로 만나보니 과학 경시대회와 독서논술 대회에서 동시에 상을 받았다든가, 이과 쪽 진로를 문과 쪽으로 바꿨다든가 하면 일관성이 부족하다는 이유로 매우 불리하거나 떨어질 확률이 높다고 한다.

일찌감치 중학교 때 꿈을 정하고 일관되게 밀고 나가는 모습을 증명해야 합격에 유리하다고 한다. 물론 그런 인재도 필요하다. 그러나 중학교 때는 과학자를 꿈꾸다가 고등학교에 와서 문학가로 바꾼 학생의 고민과 도전 정신은 왜 존중받지 못하는가. 꿈과 진로는 바뀌면 안 되는 것인가. 싸이가 줄기차게 경제학도로서의 길을 밀고나갔던들 강남 스타일이 어찌 가능키나 했을까.

세 번째 걸림돌은 입시에 좌지우지 되는 독서·토론·논술 교육 현실이다. 독서·토론·논술 교육은 궁극적으로는 범교과 교육으로 누구나가 모든 교과에서 꾸준히 교육 받거나 실천해야 하는 영역이다. 그런데 우리는 논술 보는 대학에 가거나 토론 대회 나가려는 학생들만 그런 교육을 받는다.

세종형 인재는 팔방미인형 인재가 아니다. 우리 삶의 문제를 해결하기 위해 다양한 전략을 활용하면서도 어느 하나에 몰입하며 끊임없이 노력하는 인간형이다. 이런 인재가 존중받는 사회가 되도록 교육과 사회 제도 등을 확 바꿔야 한다.

제4장

세종의 성찰 인문학, 역사를 바로 세우다

1. 뿌리 깊은 나무, 샘이 깊은 물

> "뿌리 깊은 나무는 바람에 아니 흔들리므로 꽃 좋고 열매 많나니
> 샘이 깊은 물은 가뭄에 아니 그치므로 냇물이 되어 바다에 가나니"
>
> — 《용비어천가》 2장 현대말

세종대왕은 나라를 다스린 지 28년째 되는 해인 1446년에 훈민정음을 반포하고 그 다음 해인 1447년에 새 문자를 적용하여 《용비어천가》를 신하들과 함께 펴냈다. 책 가운데 훈민정음만으로 표기한 시가 2장이다. 1442년부터 본격적으로 준비하여 5년 만에 책으로 펴낸 것이다. 간결하지만 이 짧은 시에 세종의 원대한 꿈과 역사에 대한 경외감이 담겨 있다.

세종은 22세에 즉위하던 해인 1418년 12월 25일에 경연 자리에서 "《고려사》를 보니 공민왕 때부터의 역사 기록은 정도전이 들은 바에 많이 의존하다보니 어떤 것은 더 쓰고 어떤 것은 줄이고 하여, 역사 기록을 맡은 사관들의 처음 원고와 같지 않은 곳이 매우 많으니, 어찌 뒷세상에 미쁘

게 전할 수 있으랴. 차라리 이런 역사책은 없는 것만 못하니라.[1]"라고 말
하고 있다. 고려 공민왕 이하의 역사 기록이 정도전 등 개국공신들로 말
미암아 실제 사실과 다른 것이 많았던 것이다. 잘못된 역사책은 차라리
없느니 못하다고 하며 역사 바로세우기의 중요성을 강조하고 있다.

세종이 임금이 되자마자 역사 바로 세우기에 나선 것은 그만큼 역사관
이 투철했음을 의미한다. 역사에 대한 성찰 없이 미래를 열어갈 수 없기
때문이다. 더욱이 이때는 조선이 세워진 지 28년밖에 안 되었기에 역사
바로세우기가 절실했다.

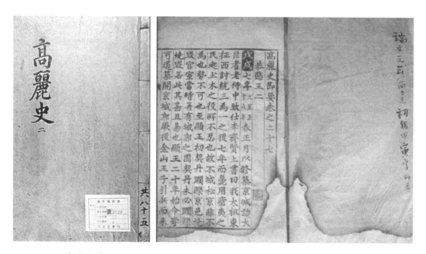

[사진 1] 세종의 명으로 시작하여 문종 때 펴낸 《고려사》 - 왼쪽,
고려사가 나온 그 다음해 펴낸 편년체 《고려사절요》

---

1 《高麗史》恭愍王以下, 鄭道傳以所聞筆削, 與史臣本草不同處甚多, 何以傳信於後世? 不如無
也. -《세종실록》, 세종 즉위년/1418/12/25

과거의 모든 사실이 역사가 되는 것은 아니므로 1차적으로 기록에 의해 쓰여진 역사가 중요하다. 사실이 기록되는 순간 해석이 되고 의미가 부여된 사건이 된다. 그러다보니 누가 어떻게 기록하는가가 중요하니 기록을 담당한 역사가의 역할이 더 중요하게 된다. 그러나 그 어떤 기록이든 어떤 역사가든 객관적 사실을 존중하지 않는다면 역사에 대한 새로운 해석이 아니라 '역사 왜곡'이 된다.

역사에서 이러한 기록의 중요성에 대해 세종 시대는 사관들과 세종이 관점을 같이 하고 있다. 곧 세종 2년(1420)에 세종이 유관(柳觀)에게《고려사》교정하는 일을 물으니, 유관이 "역사란 만세의 귀감이 되는 것이온데, 전에 만든《고려사》에는 자연 재해와 이상 기후에 대한 것을 모두 쓰지 아니하였으므로, 지금은 모두 이를 기록하기로 합니다."라고 하였다. 이때 세종은 "모든 선과 악을 다 기록하는 것은 뒤의 사람에게 경계하는 것인데, 어찌 재난과 이상 징후라 하여 이를 기록지 아니하랴."라고 말했다. 세종 6년(1424) 11월 4일에도, "내가 일찍이《삼국사략》,《동국사략》을 보니, 신라에 일식이 있었는데 백제에서는 쓰지 아니하였고, 백제에 일식이 있었는데 신라에서는 쓰지 아니하였다. 어찌 신라에는 일식이 있는데, 백제에는 일식이 없었다 하겠는가. 아마도 사관의 기록이 자상한 것과 소략한 것이 다르기 때문인가 한다."고 말했다. 그래서 세종은《고려사》에서 천재지변과 지진 등 자연 변화의 흐름도 다 기록하지 않은 것은 다시 실록을 상고하여 다 싣도록 하라고 했다.

객관적 사실을 기록했다 하더라도 수많은 사실 가운데 취사선택이 이루어진 것이므로 이미 역사가의 주관이나 관점이 개입이 된 것이나 다름 없다. 그래서 역사가는 늘 겸손하면서도 예리한 눈으로 사실을 바라보는 안목이 필요하게 된다. 세종 5년(1423) 12월에 고려사 고쳐쓰기에 대한 변계량과의 토론에서 그런 점이 잘 드러났다. 세종은 중국의 역사책《자치통감》

이 명분을 바로잡고 사실을 상세히 기록하여, 만대의 아래에서도 해와 별과 같이 환히 밝은 것이 있을 강조했다. 그래서 '앞사람의 과실을 뒷사람이 쉽게 안다.'는 옛사람의 말을 인용하며 사관이 사실을 기록하는 것이라면 그 사실이 잘못된 내용이라도 고치면 안 된다는 의견을 피력하기도 했다.

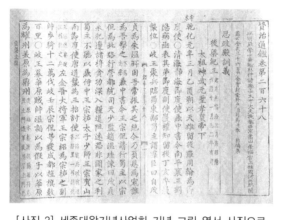

[사진 2] 세종대왕기념사업회 기념 그림 엽서 사진으로
들어간 《자치통감》(세종 16/1436)

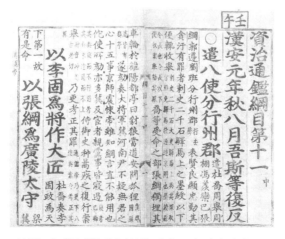

[사진 3] 세종대왕기념사업회 기념 그림 엽서 사진으로
들어간 《자치통감강목》(세종 18/1438)

그렇게 기록된 역사에 의해 우리는 역사의 지혜를 얻기고 하고 반면교사의 교훈을 얻기도 한다. 그래서 E. H 카의 말대로 역사는 과거와 현재의 대화라고 하거니와 역사는 현재와 미래의 거울이기도 하다. 사람답게 살기 위한 학문이 인문학이라면 과거에 대한 성찰은 사람답게 살기 위한 가장 바탕이 되는 행위이다. 그래서 역사학은 성찰 인문학이다.

그리하여 세종 1년(1419) 9월 20일에 세종은 변계량 등에게 《고려사》를 고쳐 쓰도록 지시하였고 세종 3년(1421) 1월 30일에 유관과 변계량이 1차 교정을 마무리하였다. 여기서 끝은 아니었다. 세종 5년(1423) 12월 29일, 유관·윤회에게 다시 《고려사》를 고치게 했고 세종 6년(1424) 8월 11일 다시 고쳐 편찬한 《고려사》가 완성이 되었고 윤회는 개정 과정을 매우 자세하게 서문에 그대로 적었다. 윤회는 이 글에서 역사를 짓는 것의 어려움과 더불어 세종의 강력한 의지에 의해 교열하고 교정한 과정을 적고 있다.

이렇게 개정 작업은 세종 말년까지 지속되고 문종 1년(1451년)에서야 "세가(世家) 46권, 지(志) 39권, 연표(年表) 2권, 열전(列傳) 50권, 목록(目錄) 2권"으로 완성이 된다. 그 바치는 글 첫 마디가 우리의 심금을 우린다.

"신 등은 그윽이 듣건대, 새 도끼 자루는 헌 도끼 자루를 보아 법으로 삼고 뒷 수레는 앞 수레를 거울삼아 경계한다고 하니, 대개 이미 지나간 흥망의 자취는 실로 오는 장래의 타이르고 경계하는 것이 되므로 이에 역사책을 엮어 감히 임금께 바칩니다."[2]

---

2 臣等竊聞, 新柯視舊柯以爲, 則後車鑑前車而是懲, 蓋已往之興亡, 實將來之勸戒, 玆紬編簡, 敢瀆冕旒. -《문종실록》, 문종 1/1451/08/25

2. 자주적인 역사관

세종이 대표 집필한 1446년 훈민정음 해례본에는 우리 겨레를 가리키는 말이 두 번 나온다.

一朝制作侔神工(일조제작모신공)하니 大東千古開朦朧(대동천고개몽롱)이라
    – 정음해례24ㄱ:7-8_합자해결구
하루아침에 신과 같은 솜씨로 지어내시니 거룩한 우리 겨레 오랜 역사의 어둠을 열어주셨네.

夫東方有國(부동방유국)이 不爲不久(불위부구)호대 而開物成務之大智(이개물성무지대지)는 盖有待於今日也歟(개유대어금일야여)니라.
    – 정음해례29ㄱ:5-7_정인지서
동방에 나라가 있은 지가 꽤 오래 되었지만, 무릇 만물의 뜻을 깨달아 모든 일을 온전하게 이루게 하는 큰 지혜는 오늘을 기다리고 있었던 것이다.

우리 겨레가 아주 오랜 역사를 가졌지만 '훈민정음'으로 인하여 모든 지혜를 깨닫고 나눌 수 있게 되었다는 것이다. 한문으로는 우리 말을 제대로 적을 수 없고 지혜의 핵심인 지식과 정보를 맘껏 나누고 전할 수 없기 때문이다. 이는 세종의 역사관이 단지 조선 왕조에 머무르고 있었다면 '훈민정음'과 같은 문자는 나오지 않았을 것이다.

《세종실록지리지》 154권 평안도 평양부에 보면 단군 조선의 역사를 다음과 같이 명확히 기록하고 있다.(번역 : 온라인 조선왕조실록).

본래 평양은 삼조선(三朝鮮)의 옛 수도이다. 요임금(중국 고대 제왕 이름) 무진년에 신인(神人)이 박달나무 아래에 내려오니, 나라 사람들이 그를 세워 임금을 삼아 평양에 도읍하고, 이름을 단군(檀君)이라 하였으니, 이것이 전조선(前朝鮮)

이요, 주나라(기원 전 1046~771) 무왕(武王)이 상나라(기원 전 1600~1046)를 이기고 기자(箕子)를 이 땅에 봉하였으니, 이것이 후조선(後朝鮮)이며, 그의 41 대 손(孫) 준(準) 때에 이르러, 연(燕)나라 사람 위만(衛滿)이 망명하여 무리 천여 명을 모아 가지고 와서 준(準)의 땅을 빼앗아 왕검성(王儉城)을 세우니 곧 평양부 (平壤府)이다.

– 줄임 –

《단군고기(檀君古記)》에 이르기를, "상제(上帝) 환인(桓因)이 서자(庶子)가 있 으니, 이름이 웅(雄)인데, 세상에 내려가서 사람이 되고자 하여 천부인(天符印) 3개를 받아 가지고 태백산(太白山) 신단수(神檀樹) 아래에 강림하였으니, 이가 곧 단웅천왕(檀雄天王)이 되었다. 손녀(孫女)로 하여금 약(藥)을 마시고 사람이 되게 하여, 단수(檀樹)의 신(神)과 더불어 혼인해서 아들을 낳으니, 이름이 단군 (檀君)이다. 나라를 세우고 이름을 조선(朝鮮)이라 하니, 조선(朝鮮), 시라(尸羅), 고례(高禮), 남·북 옥저(南北沃沮), 동·북 부여(東北扶餘), 예(濊)와 맥(貊)이 모 두 단군의 다스림이 되었다. 단군이 비서갑(非西岬) 하백(河伯)의 딸에게 장가들 어 아들을 낳으니, 부루(夫婁)이다. 이를 곧 동부여(東扶餘) 왕(王)이라고 이른 다. 단군이 당요(唐堯)와 더불어 같은 날에 임금이 되고, 우(禹)가 도산(塗山)의 모임을 당하여, 태자(太子) 부루(夫婁)를 보내어 조회하게 하였다. 나라를 누린 지 1천 38년 만인 은(殷)나라 무정(武丁) 8년 을미에 아사달(阿斯達)에 들어가 신(神)이 되니, 지금의 문화현(文化縣) 구월산(九月山)이다.

1425년 9월 25일(세종 7년)에 예조의 건의를 받아들여 평양에 단군 사당 을 세우게 하는 등 역사의 뿌리 세우기에도 관심을 기울인 결과 이런 생 생한 기록이 가능했다. 세종 9년(1427) 8월 21일에는 단군과 기자(箕子)의 묘제(廟制)를 다시 의논하고, 신라·고구려·백제의 시조(始祖)에게 묘를 세 워 제사 지내는 일을 모두 옛 제도를 상고하여 상세하게 정하여 아뢰라." 라고 하여 이 모든 것이 정비되어 《세종실록지리지》에 상세하게 실렸다.

3. 역사책을 중요하게 여긴 세종

세종의 투철한 역사관은 역사책을 중요하게 여기고 가까이 한 것에서
도 알 수 있다. 세종 20년 12월 15일, 경연에서 세종은 이렇게 말한다.

경서와 역사책은 본체와 응용이 서로 필요로 하는 것이니 어느 한쪽으로 기울
게 할 수는 없다. 그러나 지금 학자들은 혹시 경서를 연구하는 데 끌려서 사학을
읽지 아니하고, 그 경서를 배우는 자도 때로는 제자백가 주석한 것에만 힘쓰고,
본문과 주자(朱子)가 여러 사람의 주석을 모은 것을 연구하지 아니한다.[3]

– 세종 20/1438/12/15

경서는 경전에 버금가는 책들로 무언가의 토대가 되는 뼈대이고 바탕이
되는 이론을 제공해 주는 책들이다. 이와 달리 역사책은 끊임없이 살아
움직이는 피요 살인 실용에 해당된다. 이러한 두 가지는 서로 상생이 되는
관계인데 그 당시 학자들은 경전 연구에만 매달린다는 것이다. 그것도 응
용과 맥락을 중요하게 여긴 주자의 풀이보다 경직돼 있는 제자백가 풀이에
만 매달려 세종이 이를 비판한 것이다.

세종은 경서와 역사책 모두를 중요하게 여겼다. 세종 3년(1421) 11월 7일
경연 기록을 보면, "내가 《자치통감강목(資治通鑑綱目)》을 보고자 하니, 변계
량이 성리학에 관한 글을 보기를 청하므로, 오늘 비로소 《사서(四書)》를 강
(講)하게 하니, 경들은 이를 알 것이다."[4] 하였다. '자치통감강목'은 사마광
의 역사서 《자치통감》을 보완한 역사책이다. 이 기록 말미에 사관이 평하기

---

3 經與史, 體用相須, 不可偏廢. 然今學者或有牽於窮經而不讀史學, 其學經書者, 或騖於諸家
輯釋, 而不究本文與朱子輯註. –《세종실록》, 세종 20/1438/12/15

4 子欲觀《資治通鑑綱目》, 卞季良請觀性理之學. 今日始講四書, 卿等其知之. –《세종실록》,
세종 3/1421/11/07

를, 세종은 본디부터 유학(儒學)을 좋아하여, 매양 맑은 새벽에 정사를 보고, 인하여 경연에 나아가서 강론하기를 게을리하지 아니하나, 궁중에 있을 적에는 글을 읽어 밤중이 되어도 그만두지 않으니, 태상왕이 그의 정신이 피로할까 염려하여, 금지시키며 이르기를, "과거를 보는 선비는 이와 같이 해야 되겠지마는, (임금은) 어찌 이같이 몹시 고생할 수 있느냐."하였다.

세종은 이렇게 경서 위주의 경연에서《자치통감》과 같은 역사서 강론을 도입하고 역사 공부와 역사서 편찬을 독려하였다. 학자들이 역사에 어두움을 염려하여 이미 자치통감 해설서인《자치통감훈의(資治通鑑訓義)》를 1434년부터 편찬하게 하여 세종 18년(1436)에 펴냈다. 이 책을 매우 중요하게 여겨 편찬 작업하는 관원들에게 15일마다 회식을 직접 베풀어 주었을 정도이다(세종 16/1436/7/1). 이해 7월 17일 기록을 보면,《자치통감》을 인쇄할 종이를 전국 각처에 나누어 무려 30만 권이나 만들게 하였다. 그러면서 닥나무 재료는 국고의 쌀로써 바꾸고, 스님들을 시켜 종이 뜨는 일을 하게 하되, 의복과 음식을 주고, 쑥대와 밀·보릿짚, 대껍질 등과 닥나무 재료를 섞어 종이 힘을 강하게 하면서 귀한 닥나무를 적게 사용하여 책을 박기에 적합한 방법까지 일러주고 있을 정도로 국가와 통치자의 역량을 총동원하고 있다.

4. 기록하지 말라고 하는 세종의 말까지 기록한 사관 정신

세종의 역사관은 신하들과의 치열한 토론과 당시 사대부들의 춘추필법의 올곧은 역사관에 의해 이루어지고 실행된 것이다. 임금까지 사관의 눈치를 볼 정도로 사관 위에 하늘이 있다고 했을 정도다. 세종이 기록하지 말라고 한 것까지 "기록하지 말라"는 말까지 기록했을 정도이다. 사연

인즉은 세종의 첫째 아들 세자(훗날 문종)의 두 번째 세자빈 봉씨에 관한
사건이다. 봉씨는 세자와의 사이가 안 좋아 세자가 거의 찾지 않자 궁녀
와 동성애를 하다 발각이 되어 폐출당하게 된다. 첫 번째 세자빈 김씨도
폐출당했고 두 번째는 금기시되는 '동성애' 사건으로 폐출당하게 되었으
니 이때 세종의 참담한 마음은 누구나 짐작하고도 남는다.

세종 18년(1436) 10월 26일자 기록에 보면 세종은 사정전에서 도승지
신인손과 동부승지 권채만을 가까이 불러 은밀하게 말하기를, "근년 이후
로 일이 성취되지 않음이 많아서 마음이 실로 편치 않았다. 요사이 또 한
가지 괴이한 일이 있는데 이를 말하는 것조차도 수치스럽다.[5]"라고 말을
꺼내면서 봉씨를 간택하기까지의 과정과 사건의 전모를 상세하게 털어
놓았다. 세자와 봉씨 사이가 안 좋은 것을 알고 소헌왕후와 함께 자주 가
르치고 타일러 조금 나아지는 듯했지만 개선이 안 됐다는 것이다. 그래서
세종은 "침실 일까지야 비록 부모일지라도 어찌 자식에게 다 가르칠 수
있겠는가."라고 탄식하며 폐빈 관련 교지를 만들어 바치라고 하면서 다음
과 같이 말했다.

> 옛날에 김씨를 폐할 적에는 내가 한창 나이가 젊고 의기(意氣)가 날카로와
> 서, 빈을 폐하고 새로 다른 빈을 세우는 것은 중대한 일이므로 애매하게 할
> 수 없다고 여긴 까닭으로, 그 일을 교서에 상세히 기재하였으나, 지금은 그렇
> 게 할 필요가 없다. 봉씨가 궁궐의 여종과 동숙한 일은 매우 추잡하므로 교지
> 에 기재할 수는 없으니, 우선 성질이 질투하며 아들이 없고, 또 노래를 부른
> 네댓 가지 일을 범죄 행위로 헤아려서, 세 대신과 더불어 함께 의논하여 속히
> 교지를 지어 바치게 하라.[6]

---

5 比年以來, 事多不諧, 心實無聊, 近又有一異事, 言之亦可羞恥. -《세종실록》, 세종 18/1436/
   10/26

6 昔金氏之廢, 予方年少氣銳, 謂廢立重事, 不可曖昧, 故詳載其事於教書, 今則不必然也. 奉氏

부끄러운 추잡한 가정사이므로 교지에 기록하지 말라는 것이다. 실제
교지에는 덜 상세하게 기록되었는지 모르지만 두 신하에게만 은밀하게
속삭인 내용과 "기록하지 말라"는 말은 실록에 적혀 우리 눈앞에 생생한
재현 드라마처럼 펼쳐지고 있는 것이다.

　일제 총독부에서 편찬한 고종실록, 고종 5년(1868) 7월 4일에 보면 영
의정 김병학은 고종 임금께 이렇게 아뢴다.

> 우리 세종대왕께서는 집현전의 여러 신하들에게 명하여, 《자치통감》의 훈의
> (訓義)를 편찬하게 하고는 친히 교정을 하여 어떤 때는 한밤중에 이른 적도 있었
> 습니다. 가까운 신하들에게 말하기를, '이 책을 보게 되니 자못 책을 읽는 것이
> 유익하다는 것을 깨닫게 되며 총명이 날로 늘어난다.'라고 하였습니다. 그 책이
> 완성되자 《사정전훈의(思政殿訓義)》라고 명명하였습니다. 전하께서 여기에서
> 이름 붙이신 뜻을 생각하신다면 조종조(祖宗朝)께서 학문에 부지런히 힘쓰신
> 모습이 더더욱 눈에 선하게 될 것입니다. 이제부터 성학(聖學)에 더욱 힘써서
> 하늘을 공경하고 조상들을 본받는 근본을 확립하소서.

　임금에게든 신하에게든 세종의 역사와 학문에 대한 고귀한 뜻은 이렇
게 전해지고 있었다. 그러나 실제로 제대로 이어졌다면 우리의 역사(고종,
순종실록)조차 침탈자의 책임 아래 편찬되는 비극은 없었을 것이다.

與宮婢同宿之事極醜, 不可載於敎旨, 姑以性妬無子, 又唱歌等四五事數之, 與三大臣同議,
速製敎旨以進. -《세종실록》, 세종 18/1436/10/26

제5장

세종, 음악과 도량형과 문자를 하나로 소통하다

1. 새로운 시대를 알리는 놀라운 청음 사건

2018년은 세종대왕이 임금 자리에 오른 지 600돌이 되는 해다. 그래서인지 2018년을 며칠 앞 둔 2017년 12월 24일 세종 신악 연주회는 더 의미가 깊었다. 신악은 우리의 전통 음악인 향악, 중국 음악인 당악, 중국식 제례 음악인 아악을 융합하여 새로 만든 세종식 음악을 말한다. 때마침 성탄절 잔치 분위기가 무르익어가는 때인지라 국립국악원 예악당에서는 모든 자리가 가득찬 가운데 세종 신악을 편곡한 장중한 곡이 작은 숨소리조차 빨아들이고 있었다. 신선희 연출, 최경자 안무의 세종 신악, '뿌리깊은 나무 샘이 깊은 물' 공연(12.22~27)이었다. 세종 신악을 그대로 재현한 연주회는 여러 번 보았으나 이렇게 편곡하여 하는 연주회는 처음이었다. 재현이든 편곡이든 《세종실록》에 당시의 방대한 악보가 실려 있어 가능한 일들이고 그 어떤 일이든 잠자고 있는 세종의 영혼을 불러내는 장엄하고도 가슴 벅찬 제례였다. 마침 주최 측에서는 공연 끄트머리에 세종에게 차와 꽃을 바치는 '헌작'을 준비했고 관객들 모두 그 꽃을 받아 들고 있던 터라 무대위 어느 악공의 손떨림이 그대로 전달되는 듯했다.

7시 시간을 알리듯 정확히 무대가 열렸다. 우주의 여명을 알리는 까치 신령들의 제천무에 이어 용비어천가 1장, 2장을 바탕으로 한 '해동의 나라'에 이르자 세종 신악과 춤사위가 그야말로 용의 노래가 되어 쉼 없이 흘렀다. 세종대왕에 이르기까지 왕업의 초석을 놓은 태조와 태종, 그리고 그 조상인 목조, 익조, 도조, 환조를 여섯 용에 비유하여 새 나라가 우연히 세워진 나라가 아님을 강조한 용비어천가 1장과 2장의 노래였다.

> 해동의 여섯 용이 날으시어 모든 일이 천복이라
> 옛닐 싱인들이 하신 일들과 부질이 합쳐 맞으심이라
> 뿌리 깊은 나무는 바람에 아니 흔들릴 새
> 꽃 좋고 열매 많으니
> 샘이 깊은 물은 가물에 아니 그칠 새
> 내가 되어 바다로 가느니라.

느릿하지만 때로는 격렬한 춤사위와 노래와 더불어 나는 어느새 세종시대를 거닐고 있었다. 세종 15년(1433) 설날, 경복궁에서는 새해맞이 아악(정아한 음악이라는 뜻으로 의식용 음악) 연주회(회례연)가 신하들과 궁인들이 모두 모인 가운데 열렸다. 이와 관련된 편경에 대한 대화 내용이 같은 날짜에 수록되어 있다. 편경 연주를 들은 세종이 박연과 나눈 대화이다. 이 부분만 인용해 보면 다음과 같다.

> "이칙 1매(夷則 1枚, 두 번째 줄 첫째 매 소리)가 그 소리가 약간 높은 것은 무엇 때문인가"
> "가늠한 먹이 돌에 아직 남아 있으니 돌을 다 갈지 아니한 것입니다"[1]
> — 세종 15/1433/1/1

돌에 먹물이 아직 마르지 않아 박연이 먹물을 말리니 음이 제대로 나왔다고 한다. 이 사건을 회고하는 기록이 16년 뒤인 세종 31년(1449) 12월 11일자에 박연이 일찍이 옥경(맑은소리돌)을 올렸는데, 임금께서 쳐서 소리를 듣고 말씀하시기를, "이칙(둘째 줄 첫째 돌)의 경쇠소리가 약간 높으니, 몇 푼(길이의 단위. 한 푼은 한 치의 10분의 1로, 약 0.3cm)을 감하면 조화롭게 될 것이다."[2] 하시므로, 박연이 가져다가 보니, 돌가는 장인(경쇠공)이 잊어버리고 쪼아서 고르게 하지 아니한 부분이 몇 푼이나 되어, 모두 임금의 말씀과 같았다고 증언하고 있다. 표현은 조금 다르지만 같은 돌을 가리키는 것과 그 이유가 비슷하므로 같은 사건에 대한 기록이다.

이때 세종이 잡아낸 '먹물'로 인한 음정의 차이는 "송혜진(2012)의 세종 음악과 문예 정책(세종리더십연구소 편, 『세종, 음악으로 다스리다』, 한국학중앙연구원·세종리더십연구소, 39쪽)"에 의하면 반음의 10분의 1정도 차이라고 한다. 이는 편경 김현곤 악기장이 제작소에서 직접 실험해 본 결과라고 한다(KBS 한국사전, 2008.2.2.).

여기서 우리는 세종의 절대음감을 칭송하자는 것이 아니다. 이 무렵 조선의 음악은 이제 완전한 기틀을 잡아 천세만세 소리가 이어지는 시대가 열렸음을 의미한다. 세종 시대 음악을 2017년에 맞게 완벽하게 편곡할 수 있었던 것도 세종 시대 음악의 빛나는 수준이 그대로 이어져 가능한 것이었다.

음악에 조예가 깊었던 세종은 실제로 음악가이자 작곡가였다. 물론 세종의 음악 연구와 정책은 박연이 없었으면 어려웠을 것이다. 박연은 대금을 잘 불었고 음악 이론에도 능했으며 학문 또한 뛰어나 세종의 왕자 시절에

---

1 但夷則一枚, 其聲差高, 何哉? 堧卽審視而啓曰 : "限墨尙在, 未盡磨也" -《세종실록》, 세종 15/1433/1/1

2 上擊聽之曰 : "夷則磬聲差高, 減幾分可調" -《세종실록》, 세종 31/1449/12/11

글을 가르친 시강원 스승이었다. 이밖에도 당대 최고의 음악 전문가인 맹사성을 비롯하여 이름 없는 악공에 이르기까지 동서고금에 없는 찬란한 음악 시대를 연 주인공들이다. 그 후예들이 예악당을 가득 메우니 마치 세종시대 악공들이 환생한 듯하였다.

세종은 박연과 더불어 우리나라에 잘 어울리는 악기를 만들고 표준음을 제정하고 실제 많은 노래를 작곡했다. 세종은 음악 재능이 뛰어나 이미 어린 시절 거문고와 비파와 그림에 정통하였다는 사관의 평이 실록에 실려 있을 정도다(세종 7년(1425) 5월 초3일). 성현이 대표 저술하여 성종 때 펴낸 《악학궤범》 서문에서도 "세종대왕께서는 하늘이 내신 성군으로, 음률에 정통하셨다."라고 써 놓았다. 세종 스스로도 "나도 음률을 제법 아는데, 지금 연향할 때에 남악이 음률에 맞지 않는 것이 많으며……. (然予頗知音律, 今宴饗之時……. -《세종실록》, 세종 25/1443/4/17)"라고 했다.

세종은 음악 연구에 골몰한 나머지 임금이란 신분도 잊고 막대기로 땅을 두드리면서까지 연구에 연구를 거듭했음을 사관들은 다음과 같이 증언하고 있다.

세종 임금은 음률을 깊이 깨닫고 계셨다. 신악의 조정은 모두 임금이 제정하셨는데, 막대기를 짚고 땅을 치는 것으로 음계를 삼아 하루저녁에 제정하셨다.[3]
                                                      - 세종 31/1449/12/11

더 구체적인 증거로 세종이 직접 창안한 정간보로 작곡된 세종악보가 《세종실록》 부록으로 무려 636쪽이나 실려 있다. 이렇게 바로잡은 음악을 바탕으로 세종은 음악 정치를 통해 백성들이 평화롭고 조화롭게 사는 태평

---

3 上邃曉音律, 新樂節奏, 皆上所制, 以柱杖擊地爲節, 一夕乃定. -《세종실록》, 세종 31/1449/12/11

성대를 열었다. 더욱 중요한 것은 음악 정비는 생활과 경제의 기본인 길이와 부피와 무게에 대한 도량형의 표준과 훈민정음 창제를 위한 소리와 문자 연구로 곧바로 이어졌다는 점이다. 왜 그런지 차근차근 짚어보자.

[사진 1] 세종 신악 공연 장면(2017.12.24. 국립국악원 예악당)

[사진 2] 공연 중에 바친 꽃을 든 사람들(맨 왼쪽이 필자)

2. 표준 악기와 표준음을 세우다

세종 15년, 1433년의 청음 사건은 몇 가지 중요한 의미를 던져 준다. 훈민정음 창제 10년 전이기도 한 이해는 세종이 32년간 통치의 중반을 넘기는 시점이다. 이러한 중요한 시기에 음악의 표준 이론과 더불어 실제 정밀한 악기와 음악이 정비되었음을 의미한다.

세종 시대 이전에는 악기를 중국에서 수입해서 썼다. 특히 고려시대 때 중국 송나라에서 보내 준 편종을 사용했는데 아주 먼데서 옮겨 와서 그런지 음이 제대로 맞지를 않았다. 이점에 대해서는 정인지가 그가 대표 집필한 《아악보》 서문에서 "고려 예종 때에 송나라 휘종(徽宗)이 준 편종과 공민왕 때에 고황제(高皇帝)가 준 종(鍾)과 경(磬) 수십 개가 있으며, 우리 왕조에 이르러 또 태종 문황제(太宗文皇帝)가 준 종과 경 수십 개가 있을 뿐이다.[4] – 정인지, 《아악보》 서문"이라고 기록하고 있다. 고려는 오랜 몽골 지배로 나라가 어수선했고 음악가들이 제대로 연주하며 일을 할 수 없었다. 이런 실정이 조선 초기까지 이어졌다고 볼 수 있다.

15세기에 표준음을 정하고 표준 악기를 만드는 것은 중국 황제의 특권이었으나 세종은 우리식 표준음과 표준 악기를 통해 아악(공식 행사에서 연주하는 음악)을 정비하고 우리식 음악인 신악을 몸소 만들었다.

특히 세종은 이른바 '정간보'라는 악보를 만들어 실제 많은 음악을 만들어 보급하였다. 정간보는 정확히 언제 만들었는지 알 수 없지만 훈민정음 반포해인 1446년 앞뒤로 본다. 이 용어는 세종이 직접 사용한 용어는 아니지만 바둑판처럼 우물 정(井)자 모양으로 칸(間)을 나누었다고 해서 정간보라 부른다. 곧 '정(井)'이란 용어는 쓰였지만 '정간보'라는 악보 명칭은 현대

---

4 在高麗 睿宗時, 宋 徽宗所賜編鍾; 恭愍王時, 高皇帝賜與鍾磬, 共數十枚; 及我朝, 又有太宗文皇帝賜與鍾磬數十枚而已. –《세종실록》, 세종 12/1430/윤12/1

에 와서 쓰인 것이다. 문헌으로는 이혜구(1948)의 '한국의 구기보법(舊記譜法)'에서 처음 사용되었다고 한다. '세종악보'라는 용어도 후세의 용어이므로 누가 처음 사용하였는지는 알 수 없으나 학위 논문인 "위철(2001), 《세종악보》와 《대악후보》의 치화평·취풍형·봉황음·만전춘 비교」, 서울대 대학원 석사 학위논문."과 "최종민(2003), 「훈민정음과 세종악보의 상관성 연구」, 상명대 대학원 박사 학위논문."에서 본격적으로 사용되었다.

정간보는 칸 수로는 음의 장단을, 칸 안의 음 이름으로는 음의 고저를 나타내는 동양 최초로 음높이와 리듬을 동시에 표기하는 입체 악보로 세계 음악사에서도 매우 중요한 의미를 갖고 있다. 성경린(1985)의 "『세종 시대의 음악』, 세종대왕기념사업회, 76쪽."에서 정간보가 음의 높낮이를 표시할 수 없는 약점을 지녔다고 한 것은 정간보 도형 구조만으로 봐서 그렇게 지적한 것이다. 정간보에 대해서는 서한범 교수의 쉬운 설명이 있으니 그대로 인용해 보자.

정간보는 간편한 악보다. 몇 가지 기본적인 원칙만 익힌다면 매우 쉬운 악보인 것이다. 정간보는 위에서 아래로 읽어 나가는 악보이다. 왼쪽에서 오른쪽으로 읽어 나가는 5선 악보와는 대조를 보인다. 또한, 오른쪽 첫째 줄이 제1행이고 왼쪽으로 제2행, 제3행, 제4행의 순서대로 읽어나간다. 이것도 윗단에서 아랫단으로 읽어 나가는 5선의 기보 체계와는 다르다.

위에서부터 맨 아래 정간까지의 1줄을 '1행' 또는 '1각'이라고도 하고 '첫째 장단'이라는 용어를 쓰기도 한다. 그러므로 세로로 이루어진 한 단위의 줄은 '행'이나 '각'을 쓰기도 하지만, 일반적으로는 '첫째 장단', '둘째 장단'이라고 부른다.

한 장단을 이루는 정간의 수는 악곡에 따라 느리고 긴 악곡은 20 정간도 있고 '가곡'과 같은 음악은 16 정간이며 '취타'는 12 정간, 그리고 악곡에 따라 10 정간, 8 정간, 6 정간이 대부분이고 제일 빠른 악곡인 '양청도드리'는 4 정간으로 되어 있다.

정간악보의 1 정간은 1박이다. 그러므로 2 정간은 2박이 되고 3 정간은 3박이 된다. 또한, 1박 내에서의 1/2박, 1/3박, 1/4박, 1/5박, 1/6박 등의 기보는 아래의 '보례'처럼 표기된 율명의 위치에 따라 정해지고 그 순서대로 읽는 것이다.

－서한범(2012), 「국악속풀이」, 『우리문화신문』
2012.5.16.(http://koyaculture.mediaon.co.kr)

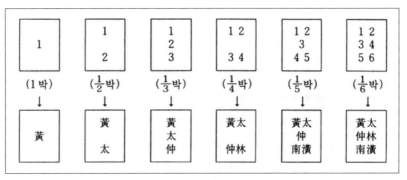

[그림 1] 정간의 분박 요령과 읽는 순서(『국악통론』, 서한범, 태림출판사, 20쪽)

《세종악보》는《세종장헌대왕실록》에 연대기와 별도로 부록처럼 136권부터 146권까지 11권으로 실려 있다. 이 가운데서 136권과 137권은 아악보(한자악보)이고, 138권부터 146권까지 9권이 32개의 정간보로 구성된 악보이다. 9권 중에서도 140권부터 145권까지는 '봉래의(鳳來儀)'라고 하는 악곡으로 여기에 가사로 사용된 것이《용비어천가》이다. '봉래의'는 "봉황이 와서 춤을 춤"을 뜻하는 '봉황래의(鳳凰來儀)'의 준말로 태평성대를 칭송하는 노래의 명칭인 셈이다.

봉래의는 다섯 부분으로 구성되었는데 '전인자와 진구호'는 전주곡과 구호이고 '여민락'은 용비어천가 한문가사로 부르는 노래이고 '치화평'은 훈민정음으로 표기된 용비어천가 국문가사로 부르는 노래이다. '취풍형'은 치화평과 같이 훈민정음으로 표기된 용비어천가 국문 가사를 부르는

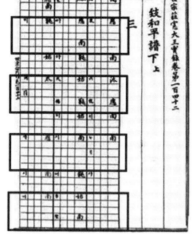

[그림 2] 훈민정음 표기 가사가 쓰인 치화평(왼쪽)과 취풍형(오른쪽)

노래이고 '후인자와 퇴구호'는 후주곡과 구호로 이루어진다.

'치화평'은 "지극한 화평에 이른다"는 뜻으로 용비어천가 국문가사 제 1~16장, 125장. 모두 17장으로 구성되어 있다. 앞의 3장을 현대 표기로 인용해 보면 다음과 같다.

[제1장]
제1절 : 海東六龍이 나라샤/ 일마다 天福이시니/古聖이 同符하시니/
[제2장]
제1절 : 불휘 깊은 남간/ 바라매 아니뮐쌔/ 곶됴코 여름하나니/
제2절 : 새미 기픈 므른/ 가마래 아니 그츨새/ 내히 이러바라래 가나니/
[제3장]
제1절 : 周國大王이/ 豳谷애 사라샤/ 帝業을 여르시니/
제2절 : 우리 始祖ㅣ/ 慶興에 사라샤/ 王業을 여르시니/

이러한 놀라운 악보가 이루어진 것은 용비어천가 가사가 편집된 1445년부터 훈민정음이 반포되고 온전하게 훈민정음 표기가 이루어져 최종 출판된 1447년 무렵으로 전문가들은 추정한다. 이런 성과를 얻기까지 대략 20년이 걸렸다. 세종이 박연과 더불어 본격적으로 우리식 음악 제정에 매달리기 시작한 것은 세종 7년인 1425년 무렵이기 때문이다.

1425년에 경기도 남양에서 중국의 경석(맑은 소리가 나는 돌) 못지않은 돌이 발견되어 우리식 편경을 만들 수가 있었다. 남양은 바닷가 고장인데 근처에 낮은 산들이 있었다. 《세종실록지리지》 1427년 기록에 보면 경기 수원도호부 남양 사나사라는 절 서쪽 산에서 경석이 난다고 기록해 놓았다. 그 돌은 빛이 푸르고 흰 것이 섞이고, 빛깔무늬가 있는데 소리가 음률에 맞았다고 한다.

음악 연주와 이론의 대가였던 박연이 직접 검증해 낸 돌이었다. 이 돌은 석회암과 대리석이 섞인 돌로 맑은 소리가 난다고 하여 경석이라 부르고 실제 편경의 소리는 맑고 청아한 소리의 음계가 아주 정확하다. 이런 돌을 기역자 형태로 갈아 쇠뿔로 만든 각퇴로 쳐서 연주한다. 왜 기역자 형태로 만들었는지는 기록에 나와 있지 않고 현대 음악전문가들도 밝혀 내지 못했다.

돌로 만들었으니 습도나 온도에 영향을 받지 않아 소리 변형이 없어 조율할 필요가 없기에 표준 악기로 쓰이는 것이다. 초기 편경은 2년간의 준비 끝에 1427년에 완성되었다. 이때 만든 편경이 지금과 같은 16개 돌이 아닌 12개 돌로 이루어진 편경인지는 명확하지 않다. 그러나 1430년 세종 대의 아악 정비가 완성될 무렵인 12년부터 16매 편경이 사용되었다고 한다. 《악학궤범》에도 16매 편경으로 나왔고 세종 12년 이후 사용된 편경이었으며 《세종실록》에 실려 있는 악보 또는 모두 16성으로 되어 있다.

송혜진 교수에 의하면(페이스북 세종사랑방) 중국의 송에서 고려로 보내

온 편경도 12매로 된 것과 16매로 된 것 2종이었고 이후 공민왕 때와 조
선 태종 때에 명에서 16매 편경이 왔다고 한다. 분명한 것은 세종 12년
무렵에는 16매 편경이 제작되었다는 점이다. '임금이 사정전에서 '아악과
사청성을 열람하였다. 박연이 새로 만든 편종과 편경이다(御思政殿, 閱雅樂
及四淸聲, 朴堧新造鍾磬也 -《세종실록》, 세종 12/1430/8/18)"라는 기사를 통해 알
수 있다. 16매 편경의 4청성이 있어야 '군신민(君臣民)'의 음인 '궁상각(宮商
角)'이 서로 차례와 질서를 무너뜨리지 않는 원리를 충족시킬 수 있었기
12매 편경의 사용은 중지되고 대신 16매 편종이 상용되었다고 한다.

결국 《세종실록》 〈오례의〉에 실려 있는 12매 편경은 12율만으로 연주하
는 것으로 '4청성을 쓰면 안 된다'는 중국학자 진양(陳暘)의 《악서(樂書)》를
참고하여 수록한 것이고 송혜진 교수는 《세종실록》 〈오례의〉 악기 도설
및 악현도는 세종 대에 시행된 내용이 수록된 것이 아니라 예제를 정비하는
과정에서 수집된 자료를 정리했기 때문으로 보았다. 따라서 실제 세종 시

[그림 3] 《세종실록》 〈오례의〉에 있는 편경 그림(왼쪽)과
1433년 음력 1월1일 세종의 지음도(세종대왕기념사업회 소장)

대 현실과 다를 수 있다는 것이다. 세종대왕기념사업회에서 그린 청음도
는 〈오례의〉를 바탕으로 그린 것인데 1433년의 사건을 그린 그림이므로
16매 편경 그림을 그려야 한다는 것이 송혜진 교수의 주장이다.

표준음 잡기와 편경 제작은 돌만 가지고 악기가 되지는 않는다. 표준음을
잡는데 필요한 잘 영근 곡식이 있어야 했는데 지금의 황해도 옹진군에서
좁쌀보다 큰 기장이 있었다. 좁쌀은 너무 작아 소리 표준을 잡는 도구로
사용할 수 없었고 그보다 크면서 더 찰진 기장쌀이 유용하게 사용된 것이다.

이 때 표준음을 잡는 것은 대나무 통에 곡식을 넣어 잡는 방식이었다.
기장 알 90개를 늘여 놓은 크기의 대나무 통에 기장 알 1,200개를 넣어
나는 소리와 3분의 1인 400알을 빼거나 더하거나 하는 이른바 '삼분 손익'
방식으로 열두 소리관을 만들어 표준음을 잡아내 표준 악기인 편경에 적용
했다. 그런데 곡식 알 크기와 부피가 일정하지 않으니 실제로는 밀랍으로
만들어 사용했음을 1433년 1월 1일 실록 기사를 통해 확인할 수 있다.

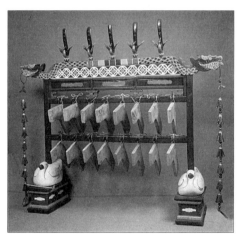

[사진 3] 현대 편경 사진. 보통 16음으로 그 음색은 자연석에서 우러나오는 순수함과
특유의 청아한 느낌을 준다. (한국민족문화대백과 제공)

우리나라는 지역이 동쪽에 치우쳐 있어 중국 땅의 풍토와는 전연 다르므로, 기운을 살펴서 음률을 구하려 하여도 응당 징험이 없을 것을 요량하고, 이에 해주의 기장쌀 모양으로 밀[蠟]을 녹여 큰 낟알을 만들어서 푼(分)을 쌓아 관(管)을 만들었는데, 그 모양이 우리나라 붉은 기장쌀의 작은 것과 꼭 같았다. 곧 한 낟알을 1푼으로 삼고 열 낟알을 1촌(寸)으로 하는 법을 삼았는데, 9촌을 황종(黃鍾)의 길이로 삼았으니 곧 90푼이다. 1촌을 더하면 황종척(黃鍾尺)이 된다. 원 둘레를 3푼 4리(釐) 6호(毫)의 법을 취하였다. 이에 대나무로서 단단하고 두껍고 몸이 큰 것을 골라 뚫으니 바로 원 둘레의 푼수(分數)에 맞으며, 관(管)의 길이를 비교해서 계산하니 바로 촌법(寸法)에 맞았다. 문득 밀을 가지고 기장 낟알 1천 2백 개를 만들어서 관(管) 속에 넣으니 진실로 남고 모자람이 없었고, 이를 불어 보니 중국 종(鍾)·경(磬) 황종의 소리와 당악(唐樂)의 피리 합자(合字) 소리와 서로 합하였다. 그러므로 이 관(管)을 삼분손익(三分損益)하여 12율관(律管)을 만들어 부니 소리가 곧 화하고 합하였다.

— 세종 15/1433/1/1

오늘날 학자들이 황종음을 복원해 측정해 보니 황종음의 주파수는 278.5Hz로 서양의 '도'보다 약간 높았다고 한다. 황종의 1/3 음이 임종, 임종의 길이에 1/3 덧붙인 음이 태주, 태주의 길이에 1/3 줄인 음이 남려이다. 이렇게 하여 12가지 기본음을 만들었다.

우리식 음악의 필요성에 대해 세종은 1430년 9월 11일 이렇게 말하고 있다.

아악은 본시 우리나라의 소리가 아니고 실은 중국의 음인데 중국 사람들은 평소에 익숙하게 들었을 것이므로 제사에 연주하여도 마땅할 것이다. 우리나라 사람들은 살아서는 향악(鄕樂)을 듣고, 죽은 뒤에는 아악을 연주한다는 것이 과연 어떨까 한다.

— 세종 12/1443/9/11

이렇게 실제 악기와 소리 연구를 철저히 하여 마침내 1430년 윤12월에 는《아악보》라는 책까지 펴냈다. 정인지가 대표 저술했는데 그 서문은 이 렇게 출발하고 있다.

"음악은 성인의 마음씨를 기르며, 신과 사람을 조화롭게 하며, 하늘과 땅을 자연스럽게 하며, 음양을 조화시키는 방법이다. 우리나라는 태평한 지 40년 을 내려왔는데도 아직까지 아악(제례음악)이 갖추어지지 못하였다. 공손히 생 각하옵건대, 우리 주상 전하께옵서 특별히 생각을 기울이시와 중국의 채원정 이 쓴《율려신서(律呂新書)》를 공부하시면서, 그 법도가 매우 정밀하며 높고 낮은 것이 질서가 있음에 감탄하시와 음률을 제정하실 생각을 가지셨으나, 다 만 황종(표준음)을 갑자기 구하기가 어려웠으므로 그 문제를 중대하게 여기고 있었다. 마침내 신 등에게 명하시와 옛 음악을 수정하게 하였다."

《율려신서(律呂新書)》는 대단히 훌륭한 음악 이론서이지만 그 음악 이론 에 맞는 실제 음악 악기와 음을 조선에서 이루게 되었다는 것이다. 그 가 슴 벅찬 감동을 정인지는 다음과 같이 정리하고 있다.

옛 음악은 이미 다시 볼 수 없으나, 이제 황종(黃鍾, 표준음)을 소리 기운의 바탕에서 찾아내어 28성을 마련하였고, 크고 작으며 높고 낮은 것이 서로의 질서를 벗어나는 것이 없으니 비로소 주자(朱子)와 채씨(蔡氏, 채원정)의 뜻이 천 년 이후에 이르러 조금이라도 펴게 되었으니, 이것은 반드시 성스러운 우 리 왕조를 기다리어 이루어졌다고 아니할 수 없다.[5]

– 정인지,《아악보》– 세종 12/1430/윤12/1

---

5 古樂旣不可復見矣, 若其求黃鍾於聲氣之元, 制二十八聲, 大小尊卑, 不相奪倫, 朱子, 蔡氏之 志, 少伸於千載之下, 則必不能無待於聖朝焉. –《세종실록》, 세종 12/1430/윤12/1

성스러운 우리 왕조에 이르러 진정한 음악이 완성되었다는 것이다. 이러한 자부심은 음표와 같은 훈민정음 반포로 이어져 그 의미를 적은 정인지 서와 신숙주가 정리한《홍무정운역훈서》에서도 비슷한 표현법으로 정리하고 있다.

> 무릇 동방에 나라가 있은 지가 오래지 않음이 아니로되, 만물의 뜻을 깨달아 모든 일을 온전하게 이루게 하는 큰 지혜는 오늘을 기다리고 있었던 것이다.
> 夫東方有國, 不爲不久, 而開物成務之大智, 蓋有待於今日也欤.
> — 정음해례29ㄱ:5-7_정인지서

> 우리 세종대왕께서는 하늘이 내린 성인으로 식견이 높고 널리 통달하여 지극하지 아니한 바 없으시어 성운(聲韻)의 처음과 끝을 모조리 연구하여 헤아리고 옳고 그름을 따져 칠음·사성과 하나의 세로 음과 가로 음이라도 마침내 바른 데로 돌아오게 하였으니, 우리 동방에서 천백 년 동안이나 알지 못하던 것을 열흘이 못 가서 배울 수 있으며, 진실로 깊이 생각하고 되풀이하여 이를 해득하면 성운학이 어찌 자세히 밝히기 어렵겠는가.
> 我世宗大王天縱之聖, 高明博達, 無所不至, 悉究聲韻源委而曲酌裁定之, 使七音四聲, 一經一緯竟歸于正, 吾東方千百載所未知者, 可不浹旬而學, 苟能沉潛反復有得乎, 是 則聲韻之學, 豈難精哉. — 홍무정운역훈서3ㄴ:5-9

3. 음악 표준과 더불어 도량형의 표준을 세우다

표준음을 집아낸 황종율관은 도량형의 기준이 된다. 황종율관을 바탕으로 황종척을 만들고 그 잣대로 다양한 자가 만들어졌다. 황종율관 2개의 양이 1홉이고 10홉이 1되, 10되가 1말이다. 이러한 도량형을 적용해 9등분의 '수표'를 만들어 지금의 청계천에 설치하여 가뭄과 물난리에 대비했다.

　기원 전 600년경에 나온 중국의 고전인 오경 가운데 하나인《서경(書經)》을 송나라 때 주희(朱熹)가 제자 채침(蔡沈)을 시켜서 주석을 달아 만든《서전(書傳)》에서는 한지(漢志)를 인용하여 다음과 같이 기술하고 있다.

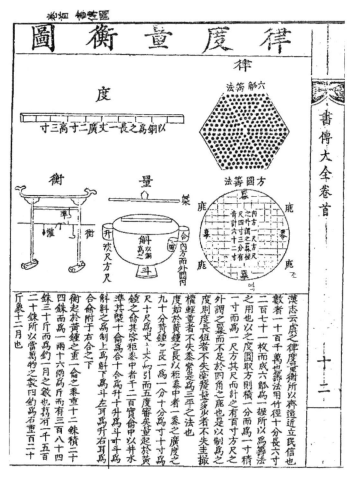

[사진 4]《서전(書傳)》의 도량형 그림과 설명

우(虞; 요순시대)의 율, 도, 량, 형은 멀고, 가까운 것을 가지런히 하여 백성들에게 믿음을 심어주는 것이다. 도(度)는 황종의 길이에서 비롯된다. 검은 기장 가운데치들의 총넓이가 90분이다. 황종의 길이, 하나를 일분, 십분을 촌이라 하고 십촌이 척, 십척을 장, 십장을 인, 도합 5등급으로 헤아린다. 양은 황종의 약(龠; 황종관의 내부)에서 판단한다. 검은 기장알 1200개가 약(龠)에 들어간다. 10약이 합, 10합이 승, 10승이 두, 10두가 곡. 곡의 제도는 위는 곡, 아래는 두, 왼쪽은 승, 오른쪽은 합, 약은 합의 아래에 둔다. 저울은 황종의 무게에서 판단한다. 1약의 기장의 무게가 12수(銖)이고, 24수(銖)가 1량(兩), 16량(兩)이 1근(斤), 384수 30근이 균(鈞)으로 1월의 수다. 11,520수(銖)가 만물의 수에 상당한다. 4균이 석(石)의 무게가 되어 120근은 12월을 헤아린다.

漢志云 虞之律度量衡所以齊遠近立民信也 度始於黃鐘之長 以秬黍中者 一黍之廣 度之九十分 黃鐘之長一爲一分十分爲寸 十寸爲尺 十尺爲丈 十丈爲引而五度審矣. 量 起於黃鐘之龠其容秬黍中者千二百實 龠中以井水準其槩 十龠爲合 十合爲升 十升爲 斗十斗爲斛 斛之爲制上爲斛下爲斗左耳爲升右耳爲合 龠附于合之下 衡起於黃鐘之重 一龠之黍重十二銖 積二十四銖而爲一兩 十六兩爲斤而三百八十四銖 三十斤而爲鈞 一 月之數也 萬有一千五百二十銖所以當萬物之數 四鈞爲石重百二十斤象十二月也.

−《書傳》 12

위 기록에 의하면 이미 중국 고대 요순 시대부터 도량형의 표준이 매우 엄격하게 책정되었음을 알 수 있다. 한나라는 유방이 세운 중국의 두 번째 통일 왕조로서 이런 표준 문제가 매우 중요하므로 기록으로 남긴 것이다.

4. 정간보와 같은 훈민정음 문자를 만들다

절대 청음 사건이 일어난 1433년은 훈민정음 창제 10년 전이다. 이 사건은 단순히 세종의 절대음감의 천재성을 보여주는 이벤트성 사건만으로만 봐서는 안 된다. 음악 연구를 통한 소리 연구가 완벽하게 끝났음을 보여주는 의미로 보아야 한다. 이러한 절대 음계에 대한 자신감으로 사람의 말소리를 연구하였을 것이고 그래서 실제 음악의 이치를 적용한 절대 음계와 같은 소리를 닮은 문자 훈민정음 28자가 1443년 12월 겨울에 세상에 드러날 수 있었다. 음악은 국가의 표준이었고 그것으로 생활의 표준이 되는 도량형이 완성되고 합리적인 소통을 위한 문자가 제정되었다.

중국의 경우도 송나라 때의 채원정이 《율려신서(律呂新書)》를 통해 음악 이론과 철학을 완성함으로써 이것이 바탕이 되어 '황극경세 성음창화도'라는 말소리의 정음 체계가 성립이 되었고 이것이 성리학(性理學)의 핵심 사상이 되었다. 채원정은 중국의 천재 음악 이론가였으나 두 가지 문제가 있었다. 뛰어난 이론이 실제 악기와 문자로 이어지지는 못했던 것이다. 먼저 음악의 문제에 대해서는 세종의 음악 이론을 정리한 성현이 다음과 같이 지적하고 있다.

> 다만 채원정의 책이 깊이 율려의 본원(源)을 얻었으나, 율려(律呂)의 변화에 어울리는 탄법(彈法)과 지법(指法)에 맞게 펴지 못하였다. 이는 마치 호미와 쟁기는 있으나 (논)갈고 (밭)김매는 것을 모르는 것과 같다.
> 惟蔡元正之書 心得律呂之源 然未能布爪指而諧聲律 是猶抱鉬耒而未諳耕耘之術也
> ─《악학궤범(樂學軌範)》 서문(序文)

'탄법'과 '지법'은 거문고나 가야금 등의 악기를 연주하는 기법을 말한다. 음악 이론은 뛰어났으나 실제 음악 악기 연주로는 이어지지 못했다는 것이다. 세종이 먼저 이와 같은 맥락에서 채원정의 《율려신서》를 비판한 바 있다.

> 임금이 음악에 대하여 이야기하면서 이르기를,
> "박연(朴堧)이 조회(朝會)의 음악을 바로잡으려 하는데, 바르게 한다는 것은

어려운 일이다. 《율려신서(律呂新書)》도 형식만 갖추어 놓은 것뿐이다. 우리나라의 음악이 비록 다 잘 되었다고 할 수는 없으나, 반드시 중국에 부끄러워할 것은 없다. 중국의 음악인들 어찌 바르게 되었다 할 수 있겠는가."[6]

– 세종 12/1430/12/7

형식만 갖추어 놓았다는 것은 이론으로만 머물렀다는 것이다. 겸손하게 우리의 음악이 잘 되었다고 볼 수 없다고 했지만 중국 음악과 견준 자부심을 은근히 드러낸 것이다.

이러한 자부심을 바탕으로 세종은 정간보를 통해 소리와 길이와 높이의 절대 음가를 반영한 악보에 담자 그와 맥락에서 생각과 느낌과 뜻을 맘껏 표현할 수 있는 음가와 같은 문자를 만들었다.

[표 1] 초성의 조음 특성과 역 특성 설명 내용과 순서

15세기	초성(자음)	발음 기관 특성	말소리 특성	음악특성	계절	오행	방위
순음 (입시울 쏘리)	ㅁ ㅂ ㅍ	모난 것이 합해짐 (方而合)	머금고 큼(含而廣)	궁	중심 계절	토	중앙
치음 (니쏘리)	ㅅ ㅈ ㅊ(△)	강하고 단단함 (剛而斷)	부서지고 걸림(屑而滯)	상	가을	금	서
아음 (엄쏘리)	ㄱ ㅋ ㆁ	어긋나고 긺 (錯而長)	목소리와 같으나 막힘(似喉而實)	각	봄	목	동
설음 (혀쏘리)	ㄴ ㄷ ㅌ(ㄹ)	재빠르게 움직임 (銳而動)	구르고 날림(轉而颺)	치	여름	화	남
후음 (목소리)	ㅇ ㆆ ㅎ	깊숙하고 젖음 (邃而潤)	비어있는듯이 통함(虛而通)	우	겨울	수	북

---

6 上論樂日："今朴堧欲正朝會樂, 然得正爲難,《律呂新書》, 亦文具而已。我朝之樂, 雖未盡善, 必無愧於中原之樂, 亦豈得其正乎?" –《세종실록》, 세종 12/1430/12

입술소리는 소리의 기본이자 표준인 궁음에 해당된다. 다음의 잇소리가 상음이고 어금닛소리가 각음, 혓소리가 치음, 목소리가 가장 높은 우음이 된다. 이러한 음계를 정확히 문자에 적용했기에 문자 자체가 음률을 담고 있을 뿐 아니라 그런 음률을 담은 노랫가락을 정확히 표현할 수 있다고, 훈민정음 해례본에서 정인지는 다음과 같이 선언하고 있다.

> 글자의 운으로는 맑고 흐린 소리를 구별할 수 있고 노랫가락으로는 음률을 명확하게 표현할 수 있다.
> 字韻則淸濁之能辨, 樂歌則律呂之克諧.
>
> — 정음해례28ㄱ:5-6_정인지서

그래서 우리 문자가 없어 소리로만 떠돌던 백제 가요, 고려 가요까지 적을 수 있게 된 것은 기적이었다. 이러한 예악 정치와 한글 반포를 기리는 공연 막바지 노래가 어찌 벅찬 감동으로 다가오지 않을 수 있겠는가.

> 경계 무너져 오래도록 수리 못 해
> 강자는 겸병하고 약자는 **빼앗겨** 기세가 대단하네
> 우리 임금 경계 바로 잡아 창고는 가득차고 백성은 편안하네
> 임금님은 백성과 정을 통해야 하는지라
> 언로를 활짝 열어 모든 총명 얻으시네
> 덕으로 다스림은 예악에서 나오니
> 가까이는 안방에서 온 나라에 달하도다
> 하늘의 소리 땅에 내려와
> 천지의 분별로 사람의 마음 움직이는도다
> 임금이 백성의 뜻을 담아 한글노래 부르시니
> 이 공덕은 무극과 짝하리라
>
> — 여민락 5-7장 선율 차용, 합창과 관현악/공연 도록 15쪽.

:: 제6장 ::

세종, 책으로 인문학을 키우다

1. 인쇄 관청 주자소에 대한 특별 정책

세종 3년, 1421년 3월 24일, 지금의 서울 충무로 지역, 늘 조용하던 인쇄 관청인 '주자소'가 왁자지껄 소리가 거리로 넘쳤다. 세종 임금이 친히 보낸 술 120병이 도착하였기 때문이다. 임금 심부름으로 온 내시는 주자소 관원들에게 술병의 의미를 설명하였다.

그대들이 애쓴 탓에 인쇄 속도가 빨라져 더 많은 책을 빨리 찍어낼 수 있게 되었다고 전하께서는 더없이 기뻐 하셨소. 그동안 고생 많았으니 오늘은 맘껏 쉬며 술을 마시고 회포를 풀라는 어명이오.

책을 유달리 좋아했던 세종은 임금 자리에 오른 지 얼마 안 된 시기였지만 출판 인쇄 정책에 온 힘을 쏟았다. 나무에 새기는 목판 인쇄는 충분히 발달되어 있어 빨리 많이 찍어낼 수 있었지만 짧은 시간에 마모되어 정확한 글자체로 계속 찍어낼 수 없는 흠이 있었다. 그래서 금속활자 기술 개량에 더 힘을 쏟았다. 그러던 터에 인쇄 기술이 크게 좋아지자 이렇게 인쇄 관청

근무자들을 크게 격려한 것이다. 이로부터 14년 후인 세종 17년(1435)에는 주자소를 경복궁 안으로 아예 옮기게 하였다. 궁궐 안에는 '궐내각사'라 하여 주요 관청들이 들어와 있었는데 주자소 같은 관청을 궁궐 안으로 옮긴 것은 그만큼 인쇄 정책을 중요하게 여겼다는 뜻이다.

주자소는 태종 때 처음 설치되었다. 태종은 두 번에 걸친 왕자의 난을 거쳐 임금이 되었지만 문화를 통해 나라를 안정시키고 더욱 발전시켜야 함을 잘 알고 있었다. 그래서 태종 3년(1403)에는 계미자라는 새로운 금속활자까지 개발하였다. 이전의 금속활자보다 더 크게 튼튼하게 만든 것이다.

[그림 1] 주자소도
(세종대왕기념사업회 기록화)

[사진 1] 서울 충무로의 주자소터 새김돌
(지금도 주자소가 있던 서울 충무로 근처를
주자동이라 부른다.)

세종 또한 왕위에 오른 지 얼만 안 된 세종 2년(1420)에 남급, 김익정, 정초 등으로 하여금 활자를 주조한 것이 경자자였다. 1422년 세종의 명으로 변계량은 인쇄용 글자 개량에 관한 발문을 짓게 하였는데 인쇄술 개량의 감동 역사를 담았다.

주자를 만든 것은 많은 서적을 인쇄하여 길이 후세에 전하려 함이니, 진실로 무궁한 이익이 될 것이다. 그러나 그 처음 만든 글자는 모양이 다 잘 되지 못하여, 책을 박는 사람이 그 성공이 쉽지 않음을 병 되게 여기더니, 영락 경자년 겨울 11월에 우리 전하께서 이를 몹시 고민한 뒤 공조참판 이천에게 명하여 새로 글자 모양을 고쳐 만들게 하시니, 매우 정교하고 치밀하였다. 지신사(知申事) 김익정과 좌대언(左代言) 정초에게 명하여 그 일을 맡아 감독하게 하여 일곱 달 만에 일이 성공하니, 인쇄하는 사람들이 이를 편리하다고 하였고, 하루에 인쇄한 것이 20여 장에 이르렀다. 삼가 생각하건대, 우리 광효 대왕(태종)이 앞에서 창작하시고, 우리 주상 전하께서 뒤에서 계승하셨는데, 일을 처리하는 도리가 주도면밀함은 그전 것보다 더 나은 점이 있다. 이로 말미암아 글은 인쇄하지 못할 것이 없어, 배우지 못할 사람이 없을 것이니, 문화와 교육의 일어남이 마땅히 날로 앞서 나아갈 것이요, 세도의 높아감이 마땅히 더욱 성해질 것이다. 저 한나라, 당나라 임금들이 단지 재물 이익과 군대 개혁에만 정신을 쏟아, 이를 국가의 급선무로 삼은 것에 비교한다면, 하늘과 땅의 차이뿐만이 아닐지니, 실로 우리 조선 만세에 한이 없는 복이다.[1]   – 세종 4/1422/10/29

이런 성과를 바탕으로 세종은 1425년에는 사마천의 《사기》를 찍어 문신

---

1 鑄字之設, 可印群書, 以傳永世, 誠爲無窮之利矣。然其始鑄, 字樣有未盡善者, 印書者病其功未易就。永樂庚子冬十有一月, 我殿下發於宸衷, 命工曹參判李蕆, 新鑄字樣, 極爲精緻。命知申事金益精, 左代言鄭招, 監掌其事, 七閱月而功訖。印者便之, 而一日所印, 多至二十餘紙矣。恭惟我光孝大王作之於前, 我主上殿下述之於後, 而條理之密, 有又加焉者。由是而無書不印, 無人不學, 文敎之興當日進, 而世道之隆當益盛矣。視彼漢, 唐人主, 規規於財利兵革, 以爲國家之先務者, 不啻霄壤矣, 實我朝鮮萬世無疆之福也。–《세종실록》, 세종 4/1422/10/29

들에게 나누어 주기도 하였다. 세종은 인쇄술을 더욱 발전시켜 1434년에 갑인자를 만들었다. 갑인자는 크기가 10×11mm인 경자자의 글자체를 키우고 활자와 조판 틀을 더 완벽하게 짜서 인쇄능률을 향상시켰다. 이 일은 이천, 장영실 등이 참여하여 세종 16년 갑인년 7월 초에 크고 작은 활자 20여만 자를 새로 만들었다. 크기가 14×15mm인 이 활자는 고르고 네모나게 만들었으므로 판을 짤 때에 밀납을 녹여 붓는 대신 대나무 조각으로 틈새를 메우는 조립식 판짜기로 하여 인쇄분량은 하루에 40여 장으로 앞서보다 두 배 이상 늘었다.

세종이 인쇄 개량 전에는 글자를 구리판에 새겨 놓고 사이사이 납을 끓여 부어, 단단히 굳은 뒤에 찍었기 때문에 납이 많이 들고, 하루에 찍어내는 것이 두어 장에 불과하였다. 이때에 세종이 이천과 남급으로 하여금 구리판을 다시 주조하여 글자의 모양과 꼭 맞게 만들었더니, 납을 녹여 붓지 아니하여도 글자가 이동하지 아니하고 더 정확하여 하루에 수십 장에서 백 장까지 찍어낼 수 있었다.

이러한 인쇄술의 섬세한 개량 과정을 세종 16년(1434) 《세종실록》에서 찾아 볼 수 있다.

> 지중추원사 이천을 불러 의논하기를, "태종께서 처음으로 주자소를 설치하시고 큰 글자를 주조할 때에, 조정 신하들이 모두 이룩하기 어렵다고 하였으나, 태종께서는 억지로 우겨서 만들게 하여, 모든 책을 인쇄하여 중외에 널리 폈으니 또한 거룩하지 아니하냐. 다만 초창기이므로 제조가 정밀하지 못하여, 매양 인쇄할 때를 당하면, 반드시 먼저 밀[蠟]을 판(板) 밑에 펴고 그 위에 글자를 차례로 맞추어 꽂는다. 그러나 밀의 성질이 본디 부드럽고, 식자한 것이 굳지 못하여, 겨우 두어 장만 박으면 글자가 옮겨 쏠리고 많이 비뚤어져서, 곧 따라 고르게 바로잡아야 하므로, 인쇄하는 자가 괴롭게 여겼다. 내가 이 폐단을 생각하여 일찍이 경에게 고쳐 만들기를 명하였더니, 경도 어렵게 여겼으나, 내가

강요하자, 경이 지혜를 써서 판을 만들고 주자를 부어 만들어서, 모두 바르고
고르며 견고하여, 비록 밀을 쓰지 아니하고 많이 박아 내어도 글자가 비뚤어지
지 아니하니, 내가 심히 아름답게 여긴다. 이제 대군들이 큰 글자로 고쳐 만들어
서 책을 박아 보자고 청하나, 내가 생각하건대, 근래 북쪽 정벌로 말미암아
병기를 많이 잃어서 구리쇠의 소용도 많으며, 더구나, 이제 공장들이 각처에
나뉘어 있어 일을 하고 있는데, 일이 매우 번거롭고 많지마는, 이 일도 하지
않을 수 없다" 하고, 이에 이천에게 명하여 그 일을 감독하게 하고, 집현전 직제
학 김돈, 직전 김빈, 호군 장영실, 이세형, 사인(舍人) 정척, 주부 이순지 등에게
일을 주장하게 맡기고, 경연에서 다루었던 《효순사실》·《위선음즐》·《논어》 등
책의 글자꼴을 글자 바탕으로 삼아, 주자 20여만 자를 만들어, 이것으로 하루의
박은 바가 40여 장에 이르니, 글자체가 깨끗하고 바르며, 일하기의 쉬움이 예전
에 비하여 갑절이나 되었다.[2]

－ 세종 16/1434/7/2

이해 7월 16일자 실록 기록을 보면, 세종은 "이제 큰 글자의 주자를 주조
하였으니 귀중한 보배가 되었다. 나는 《자치통감》을 박아서 중외에 반포(頒
布)하여 노인들이 보기 쉽도록 하고자 하는데, 만약 종이 30만 권(卷)만
준비하면 5, 6백 질(秩)을 인쇄할 수 있다. 그 종이와 먹을 준비하는 계책은
승정원에서 마련하라"고 하였다. 이리하여 그 다음 날 《자치통감》을 인쇄
할 종이를 각처에 나누어 만들게 하되, 5만 권은 조지소(造紙所)에서 만들고,

---

2 召知中樞院事李蕆議曰: "'太宗肇造鑄字所, 鑄大字時, 廷臣皆曰: '難成.' 太宗强令鑄之, 以
印群書, 廣布中外, 不亦(違)[偉] 歟! 但因草創, 制造未精, 每當印書, 必先以蠟布於板底,
而後植字於其上。然蠟性本柔, 植字未固, 纔印數紙, 字有遷動, 多致偏倚, 隨卽均正, 印者病
之。予念此弊, 曾命卿改造, 卿亦以爲難, 予强之, 卿乃運智, 造板鑄字, 竝皆平正牢固, 不待
用蠟, 印出雖多, 字不偏倚, 予甚嘉之。今者大君等, 請改鑄大字印書以觀, 予念近因北征, 頗
失兵器, 銅鐵所用亦多, 矧今工匠分役各處, 務甚繁夥, 然此亦不可不爲也。' 乃命蕆監其事,
集賢殿直提學金墩, 直殿金鑌, 護軍蔣英實, 僉知司譯院事李世衡, 舍人鄭陟, 注簿李純之等掌
之。出經筵所藏《孝順事實》,《爲善陰騭》,《論語》等書爲字本, 其所不足, 命晉陽大君 瑈書之,
鑄至二十有餘萬字, 一日所印, 可至四十餘紙。字體之明正, 功課之易就, 比舊爲倍。-《세종
실록》, 세종 16/1434/7/2

10만5천 권은 경상도에서, 7만8천 권은 전라도에서, 3만3천5백 권은 충청도에서, 3만3천5백 권은 강원도에서, 합하여 30만 권을 만들라"고 지시하였다. 세종은 아예 구체적인 방법까지 지시한다. "닥나무는 국고의 쌀로써 바꾸고, 성안의 중들을 시켜 종이 뜨는 일을 하게 하되, 의복과 음식을 주고, 쑥대[蒿節]와 밀·보릿짚[麩麥節], 대껍질[竹皮]·삼대[麻骨] 등은 준비하기가 쉬운 물건이므로, 이를 5분(分)마다에 닥나무 1분을 섞어서 만들면, 종이의 힘이 조금 강할 뿐만 아니라 책을 박기에 적합하고, 닥을 쓰는 것도 많지 않을 것이다"라고 하였다.

세종과 관련 전문가들이 두루두루 애쓴 덕에 갑인자는 조선시대 표준 글꼴 구실을 하였다. 많은 선비들이 이 글꼴을 표준으로 글씨를 쓰기도 하였으므로 표준 글씨의 모범이 된 셈이다.

이렇게 세종은 인쇄술을 발전시켜 출판문화를 꽃피우고 1446년 한글 반포 후에 갑인자를 이용해 직접 훈민정음 불경서《월인천강지곡》을 1448년에 펴냈다.

《월인천강지곡》은 세종이 직접 지어 훈민정음 반포 그 다음 해인 세종 29년(1447)에 펴낸 책이다.《훈민정음》(1446, 해례본)같이 정자체이지만 훈민정음 해례본은 목판본인 데 반해 이 책은 구리활자인 갑인자로 출판되었다. 이 책은 세종이 직접 석가의 공덕을 칭송하여 쓴 악장 형식의 일종의 찬불가집이다. 실제 노래 가사로도 불렸다. 그래서인지 널리 퍼지고 한글 보급에 많은 영향을 끼쳤다.

다른 책들이 대개 한자는 크게 한글은 작게 썼지만 이 노래 가사는 한글을 크게 새겼다. 세종이 직접 지은 노래라 그런 것이겠지만 노래 가사 형식이라 자연스럽게 한글 위주가 된 것으로 보인다. [사진 3]은 실제 활자본을 복원하여 다시 찍은 사진이다.

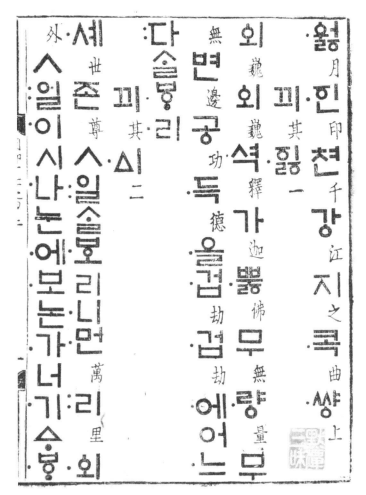

[사진 2] 월인천강지곡 원본 사진 첫 쪽(대한교과서 소장)

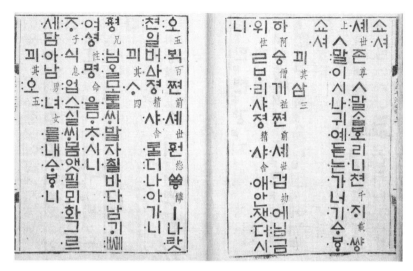

[사진 3] 월인천강지곡 원본 사진2(대한교과서 소장)

[사진 4]《월인천강지곡》의 금속활자본의 재현(청주고인쇄박물관)

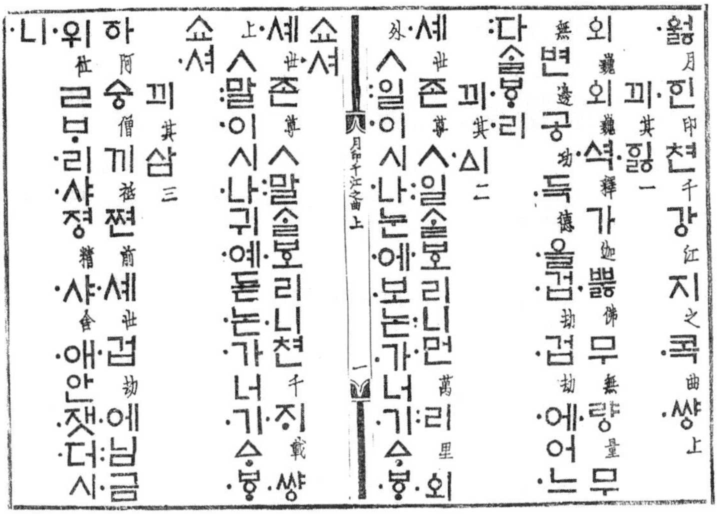

[사진 5] 복원 금속활자 인쇄판에 의해 실제로 인쇄 재현

2. 인쇄 최고 기술, 문명국의 나라 한국

우리나라는 원래 인쇄 강국이었다. 신라시대인 751년에 나온 다라니경은 현재 전하는 세계에서 가장 오래된 목판 인쇄이고 1236년 팔만대장경 5,200만 자의 목판인쇄물이었다.

고려시대 목판인쇄가 발달한 가장 큰 까닭은 나라에서 불교를 장려하여 불교관련 서적이 많이 필요했기에 대량인쇄가 가능했던 목판 인쇄술이 발달하였다. 또한 사찰이 산속에 있어 목재를 쉽게 구할 수 있는 지리이점과 스님늘의 노농력과 불경에 대한 수요가 맞물려 목판인쇄 기술은 더욱 발전하였다. 팔만대장경은 국보, 유네스코 세계기록유산으로 지정될 정도도 목판인쇄의 최고 걸작이다.

1234년에 나온 《상정고금예문》은 세계 두 번째 금속활자였고 1377년의

《직지심체요절》은 현존하는 세계 첫 번째 금속활자이다. 《직지심체요절》
은 2001년도에 유네스코 세계기록유산에 등재되었으나 안타깝게도 조선
말에 약탈해간 프랑스의 국립도서관에서 소장하고 있다.

 고려 금속활자가 발달한 까닭은 잦은 전란으로 목판 손실과 파괴, 목판
인쇄술의 기술적 한계 등으로 금속활자가 발명되고 발전되었다. 원래 고려
시대 금속 공예술은 통일신라시대와 송·원나라의 기술적 영향을 받아 높은
수준의 기술을 보유하였고 이러한 뛰어난 금속공예술을 바탕으로 금속활
자 인쇄출판이 활성화되었다.

[사진 6] 팔만대장경 목판

[사진 7] 보협인다라니경 – 목판인쇄본

[사진 8]《직지심체요절》- 금속활자

[사진 9]《직지》표지

[그림 2] 요하네스 구텐베르크

[사진 10] 성경책

3. 세종 시대 인쇄술의 인문주의와 한계

1997년 베를린 G7 정상회담, 미국 부통령이었던 엘 고어는 매우 충격
적인 말을 던졌다.

"금속활자는 한국이 세계 최초로 발명하고 사용했지만, 인류 문화사에
영향력을 미친 것은 독일의 금속활자이다."

인류 인쇄술의 역사를 정확히 간파한 말이었다. 우리의 놀라운 인쇄
역사에 대한 칭찬이기도 하고 그것을 대량 인쇄로 발전시키지 못한 역사
에 대한 비판이기도 했다. 독일 마인츠의 구텐베르크 박물관의 한국실에
는 고려시대《직지(直指)》를 비롯한 우리나라 인쇄기술 발달사가 정연하
게 전시하고 있다고 한다.

세종이 훈민정음을 반포하기 1년 전인 1445년 서양에서는 구텐베르크
금속활자 인쇄에 성공하였다. 1455년에는 구텐베르크 성서 인쇄가 성공하
여 대량 인쇄 시대를 열었고 서양 르네상스는 더욱 활짝 꽃피우게 되었다.

요하네스 구텐베르크는 서양의 인쇄술을 최초로 창시한 인물인 셈이
다. 구텐베르크가 발명한 활판 인쇄술은 대량인쇄를 가능하게 하였고 특
권층만 소유하고 있던 성경책을 대량인쇄하여 민중들도 성경책을 소유할
수 있게 되었다. 결국 대량인쇄와 함께 지식의 대량보급이 이루어져 민
중들은 많은 지식을 깨우치고 그것이 종교혁명으로 이어져 인류의 학문
과 문명에 큰 영향을 끼쳤다.

세종은 인쇄도 백성들을 위한 민본주의 차원에서 철저히 효율성을 추구
한 것이다. 세종 때 만든 갑인자는 지금 기술로 봐도 뛰어난 활자이다.
구텐베르크는 상업적 용도로 인쇄술 발명하였지만, 세종은 백성을 위해
인쇄술을 발전시켰다. 다만 서양의 인쇄술은 로마자 기본 자음자와 모음자
낱글자별로 주조하면 되므로 활자 자체가 대중화될 수 있어 손쉽게 대량인

쇄를 할 수 있었으나 우리는 낱글자가 아닌 자음자 모음자가 결합된 음절자 단위로 주조하다 보니 글자체 만드는 일이 대중화되기에는 한계가 있었다. 다행히 컴퓨터 시대가 되어 이 문제가 완전히 해결되었으나 컴퓨터가 나오기 전까지는 서양의 인쇄 대중화보다 뒤질 수밖에 없었다.

──────────

〈직지코드〉(우광훈·데이빗 레드먼 감독, 2017) 기록 영화에서 '구텐베르크'는 "신화는 사실이 아니다"라고 주장하고 있다.

제7장

끝없이 낮은 데로 향했던 세종의 복지 정책

어느 시대든 그 시대가 사람답게 살만한 세상인가를 가늠해 볼 수 있는 척도가 있다. 그중 으뜸은 질병이나 사회 약자에 대한 정책이나 배려가 얼마나 잘 돼 있는가이다. 세종 시대의 복지 정책은 지금도 본받아야 할 만큼 여러모로 바람직한 점이 많았다. 질병, 여성 출산 문제, 노인과 어린이, 장애인, 죄수 등의 약자들에 대한 여러 정책이나 사건들을 모아서 살펴보기로 한다.

1. 책을 통해 질병문제를 근본적으로 해결하다

세종은 질병 치료를 위한 의료 책 발간을 매우 중요하게 여겼다. 1429년 1월 29일 《세종실록》에는 세종은 제주 안무사에게 의학책 17벌을 보내 의생들을 가르쳐 백성들의 질병을 구하도록 한 기사가 나온다. 직접 의생을 파견하기보다는 의서를 보내 의생을 가르치는 방식을 썼다. 근본적인 질병 개선 정책에 누군가 지침서로 사용할 수 있는 책이 중요했음을 보여준다.

따라서 세종은 새로운 의서를 만들어 지방에 많이 보급하는 정책을 펴 백성들의 질병 치료에 온 힘을 기울였다.

1431년에는 유효통, 노중례, 박윤덕 등을 시켜 《향약채취월령(鄕藥採取月 令)》이란 책을 펴냈다. 《향약채취월령》은 민간에서 달마다 채취하여야 될 약재 명칭을 정리한 것으로, 이때는 한글 반포 전이므로 우리의 향약명을 이두로 약재 명칭을 있는 그대로 표기하여 정확한 처방이 될 수 있게 하였 다. '향약'은 우리 땅에서 나는 약재를 바탕으로 하는 것이니 시골 방방곡 곡에서 누구나 약재를 구할 수 있는 것을 중요하게 여긴 것이다. 이런 책 이 나오기 전에는 주로 고려 때 만든 《향약구급방(鄕藥救急方)》이란 책을 보거나 중국 책을 참고했는데, 어렵거나 현실에 맞지 않아 실제로 도움이 되지 않을 때가 많았다. 이 책 원간본은 전하지 않고 일본인이 필사한 필 사본이 전하고 있다.

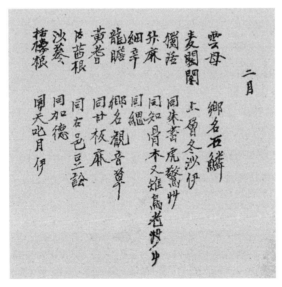

[사진 1] 《향약채취월령》 일부(대제각 영인본)

그리고 이때만 하더라도 치료 기관과 치료서가 턱없이 부족했다. 그만큼 환자들은 민속 신앙에 의존하는 경우가 많았고 민속 신앙을 억제하기 위해 아예 무당을 국가기관에 귀속시켜 놓을 정도였다. 세종은 1431년부터 무속 신앙에 의한 치료를 엄금하고 향약을 통한 치료에 적극 나서게 된 것이다.

세종 14년(1432)에는 《신찬팔도지리지(新撰八道地理志)》를 펴냈는데, 이 책을 통해 전국 각지의 향약이 있는 곳을 정확하게 알 수 있었다. 이리하여 《향약집성방》은 세종 15년인 1433년 6월 11일에 완성이 되었다. 이 날짜에 권채가 쓴 이 책 서문이 《세종실록》 세종 15년(1433) 6월 11일자에 실려 있다.

오직 우리나라는 하늘이 한 구역을 만들어 한겨레를 세우고, 산과 바다에는 무진장한 보화가 있고 풀과 나무에는 약재를 생산하여 무릇 민생을 기르고 병을 치료할 만한 것이 구비되지 아니한 것이 없으나, 다만 옛날부터 의학이 발달되지 못하여 약을 시기에 맞추어 채취하지 못하고, 가까운 것을 소홀히 하고 먼 것을 구하여, 사람이 병들면 반드시 중국의 얻기 어려운 약을 구하니, 이는 7년 병에 3년 묵은 쑥을 구하는 것과 같을 뿐만 아니라, 약은 구하지 못하고 병은 이미 어떻게 할 수 없게 되는 것이다. 민간의 옛 늙은이가 한 가지 약초로 한 병을 치료하여 신통한 효력을 보는 것은, 그 땅의 성질에 적당한 약과 병이 서로 맞아서 그런 것이 아닐까. 무릇 천 리를 멀다 하지 아니하고 이름없이 퍼져 있는 것을 구하려 하는 것은 사람들의 보통 생각인데, 하물며 나라 안에서 나가지 아니하고 병을 치료할 수 있는 것이랴. 알지 못하는 것을 걱정할 뿐이다.[1]

- 세종 15/1433/6/11

---

1 惟我國天作一區, 據有大東, 山海寶藏之興, 草木藥材之産, 凡可以養民生, 而療民疾者, 蓋亦無不備焉, 但自古醫學疎廢, 採取不時, 忽其近而求之遠, 人病則必索中國難得之藥, 是奚啻如七年之病, 求三年之艾而已哉! 於是藥不能得, 而疾已不可爲也。唯民間故老, 能以一草療一病, 其效甚神者, 豈非宜土之性, 藥與病値而然也? 夫不遠千里, 求伸無名之指者, 人之常情也, 況不出國中, 而可以療疾者乎? 人患不知耳。-《世宗實錄》, 세종 15/1433/6/11

이러한 서문 내용을 보면 정작 우리땅에서 나는 약재를 제대로 활용하지 못해 치료를 못했던 안타까운 역사가 담겨 있다. 세종은 민간의 어르신들이 한 가지 약초로 한 병을 치료하여 신통한 효력을 보는 것은 그 땅의 성질에 적당한 약과 병이 서로 맞아서 그런 것임을 간파한 것이다.

그렇다고 《향약집성방》이 우리식 치료법만 담은 것은 아니다. 이 책은 중국에서 널리 쓰이는 치료법과 약재도 수용했는데 959가지 질병 치료를 내과학, 외과학 등 전문분야로 나눠 진단법과 치료법을 다룬 중국 의서들을 160종 이상 인용하였다. 중국 치료법을 우리 실정에 맞게 다시 분류하고 정리한 다음, 우리의 토속 치료법을 더해 정리한 것이다.

《향약집성방》을 편찬하기 위해 세종은 사신들이 중국에 갈 때 의관을 골라서 따라 가게 하여 중국 북경에 가서 치료책을 널리 구하게 하였다. 또한 중국 황제에게 도움을 청해 중국 의료기관의 협조를 얻어 약명의 그릇된 것을 바로잡게 하기도 했다. 이렇게 하여 집현전의 유효통, 노중례, 박윤덕 등이 세종의 명으로 85권의 《향약집성방》을 편찬하여 이 책이 나오게 된 것이다.

예전에 판문하(判門下) 권중화가 '여러 책'을 뽑아 모아서 《향약간이방(鄉藥簡易方)》을 짓고, 그 뒤에 또 평양백(平壤伯) 조준 등과 더불어 약국 관원에게 명하여 다시 여러 책을 상고하고, 또 우리나라 사람들의 경험을 취하여 분류 편찬하고 목판으로 간행하니, 이로부터 약을 구하기 쉽고 병을 치료하기 쉬우므로, 사람들이 모두 편하게 여겼다. 그러나 처방책이 중국에서 나온 것이 아직 적고, 약명이 중국과 다른 것이 많은 까닭에, 의술을 업으로 하는 자도 미비하다는 탄식을 면치 못하였다. 우리 주상 전하께서 특히 이에 유의하여 의관(醫官)을 골라서 매양 사신을 따라 북경에 가서 처방책을 널리 구하게 하고, 또 황제에게 아뢰어 중국 큰 의원의 자문을 받아 그릇된 약명을 바로잡으며, 선덕(宣德) 신해년 가을에 집현전 직제학 유효통·전의(典醫) 노중례·부정(副正) 박윤덕 등에게 명하여 다시 향약방(鄉藥方)에 대하여 여러 책에서 빠짐 없이 찾아

내고 종류를 나누고 더 보태어 한 해를 지나서 완성하였다. 이에 구증(舊證)은 3백 38가지인데, 이제는 9백 59가지가 되고, 구방(舊方)은 2천 8백 3가지인데, 이제는 1만 7백 6가지가 되었으며, 또 침·쑥뜸법 1천 4백 76조와 향약 본초(鄕藥本草) 및 산지가공법을 붙여서 합해 85권을 만들어 올리니, 이름을 '향약집성 방'이라 하였다.[2]

중국 책도 많이 참고하고 많은 연구 끝에 펴낸 책임을 밝혀 놓았다. 그래서 권 채는 서문 말미에 세종의 의료 정책의 효용성을 "지금부터 이 책으로 인하여 약을 먹어 효력을 얻고, 앓는 사람이 일어나고 일찍 죽는 것이 변하여 수명을 얻고 무궁토록 화기(和氣)를 얻게 하는 것"으로 높이 평가하고 세종의 어진 마음과 어진 정치에서 나온 것이라고 칭송하고 있다.

백성들은 세종 임금이 의약으로 백성을 구제하는 일에까지 이와 같이 힘을 쓴다고 크게 기뻐하였다. 이 책으로 인하여 아픈 이가 약을 먹어 효력을 얻고, 앓는 사람이 일어나며 사람들이 일찍 죽지 않고 오래 살게 된 것이 임금의 마음과 어진 정치에서 나온 것이라 하나같이 말하였다.

세종은 이 책을 전라도와 강원도에 나누어 인쇄하도록 했는데 이는 최대한 많은 지역에 보급하기 위해서였다. 이렇게 이 책은 동네마다 응급 조치 지침서가 되었다. 이 책에는 709종의 약재를 활용하고 있는데, 광물성이 109종, 동물성이 220종, 식물성이 374종이나 되었다. 참고로 당시 유럽에서는 식물성 약재만을 활용하던 때였다.

---

2 昔判門下臣權仲和嘗加採輯, 著《鄕藥簡易方》, 其後又與平壤伯 趙浚等, 命官藥局, 更考諸方, 又取東人修驗者, 分門類編, 鋟梓以行. 自是藥易求而病易治, 人皆便之. 然方書之出於中國者尙少, 藥名之異於中國者頗多, 故業其術者, 未免有不備之嘆. 恭惟我主上殿下, 特留宸慮, 命揀醫官, 每隨使如京, 廣求方書, 且因申奏, 就太醫院, 考正藥名之謬. 宣德辛亥秋, 乃命集賢殿直提學兪孝通, 典醫正盧重禮, 副正朴允德等, 更取鄕藥方編, 會諸書搜檢無遺, 分類增添, 歲餘而訖. 於是舊證三百三十八, 而今爲九百五十九, 舊方二千八百三, 而今爲一萬七百六. 且附以針灸法一千四百七十六條, 鄕藥本草及炮製法, 合爲八十五卷以進, 名曰《鄕藥集成方》 -《세종실록》, 세종 15/1433/6/11

1433년 10월에 세종은 평안도, 함길도 감사에게 내린 교지에서 "백성
들이 만약 질병에 걸리게 되면 약을 얻지 못하여서 목숨을 잃는 경우에
이르게 되니, 진실로 가엾고 민망하다. 그러므로 내가 널리 향약을 준비
하여 그들의 목숨을 건져 주고자 한다.(如遇疾病, 不得藥餌, 以至殞命, 誠可憐
閔, 思欲廣備鄕藥, 以救其生. ―《세종실록》, 세종 15/1433/10/12)"라고 말하여, 우
리나라에서 생산되는 약재로 치료를 하게 하고 이에 관련된 의서를 편찬
하게 된 배경을 밝혔다.

《향약집성방》은 의서 편찬의 시작이었다. 1434년 3월 5일에 세종은 노
중례에게 명하여 산모와 아기를 치료하는 《태산요록(胎産要錄)》을 편찬하
게 하고, 주자소(鑄字所)로 하여금 인쇄하여 반포하게 하였다. 상권에는
임산부가 태아를 어떻게 잘 길러야 하는지를 상세히 논하고, 하권에는
아이의 보호 육성법을 구체적으로 기록하게 했다. 이 책으로 인하여 많
은 산모와 아기를 구할 수 있었다.

세종은 지방에 기존 의서를 보내거나 의사를 보내 치료하는 한편, 새로운
의서를 편찬하는데도 계속해서 총력을 기울였다. 이렇게 세종은 백성이
병약한 것에 대해 많은 관심을 가졌다. 백성의 질병을 치료하던 제생원(濟生
院)과 활인원(活人院)의 운영에 깊은 관심을 가졌고, 기아와 고아 보호기능을
강화하기 위한 시설을 확충했다. 세종은 또한 의학의 발전과 유능한 의원을
양성하기 위해 의학교육과 의술 보급을 위해 많은 의서를 편찬하였다.

1442년에는 집현전의 김몽례, 유성원, 민보화 등이 의서의 기본 편찬
을 끝낸 후, 김문, 신석조 등에게 다시 편찬하게 하고, 안평대군 용과 도
승지 김사철 등에게 감수를 맡겨 완성하였다. 1445년에는 3년에 걸쳐 준
비한 의학 백과사전이라고 할 수 있는 《의방유취(醫方類聚)》가 완성되었
다. 이때가 세종 27년이었고 세종이 운명하기 5년 전이었다. 그는 통치
내내 의서 편찬을 위해 힘을 기울였던 것이다.

2. 노비 부부에게 출산 휴가를 주어라

질병 문제와 더불어 세종이 크게 바로잡은 것은 하층민의 복지 정책이었다. 세종 임금 이전에 산모는 출산 전에 한 달, 출산 후에는 7일이 주어져 모두 37일을 쉴 수 있었는데 아기를 낳고나서 7일 만에 다시 일을 하라는 것은 산모 상태로 보아 매우 위험한 일이었다. 세종은 세종 8년(1426) 4월 17일에 이 문제의 심각성을 깨닫고 여성의 출산 휴가 제도를 담당하고 있는 형조에 지시하기를, "관노비가 아이를 낳으면 휴가를 백일 동안 주게 하고, 이를 일정한 규정으로 삼게 하라."라고 하였다.

그 후 1430년 10월 25일에 조선시대 국가의 법규, 법전을 제정하거나 정책과 제도를 마련하기 위해 설치한 임시기구인 상정소(詳定所)를 통해 관청에서 복무하는 여종이 출산 예정이 있는 한 달과 출산 후 백 일 충분히 몸조리할 수 있도록 휴가를 더욱 강화하였다. 이로부터 4년 뒤인 1434년 4월 26일에는 출산한 여종의 남편에게도 30일 휴가를 주었다.

여종들이 아이를 배어 출산에 임한 자와 산후 1백 일 안에 있는 자는 일을 시키지 말라 함은 일찍이 법으로 세웠으나, 그 남편에게는 전연 휴가를 주지 아니하고 그전대로 구실을 하게 하여 산모를 구호할 수 없게 되니, 한갓 부부가 서로를 돕는 뜻에 어긋날 뿐 아니라, 이 때문에 혹 목숨을 잃는 일까지 있어 진실로 가엾다 할 것이다. 이제부터는 여종인 아내가 아이를 낳으면 그 남편도 만 30일 뒤에 일을 하게 하라.[3]
　　　　　　　　　　　　　　　　　　　　　　　　　　　　－ 세종 16/1434/4/26

이렇게 세종은 관청에서 일하는 여성 노비의 출산 휴가를 100일 가량

---

3 京外婢子孕兒臨産朔與産後百日內, 勿令役使, 已曾立法. 其夫全不給暇, 仍令役使, 不得救護, 非徒有乖於夫婦相救之意, 因此或致隕命, 誠爲可恤. 自今有役人之妻産兒, 則其夫滿三十日後役使. -《세종실록》, 세종 16/1434/4/26

늘렸을 뿐만 아니라 그 남편에게까지 출산 휴가를 주어 하층민의 복지
정책에도 힘을 쏟았다.

3. 사회 약자에 대한 배려

세종은 즉위년 지방 신료들에게 내린 교시에서 사회 약자에 대한 정책
을 표방하였다.

> 홀아비, 과부, 고아, 늙어서 자식이 없는 사람과 노인질환자, 폐질환자 등은
> 정치에서 마땅히 불쌍히 여겨야 될 바이니, 안으로는 한성부(漢城府)의 5부(部)
> 와 밖으로는 감사(監司)와 수령이 상세히 심문(審問)하여, 곡식 빌려주기와 흉년
> 구제하기를 우선 나누어 주어 그들의 처소를 잃지 말게 할 것이다. 더구나 지금
> 흉년을 만났으므로, 직업을 잃은 백성이 혹시 굶주림을 당할까 염려되니, 각
> 고을의 수령이 만약 진휼할 때를 놓쳐 일반 백성들이 굶어서 구렁에 죽어 있다
> 면, 반드시 잘못을 꾸짖고 형벌을 행할 것이다. 가난하여 아무 것도 없는 집에서
> 시집보낼 나이가 이미 지났는데도 시집보내지 못한 사람과, 장사지낼 날짜가
> 이미 지났는데도 매장하지 못한 사람은 진실로 불쌍하니, 감사와 수령이 관서
> 자재와 양식을 주어 비용을 보조하여, 때를 놓치지 말게 할 것이다. 혹시 부모가
> 다 죽었는데, 농복 형제(同腹兄弟)와 일족(一族)이 노비와 재산을 다 차지할 욕심
> 으로 혼가(婚嫁)를 시키지 않는 자는 엄중히 처벌할 것이다.[4]
>
> — 세종 즉위년/1418/11/3

---

4 鰥寡孤獨, 疲癃殘疾, 王政所當哀矜. 內而漢城府五部, 外而監司守令, 詳加審問, 還上賑濟,
爲先分給,【國俗, 義倉所貸, 謂之還上.】毋致失所. 且今適值凶歉, 慮恐失業之民, 或値飢饉.
各官守令, 如有失於賑濟, 匹夫匹婦, 餓莩(講)[溝] 壑, 定行責罰. 貧乏之家, 有嫁年已過,
而不能婚嫁者, 有葬期已盡, 而不能埋葬者, 誠可哀悶. 監司守令官給資糧, 以助支費, 毋致失
時. 或父母歿而同産一族, 利於全執奴婢財産, 不肯婚嫁者, 痛行科罪. —《세종실록》, 세종
즉위년/1418/11/24

세종의 이런 약자 정책은 나이 많은 사람을 존경해야 효도에 대한 풍속이 두터워진다고 한 다음 기사에서 잘 드러내고 있다.

어르신들을 공경하는 예(禮)가 내려온 지 오래다. 예전 제왕들이 혹은 친히 연락(宴樂)에 나아가 존경하는 뜻을 보이고, 혹은 아들이나 손자에게 부역을 면제하여 공양하는 일을 이루게 하였다. 내가 백성의 위에 있으므로 이 늙은이들을 돌아보아 이미 중외(中外)로 하여금 향례(饗禮)를 거행하게 하고, 또 자손의 부역을 면제하였으니, 거의 선왕의 제도를 따른 것이나, 그러나, 한갓 혜양(惠養)의 이름만 있고 우대하고 존숭하는 실상은 나타나지 못하였다. 고전(古典)을 상고하니, 당 현종(唐玄宗)이 나이 많은 남녀에게 봉작(封爵)을 제수하였고, 송(宋) 태종(太宗)이 작(爵) 1급(級)을 주었으니, 어르신들을 우대하고 높인 법을 소연하게 상고할 수 있다. 지금 나이 90세 이상 평민에게는 8품을 주고, 원직(元職)이 9품 이상인 사람에게는 각각 1급을 올려 주고, 백 세 이상은 백신으로부터 원직이 8품인 사람에게까지는 6품을 주고, 원직이 7품인 사람에게는 각각 1급씩을 뛰어올려 주되 모두 3품을 한계로 하여 그치고, 부인(婦人)의 봉작은 여기에 준한다. 천민들은 90세 이상의 남녀는 각각 쌀 2석을 내려 주고, 백 세 이상인 남녀는 모두 천인을 면하여 주고, 인하여 남자에게는 7품을 주고, 여자에게는 봉작(封爵)하여 늙은이를 늙은이로 여기는 어짊을 베푸는도다. 슬프다. 고년(高年)을 존경하고 나이를 높이어 효제(孝悌)의 풍속을 두터이 하고, 업(業)을 즐기고 생(生)을 편안히 하여 함께 인수(仁壽)의 지경에 오르는도다. 너희 예조는 나의 지극한 생각을 몸받아서 중외에 효유(曉諭)하라.

– 세종 17/1435/6/21

세종은 나라가 아무리 궁핍해도 노인에 대한 복지는 줄이지 말도록 했다. 세종 18년인 1436년은 각종 자연 재해로 나라 재정이 고갈될 정도였다. 궁여지책으로 고위직 관리부터 3개월마다 지급하는 녹봉(3개월치 월급)을 줄이게 한다. 급기야 7월 27일에는 강원도 감사가 경비가 부족한 이유로 백 세 된 노인 김씨에게 주는 식량에서 쌀 5섬(열 가마)을 줄이자고 했다. 이에 세종은 "백 세가 된 노인은 세상에 항상 있지 않으니 의리상 마땅히 후하게 구휼하여야 될 것이다. 전에 주던 수량대로 10섬을 주게 하라.(1436년 음력 7월 27일)"고 하였다.

세종의 이런 정책 의지에 힘입어 예조에서도 앞장서 장애인에 대한 배려 정책 건의를 하기도 했다. 관현악기를 다루는 시각장애인 중 천민인 자도 재주를 시험하여 채용하라고 한 것이다.

> 예조에서 아뢰기를, "관습 도감에서 관현악기를 다루는 맹인은 재주를 시험하여 직책을 받도록 이미 일찍이 입법되어 있으나, 그 중 천민 신분에 관계된 자는 재주를 시험하여 직책을 받지 못하니, 각 방면의 장인에게 직업을 주는 예에 따라, 18품계 이외의 잡직에 재주를 시험하여 특별 임용하게 하소서." 하니, 그대로 따랐다.[5] — 세종 16/1434/11/24

이 다음에 예조는 아이들에게는 겨울철에 먹을 것을 넉넉히 주고, 제생원에서 항상 관찰하게 하게 하는 정책을 건의하여 시행하기에 이른다.

> "서울 안 5부에서 미아가 된 어린아이를 모두 본원(本院)으로 보내어 보호 양육하는데, 다만 본원에 방이 없음으로 인하여 모아서 양육하지 못하고 여성노비에게 나누어 주어서 기르게 하고 검찰하오나, 그 여성노비들이 모두가 한결같은 마음이 없고 군색한 사람들이어서 비록 친자식일지라도 보호할 수 없거늘, 하물며 유실된 아이를 어찌 마음을 두어 구호하려 하겠습니까. 이 때문에 날마다 야위고 파리하여지니 실로 가여운 일입니다. 원(院) 옆에다 집 3간을 지어서 한 간은 온돌, 한 간은 서늘한 방, 한 간은 밥짓는 곳으로 하여, 원(院)의 노·비 각각 한 명과 양빈과 전인 중에서 떳떳한 마음이 있고 자원하는 사람으로 하여금 구호하게 하고, 그 옷과 요(料)는 시체를 묻는 스님에게 예를 갖춰 주도록

---

5 禮曹啓 : "慣習都監管絃盲人, 試才受職, 已曾立法. 然其中干係賤口者, 不得試才受職, 依諸色匠人賤口受職例, 於流品外雜職, 試才敍用." 從之. -《세종실록》, 세종 16/1434/11/24

하며, 어린아이들의 겨울철의 덮개와 소금·장(醬)·진어(陳魚)·젓갈·미역 등의
물건도 모두 넉넉히 주고, 또 원관(院官)과 제조(提調)로 하여금 항상 검찰하게
하소서."하니, 그대로 따랐다.**6**   − 세종 17/1435/6/22

두 정책 모두 예조에서 건의한 것을 세종이 그대로 따른 것이다. 세종
의 민본주의 정치 신념이 제도와 시스템으로 자리 잡았음을 보여준다.
임금의 일방적 지시에 의한 것이 아니라 관청 스스로 그런 정책을 입안하
고 재가를 받고 있기 때문이다.

4. 죄인도 병으로 죽게 해서는 안 된다 삼복제도와《신주무원록》

1444년 2월 20일에 최만리 등이 올린 갑자 상소문에는 세종의 말을 다
음과 같이 인용하고 있다.

"사형 집행에 대한 법 판결문을 이두문자로 쓴다면, 글의 뜻을 알지 못하는
백성이 한 글자의 착오로도 원통함을 당할 수도 있으나, 이제 그 말을 언문(훈
민정음)으로 직접 써서 읽거나 정확히 듣게 하면, 비록 지극히 어리석은 사람
일지라도 모두 다 쉽게 알아들어서 억울함을 품을 자가 없을 것이다."**7**
                                                        − 세종 26/1444/2/20

---

6 禮曹據濟生院呈："京中五部遺失孩兒, 皆送本院護養, 但因本院無房屋, 不能聚會養育, 分付
   婢子以養而檢察之, 其婢子等, 率皆無恒心. 艱窘之人, 雖其親子, 不能保護, 況遺失兒童, 豈
   肯留心救護哉? 以故日就羸瘦, 實爲可惜. 可於院傍造家三間, 一間溫堗, 一間涼房, 一間炊
   飯, 令院奴婢各一名及良賤中有恒心自願人救護, 其衣料, 依埋骨僧例給之. 孩兒等冬節銀蓋
   鹽醬陳魚醢藿等物, 亦皆優給. 又令院官及提調常加檢察."從之. −《세종실록》, 세종 17/
   1435/6/22

7 若曰如刑殺獄辭, 以吏讀文字書之, 則不知文理之愚民, 一字之差, 容或致冤。−《세종실록》,
   세종 26/1444/2/20

실제로 가장 중요한 훈민정음 창제의 핵심 동기가 바로 이러한 소통 문제를 해결하기 위해서였다. 세종은 자신이 직접 쓴 《훈민정음》(해례본) 서문에서 그런 점을 밝히기도 했다. "우리나라 말이 중국과 달라 한자와는 서로 통하지 않으므로 어리석은 백성이 말하고자 하는 바가 있어도 끝내 제 뜻을 펴지 못하는 사람이 많으니라."라고 하였는데 바로 재판 과정에서 한자 사용으로 인한 불소통 문제를 정곡으로 찌른 것이다.

통치자가 죄인과 관련된 문서나 판결문에 쓰인 문자까지 고민하고 배려한 사례는 세계사적으로도 없는 일이다. 죄는 미워하되 사람은 미워하지 말라고 했다. 설령 죄인이라 하더라도 죄인의 인권을 존중을 필요가 있다. 하물며 죄인이 아닌데도 죄인으로 몰리는 억울함을 당하는 일은 절대 있어서는 안 된다. 그런데 요즘도 이런 일이 많은데 15세기는 더욱 심했을 것이다.

세종 시대의 위대함은 관청이나 신하들도 세종과 같은 생각을 가진 이들이 많았던데 있다. 이런 일도 있었다. 세종 7년(1425) 3월 24일에 죄인을 가두고 벌주는 일을 담당하는 형조에서 이렇게 세종 임금께 아뢰었다.

"각 고을 감옥에 수감되어 있는 사람들이 수사를 마치기도 전에 죽는 자가 있으니, 이것은 필시 죄 지은 사람이라 하여 병들거나 굶주려도 전혀 구호하지 않고 내버려 두어서 죽음에 이르게 한 것입니다. 이는 죄수에 대하여 신중히 심의하라고 하신 전하의 뜻에 어긋난 것입니다.

또 수사할 때 부질없는 형을 가하여 죽게 하는 수사관도 더러 있습니다. 비록 정말 죽을죄를 지은 자라 할지라도 재판도 끝나기 전에 옥중에서 죽는 것은 신실로 타당하지 않은 일이오니, 이제부터는 옥에 구류된 죄수로서 병을 얻은 자가 있으면, 사람을 보내어 성의껏 치료하여 죽는 일이 없도록 하며, 또 과도한 형을 가하지 못하도록 하고, 이를 어기는 자는 감사가 적발하여 엄히 문책하소서."[8]

— 세종 7/1425/3/24

형조 고급 관리들조차 이렇게 죄수의 인권 문제를 신중하게 다루게 된
것은 세종이 이렇게 말했기 때문이다.

"감옥이란 것은 죄 있는 사람을 징계하자는 것이지 본의가 사람을 죽게 하
자는 것이 아니거늘, 옥을 맡은 관원이 마음을 써서 살피지 아니하고 심한 추
위와 찌는 더위에 사람을 가두어 두어 질병에 걸리게 하고, 혹은 얼거나 주려
서 비명에 죽게 하는 일이 없지 아니하니, 진실로 가련하고 민망한 일이다.
　중앙과 지방의 관리들은 나의 지극한 뜻을 본받아 항상 몸소 상고하고 살피
며 옥내를 수리하고 쓸어서 늘 정결하게 할 것이요, 병 있는 죄수는 약을 주어
구호하고 치료할 것이며, 옥바라지할 사람이 없는 자에게는 관에서 옷과 먹을
것을 주어 구호하게 하라. 그 중에 마음을 써서 거행하지 않는 자는 서울 안에
서는 사헌부에서, 지방에서는 감사가 엄격히 규찰하여 다스리게 하라."[9]

- 세종 7/1425/5/1

이렇게 감옥의 환경과 내부 관리까지 섬세하게 살피고 옥바라지를 못받
는 죄수까지 배려하는 정책을 폈기에 억울한 죄인을 줄일 수 있었다. 일벌
백계만이 능사가 아님을 세종은 잘 알고 있었던 듯하다.
세종은 법 집행에 대해서는 다음과 같이 말했다.

형이란 진실로 성현도 조심하는 바라, 올리고 내리는 적용에서 조금의 차이라

8　外方各道各官囚人, 推考未畢, 或有致死者. 此必以爲犯罪之人, 或得病或飢饉, 全不救護, 使
　至於死, 已違欽恤之意. 且於推考時, 枉刑致死者, 亦或有之. 雖眞死罪, _ 獄事不成, 在獄而
　死, 誠爲未便. 自今如有獄囚得病者, 差人專心救療, 毋令致死, 且不得枉刑. 違者, 監司糾擧,
　移文本曹. -《세종실록》, 세종 7/1425/3/24

9　獄者, 所以懲有罪, 本非致人於死. 司獄官不能用心考察, 囚人於祈寒盛暑, 或罹疾病, 或因凍
　餓, 不無非命致死, 誠可憐憫. 中外官吏, 體予至意, 無時身親考察, 修掃囹圄, 常令潔淨, 疾
　病罪囚, 施藥救療, 無養獄者, 官給衣糧救護. 其中不用心奉行者, 京中憲府, 外方監司嚴加糾
　理. -《세종실록》, 세종 7/1425/5/1

도 더욱 정상을 살펴야 할 것인데 지금 법을 맡은 관리가 형을 적용할 때에 대개 무거운 법을 적용하니, 내 심히 딱하게 여기노라. 죄가 가벼운 듯도 하고 무거운 듯도 하여 의심스러워서, 실정이 이렇게도 저렇게도 할 수 있는 경우면 가벼운 법을 따르는 것이 마땅하고, 만약 실정이 무거운 편에 가까운 것이면 아무쪼록 법에 알맞도록 하라. 《서경(書經)》이란 중국 경전에 '조심하고 조심하라. 형을 시행함에 조심하라.' 한 말은 내 항상 잊지 못하는 바이며, 이대로 해야 나라가 오래 태평할 것이다. 수사나 재판을 맡은 관리들은 깊이 유념할 것이며, 형조에서는 이 점을 널리 알리도록 하라.[10]   - 세종 7/1425/7/19

세종이 서경에서 인용한 "조심하고 또 조심하라."는 말이 억울한 죄인을 막고자 하는 세종의 민본주의에 의한 형 집행 정책과 의지를 잘 드러낸다. 오늘날도 억울한 죄인을 막기 위해 지방법원, 고등법원, 대법원으로 설정된 삼심 제도를 시행하고 있는데 이런 제도 역시 세종 시대에도 있었던 것이다.

세종 3년인 1421년 12월 22일에 세종은 "무릇 사형 죄를 세 차례 거듭 조사해서 아뢰게 하는 것은, 사람의 목숨을 소중히 여겨, 혹시 착오가 있을까 염려하는 까닭이다. 지금 형조에서 두 차례 거듭 조사하고 세 차례 거듭 조사할 때에, 다시 최초 판결을 상고하지 않으니, 법을 마련한 본뜻에 어긋남이 있다."[11]라고 하면서 사형수 판결을 신중하게 할 것을 거듭 당부하고 있다.

이것이 바로 그 당시 삼심 제도인 삼복법이다. 이렇게 '죄인도 사람이

---

10 夫刑, 固聖賢之所愼, 而上下比附毫釐之際, 尤所當恤, 今之法吏, 於比附之際, 牽從重典, 予甚愍焉. 罪之疑於輕, 疑於重, 情理相等者, 則當從輕典, 若其情理近於重者, 務合於法. 《書》曰 : '欽哉欽哉, 恤刑之欽哉!' 予所服膺. 又曰 : '式敬爾由獄, 以長我王國.' 攸司其念之. 惟爾刑曹, 曉諭中外. - 《세종실록》, 세종 7/1425/7/19

11 凡死罪三覆啓者, 以重人命, 恐或差誤也. 今刑曹二覆三覆時, 更不考元券, 有違立法之意. 自今二三覆啓時, 元券備細相考定議, 然後啓聞, 以爲恒式 - 《세종실록》, 세종 3/1421/12/22

다. 더 중요한 것은 억울한 죄인이 생기지 않게 하라.'는 세종의 의지가
조선의 최고법전인《경국대전》에도 반영되었다. 세종은 또한 인체의 중
요한 부분을 치는 고문을 엄금하였고, 법의학서인《신주무원록(新註無寃
錄)》(1438년)을 펴내 과학적인 수사를 하게 하였다.《신주무원록》을 대표
집필한 최만리는 발문에서 이렇게 적고 있다.

> "《신주무원록》이 책이 원래 원나라에서 만들어진 것이지만 이제 조선에서
> 자세히 해설하여 내용이 명백해졌다. 형옥을 다스리는 자들이 진심을 다해 이
> 에 근거하여 부검하고 검증한다면 거의 적중하고 백성들이 원통함이 없게 할
> 수 있을 것이다. 이로써 임금이 백성을 사랑하고 형률을 신중하게 하려는 임
> 금의 뜻에 부합할 수 있는 것이다."12
> — 최만리 발문

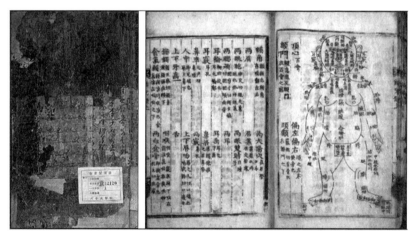

[사진 2] 세종 20년(1438) 최치운(崔致雲) 등이 펴낸 법의학서《신주무원록(新註無寃錄)》

---

12 是書編輯於皇元, 至我朝而註解詳明白. 自令典獄者, 各盡乃心, 據此檢驗, 咸庶中正, 俾民無
寃, 以副 聖上恤民謹刑之意 - 왕여 지음/최치운 외 주석/김호 옮김(2003), 『신주무원록』,
사계절, 560-561쪽.

《신주무원록》에는 시체를 검안하는 방식부터 시체를 씻기고 의복 등으로 덮는 방법 등 수십 가지의 사체 검시를 중심으로 한 극악 범죄 관련 내용을 자세히 밝히고 있다. 섬세한 신체 용어와 정밀한 의학 용어가 빼곡한 책으로 18세기에는 한글로 번역되어 수사와 재판에 더욱 크게 이바지한 책이다.

재판이나 죄인 다루는 형률 문제에 대한 세종의 섬세한 배려와 정책은 감옥 정비부터 관련 책 출판까지 철저히 이루어졌고 그런 탓에 세종 당대에는 공평한 재판 기강이 바로잡히게 되었다.

제8장

세종의 민본과학의 꽃, 앙부일구

1. 백성들 스스로 시간을 알게 하라

세종 16년(1434) 10월 2일자 실록은 앙부일구 기록을 이렇게 전하고 있다.

처음으로 앙부일구를 종로 혜정교와 종묘 앞에 설치하여 해그림자를 관측하였다. 집현전 직제학 김돈이 이를 기념하여 짓기를,

"모든 시설에 시각보다 큰 것이 없는데, 밤에는 경루(물시계)가 있으나 낮에는 알기 어렵다. 구리로 부어서 그릇을 만들었으니 모양이 가마솥과 같고, 지름에는 둥근 톱니를 설치하였으니 자방(이십사방위의 하나)과 오방(이십사방위의 하나)이 서로 마주보고 있다. 구멍이 꺾이는 데 따라서 도니 겨자씨를 점찍은 듯하고, 도수를 안에 그었으니 천체 바퀴의 반이요, 동물시신의 몸을 그렸으니 어리석은 백성을 위한 것이요, 각(15분 정도)과 분(오늘날의 분)이 아주 뚜렷하니 해에 비쳐 밝은 것이요, 길옆에 설치한 것은 보는 사람이 모이기 때문이다. 지금부터 시작하여 백성들이 만들 줄을 알 것이다."[1]

---

1 凡所設施, 莫大時也. 夜有更漏, 晝難知也. 鑄銅爲器, 形似釜也. 經設圓距, 子對午也. 竅隨拗回, 點芥然也. 畫度於內, 半周天也. 圖畫神身, 爲愚氓也. 刻分昭昭, 透日明也. 置于路傍, 觀者聚也. 自今伊始, 民知作也. ─《세종실록》, 세종 16/1434/10/2

‘앙부일구(仰釜日晷)’는 ‘앙부일영’, ‘앙부일귀’, ‘가마시계’ 등으로 불렀는데 지금말로 하면 오목해시계다. 세종큰임금이 훈민정음을 창제하기 9년전(1434) 세종은 장영실, 이순지 등과 함께 하층민과 어린이를 배려한 해시계를 만들었는데 한자 모르는 백성들을 위해 동물신(동물 모양을 한 신)으로 시각을 표시했다는 것이다. 거기다가 혜정교와 종묘에 설치해 누구나 보게 했다. 이때 설치한 돌(일구대)이 종묘에 남아 있는데 높이가 94cm에 2단 계단 위에 설치되어 있어 다섯 살 꼬마도 능히 볼 수 있게 만들었음을 알 수 있다.

더욱이 앙부일구가 발명된 이해는 한자 모르는 백성을 배려하여 만화를 곁들인《삼강행실도》를 펴낸 해이기도 하다. 이 책을 펴내면서 세종은 “다만 백성들이 문자를 알지 못하여 책을 비록 나누어 주었을지라도, 남이 가르쳐 주지 아니하면 역시 어찌 그 뜻을 알아서 감동하고 착한 마음

[사진 1]
실제 일구대와 앙부일구
모조품을 만든 어린이

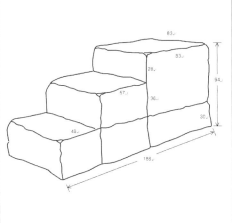

[그림 1] 표준연구소 측정(단위 cm)
* 한국표준연구소(1986), 「측정표준 사료 복원
－앙부일구(仰俯日晷)」, 과학기술처.

을 일으킬 수 있으리오.(세종 16/1434/4/27)"²라고 했던 것이다.

왕조시대에 시간을 알려주는 것은 임금의 특권이었지만 세종은 한 발더 나아가 백성 스스로 시간을 알게 한 것이다. 그것도 양반뿐만 아니라일반 백성과 어린이까지 알게 하였다. 만백성이 시간의 주체가 되게 한놀라운 과학 혁명이었다. 이런 취지가 세종의 지시로 이순지가 펴낸《제가역상집》(1445) 발문 기록(《세종실록》에 재수록)에도 실렸다.

"제왕의 정치는 역법(하늘의 이치를 담은 책)과 천문으로 때를 맞추는 것보다 더 큰 것이 없는데, 우리나라 일관(천체변화를 살피는 사람)들이 그 방법에소홀하게 된 지가 오래인지라, 계축년(1433) 가을에 우리 전하께서 거룩하신생각으로 모든 의상(천체를 관측하는 각종 기구)과 해시계며, 천문과 역법의책을 연구하지 않은 것이 없어서, 모두 극히 정묘하고 치밀하시었다. 의상에는 이른바 대소 간의(혼천의를 개량한 것)·일성정시의·혼의 및 혼상(일종의천구의)이 있고, 구루에는 이른바 천평일구·현주일구·정남일구·앙부일구·대소 규표 및 흠경각루·보루각루와 행루 들이 있는데, 천문에는 칠정(목화토금수일월)에 법받아 온나라의 관아에 별의 자리를 배열하여, 들어가는 별의 북극에 대한 몇 도(15분) 몇 분을 다 측정하게 하고, 또 고금의 천문도를 가지고같고 다름을 참고하여서 측정하여 바른 것을 취하게 하고, 그 28수의 도수·분수와 12차서의 별의 도수를 일체로《수시력(授時曆)》에 따라 수정해 고쳐서 석본(石本)으로 간행하고, 역법에는《대명력(大明曆)》·《수시력》·《회회력(回回曆)》과《통궤(通軌)》·《통경(通徑)》여러 책에 본받아 모두 비교하여 교정하고, 또《칠정산내외편(七政算內外編)》을 편찬하였는데, 그래도 오히려 미진해서 또 신에게 명하시어, 천문·역법·의상·구루에 관한 글이 여러 전기(傳記)에 섞여 나온 것들을 찾아내어서, 중복된 것은 깎고 긴요한 것을 취하여 부문을 나누어한데 모아서 1질 되게 만들어서 열람하기에 편하게 하였으니, 진실로 이 책에

---

2 第以民庶不識文字, 書雖頒降, 人不訓示, 則又安能知其義而興起乎? -《세종실록》, 세종
   16/1434/4/27

따라 이치를 연구하여 보면 생각보다 얻음이 많을 것이며, 더욱이 전하께서 하늘을 공경하고 백성에게 힘쓰시는 정사가 극치에 이르지 않은 것이 없음을 볼 수 있을 것이다" 하였다.[3] — 세종 27/1445/3/30

　매우 뛰어난 해시계는 세계 도처에 많지만 이렇게 오목하게 설계되고 시간뿐만 아니라 절기와 방위까지 알 수 있는 건 세계 최초의 전무후무한 시계인 셈이다. 핵심 설계자는 장영실로 그는 노비 출신임에도 세종의 배려에 의해 1421년 명나라로 유학까지 다녀왔고 세종이 추구한 과학 정책의 꽃을 피웠다.

　이 앙부일구는 임진왜란 때 없어져 그 뒤에 여러 차례 수많은 복원품과 모조품이 만들어졌고 여기저기 전시되어 있다. 그런데 조선시대 임진란 뒤에 복원된 두 개의 앙부일구(18세기 전반으로 추정, 보물 845호, 덕수궁 궁중유물 전시관)에서 동물시간신과 같은 세종 정신을 구현하지 않았고, 후손들도 그러한 잘못을 되풀이하고 있다. 18세기는 훈민정음이 널리 퍼진 시기이므로 한글 표기를 해야 적절하지만 그조차도 하지 않고 중국 사람들도 못 읽는 한자로만 표기한 것이다.

　앙부일구의 핵심 장치 기호인 동물시간신 표시가 제대로 된 것은 탑골공원 앞에 있던 것(지금은 없음)과 표준연구소에서 1986년에 만든 복원품이 유일하다. 다만 이들은 받침돌을 제대로 복원하지 않아 반쪽 복원품

3　帝王之政, 莫大於曆象授時也, 而吾東國日官之疎於其術久矣. 宣德癸丑秋, 我殿下發於宸衷, 凡諸儀象晷漏之器, 天文曆法之書, 靡不講究, 皆極精緻. 在儀象則日大‧小簡儀, 日星定時儀, 渾儀及渾象也; 在晷漏則日天平日晷, 懸珠日晷, 定南日晷, 仰釜日晷, 大小圭表及欽敬閣漏, 報漏閣漏, 行漏也; 天文則日七政列舍, 中外官入宿去極度分, 皆測之, 又將古今大文圖, 參別同異, 測定取正, 而其二十八宿度分及十二次宿度, 一依《授時曆》修改, 以刊石本矣; 曆法則出於《大明曆》,《回回曆》,《通軌》,《通徑》諸書, 竝加讎校, 且撰《七政算》內外篇矣. 然猶未也, 又命臣搜索, 其天文曆法儀象晷漏書之雜出於傳記者, 刪其重複, 取其切要, 分門類聚, 作爲一帙, 以便觀覽. 苟因是書而究其理, 則思過半矣, 尤以見殿下敬天勤民之政, 無所不用其極也. -《세종실록》, 세종 27/1445/3/30

이 되었다. 앙부일구는 받침대가 중요한데, 이것까지 완벽하게 복원한 곳은 한 군데도 없다. 세종대왕 동상 앞, 덕수궁, 창덕궁, 경복궁 사정전 앞, 세종이야기, 여주 영릉, 장영실 과학동산 등에 있는 앙부일구는 동물 시간신 그림조차 없다.

　더욱 심각한 것은 이런 잘못된 복원품이 초등학생 과학 교육으로 이어지고 있다. 앙부일구 관련 유튜브 공개 강의와 장영실 관련 교과 내용에도 이런 점은 언급되지 않았다. 더욱이 아이들 실습용 종이 모조품이 대부분 잘못된 복원품을 모델로 만들어졌다.

[표 1] 현존 앙부일구 비교표

차례	소장처	내경/외경 (mm)	새김돌 표시 위도	시기	비고
1	창덕궁	275/352	漢陽北極高三十七度三十分	1654~1713	보물 845호 "가"
2	창덕궁	/243	漢陽北極高三十七度三十九分十五秒	18세기 전반	보물 845호 "나"
3	고려대학교 박물관	/280	北極高度三十七度三十九分十五秒	조선 후기	
4	성신여자대학교 박물관	187/242	北極高三十七度十九分十五秒	조선 후기	
5	세종대왕 기념관	187/243	北極高三十七度三十九分十五秒	1899년 8월	강건제작 수준기 없음
6	중앙기상대 정원	/200	漢陽北極出地三十七度三十九分十五秒	조선 후기	

2. 전체 짜임새

앙부일구는 오목한 내부와 위의 테두리 원형 틀로 이루어져 있다. 영침이 붙어 있는 위에 시계 이름이 해서체로 쓰여 있다. 오목한 안쪽에 시각선 7개와 절기선 13개로 설계됐다. 절기 명칭은 한자로 표기되었고 시각 표시는 동물시간신으로 표시했다. 또한 시계 맨 바깥 원에는 24방위가 한자로 표시되어 있다. 24방위 가운데는 '자', '묘', '오', '유' 밑에 더 작은 글씨로 '북', '동', '남', '서'가 표시되어 있다. 방위 선 안쪽에는 절기가 표시되어 있다.

앙부일구는 시간을 정확히 측정해야 하는 시계인 만큼 정확한 기준을 잡는 장치가 필요한데 그것이 두 가지다. 하나는 영침이 북극을 향하게 하는 것이다. 그래서 앙부일구가 설치된 곳마다 시계에는 북극 위도를 기록해 놓았다. 시각 기준을 알리는 관측 위도가 "북극출지 삼십팔도소여(北極出地 三十八度小輿)"라고 쓰여 있는 것은 북극의 위도 38도쯤을 기준으로 삼는다는 뜻이다. 이보다 먼저 나온 보물에는 "한양북극고도 삼십칠도 이십분(漢陽北極高度三十七度二十分)"이라고 지역 명칭까지 밝히고 있다. 정확한 시간을 재려면 해시계 설치 장소의 정확한 관측지의 위도 설정이 중요하다. 그래서 세종은 서운관이라는 관청을 통해 정확한 북극고도를 측정하였고 이를 바탕으로 앙부일구를 제작하였다. 지금은 그리니치 천문대에 의한 동경 124도의 국제 표준에 따라 우리 시계의 표준을 잡지만 15세기에는 당연히 우리나라 하늘, 곧 북극성이 표준이었다.

또 하나 기준은 시계가 일정한 방향을 향할 수 있도록 수평으로 유지시켜 주는 장치이다. 이를 위해 앙부일구 밑에 동서남북 네 개의 홈에 물을 부어 넣어 수평을 유지하는가를 살폈다. 지금도 우리는 사물의 가치나 질 따위의 기준이 되는 일정한 표준이나 정도를 '수준(水準)'이라 하는

데 바로 물로써 기준을 정하는 장치에서 유래한 것이다. 이런 장치와 동물시간신으로 시각 표시를 하지 않은 것은 세종대 앙부일구 복원품이 아니고 디자인 차원의 조형물인 모조품이거나 잘못 복원된 것이다.

세종 때의 앙부일구 크기에 관한 기록은 남아 있지 않다. 다만 그 받침돌이 남아 있으므로 대략 크기를 추정할 수 있다. 표준 연구소에서 추정 복원 치수는 다음과 같다.

[표 2] 복원 앙부일구 치수 환산표

(단위 : mm)

부문별		보물 845호 "가"형	복원일구
시반	외경	352	600
	내경	275	470
다리		151.5	255
높이		180	307
수준기	길이	367.5	628
	폭	36	62
	높이	21.5	37
수준기 홈	길이	270.5	462
	폭	29	50
	깊이	14.5	25
수준기 양끝 고정구멍		357	610
영침	높이	137.5	235
	고리직경	42.5	72

3. 시각 읽기

앙부일구는 영침이 가리키는 그림자로 측정하게 되어 있으므로 세로선
이 시각선이고 가로선이 절기선이다. 15세기는 시각법은 밤 시각법과 하루
시각법으로 이원화되어 있다. 이중 시각법을 통해 밤낮이 다른 자연 이치
와 그 시대 특징을 살린 것이다. 하루 시각법은 12시각법으로 오늘날 24시
각법과 다르므로 1시각은 2시간이 되는 셈이다. 그리고 밤시간은 해가 지
고 난 뒤부터 그 다음 날 해가 뜰 때까지를 1경(更)부터 5경까지 다섯 등분하
고 한 경을 다시 1점(點)부터 5점까지 다섯 등분하였다. 1경은 보통 2시간이
지만 밤 길이에 따라 유동적이므로 시간이 짧을 때는 한 경이 두 시간보다
훨씬 짧아진다.

[표 3] 옛날과 오늘날의 시각법 견줌표

갈래	옛날 시각법		현대 시각법
	밤 시각법	하루 시각법	
		12시각법	24시각법
기준	해가 지고 난 뒤부터 그 다음 날 해가 뜰 때까지를 1경부터 5경 까지 다섯 등분하고 한 경을 다시 1점부터 5점까지 다섯 등분함.	하루 24시간을 두 시간 간격으로 12등분 함.	하루 24시간을 한 시간 간격으로 24등분 함.
단위	1경~5경(1점~5점, 총 25점)	자시, 축시, 인시, 묘시, 진시, 사시, 오시, 미시, 신시, 유시, 술시, 해시	1시~24시
특성	밤 길이에 따라 시간 간격이 일정하지 않음.	시간 단위가 밤낮 길이에 관계없이 일정함.	
의미	이중 시각법을 통해 밤낮이 다른 자연 이치와 그 시대 특징을 살림.		규칙성과 보편성을 중요하게 여김.

[표 4] 조선 시대 시각법 명칭과 현대말

12시각	현대 말	조선시대 말	현대 시간	밤낮	밤 시각
자시(子時)	쥐때	쥐빼	0시(23~1시)	밤	三更(삼경)
축시(丑時)	소때	쇼빼	2시(1~3시)	밤	四更(사경)
인시(寅時)	범때	범빼	4시(3~5시)		五更(오경)
묘시(卯時)	토끼때	톳기빼	6시(5~7시)		
진시(辰時)	용때	미르빼	8시(7~9시)	낮	
사시(巳時)	뱀때	빗얌빼	10시(9~11시)		
오시(午時)	말때	물빼	12시(11~13시)		
미시(未時)	양때	양빼	14시(13~15시)		
신시(申時)	원숭이때	납빼	16시(15~17시)		
유시(酉時)	닭때	둙빼	18시(17~19시)		
술시(戌時)	개때	개빼	20시(19~21시)	밤	初更(초경)
해시(亥時)	돼지때	돋빼	22시(21~23시)		二更(이경)

　12시각은 12간지 동물띠로 나타냈는데 세종 때 것은 남아 있지 않으므로 김유신 묘에서 발견된 동물시간신 모양으로 표시된 것으로 추측할 수 있다. 표준연구소에서도 다음과 같은 이유로 김유신 묘에 보이는 십이지 신상을 바탕으로 복원하였음을 밝히고 있다.

　시신으로 표현된 12지신은 동물의 얼굴에 사람의 모습을 한 수면인신상(獸面人身像)으로 보아야겠다. 이 십이지신을 의인화시켜 신격화한 형상들의 개념은 중국 은나라 때부터 추정되고 있으나, 본래의 뜻은 인도의 고대전설에서 발생하여 보살의 화신으로 불교에 응용됨으로 시작된 것이다. 우리나라는 당나라 때부터 영향을 받아 신라, 고려, 조선시대에 이르기까지 두루 그 흔적을 찾아볼 수 있다. 그러나 이에 관련된 유물은 신라시대의 것이 가장 많아 경주 지방에 산재해 있다. 특히 김유신 묘에 보이는 십이지상은 가장 완벽하게 보존돼 있고 또한 관복을 입은 모습으로 앙부일구에서의 시신과 가장 근사할 것으로 보아 복원되는 앙부일구의 시신의 기본으로 삼았다(한국표준연구소, 1986, 30~31).

결국 앙부일구는 해시계이므로 낮 시간인 묘시부터 유시까지 볼 수 있다.

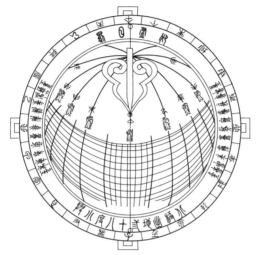

[그림 2] 동물시간신 그림을 그려넣은 복원 상상도(한자 병기)
(표준연구소 복원안에 한자 추가함.)

[그림 3] 밤 시간 동물시신(위 왼쪽부터 쥐[子], 소[丑], 범[寅], 개[戌], 돼지[亥]),
낮 시간 동물시신(아래 왼쪽부터 토끼[卯], 용[辰], 뱀[巳], 말[午], 양[未], 원숭이[申], 닭[酉])

| 탑골공원 앞에 있었던 앙부일구(지금은 없음) | 한국표준과학연구원 안 앙부일구 |

[사진 2] 동물시간신 그림이 있는 앙부일구(받침돌은 제대로 안 되어 있다.)

4. 절기 읽기

절기는 태양력에 따른 것으로 한 해를 모두 24절기로 나눈다. 우리 조상들은 이런 절기를 통해 계절의 변화를 알았을 뿐만 아니라 농사짓는 지혜로 삼았다. 표에서 제시한 순우리말 이름을 통해 그 뜻을 쉽게 알 수 있다.

[표 5] 절기 이름과 순우리말 이름(순우리말 이름은 숨결새벌에 따름)

계절	절기	음력	양력	순우리말 이름
봄	입춘(立春)	정월	2월 4~5일	봄설
	우수(雨水)		2월 19~20일	비내림
	경칩(驚蟄)	이월	3월 5~6일	잠깸
	춘분(春分)		3월 21~22일	봄나눔
	청명(淸明)	삼월	4월 5~6일	맑고밝음
	곡우(穀雨)		4월 20~21일	단비
여름	입하(立夏)	사월	5월 6~7일	여름설
	소만(小滿)		5월 21~22일	조금참

망종(芒種)	오월	6월 6~7일	씨여묾
하지(夏至)		6월 21~22일	여름이름
소서(小暑)	유월	7월 7~8일	조금더위
대서(大暑)		7월 23~24일	한더위
가을	입추(立秋)	칠월	8월 8~9일	가을설
	처서(處暑)		8월 23~24일	더위머뭄
	백로(白露)	팔월	9월 8~9일	이슬맺힘
	추분(秋分)		9월 23~24일	가을나눔
	한로(寒露)	구월	10월 8~9일	찬이슬
	상강(霜降)		10월 23~24일	서리내림
겨울	입동(立冬)	시월	11월 7~8일	겨울설
	소설(小雪)		11월 22~23일	조금눈
	대설(大雪)	동지	12월 7~8일	한눈
	동지(冬至)		12월 22~23일	겨울이름
	소한(小寒)	섣달	1월 6~7일	조금추위
	대한(大寒)		1월 20~21일	한추위

절기선은 모두 13개이므로 12개씩 좌우로 배치되어 24절기를 표시하고 있다. 낮시간이 가장 긴 하지와 가장 짧은 동지를 기준으로 왼쪽은 봄 오른쪽은 가을, 여름과 겨울은 반씩 좌우로 배치되어 있다.

[표 6] 앙부일구에 표시되어 있는 절기 구조도

안쪽 원 왼쪽	안쪽 원 오른쪽
夏至(하지) 芒種(망종) 小滿(소만) 立夏(입하) 穀雨(곡우)	**夏至(하지)** 小暑(소서) 大暑(대서) 立秋(입추) 處暑(처서)

淸明(청명)	白露(백로)
春分(춘분)	秋分(추분)
驚蟄(경칩)	寒露(한로)
雨水(우수)	霜降(상강)
立春(입춘)	立冬(입동)
大寒(대한)	小雪(소설)
小寒(소한)	大雪(대설)
冬至(동지)	**冬至(동지)**

5. 방위 읽기

24방위는 12지인 "자(子), 축(丑), 인(寅), 묘(卯), 진(辰), 사(巳), 오(午), 미(未), 신(申), 유(酉), 술(戌), 해(亥)"와 십간 가운데 '무, 기'를 뺀 "갑(甲), 을(乙), 병(丙), 정(丁), 경(庚), 신(辛), 임(壬), 계(癸)" 네 개의 중심을 나타내는 4유인 "건(乾), 간(艮), 손(巽), 곤(坤)"으로 구성되어 있다. 십이지 가운데 "자묘오유"는 '북동남서'를 가리킨다.

[표 7] 24방위 구성도

갈래	한자
10간(十干)중 8간	갑(甲), 을(乙), 병(丙), 정(丁), 경(庚), 신(辛), 임(壬), 계(癸) * 십간 중 '무(戊), 기(己)' 제외
12지(十二支)	자(子), 축(丑), 인(寅), 묘(卯), 진(辰), 사(巳), 오(午), 미(未), 신(申), 유(酉), 술(戌), 해(亥) * 자묘오유 : 북동남서
4유(四維)	건(乾), 간(艮), 손(巽), 곤(坤)

6. 맺음말

1434년의 앙부일구는 애민 정치에 투철했던 세종과 노비 출신 과학자 장영실이 만나 만든 민본과학 발명의 결정체였다. 최소한 서울 광화문의 세종대왕 동상과 부산의 장영실의 과학동산에 있는 앙부일구만이라도 제대로 만들었어야 했는데 안타깝게도 잘못 복원되었다. 여주 영릉에는 두 개나 전시되어 있는데 모두 마찬가지다.

필자는 최소한 서울시 광화문 광장의 앙부일구만이라도 제대로 해결하려고 각종 칼럼으로 건의도 하고 1인 시위까지 하였으나 서울시는 예산 부족 이유로 제대로 된 복원을 거절했다. 세종대의 앙부일구를 다시 세우는 일은 나라의 국격을 다시 세우고 빛나는 전통 과학을 되살리는 일이므로 예산 문제로 미룰 일이 아니다. 부산시도 장영실 정신을 제대로 살리려면 장영실 과학동산의 앙부일구를 하루빨리 바로잡아야 한다. 당연히 여주시도 세종대왕릉의 세종이 노하고 있음을 직시해야 할 것이다.

[사진 3] 어른들이나 겨우 볼 수 있는 덕수궁 앙부일구

[사진 4] 서울 광화문 광장의 앙부일구 앞에서 1인 시위하는 필자

제9장

세종, 수학으로 문화·과학 강국의 초석을 놓다

1. 수학의 중요성, 세종이 설파하다

세종은 22세였던 1418년에 왕위에 오르지만 상왕 태종이 운명한 세종 4년(1422)에 이르러서야 온전히 나라를 경영하는 위치에 서게 된다. 그러므로 세종 5년(1423)부터는 젊은 임금으로서 신하들의 말에 경청하며 차근차근 적극적으로 나라를 다스리게 된다. 이해 11월 15일자 실록 기록은 이조(조선시대 육조)에서 수학의 중요성을 세종에 아뢰고 세종이 이를 받아들이는 상황을 이렇게 전하고 있다.

무릇 만물이 변화함을 다 알려면 반드시 산수(算數)를 바탕으로 해야 하는 것으로 육예(六藝) 중에 수가 들어 있습니다. 고려에 이르러 이로 인하여 관직을 설치하고 전담하여 관장하도록 하였으니, 지금의 산학 박사(算學博士)와 중감(重監)이 곧 그것입니다. 실로 율학(律學)과 더불어 같은 것이어서 이전(吏典)에 비할 바가 아닙니다. 근년에 산학이 그 직분을 잃어서, 심하기로는 각 아문의 아전으로 하여금 돌아가며 이 직에 임명하였으니, 극히 관직을 설치한 본의를 잃은 것이오며, 나라의 회계 업무가 한갓 형식이 되고 말았습니다. 청컨대, 이제부터 산학 박사는 양반의 자제로, 중감은 자원하는 사람으로서 아울러 시험하여 서용하고, 그들로 하여금 항상 산법(算法)을 연습하여 회계 사무를 전담하도록 하고, 그 복식은 법률에 따르도록 하소서.[1]

육예는 동양 보편의 여섯 가지 덕목으로 "예의범절, 음악, 활쏘기, 말타기, 글쓰기, 수학"을 가리킨다. 맨 뒤에 있기는 하지만 수학을 매우 중요하게 여긴 것만큼은 확실하다. 그런데 조선은 개국한 지 30년이 되었는데도 예로부터 전문성을 가지고 중요하게 대우받던 수학 관련 직업이 방만해지자 전문성을 살리고 양반 위주로 임명하여 직급의 권위를 높이고 제 구실을 하자고 공식 건의한 것이다. 이조에서 직접 올렸다는 것은 제도 차원에서 개혁의 기틀이 잡혀가고 있음을 보여준다. 세종은 바로 이런 시대 흐름에 힘입어 학문과 제도를 정점으로 끌어올려 세종 르네상스를 완성하여 더욱 큰 의미가 있다.

세종은 실제로 수학을 매우 중요하게 여기는 수학자였다. 세종 12년 (1430) 10월 23일 실록에는 세종이 직접 수학을 배우는 장면이 나온다. 세종이 부제학 정인지로부터 계몽산(啓蒙算)을 배우면서 하시는 말씀이 "산수를 배우는 것이 임금에게는 필요가 없을 듯하나, 이것도 성인이 제정한 것이므로 나는 이것을 알고자 한다."[2]라고 하였다. 그 다음에는 수학 인재를 뽑아 유학까지 보내면서 이런 말을 남겼다.

---

1 凡盡物變, 必因算數, 六藝之中, 數居其一. 前朝緣此, 設官專掌, 今之算學博士重監是已. 實與律學同, 非吏典比也. 近年算學失職, 至使各司吏典輪次除拜, 殊失設官本意, 中外會計, 徒爲文具. 請自今算學博士以衣冠子弟, 重監以自願人, 並取才敍用, 令常習算法, 專掌會計. 其冠帶, 依律學例. -《세종실록》, 세종 5/1423/11/15

2 上, 學《啓蒙算》, 副提學鄭麟趾入侍待問, 上曰 : "算數在人主無所用, 然此亦聖人所制, 子欲知之." -《세종실록》, 세종 12/1430/12/10

"산법(수학)이란 유독 역법(천문학)에만 쓰는 것이 아니다. 만약 병력을 동원한다든가 토지를 측량하는 일이 있다면, 이를 버리고는 달리 구할 방도가 없으니 원민생과 김시우로 하여금 통역사 가운데 매우 총명한 자를 선발하여 보고하게 하라."[3]
　　　　　　　　　　　　　　　　　　　　　　　　　　　－ 세종 13/1431/3/2

이 말은 세종이 공조판서 정초에게 한 말이다. 자격루가 발명되기 3년 전인 1431년, 세종은 명나라에 유학생(김한, 김자안)을 보내어 산법(산수)을 배우게 하면서 수학은 모든 기술의 바탕이라는 것이다. 이 말에 앞서 세종은 이렇게 말했다.

역서(曆書, 천문학 책)란 지극히 섬세한 것이어서 일상 생활에 쓰는 일들이 빠짐없이 갖추어 기재되어 있으되, 다만 해가리기(일식)와 달가리기(월식)의 경위만은 상세히 알 길이 없다. 그러나 이는 옛사람들도 역시 몰랐던 모양이니, 우리나라는 비록 이에 정통하지 못하더라도 무방하긴 하나, 다만 우리나라는 예로부터 문헌(文獻)의 나라로 일컬어 왔는데, 지난 경자년에 성산군(星山君) 이직(李稷)이 역법(曆法)의 교정을 건의한 지 이미 12년이 되었거니와, 만약 정밀 정확하게 교정하지 못하여 후인들의 비웃음을 사게 된다면 하지 않는 것만도 못할 것이니, 마땅히 심력을 다하여 정밀히 교정해야 될 것이다.[4]

세종은 "우리나라 사람으로서 산수에 밝아서 방원법(方圓法)을 상세하게 아는 자가 드물 것이니, 내가 문자(한자)를 해득하고 한음에 통한 자를 택하여 중국으로 보내어 산법을 습득케 하려고 하는데 어떤가"라고 물으

3　上謂代言等曰: "算法, 非獨用於曆也. 若有起兵量地之事, 則捨是無以他求, 其令元閔生, 金時遇, 選通事之穎悟者以聞." 乃薦司譯院注簿金汗·金自安等, 仍命汗等習算法. −《세종실록》, 세종 13/1431/3/2

4　曆書至精, 日用之事, 備載無遺, 但日月食之次, 未得詳知, 然古人亦或未知, 我國雖未精通, 固無害也. 但我國古稱文獻之邦, 去庚子年, 星山君 李稷獻議, 校正曆法, 今已十二年, 若不精校, 以貽後人之譏, 則不若不行之爲愈, 宜盡心精校. −《세종실록》, 세종 13/1431/3/2

면서 한 말이었다. 단지 수학이 천문 역법과 같은 분야뿐만 아니라 모든 분야에 두루 적용되는 근본 원리로서 쓰임새가 있음을 지적하고 실제 유학까지 보내 배우게 했던 것이다.

이렇게 인재까지 양성해가며 수학을 발전시킨 세종은 음악과 과학 등 관련 전문야에서 놀라운 성취를 이루게 된다. 이를 "이장주(2012), 『우리 역사 속 수학 이야기 흥미로운 조상들의 수학을 찾아서』, 사람의무늬, 19 쪽"에서 "천문학에서 고도의 수학적 지식이 필요한 것은 물론이지만, 음악에서도 음계가 현 또는 관의 길이와 비례하는 등 수학적 지식이 사용된다. 또 농지를 측량할 때는 필연적으로 기하학적인 문제를 다루어야 한다."라고 시적한 것처럼 수학은 각 분야의 바탕이었고 이를 잘 안 세종은 직접 수학을 배워가며 수학 분야를 장려했던 것이다.

조선왕조의 최대 개혁 과제는 역시 토지 제도 정비였다. 세종 10년 8월 25일 기사를 보면 호조(戶曹)에서 "각 도의 밭을 묵은 것이나 개간한 것을 구별할 것 없이 모두 측량해서 문서를 만들되, 오래 된 묵정밭은 별도로 측량하여 속문적(續文籍)을 만들고, 만일 맡은 밭이 많아서 능히 혼자 측량할 수 없을 경우에는 감사에게 보고하여, 가까운 고을의 수령과 산학을 익힌 현질(顯秩) 6품 이상의 관원을 위관(委官)으로 정하여 차사원(差使員)과 함께 각도에 나누어 보내어 측량하게 하고, 경차관(敬差官)이 항상 왕래하며 고찰하게 하여 옳게 측량하도록 힘써 민생을 편하게 하소서."라는 건의는 수학의 현실적 중요성이 얼마나 큰지를 보여주고 있다.

훈민정음 창제를 마무리하기 직전인 세종 25년(1443) 11월 17일에는 세종은 승정원에 "산학은 비록 술수(術數)라 하겠지만 국가의 긴요한 사무이므로, 역대로 내려오면서 모두 폐하지 않았다. 정자(程子)·주자(朱子)도 비록 이를 전심하지 않았다 하더라도 알았을 것이요, 근일에 전품을 고쳐 측량할 때에 만일 이순지·김담 등이 아니었다면 어떻게 쉽게 계량하였겠

는가. 지금 산학을 예습하게 하려면 그 방책이 어디에 있는지 의논하여
아뢰라."[5]며 진흥책을 고심했다.

2. 실용 수학, 수학 문자 훈민정음

수학에 대한 세종의 이러한 열정과 식견이 훈민정음 제자의 바탕 지식이
되었음은 두말할 필요가 없다. 더욱이 지금 시각으로 보면, 동양수학과
서양수학 모두를 완벽하게 적용하여 만고불변의 보편 문자가 되게 하였으
며 그러한 문자 정신이 모든 소리를 정확하게 적을 수 있는, 만백성의 문자
로 우뚝 서게 하였다.

흔히 훈민정음을 과학적인 문자라고 한다. 더 정확히 말하면 훈민정음
은 '문자과학'이다. 과학의 핵심 방법론인 관찰과 주요 특성인 규칙성과
체계성이 담겨 있고 그래서 누구에게나 언제, 어디서나 객관적인 합리성
과 보편성을 지니고 있다. 여기서는 이러한 과학의 바탕이 되는 수학 특
성이 어떻게 반영되어 있는가를 살피고자 한다. 이러 특성 연구는 "정희
성(1994), 「훈민정음의 창제 원리를 위한 과학 이론의 성립」, 『한글』 224,
한글학회."에 힘입은 것이다.

1) 현대 수학 원리로 본 훈민정음

흔히 학교에서 자음자 상형기본자 다섯은 발음기관을 본떴다고 가르
친다. 그리고는 어떻게 상형했는지는 가르치지 않는다. 사실 한자도 상

---

5 "算學雖爲術數, 然國家要務, 故歷代皆不廢. 程, 朱雖不專心治之, 亦未嘗不知也. 近日改量
田品時, 若非李純之, 金淡輩, 豈易計量哉? 今使預習算學, 其策安在? 其議以啓." -《세종실
록》, 세종 25/1443/11/17

형 문자이므로 어떻게 상형했는가를 가르치지 않는다면 의미가 없다.

물론 사물과 사물의 특성을 상형한 한자와 달리 발음기관을 상형한 것 자체가 상형의 차원을 달리했지만 더 중요한 것은 바로 수학의 원리 곧 기하학의 원리로 상형했다는 점이다. 점과 직선(사선 포함)과 동그라미 곧 평면 수학(유클리드 기하학) 원리로만 상형했다. 만약 19세기 독일의 벨처럼 발음기관을 있는 그대로 상형했다면 무척 복잡하거나 쓰기 힘든 문자가 되었을 것이다. 이것은 벨이 발명한 문자와 비교해 보면 금방 알 수 있다.

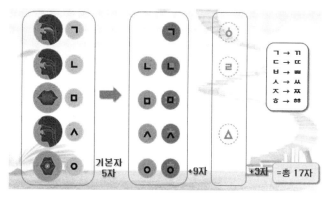

[그림 1] 세종이 발명한 자음자 17자 제자 과정도

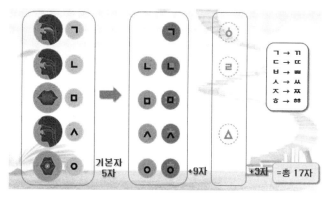

자음자　　　　　　모음자

[사진 1] 독일의 벨이 19세기에 발명한 '보이는 음성' 문자[6]

벨의 문자는 장애인을 주 대상으로 만들었기 때문인지는 모르지만 발음기관을 그대로 모방하다 보니 그야말로 곡선 위주로 되어 있어 판별과 인지 기능이 떨어진다. 그러다보니 실제 쓰기가 쉽지 않다. 그래서인지 대단히 훌륭한 문자이기는 하나 실제 문자로 자리잡지는 못했다.

반면에 훈민정음은 가장 기본적인 기하학을 적용하다 보니 다음과 같이 거의 완벽한 대칭 문자가 되었다.

[표 1] 자음 기본 17자 대칭 갈래

갈래		예
한 글자 대칭	좌우 대칭	ㅂㅎㆆㅇㅅㅈㅊㅿ
	준 상하 대칭(맨 위 가로획은 조금 더 긺)	ㄷㅌ
	대각선 대칭	ㄱㄴ
	대각선 좌우상하 대칭	ㅁㅍㅇ
	대각선 좌우상하 역대칭	ㄹ
두 글자 대칭		ㄱㄴ

대칭은 기하학적 아름다움의 극치를 보여준다. 이러한 대칭은 인지와 쓰기, 기억, 교육 모두에 탁월한 기능을 발휘한다.

훈민정음은 이러한 평면 수학 외에 입체 수학인 위상수학(topology) 원리도 반영했다. '호-하-후-허'의 원리를 살펴보면 자음자(ㅎ)를 고정시킨 상태에 'ㅗ'를 90도씩 틀면 차례대로 '호하후허'가 생성된다. 일찍이 정희성 박사가 지적했듯이 최소의 글자로 최소의 움직임으로 최대의 글자를 만들어 내는 위상수학 원리를 작용한 것이다.

---

6 알렉산더 멜빌 벨(Alexander Melville Bell)이 1867년에 펴낸《보이는 음성 : 보편 알파벳 과학》(Visible Speech : The science of Universal Alphabetics, Knowledge Resorces Inc.)

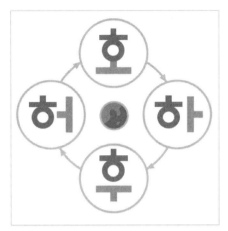

[그림 2] 자음자와 모음자 결합 원리에 반영된 위상수학

15세기 세종이 어찌 21세기에서나 발전하는 위상수학을 알았을까 경이롭지만 바른 소리를 바르게 적겠다는 세종의 정음 문자 혁명의 기적이었다. 그것은 하늘에서 떨어진 기적이 아니라 끊임없이 연구하고 실험하고 사람을 위한 보편적인 학문과 애민 정치가 낳은 기적이었다.

2) 전통 수학으로 본 훈민정음

훈민정음 해례본에서는 전통 수학을 수리철학 측면에서 적용하고 있다. 곧 해례본에서는 "초성 속에도 자체의 음양오행과 방위의 수가 있는 것이다." 또 "중성 속에도 또한 저절로 음양과 오행, 방위의 수가 있는 것이다." 라고 하면서 특히 중성자(모음자)에 다음과 같은 수리를 적용하고 있다.

ㅗ가 처음으로 하늘에서 나니 하늘의 수로는 1이고 물을 낳는 자리다. ㅏ가 다음으로 생겨났는데 하늘의 수로는 3이고 나무를 낳는 자리다. ㅜ가 처음으로 땅에서 나니, 땅의 수로는 2이고 불을 낳는 자리다. ㅓ가 다음으로 생겨

난 것이니 땅의 수로는 4이고 쇠를 낳는 자리다.

ㅛ가 두 번째로 하늘에서 생겨나니 하늘의 수로는 7이고 불을 이루는 수이다. ㅑ가 다음으로 생겨나니 하늘의 수로는 9이고 쇠를 이루는 수다. ㅠ가 두 번째로 땅에서 생겨나니 땅의 수로는 6이고 물을 이루는 수다. ㅕ가 다음으로 생겨나니 땅의 수로는 8이고 나무를 이루는 수다.

물(ㅗㅠ)과 불(ㅛㅛ)은 아직 기를 벗어나지 못하고 음과 양이 서로 사귀어 어울리는 시초이기 때문에 거의 닫힌다. 나무(ㅏㅕ)와 쇠(ㅓㅑ)는 음과 양이 바탕을 바로 고정시킨 것이기 때문에 열린다.

•는 하늘의 수로는 5이고 흙을 낳는 자리다. ㅡ는 땅의 수로는 10이고 흙을 이루는 수다. ㅣ만 홀로 자리와 수가 없는 것은 대개 사람이면 무극의 참과 음양과 오행의 정기가 묘하게 어울리고 엉기어서, 진실로 자리를 정하고 수를 이루는 것을 밝힐 수 없기 때문이다.

　　　　　　－ 김슬옹(2015), 『훈민정음 해례본－한글의 탄생과 역사』, 교보문고.

이 설명을 그림으로 보이면 다음과 같다.

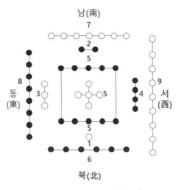

[그림 3] 주역의 '하도'

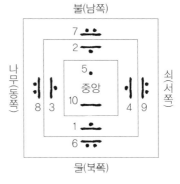

[그림 4] 중성자의 수와 음양오행

동양의 수리철학은 발음 위치가 초성처럼 명확하지 않은 중성을 체계적으로 잡아내는 역할 차원에서 쓰인 것이다. 더욱 중요한 것은 우리말에 담겨 있는 음양의 이치이고 실제 해례본의 중성자 배열은 다음 표를 보듯 하도 원리를 있는 그대로 따르지 않았다.

[표 2] 중성자의 하도식 배열과 실례 해례본식 배열

하도식 배열	1	2	3	4	5	6	7	8	9	10	무극수
	ㅗ	ㅜ	ㅏ	ㅓ	·	ㅠ	ㅛ	ㅕ	ㅑ	―	ㅣ
실제 훈민정음 배열	·	―	ㅣ	ㅗ	ㅏ	ㅜ	ㅓ	ㅛ	ㅑ	ㅠ	ㅕ
	5	10	무극수	1	3	2	4	7	9	6	8

이밖에 상형기본자 8자는 삼재(3) 오행(5)을 적용해 3과 5를 적용하고 합이 8이 되게 하고(8괘) 자음과 17자, 모음자 11자를 합쳐 28(하늘의 별자리 28수)이 되게 함으로써 동양철학에서 추구하는 조화로운 수를 모두 적용해 놓은 것도 매우 큰 특징이다. 이는 훈민정음이 천지자연의 이치를 완벽하게 담은 문자라는 것이며 이러한 문자를 사용하는 이는 누구든 천지자연의 이치를 실천하여 사람이 곧 하늘이라는 놀라운 문자혁명을 이루게 한 것이다.

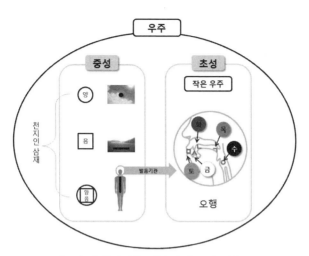

[그림 5] 훈민정음 상형 삼재 오행 적용도

3) 수학은 정치의 근본이고 세상의 중심이다.

《세종실록》163권 128권부터 163권까지가 일종의 부록으로 무려 오례(五禮) 8권, 악보(樂譜) 12권, 지리지(地理志) 8권, 칠정산외편(七政算內外篇) 8권이 실려 있다. 이중 표준 도량형 제정과 표준 악기 제정을 바탕으로 하는 '악보'와 토지 측량을 바탕으로 하는 '지리지', 천문, 일기 등의 계산을 바탕으로 하는 '칠정산외편' 모두 핵심이 수학이다. 세종 시대 수학, 과학, 음악의 놀라운 성과를 보여주는 기록물들이다. 이중 천문 계산을 다룬 '칠정산'은 세종 시대 수학 수준을 집약적으로 보여주는 성과다. 천문이나 달력을 계산하는 것을 '역산(曆算)'이라 하는데 이 분야를 집중 육성한 세종 과학 정책의 열매였다.

세종 14년(1432) 10월 30일 기록에서 세종은 "달력의 계산[曆算]하는 법은 예로부터 이를 신중히 여기지 않는 제왕(帝王)이 없었다. 이 앞서 우리나라가 천체 운행 측정하는 법에 정밀하지 못하더니, 역법(曆法)을 바로잡은 이후로는 일식·월식과 절기의 일정함이 중국에서 반포한 역서[曆書]와 비교할 때 털끝만큼도 틀리지 아니하매, 내 매우 기뻐하였노라. 이제 만일 교정하는 일을 그만두게 된다면 20년 동안 연구한 공적이 중도에 폐지하게 되므로, 다시 정력을 더하여 책[書]을 이루어 후세로 하여금 오늘날 조선이 전에 없었던 일을 세웠음을 알게 하고자 하노니, 그 역법을 다스리는 사람들 가운데 역술에 정밀한 자는 직급을 뛰어올려 관직을 주어 권면하게 하라."7라고 기쁨을 감추지 않고 있다.

같은 해 11월 1일에도 세종은 "일월을 역상(曆象)하는 것은 고금의 제왕이 신중히 여기는 바이다."8라 하고 관련 직급을 올려주게 했다. 특히 역산에 능했던 이순지를 특별히 배려하기도 했다.

이런 노력 덕에 우리는 우리의 하늘을 중심으로 삼는 우리식 달력(칠정산)을 가질 수 있었고 이를 바탕으로 하는 자주 과학 강국을 이룰 수 있었다.

---

7 "曆算之法, 自古帝王莫不重之. 前此我國未精推步之法, 自立曆法校正以後, 日月之食, 節氣之定, 較之中朝須曆, 毫釐不差, 予甚喜之. 今若罷校正之事, 則二十年講究之功, 半途而廢, 故更加精力, 以爲成書, 使後世, 知今日建立朝鮮無前之事. 其治曆之人, 精於術者, 超資加職以勸勉之." -《세종실록》, 세종 14/1432/10/30
8 "曆象日月, 古今帝王之所重." -《세종실록》, 세종 14/1432/11/1

제10장

백성의 뜻을 물어 행하라

합리적인 토지세(공법)를 정하기 위한 세종의 노력

1. 최초의 여론 조사

세종은 농사짓는 땅의 토지세를 어떻게 징수할 것인가에 대한 공법을 제대로 제정하기 위해 세종 9년(1427)부터 세종 26년(1444)에 공법을 마무리하기까지 무려 17년에 걸쳐 노력했다. 최초의 여론 조사는 세종 11년(1429) 11월 16일 여론 조사를 지시한 이래 1430년 3월 5일부터 본격적으로 여론 조사가 시작되어 8월 10일 최종 보고까지 대략 5개월 걸린 조사였다. 논밭 1결마다 조 10말을 받는 세금 세도에 대한 조사였다. '1결(結)'은 곡식 100부[짐]를 생산할 수 있는 논밭의 면적이다. 곧 곡식단 1줌이 1파, 10파가 1속, 10속이 1부, 100부가 1결이므로 곡식단 만 줌이 한 결이다.[1] 곧 수확량은

---

1 1) 결(結) : 토지 면적의 단위. 100짐[負], 곧 1만 줌[把]
  2) 복(卜) : 부(負). 열 뭇[束]을 한 부(負)
  3) 속(束) : 뭇. 열 뭇을 한 부(負)[짐], 100짐을 한 결(結)[목, 먹]로 친다.
  4) 파(把) : 줌. 양전척(量田尺)으로 한 자 평방의 넓이로서, 10줌이 1뭇[束], 10뭇이 1짐[負], 100짐이 1목[結]이 된다. 이를 정리하면, 1결(結) = 100짐[負] = 1,000뭇[束]

지역에 따라 땅의 척박도에 따라 달라지므로 조 10말을 걷는 것이 쉽지 않은 문제일 뿐 아니라 무척 복잡한 문제를 안고 있으므로 일관되고 공평한 법 제정이 어려웠다. 그래서 그런지 여론 조사가 끝나고도 무려 14년을 더 끌었던 것이다.

인문학이 사람답게 살기 위한 학문이라면 가장 중요한 인문학 요소는 '소통'이다. '훈민정음'은 바로 그런 이상을 담은 문자였다. 그런데 이 문자가 세상에 드러나는 1443년, 그로부터 13년 전에 백성의 뜻을 직접 묻는 여론 조사가 있었다는 사실을 알고 필자는 무릎을 탁 쳤다. 이런 문자가 어느 날 갑자기 하늘에서 떨어진 문자가 아니라는 것이다. 소통의 문제를 근본적으로 해결하기 위해 끊임없이 고민하고 노력한 결과라는 것이다.

나라에 토지세를 바치는 문제(공법)를 두고 여론 조사를 했던 1430년으로 돌아가 잠시 이런 상상을 해본다.

때는 세종 12년인 1430년 5월 어느 날이었다. 충청도 어느 시골 허름한 집 앞에서 사람들이 옹기종기 모여 앉아 웅성거렸다.

"어머머. 우리 임금은 역시 성군이셔. 토지세에 관한 법을 만드셨는데 집집마다 그 법에 대한 의견을 들으신대."

"우리 같은 무지렁이한테도 의견을 듣는 세상이라니. 참 살기 좋은 세상이네."

모인 백성들은 상기된 얼굴로 한마디씩 하느라 즐거운 표정이었다.

관청에서 관리가 어떤 종이에다가 가가호호 방문하면서 찬반 의견을 묻던 중이었다. 이것이 바로 우리나라 최초의 국민 여론 조사였다.

세종은 관리의 부정으로 농민에게 심각한 피해를 주는 논밭에 대한 세금 제도(전세제도, 공법)를 개혁하기 위해 세종 12년(1430) 3월부터 8월까지

= 10,000줌[把]이 된다.

여론 조사를 실시하였다. 전국 17만여 명의 백성들이 투표에 참여하여, 9만 8,657명이 찬성, 7만 4,148명이 반대의 결과를 얻어 냈다. 구체적인 결과는 [표 1]과 같다(임종화, 2018 자료집 참조).

[표 1] 공법(貢法)에 대한 가부 논의 결과[세종 12년(1430) 8월 10일]

지역	찬성		반대		계	비고
	인원	%	인원	%		
서울	711	56.8	540	43.2	1,251	경기
유후사 (개성)	1,123	94.1	71	5.9	1,194	경기
경기	17,105	98.6	241	1.4	17,346	
소계	18,939	95.7	852	4.3	19,791	
평안도	1,332	4.5	28,509	95.5	29,841	강원·북방
황해도	4,471	22.3	15,618	77.7	20,089	
함길도	78	1.0	7,401	99.0	7,479	
강원도	949	12.1	6,898	87.9	7,847	
소계	6,830	10.5	58,426	89.5	65,256	
충청도	7,017	33.3	14,039	66.7	21,058	하삼도
경상도	36,317	98.9	393	1.1	36,710	
전라도	29,547	99.1	271	0.9	29,818	
소계	72,881	83.2	14,703	16.8	87,584	
합계	98,650	57.1	73,981	42.9	172,631	
실록 기록	98,657	57.1	74,149	42.9	172,806	오차 7,168,175명

전체적으로는 찬성이 더 많지만 지역별로 보면 편차가 심하고 반대도 만만치 않음을 알 수 있다. 대체로 땅이 기름진 곳에서는 찬성이 많고 그

렇지 않는 곳에서는 반대가 많았다. 찬성이 많다고 해서 이 법을 쉽게 시행할 수 없음을 보여준다.

2. 세종은 왜 공법 제도 개선에 모든 걸 걸었나?

세종은 밥은 백성의 하늘이라고 했을 만큼 먹고 사는 문제를 매우 중요하게 여겼다. 이를 위해서는 두 가지가 필요하다고 생각했다. 하나는 농사짓는 법을 잘 가르쳐 농사를 과학적으로 짓게 하는 것이고 또 하나는 농사짓는 땅에 대한 세금을 백성들에게 두루 유리하게 만드는 것이었다.

원래 세종 이전에도 백성들의 부담을 덜어주기 위한 조세 제도가 고려 말에 제정되어 내려오고 있었다. '답험손실법'이란 제도로 관리가 직접 한 해의 농사 작황을 현장에 나가 조사해 등급을 정하는 '답험법'과 조사한 작황 등급에 따라 적절한 비율로 조세를 감면해주는 '손실법'을 합친 것이다. 취지는 좋지만 관리가 직접 등급을 판정하는 것이므로 근본적으로 부정 요인이 많았던 것이다.

세종은 어떻게 하면 공평하고 불확실성을 최대한 줄인 세법을 만들 수 있을까 고민이 깊어지자 세종 9년(1427)에는 공법 문제를 인재를 뽑는 과거 시험 논술 시험으로도 냈다. 세종은 창덕궁 인정전에 나아가서 문과 시험 문제를 직접 출제하였는데 핵심만 추려보면 다음과 같다.

예로부터 제왕이 정치를 함에는 반드시 한 세대의 제도를 마련하는 것이니, 특히 논밭에 대한 세금은 어찌하면 좋겠는가? 우리 태조 대왕께서는 집으로써 나라를 만들고 먼저 토지 제도를 바로잡으셨고, 태종 대왕께서도 선왕의 뜻을 따라 일반 백성들을 보호하셨다. 나는 덕이 적은 사람으로 이러한 나라를 다

스리게 되었으니, 우러러 선왕들의 훈계를 생각하여 잘 다스리려 하는데 그것
이 쉽지는 않노라.

일찍이 듣건대 다스림을 이루는 핵심은 백성을 사랑하는 것보다 앞서는 것
이 없다고 하니, 백성을 사랑하는 시초란 오직 백성에게 취하는 제도가 있을
뿐이다. 토지 제도는 해마다 중앙 관리를 뽑아서 여러 도에 나누어 보내어,
손실을 실지로 조사하여 제대로 세금 매기기를 기하였으나 일부 관리들은 나
의 뜻에 부합되지 않고, 백성의 고통을 구휼하지 아니하여, 나는 매우 이를
못 마땅하게 여겼다.

맹자는 말하기를, "어진 정치는 바람직한 토지 세금 제도로부터 시작된다."라
고 하였으며, 어떤 이는 '백성이 풍족하면 임금이 어찌 부족하겠는가.'라고 하였
다. 내가 비록 덕이 적은 사람이나 이에 간절히 뜻이 있다. 그대들은 경전에
통달하고 정치의 큰 흐름을 알아 평일에 이를 외우고 토론하여 익혔을 것이니,
모두 진술하여 숨김이 없게 하라. 내가 장차 채택하여 시행하겠노라.[2]

− 세종 9/1427/3/16

---

2 발췌 인용한 부분의 전문은 다음과 같다. 自古帝王之爲治, 必立一代之制度, 稽諸方策,
可見矣. 制田之法, 昉於何時? 夏后氏以貢, 殷人以助, 周人以徹, 僅見於傳記. 三代之法, 可
行於今日歟? 秦廢井田, 漢因之, 文, 景之治, 幾於三代, 新 莽復古, 百姓愁怨, 其故何也?
唐之租庸調, 取法於何代歟? 百姓賴以富庶, 先儒以爲近古, 其亦可施於後世歟? 皇明動遵古
制, 而取夏后之貢, 豈其行之便易歟?"惟我太祖康獻大王, 化家爲國, 首正田制, 太宗恭定大
王, 邁追先志, 懷保小民, 肆子寡昧, 嗣承丕基, 仰惟祖宗之訓, 期至隆平之治, 未得其道, 顧
何修而致歟? 嘗聞致治之要, 莫先於愛民, 愛民之始, 惟取民有制耳. 今之取於民, 莫며制貢賦
之爲重. 若田制則歲揀朝臣, 分遣諸道, 踏驗損實, 期於得中, 間有奉使者, 不稱子意, 不恤民
隱, 子甚非之. 議者以爲徒擾州傳, 不若委之監司之爲愈. 又有以監司務煩, 不暇兼此二者, 互
相咎之, 未得其制. 意其別有可行之法歟? 損實踏驗, 苟循愛憎, 高下在手, 民受其害. 欲救斯
弊, 當於貢法求之. 助法, 必井田而後行. 歷代中國, 尙且不能, 況我國山川峻險, 原隰回互,
其不可也明矣. 貢法載於《夏書》, 雖周亦助, 而鄕遂用貢, 但以其較數歲之中, 以爲常, 謂之不
善, 用貢法而去. 所謂不善, 其道何由? 至於貢賦, 則古者任土作貢, 未嘗責其所無. 我朝嘗置
都監, 酌國用經費之數, 議遠邇土物之宜, 詳定不爲不悉, 第以壤地偏小, 而用度浩繁, 故未克
盡如古制. 邊海州郡, 或賦以山郡之産, 所賣非所産, 民甚病焉. 議者爭言: "悉移所産之地之
便."又有以爲: "分之, 尙且爲難, 併則詎可能堪?"將何以處之? 孟子曰: "仁政必自經界始."
有子曰: "百姓足, 君孰與不足!"子雖涼德, 竊有志於斯焉. 子大夫通經術, 識治體, 講之於平
日熟矣, 其悉陳無隱, 子將採擇而施用焉. −《세종실록》, 세종 9/1427/3/16

실제 과거 논술 시험 답안이 무엇이 나왔는지는 알 수 없지만 백성의 고통을 구휼하고자 의견을 묻는 출제 의도가 명확한 만큼 절실하고도 매우 긴요한 많은 대안이 나오지 않았을까 생각해 본다.

이런 논술 시험 외에도 세종은 고민에 고민을 거듭하며 신하들과 숱한 토론을 거쳤다.

이 다음해인 세종 10년(1428) 1월 16일에 세종은 이렇게 말했다.

> 만약 토지 세금에 관한 공법을 한 번 시행하게 되면 풍년에는 많이 취하는 걱정은 비록 면할 수 있겠지마는, 흉년에는 반드시 근심과 원망을 면할 수 없을 것이니 어찌하면 옳겠는가.[3]   － 세종 10/1428/1/16

결국 풍년이 들든 흉년이 들든 언제나 공평하게 해서 백성들의 부담을 최대한 줄이고자 하는 이런 고민 끝에 1430년 3월 5일 새로운 공법(토지 세금법)에 대한 여론 조사를 지시하였던 것이다. 이날 토지 세금을 담당하는 호조에서 아뢰기를,

> "전하 관리들이 논밭을 직접 방문하여 농사 상태를 조사하여 세금을 매기다 보니 관리들의 근무 태도에 따라 세금이 달라 불만이 많았사옵니다. 어떤 관리는 농사 결과를 지나치게 부풀려 세금을 많이 걷고 어떤 관리는 그 반대인 경우도 있고 어떤 관리는 돈을 받고 세금을 줄여 주는 등 잘못이 많사옵니다. 땅의 크기에 따라 규칙적으로 세금을 매기시옵소서. 원컨대 논이나 밭 1결마다 조 10말을 거두게 하되, 다만 평안도와 함길도만은 1결에 7말을 거두게 하여, 예전부터 내려오는 폐단을 덜게 하고, 백성의 생계를 넉넉하게 할 것이며, 그 태풍, 물난리, 가뭄 등으로 인하여 농사를 완전히 그르친 사람에게는 세금을 전부

---

3 若貢法一行, 則豊年雖免多取之患, 凶歲必不免愁怨, 如之何則可? －《세종실록》, 세종 10/1428/1/16

면제하게 하소서."**4**

세종은 이런 건의를 받고 생각에 잠겼다. 관리가 땅과 곡식 수확량을 보고 제멋대로 판단하는 것은 막을 수 있지만 이렇게 똑같이 적용하다 보면 또 다른 문제가 생기지 않느냐는 것이다. 이런 생각을 신하들과 의논한 끝에 이렇게 명령을 내렸다.

정부 중앙 관청과 주요 관청, 지방 관청의 주요 관리, 일반 민가의 백성들까지 모두 가부를 물어 보고하라.**5**

이렇게 하여 여론 조사가 이루어지던 7월에도 토론이 이루어졌다. 먼저 여론 조사 책임자인 호조 판서 안순이 먼저 말했다.

일찍이 공법의 편의 여부를 가지고 경상도의 수령과 백성들에게 물어본즉, 좋다는 자가 많고, 좋지 않다는 자가 적었사오며, 함길·평안·황해· 강원 등 각도에서는 모두들 불가하다고 한 바 있습니다.**6**

라고 하니 세종이 말하기를,

---

4 "每當禾穀踏驗之時, 或遣朝官, 或委監司, 欲以數多之田, 而及期畢審, 令鄕曲恒居品官爲委官, 委官書員等或所見不明, 或挾私任情, 增減損實, 又當磨勘之時, 文書汗漫, 官吏不能盡察, 姦吏乘間用謀, 換易施行, 非唯輕重失中, 其支待供億之費, 奔走之勞, 爲弊不貲. 請自今依貢法, 每一結收租十斗, 唯平安, 咸吉道, 一結收十斗, 以除舊弊, 以厚民生, 其因風霜水旱等災傷, 全失農者, 全免租税."-《세종실록》, 세종 12/1430/3/5

5 命自政府六曹各司及京中前銜各品, 各道監司守令品官, 以至閭閻小民, 悉訪可否以聞. -《세종실록》, 세종 12/1430/3/5

6 戶曹判書安純啓:"曾以貢法便否, 訪于慶尙道守令人民, 可多否少, 咸吉, 平安, 黃海, 江原等道, 皆曰:'不可'."-《세종실록》, 세종 12/1430/7/5

　　백성들에게 좋지 않다면 이를 행할 수 없다. 그러나 농작물의 잘되고 못 된
것을 직접 찾아 조사할 때에 각기 제 주장을 고집하여 공정성을 잃은 것이 자못
많았고, 또 간사한 아전들이 잔꾀를 써서 부유한 자를 편리하게 하고 빈한한
자를 괴롭히고 있어, 내가 심히 우려하고 있다. 각도의 보고가 모두 도착해
오거든 그 공법의 편의 여부와 답사해서 폐해를 구제하는 등의 일들을 관리들로
하여금 깊이 의논하여 아뢰도록 하라.[7]　　　　　　　　　　　　　　　– 세종 12/1430/7/5

　　세종은 신하들의 의견도 중요하지만 실제 여론 조사를 모두 듣는 게
중요했다. 세종은 특히 "백성들이 좋지 않다면 이를 행할 수 없다."고 힘
주어 말했다.

　　이렇게 해서 장장 5개월간 조사 끝에 호조는 8월 10일, 17만여 명의 백
성들이 투표에 참여하여, 9만 8,657명이 찬성, 7만 4,148명이 반대하였
다고 보고한 것이다. 이런 결과 보고와 더불어 다양한 의견이 오고가며
끊임없이 토론이 이루어졌다.

　　공법은 오늘의 현실로 보아 행함직한 것으로 봅니다. 신이 민간에서의 가부의
의논을 듣자오니, 평야에 사는 백성으로 전에 납세를 중하게 하던 자는 모두
이를 즐겨서 환영하고, 산골에 사는 백성으로 전에 납세를 경하게 하던 자는
모두 이를 꺼려 반대하고 있사온데, 이는 각기 민심의 욕망에서 나온 것입니다.
… 그러므로 좋다고 말하는 백성들에게는 그 뜻에 따라 공법을 행하고, 좋지
않다고 말하는 백성들에게는 그 뜻에 따라 전대로 수손급손법을 행하소서[8]
　　　　　　　　　　　　　　　　– 전 병조 판서 조말생·전 판목사 황자후 등

<hr>

7　上曰："民若不可, 則未可行之. 然損實踏驗之際, 各執所見, 頗多失中. 且姦吏用謀, 富者便
　　之, 貧者苦之, 予甚慮焉. 各道所報皆到, 則貢法便否及踏驗救弊等事, 令百官熟議以啓."
　　–《세종실록》, 세종 12/1430/7/5

8　臣愚以爲今請貢法, 爲日之可行也. 臣聞民間可否之議, 平野居民, 前此納稅, 重者皆樂而
　　之, 山郡居民前此納稅, 輕者皆憚而否之, 是民心之所欲也 … 曰可之, 民從其可, 而行貢法;
　　曰否之, 民從其否, 而仍其舊行隨損給損之法. –《세종실록》, 세종 12/1430/8/10

공법이 비록 좋긴 하오나 땅이 좋고 나쁨을 분별하지 않고 전부 행한다면, 백성들 사이에는 이를 좋아하는 사람이 있는 반면에 걱정하는 사람이 자연 있게 될 것입니다. 땅을 조사하여 좋고 나쁜 것을 분별하여 땅지도를 만든 뒤에, 공법을 시행할 만한 땅에는 공법을 시행하고, 그 나머지의 척박한 논밭으로 공법을 시행하기에 부적당한 땅은, 매해 반드시 경작자의 신고를 받고 답사 답사하여 그 정도에 따라 법을 시행하여, 두 가지 법을 겸행토록 하소서.[9]

– 전 동지총제 박초

먼저 경기의 한두 고을에 시험한 다음 각도에 모두 시행토록 하소서.[10]

– 집현전 부제학 정인지

땅을 상·중·하로 나누고 '하' 땅은 다시 2등으로 나누어 1결마다 부담을 더 주거나, 혹은 10두를 감하거나 하게 하소서.[11]　　　– 직제학 유효통

먼저 산골과 평야 각 수십 개의 고을에 그 가부를 시험하게 하소서.[12]

– 직전 안지

2등의 땅을 다시 조사해 정할 것 없이 매 등급마다 또 3등으로 나누어서 9등을 만들고는, 최고의 땅 세는 1결마다 조 16두를 내게 하고 한 등급에 1두씩을 줄여 주면 가장 안 좋은 땅에 가서는 다만 8두를 거두게 될 것이요, 평안·함길도는 다만 6등으로 만들고 가장 좋은 땅의 세를 1결에 11두를 거두고, 한 등급에 1두씩을 체감하면 가장 안 좋은 땅에 가서는 6두를 거두게 되어 거의 알맞게 될 것입니다.[13]　　　　　　　　　　　　　　– 봉상시 주부 이호문

9　貢法雖善, 不分田之肥磽, 而悉以行之, 則民生自有憂喜矣. 分遣各道廉問計定使, 審其田分善惡, 分類成籍, 可爲貢法之田則以貢法施行, 其餘山田磽埆, 不宜貢法之田, 每年須考佃客告狀, 方許就審, 隨損給損, 兩法兼行. –《세종실록》, 세종 12/1430/8/10

10　先於京畿一二州縣試驗, 然後遍行諸道. –《세종실록》, 세종 12/1430/8/10

11　上中田外, 下田更分爲二等, 每於一結, 或加給負數, 或減十斗. –《세종실록》, 세종 12/1430/8/10

12　先行於山谷平原各數十縣, 試其可否. –《세종실록》, 세종 12/1430/8/10

　　공법은 그 시행에 앞서 먼저 상·중·하 3등으로 전지의 등급을 나누지 않으면, 기름진 땅을 점유한 자는 쌀알이 지천하게 굴러도 적게 거두고, 척박한 땅을 가진 자는 거름을 제대로 주고도 세금마저 부족하건만 반드시 이를 채워 받을 것이니, 부자는 더욱 부유하게 되고, 가난한 자는 더욱 가난하게 되어, 그 폐단이 다시 전과 같을 것이오니, 먼저 3등의 등급부터 바로 잡도록 하소서.[14]

　　　　　　　　　– 집현전 부제학 박서생·전농 소윤 조극관·형조 정랑 정길흥

　　이외에도 다양한 의견이 이어졌다. 최종 찬성 쪽이 많았지만 반대쪽 견해도 많아 쉽게 이 제도를 시행할 수 없었다. 그래서 세종 18년(1436) 5월 21일, 황희 등을 불러서 다시 공법을 의논하게 하였다. 그러나 이때도 결론을 못 내리고 세종은 이렇게 말한다. "이 일은 경솔하게 할 것이 못 되니, 내일 다시 의논하겠다."[15] 하였다.

3. 드디어 신중히 단계별로 시행되는 공법

　　세종 18년(1436) 윤6월 15일에는 공법상정소(貢法詳定所)를 두고 계속 논의한 끝에 10월 5일 각 도를 3등으로 나누어서 하되, 경상·전라·충청도를 상등으로 하고, 경기·강원·황해도를 중등으로 하며, 평안·함길도를 하등으로 하고, 토지의 품등은 한결같이 3등으로 나누어, 지나간 해의 손

13　二等之田, 更不改量, 每等又分爲三等, 作九等, 上上田稅, 每一結, 收租十六斗, 每等遞減一斗, 至下下田則只收八斗. 平安, 咸吉道則只分爲六等. 上上田稅一結, 收十一斗, 每等遞減一斗, 至下下田則收六斗, 庶爲得中. –《세종실록》, 세종 12/1430/8/10

14　踏驗給損之法, 數多委官, 未盡得人, 或挾私失中, 有十常八九. 敬差官差使員等, 亦未得每處糾摘, 國有所損, 民受其弊, 其來尙矣. 然貢法, 不先分上中下三等田品, 則占膏田者, 粒米狼戾, 而寡取之, 得埼田者, 糞其田而不足, 則必取盈焉. 富者益富, 貧者益貧, 弊復如前. 先正三等田品. –《세종실록》, 세종 12/1430/8/10

15　此事匪輕, 明日當更議之. –《세종실록》, 세종 18/1436/5/21

실수와 경비의 수를 참작해서 세금을 정하는 방안이 논의되었으나 역시
전면적 시행은 하지 못했다.

세종 19년(1437) 7월 9일에 세종은 이렇게 말한다.

> … 앞 줄임 … 내가 항상 공법을 행하고자 하여 몇 해 동안의 중간 수량을 참작
> 해 답험하는 폐단을 없애버리고, 여러 대소 신료로부터 서민에 이르기까지 물어
> 보았는데, 원하지 않는 자가 적고 행하기를 원하는 자가 많으니, 백성들의 지향
> 하는 바를 가히 알았다. 그러나 조정의 논의가 분분해서 잠정적으로 그대로
> 두고 행하지 않은 지 몇 해가 되었다. 이제 생각해 보니, 이 공법은 원래 성인의
> 제도인데, 용자(龍子)[맹자 시대의 사람]가 비록 말하기를, '공법보다 좋지 않은
> 법이 없다.' 했으나, 선유들은 말하기를, '우나라의 공법은 다른 등급에서 섞여
> 나왔으므로 일정한 수량이 있는 것이 아니었으며, 주나라의 공법은 연사의 상하
> 를 보아 거둬들이는 법을 만들었으니, 그 폐단이 용자의 말한 데까지 이르지는
> 않았으나, 곧 뒷세상 제후들의 공법을 쓰면서 폐단이 되었다.' 하니, 이로 보건
> 대, 공법의 좋고 나쁜 것도 역시 분간할 수 있겠다. 또 우리나라는 토지가 메말라
> 10분의 1의 수량도 역시 다소 과중한 것같이 생각된다. 그대들 호조에서는 전대
> 의 폐단이 없었던 법을 상고하고, 이 뒷세상에 오래도록 행할 만한 방법을 참작
> 하여, 아울러 행할 사목들을 세밀하게 마련해 아뢰라."[16]

이에 대해 호조에서는 다음과 같이 보고했다.

> 멀리는 옛 제도를 상고하고 가까이는 시대에 적당한 것을 살펴 몇 해 동안의
> 중간 수량을 비교해 일정한 법을 만들었습니다. 대개 옛날에 토지를 맡기고

---

16 … 予常欲行貢法, 酌數歲之中, 以除踏驗之弊, 訪諸大小臣僚, 以至庶民, 不願者少, 願行者
多, 民之志向可知. 然朝論紛紜, 姑寢不行者有年矣. 以今思之, 此法, 元是聖人之制, 龍子雖
曰: '莫不善於貢.' 然先儒以爲: '禹之貢法, 錯出他等者, 不在常數, 周之貢法, 視年上下, 以
出斂法, 其弊不至如龍子之言, 乃後世諸侯用貢法之弊耳.' 以此觀之, 貢法之善否, 亦可辨矣,
且我國土地磽埆, 什一之數, 亦疑稍重. 惟爾戶曹稽前代無弊之法, 酌後來可久之道, 合行事
目, 備細磨勘以聞. -《세종실록》, 세종 19/1437/7/9

토질을 분별하던 제도를 본떠서, 먼저 여러 도(道)의 토지 품등을 3등급으로 정합니다. 경상·전라·충청도는 상등으로 삼고, 경기·강원·황해도 3도는 중등으로 삼고, 함길·평안 2도는 하등으로 삼으며, 또 본디 정했던 전적(田籍)의 상·중·하 3등에 의해 그대로 토지의 품질을 나눕니다. 각 도의 등급과 토지 품질의 등급으로써 수세하는 수량을 정합니다. 상등도(上等道)의 상등수전(上等水田)은 매 1결마다 조미 20두, 한전(旱田)은 매 1결마다 황두(黃豆) 20두로 하고, 중등수전(中等水田)은 매 1결마다 조미 18두, 한전은 매 1결마다 황두 18두로 하고, 하등수전(下等水田)은 매 1결마다 조미 16두, 한전은 매 1결마다 황두 16두로 하며, 중등도(中等道)의 상등 수전은 매 1결마다 조미 18두, 한전은 매 1결마다 황두 18두로 하고, 중등 수전은 매 1결마다 조미 16두, 한전은 매 1결마다 황두 16두로 하고, 하등 수전은 매 1결마다 조미 14두, 한전은 매 1결마다 황두 14두로 하며, 하등도의 상등 수전은 매 1결마다 조미 16두, 한전은 매 1결마다 황두 16두로 하고, 중등 수전은 매 1결마다 조미 14두, 한전은 매 1결마다 황두 14두로 하고, 하등 수전은 매 1결마다 조미 12두, 한전은 매 1결마다 황두 12두로 하며, 제주(濟州)의 토지는 등급을 나누지 않고 수전이나 한전이나 매 1결마다 10두로 정합니다. 이렇게 하면 옛날 10분의 1을 받는 법과 비슷하며, 조선 개국 초기의 수세하던 수량보다 대개 많이 경(輕)하게 됩니다. 또 그 가운데 전체가 묵은 토지와, 1호의 경작한 것이 전체가 감손된 것은 전주(田主)로 하여금 진고하게 허락하여, 수령이 친히 살펴보고 그 조세를 면하게 합니다. 천반포락(川反浦落)의 토지도 역시 전주로 하여금 진고하게 하여, 수령이 친히 살펴보고 그 전적을 감해 줍니다. 이렇게 하면 옛날 하(夏)나라·주(周)나라에서 다른 등급에서 섞여 나온 것과, 연사를 보아 조세를 받던 유의(遺意)가 있게 되며, 용자(龍子)가 말한 폐단이 되는 법이 아닌 것 같습니다. 그 원적(元籍)에 기록된 수전과 한전은 뒤에 비록 서로 변경(反耕)하는 일이 있더라도 다시 양전하기 전에는 다시 심검(審檢)하는 것을 허락하지 말고, 모두 원적에 따라 수조(收租)합니다. 가경전(加耕田)은 역시 수령으로 하여금 해마다 친히 심검해서 전적(田籍)에 계속 기록하게 하고, 아무 이유 없이 2년을 전체를 묵힌 자는 다른 사람에게 급여하는 것을 허락합니다. 만약 진손(陳損)·천반(川反)[천반포락]이 있어 심검(審檢)이 불실(不實)하거나, 가경전(加耕田)을 때에 따라 계속 기록하지 않으면, 수령은 법으로 규찰해 다스릴 것입니다. 대개 이런 제도가 한번 서게 되면, 사람들은 모두 미리 조세 바칠 수량을 알아 스스로 부세(賦稅)하게 되므로 번거롭지 않을 것입니다. 한 사람의 아전이 나가도 종이 한 장의 경비도 들지 않으나, 세법은 만세에 행해질 것입니다. 비록 흉년을 당해 혹시 약간 과중하다는 의논이 있으나, 풍년에 바치는 것이 이미 경했으니, 역시 이것으로 저것을 갚을 수 있습니다. 전날 소요하던 폐단과 명색 없는 비용이 가히 영구히 없어질 것입니다. 백성들의 이익이 많아져 거의 현실에 마땅하며, 공사 간에 편리하여 옛날 공법의 좋은 점에 합치할 것이니, 이것으로써 일정한 법식으로 정하소서.[17]

이렇게 논의를 거듭한 끝에 세종 20년(1438) 7월 11일에는 하삼도에 우선 공법을 실시하여 더욱 철저한 검증 과정을 거친다.

---

17 遠稽古制, 近察時宜, 較數歲之中, 成一定之法, 略倣古者任土辨壤之制, 先定諸道之土品有三等. 慶尙, 全羅, 忠淸道爲上等, 京畿, 江原, 黃海三道爲中等, 咸吉, 平安二道爲下等. 又據素定田籍上中下三等, 仍分田品, 以各道與田品之等第, 定收稅之數. 上等道上等水田每一結糙米二十斗, 旱田每一結黃豆二十斗; 中等水田每一結糙米十八斗, 旱田每一結黃豆十八斗; 下等水田每一結糙米十六斗, 旱田每一結黃豆十六斗. 中等道上等水田每一結糙米十八斗, 旱田每一結黃豆十八斗; 中等水田每一結糙米十六斗, 旱田每一結黃豆十六斗; 下等水田每一結糙米十四斗, 旱田每一結黃豆十四斗. 下等道上等水田每一結糙米十六斗, 旱田每一結黃豆十六斗; 中等水田每一結糙米十四斗, 旱田每一結黃豆十四斗, 下等水田每一結糙米十二斗, 旱田每一結黃豆十二斗. 濟州之田, 無分等第, 水田旱田每一結, 以十斗爲定. 如此則比古者什一之法與國初收稅之數, 蓋又太輕矣. 又其中全陳之田及一戶所耕皆全損者, 許令田主告之, 守令親審, 免其租稅; 川反浦落之田, 亦令田主告之, 守令親審, 減其田籍. 如此則有夏, 周錯出他等及視年以斂之遺意, 非若龍子所言之弊法也. "其元籍所錄水田旱田, 後雖互相反耕, 改量之前, 勿許更審, 皆從元籍收租; 加耕之田, 亦使守令每歲親審, 續錄田籍, 無故二年全陳者, 許給他人. 如有陳損川反, 審檢不實, 加耕之田, 不時續錄, 則守令料理以法. 蓋此制一立, 則人皆預知納租之數而自賦, 不煩一吏之出, 不費一紙之文, 而稅法行於萬世. 雖當歉年, 或有稍重之議, 然豐年所收旣輕, 則亦可以此償彼. 向者騷擾之弊, 無名之費, 可以永絕, 民之所利居多, 庶幾宜於今而便於公私, 合於古者貢法之善. 以此定爲恒式. ─《세종실록》, 세종 19/1437/7/9

안순(安純)·신개(申槪)·조계생(趙啓生)·하연(河演)·심도원(沈道源)·황보인(皇甫仁)·유계문(柳季聞)·우승범(禹承範)·안숭선(安崇善) 등을 불러 다시 의논하게 하니, 순(純)·개(槪)·계생(啓生)·연(演)·도원(道源)·인(仁)· 계문(季聞) 등은 의논하기를, "공법(貢法)에 대한 편리 여부는 이미 물었으니, 우선 경상·전라 양도에 그 편익(便益)을 시험하소서." 하고, 승범(承範)과 숭선(崇善) 등은 말하기를, "대사(大事)를 도모하는 자는 여러 사람과 더불어 모의하지 않는다 합니다. 우선 앞서 정한 법을 전라·경상 양도에 시험하소서." 하니, 드디어 이로써 논의를 확정짓고[遂定議], 경상·전라 양도(兩道)에 공법을 시험하게 하였다.[18]

이런 검증 작업을 거쳐 세종 25년(1443) 11월 2일, 드디어 호조에 공법을 실시할 방도를 묻고 이를 온 백성에게 알릴 것을 지시하였다. 11월 13일에는 세종은 전제상정소를 설치하였다. 이 기관을 얼마나 중요하게 여겼는지는 담당 관리를 보면 알 수 있다. 훗날 세조가 되는 진양대군 유(瑈)로 도제조(都提調)를 삼고, 의정부 좌찬성 하연(河演)·호조판서 박종우(朴從愚)·지중추원사 정인지(鄭麟趾)를 제조로 삼았다.

세종이 전제상정소(田制詳定所) 관리들에게 땅의 비옥도에 따라 풍흉에 따라 조세 법을 정하도록 하고 충청도, 경상도, 전라도 6고을에 시행하기 위한 구체적인 방안을 올리라고 한다.

이때 전제상정소에 올린 취지가 지금 읽어도 가슴뭉클하다. 옛날 제도대로 한다면 땅의 비옥도를 정확히 고려하지 않았기 때문에 부자는 더욱 부자가 되고 가난한 자는 더욱 가난하게 되니, 심히 옳지 못하다고 하면서 등급에 따라 나눈다면 조세도 고르게 될 것이라고 말한다. 합리적인 토의 과정이 있었기에 관리들도 세종의 조세 제도에 대한 신념에 소신을

---

18 召安純, 申槪, 趙啓生, 河演, 沈道源, 皇甫仁, 柳季聞, 禹承範, 安崇善等更議, 純, 槪, 啓生, 演, 道源, 甫仁, 季聞等議曰: "貢法便否, 旣以訪問, 姑於慶尙, 全羅兩道試驗便益." 承範, 崇善曰: "圖大事者不謀於衆, 姑試曾定之法於全羅, 慶尙兩道." 遂定議, 令於慶尙, 全羅兩道, 試用貢法. −《세종실록》, 세종 20/1438/7/11

[그림 1] 전제상정도[세종 25년(1443) 11월 13일]
(김학수 그림. 세종대왕기념사업회 소장)

갖고 따른 것이다. 이렇게 하여 올린 구체적인 안의 일부를 보면 이 조세
제도가 얼마나 치밀하게 설계되었는지를 알 수 있다. 그만큼 과학적인
조세 제도임도 증명해 주는 것이다.

연분(年分)을 9등으로 나누고 10분 비율로 정하여 전실(全實)을 상상년(上上
年)으로 하고, 9분실(九分實)을 상중년(上中年), 8분실(八分實)을 상하년(上下
年), 7분실을 중상년(中上年), 6분실을 중중년, 5분실을 중하년, 4분실을 하상년,
3분실을 하중년, 2분실을 하하년으로 하여, 상중년(上中年)이 된 1등 전지의
조세는 27말, 2등 전지의 조세는 22말 9되, 3등 전지의 조세는 18말 9되, 4등
전지의 조세는 14말 8되, 5등 전지의 조세는 10말 8되, 6등 전지의 조세는 6말
7되이고, 상하년(上下年)이 된 1등 전지의 조세는 24말, 2등 전지의 조세는 20말
4되, 3등 전지의 조세는 16말 8되, 4등 전지의 조세는 13말 2되, 5등 전지의
조세는 9말 6되, 6등 전지의 조세는 6말이며, 중상년(中上年)이 된 1등 전지의
조세는 21말, 2등 전지의 조세는 17말 8되, 3등 전지의 조세는 14말 7되, 4등

전지의 조세는 11말 5되, 5등 전지의 조세는 8말 4되, 6등 전지의 조세는 5말 2되이고, 중중년(中中年)이 된 1등 전지의 조세는 18말, 2등 전지의 조세는 15말 3되, 3등 전지의 조세는 12말 6되, 4등 전지의 조세는 9말 9되, 5등 전지의 조세는 7말 2되, 6등 전지의 조세는 4말 5되이고, 중하년이 된 1등 전지의 조세는 15말, 2등 전지의 조세는 12말 7되, 3등 전지의 조세는 10말 5되, 4등 전지의 조세는 8말 2되, 5등 전지의 조세는 6말, 6등 전지의 조세는 3말 7되이며, 하상년(下上年)이 된 1등 전지의 조세는 12말, 2등 전지의 조세는 10말 2되, 3등 전지의 조세는8말 4되, 4등 전지의 조세는 6말 6되, 5등 전지의 조세는 4말 8되, 6등 전지의 조세는 3말이고, 하중년(下中年)이 된 1등 전지의 조세는 9말, 2등 전지의 조세는 7말 6되, 3등 전지의 조세는 6말 3되, 4등 전지의 조세는 4말 9되, 5등 전지의 조세는 3말 6되, 6등 전지의 조세는 2말 2되이고, 하하년(下下年)이 된 1등 전지의 조세는 6말, 2등 전지의 조세는 5말 1되, 3등 전지의 조세는 4말 2되, 4등 전지의 조세는 3말 3되, 5등 전지의 조세는 2말 4되, 6등 전지의 조세는 1말 5되이다.[19]　　　　　　　　　　　　　　－ 세종 26/1444/11/13

　　이런 등급 나누기에도 당연히 과학이 반영되었다. 과학적으로 만든 표준 자인 주척을 사용하여 실제수확량을 근거로 전분6등법을 제정하고 공법

---

19 年分分爲九等, 十分爲率, 全實爲上上年, 九分實爲上中, 八分實爲上下, 七分實爲中上, 六分 實爲中中, 五分實爲中下, 四分實爲下上, 三分實爲下中, 二分實爲下下. 上中年一等田稅二 十七斗, 二等田稅二十二斗九升, 三等田稅十八斗九升, 四等田稅十四斗八升, 五等田稅十斗 八升, 六等田稅六斗七升. 上下年一等田稅二十四斗, 二等田稅二十斗四升, 三等田稅十六斗 八升, 四等田稅十三斗二升, 五等田稅九斗六升, 六等田稅六斗. 中上年一等田稅二十一斗, 二等田稅十七斗八升, 三等田稅十四斗七升, 四等田稅十一斗五升, 五等田稅八斗四升, 六等 田稅五斗二升. 中中年一等田稅十八斗, 二等田稅十五斗三升, 三等田稅十二斗六升, 四等田 稅九斗九升, 五等田稅七斗二升, 六等田稅四斗五升. 中下年(二) 等田稅十五斗, 二等田稅十 二斗七升, 三等田稅十斗五升, 四等田稅八斗二升, 五等田稅六斗, 六等田稅三斗七升. 下上 年一等田稅十二斗, 二等田稅十斗二升, 三等田稅八斗四升, 四等田稅六斗六升, 五等田稅四 斗八升, 六等田稅三斗. 下中年一等田稅九斗, 二等田稅七斗六升, 三等田稅六斗三升, 四等 田稅四斗九升, 五等田稅三斗六升, 六等田稅二斗二升. 下下年一等田稅六斗, 二等田稅五斗 一升, 三等田稅四斗二升, 四等田稅三斗三升, 五等田稅二斗四升, 六等田稅一斗五升. -《세 종실록》, 세종 26/1444/7/11

시행에 따른 세금 추이를 계량적으로 조사하여 전분9등법의 세금 등급을 결정하였다.

이렇게 법을 시행한 뒤에는 단호하게 집행해 나갔다. 한 달 뒤인 1443년 12월 17일, 좌정언 윤면이 흉년으로 공법의 수정을 제안했으나 세종은 "이미 대신과 더불어 익히 의논하여 정하였으니, 다시 말하지 말라.[20]"라고 받아들이지 않았다.

4. 맺음말

세종 시대 공법에 대한 평가는 이미 조선시대 때 충분히 이루어졌다. 성종 5년에 조석문은 "세종께서 이 폐단을 깊이 염려하여 공법을 작정하시어, 전분6등과 연분9등으로 하여 먼저 하삼도의 전지를 헤아려 공법으로 거두었는데, 백성이 다 편리하게 여겼고, 다른 도의 백성도 그것을 원하였습니다. 참으로 만세토록 지켜서 시행해야 할 법이니, 가벼이 고칠 수 없습니다.[21]"라고 했던 것이다.

세종 시대 공법을 가장 치밀하게 조사 연구한 바 있는 오기수 님은 다음과 같이 평가하고 있다.

세종대왕이 만든 공법은 양반 계급시대에 일반 백성을 위한 조세 과학화와 선진화의 토대를 마련하면서, 군주시대 세계의 역사에서 그 누구도 할 수 없는 과거 시험에 공법 문제의 출제, 공법에 대한 여론 조사와 시범실시, 17년 간

---

20 已與諸大臣熟議而定, 其勿復言. -《세종실록》, 세종 25/1443/12/17
21 世宗深軫此弊, 酌定貢法, 田分六等, 年分九等, 先量下三道之田, 以貢法收, 民皆便之, 他道之民亦願之. 誠萬世遵行之法, 不可輕改. -《성종실록》, 성종 5/1474/7/24

조정에서의 논의를 거쳐 민주적으로 완성된 조세법이다.

- 오기수(2016),「세종 공법(貢法)의 위대한 역사적 가치」,
『세종학 연구』16, 세종대왕기념사업회, 128쪽.

공법은 단순한 법이 아니었다. 백성들의 먹고 사는 문제였다. 모든 백성들에게 공평하면서도 가난한 백성들이 세금으로 인해 피해를 보지 않도록 백성들과 직접 소통했던 세종, 이런 정신이 있었기에 진정한 소통의 문자 훈민정음도 나올 수 있었다.

제11장

세종의 영토 정책, 4군 6진 개척과 그 의미

1. 나라다움의 경계, 영토와 국방

2018년 9월 20일. 남녘의 문재인 대통령과 북녘의 김정은 국무위원장이 백두산에 함께 올랐을 때 마침 세종실록을 공부하고 있던 때라 세종의 말이 떠올랐다. 세종 14년 때인 1432년 4월 12일 실록 기록을 보면, 세종은 함길도에 대해 논의하는 과정에서 "백두산 근처에 한 지역이 있는데, 명나라 태조 고황제가 고려에 예속시켰다. 내가 《지리지(地理志)》를 보니 옛성의 한 터가 백두산 앞에 가로놓여 있는데, 이것이 그 땅이 아닌가 의심된다. 마땅히 찾아내어 우리나라 경계로 삼아야 하겠다."[1]라고 하고 있다. 백두산은 한반도의 시원지면서 우리나라 경계의 상징이기 때문이다. 이런 의지에 따라 완성된 것이 4군 6진 개척이었다.

세종 때 오늘날 한반도 국경선이 완성되었다는 것은 훈민정음 창제·반포에 버금가는 세종 업적으로 평가되지만 훈민정음 업적과 다른 점은 전

---

1 白頭山近處有一地, 太祖高皇帝屬高麗. 予看地理志, 有一古城之基, 衡於白山之前, 疑是其地, 須知爲我國之疆可也. ―《세종실록》, 세종 14/1432/4/12

쟁터를 지킨 백성들과 신하들과의 철저한 토론, 백성 이주 정책과 같은 제도적 노력, 최윤덕, 김종서와 같은 참모진들과의 철저한 협업을 통해 이룩되었다는 점이다. 이런 측면에서 더욱이 "유명조선국(有明朝鮮國)"이라고 명나라와의 사대를 공식 문서에 명기해야 할 만큼 강력했던 명나라와의 관계 속에서 이룩한 국경 정비 작업이었기에 더욱 빛이 난다. 이러한 복잡한 국제 정세 속에서 어떻게 이런 대업을 완수할 있었을까, 그 역사적 과정과 의미를 되짚어 볼 필요가 있다. 구체적으로 4군 6진 개척을 어떤 관점에서 바라보아야 하는가이다. 세종 영토관의 역사적 의미를 어떻게 부여할 것인가?

이 분야의 두드러진 업적으로는 "송병기(1964), 「세종조 양계행성 축조에 대하여」, 『사학연구』 8, 역사학연구회, 189-206쪽."으로 연구가 시작된 이래 "홍이섭(1971), 『세종대왕』, 세종대왕기념사업회."에서 짜임새 있게 정리되었다. 이는 "이해철(1985), 『세종 시대의 국토방위』, 세종대왕기념사업회." 단행본이 나오는 기반이 되었다. 박현모(2010)의 「세종의 변경관(邊境觀)과 북방영토경영 연구」, 『정치사상연구』 13권 1호, 한국정치사상학회, 31-52쪽."은 영토 확장 과정을 체계적으로 정리하여 "박현모(2008), 『세종처럼 : 소통과 헌신의 리더십』, 미다스북스."와 "박현모(2014), 『세종이라면 : 오래된 미래의 리더십』, 미다스북스."에서 대중적 필체로 풀어냈다. "박창희 역주(2015), 『역주 용비어천가 : 완역대역본 상, 하』, 한국학중앙연구원출판부."는 세종의 국토관과 지리에 대한 풍부한 주석이 들어 있는 용비어천가 완역판이라 이 분야 연구에 요긴하게 쓰인다.

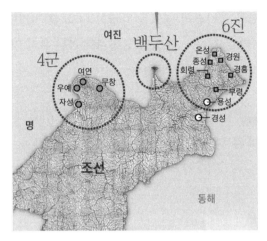

[그림 1] 4군 6진도

2. 세종의 국방 정책에 대한 관점 : 인문학적 국토관

세종은 단지 조선의 임금으로서가 아니라 단군의 후손으로서 국토를 바라보았다. 1433년 4월 26일(세종 15년 37세) 최윤덕 등이 15,000명의 원정군을 이끌고 압록강변의 여진족 이만주(李滿住)를 토벌했던 해에 세종이 병조에 내린 교지를 읽어 보자.

옛날부터 제왕들은 국토를 개척하여 나라의 근본으로 삼는 일을 소중하게 여기지 않은 이가 없었음은, 역사책을 상고하여 보면 분명하게 알 수 있다. 또 우리나라는 북쪽으로 두만강을 경계로 하였으니, 하늘이 만들고 땅이 이루어 놓은 험하고 견고한 땅이며, 힘차게 잘 지켜내 이룩한 경계였다.[2]

ㅡ 세종 15/1433/4/26

---

2 自古帝王, 莫不重興王之地, 以爲根本, 考諸史册, 班班可見. 且我國家北界豆滿江, 天造地設, 雄藩衛而限封域. ㅡ《세종실록》, 세종 15/1433/4/26

한 나라의 임금이 나라의 영토를 분명히 하고 잘 지켜내는 것은 임금의 중요한 책무라는 것이다. 두만강을 경계로 하는 우리 영토 문제는《용비어천가》주석에 자세히 나와 있다.

경원부(慶源府) 서쪽에 장백산이 있는데 일명 백두산이다. 백두산은 세 층으로 이뤄져 있고 정상에는 큰 못이 있다. 남쪽으로 흐르는 줄기는 압록강, 북쪽으로 흐르는 줄기는 소하강(蘇下江), 동쪽으로 흐르는 줄기는 두만강이라 한다. – 뒤 줄임[3]

동북 6진 위쪽에 있는 경원부는 왕업의 기초를 닦는 곳으로 태조 때부터 매우 중요하게 여겼는데 여진족의 침입으로 제대로 왕업의 터로서 굳건히 다지지 못했고 이를 세종 15년에 와서야 제대로 다지게 된 것이다.[4]

백두산을 중심으로 하는 우리 국토에 대한 자세한 지형은《세종실록지리지》에 다음과 같이 자세히 나온다.

두만강을 건너 10리 되는 넓은 들 가운데에 큰 성이 있으니, 곧 현성(縣城)이다. 안에 6개의 우물이 있다. 그 북쪽으로 90리 되는 곳의 산상(山上)에 옛 석성(石城)이 있으니, 이름이 '어라손참(於羅孫站)'이다. 그 북쪽으로 30리에 허을손참(虛乙孫站)이 있고, 그 북쪽으로 60리에 유선참(留善站)이 있으며, 그 동북쪽으로 70리에 토성기(土城基)가 있으니, 곧 거양성(巨陽城)이다. 안에 돌기둥 둘이 있으니, 예전에 종(鍾)을 달던 곳이다. 종의 높이가 3척, 지름이 4척이 넘었

---

3 《용비어천가》1권 4장, 번역은 "박창희 역주(2015), 『역주 용비어천가 : 완역대역본 상』, 한국학중앙연구원출판부, 55쪽" 참조.
4 태조께서 처음으로 공주(孔州)에 경원부(慶源府)를 설치하였고, 태종께서 경원부의 관청을 소다로(蘇多老)에 옮겼으니, 다 왕업 기초를 시작한 땅을 중하게 여겼기 때문일 것이다.(太祖始置慶源府于孔州, 太宗移府治于蘇多老, 皆所以重肇基之地也.) –《세종실록》, 세종 15/1433/4/26

다. 일찍이 경원(慶源) 사람인 유성(庾誠)이란 자가 그 성(城)에 가서 그 종을 부수어서 말 9마리에 싣고 왔는데, 겨우 10분의 1에 지나지 않았었고, 따라갔던 사람 30여 명이 모두 죽었다. 그 나머지 쇠붙이는 풀숲 가운데 버려져 있었으나, 누가 감히 가져가지 못하고 있다. 그 성은 본래 고려 대장(大將) 윤관(尹瓘)이 쌓은 것이다. 거양에서 서쪽으로 60리를 가면 선춘현(先春峴)이니, 곧 윤관이 비(碑)를 세운 곳이다. 그 비의 4면에 글이 새겨져 있었으나, 호인(胡人)이 그 글자를 깎아 버렸는데, 뒤에 사람들이 그 밑을 팠더니, '고려지경(高麗之境)'이라는 4자가 있었다. 선춘현(先春峴)에서 수빈강(愁濱江)을 건너면 옛 성터[城基]가 있고, 소다로(所多老)에서 북쪽으로 30리를 가면 어두하현(於豆下峴)이 있으며, 그 북쪽으로 60리에 동건리(童巾里)가 있고, 그 북쪽으로 3리쯤의 두만강탄(豆滿江灘)을 건너서 북쪽으로 90리를 가면 오동 사오리참(吾童沙吾里站)이 있으며, 그 북쪽으로 60리에 하이두은(河伊豆隱)이 있고, 그 북쪽으로 1백 리에 영가 사오리참(英哥沙吾里站)이 있으며, 그 북쪽으로 소하강(蘇下江) 가에 공험진(公險鎭)이 있으니, 곧 윤관(尹瓘)이 설치한 진(鎭)이다. 남쪽으로 패주(貝州)·탐주(探州)와 인접(隣接)하였고, 북쪽으로 견주(堅州)와 접(接)해 있다. 영가 사오리(英哥沙吾里)에서 서쪽으로 60리를 가면 백두산(白頭山)이 있는데, 산이 대개 3층으로 되었다. 꼭대기에 큰 못이 있으니, 동쪽으로 흘러 두만강(豆滿江)이 되고, 북쪽으로 흘러 소하강(蘇下江)이 되고, 남쪽으로 흘러 압록(鴨綠)이 되고, 서쪽으로 흘러 흑룡강(黑龍江)이 된다.

-《세종실록》 155권, 함길도 길주목 경원 도호부(온라인 번역문)

상세한 답사기 같은 인문 지리지가 작성되었다는 것 자체가 영토에 대한 역사적, 문화적 인식을 철저히 하고 있음을 잘 보여준다. 이 기록은 경원 지역을 단순하게 설명하는 수준이 아니라 윤관에 의해 개척되었던 역사까지 그 뿌리를 기록하고 있다.

그렇다고 영토 정비 정책이 결코 힘에 의한 정복 전쟁이 아님도 분명히 하고 있다. 곧 "삼가 조종으로부터 물려받은 천험(天險)의 국토를 지키고, 변방 백성들의 교대로 수비하는 노고(勞苦)를 조금이나마 덜어 주고자 할 뿐이니, 큰 일을 좋아하고 공(功) 세우기를 즐겨하여 국경을 열어 넓히려는 것과는 다르다.(謹守祖宗天險之封疆, 少寬邊民迭守之勞苦, 非好大喜功, 開斥境土之 比"-《세종실록》, 세종 15/1433/11/21)라고 하고 있기 때문이다.

세종은 일본의 임진왜란과 같은 타민족 학살 전쟁이 아닌 합리적 국제 질서를 위해 4군 6진 전쟁을 수행한 것이다. 그래서 사민 정책을 통해 사이 사는 진정한 땅이 되게 하였고 토관 제도를 통해 지방 정치의 합리성을 꾀했다. 이 또한 평생을 야전 군인으로 살아온 최윤덕과 문무를 겸비한 김종서와 같은 참모진을 잘 거느려 가능했다.

세종의 영토관 또는 영토 정책이 단지 4군 6진과 같은 전쟁으로만 완성된 것은 아니다. 세종은 세종 7년(1425)에 《경상도지리지》와 같은 지역 지리지를 완성하였고 세종 14년(1432)에는 《신찬팔도지리지》를 완성한다. 물론 이 책은 전하지 않지만 세종 사후에 편찬되어 《세종실록》에 실리는 《세종실록지리지》를 통해 그 흔적을 가늠해 볼 수 있다. 이러한 지리지에는 다음과 같이 인구, 인적 자원, 공물, 약재 등을 상세하게 기록하고 있다.

호수가 1만 4천 7백 39호요, 인구가 6만 6천 9백 78명이다.

군정(軍丁)은 익속군(翼屬軍)이 4천 4백 72명이요, 선군(船軍)이 9백 69명이요, 수성군(守城軍)이 5백 16명이다. - 가운데 줄임 - 공물(貢物)은 표범가죽·금·곰가죽·아양사슴가죽[阿羊鹿皮]·노루가죽·삵괭이가죽·여우가죽·표범가죽·여우꼬리·사슴뿔·아양사슴뿔·소유(酥油)·밀[黃蠟]·말린 돼지고기[乾猪]·대구·연어·고등어·전복·미역·다시마[多絲]·곤포(昆布)·해태(海帶)·녹반(綠礬)·잇·지초·벚나무껍질이다.

약재는 곰쓸개·녹용·사향(麝香)·우황(牛黃)·호경골(虎脛骨)·굴조개[牡蠣]·말벌집·송진·안식향(安息香)·오배자(五倍子)·오미자·측백나무열매·산이스랏씨·살구씨·가래열매[椒實]·복령·철쭉·오갈피·모란뿌리껍질[牧丹皮]·뽕나무뿌리껍질[桑白皮]·솜대잎[淡竹葉]·물푸레나무껍질[榛皮]·느릅나무껍질[榆皮]·황경나무껍질[蘗皮]·마뿌리[山藥]·작약(芍藥)·당귀(當歸)·두릅뿌리[獨

活]·버들옷[大戟]·장군풀[大黃]·삽주뿌리[蒼朮]·삽주덩이뿌리[白朮] − 뒤줄임
−《세종실록지리지》함길도편(온라인 세종실록)

구성원들에 대한 자세한 파악부터 기초 의학서 구실까지 겸하게 만든
이런 세종 시대 지리지를 통해 세종이 나라 땅을 어떤 관점에서 바라보았
는지를 더 잘 알 수 있다.

3. 4군 개척 과정

사군이란 서북쪽의 여연(閭延)·자성(慈城)·무창(茂昌)·우예(虞芮)의 네 군
을 말한다. 여연군의 경우는 세종 13년, 1431년에 성을 쌓았지만《세종실록》
1431/11/26) 그 다음 해인 세종 14년 여진족 400여 기(騎)가 쳐들어 왔고
1432년 여진의 추장 이만주는 기병 400여 기를 이끌고 조선 영토에 침입하
여 조선의 백성을 무참히 살해하니 여진 정벌 전쟁의 직접 계기가 된다.

고려 말 압록강 방면의 개척 결과 강 하류인 서북 방면은 거의 다 고려
영역으로 편입되었다. 강 상류인 동북 방면으로도 공민왕 때에 강계만호
부(江界萬戶府), 공양왕 3년(1391)에 갑주만호부(甲州萬戶府)가 각각 설치하
였다. 그런데 강계만호부의 동쪽과 갑주만호부 서쪽의 압록강 상류 남쪽
지역은 여전히 여진족의 활동 무대였다.

이런 여진의 잦은 침략과 발호로 조선 초 국경 지대는 혼란 그 자체였다.
세종은 세종 14년(1432) 건주위(建州衛) 추장 이만주(李滿住)의 침입을 계기로
세종 15년(1433) 최윤덕(崔潤德)을 평안도도절제사(平安道都節制使)로, 김효성
(金孝誠)을 도진무(都鎭撫)로 임명해 황해·평안도의 병사 1만 5,000여 명으
로써 이를 정벌하였다.

더 나아가 세종은 1437년 평안도도절제사 이천(李蕆)에게 병사 8,000명
으로 재차 여진족을 정벌하여 압록강 너머의 오라산성(兀剌山城 : 지금의 五
女山)·오미부(吾彌部) 등 그들의 근거지를 소탕하였다.

[그림 2] 이만주 정벌도(김학수 그림, 세종대왕기념사업회 소장)
야인 추장 이만주 등이 압록강 서북 방면을 자주 침범하므로 세종 15년(1433)에 최윤덕
장군을, 세종 19년(1437)에는 이천 장군을 보내어 야인의 소굴인 올라산성을 소탕하였다.
이 그림은 최윤덕 장군이 야인 추장 이만주를 정벌하는 광경이다.

이런 과정에서 세종은 파저강 일대의 여진족을 정복할 것을 선포하고 파저강 정벌이라는 막중한 임무는 당시 평안도절제사였던 최윤덕에게 맡겼다. 결과는 183명의 여진족 참살, 248명의 생포, 그러나 조선의 피해는 4명에 그치는 대승을 거뒀다. 전쟁이 승리할 수 있었던 데는 오랜 세월, 변경에서 여진족을 방어했던 경험에서 우러나온 최윤덕의 작전이 결정적인 역할을 했다. 파저강의 험준한 산, 곳곳에 흩어져 살던 여진족. 흩어진 부족들이 힘을 합세해 대항할 수 없게 1만 5천 명의 군사를 이끌고, 기습으로 일거타진하는 작전을 펼쳤다.

파저강에서의 승전보를 들은 세종은 곧바로 압록강과 두만강 유역 전반에 걸쳐 국방 요새인 4군 개척 작업에 착수한다. 파저강 토벌에는 여진족 정벌이상의 의미, 북방영토 개척이라는 세종의 깊은 뜻이 담겨 있었던 것이다.

1440년에 여연군 동쪽 압록강 남안에 무창현을 설치, 1442년에 군으로 승격. 1443년에는 여연·자성의 중간 지점인 우예보에 우예군을 설치해 강계부에 소속. 갑산군 소속의 산수보(山水堡)는 적로(賊路)의 요충이였지만 갑산에서 멀리 떨어져 있어 1446년에 이곳에 삼수군을 설치, 무창군과 갑산군과의 연락을 확실하게 하였다.

4. 6진 개척 과정

육진은 조선 세종 때 동북방면의 여진족에 대비해 두만강 하류 남안에 설치한 국방상의 요충지이다. 즉, 종성(鐘城)·온성(穩城)·회령(會寧)·경원(慶源)·경흥(慶興)·부령(富寧)의 여섯 진을 말한다.

육진은 대륙에 있어서의 원·명교체기를 이용한 고려 공민왕조의 북진

정책을 이어받은 태조 이성계(李成桂)와 세종의 진취적 정책에 의해 설치되었다. 공민왕 5년(1356) 쌍성총관부(雙城摠管府)의 회복에 이어, 이 방면에 대한 경략은 고려 말기 이성계의 아버지인 이자춘(李子春)이 삭방도만호 겸 병마사(朔方道萬戶兼兵馬使)로 있을 때부터 시작되었다.

이성계 또한 이 방면에서 무공을 세워 개국 초에 조선의 영역은 이미 대체로 두만강 하류에까지 이르렀다. 두만강 유역의 가장 큰 여진 부족인 우디거족(兀良哈族) 및 오도리족(斡朶里族)과 대치하였고 이성계는 즉위 초부터 이들을 회유하기 위해 노력하였다.

태종 때에는 경원·경성에 무역소를 두고 여진족에게 교역의 편의를 제공하였고 태종 10년(1410)에 이르러 경원부를 중심으로 우디거족 등 오랑캐의 내습이 잦아지자 다음 해에 부(府)를 폐지했다가 1417년에 부거(富居 : 지금의 경성군)로 후퇴해 다시 설치하였다. 본래 경원부는 '흥왕(興王)의 땅'이라고 하여 태조 때부터 공주(孔州 : 지금의 경원)를 설정하고 동북면 경영의 본거지로 삼았던 곳이다.

얼마 동안은 경성이 여진족 방어의 요충지가 되고 그 이북은 방치되었다. 그런데 세종 때에 이르러서도 여진족의 내습이 그치지 않자 세종 7년(1425)경부터 조정에서는 경원부를 다시 용성(龍城 : 지금의 수성)으로 후퇴시키자는 의논이 강력하게 일어났다.

세종은 "조종(祖宗)의 옛 땅을 조금이라도 줄일 수 없다."고 하는 세종의 적극적인 북진책으로 드디어 1432년에는 석막(石幕 : 지금의 회령)에 영북진(寧北鎭)을 설치해 동북경의 개척을 본격적으로 착수하였다.

1433년 우디거족이 알목하(斡木河 : 지금의 하령) 지방의 오도리족을 습격해 그 추장인 건주좌위도독(建州左衛都督) 동맹가티무르(童猛哥帖木兒) 부자를 죽이고 달아난 사건이 일어났다. 세종은 이러한 여진족 내분의 기회를 포착해 김종서(金宗瑞)를 함길도도절제사에 임명하는 한편, 이징옥(李澄

玉)의 무위에 힘입어 북방 개척을 과감하게 추진하였다.

그 이듬 해인 세종 16년(1434)부터 육진이 설치되기 시작. 먼저 이 해에 석막의 영북진을 백안수소(伯顔愁所 : 지금의 行營)로 옮겨 이듬 해에 종성군으로 하였다. 여진족 내침의 우려가 가장 많은 알목하에는 회령진을 신설해 그 해에 '부'로 승격. 또 부거에 있는 경원부를 회질가(會叱家 : 지금의 경원)로 옮기는 한편, 공주의 옛터에 공성현(孔城縣)을 두었는데 이는 1427년에 경흥군, 1433년에는 또 '부'로 승격. 그 뒤 경원과 종성의 위치가 두만강에서 너무 멀다 하여 1440년에 종성군을 백안수소로부터 수주(愁州 : 지금의 경성)로 옮기고, 다온평(多溫平 : 지금의 온성)에 군을 설치해 온성군으로 하고 이듬 해 이들을 각각 종성부·온성부로 승격시켰다.

1442년에 훈융(訓戎 : 지금의 경원 북방)에서 독산연대(禿山烟臺 : 지금의 회령 서방)까지 강을 따라 장성을 쌓고, 세종 31년(1449)에는 석막의 옛터에 부령부를 설치해 육진의 완성하였다.

신설된 육진에는 각 도호부사(都護府使) 밑에 토관(土官)을 두고 남방 각 도의 인민을 이주시켜 개척하고, 장성 밖 약간의 지역을 제외하고는 두만강 이남이 모두 조선의 영역으로 편입시켰다. 이후 육진 설치에 압력을 느낀 여진족, 특히 오도리족은 대부분이 서방으로 이주해 파저강(婆猪江 : 지금의 渾河) 부근의 오랑캐족인 건주위(建州衛)와 합류하였다.

1434년 이래 10여 년간에 걸친 육진 개척은 서북방면의 사군 설치와 더불어 우리나라의 북쪽 경계가 완전히 두만강·압록강 연안에까지 뻗치게 된 것이다. 6진 개척에는 김종서(1383~1453)의 공적이 가장 탁월하였다.

[그림 3] 육진개척도(김학수 그림, 세종대왕기념사업회 소장)

김종서 장군 앞에서 야인 추장이 무릎을 꿇고 복속을 맹세하는 광경이다.
세종은 김종서를 함길도 도절제사에 임명하여 동북 방면의 야인을 평정하고 두만강 하류
지역에 6진을 개척하니, 두만강 일대의 땅은 완전히 우리 국토가 되었다.

5. 4군 6진 개척의 교훈과 융합 인문학적 의미

세종의 철저한 국토 정책과 최윤덕, 김종서와 같은 수많은 선조들이 피와 땀으로 개척한 국경선은 오늘날까지도 이어지고 있다. 이제 이 땅에 새겨진 역사, 국경선의 의미를 제대로 이해해야 한다.

세종이 4군 6진 개척에 성공한 요인을 짚어보자. 가장 중요한 1차적 요인은 전쟁 특성상 최윤덕, 김종서와 같은 현장 지휘관들의 능력과 이런 지휘관들과 더불어 온 몸으로 싸운 병상들의 힘에서 찾아야 한다.

최윤덕(1376~1445)은 세종의 제갈공명이라 두루 칭송받을 만큼 전략에 뛰어났다. 최윤덕은 현지 지형과 여진족 동향을 고려한 탁월한 전략으로 희생을 최소화하고 대승을 거둘 수 있었다. 최윤덕은 오랜 세월 전장에서 실전을 쌓아왔던, 준비된 무장이었다. 이성계를 따라 위화도에서 회군하여 원종공신에 올랐던 무관 최운해의 자식으로 일찍 어머니를 여의고 아버지와 전쟁터를 누비며 성장하였다. 세종 1년에는 삼군도절제사 신분으로 유정현, 이종무 등과 함께 대마도 정벌에도 참여하였다. 파저강 토벌을 승리로 이끈 최윤덕은 그 공으로 우의정에 특진된 이후, 좌의정에 올랐다. 무인으로서는 드물게 수상의 자리에까지 올랐던 최윤덕이지만, 그가 정작 한양의 조정에 머물러 있던 시간은 불과 1년도 안 된다. 70세의 나이로 눈을 감기까지 대부분의 세월을 변방에서 보내면서 국경선을 정비하고 경계하는데 힘썼다. 사관들은 그의 졸기를 다음과 같이 기록하였다.

> 시호를 정렬(貞烈)이라 하였으니, 청백하게 절조를 지키는 것이 정(貞)이요, 공(功)이 있어 백성을 편안히 한 것이 열(烈)이었다. 윤덕은 성품이 순진하고 솔직하며, 간소하고 평이하며, 용맹과 지략이 많아서 한 시대의 명장이 되었다.[5] – 세종 27/1445/12/5

KBS 80회 역사스페셜 '최윤덕 조선의 국경을 세우다(2011.9.1.)'에서는 최윤덕의 업적을 입체적으로 조명한 바 있다.

6진을 개척한 김종서는 문무를 겸한 최대 지략가로《제승방략(制勝方略)》이라는 병서까지 남겼다. 김종서는 고려 우왕 9년(1383) 전라남도 순천에서 도총제로 봉직하던 무관 김추(金錘)의 아들로 태어났다. 태종 5년(1405) 문과에 급제, 세종 1년(1419) 사간원우정언(司諫院右正言)으로 등용되고, 이어서 지평(持平)·집의(執義)·우부대언(右副代言)을 지냈다. 1433년 함길도도관찰사(咸吉道都觀察使)가 되어 두만강과 압록강 일대에 출몰하는 여진족들의 침입을 격퇴하고 6진(鎭)을 설치하여 두만강을 경계로 국경선을 확장하였다. 1435년 함길도 병마도절제사(咸吉道兵馬都節制使)를 겸직하면서 확장된 영토에 조선인을 정착시켰고 북방의 경계와 수비를 7년 동안 맡았다. 김종서는 여진족들의 정세를 탐지·보고하고, 그에 대한 대비로 비변책을 지어 건의하였다.

김종서는 1452년《세종실록》의 총재관(摠裁官)이 되었으며,《고려사절요(高麗史節要)》의 편찬을 감수하여 간행했다. 안타깝게도 그는 계유정난 때인 단종 1년(1453)에 두 아들과 함께 집에서 피살되고 대역모반죄란 누명까지 쓰고 효시되었다. 영조 22년(1746)에 와서야 복관되고 명예를 회복했다.

둘째는 최고 정책가인 세종의 의지와 박현모 교수가 드러내고 강조한 신하들 또는 참모들과의 치열한 토론 과정이다. 세종의 지도자로서의 의지와 노력은 영토관에서 드러나 있지만 치열한 토론이 가능하게 만든 것도 세종의 업적이라 볼 수 있다. 박현모 교수는『세종처럼』(203-213쪽),『세종이라면』(182-215쪽)에서 파저강 전투를 1차 토벌(세종 15/1433년)과 2차 토벌

---

5 諡貞烈, 淸白守節貞, 有功安民烈. 閨德性眞率簡易, 多勇略, 爲一時名將. -《세종실록》, 세종 27/1445/12/5

(세종 19/1437년)로 나눈 뒤 1차 토벌은 총사령관 최윤덕이 병력 15,000여 명으로 전과 431명, 2차 토벌은 총사령관 이천이 병력 7,800여 명, 전과 60명을 거두게 되는데 이처럼 1차 토벌이 더 큰 승리를 거두게 된 것을 토론의 질적 차이로 보았다.

> 1차 토벌 때 세종정부는 6개월간(1432.12~1433.5) 41회의 회의와 33회의 활발한 토론을 거치면서 전투중 발생할 수 있는 문제점을 미리 다 점검하고 그 대책을 마련한 다음 출정했습니다. 이에 비해 2차 토벌은 비슷한 기간(1437.5 ~10) 동안 10번의 회의와 고작 2회 정도의 토론을 거쳤을 뿐입니다. 대부분은 왕의 지시 37회)와 신하들의 보고(22회)를 통해 의사결정이 이루어졌습니다. 한마디로 1차 토벌은 수직적·수평적 의견교환이 모두 활발했던 데 비해, 2차 토벌은 왕과 현지 지휘관들 사이의 수직적 의견교환만이 있었던 것입니다.
>
> ─『세종이라면』, 209쪽.

전쟁 특성으로 보면 공개 토론은 특이한 경우이지만 이때의 토벌만큼 은 토론에 대한 박교수의 분석과 일치한다.

토론을 다른 관점에서 보면 민감한 국방이나 영토 문제에 대해 신민이 함께 고민하고 대처하는 진지한 과정으로 볼 수 있다. 파저강 토벌 토론 이전에 이루어진 경원 지역 수비 문제 토론을 보더라도 그 치열한 진정성을 엿볼 수 있다. 경원의 군사를 용성으로 후퇴할 것인가를 가지고 치열한 토론이 1년 이상 벌어지는데 세종 8년(1426) 6월 15일에 함길도 도절제사가 경원, 용성 지역에서 야인과의 분쟁 문제를 보고하면서 시작된다. 이때의 토론 과정은 세종 9년(1427) 9월 29일에 박초(朴礎)가 올린 상소에 집약된다.

> 신이 가만히 생각하건대, 의논을 올리는 사람들은 반드시 말하기를, "지금 의 경원(慶源)은 동쪽으로는 큰 바다를 끼고 서북쪽으로는 적의 소굴과 가까 이 위치하여 있으므로 읍을 만들 수 없으니, 물러나서 용성(龍城)에 배치하는

것이 좋겠으며, 용성에 웅거하여 수비하고 방어한다면 편리했으면 했지 조금도 걱정될 일은 없을 것이다."라고 하였습니다.

신은 그렇지 않다고 생각합니다. 예로부터 임금께서 천명을 받게 되면 토지와 인민은 안으로 선군(先君)에게 받아서 그 나라 경계를 엄하게 수비하고 우리 백성을 보전하고 그치지 않으면 날로 나라를 백 리나 개척하게 되니, 신은 조종의 전한 땅을 다른 나라의 소유로 맡겨서 더욱 그들의 몹시 탐내고 엿보는 마음을 내게 한다는 것은 듣지 못했습니다. 다만 이익이 없을 뿐만 아니라 또한 이를 해치게 되니, 이것이 신의 그렇지 않다는 것의 첫째입니다.

우리나라의 북쪽 변방은 곧 고려의 재상 윤관(尹貫)이 개척하여 비를 세운 땅이 경계가 되었습니다. 중세에 이르러 예전 공주(孔州)로 한계를 옮겼다가 이에 우리 왕조에 미치게 되고, 또 옮겨 지금의 경원이 되었으니, 만약 옛날 모양대로 돌아가고자 한다면 반드시 비를 세웠던 땅에 경계를 만들 것이며, 그렇지 않으면 공주(孔州)의 성에 이르러 읍을 만드는 것이 옳겠습니다. 두 번이나 옛날의 땅을 줄여서 지금의 경원부를 만드는 것도 오히려 부끄러운 일이 되는데, 또 다시 그 땅을 줄여서 용성에 나가 배치하여 야인에게 웃음거리가 되는 것이 옳겠습니까. 그 계책은 추진시킬 수 없사오니 이것이 신의 그렇지 않다는 것의 둘째의 이유입니다.

성상께서는 가만히 계시기만 하여도 문덕(文德)이 저절로 펴어지고, 문무의 재상과 장수들이 외방의 방비를 분담하여 호령하면서 혹은 덕을 선포하여 불러서 위안하기도 하고, 혹은 적을 방어하여 승리하기도 할 것이온데, 생각이 이에 미치지 않고 그 내왕하는 것을 꺼려서 모두 땅을 줄이는 일로써 의논을 올리게 되니, 그들이 과연 국가를 위하여 생각함이 깊다고 할 수 있겠습니까. 혹은 임금의 정사에 부지런히 하는 지극한 생각을 체득하지 못하고, 그 지키는 임무에 태만하여 생각하기를 깊지 않음이 이와 같다면 비록 용성에까지 땅을 줄이더라도 걱정이 없겠습니까. 한갓 지키는 것만 허비하고 지키는 근본이 덕이 되는 것을 알지 못한다면, 가령 용성에서 또 줄어들어 가까운 땅에 배치하더라도 형세는 역시 같이 되어 걱정이 한없이 많게 될 것이므로, 실을 정리하면서 헝크는 것과 같으니 이것이 신의 그렇지 않다는 것의 셋째 이유입니다.[6] (앞뒤 줄임)
　　　　　　　　　　　　　　　　　　　　　　　－ 세종 9/1427/9/29

박초의 비장한 상소대로 세종은 후퇴론을 일축하고 6진 개척을 마무리 하게 된다.

셋째는 첨단 무기 활용과 세종의 과학 통치 결과이다. 파저강 토벌을 승리로 이끈 휴대용 개인화기 세총통은 15세기 권총으로 탁월한 기능을 발휘했다. 조선시대의 신무기 세총통은 전체 길이 14센티미터, 구경은 0.9 센티미터로 조선시대의 화기 중 가장 작은 크기로 본래 적진에 침투하는 정찰병들을 위한 무기로 고안되었지만 이후 그 휴대의 간편성으로 기병들 이 주로 사용하였다. 신속한 기동력이 필요한 파저강 전투의 기습작전에서 도 세총통은 큰 활약을 하였다.

결국 세종의 국토 정비는 백성들이 평화롭게 제대로 살 수 있는 국토 를 굳건히 세우기 위해 세종의 융합 인문학적 전략이 거둔 성과였다.

---

6 臣竊惟獻議者必曰: "今之慶源, 東拱大海, 西北隣處賊藪, 不可作邑, 莫若退排龍城之爲愈. 據龍城而守禦, 則有便無患." 臣以爲不然. 自古王者受命, 土地人民, 內承於先君, 固其疆界, 保我赤子, 無已則日鬪國百里, 臣未聞以祖宗所傳之地, 委諸他有, 益啓其貪婪窺伺之心乎! 非徒無益, 而又害之. 此臣之所以爲不然者一也. 我國北鄙, 乃高麗相臣尹瓘所拓立碑之地爲 界也. 至中葉, 移限古孔州, 爰及我朝, 又移爲今慶源. 如欲復古, 必於立碑之地作界, 否則次 於孔州之城爲邑宜矣. 再縮古地, 作今之慶源府, 猶爲可愧, 而又更縮其地, 出排龍城, 取笑野 人可乎? 其策不可長也. 此臣之所以爲不然者二也. 聖上垂拱, 誕敷文德, 文武將相分憂外寄, 發號施令, 而或宣布以招安, 或扞禦以制勝, 慮不及出此, 憚其來往, 擧以縮地獻議, 其爲國家 慮, 可謂深乎! 或不體宵旰至慮, 怠其所守, 而慮之不深如此, 則雖縮地龍城, 可無患哉? 徒費 所守, 而不知所以爲守之本爲德, 則假令龍城又縮, 排於近地, 勢亦如之, 爲患無窮, 猶治絲而 棼之. 此臣之所以爲不然者三也. -《세종실록》, 세종 9/1427/9/29

제12장

세종 융합 인문학의 꽃, 정음학

1. 머리말

소리와 뜻과 정보, 그리고 생각을 문자로 적으려는 인간의 욕망은 오래되었다. 그러한 욕망은 자연스럽게 싹튼 것이었으나 그것이 실제 문자로 탄생되고 발전되어 가는 과정에서 상당한 권력이 작용하고 문화적, 사회적 성숙도 필요했다. 그래서 인류의 말소리 역사에 비해 문자의 역사는 매우 짧은 편이고, 현재까지 자연 언어로 살아남아 있는 모든 문자는 그 어떤 문자든 숭고한 역사 그 자체라고 말할 수 있다.

세계 문자사에서 한자 또한 소리와 뜻을 담는 문자로 자연스럽게 탄생해 발전을 거듭하면서 고대 문명부터 거대한 문화와 역사를 담아낸 문자였으나 섬세한 소리를 담고자 하는 욕망 앞에서는 한계를 드러낼 수밖에 없었다. 말소리를 섬세하게 반영할 수 없는 한자의 한계는 역설적으로 바른 소리[正音]를 적고자 하는 욕망을 더욱 부추겼으며 이른바 천지자연의 이치를 담은 정음 문자관이 발전하는 배경이 되었다.

이 장은 중국의 한자 중심의 정음 문자관의 형성 배경을 바탕으로 이

를 극복한 세종의 정음 문자관의 형성 배경과 실체의 맥락을 밝히려는 것이다.[1]

말소리를 자연스럽게 적고자 하는 욕망은 15세기에 이르러서야 조선이라는 변방의 작은 나라에서 새로운 소리 문자로 탄생하였다. 그것은 말소리를 제대로 적을 수 없는 한자의 절대 모순과 그로 인해 발달한 중국의 성운학을 바탕으로 생겨난 것이지만 당대의 다른 문자와는 차원이 다른 독창적인 문자로 이룩되었다.

필자가 이 장에서 접근하는 관점과 방법론은 일종의 '통합 언어학'이자 '유통 문자관'이라 할 수 있다. 통합 언어학은 체계와 보편성 중심의 랑그 지향 근대 언어학과 차이와 다양성, 특수성 중심의 파롤 지향 탈근대 언어학을 통합하는 언어학이다.[2]

'유통'은 《훈민정음》 해례본(1446) 서문에 나오는 말이다. 세종의 정음 문자관을 도드라지게 보여 주는 말이다.

> 우리나라 말이 중국과 달라 한자와는 서로 통하지 않으니라. 그래서 어리석은 백성이 말하고자 하는 바가 있어도 끝내 제 뜻을 펴지 못하는 사람이 많으니라. 내가 이것을 가엾게 여겨 새로 스물여덟 글자를 만드니, 모든 사람들로 하여금 쉽게 익혀서 날마다 쓰는 데 편하게 하고자 할 따름이니라.
>
> (國之語音異乎中國與文字不相**流通**. 故愚民有所欲言而終不得伸其情者多矣. 予爲此憫然新制二十八字欲使人人易習便於日用耳.)

---

2 글쓴이는 김슬옹(2008)에서 근대적 언어관과 탈근대적 언어관의 융합을 보여 준 소쉬르(1916)의 통합적 언어관이 세종 외(1446)의 《훈민정음》 해례본에 담겨 있음을 논한 바 있다. 이때는 '정음 언어관'이이라는 용어를 쓰지 않았다. 소쉬르(1916)는 Ferdinand de Saussure. (tr) Wade Baskin(1959)에 의한다.

'유통'은 사람 사이의 소통뿐만 아니라 소리와 문자, 문자와 소리, 소리·
문자와 사람 등 관련된 요소들의 자연스러운 상생적인 통합을 의미한다.
'유통'의 관점으로 세종의 정음 문자관을 다시 조명하는 것은 정음의 본
질을 최대한 잘 드러내고 정음을 둘러싼 맥락을 통합 또는 융합의 관점으
로 보고자 하는 관점과 일치한다.[3] '유통'은 소통의 대상과 소통 과정, 그
리고 소통의 맥락과 가치를 총체적으로 보여 주는 말이다.

2. '정음'의 개념과 '정음 문자관'의 역사적 배경

1) '정음'의 개념

이 글에서 사용할 핵심 용어는 다음과 같이 구별해 쓰고자 한다.

> 한글 : 근대 이후의 한국어를 적는, 기본 24자로 구성된 한국의 고유 문자.
> 언문 또는 훈민정음 : 세종(이도)이 창제한 15세기 조선의 말을 적는 기본
> 28자로 이루어진 조선의 고유 문자.[4]
> 정음 : 사람의 말소리를 비롯한 들리는 자연의 소리를 가장 과학적으로 적
> 을 수 있는, 세종이 창제한 보편 지향 문자.

'한글'과 '언문, 훈민정음'은 한국의 특수성과 민족주의와 떼려야 뗄 수
없는 용어이며, '정음'은 언문과 한글의 특수성과 한국 민족주의를 최대
한 배제하는 의도를 담은 용어라 할 수 있다. 실제로 '훈민정음'과 '정음'

---

3 훈민정음에 대한 융합 접근 방법론에 대해서는 백두현(2012)에서 총체적으로 이루어
  졌다.
4 '언문'과 '훈민정음'의 맥락적 의미는 이상혁(2006), 홍현보(2012) 등에서 자세히 논의
  되었듯이 사뭇 다르다. 여기서는 기본 의미 차원에서 같은 용어로 묶은 것이다.

이 혼용되어 사용되기도 했지만, 15세기 조선의 특수성을 반영한 '훈민-'
이 붙은 용어와 '훈민'을 뺀 '정음'의 용어 맥락의 차이는 분명한 것이다.
물론 세종은 정음을 통해 한국어의 특수성과 말소리의 보편성을 아울렀
지만, 맥락에 따라 한국어의 특수성과 인간 언어의 보편성은 엄격하게
구별되어야 한다.[5]

　그렇다면 '문자'와 '소리'라는 일반 용어를 통해 '정음'의 실체와 의미에
좀 더 접근해 보자. '문자(文字)'라는 일반 용어로 본다면, 문자의 의미는
다음과 같이 네 가지 층위의 개념으로 나눌 수 있다.

　　문자1 : 말소리를 적는 기호
　　문자2 : 각 언어의 구체적인 입말을 적는 개별 글자로 중국어를 적는 한자,
　　　　　　영어 알파벳, 아랍 문자, 훈민정음/한글 등
　　문자3 : 한자
　　문자4 : 자연의 소리를 최대한 잘 적을 수 있는 인류 보편 문자

　'문자4'가 바로 '정음(正音)'이다. 중국어를 적기 위한 한자가 동아시아의
보편 문자가 되었듯이, 세종도 동아시아의 표준 표기 체계를 꿈꾸면서 조
선의 말소리뿐만 아니라 한자음까지 옮겨 적고 주변 여러 나라의 말까지
적을 수 있는 문자를 설계한 셈이다.[6] 이는 강신항(2003가:50), 최영애

5　언어와 문자의 보편성과 특수성의 상호 관계에 대해서는 김슬옹(2008)에서 자세히 기
　　술한 바 있다. 훈민정음학회가 주도한 인도네시아의 찌아찌아족 한글 사용 문제도 '한
　　글'이 아닌 '정음'의 관점에서 쌍방향 소통과 교류가 이루어졌다면 정치적 갈등을 최소
　　화했을 것이다. 물론 훈민정음학회는 그러한 관점에서 시도한 것이다. 비록 정치적
　　요인으로 인해 갈등을 겪고 있지만 지금까지의 성과만으로도 세종의 정음 문자관을
　　구체적으로 시도한 업적으로 기록될 것이다. 대다수 언론들이 찌아찌아족 한글 보급이
　　정치적 갈등으로 중단된 것으로 보도하였으나 (사)세계문자연구소에서 개최한 '세계문
　　자심포지아 2014'에 참여한, 찌아찌아족을 가르치고 있는 인도네시아 아비딘 바우바우
　　고등학교 교사의 증언에 의하면 단 한번도 중단된 적이 없다고 한다.

(2003:98), 이경희(2007:197-198)에서 지적했듯이, 파스파 문자가 몽골 말뿐만 아니라 한음의 정확한 표기와 여러 나라 말을 적기 위해 일종의 국제음성기호와 같은 다목적용으로 설계된 이치를 따랐다.

따라서 훈민정음의 '정음관'은 토박이말과 한국 한자음뿐만 아니라 중국의 전통 한자음과 현실 한자음, 기타 여러 나라의 말까지를 모두 적을 수 있는 포괄적 기능을 담은 문자관이 되었다.[7] 결국 중국이 천 년 이상 한자음 적기를 집대성한《홍무정운》운서의 한자음을 과감하게 훈민정음으로 옮긴《홍무정운역훈》을 펴낼 수 있었다. 이 책 서문을 보면, 세종은 성운의 처음과 끝을 모조리 연구한 끝에 헤아려 옳고 그름을 정해서 칠운· 사성의 가로세로 하나의 줄이라도 마침내 바른 데로 돌아오게 하였다고[使七音四聲. 一經一緯. 竟歸于正. 吾東方千百載所未知者. 可不浹旬而學.] 자신감을 표현했고 이는 결국 중국이 한자음을 제대로 적기 위해 천백 년 동안 노력해 왔지만 해결 못 한 것을 열흘도 못 가 배울 수 있는 훈민정음으로 적게 되었다는 것이다.[8]

소리 측면에서 보면 다음과 같이 세 가지 층위의 소리가 있다.

---

6 훈민정음의 복합적 표기 맥락에 대해서는 강신항(2003가:15)에서 "① 순수한 국어의 표기, ② 개정된 우리 한자음의 완전한 표기, ③ 외국어음의 정확한 표기" 세 가지를 다 충족시킬 수 있는 문자로 명확하게 정리한 바 있다. 강신항(2013가)은 이어서 교화와 훈민 정책용으로서의 정치적 목적성과 더불어 여러 목적용으로 훈민정음이 창제 반포되었음을 밝혔다. 훈민정음 창제 동기와 목적에 대한 언어와 정치 측면의 중층성에 대해서는 김슬옹(2011:16-46)에서 집중 정리한 바 있다.

7 이영월(2009:268)에서는 훈민정음의 정음관은 기본적으로 전통 운서의 바탕에 변화를 담아내는 중국 운서(운도)의 맥을 정확히 감지한 것을 바탕으로, 훈민정음은 한자음의 경우 "한국한자음이나 중국의 전통한자음 및 현실한자음을 모두 기록할 수 있는 여러 가지 기능과 목적을 동시에 탁월하게 충족시키는데 성공하였다."라고 하였다.

8 중국 운서에 대한 이해와 한자음 표기에 대한 세종의 자신감은 최만리 외 6인의 갑자상소에 대한 토론에서 단적으로 드러난 바 있다. "경들이 운서를 아시오?"라고 호통을 친 것이 바로 그런 자신감의 표현이었다.

소리1 : 모든 자연의 객관적 실체로서의 소리(음향+음성)

소리1_1 : 사람 이외의 소리(두루미 소리, 개 짖는 소리, 바람 소리)

소리1_2 : 사람의 말소리

소리2 : 들리는 소리로 사람의 인지 체계 안에 들어온 소리

소리2_1 : 사람 이외의 소리(두루미 소리, 개 짖는 소리, 바람 소리)

소리2_2 : 한국인의 말소리

소리2_3 : 한국 이외 나라의 말소리(중국, 미국, 일본 등)

소리3 : 말하는 소리

우리가 문자로 표기하는 말소리 이외의 자연의 소리는 결국 자연의 소리 그대로가 아니라 사람의 인지 체계 안에서 사람의 말소리로 바뀐 소리이다. 문제는 그러한 소리를 문자로 나타낼 때 문자 체계에 따라 객관적 실체로서의 소리에 근접할 수도 있고 그렇지 않을 수도 있다. 기본적인 음운론이나 문자 상식이 있다면 너무도 당연한 얘기이다. 실례로 EBS와 숭실대소리공학연구소에서는 지난 2013년 한글날에 방송된 동영상 '위대한 문자-한글의 재발견'에서 이를 간단한 실험을 통해 입증해 보였다. '한국/영어권/중국어권' 학생들을 여러 명씩 동원해 실험을 진행했다. 자연의 소리를 들려주고 각자가 사용하는 문자로 적고 읽어 보는 실험이었는데 한글 사용 학생들만이 모두 적은데다 서로 일치했다. 또한 중앙아프리카공화국 상고어 소리를 받아 적고 읽어보는 실험에서도 한글 적기와 읽기를 한 학생들의 공명 주파수가 원음 발음에 가장 잘 일치했다.[9]

---

9 박동근(2005)에서는 한국어의 의성어 목록에 없는 당나귀, 칠면조, 코끼리의 울음소리를 대상으로 한 의성어 창조 실험에서는 매우 다른 목록들이 나옴을 보고한 바 있다. 사람이 자연 그대로의 소리를 듣는 것이 아닌데다 기존 어휘 체계를 벗어난 경우이므로 이런 실험 목록은 일리가 있다. 중요한 것은 들리는 소리를 자연의 소리 비슷하게 적는 것은 분명 문자마다 질적인 정도차가 있다는 것이고 EBS 실험은 이런 시각에서 바라보아야 한다.

실험을 담당한 배명진 교수는 "모든 발성을 하면 반드시 입안에서 공명 울림이 나오고 그 울림의 변화를 가지고 무슨 발음을 정확하게 했는지를 분석했는데 한 글자로 그대로 읽어 들었을 때 첫 번째 두 번째 공명 울림이 정교하게 맞는 걸로 봐서 아프리카 상고어 발음을 정교하게 따라 했다는 것이 분명하게 된 것입니다. 이로써 소리를 표기하는 데 세상에 어떤 문자보다 한글이 유리하다는 것이 과학적으로 입증된 셈입니다."라고 평하였다.

'정음'의 개념을 짜임새 있게 처음으로 정리한 것은 "홍기문(1946), 《정음발달사(正音發達史)》하, 서울신문사 출판국, 44-46쪽"에서였다. 책 제목 자체가 '훈민정음발달사'가 아니라 '정음발달사'라고 한 데서도 알 수 있듯 이 '정음'을 '언문'과 더불어 훈민정음을 가리키는 문자의 양대 명칭으로 규정하였다. 정음의 목적을 강조하기 위해 '훈민-'이 붙었을 뿐 실제 통용되던 명칭은 '정음'이라는 것이다.

그러나 '훈민'이 붙은 것을 이렇게만 보면 너무 가볍게 본 것이다. '훈민-'이 붙었기에 정음의 본질과 가치가 드러나는 것이고 중국의 소옹이 말하는 '정음'과 다른 본질적 가치가 있다. 훈민(訓民)이 가능한 '정음(正音)'과 그것이 거의 힘든 '정음'은 본질적으로 다르기 때문이다. 사실 세종의 정음 문자관은 문자의 가치와 창제 취지를 담은 '훈민정음'이라는 명칭에 고스란히 담겨 있다. 이 명칭은 일반 명칭인 '언문'에 대비되는 특별 명칭이었다. 특별 명칭이었기에 문자 명칭임에도 그 맥락(배경, 근원)을 그대로 드러낸 것이다. 문자의 명칭임에도 왜 '-음(音)'으로 끝날까 고민이 불필요한 이유이기도 하다.[10]

---

10 박창원(2005:44)에서도 "당시 중국어와 다른 조선인의 언어를 위한 문자를 만들고 그 것을 '正字'나 '正文'이라 하지 않고, '正音'이라고 한 것은 소리와 문자란 그 이치가 동일한 것이어서, 문자가 소리의 이치를 그대로 반영하고 있기 때문이라는 인식의 소산

홍기문(1946)은 중국과 우리나라 주요 문헌에서 쓰인 '정음'의 용례를
통해 다섯 가지 개념을 뽑아냈다.

[표 1] 홍기문(1946)에서 정리한 '정음' 개념 갈래

개념	근거 문헌
정확한 말소리	황극경세서
널리 통용되는 말소리	홍무정운
중앙 말소리	칠음략
본래 말소리	운회거요
정확한 소리이자 널리 통용되는 소리	석보상절

이런 분석 아래 "정음은 문자의 본질을 표시하는 이름이요, 언문은 그
용처를 표시하는 이름이다(홍기문 : 1946 하권 : 46)"라고 개념을 정리하였다.
곧 문자 자체가 성음(聲音)을 표시하는 점에 있어서 '정음'이요, 우리말에
사용되는 점에 있어서는 '언문'이라는 것이다. 따라서 '정음'의 의미를 직접
다음과 같이 서술한 석보상절 서문의 의미를 두 가지로 추려 냈다.

正졍音흠은正졍혼소리니우리나랏마롤正졍히반ᄃ기올히쓰논그릴씨일후믈
正졍音흠이라ᄒᄂ니라.
(정음은 바른 소리이니 우리나라 말을 바르고 반듯하게 옳게 쓰는 글이므로
이름을 정음이라 하나니라.)   −《석보상절》서문

위 구절을 지금 말로 풀어 쓰면 "정음은 바른 소리라는 뜻이니, 우리나라
말을 반듯하고 옳게 쓰는 글이므로 이름을 '정음'이라 한다."라는 것인데,
홍기문은 이러한 정의에 담긴 정음의 뜻은 첫째로 틀린 소리를 바로잡아

으로 추정된다."고 하였다.

정확하게 적는 글자라는 의미와 둘째로 표준어처럼 두루 통용되고 소통되
는 소리를 적는 글자로 정리하였다. 따라서 홍기문은 '정음'의 본질을 정확
성과 소통성으로 보았다. 그러나 석보상절 서문의 개념은 우리말에 한정된
개념이므로 '정음'의 개념을 총체적으로 보여 주진 못한다. [표 1]처럼 더
넓은 개념으로 보는 것이 옳다.

강신항(2003나)에서는 홍기문(1946)을 참고하지 않은 상황에서, 조선조,
중국, 일본 세 나라 문헌에 쓰인 '정음'의 의미를 분석한 뒤, '정음'의 개념을
우리말 어음의 표준음, 음악의 정음, 새로 개정한 동국정운식 한자음, 중국
표준음인 홍무정운식 한어자음(홍무정운역훈식 정음)을 포괄하는 개념으로
보았다.

2) 정음 문자관의 역사적 배경

소옹의 정음 문자관은 중국의 고대 문자관을 체계화시키고 이론화하
여 형성됐다.[11] 중국은 불경 전래와 더불어 산스크리트 문자와 같은 음소
문자의 영향으로 말소리를 연구하는 성운학이 더욱 발달하였고, 이를 바
탕으로 11세기 송나라의 소옹(邵雍, 1011~1077)에 의해 정음 문자론은 정밀
하게 체계화되었다.[12] 정초(1104~1162)가 지은 《통지》《칠음략서》에 "칠음

---

11 소옹의 정음 이론이 중국의 음운학사에서 차지하는 의미에 대한 적극적인 평가와 논의
는 심소희(2013)에서 이루어졌다.

12 《성리대전》에 나오는 소옹(소강절)이 쓴 황극경세서(皇極 經世書)의 주요 내용은 해와
달, 천체의 운동에 관하여 쓴 관물론(觀物論)으로 관물내편(觀物內篇)과 관물외편(觀物
外篇)으로 구성되어 있고 관물외편 7절에서 '정음론'을 칠정(七政)과 매화역수(梅花易
數)를 바탕으로 서술하였다. 소옹의 정음 사상은 주희의 성리학 사상과 채원정의 《율려
신서(律呂新書)》의 바탕이 되었고 특히 소옹의 '황극경세성음창화도'는 성리학의 핵심
으로 평가되고 있다. 《성리대전》과 《훈민정음》 해례본과의 상관관계에 대해서는 강신항
(1963), 이숭녕(1969, 1972), 유창균(1989), 문효근(1993), 박동규(2001), 이영월(2009)
등에서 집중 논의되었다. 특히 문효근(1993)에서는 훈민정음에 영향을 끼친 핵심 운서

에 관한 지식은 서역에서 생겨서 중국에 전해 들어왔다[七音之韻 起自西域 流入諸夏]"라고 했고, 신숙주가 쓴 '홍무정운역훈 서문'에 보면 "음운은 횡으로 칠운이 있고 종으로 사성이 있는데, 사성은 강 왼쪽 지역에서 시작되고 칠음은 서역에서 기원하였다[切惟音韻 衡有七音 縱有四聲 四聲肇於江左 七音起於西域]."라고 하여 중국 성운학의 발달 계보의 한 단면을 밝혔다. 송나라 때의 성운학은 임용기(2008:5-6)에서 자세히 언급하였듯이 소리를 매우 정밀하게 분석해 냈다.

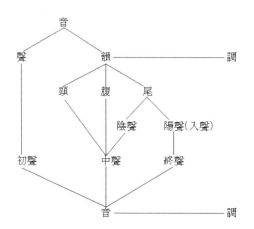

[그림 1] 성·운과 초·중·종성의 대응(임용기, 2008:10)

[그림 1]에서 보듯 이들은 중국의 일반적인 소리 인식인 '성'과 '운'의 이분법을 넘어 '운'을 '두-복-미'로 분석해 내고 있는 것이다.

그러나 이러한 분석은 이론으로만 남고 바른 소리를 실제로 보여주거나 적는 데는 이르지 못하여 바른 소리, 곧 '정음(正音)'은 중국의 음운학자들에게 보이지 않는 관념이었다. 이론과 관념으로는 분명 '정음'은 존

(韻書)와 문자학의 고전인 설문해자(說文解字)를 통합적으로 분석하고 있다.

재하고 그 가치와 의미는 풍성한데 실체를 보여줄 수 없었기 때문이다. 쉽게 말해 천지자연의 소리를 담은 문자를 제대로 보여 주지 못했다. 고 대에는 기초적인 상형 문자를 통해 소리를 보여 주었다고 생각했다. 그 러나 그것은 소리의 이미지였지 소리의 속성은 아니었고 단어 글자인 한 자로는 불가능한 일이었다. 물론 음운 문자라고 소리를 그대로 보여주는 것은 아니지만 소리를 분절적으로 보여주는 것과 이미지로 보여주는 것 은 차원이 다르다.

소옹이 정음관을 체계화했던 시대에는 한자와는 전혀 다른 계열의 산 스크리트와 같은 문자가 들어왔음에도 그런 다른 문자를 모방하거나 빌 려 적을 생각을 하지 않아 정음을 보여 주지 못했다. 물론 세종 이전의 동양의 언어 전문가들이나 사상가들도 '반절법' 등의 편법을 통해 그 실 체를 보여주려고 노력했다. 그러나 결과적으로 보면 진정한 노력이라 보 기 어려웠기에 실체를 보여 주는 데 실패한 것이다. 바른 소리를 바르게 적을 수 없는 한자의 한계를 극복하려는 적극적인 노력을 하지 않았기 때문이다. 그러한 적극적인 노력은 주음부호가 개발(1918)되고 로마자가 도입(1926)되는 20세기에 와서야 이루어졌다.[13]

이런 흐름으로 볼 때 세종은 소옹의 정음관을 접하고 이런 식의 고민과 탐구를 이어갔을 것이다.[14] "천지자연의 소리에 어울리는 천지자연의 문자

---

13 중국의 문자 개혁 운동에 대해서는 黃德寬·陳秉新(1990), 하영삼 옮김(2000), 김세환 (2008:41-45) 참조.

14 사실 세종이《성리대전》에 나오는 소옹의 정음관을 직접 읽었는지는 알 수 없다. 분명한 것은《성리대전》은 세종 1년에 조선에 들어왔고 세종이 이 책을 깊게 연구한 것만은 여러 관련된 기록이 나온다. 훈민정음 창제 공포 15년 전인 1428년에 세종은 집현전 응교 김돈에게 이르기를, "《성리대전서(性理大全書)》가 지금 인쇄되었는지라, 내가 이 를 읽어 보니 뜻과 이치가 매우 정밀하여 이치를 깨닫기가 쉽지 않으나, 그대는 매우 꼼꼼한 사람이니 마음을 써서 한번 읽어 보라. -《세종실록》, 1428/3/2"라고 했고, 이로부터 한 달 후인 4월 16일에는 명나라 사신에게 성리대전에 대해 물어보았다는

가 있다고 했는데 왜 문자(한자)로 그들의 소리(중국어)조차 제대로 적을
수 없는 것일까? 그렇다면 조선의 소리는 문자(한자)로 더더욱 적을 수 없는
데 우리의 말소리는 무엇으로 어떻게 적을 수 있단 말인가? 우리말과 중국
한자음을 두루두루 잘 적을 수 있는 문자를 만들 수는 없는가? 몽골 말도
적고 다른 말도 적을 수 있는 국제 문자로 창제된 파스파 문자의 문제는
무엇인가? 바뀌지 않는 소리와 바뀌는 소리를 자유롭게 적을 수 있는 문자
는 없는 것인가? 소리가 문자로 되고 문자가 다시 소리로 쉽게 복원되는
문자는 만들 수 없는가?[15]"와 같은 질문이나 탐구 과정이 있었을 것이다.

세종은 음악과 과학 연구를 바탕으로, 지금의 시각으로 보면, 근대 언
어학과 탈근대 언어학의 융합적인 언어학 지식을 결합시켜 정음을 보여
주는 데 성공했다.[16] 언제부터 세종이 정음을 연구했는지는 알 수 없지만

기록이 있는 것으로 보아 신하들과 함께 다각적으로 탐독하고 연구한 것으로 보인다.
15 세종의 정음 창제 과정과 그에 따른 사유와 학문의 역사적 배경을 실증적으로 밝히기는
    관련 기록이 거의 없어 불가능에 가깝다. 그렇다면 관련된 간접 자료를 바탕으로 창제
    전후 맥락을 통해 그 사유 구조를 추론하는 것은 정음 언어관의 실체를 밝히는 주요
    연구 방법론이 될 수 있다. 객관성을 본령으로 삼는 자연과학의 주요 업적들도 과정으로
    보면 대부분 상상과 추론의 방법론인 '가설'이란 절차를 통해 이룩된 것이다. 실제로
    《세종실록》에는 이런 식의 사유 과정을 보여주는 예가 나온다. 상상의 동물인 용에 대한
    사건은 정음의 실체에 접근해 들어간 세종의 사유방식을 보여 준다. 1436년에 제주도
    안무사로 내려간 최해산은 1440년에 정의현에서 한 주민이 다섯 마리의 용이 한꺼번에
    올라가는 것을 보았다는 긴급 보고를 올린다. 다급한 보고였지만 세종은 오히려 "용의
    크고 작음과 모양과 빛깔과 다섯 마리 용의 형체를 분명히 살펴보았는가. 그 용의 전체
    를 보았는가, 그 머리나 꼬리를 보았는가, 다만 그 허리만을 보았는가. 용이 승천할
    때에 구름 기운과 천둥과 번개가 있었는가. 용이 처음에 뛰쳐나온 곳이 물속인가, 수풀
    사이인가, 들판인가. 하늘로 올라간 곳이 인가에서 거리가 얼마나 떨어졌는가. 구경하
    던 사람이 있던 곳과는 거리가 또 몇 리나 되는가. 용 한 마리가 빙빙 돈 것이 오래
    되는가, 잠시간인가. 같은 시간에 바라다본 사람의 성명은? 용이 이처럼 하늘로 올라간
    적이 그 전후에 또 있었는가. 용을 본 시간과 장소는? -《세종실록》, 1440/1/30"라고
    물었다. 이것은 왕의 물음이 아니라 학자와 사상가의 물음이었다.
16 훈민정음의 과학과 수학 특성에 대해서는 정희성(1989)에서 체계적으로 논의되었다.

그 결과는 세종이 47세 때인 1443년 12월(음력)에 이르러서야 그 결과를 정음의 기본 문자인 28자를 통해 알렸다. 모든 소리를 보여주는 것은 불가능했으므로 소리 나는 원리와 이치를 파악해 그것을 가장 쉽고 간결하게 보여주었다.

이러한 세종의 정음 문자는 1446년 9월 상한(음력)에 세상에 공표된 뒤, 단 한 사람도 공식적인 반대를 하지 않았을 정도로 지배층과 지식인들에게 자연스럽게 수용되었으나 한자를 대체하는 문자가 아닌 보완하는 2류 문자 정도로 여겨졌고 더더욱 더 깊고 치밀한 연구는 이루어지지 않았다.[17] 훈민정음은 다목적용으로 창제되었으므로 한자를 대체할 필요도 없고 대체할 수도 없었지만 지나치게 낮게 평가되어 온 것을 짚는 것이다.

17세, 18세기, 19세기에 이르러 최석정, 신경준, 정동유, 유희 등 일부 실학자들이《훈민정음》해례본을 보지 않은 상황에서 훈민정음 연구 성과를 낸 것은 대단한 것이었으나 그런 연구 성과가 더 깊이 이어지지는 못했다.[18] 조선 말기에 와서야 주시경이 과학적인 방법론으로 정음 연구를 이어가려 하였으나 뜻을 다 이루지 못하고 39세로 요절하였다. 다행히 1940년에《훈민정음》해례본이 발견되어 이를 반영한 최현배(1942), 홍기문(1946),

---

17 일부에서는 "최만리를 위시해 당시 사대부 계층에서의 반대가 만만치 않았다는 것은 주지의 사실이다."라고 하면서 이런 주장은 잘못됐다고 평가하였다. 이는 "공식적인 반대가 없었다"는 말에 '공식'을 오해한 평가다. 최만리 외 6인의 반대상소와 같은 공식적인 반대는 이 상소 이후로는 실제 단 한 건도 발견되지 않았다. 물론 남아 있는 기록만이 역사의 진실은 아니다. 생생한 1차 공식 기록서인 승정원 일기는 불타 없어진 기록이 더 많다. 그러나 졸고(2012ㄷ)에서 밝혔듯이 조선시대 사대부들은 언문의 우수성과 실용성은 인정하되 특정 영역에서만 사용되는 이류 문자 취급을 함으로써 한자의 권위를 유지하였으므로 최만리와 같은 반대를 공식적으로 할 필요가 없었다. 또한 그 밑바탕에는 세종이 언문을 다목적용으로 만들어 전면 반대를 못하게 한 고도의 문자 보급 정책이 성공한 요인이 깔려 있다.

18 실학자들의 훈민정음 연구에 대해서는 이상혁(2004:119-150), 김영주(2004), 김동준(2007), 조성산(2009) 등에서 논의되었다.

방종현(1948) 등의 연구가 본격적으로 이루어졌다.

그동안 세종의 정음 문자관에 관한 논의는 다방면으로 이루어져 왔다. 특히 정음 문자관에 대해 최초로 자세한 논의를 한 홍기문(1946)과 단일 논문으로 다룬 강신항(2003ㄴ), 정음 문자관을 단행본으로 집약한 한태동(1983, 1998/2003)에서 집중 논의되어 왔다.[19]

3. 세종의 '정음' 형성 과정과 주요 원리

소옹이 집대성한 정음관은 어떤 경로에 의해서건 세종에게 많은 영향을 끼쳤을 것이다. 설령 소옹의 이론을 모른다 하더라도 당대 언어와 문자 이론을 연구했을 세종이 동양의 전통적인 정음관을 살피지 않을 이유가 없다. 그렇다면 세종은 어떻게 그런 동양의 전통 정음관을 이어받으면서도 그와는 질적으로 다른 정음 문자를 만들어 낼 수 있었는지를 세 가지 원리로 추려낼 수 있다.

1) 상형 과학

역설스럽게도 정음 창제의 뿌리는 한자(漢字)다. 정음 창제의 핵심인 상형 원리는 한자에서 비롯되었고 더불어 한자로는 소리를 제대로 적기가 불가능한 절대 모순은 정반대에 있는 소리 문자 창제의 빌미가 되었기 때문이다.

---

19 한태동(1983)은 정음의 실체와 이론틀을 《훈민정음》(해례본), 《동국정운》, 《악학궤범》을 바탕으로 통합 분석한 최초의 융합 연구로, 이를 단행본인 한태동(1998)으로 출판한 뒤 재편집하여 한태동(2003)으로 최종 출판하였다.

(1) 上親制諺文二十八字, 其字倣古篆(임금께서 친히 언문 28자를 만드니, 그 문자는 고전을 본떴다.)   -《세종실록》 1443/12/30

(2) 字形雖倣古之篆文(글자 모양은 비록 옛 전자를 본떴지만
                         -《세종실록》 1444/02/20 세종 최만리 반대 상소문

(3) 가. 正音二十八字, 各象其形而制之(정음 28자 각 글자는 형태를 본떠 창 제했다)   -《훈민정음》 제자해

나. 天地自然之聲, 則必有天地自然之文. 所以古人因聲制字, 以通萬物之情, 以載三才之道(천지자연의 소리가 있으면 반드시 천지자연의 문자가 있다. 그러므로 옛 사람이 소리를 바탕으로 글자를 만들어서 만물의 뜻을 통하고, 천지인 삼재의 이치를 실었으니 후세 사람들이 능히 글자 를 바꿀 수가 없었다.)   -《훈민정음》 정인지서

다. 象形而字倣古篆, 因聲而音叶七調. 三極之義, 二氣之妙, 莫不該括.(이 글자는 옛 글자처럼 모양을 본떴지만, 말소리는 음악의 일곱 가락 에 들어맞는다. 천지인 삼재와 음양 이기의 어울림을 두루 갖추지 않은 것이 없다.)   -《훈민정음》 정인지서

(4) 가. 天地絪縕 大化流行 而人生焉 陰陽相軋 氣機交激 而聲生焉. 聲旣生而七 音自具 七音具而四聲亦備.(하늘과 땅이 화합하여 조화가 유통하매 사람이 생기고, 음양이 서로 만나 기운이 맞닿으매 소리가 생기나 니, 소리가 생기매 칠음이 스스로 갖추어지고, 칠음이 갖추어지매 사성이 또한 구비된지라.)   -《동국정운》 서

나. 是故 包犧畫卦 蒼頡制字 亦皆因其自然之理 以通萬物之情(이러한 까닭으 로, 포희(복희씨, 중국 고대 전설의 임금)가 괘를 그리고 창힐(고대 한자를 만든이)이 글자를 만든 것이 역시 다 그 자연의 이치에 따라서 만물의 뜻을 통한 것이다.)   -《동국정운》 서

창제와 반포에 관련된 사람들이 직접 쓴 이와 같은 논의의 핵심은 천 지자연의 소리가 있으면 천지자연의 문자가 있고 그 문자는 상형 원리로 이루어졌으며, 그것은 옛 전자나 정음이나 한결같다는 것이다. (1)-(3)의

기록들은 그런 점을 한결같이 직접 서술하고 있고, 동국정운 서문의 (4)
를 보면 그런 이치에 따라 고대 중국의 문자 신(고대 중국 황제의 사관)인
창힐이 한자를 소리와 뜻을 담아 만들었고 정음이 이를 이어받고 있다고
진술하고 있다.[20]

한태동(2003:3-10)은 그런 이치를 [표 2]의 예로써 보여 주었다.

[표 2] 고대 한자 제자 원리와 실제 예(한태동, 2003:3-4)

고대 한자 제자 원리	'개(狗)'의 모습과 소리(꺼~을)를 함께 나타낸 상형 기호
실 소 ········ 모 의	

이러한 상형 기호는 개 실체의 모습을 보여 주어 그 의미를 드러냄과
동시에 '꺼-을'이라는 소리의 이미지도 그대로 담고 있다고 여겼다. 따라
서 상형 기호야말로 '천지자연지성 천지자연지문'의 이치를 담은 것이며
이 기호를 통해 자연스럽게 소리와 모습을 다시 연상해 낼 수 있다고 본
것이다.

이렇게 발음과 의미를 유기적으로 연관시켜 문자를 만들고자 하는, 한자
와 정음이 갖고 있는 공통된 상형 원리로 보면 '자방고전(字倣古篆)'이런 밀

---

20 그동안 많은 학자들은 발음기관을 본뜬 '상형'의 독창성과 옛 전자를 모방했다는 모방설
이 마치 대립된 진술인 듯 여겨오거나 '자방고전'이 무엇을 의미하는가에 대한 의견이
분분하였다.

의 맥락은 자연스럽게 풀린다. 기존 논의의 대부분은 문자 구성 원리 측면
에서 접근하고 있다.[21] 그러나 형태적인 문자 구성 측면보다는 한태동(2003)
에서처럼 소리와 문자를 일치시키려는 상형 원리로 보는 것이 더 옳다.

한자와 정음의 핵심적 차이는 '한자'가 갑골문으로 흔히 불리는 초기
일부 한자에만 사물 중심으로 상형 원리가 적용된 데 반해, '정음'은 기본
28자 모두 상형 원리를 바탕으로 하고 있고 그 상형 절차가 과학의 이치
에 의해 이루어졌다는 점이다.[22] 이때의 과학은 실제 과학이면서 언어과
학이다.[23]

한자의 경우 단어가 많아지고 뜻이 복잡해짐에 따라 사물을 그대로 상
형하는 초기 의도는 약화 되었다. 실제로 지금 한자는 상형 문자로 보기
어려울 정도로 1차적인 상형문자에서 멀어진 문자가 대부분이다. 사물과
대상을 있는 그대로 상형하고자 하는 한자 상형 원리의 한계는 소리 과학
과 기하학의 원리를 도입한 세종에 의해 해결된 셈이다. 자음과 모음을
분리하여 자음과 모음에 서로 다른 상형 전략을 적용한 것이 상형 과학의
핵심이었다.

---

21 '자방고전'의 문제는 백두현(2012:133-142)에서 정리되었다. 다만 '상형이자방고전'을
   '상형'과 '고전'을 설문해자를 통해 가장 상세하게 풀어낸 것은 이 정리에서 빠진 문효근
   (1993, 1995)에서였다. 문효근(1995:28-29)은 설문해자의 '소전(小篆)'의 '依類象形'에
   의한 글자의 꼴 설명은 훈민정음의 '상형' 원리와 일치하고 추상적인 상형에 해당되는
   모음의 형체소 천지인(·一ㅣ)은 설문해자에서 추상적인 상형이라 할 수 있는 지사(指
   事) 문자 원리와 일치한다는 것이다.

22 한자와 훈민정음의상형의 질적 변화나 차이에 대해서는 많이 언급되어 왔다. 이를테면
   백두현(2013:102)에서는 "상형이라는 개념은 육서법에서 가져온 것이기는 하지만 그
   내용과 실질이 매우 다르다. 세종은 조선어 말소리를 글꼴로 형상화하는 작업 단계에서
   상형의 개념을 새로운 개념으로 변용한 것이다."와 같이 육서법에서 나타난 글꼴 차원
   의 상형과 견주고 있는데 필자가 이 논문에서 견주는 한자의 상형은 본래의 이미지
   상형 차원을 말한다.

23 세종 대의 과학 수준은 당대 최고였다(김일권 2007 참조). 천문과학과 훈민정음의 상관
   관계는 반재원(2001) 참조.

초성 자음의 경우 핵심 문자소(ㄱ ㄴ ㅁ ㅅ ㅇ)를 발음 기관과 발음 작용을 그대로 상형하는 것이 아니라 가장 간결한 직선과 원으로 상형하고 다른 문자를 유기적 체계를 이루게 하는 철저한 상형 과학을 적용해 명실상부한 상형 문자를 만들었다. 소리 나는 기관을 상형함으로써 소리를 그대로 담아내려 한 "천지자연지문(天地自然之文)" 전략에도 성공하였다. 모음의 문자소(ㅡ ㅣ)는 아예 천지자연의 세 요소를 상형하고 음양의 상징물(땅, 하늘)을 통해 모음조화의 우리말 특성까지 반영하여 역시 천지자연의 소리문자를 담았다.

'한자'와 '정음'은 모두 문자 전체를 관통하는 원리가 곧 상형인 셈이지만 소리나는 이치를 반영한 상형과 그렇지 않은 상형은 질적으로 다르다. 여기서 우리는 정음 문자를 구현하고자 하는 세종의 치밀하고도 놀라운 전략을 보게 된다. 발음 나는 원리를 본뜸으로써 상형의 부담도 줄이고 그 효율성도 살릴 수 있었기 때문이다. 이러한 상형 원리는 실증성과 관찰을 바탕으로 대상을 객관적으로 일반화시키는 가장 기본적인 과학 절차에 의한 상형과학이었다.

한태동(2003:2)에서 '정음'을 지은 목표는 "쉬운 한글로 복잡한 한자 풀이하는 데만 그치지 않고 글자의 모습과 소리가 이탈되어 있는 상태에서 다시 본연의 관계를 되찾아 주어 만물의 속정(-情)을 소통하는 소임을 하는 데 있다."라고 하였다. 고대에는 오히려 발음과 의미를 유기적으로 연관시켜 제자(製字)를 하였다고 본 것이다. 김석연(1993)에서는 이러한 상형 과학이 '정음'의 핵심이라는 의미로 '정음'을 "인간의 소리를, 그 발음 기관에서 소리를 생산하는 조음 구조를 상형·시각화하여 글자루 만든 일괴 동일 빌음 부위 안에서 생산된 소리가 점층적으로 크고 약하게 들리는 변별적 자질까지도 반영하는 포괄적 명칭"이라고 정의를 내렸는데 이는 매우 적절한 평가이다.[24]

결국 세종의 상형 전략은 말소리의 분석에서 문자에 이르기까지 가장 과학적이면서도 보편적인 정음을 만들어낸 핵심 원리가 되었다.[25]

2) 음률 배치 원리

정음을 구현하기 위해 음악 연구와 그 적용은 필수였다. 음악에서 소리와 음표의 필연적 관계, 기본 음표로 다양한 소리를 빚어내는 것은 정음의 이치와 같기 때문이다. 더욱이 음악은 바른 세상과 바른 정치의 표상이자 도구였다.

세종이 1430년에 펴낸 '아악보' 서문에서 정인지가 썼듯이 음악은 성인(聖人)이 성정(性情)을 기르고, 신과 사람을 서로 어울리게 하며, 하늘과 땅을 자연스럽게 하여, 음양을 조화시키는 방법이다.[26]《악학궤범》서문에서도 "음악이란 하늘에서 나와서 사람에게 붙인 것이요, 빔에서 발하여 자연에서 이루어지는 것이니, 사람의 마음으로 하여금 느끼게 하여 혈맥을 뛰게 하고 정신을 유통케 하는 것이다.[樂也者 出於天而寓於人 發於虛而成於自然 所以使人心感 而動盪血脉 流通精神也.]"[27]라고 하였다.

음악은 곧 천지자연의 조화, 하늘과 땅과 사람의 조화를 이루게 하는 핵심 요소이다. 소옹의 정음관에 의하면 바른 말소리와 바른 문자도 이

---

24 김석연(1993)은 Sek Yen Kim-Cho(2001)로 발전 기술되었다.
25 김주원(2013:206)에서도 "인간이라면 누구나 가지고 있는 발음기관을 본뜬 것이므로 전 인류적 보편성을 지닌 것"으로 평가하였다. 알렉산더 멜빌 벨(Alexander Melville Bell)이 세종의 업적을 모르는 상태에서 1867년에 펴낸《보이는 음성 : 보편 알파벳 과학》(*Visible Speech : The science of Universal Alphabetics*)이란 책에서 발음기관과 발음 작용을 상형한 문자야말로 가장 이상적이라고 하면서 실제 상형 부호를 보였지만 그것이 정음처럼 상형 과학으로 이어지진 못해 더 이상 발전을 못한 듯하다.
26 樂者 聖人所以養性情 和神人 順天地 調陰陽之道也. -《세종실록》, 세종 12/1430/윤12/1
27 이혜구(2000), 『신역 악학궤범』, 국립국악원, 31쪽 참조.

런 음악과 같은 기능을 할 수 있다는 것이다. 중국의 정음론에서는 자음
과 모음을 철저히 분리할 수 없는 중국 성운학의 한계로 그러한 음악 원
리를 철저히 이루지 못한 데 반해, 세종은 정음을 통해 그런 점을 좀 더
완벽하게 구현하였다.

세종 초에 들어온《성리대전》에 실려 있는 음악이론서인 '율려신서'는
조선의 음악 연구에 절대적인 영향을 끼쳤을 것이다. 실록에 이와 관련
된 기록이 있다.

> 공손히 생각하옵건대, 우리 주상 전하께옵서 특별히 생각을 기울이시와 선덕
> (宣德) 경술년 가을에 경연에서 채씨(蔡氏)의《율려신서(律呂新書)》를 공부하시
> 면서, 그 법도가 매우 정밀하며 높고 낮은 것이 질서가 있음에 감탄하시와 음률
> 을 제정하실 생각을 가지셨으나, 다만 황종(黃鍾)을 급히 구하기가 어려웠으므
> 로 그 문제를 중대하게 여기고 있었다.[28]   — 세종 12/ 1430/윤12/1

《율려신서》를 지은 중국의 음악 이론가 채원정(蔡元定, 1135~1198)은 음악
을 성리학과 과학 이론으로 풀어냈다. 세종과 박연(1378~1458)은 이를 더욱
발전시켜 아예 조선식 악기를 제정하여 우리식 음악 이론을 세워 훈민정음에
적용하였다.[29] 절대 음가를 바탕으로 다양한 음률과 화음을 만들어내는 이치

---

28 恭惟我主上殿下, 特留宸念, 宣德庚戌秋, 御經筵講蔡氏《律呂新書》, 歎其法度甚精, 尊卑有
   序, 思欲製律, 第以黃鍾未易遽得, 重其事也, 乃命臣等, 釐正舊樂. -《세종실록》, 세종 12/
   1430/윤12/1

29 惟蔡元定之書 深得律呂之源 然未能布爪指而諧聲律 是猶抱鋤耒而未諳耕耘之術也. 由玆以
   觀 樂非自成 因人而成 樂非自敗 因人而敗(송나라 채원정의 저술이 깊이 율려의 근본을
   얻었으나, 탄법(彈法)과 지법(指法)이 성(聲)과 율(律)에 맞게 펴지 못하였으니, 이는
   마치 호미와 쟁기는 있지만 갈고 매는 것을 모르는 것과 같다. 이로써 보면 음악은 저절
   로 이루어지는 것이 아니라 사람에 의해 이루어지는 것이며, 악(樂)은 저절로 허물어지
   는 것이 아니라 사람에 의하여 허물어지는 것이다.) - 악학궤범 서문/이혜구 신역(2000),
   『악학궤범』, 국립국악원.

를 정음에 그대로 적용하여 절대 음가를 나타내는 정음을 만든 것이다.[30]

고대 사회에서 음률은 천지자연의 흐름을 측정해 보이는 것이어서 우주의 흐름을 보여 주는 '역(曆)'과 변화의 이치를 보여 주는 '역(易)'과 더불어 3대 축에 해당된다(한태동, 2003:227). 또한 표준음을 정하고 표준 악기를 만들어 이를 바탕으로 도량형을 제정하였으므로 음악은 과학과 생활의 바탕이 되기도 하였다.

소리와 음악과 문자와 정치에 대한 세종의 사유는 신숙주가 대표 저술한 『동국정운』 서문에서 "아아, 소리를 살펴서 음(音)을 알고, 음(音)을 살펴서 음악을 알며, 음악을 살펴서 정치를 알게 되나니, 뒤에 보는 이들이 반드시 얻는 바가 있으리로다[吁! 審聲以知音, 審音以知樂, 審樂以知政, 後之觀者, 其必有所得矣.]"라고 극명하게 드러낸 바 있다. 세종의 음악 연구는 박연과 더불어 본격적으로 진행되었고 그런 흐름은 박연이 올린 각종 상소와 이를 모아 놓은 《난계유고》, 《세종실록》의 관련 기록에 그대로 남아 있다.[31] 더욱이 세종 당대의 음악 이론을 자세히 기술한 성종 때의 《악학궤범》이 있어 훈민정음 제자해의 음악 관련 기술을 자세히 이해할 수 있고, 한태동(1983, 2003)은 이를 당대의 이론과 현대 과학의 실증적 연구를 종합해 입증한 업적이다.

채원정의 《율려신서》에서는 자음과 모음을 제대로 분리하지 않은 상태에서 음악 이론을 적용했던 것을, 세종과 집현전 학자들은 자음(초성)과 모음(중성)을 철저히 분리하여 음성 과학 수준으로 끌어 올렸다.

---

30 예악과 정음과의 상관 관계에 대해서는 박동근(1993), 허재영(1993)에서 일찍이 논의된 바 있다.

31 그간 박연의 훈민정음 관련 업적은 거의 조명되지 않았다. 아마도 《훈민정음》 해례본 저술 명단에 박연이 없다 보니 그런 듯하다. 그러나 훈민정음 창제 과정에서 박연의 역할은 해례본 공저자 못지않다고 본다. 박희민(2012)은 박연의 훈민정음 관련 업적을 최초로 조명한 단행본이다. 그러나 이 책에서는 훈민정음 창제 자체를 세종이 아니라 박연이 했다고 보는데, 이것은 납득하기 어렵다. 왜냐하면 훈민정음은 음악 지식과 연구만으로 이루어진 문자는 아니기 때문이다.

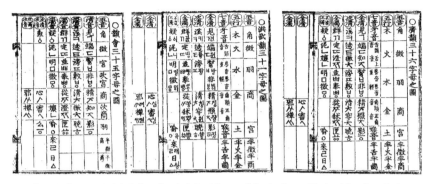

[사진 1] 최세진의 '사성통해' 범례의 정음 표기(운회, 홍무정운과 광운 자모지도)

[표 3] 훈민정음과 각종 운서의 오음 배치 비교

구분	궁	상	각	치	우	지은이와 출처
廣韻三十六字母之圖	후음	치음	아음	설음	순음	수나라 육법언(陸法言), 광운
洪武正韻 三十一字母之圖	후음	치음	아음	설음	순음	명나라, '홍무정운(洪武正韻)'
三十六字母之圖	후음	치음	아음	설음	순음	조선 영조, 신경준의 '운해훈민정음'
初聲二十五母之圖	후음	치음	아음	설음	순음	조선 순조, 유희의 '언문지'
韻會三十五字母之圖	순음	치음	아음	설음	후음	송나라 황공소(黃公紹), '운회자모도'
훈민정음 초성 23자모	순음	치음	아음	설음	후음	세종 외

대체로 중국의 운서에서는 '후음'을 '궁'으로 하고 '순음'을 '우'로 정하였는데, 훈민정음에서는 그와 반대로 '순음'(ㅁ)을 '궁'으로 하고 '후음'(ㅇ)을 '우'로 정하였다. 한태동(1998:41)에서는 이렇게 중국의 대다수 운서와 다른 이유가 악리에 따라 실제 음정을 맞추었기 때문이라고 하였다. 최종민(2013:65, 주석 10)에서의 지적처럼 송나라 황공소가 지은 '운회삼십오

자모도'만 중국의 다른 운서와 다른 측면도 주목해 보아야 한다.[32] 이상
규(2014:36)에서는 다음 표에서 드러나듯이 세종이《훈민정음》창제 당시
남방음 계열인《원화운보》와《홍무정운》의 음계를 채택하지 않고 북방음
계열의《고금운회거요》의 음계를 좇은 결과로 보았다.

[표 4] 칠음과 오음 음계 대비(이상규, 2014:33)

	아음	설음	순음	치음	후음	반설음	반치음
훈민정음	각	치	궁	상	우	반설	반치
운회 (고금운회거요)	각	치	궁	상	우	반설	반치
원화운보	각	치	궁	상	우	변치	변상
광운	각	치	우	상	궁	변치	변상
오방원음	각	치	우	상	궁	변치	변치
홍무정운	각	치	우	상	궁	반설	반치
홍무정운역훈	각	치	우	상	궁	반설	반치
동국정운	각	치	우	상	궁	반설	반치
사성통해	각	치	우	상	궁	반설	반치
필사자	각	치	우	상	궁	반설	반치

　황공소의 '운회' 자모도는 원나라 때 편찬된《몽고운략》을 바탕으로 만
들어 본래 중국 운서와 다른 것으로 보인다. 이에 대해서는 최세진이 '사

32 H학회의 한 토론자는 "《韻鏡》,《七音略》 등의 운서나 운도들은 '후음-궁, 순음-우'이지
만《切韻指章圖》나《四聲等子》,《切韻指南》 등의 운서나 운도는 '순음-궁, 후음-우'로
배합하였으므로 이 글에서 제시한 예가 훈민정음의 독창성을 증명하는 근거가 된다고
생각되지 않는다고 이 논지를 비판하였다. 그러나 훈민정음의 음계 논증은 훈민정음만
의 독창성을 증명하기 위한 것이 아니다. 우리말의 분절적인 원리와 음계의 체계적인
원리의 상관 관계를 세종이 어떤 식으로 접근해 정음 문자관을 실현하고 있는가를 보는
것뿐이다.

성통해' 범례에서 그 내력을 밝힌 바 있다.

　황공소가 《韻會》를 지을 때 글자의 어음 역시 《蒙韻》에 따랐지만, 몽고 글자에서 하나의 음을 두 가지 글자로 표기하는 잘못을 그대로 따르고 있기 때문에, 지금 그 분류음의 방식은 취하지 않는다. 오직 주해에 있어서만큼은 모씨(《禮部韻略》을 지은 毛晃)의 잘못을 바로잡고 여러 학자들의 저서를 통해 더욱 상세하게 풀이하였으므로, 이제 《通解》를 편찬함에 있어서 역시 《韻會》의 주해를 취해 그 뜻을 풀이하였다.[33]

　(黃公紹作韻會字音則亦依蒙韻而又緣蒙字有一音兩體之失故今不取基分音之類也唯於注解則正毛氏之失聚諸家之著而友加詳切故今撰通解亦取韻會主解爲釋.)

　운서는 중국의 운서든 조선의 운서든 시기별로 끊임없이 편찬되었고, 그 내용도 여러 차례 변화를 겪었다. 이런 내력에 대해서는 《고금운회거요》 첫머리에 나오는 '公'자에 대한 주해(案)에서 정확히 기술하고 있다.[34]

　성운학이 오래 전에 전해오던 것을 잃어버렸다. 강의 왼쪽에서 일어난 운서가 잘못되고 어긋나게 심해진 지 천 년이 넘었으므로 바로잡을 수가 없게 되었다. 근래에 이르러 사마문정공이 절운을 지었는데 일곱 개의 음운에 의거하여 아, 설, 순, 치, 후, 반설과 반치의 칠음의 성을 정하였다. 《예기월령》에서 사시를 정할 때 사용한 각치궁상우 반상치와 반치상에 따라서 36 자모를 만들고 하나하나의 음을 청탁의 등위를 둔 이후에야 세상의 학사들이 성음의 바른 것을 알게 되었다. 이제 운을 편집하면서 거듭 고쳐 바로잡게 되었다.

　(聲韻之學 其傳久失 韻書起於江左 譌舛相承 千有餘年 莫之適正 近司馬文政公 作切韻 始依七音韻 以牙舌脣齒喉 半舌 半齒 定七音之聲 以禮記月令 四時定 角徵宮商 羽 半商徵 半徵商之次 又以三十六字母定 每音淸濁之等 然後 天下學士 始知聲音之

---

33 번역은 주성일(2009ㄱ)에 따르되 다듬어 인용함.
34 박영규(2013), 『세종으로 훈민정음을 보다』, 미간행본, 참조.

正 今韻所編 重加訂定.)

　　　　　　－《고금운회거요》1권 3가(아세아문화사 영인본, 20쪽 위

　곧 성운학이 많이 바뀌어 운서가 잘못되고 어긋나게 이어 온 지 천 년이
넘었는데, 성운학에 가장 가까운 절운(切韻)은 사마문정공(司馬文正公), 곧
사마 공이 지었다는 것이다. 사마광(司馬光, 1019~1086)은《절운지장도》를
지은 사람으로 아설순치후·반설과 반치의 칠음에 따라 성모를 정하였고,
《예기월령(禮記月令)》에서 사시(四時)를 정할 때 사용한 각·치·궁·상·우·
반상치와 반치상에 따라 음에 청탁의 등위(等位)를 두어 36자모를 만들었으
며, 그 이후에야 세상의 학사들이 성음(聲音)의 바른 것, 곧 정음이 무엇인지
알게 되었다는 것이다.[35]

　《고금운회거요》는 중국에서 1297년에 간행되고 조선에서는 1433년 무
렵에 재간행되어 훈민정음이 창제된 뒤인 1444년에 세종이 국역을 지시한
책[36]으로《동국정운》(1449) 편찬의 바탕이 된 책이다. 이 구절을 인용한
것은 운서의 편찬 맥락을 보여 주기 위함이기도 하지만 여기서 '성음'을
알게 되었다는 구절이 기존 운서의 발달이나 성음론의 발달에 따른 중국에
서의 상대적 진보를 의미한다는 것을 지적하기 위해서이다.

　문제는 '성음' 또는 '정음'을 알게 되었지만 그것은 이론이나 관념에 머

---

35 박성원의《華東正音通釋韻考》서문에서는 "至於我東, 則初不明其牙舌脣齒脣喉閤闢出聲之
妙。故五音相混, 宮或爲羽, 商或爲齒, 尙無一定之音韻, 此實我東諺文爲二, 務於義而忽於音
之致也。(우리나라에 이르러서는 처음부터 아설순치후 등의 초성과 닫음-엷음과 같은 중
성을 발음하는 이치에 밝지 못해서 오음의 음계가 뒤섞였다. 그래서 궁음이 혹 우음이
되고 상음이 혹 치음이 되어 아직도 일정한 음운이 없으니 이것은 실로 우리나라 언문이
일치하지 않고 또 뜻에만 힘쓰고 소리를 소홀히 한 결과이다.)"와 같이 음계 불일치를
부정적으로 보았으나 오히려 자주적 소리의 배치로 보는 것이 합리적이다.

36 물론《세종실록》에는 "以諺文譯《韻會》- 1444/2/16"라고만 나오고 실제 번역서는 남아
있지 않다.

무른 것이다. '정음'을 제대로 보고자 하는 이들의 꿈은 15세기 조선에서 만든 운서《동국정운》(1448)과 중국의 운서를 훈민정음으로 보여주는《홍무정운역훈》(1455)에서 이루어지기 때문이다. 중요한 것은 세종과 집현전 학사들이 기존의 동양의 성음 이론을 철저히 분석하여 실제 그런 문자를 만들었다는 점이다.

3) 민본주의 교화와 소통 원리

세종 정음관의 핵심에는 정음 사용자의 주체가 있다. 중국 고대의 정음관이나 소옹의 정음 이론에는 정작 정음을 누가 왜 사용하는가에 대한 주체의 문제가 없었다. 천지자연의 소리와 문자 논의는 풍성하지만, 정작 그 소리와 문자를 사용하는 주체 논의가 없는 것이다. 김슬옹(2008)에서는 소쉬르의 언어학과 세종의 언어학의 핵심 차이를 주체가 있고 없음으로 논의한 바 있다. 물론 성리학은 사람의 도리를 다루는 학문이므로 당연히 다음과 같이 주체의 문제를 다룬다.

天命之謂性 率性之謂道 脩道之謂教　　　　　　 －《중용(中庸)》첫머리

하늘의 이지를 따르는 것이 사람의 본성이요 그러한 본성을 따르는 것이 도이고 그러한 도를 닦는 것이 가르침이라는 것이다. 하늘의 이치를 따르고 실천할 때 진정한 사람으로서의 구실을 다하는 것이고 그런 사람이 되기 위해 우리는 끊임없이 배우고 실천해야 한다는 뜻이다. 물론 중용의 시대적 배경에는 누구나 동등한 주체가 될 수 없는 신분제를 따르는 것도 본성이라 본 시대적 한계성은 있지만 무엇이 인간의 바른 길인가를 명확히 밝히고 있다. 소옹의 정음관도 이런 천지자연 본성론에 따르고 있지만,

정작 언어를 통한 소통의 문제 등은 중요하게 다루고 있지 않은 것이다.

그러나 세종은 교화와 소통 문제로 정음을 꿈꾸게 되었고 그 꿈을 28자를 통해 이루었다. 세종은 다목적용으로 정음을 만들기는 하였으나 그 근본 출발은 책을 통해 백성들을 가르치고 책을 통해 정보와 지식을 널리 나누고 싶은 데에 있었다. 한문이나 이두로는 그 뜻을 이룰 수 없어 정음을 창제하기에 이른 것이다. 물론 세종 때도 신분제의 한계가 있었으므로 책을 통한 소통 문제를 오늘날의 소통 차원으로 볼 수는 없다. 그러나 신분 차이와 관계없이 동일하게 발생하는 사람으로서의 섬세한 감성 표현까지 가능하게 하고 신분과 권력에 관계없이 배울 수 있는 문자를 만듦으로써 시대 한계를 극복할 수 있었던 것이다. 특정 계층만이 문자의 주체가 될 수 있고 그러한 주체조차 마음대로 감성의 주체가 될 수 없는 상황은 노비까지 문자를 사용하고 감성 표현의 주체가 되는 시대 상황과 근본적으로 차원이 다르다고 본다.[37]

'훈민정음'의 1차적 사용 주체는 조선의 백성이었으나 보편 문자로서의 '정음'에 주목한다면, 김석연(1993:168)에서처럼 그 주체를 확대할 수 있다. 곧 김석연(1993)에서 정음을 사용할 '훈민'의 대상이 한국 국민만이 아니었음은, 정음을 보편적 문자로서 온 누리에 편민(便民)하게 하고 싶었던 세종의 꿈과 청사진이 깔려 있는 원본의 제자 원리와 창제 의도에서 충분히 엿볼 수 있을 것이다.

결국 세종은 천지자연의 이치를 따르는 바른 사람이 되기 위해 바른 문자를 통한 소통과 교화에 힘써야 한다고 보았다. 신분제가 있는 상황에서의 소통은 근본적인 한계가 있지만, 표현조차 못하는 상황과 표현이

---

37 조선 시대의 노비 계층의 한글 사용 문제에 대해서는 김슬옹(2005:53-56)에서 처음으로 언급한 바 있고, 전반적인 조선시대의 훈민정음 발달사는 최현배(1942), 김슬옹(2012ㄷ)에서 총체적으로 기술되었다.

가능한 상황은 역시 차원이 다르다. 세종이 1446년에 발표한 세종 서문과 그 이전 신하들과의 토론, 회의 등을 종합해 보면, 하층민이 하고 싶은 말(글)을 한문으로 인해 하지 못하는 답답한 현실을 문제 삼았으며 그런 까닭으로 새 문자를 창제하게 되었다고 밝혔다. '정음'의 진정한 가치가 여기에 있다.

4. 세종 '정음'의 주요 특징

세종이 정음 창제에 성공한 주요 사상적 특징을 짚어보기로 한다.

1) 보편성과 특수성의 조화

세종의 정음 사상은 보편성과 특수성을 아울러 중요하게 여기는 성리학 사상을 문자를 통해 완벽하게 드러내어 더욱 발전시킨 것이다. 문중량(2006:43)에서 지적했듯이 "성리학은 보편적인 '천지지성(天地之性)'과 함께 특수성을 강조하는 '기질지성(氣質之性)'도 중요하게 담아내는 사상체계"이다. '이일분수(理一分殊)'라는 말에서 드러나 있듯이 각 개체(특수성)에는 보편적 원리가 담겨 있고, 보편성은 각 개체의 특수성을 통해 드러난다.[38]

언어는 중층적이다. 근대 언어학의 창시자라 할 수 있는 소쉬르(1916)는 랑그와 파롤이라는 이분법을 통해 언어의 복합적 성격을 파악하고 이론화하였다. 그러나 소쉬르의 이러한 접근은 다른 중층성을 잘 보여주었지만 이분법식 접근 한계로 언어의 융합적 실체를 제대로 보여 주지 못했다. 반면에 세종은 훈민정음을 통해 음성 기호로서의 보편 문자 기능과 자연어

---

38 성리학적 언어관에 대해서는 강신항(2003ㄴ:17-30) 참조.

로서의 특수성을 아울러 구현하여 보편성과 특수성의 융합을 이루었다.

현대 언어학은 50년 이상 소쉬르의 이분법을 확대 재생산하였고, 최근에 와서야 융합적인 흐름을 형성하는데, 이에 반해 세종은 이미 15세기에 그런 흐름을 보여준 것이다. 보편성과 특수성을 융합하는 원리는《훈민정음》(1446) 해례본의 정인지 서문에 다음과 같이 언급되어 있다.

> (1) 천지자연의 소리가 있으면 반드시 천지자연의 문자가 있다. 그러므로 옛 사람이 소리를 바탕으로 글자를 만들어서 만물의 뜻을 통하고, 천지인 삼재의 이치를 실었으니 후세 사람들이 능히 글자를 바꿀 수가 없었다. (有天地自然之聲, 則必有天地自然之文. 所以古人因聲制字, 以通萬物之情以載三才之道, 而後世不能易也.)　　　　　　　　－《훈민정음》정인지서
>
> (2) 가. 사방의 풍토가 구별되므로 말소리의 기운 또한 다르다. 대개 중국 이외의 딴 나라 말은 그 말소리에 맞는 글자가 없다. 그래서 중국의 글자를 빌려 소통하도록 쓰고 있는데, 이것은 마치 모난 자루를 둥근 구멍에 끼우는 것과 같으니, 어찌 제대로 소통하는 데 막힘이 없겠는가? 요컨대 모든 것은 각각의 처한 곳에 따라 편안하게 할 것이지, 억지로 같게 하여서는 안 될 것이다.
>
> (然四方風土區別, 聲氣亦隨而異焉. 蓋外國之語, 有其聲而無其字. 假中國之字以通其用, 是猶枘鑿之鉏鋙也, 豈能達而無礙乎. 要皆各隨所處而安, 不可强之使同也.)
>
> 나. 오직 우리말이 중국말과 같지 않다.
>
> (但方言俚語, 不與之同)

(1)에서는 문자의 보편성을 설명하고 있다. 천지자연의 말소리가 있으면 당연히 그것을 적는 천지자연의 문자가 있어야 한다. 그래서 옛 사람들도 천지자연의 말소리에 맞는 천지자연의 글자를 만들었고, 그 글자에 만물의 뜻을 담고 천하의 이치를 담았기에 후세 사람들이 쉽게 바꿀 수 없었다는

것이다. 말소리와 문자를 일치시키려는, 말소리와 문자의 유기적 관계로서의 보편성이 중요함을 강조하고 있다.

(2가)에서는 말소리와 문자의 특수성을 강조하고 있다. 사는 곳이 다르면 말소리 또한 다르기 마련인데 중국 이외의 다른 나라들은 대개 그 말소리에 맞는 글자가 없다. 그래서 중국 글자를 빌려 쓰지만 이것은 마치 둥근 구멍에 모난 자루를 끼우는 격이라 소통하는데 문제가 많다. 그렇다면 각 지역에 맞는 문자를 쓸 일이지 한자 같은 문자를 빌려 억지로 쓰게 할 필요는 없다. 즉 (2나)처럼 각 지역의 방언은 같지 않다는 것이다.

보편성과 특수성을 융합한 대표적인 보기는 초성자와 종성자의 인식과 문자화이다. 정음은 '초성부용초성'에서 보여 주듯 변이음을 정확히 인식하여 초성자와 종성자를 같은 모양으로 디자인하고 간결한 문자로 말소리를 기술할 수 있게 하였다. 순경음 비읍(ㅸ)과 같이 모국어 화자의 일상 언어생활에서 인식되지 않는 음까지 표기하는 문자를 만들고도 종성자처럼 변이음을 실제 기본 문자에 반영하지 않음으로써 표기와 소통의 효율성을 이루었다.

정음은 사성을 나타내는 가점법(加點法)과 같은 초분절음소 표기 체계를 통해 말소리의 특수성을 보편적 체계로 드러내는 최대의 성과를 보여 주었다. 정우영(2013)의 지적처럼 이는 세계 문자사에서 그 유례를 찾기 힘들 정도로 독특한 것이다. 이에 대해 정우영(2005)은 "일반적으로 분절음소만 적는 일반 문자와 달리 '훈민정음' 표기법은 초분절음소를 문자화할 수 있을 뿐만 아니라 문자화된 기록을 현실 발화로 재현할 수 있게끔 되었다."라고 기술하며 같은 방식으로 당시 국어를 표기한 15세기 국어 문헌은 '분자로 기록된 소리 책'이라 평가하였다.

이렇게 말소리와 문자 기호의 유통이 자유로운 것은 말소리의 보편적 규칙(랑그)에 따라 문자를 창제했음에도 다양한 말소리(파롤)를 적을 수 있

는 문자 체계를 이루었기 때문이다. 곧 세종의 정음은 소쉬르가 랑그를
통해 강조한 체계와 과학에 기반한 공통성으로서의 보편성과 들뢰즈(Gilles
Deleuze, 1969)가 강조한 차이로서의 보편성을 아울러 드러내는 문자이다.

2) 자연주의 문자관과 과학주의 문자관의 융합

문자관에서의 '자연주의'는 문자는 자연의 소리로서의 말소리를 있는
그대로를 존중하고 반영하는 표상체로 보고자 하는 것을 말한다. 이때의
문자는 말소리의 연속적 실체이며 말소리의 자연스런 모사 기호이다. 반
면에 '과학주의'는 말소리를 적는 과정의 방법론과 문자 시스템의 체계
성, 규칙성을 뜻한다.

세종의 정음 문자관에는 이러한 두 가지 관점이 융합되어 있지만 1차
적인 문자관은 자연주의 문자관이다. 자연의 소리 이치에 따라 문자를
만들고자 하는 것을 가장 큰 목표와 이상으로 삼았기 때문이다. 곧 앞서
살펴본 "天地自然之聲, 則必有天地自然之文. 所以古人因聲制字, 以通萬物之
情, 以載三才之道"라는 정인지 서문에 이런 사상이 극명하게 드러나 있다.
천지자연의 소리를 가장 정확하게 문자에 담아 소리와 문자가 자연스레
'유통'하게 하는 것은 오랜 역사이자 전통이라는 것이다. 따라서 이러한
문자에는 자연스럽게 하늘과 땅과 사람이 조화롭게 존재하고 생성되는
천지인 삼재 사상이 담겨 있는 것이다. 이러한 고대의 기본 문자관을 후
세 사람들은 함부로 바꿀 수 없고 그대로 따라야 한다는 것이다.

세종은 이런 문자관을 기본 문자에 반영하여 다음 그림에서 보듯 모음소
의 대표격인 아래아(ㆍ)부터 자음소의 대표격인 'ㅇ'까지 동양의 유기적 철
학을 부여하였다. 거시적인 하늘과 미시적인 사람의 목 부분까지 음양오행
의 논리를 적용해 천지자연의 질서를 반영했으며 이는 동양의 전통에 따른

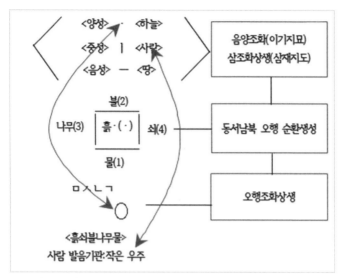

[그림 2] 훈민정음의 자모음 기본자에 적용한 음양 오행론

보편성을 최대로 이루고자 하는 과정이었다.

동양의 전통적 음양오행론을 철저히 구현하면서도 그것을 철저히 현대 언어 과학으로 융합하고 있다.[39]

'·(아래아)'의 경우 문자 측면에서도 모음의 중심이므로 천지자연의 중심인 하늘의 의미를 부여했고 가장 기본적인 모음의 특성(실체 과학)을 부여했다. 아래아가 현대 표준어에서는 배제되고 변화의 양상이 복잡해 음소냐 아니냐의 논쟁까지 있지만 그 이면에는 가장 원초적인 발음인 측면도 있을 것이다.[40]

---

39 훈민정음의 과학성에 대해서는 "김슬옹(2012ㄱ), 「한글 우수성, 과학성, 독창성에 대한 통합 연구」, 『문법교육』 16호, 문법교육학회, 37-82쪽."에서 논의한 바 있으므로 여기서는 줄인다.

40 한태동(2003:70)에서는 아래아(·) 소리는 신생아 때부터 제일 흔히 쓰는 음으로 구강의 모든 근육과 목젖까지 이완시킨 상태에서 나오는 소리이고, 말을 구사하기 이전에

/ㆍ/소리는 [표 4]와 같이《훈민정음》해례본 설명대로라면 입술은 /ㅏ/
보다는 좁히고 /ㅗ/보다는 더 벌려 내는 소리로 입술 모양이 /ㅏ/처럼 벌어
지지도 않고 /ㅗ/처럼 오므라지지도 않는 중간쯤 되는 소리다. 혀는 /ㅏ/
와 /ㅗ/와 같이 정중앙 쪽으로 오그리는 것으로 /ㅡ/를 낼 때보다 더 오그리
고 혀를 아예 오그리지 않는 /ㅣ/보다는 훨씬 더 오그리는 소리다. 혀뿌리
를 중앙으로 당기듯이 오그리다 보니 성대가 살짝 열리면서 소리는 성대
깊숙이 울려 나온다. 입술 모양은 둥근 모음과 안둥근 모음의 중간 정도
되는 소리다.

[표 4] 15세기 기본 모음자의 소리 특성 비교

갈래	혀 특성 (오그리기↑)		소리 성질 (깊기 정도↑)		음양 상징 자질	위치상징 자질
ㆍ	舌縮	혀 오그리기	聲深	깊은 소리	하늘(양성)	자
ㅡ	舌小縮	혀 조금 오그리기	聲不深不淺	깊지도 얕지도 않은 소리	땅(음성)	축
ㅣ	舌不縮	혀 오그리지 않기	聲淺	얕은 소리	사람(중성)	인

/ㅣ/의 경우도 혀끝 뒷부분이 아랫니에 닿으면서 입을 살짝 벌리고 혀
를 높이 올려 나오는 고모음인데, 혀 앞에서 나오는 전설 모음을 대표하
는 기본 모음 역할을 한다. /ㅡ/는 아랫니에 닿아 있던 혀를 떼고 '혀를
약간 내리면서 혀 뒤쪽으로 발음이 나오는 고모음 소리로 혀 뒤에서 발음
이 나므로, 후설 모음을 대표하는 기본 모음이다. 결국 /이/와 /으/ 발음
은 다양한 모음의 기준 역할을 한다. 그래서 세종은 /이/와 /으/를 모음

분화되지 않은 제일 자연스러운 소리로 유아들이 [엄마]라 발음할 때 내는 [ㅇㅁ] 소리
에 들어 있는 음으로 보았다.

자를 만드는 기본 모음 음운으로 삼았을 것이고, 각각을 나타내는 'ㅣ', 'ㅡ'를 기본 문자로 삼았으며, 'ㅣ'는 서 있는 사람, 'ㅡ'는 평평한 땅의 상징적 의미를 부여했다.

/으/는 혀 뒤쪽에서 나오는 약한 발음이라 '쓰+어=써'에서와 같이 잘 탈락된다. 이런 발음 현상은 인류 보편 현상이고, 그래서 대부분의 언어에서는 문자로 형상화지 못했다. 특히나 로마자권 사람들은 /ㅡ/ 발음을 거의 못할 뿐 아니라 그것을 나타내는 독립된 문자도 없다. 그러나 한국어는 다른 언어에 비해 /ㅡ/ 발음이 섬세하게 발달된 편이고 세종은 이를 정확히 포착하여 문자로 형상화하는 데 성공하였다. 이러한 모음의 기본 특성에 대한 과학적 관찰과 천지자연의 삼요소인 삼재와 연결시켜 정음으로서의 실체와 가치를 극대화한 것이다.

자음의 경우는 'ㅇ'가 문자 차원에서도 작은 우주의 중심이니 사람, 그 말소리의 중심인 목을 본떴고 그런 문자의 기본 특성을 말소리로도 갖고 있다. 훈민정음 제자해에서는 "대저 사람의 말소리가 있는 것도 그 근본은 오행에 있는 것이다[夫人之有聲本於五行]."라고 하면서 가장 먼저 목구멍 소리의 특성을 설명하고 그 다음 '어금닛소리-혓소리-잇소리-입술소리' 순으로 기술하고 있다. 목구멍은 깊숙하고 물기가 있으니 '물'에 해당되며 소리가 비고 거침없음은 물이 투명하고 맑아 잘 흐르는 것과 같다는 것이다.

한태동(2003:174)에서는 'ㆍ'의 음관 상태가 관련된 근육을 이완시킨 가장 자연스러운 본연의 상태를 보여 자음 'ㅇ'의 음관 상태도 'ㆍ'와 같은 것으로 구조적으로 같은 공명 소리를 낸다고 보았다.

이렇게 자연스런 말소리 이치를 문자에 반영하다 보니 정인지 서에서는 "故人之聲音, 皆有陰陽之理, 顧人不察矣. 正音之作, 初非智營而力索, 但因其聲音而極其理而已."라고 하여 사람의 성음(聲音)에도 모두 음·양의 이치가 있는 것인데, 스스로 노력하면 찾을 수 있는 것을 사람들이 살피지 못했을 뿐이라 하였다.

이러한 자연주의 언어관은 자연스럽게 자음 기본자의 발음 기관 상형이라는 경험과 관찰에 의한 과학과 우리말 모음의 기본 특성을 반영하는 모음 기본자의 통합 과학으로 융해되었다. 더욱이 자음 확장자의 가획과 모음 확장자의 합성이라는 규칙성으로서의 과학 등의 문자 과학으로 융합되어 문자의 가치와 효용성은 극대화되었다.

5. 세종 '정음'의 주요 가치와 의미

훈민정음의 정음관과 그 가치에 대해서는 많은 논의가 있어 왔다. 신경준(1750:6)에서도 "정음은 우리나라에게만 혜택을 주는 것이 아니라 천하의 말소리(성음)를 기록할 수 있는 큰 경전이다.[正音不止惠我一方而可以爲天下聲音大典也]"라고 하였고, 한태동(1983:130)에서는 "정음은 어느 특정된 나라의 어음이 아니고 언어를 위한 언어로 구성되어 모든 언어의 기틀이 되는 위대한 언어 체계인 것이다. 그런 의미에서 정음은 만민을 위한 언어학의 기틀이 될 것이고 자연히 그렇게 될 것이다."라고 하였다. 김석연(1993:168)에서는 "정음을 사용할 '훈민'의 대상이 한국 국민만이 아니었음은, 정음을 보편적인 문자로서 온 누리에 편만하게 하고 싶었던 세종의 꿈과 청사진이 원본 밑에 깔려 있는 제자 원리와 창제 의도에서 충분히 엿볼 수 있는데…"라고 하였고, 정우영(2005)에서는 "지역성을 초월하여 교정적, 인위적, 이상적인 성격을 띤 한국어의 표준 발음 또는 그것을 적는 문자체계"라 하였다.[41] 박선우(2009:143)에서도 "정음이 당대의 음성학적 연구를 바탕으로 창제되었으며 자질성을 포함하여 음성부호로서의 보편성을 가진 체계이었다는 점이다."라고 평가한 바 있다.

세종의 정음관은 역사적인 자연주의와 과학 생성주의의 결합으로 이루어진 것이다. 당대의 성운학에 대한 역사적 연구를 수용하면서도, 또한 완전히 다른 정음을 창제하였기 때문이다.[42] 소옹의 논리가 아무리 뛰어나다 하더라도 그것을 그대로 좇았다면 새로운 정음 창제는 불가능했을 것이다. 세종은 선행 이론과 역사적 흐름을 존중하되 완전히 새로운 역사를 만들어냈다.

세종과 집현전 음운학자들은《훈민정음》(1446) 해례본의 자신감을 바탕으로 중화의 문자 표준을 동국의 문자 표준으로 가져오는 담대한 정음 도전을 하게 되었는데 그것이《동국정운》(1448)이었고 이를 바탕으로 중국이 천 년 이상을 해결 못한 운서의 발음 표기《홍무정운》을 과감하게 입증해 보인 것이《홍무정운역훈》(1455)이다.[43]《홍무정운》편찬의 기본 목표는 이 책 서문에서 밝혔듯이 그 당시 통용되는 현실 한자음을 바로잡으려는 것이었고《동국정운》은 철저히 이 책을 근간으로 편찬되었다. 그러나《홍무정운》은 소리를 제대로 적을 수 없는 한자의 절대 모순 때문

---

41 박종국(2006:65)에서도 "정음이라는 이름은 정자나 정문과 같은 뜻을 품고 있는 것으로 중국 글자를 말하는 한자나 그 밖의 다른 나라 글자들보다 상위의 글자라는 것을 나타내기 위한 세종대왕의 숨은 뜻에 의해 지어진 글자 이름"이라 하였다.

42 이런 의미에서 심소희(2013:383)는 세종의 정음 업적을 "결국 우리는 외래 사상인 정음 관을 주체적으로 섭취하여 창조적으로 우리의 토양에 맞게 변용하고 또 우리의 삶을 개선시키는 도구로 활용하였으므로, 결국 정음관은 우리 민족의 사상으로서 기능하는 것이다."라고 평가하였다.

43 이 책의 가치에 대해 중국음운학자인 이영월(2009:272) 교수는 "《홍무정운역훈》은 중 국음운학사상 획기적인 문헌자료로서 이것은 이방민족(異邦民族)의 문자체계로 한자음 (중국음)을 체계적으로 표기한 성공적인 사례이다."라고 하면서 이는 서양의 마테오리치와 니콜라스 트레이드의《서유이목자》(1625)보다 170여 년이나 앞선 것으로 15세기 중국음을 연구하는 중요한 자료로 보았다. 또한 이영월(2009:271)에서는《홍무정운역훈》의 매우 탁월한 가치에 대한 중국 학계의 사건을 전하고 있다.

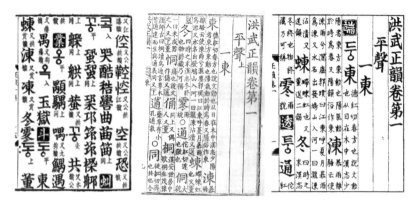

[사진 2] 동국정운(1448)과 홍무정운(1375), 홍무정운역훈(1455)

에 그런 목표를 이룰 수 없는 반쪽 운서에 머무른 것이며《동국정운》이
대안 운서로서의 방법론을 보여주고《홍무정운역훈》은 아예《홍무정운》
에서 보이지 않던 소리를 보여주었다.[44] 이는 황제 권위에 대한 도전이었
으나 다행인지 불행인지 명나라 집권 세력과 당대의 중국 음운학자들은
이런 도전의 가치와 의미를 알아차리지 못했다.[45]

《동국정운》과《홍무정운역훈》은 한자와 한문이 갖고 있는 문어로서의
동아시아적 보편성을 또 다른 보편 문자인 정음으로 그 한계를 극복한
것이었다.[46] 황제의 나라 중국이 밝히지 못한 정음의 실체를 눈으로 보게

---

44 이런 맥락을 처음으로 세밀하게 다룬 논저는 성원경(1971, 1976)이다.
45 알려진 공적 반응이 없는 것으로 보아 알았다 하더라도 무시했을 가능성이 높다.
46 김세훈(2008:55-56)에서 다음과 같이 이와 같은 맥락을 평가한 바 있다.
　　"『洪武正韻譯訓』에서 볼 수 있듯이 우리의 문자로 외국어를 나타낼 수 있게 된다.
　　이는 漢字를 중국문자와 우리의 문자로 구분하는 기준이 되기도 한다. 우리는 漢字의
　　宗主國인 중국이 이루지 못한 것을 이루었다. 중국은 현대에 와서 로마자를 빌어 拼音의
　　方案을 겨우 만들었지만 이는 단지 부호일 뿐으로 문자가 아니다. 로마자를 이용한
　　신문자 운동은 可讀性이 없기 때문에 실패할 수밖에 없었고 결국 注音符號나 한어병음방
　　안을만들어 보조적으로 사용하는데 그쳤다. 훈민정음은 그 자체가 문자이다. 다만 漢字

된 그 기쁨을 신숙주는 이렇게 표현하였다.

우리 세종대왕께서는 타고나신 성인으로 고명하고 통달하여 깨우치지 아니
한 바 없으시어 성운의 처음과 끝을 모조리 연구한 끝에 헤아려 옳고 그름을
정해서 칠운·사성의 가로세로 하나의 줄이라도 마침내 바른 데로 돌아오게
하였으니, 우리 동방 천백 년에 알지 못하던 것을 열흘이 못 가서 배울 수 있
으며, 진실로 깊이 생각하고 되풀이하여 이를 해득하면 성운학이 어찌 정밀하
기 어렵겠는가. 옛사람이 말하기를, '산스크리트어가 중국에 행해지고 있지
만, 공자의 경전이 인도로 가지 못한 것은 문자 때문이지, 소리 때문이 아니
다.'라고 하였다. 대개 소리가 있으면 글자가 있는 법이니 어찌 소리 없는 글
자가 있겠는가. 지금 훈민정음으로써 번역하여 소리가 운(韻)과 더불어 고르
게 되면 음화(音和)·유격(類隔)·정절(正切)·회절(回切) 따위의 번거롭고 또 수
고로울 필요가 없이 입만 열면 음을 얻어 조금도 틀리지 아니하니, 어찌 풍토
가 똑같지 아니함을 걱정하겠는가.

(我世宗大王天縱之聖. 高明博達. 無所不至. 悉究聲韻源委. 而甚酌裁定之. 使七音
四聲. 一經一緯. 竟歸于正. 吾東方千百載所未知者. 可不浹旬而學. 苟能沈潛反復. 有
得乎是. 則聲韻之學. 豈難精哉. 古人謂梵音行於中國. 而吾夫子之經. 不能過跋提河
者. 以字不以聲也. 夫有聲乃有字. 寧有無聲之字耶. 今以訓民正音譯之. 聲與韻諧. 不
待音和類隔正切回切之繁且勞. 而舉口得音. 不差毫釐. 亦何患乎風土之不同哉)

－《홍무정운역훈》 서문

정음 창제가 얼마나 큰 도전이었는지 제일 먼저 알아차린 이들은 최만
리를 비롯한 갑자상소 주역들이었다.

와 병행하면 문자의 기능이 중국문자나 또는 일반 표음문자보다 비교할 수 없이 효율적
으로 바뀐다는 점이 크게 다르다."

우리 조선은 조상 때부터 내려오면서 지성스럽게 대국을 섬기어 한결같이
중화의 제도를 따랐습니다. 이제 문자(한문)도 같고 법과 제도도 같은 시기에
언문을 창제하신 것은 보고 듣기에 놀라움이 있습니다. 설혹 말하기를 "언문은
모두 옛 글자를 본뜬 것이고 새로 된 글자가 아니라." 하지만, 글자의 형상이
비록 옛날의 전자를 모방하였을지라도 음을 쓰고 글자를 합치는 것은 모두 옛것
에 반대되니 사실 근거가 없사옵니다. 만일 이 사실이 중국에라도 흘러들어
가서 혹시라도 비난하여 말하는 자가 있사오면 어찌 대국을 섬기고 중화를 사모
하는 데에 부끄러움이 없사오리까?

(我朝自祖宗以來, 至誠事大, 一遵華制, 今當同文同軌之時, 創作諺文, 有駭觀聽.
儻日諺文皆本古字, 非新字也, 則字形雖倣古之篆文, 用音合字, 盡反於古, 實無所據.
若流中國, 或有非議之者, 豈不有愧於事大慕華.)

갑자상소는 중국이 천 년 이상을 해결하지 못한 한자음 적기를 해결한
세종이 창제한 언문(정음)의 신묘함에 놀라면서도 정작 그 한자음 적기보다
는 중국이 해결 못한 것을 조선이 해결한 '과도함'이 지나치다고 세종의
문자 정책을 비판하고 있는 것이다. 중국에 알려질까 봐 두려워하고 있으
나 그 두려움은 자기 검열식 두려움일 것이다.

중국의 시각에서 보면 오랑캐 나라가 오랑캐 문자를 갖는 것은 전혀
관심 대상이 아니다. '정음'이 아무리 뛰어나도 그것을 중국에서 볼 때 오
랑캐 나라의 오랑캐 문자일 뿐이다. 실제 훈민정음 반포 이후 중국의 공
식 반응은 전혀 알려진 바가 없다. 중국의 지배층이나 음운학자들은 용
보기를 간절히 원했으면서도 정작 용이 변방의 작은 나라에서 나타나자
철저히 무시한 셈이다.

세종의 융합적 정음관은 고대의 정음관을 15세기에 맞게 변용한데다
시간 변화와 관계없이 응용 확대 사용이 가능하다는 점에서 그 의의를
찾을 수 있다. 곧 세종은 자연주의 문자관과 과학 생성주의 문자관을 융

합하여 정음의 창조성을 높였다.

6. 맺음말

중국의 정음관은 근본적으로 소리를 기록하는 데 집중하여 문자가 다시 소리로 돌아오는 이치를 제대로 주목하지 않았다. 또한 소리와 문자의 주체인 사람 사이의 소통에도 소홀하였다. 곧 진정한 '정음'이 아니었다.

이런 역사적 흐름 속에서 세종의 '정음 문자관'은 어떻게 형성되었고 실제 성과를 거두었는가가 중요하다. '정음(正音)'은 사람의 말소리를 비롯한 들리는 자연의 소리를 가장 과학적으로 적을 수 있는 보편 문자에 대한 특별 명칭이다. 세종은 정음을 통해 소리와 문자를 유통(流通 – 세종 서문)하게 함으로써 사람 사이의 유통이 가능하게 하였다.

이런 관점에 따라 세종의 정음 또는 정음관의 핵심 형성 과정을 상형 과학과 음률 배치, 소통 주체 측면에서 다시 규정하였다. 그 배경 원리로 보편성과 특수성의 융합 원리와 자연주의 철학과 과학 생성주의의 융합 원리를 설정하여 이를 바탕으로 정음관의 실체를 조명하였다.

세종은 소리와 문자에 대한 과학적 분석을 통해 각 자소의 절대 음가를 구현하면서도 그것이 빚어내는 다양한 말소리의 역동성도 함께 담아냄으로써 정음의 '바름'이 지향해야 하는 바른 세상의 길을 시공간을 초월하여 제시하였다.

세종 정음의 실체는 소리와 문자의 보편성을 바탕으로 사람 사이의 소통성을 이룬 것이며 이를 음악과 과학 방법론으로 소리와 문자의 바름과 표준이 가능하게 하였다. 따라서 이러한 정음 문자관은 문자 맥락을 구성하는 모든 요소들이 자연스럽게 상생으로 융합되는 '유통' 정신으로 이루어졌다.

물론 세종의 정음관 또는 정음이 완벽하다는 것을 얘기하는 것은 아니다. 사람의 말소리 자체가 시대와 공간에 따라 역동성을 띠므로 그것을 담아내는 완벽한 문자는 있을 수 없다. 그러나 역동성 안에 담겨 있는 기본 원리나 바탕 원리는 있는 것이며 세종은 바로 그런 원리를 문자에 담는데 성공한 것이다.

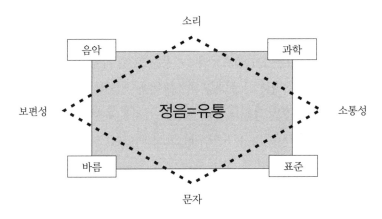

[그림 3] '정음' 특성 구성도

제13장

세종의 네 가지 자주 정신,
조선 르네상스의 빛이 되다*

1. 조선 르네상스 길이 열리다

세종이 운명하기 4년 전인 50세이던 1446년 9월 드디어 훈민정음을 만백성에게 알리는 책인《훈민정음》해례본을 펴내면서 첫머리에서 이렇게 선언한다.

"우리말과 중국말은 다르다[國之語音 而乎中國]."

지금식으로 얘기하면 "우리말과 미국말은 다르다."라고 선언한 것과 같다. 지금 누군가 심각하게 이런 얘기를 한다면 '무슨 개풀 뜯어먹는 소리냐'라고 비아냥거릴 것이다. 그런데 15세기 대부분 지식인들과 지배층은 중국과 다르다는 사실조차 인정하고 싶어하지 않았다. 알아도 모른척 태연하게 지내려 했다. 그래서 우리말과 전혀 다른 중국말을 적는 한문, 한자를 빌려쓰면서 불편함을 아예 모른 척했고 그런 한문만을 쓰는 현실을 자랑스러워했다. 이런 신하들 앞에서 세종은 다르다고 선언하고 아예 대안(훈민정음)을

---

* 이 장은 앞의 논의를 종합하는 것이므로 일부 내용은 겹치기도 한다.

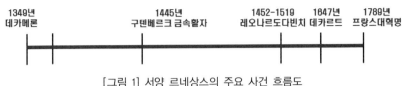

[그림 1] 서양 르네상스의 주요 사건 흐름도

제시하였으니 이는 그 당시로 보면 혁명이나 다름이 없었다. 이것이 세종의 자주 문화정책의 놀라운 실상이었다.

사람다운 세상을 위한 문학, 문화, 예술, 과학 등을 꽃피운 것을 '르네상스'라고 한다. 서양의 르네상스는 교황의 권력으로 상징되는 거대한 중세의 벽을 깨고 각 개인의 사람다움과 각 나라의 권리를 되찾는 과정이었다. 그래서 평범한 남녀의 사랑을 그린 보카치오의 《데카메론》(1392)이 나오고 라틴어로만 소통되던 성경이 자국어로 번역이 되고 구텐베르크 금속활자에 의해 성서를 비롯한 책들이 널리 퍼지고 더불어 예술과 과학이 꽃핀 것이 서양의 르네상스다.

그런데 서로 영향을 주고받지도 않았는데도 비슷한 시기에 중국 황제의 영향력 아래에 있던 동아시아의 조선에서는 조선만의 문자가 만들어져 사람다운 소통과 표현의 길이 열리고 노비나 죄수의 복지환경이 개선되고 과학과 문화가 꽃피는 등 서양의 르네상스에 버금가는 발달이 이루어진다. 이러한 르네상스를 이끈이가 동서양 모두 다양한 인재들에 의한 것도 같다. 다만 서양 르네상스는 특정인이 주도한 것은 아니지만 조선은 세종이라는 임금이 주도한다. 분명한 것은 누가 주도하든 다양한 인재들의 능력이 고루 발휘되어 이룩된 것이라는 점이다. 결국 각 개인이나 지역의 고유 정체성을 찾아 발전시켜 나가는 것이 르네상스의 핵심인데 이런 점이 서양이나 조선이나 같았다.

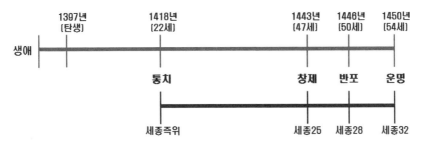

[그림 2] 조선의 세종 통치 시기와 훈민정음 창제 · 반포 시기도

개인이나 단체나 스스로의 정체성을 지키고 잘 드러내는 자주성과 더불어 살아가야 하는 연대성과 공동체성 모두 중요하다. 어느 하나를 소홀히 하거나 한 쪽으로 기울 경우 문제가 된다. 그런데 사실 자주성과 공동체성을 함께 조화롭게 하는 것은 개인도 단체도 쉬운 일이 아니다. 더욱이 15세기 중국과 우리나라와 같은 강대국과 약소국의 관계라면 조화로운 관계 설정은 근본적으로 어렵다고 보아야 한다. 그런데 불가능할 것 같은 약소국의 자주성과 강개국과의 연대성을 조화롭게 이룩한 이가 있으니 바로 세종대왕이다. 여기서는 세종을 한 나라의 임금으로 보기보다는 중국 황제와 중국의 거대 문화와 문명의 벽에 도전하여 그 틀을 깬 약자로서, 한 학자로서의 역할에 더 주목해 보아야 한다. 조병인(2018)의『세종의 고 : 대국의 민낯』에 의하면 세종 시대에 중국의 압력과 횡포는 상상을 초월한다. 당시 사대부 지식인들은 소중화 의식 곧 중화의 일부라는 의식이 거의 절대적이어서 '다름' 자체를 인식하는 것이 쉽지 않았다.

물론 15세기 조선은 나라 이름과 왕위 계승까지 중국의 허락을 받아야 하고 조공을 바쳐야 하는 사대 정치가 본령인 때였으니 세종이 어떻게 자주성을 확보했는지가 핵심 문제가 된다. 세종의 기본 전략은 정치 차원의 사대는 지키되 문화와 역사, 과학 분야에서 철저히 자주성을 가꾸는 것이었고 크게 성공했다. 정치 또한 일방적 사대가 아닌 공존적 사대를 이룩하여 국제 정치 분야에서도 세종은 탁월한 업적을 남겼다.

2. 역사와 문화 자주성

첫째는 역사와 문화 분야에서의 자주이다. 정치 분야에서의 자주는 시대 영향을 받을 수밖에 없고 힘의 논리에 움직일 수밖에 없다. 그러나 역사와 문화는 흔들리지 않는 뿌리와 같다. "반만년의 찬란한 문화"라는 경구는 우리의 오랜 역사 문화의 자주를 잘 보여주는 말이다. 역사를 매우 중요하게 여겼던 세종은 우리의 뿌리인 단군 시조를 중요하게 여겼다. 그래서 세종 7년(1425) 9월에 정척의 건의를 받아들여 단군 사당을 정비하였다.

단군에 대한 인식은 태조 때부터 "조선의 단군은 동방에서 처음으로 천명을 받은 임금이고, 기자는 처음으로 교화를 일으킨 임금"으로 여겨 평양부에서 제사를 지내왔던 것이다. 그런데 단군 사당과 기자(箕子) 조선의 기자 사당은 배치 문제가 있어 1427년 8월에는 "단군과 기자의 묘제를 다시 의논하고, 신라·고구려·백제의 시조의 묘를 세워 제사 지내는 일은 모두 옛 제도를 상고하여 상세하게 정하여 아뢰라.[2]"고 예조에 지시를 내렸던 것이다.

문화적 자주의 최대 업적은 역시 자주적 언어문화를 일군 훈민정음 창제 (1443), 반포(1446)였다. 문자 독립 없이는 사실 근본적인 문화 자주를 이룩하기는 근본적으로 불가능하다. 우리식 문자를 제정함으로서 우리식 문화,

---

1 朝鮮 檀君, 東方始受命之主, 箕子, 始興敎化之君 -《태조실록》, 태조 1/1392/8/11

2 傳旨禮曹曰 : 檀君 箕子廟制更議. 新羅 高句麗 百濟始祖立廟致祭, 并考古制, 詳定以聞
  -《세종실록》, 세종 9/1427/8/21

우리식 사고, 우리식 학문, 우리식 문학이 가능해졌다. 우리 글자가 없어 어설픈 이두나 한문으로 반쪽기록밖에 할 수 없었던 우리의 전통 가요가 비로소 그 입을 옷을 입게 되었다는 것이다. 백제 가요와 고려 가요 그리고 고려 말에 틀을 갖추게 되는 시조가 대표적이다. 더 나아가 세종 이후에 소설과 가사 등 제대로 된 우리 문학 장르가 비로소 정착하게 된 것이다.

더 결정적인 것은 아예 우리식 운서인《동국정운》을 1447년에 6권으로 펴냈다. 신숙주가 대표 저술한 머리말에는 "우리나라는 안팎 강산이 저절로 한 구역이 되어 풍습과 기질이 이미 중국과 다르니, 호흡이 어찌 중화의 소리와 서로 합치될 것이랴. 그러한즉 말의 소리가 중국과 다른 까닭은 당연한 이치다[吾東方表裏山河, 自爲一區, 風氣已殊於中國, 呼吸豈與華音相合歟! 然則語音之所以與中國異者, 理之然也]."라고 당당히 선언한 것이다. 그래서 한자음을 우리식대로 표준을 정해 그 발음을 적은 책을 펴냈다. 중국 황제가 정해 놓은 운서를 금과옥조처럼 떠받들어야 하는 당대 실정으로 보면 역시 혁명과도 같은 선언이었다.

문화 분야에서 자주 결정판은 음악에서 도드라졌다. 세종은 중국식 음악 이론서인《율려신서(채원정, 성리대전)》를 참고하되 우리식 악기, 우리식 음악을 정립(편경, 정간보 외)하였다. "아악은 본시 우리나라 음악이 아니고 중국 음악이다. 중국 사람이라면 평일에 들어 익숙하게 들었을 것이므로 제사에 연주하는 것이 마땅할 것이다. 우리나라 사람들은 살아서는 향악을 듣고, 죽어서는 아악을 듣게 되니 어찌 된 셈인가?[3]"라는 세종의 탄식은 음악의 자주 정책 의지를 보여주는 말이었다. 향악은 전통 우리 음악을 가리키고 아악은 중국의 음악은 당악을 바탕으로 만든 제례 음악을 가리킨다. 제사 지낼 때 중국식 아악 음악이 연주되는 관습을 세

---

3 雅樂, 本非我國之聲, 實中國之音也. 中國之人平日聞之熟矣, 奏之祭祀宜矣, 我國之人, 則生 而聞鄕樂, 歿而奏雅樂, 何如? -《세종실록》, 세종 12/1430/9/11

종이 비판한 것이다.

사실 이 무렵은 세종이 박연과 함께 본격적으로 우리식 음악 정비를 1425년부터 추진하여 어느 정도 정비가 된 시점이었다. 처음에는 태종 5년(1450) 명황제가 하사해 준 편경음에 맞는 표준음을 제정하려 하였지만 우리나라에서 나는 돌과 곡식을 이용하여 표준음을 정하고 표준 악기, 편경을 만드는데 성공하면서 자연스럽게 조선식 음악의 표준을 완성하게 되었다.

3. 과학과 실용 분야의 자주성

둘째는 과학적, 실용적 자주를 추구하였다. 세종은 세종 9년(1427)에는 조선의 약초를 중심으로 하는 《향약구급방》을 간행하게 하고 1430년에는 우리식 농사법을 다룬 《농사직설》을 펴냈다. 농사직설 서문에서 "오방의 풍토가 같지 아니하여. 곡식을 심고 가꾸는 법이 각기 적합한 바가 있다."라고 하여 중국의 농사짓는 법을 다룬 '농상집요'가 아닌 우리나라 풍토에 맞는 농사법을 정리하고 체계화한 것이다.

> 벼 품종에는 이른 벼와 늦벼가 잇고 경종법은 물갈이(무삶이), 마른갈이(건삶이)와 모종법이 있다. 제초하는 법은 대체로 같다.
>
> 올벼의 물갈이법은 추수 후 논물을 대기 쉬운 기름진 논을 택하며(무릇 논은 위로부터 물을 대기 쉽고 아래로 뺄 수 있어서 가물면 물을 대고 비가 내리면 물을 뺄 수 있는 곳이 으뜸이요, 물이 흐르지 않고 괴어있는 곳은 그 다음이나 비가 장기간 내리면 물이 탁하여 모가 썩는다. 비가 내려야 심게 되는 높은 곳의 논은 좋지 않다) 겨울에 갈고 인분을 넣는다(정월에 얼음이 풀린 뒤 갈고 인분을 넣거나 혹은 객토를 하여도 좋다). 2월 상순에 또 갈고 써레로 세로와 가로로 평평히 고르고 다시 쇠스랑으로 흙덩이를 깨뜨려 부드럽게 한

다. 파종에 앞서 법씨를 물에 담가 3일이 지난 후 건져 내어 짚으로 엮은 섬 (공석)에 담아 온화한 곳에 둔다. 자주 열어보아 뜨지 않도록 하고 삭이 두 푼 쯤 나오거든 논에 고르게 뿌린 다음 번지나 고무래(밀개)로 씨를 덮고 물을 대며 새를 쫓는다(묘 싹이 나올 동안).   ─《농사직설》 번역(김영진)

우리나라 농촌 풍경이 그려지는 듯하다. 중국의 농촌과 공통되는 점도 있겠지만 그야말로 풍토는 다른 것인데 그 점에 주목하여 농업 생산량을 높이고 누구나 배불리 먹고 사람답게 살 수 있는 우리식 농업을 쉽게 기술할 수 있었다. 이때는 한글이 창제되기 전이었기 때문에 한문으로 적어 놓았지만 우리의 농기구나 곡식 등은 이두로서 최대한 우리말을 살리려고 노력하였다.

《향약구급방》을 발전시킨 《향약집성방》(세종 15/1433) 서문에서도 "백 리가 떨어지면 풍속이 다르고 천 리가 떨어지면 풍토가 달라, 초목의 성장에는 지역에 따른 적합한 바가 있고 사람의 음식기호에도 또한 습성이 있다." 라고 한 것이다.

앙부일구, 천평일구, 현주일구, 자격루 등 시계 시리즈의 발명은 우리식 천문 연구 실용화의 결정판들이다. 특히 앙부일구는 절기와 방위까지 알게 한 다목적용 해시계라서 우리 풍토와 기호에 맞게 설계되었다. 사실 뛰어난 해시계는 다른 나라에도 많지만 다목적용으로는 앙부일구가 처음이었다. 또한 이 시계는 이름처럼 솥단지처럼 오목하게 생겼는데 이런 모양도 다른 나라에서 찾아볼 수 없는 독특함이었다.

이런 흐름 속에서 세종은 중국 등의 천문학을 받아들이되, 우리나라에 맞게 만든 우리식 역법서인 《칠정산내외편(七政算內外篇)》을 펴냈다. 1433년 정인지 등에게 편찬하게 한 뒤 1442년에 《칠정산내외편》을 완성하고 1444년에 간행하였다. 해가리기(일식), 달가리기(월식) 등의 자연 현상을 정확하게 측정해야 하는 역법은 왕의 권위를 나타내는 매우 중요한 일이었다. 우리나라는 1281년 원에서 받아들인《수시력(授時曆)》에 의존하였으나 조선 태종때까지도 하늘의 이치를 정확히 몰랐다. 세종이 임금이 되자 이 문제가 심각하게 문제가 되었다. 세종이 임금이 된 지 4년째 되던 1422년 1월 1일. 일식 계산이 계산한 시간보다 무려 15분 늦게 일어나 이를 계산한 과학자가 처벌받는 사건이 벌어진다. 중국에서 만든 천문 역법서를 들여다 사용하니 오차가 생길 수밖에 없었다. 그래서 세종은 1430년 역법을 정밀하게 교정하고자 수학자인 김한과 김자안 등을 중국에 보내 산법(수학)을 익히게 하였고 세종 자신이 산학계몽을 공부하였다.

김돈이 세종 19년에 남긴 '간의대기' 기록(《세종실록》, 1437/4/15)에 의하면 세종은 세종 14년(1432) 7월 어느 날 경연에서 해, 달, 별의 이치를 논하다가 "우리나라는 중국과 멀리 떨어져 있고, 모든 제도는 중국을 따르고 있으나 천문을 관측하는 과학 기구가 갖추어지지 못했다[我東方邈在海外, 凡所施爲, 一遵華制, 獨觀天之器有闕]."라고 염려하면서, 정인지에게 "고전을 연구하여 천체관측기와 계산하는 기계를 창안하고 제작하여 측정과 시험에 대비하도록 하라."고 지시하였다. 이리하여 세종 19년(1437) 4월까지는 5가지 천문의기와 10가지 시계가 거의 제작되었다. 더욱이 종합과학연구소인 흠경각은 1438년에 이룩되었다.

이렇게 세종은 간의대 설치 등으로 제대로 된 연구 기반을 마련하였다. 이런 노력으로 1434년에는 새로운 물시계인 자격궁루, 앙부일구를 1437년에는 일성정시의, 혼의, 자격루 등을 제작하였다. 이런 성과를 바탕으로 체계적인 역법서인《칠정산내편(七政算內外篇)》이 1442년에 완성되고《칠정산외편(七政算內外篇)》은 1444년에 완성된다.《칠정산내편》에서는 태음(달)의 행도와 위치 계산, 일식과 월식의 계산, 오행성의 계산 등의

[사진 1] 《칠정산내편》   [사진 2] 《칠정산외편》

원리가 정확하게 기술되었다. 이렇게 중국의 과학기술을 우리 풍토에 알맞게 수정·개량·보완하여 토착화하였다. 이는 명나라 황제가 내려주는 대통력보다는 우리 풍토에 적합한 천문 책으로 일식 같은 천지의 움직임을 정확하게 계산해내는 책이었다.

4. 독창적 자주

셋째는 독창적 자주이다. 이 분야의 대표적인 예는 역시 1443년에 창제하고 1446년에 반포한 훈민정음이었다. 흔히 국어학계에서는 훈민정음이 중국의 성운학을 바탕으로 창제되었다고 하나 이는 잘못된 생각이다. 분명 세종은 성운학의 이론서인 《성리대전》을 탐독하고 참고한 것은 맞지만 성운학과 차원이 다른 학문적 기반을 이룩하고 이를 바탕으로 매우 독창적인 문자 창제에 성공한 것이다. 중국의 성운학대로 했다면 오히려 독창적인 문자를 발명할 수 없었을 것이다. 다음 그림은 훈민정음이 얼마나 독창적인 문자인지를 보여주는 원리도이다. 모음에는 거대한 우주를 자음에는 작은 우주인 사람의 발음기관을 적용하였다. 모음에는 천지인 삼조화 사상과 음양오행 철학을 자음에는 발음과학과 오행을 적용하였다.

　1434년의 앙부일구 또한 한자 모르는 일반 백성들을 고려해 동물그림으로 시각을 표시한 것 또한 독창적 자주 정신을 보여 준 것이다.

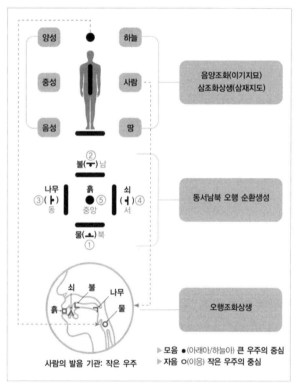

[그림 3] 훈민정음의 독창성을 보여주는 한글 자모 창제 원리도

5. 공존적 자주

세종은 실용 외교를 통해 공존적 자주를 추구하였다. 세종은 문화, 실용 분야에서는 철저하게 자주 정책을 시행하지만 정치 분야에서는 지성 사대를 이어가는 전략적 사대주의를 하였다. 그 당시 국제 정치의 흐름인 명나라에 대한 사대는 철저히 지켜 국제 조화를 이루면서 우리식 음악과 과학 정책 등을 성공리에 이끌어 주체적인 정치를 시행했다. 이런 점이 소를 바치라는 명 황제의 명에 대한 토론에서 잘 나타나 있다. 먼저 세종이 말하기를

"소는 우리나라에서 희소하게 나는 동물로서 마련하기가 어렵고, 또 농사에 가장 긴요하게 절실한 것이니, 마땅히 감면을 주청해야 할 것이다. 그러나 중국 조정에서 번번이 말하기를, '조선의 사대하는 마음은 지극히 정성스러움이 둘도 없다.'고 하였는데, 지금 소를 갖추어 바치는 일이 비록 어렵기는 하나 국가의 안위에 관계될 만한 것은 아니다. 그런데 번거롭게 감면을 주청하면 혐오하는 틈이 생길까 염려되니, 어떻게 처리할 것인가. 장차 반수만을 준비하여 진헌하고 나머지의 준비하지 못한 것은 감면을 주청할 것인가. 그 대가는 그만두고 반수만을 준비하여 진헌할 것을 주청하면 어떻겠소."[4]

이에 대하여 봉여(奉礪)·유맹문·최사의·이징옥 등은 "그 대가는 그만두기를 주청하고 마련하여 진헌한다면, 중국 조정에 물의를 일으킬까 두렵습니다. 마땅히 황제의 명령에 좇되, 반수만을 중국 물품과 무역하여 진헌하고, 그 나머지는 면제하여 주기를 주청하여야 하겠습니다.[5]"라고

---

4 牛隻, 本國稀小之物, 措辦爲難, 且於農最切, 宜奏請蠲免. 然中朝每言朝鮮事大之心, 至誠無二, 今牛隻措辦雖艱, 然不係於社稷安危, 而煩爲奏請, 恐生嫌隙, 處之何如? 將爲半備進, 其餘未備者, 奏請蠲免乎? 請除其價, 爲半備進何如? -《세종실록》, 세종 14/1432/5/28

5 請除其價, 措辦以進, 則恐有朝廷之議, 宜從帝命, 爲半貿易以進, 其餘請免. -《세종실록》,

주장했다. 이에 대해 정초·허조·권진 등은 "소는 농가의 소중한 동물로서 민생에 긴요하고 절실함 이 매우 큽니다. 마땅히 감면을 주청하여야 할 것입니다. 또 이것은 매와 같은 것이 아니니, 다만 요동에서 주청한 것에 의한 것일 뿐일 것입니다. 신 등은 들으니, 전년에 이미 우리의 주청을 윤허하였다는데, 금년에 이르러 이와 같이 또 '소를 바치라고' 칙서를 내린 것은, 황제가 생각하여 한 일이 아님이 명백합니다. 반수를 중국 물품과 교역하여 바치고, 그 나머지는 감면을 주청하더라도 반드시 혐오를 초래하는 일은 없을 것입니다.⁶"라고 하고, 최사강은 "지금 반수를 바치고, 그 나머지는 번식되기를 기다려서 진헌하겠다고 주장하는 것이 좋겠습니다.⁷", 맹사성은 "갑신년에 소를 교환한 뒤로는 금년에 이르러 이 칙서가 있는 것이니, 수대로 바치지 않을 수 없습니다.⁸"라고 한결같이 황제의 말을 그대로 따를 수 없다는 의견을 내놨다.

그럼에도 세종은 "대신들이 소는 반수만을 바치고, 다 마련하지 못하는 사유를 자세히 아뢰는 것이 좋다고 말하나, 이제 칙서를 다시 보니 말 뜻이 자세하고 간곡하여서 사세가 그만둘 수가 없다. 수대로 다 준비하여 바치는 것이 옳겠다.⁹"라고 하여 신하들보다 더 사대의 결론을 내린다.

이런 조선의 노력에 대해 중국 황제는 다음과 같은 칙서를 몇 달 뒤 보내온다.

세종 14/1432/5/28

6 牛隻, 農家重物, 切於民生甚大, 宜奏請. 且此非海靑之類, 但因遼東奏請而已. 臣等聞前年已準請, 至今年乃下勑, 非皇帝致慮之事明矣. 爲半貿易以進, 其餘奏請蠲免, 必無生嫌. -《세종실록》, 세종 14/1432/5/28

7 今折(哀) 以進, 其餘待蕃息備進事, 奏請爲可. -《세종실록》, 세종 14/1432/5/28

8 甲申年換牛之後, 至今年乃有此勑, 不可不依數. -《세종실록》, 세종 14/1432/5/28

9 大臣等以爲 : '牛隻宜進其半, 具奏未得盡備之由.' 今更見勑書, 辭旨委曲, 勢不可已, 依數備進可也. -《세종실록》, 세종 14/1432/5/28

"왕은 조정을 공손히 섬기어 영락(永樂)으로부터 이제까지 전후가 한결같이 정성스러우니, 탁월한 현명한 왕이라 이르겠도다. 이에 중국이 왕을 대우함도 또한 전후가 한결같이 정성스러운데, 파견한 바 사신 중에서 혹 소인이 있어, 마음이 내키는 대로 경솔히 큰 줄기를 돌아보지 않고 망령되어 쓸 것을 요구함이 있다하니, 무릇 그들의 말하는 바가 칙서에 유시된 것이 아니면, 왕은 믿고 따르지 말라. 전에는 산동 포정사(山東布政司)를 명하여, 포·견(布絹)을 변방 위군[邊衛]에 운반하여 왕국 인민들에게 주고, 농사짓는 소를 모아 사가지고 요동 둔군(遼東屯軍)에게 주도록 했는데, 이제 주문(奏文)을 받아 본즉, 왕의 국내에서 생산되는 농사짓는 소가 많지 않다고 하매, 짐이 다 잘 알고 있으니, 현재 있는 대로 보내와서 교역함이 가하고, 그 밖에는 그만두라. 다만 매는 날려 사냥하는 데 소용되는 것으로, 왕의 나라에서 나는 것이니, 만일 사람을 파견하여 채포(採捕)하려고 하거든, 왕은 주선하여 주도록 할 것이다. 그러므로 유시하노라.¹⁰"

— 세종 14/1432/10/6

위 내용을 보면 중국 황제는 오히려 칙사들의 권력 남용을 우려하여 조선을 예우하고 있음을 알 수 있고 조선 임금의 노력에 대해 무척 감동했음을 여실히 보여주고 있다. 그렇다고 세종이 따를 수 없는 것을 따르는 것은 아니었다. 그럴 경우 절충 전략을 통해 실용 외교를 추구한다. 금은 조공을 요구하는 명나라의 무리한 요구를 무조건 거부하지 않고 다른 토산물로 대체하게 한 사건이 대표적이다.

"엎드려 바라건대, 황태자 전하께서는 황제의 밝은 은택이 베풀어지도록 인도하사 특히 금·은 공납을 면제하고 토산물의 마땅한 것으로써 대신하게

10 王恭事朝廷, 自永樂至今, 前後一誠, 可謂卓然賢王者矣. 肆朝廷待王, 亦前後一誠. 所遣使臣, 慮其中有小人, 任情輕率, 不顧大體, 妄有需求, 凡其所言, 非勅書所諭者, 王勿信從. 前命山東布政司, 運布絹於邊衛, 與王國人民收買耕牛, 給遼東屯軍. 今得奏, 國中所産不多, 朕已具悉. 可隨見有者, 送來交易, 餘則止之. 但海靑飛放所用, 而産於王國, 若遣人來採捕, 王可應付, 故諭. -《세종실록》, 세종 14/1432/10/6

하여, 상하의 정이 통하게 하고 먼 곳 사람의 바람을 위안하여 주시는 것이 신의 간절한 소원이나이다."라고 하면서 하고, 예물은 백세저포 20필, 흑세마포 30필, 잡색마(雜色馬) 4필을 바쳤다.[11]   − 세종 11/1429/8/8

   이러한 정치 분야의 사대에 대해 '공존적 자주'라고 한 것은 이런 식의 전략적 사대주의가 아니라면 과학, 문화 분야에서의 실용적 자주가 어려워졌을 수도 있기 때문이다. 4군 6진 개척 같은 민감한 국방 문제에서도 명나라와 충돌없이 최대한의 실리를 이룩한다. 이 또한 세종의 전략적 사대주의가 아니라면 어려웠을 것이다.

   성리학의 핵심인 천명 사상에 중요한 천문에 관한 것이나 예약 정치에서 중요한 음악에 관한 것은 중국 황제의 절대적 권한이라 할 수도 있다. 그러나 세종은 철저히 그런 틀을 깨고 철저히 자주 정책을 폈다. 더 나아가 문자 분야에 대해서는 중국 황제가 펴낸 운서의 발음을 아예 조선에서 새로 발명한 훈민정음으로 적으니 그것이 1447년에 펴낸 《동국정운》이고 세종 31년(1449)부터 편찬을 시작하여 단종 3년(1455)에 나오는 《홍무정운역훈》이다. 중국 황제가 천 년 넘게 못해온 것을 당당히 해치우고 천하 문명의 중심인 문자 천하를 이룩했음을 의미하니 이보다 더 중요한 자주가 어디 있겠는가.

---

11 伏望皇太子殿下, 導宣睿澤, 特蠲金銀之貢, 代以物産之宜, 以通上下之情, 以慰遠人之望, 臣之至願也. 禮物, 白細苧布二十匹, 黑細麻布三十匹, 雜色馬四匹. −《세종실록》, 세종 11/1429/8/8

[사진 3] 동국정운(1447)

洪武正韻卷第一

平聲

一東

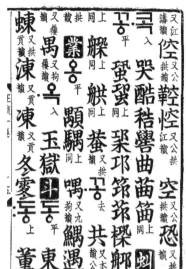

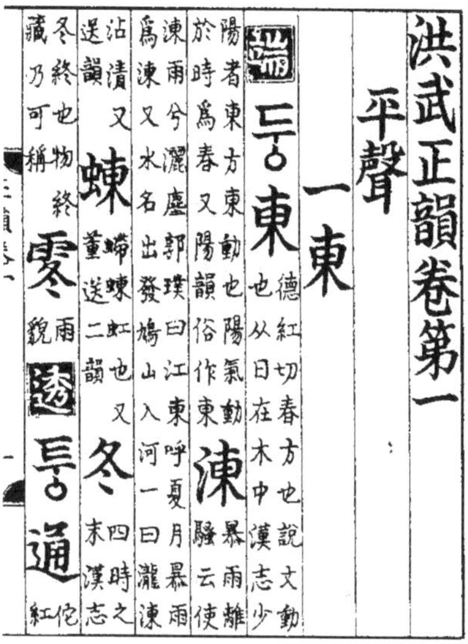

[사진 4] 홍무정운역훈(1455)

융합인문학자 세종을 직접 만나다

길잡이

　조선 세종(1397.4.10.~1450.2.17), 재위 1418~1450년. 조선의 4대 임금으로 언어학자이자, 음악가, 천문학자, 문자 발명가. 실제 이름은 이도(李祹), 어릴 때 이름은 막동(莫同), 어른 된 뒤의 이름은 원정(元正). 서거 뒤 공적을 기려 붙인 이름인 시호(諡號)는 '세종장헌영문예무인성명효대왕(世宗莊憲英文睿武仁聖明孝大王)'. '장헌'은 명나라 황제가 내린 시호로 다양한 분야에 으뜸 표준을 세웠다는 뜻이다.

　세종은 태조 이성계가 1392년 7월 17일 새 나라를 연 지 5년 뒤인 1397년 4월 10일(양력 5월 15일, 태조 6년) 경복궁 서문인 영추문 바깥 쪽인 한양 준수방(지금의 서울 통인동 137번지 일대) 잠저에서 정안군(이방원, 훗날 태종)과 민씨 부인(훗날 원경왕후)의 셋째 아들로 태어났다. 태조는 1392년 8월 13일에 한양 천도를 천명했고 세종이 태어나기 2년 전인 1395년 10월 경복궁과 종묘가 준공됐다. 세종이 두 살 때인 1398년 2월 한성에 남대문이 건립되고 종루에 종이 걸렸다. 그해 9월 1차 왕장의 난으로 정도전, 왕세자 방번이 죽었다. 세종이 22살 때인 1418년 6월 3일 왕세자가 되었고 그로부터 두 달 조금 더 지난 8월 11일에 왕위에 올라 근정전에서 즉위 교서를 발표했다. 2018년은 즉위 600돌이 되는 해이다. 세종은 1443년에 한글 창제를 마무리하고 1446년에 훈민정음 해례본을 펴내 백성들한테 널리 알렸다. 올해 10월 9일은 한글 반포 572돌이다. 이런 뜻 깊은 해를 맞이하여 한국기자협회는 세종 가상 인터뷰를 마련했다.

인터뷰는 훈민정음학, 세종학자로서 세종학, 훈민정음학을 연구하고 가르치면서 세종생가터 복원 운동을 벌이고 있는 김슬옹 박사가 맡았다. 그가 세종대왕을 알현한 장소는 훈민정음 반포에 큰 구실을 한 집현전이 있던 수정전이다.

김슬옹 : 대왕이시여. 대왕이 닦아 놓은 길을 걷고 있는 21세기 후손이, 대왕을 뵈옵니다. 2018년은 대왕이 즉위하신 지 600돌이 되옵고 올해는 대왕께서 훈민정음을 반포한 지 572돌이기도 합니다. 그리하와 후손을 대표하여 훈민정음에 대해 궁금한 것들이 많아 직접 여쭙고자 이렇게 뵈옵니다.

세종 : 어서 오시오. 그대가 훈민정음을 연구하고 과인에 관한 학문(세종학)을 세우고 있다 하니 참으로 가상하오. 그대가 아주 먼 후손이라 하나 집현전 학사와 같은 길을 걷고 있어 하대하지 않고 집현전 학사와 같이 대할 것이오. 과인도 과학자이지만 미래 과학이 참으로 놀랍구료. 순간이동으로 과거의 과인을 만나러 오다니!

김슬옹 : 황공하옵니다. 그럼 곧바로 질문을 올리겠사옵니다. 가장 궁금한 것은 훈민정음을 만든 동기이옵니다. 대왕께서 직접 저술하신《훈민정음》 해례본 어제 서문에서 한자 모르는 어린(어리석은) 백성들의 소통과 표현 문제를 해결하고자 만들었다고 하셨지만 일부 학자들은 한자음 표기가 더

중요한 창제 동기라고 주장하고 있기도 하옵니다.

세종 : 허허. 과인이 왜 만들었는지를 일목요연하게 밝혀 놓았는데도 그 맥락을 오해하는 후손들이 있었구료. 과인이 거꾸로 그대에게 묻겠소. 한 자음은 누구에게 왜 필요한 것이오?

김슬옹 : 한자는 양반만이 습득이 가능했으므로 한자음을 어떻게 표기할 것인가는 양반에게 주로 필요한 것입니다. 또한 중국과 한문으로 된 문서 를 주고 받아야 하니 정확한 음을 알아야 했을 것입니다.

세종 : 그럼 그렇게 보면 과인이 양반들을 위해 훈민정음을 만들었다는 것인데 그것은 과인이 직접 쓴 서문 취지와 모순되지 않소. 과인이 양반들 을 위해 만들었다면 또는 한자음만을 적기 위해 만들었다면 1443년 12월에 28자 창제를 마무리하고 1444년 2월 16일 중국 운서의 한자 발음을 정음으 로 표기하라고 명령을 내리자 4일 뒤인 2월 20일쯤 집현전 부제학 최만리 대감을 비롯하여 신석조, 김문, 정창손, 하위지, 송처검, 조근 등 집현전의 원로 대신들이 중심이 되어 반대할 리가 없지 않소.

한자음 적기가 중요하지 않다는 것이 아니요. 일반 백성들도 비록 한자 는 모르지만 한자어는 많이 쓰고 있고 중국 황제들이 천 년 넘도록 한자음 을 정확히 적고 표준음을 만들기 위해 애써왔듯이 우리에게도 한자음 적기 는 똑같이 중요하고 중국과 외교문서를 주고받는 일이 매우 중요하니 한자 음 적기도 매우 중요한 것은 두말 할 필요가 없소. 이런 동기를 위해서라면 당대 최고 석학이었던 최만리 대감이 그렇게 장문의 상소를 올려 반대할 리가 없지 않소.

김슬옹 : 그렇다고 한자 모르는 백성들을 위해서만 만든 것은 아니지 않사옵니까?

세종 : 그래서 과인이 쓴 서문 마지막에서 모든 백성들, 곧 평민이든, 중인이든, 양반이든, 천민이든 누구든 쉽게 배워 편안하게 생활하게 할

따름이라고 한 것이오. 어떤 특정 계층만을 위한 문자는 소통이 되지 않으니 의미가 없지요. 한자도 모든 백성이 쓰라고 한 것이지만 너무 어려우니 특정 신분만이 가능한 문자로 전락한 것이지요. 아무튼 《훈민정음》 해례본에서 정인지 대감이 정리한 꼬리말에서도 모든 백성들이 깨우칠 수 있도록 해례본을 펴내라고 했다고 써 놓았지요.

물론 1차적인 창제 동기와 목적은 한자 모르는 백성들을 가르치고 그들의 표현과 소통 문제를 해결하기 위해서지만 궁극적인 목적은 바로 정인지 대감이 정리한 서문 첫머리에 나와 있지요.

김슬옹 : "천지자연의 소리가 있으면 반드시 천지자연의 문자가 있게 마련이다."라는 구절을 말씀하시는 것이지요.

세종 : 그렇소. 한자와 한문을 빌어 우리말을 적는 것은 마치 네모난 구멍에 둥근 도끼 자루를 끼우는 것과 같은 것이니 그 문제를 근본적으로 해결하기 위해서는 한자음이든 토박이말이든, 천둥소리든 개짖는 소리든 그 어떤 소리라도 맘껏 적을 수 있는, 제대로 바르게 적을 수 있는 문자가 필요했던 것이오.

그리고 문자라는 것이 소리만 적기 위해 필요한 것은 아니지 않소. 논어, 맹자, 중용, 대학 등과 같은 성현의 말씀을 적은 책의 표현 도구, 또는 학문이 가능한 도구, 재판 기록을 적어 재판관들은 정확한 판결 도구로 삼고 죄수들도 읽을 수 있는 문자 이런 실용성을 두루 갖추어야 제대로 된 문자이지 않소?

그래서 정인지 대감도 정음 28자만 배우면 학자들은 정확한 뜻을 더 잘 풀어낼 수 있고 죄를 다루는 관리들도 누구에게도 억울하지 않은 명확한 기록을 할 수 있는 문자라고 한 것이오. 바로 이런 점 때문에 양반 사대부들이 정음이 두려웠던 것이오. 혹시라도 한자, 한문을 통해 중화의 문명을 따르고 배우고 소통해야 하는데 한자보다 더 뛰어난 소리 문자가 나와 한자의 권력을 대체할까봐 그것이 두려웠던 것이오.

김슬옹 : 그럼 자연스럽게 두 번째 질문으로 옮겨가옵니다. 아직도 많은 후손들이 훈민정음을 집현전 8학사(정인지, 최항, 박팽년, 신숙주, 성삼문, 이개, 이선로, 강희안)들과 함께 만들었다고 알고 있는데 이런 공동 창제설은 성립할 수 없는 것이군요.

세종 : 한자가 생명이요 권력인 양반 사대부들이 어찌 새로운 문자를 만드는 일에 참여할 수 있겠으며 또 그런 문자를 상상이나 할 수 있었겠소. 8학사들은 창제 후에 새 문자를 널리 알리는 책을 만드는 데 참여한 것뿐이오. 그들조차도 실생활에서 실제 문서용으로 사용하지는 않았소. 이런 사람들이 공동 창제자가 될 리가 없지 않소. 그래서 과인은 비밀리에 연구할 수밖에 없었고 창제를 완벽하게 끝내고 나서야 집현전 학사들에게 알리고 그들을 설득하게 된 것이오. 또한 비밀리에 연구한 까닭은 이러한 문자 창제는 고도의 집중이 필요한 연구지요. 음성학, 해부학, 천문학, 음악학 등 여러 학문을 배경으로 소리의 원리, 과학의 원리, 음악의 원리, 철학의 원리를 모두 반영해야 하는데 이런 연구는 오히려 공동 연구로는 어려운 것이오. 물론 집현전 학사들이 문자 연구에 필요한 여러 연구를 뒷받침해 주었으니 그들은 간접적 기여를 한 점을 높이 사 공동 창제라고 해도 괜찮지요. 과인이 비록 임금이었지만 모든 공을 독차지 하는 걸 좋아하지 않는다는 것을 잘 아시지 않소. 해례본 저술에 참여한 이들 이름을 꼭 밝혀 놓고 그들이 무엇을 담당했는지, 나와의 역할이 무엇인지 다 밝혀 놓았는데 왜 억측을 하는 후손들이 그리 많은지 모르겠구려.

김슬옹 : 맞습니다. 대왕께서는 모든 인재들을 적재적소에서 각자의 재주를 빛나게 했고 장영실 같은 노비 출신조차도 이름을 크게 빛나게 했지요. 그럼 언제부터 새 문자를 구상하게 된 것이옵니까?

세종 : 그건 사관들이 실록에 기록해 놓았지요. 과인은 태조께서 나라

를 창업한 지 27년 만에 임금 자리에 올랐소. 정치적 야심이 컸던 상왕 태종께서 정치적 기반을 안정되게 만들어 놓았으나 안타깝게도 많은 이들의 희생이 따랐고 이제는 중화 문명에 못지 않은 문명 국가를 이뤄야 하는 책임이 나에게 있었소. 하늘의 이치대로 백성들이 살아가는 성리학의 이념이 제대로 실현되는 나라를 만들고 싶었고. 질병 문제, 먹거리 문제, 국방 문제, 토지세 문제 등도 제대로 해결하여 백성들이 그야말로 편안하게 살 수 있는 나라를 만들고 싶었소. 그런 세상을 위해서 정치와 제도 개혁 등도 중요했지만 가장 중요한 것은 바로 지식과 정보를 일반 백성들도 알게 하는 것이었고 그 답은 책에 있었소.

과인이 임금이 된 지 8년, 상왕께서 돌아가신 지 3년쯤 지난 1426년 10월 27일 어전 회의에서 이렇게 말한 적이 있지요.

사람의 법은 함께 써야 하는 것인데, 지금은 옛날과 같지 않기 때문에 부득이 가까운 법률문을 준용하여 시행하는 것이오. 그러나 법률문이란 것이 한문과 이두로 복잡하게 쓰여 있어서 비록 문신이라 하더라도 모두 알기가 어려운데, 하물며 법률을 배우는 생도이겠소? 이제부터는 문신 중에 정통한 자를 가려서 따로 훈도관을 두어 《당률소의(唐律疏義)》·《지정조격(至正條格)》·《대명률(大明律)》 등의 글을 강습시키는 것이 옳을 것이니, 이조로 하여금 정부에 의논하도록 하시오.

이때부터 과인은 한자와 이두가 갖고 있는 문자로서의 모순에 대해 깊이 고민하게 된 것이오. 제대로 된 나라를 위해서는 법이 바로 선 나라를 만들어야 하는데 그 법을 쉽게 가르쳐 백성을 교화시킬 수 없다면 도대체 어찌 나라를 다스릴 수 있겠소. 그러다가 1428년 끔찍한 존속 살인 사건이 일어나 무척 충격을 받고 이는 일벌백계로 해결할 문제가 아니라 책을 통한 근본적인 교화가 중요함을 알았지요. 그래서 효행록을 펴냈지만 한자를 모르는 백성들한테는 무용지물이었고 하도 답답해 만화를 곁들은 삼강행실도라는 책을 1434년에 펴냈지만 그조차도 별 효과가 없어 서당조차 다닐 수 없는 일반 백성들이 쉽게 배울 수 있는 문자를 구상하게 된 것이오.

김슬옹 : 그렇다면 일반 백성들이 서당을 다닐 수 있는 정책을 펴는 게 새로운 문자를 만드는 것보다 효율적이지 않았을까요?

세종 : 그런 정책을 펴는 것도 힘들었겠지만 서당에 다닌들 어느 세월에 배워 실천한단 말이오. 일 안 하고 공부만 하는 양반들조차 20년은 배워야 맘껏 한문책을 읽고 쓸 수 있는 것을 모른단 말이오.

김슬옹 : 정말 여쭙고 싶은 것은 많은데 충전이 떨어지면 미래로 다시 돌아가야 하옵니다. 마지막으로 꼭 필요한 질문 하나만 여쭙겠습니다. 대왕께서 《훈민정음》 해례본을 통해 새 문자를 널리 알린 날을 우리 후손들은 한글날로 삼아 기리고 있사옵니다. 대왕께서 해례본을 왼손에 든 대왕의 동상을 새겨 놓기도 했답니다. 해례본을 통해 궁극적으로 우리 후손들에게 전하고 싶은 것은 무엇이옵니까?

세종 : 단지 새 문자를 알리는 해설서라면 그렇게 길고 짜임새 있는 책을 쓸 필요가 없었겠지요. 훈민정음에 담긴 보편 과학, 보편 철학, 보편 음악을 널리 알려 누구나 쉬운 문자로 그런 보편 가치를 맘껏 누리고 존중받는 사람이 되라는 의미를 담고 싶었소. 훈민정음에 담겨 있는 음양 오행, 중성 모음에 담겨 있는 하늘과 땅과 사람의 어울림, 혀끝을 윗잇몸에 대면 나오는 니은 소리. 이 모든 것들은 양반이든 상민이든, 중국인이든 일본이든 똑같이 적용되는 것이지요. 그래서 짐이 하늘 아래 양반과 천민의 차이는 없다고 한 것이오.

김슬옹 : 그러고 보니 해례본에 나오는 123개의 한글 표기 낱말 가운데 마지막 낱말은 '별'이옵니다. 일부러 이 낱말을 택한 것인지요.

세종 : 누구나 28자를 편안하게 맘껏 써서 별처럼 빛나길 바란 것이오.

제3부

세종학·세종대왕 문헌 목록

세종대왕기념사업회에서는 1956년 이래 세종을 기리는 많은 사업을 벌여 왔다. 그 모든 사업을 갈무리하고 세종 관련 수많은 업적을 집약하는 의미에서 관련 문헌 목록을 만들게 되었다.

우리는 말로만 세종, 세종 하면서 정작 그의 업적이 어느 정도인지 그러한 업적의 의미가 무엇인지를 제대로 아는 이가 드물다. 그 업적은 비슷한 시기의 서양 르네상스와 비교해 보면 쉽게 알 수 있다. 사람다운 세상을 열기 위한 문화와 과학을 꽃피운 서양 르네상스는 14세기 후반부터 대략 200여 년에 걸쳐 이룩된다. 세종은 재위 32년간, 그에 버금가는 업적을 쌓았다.

그 모든 업적이 다 소중하지만 가장 뛰어난 것은 역시 전 세계인들이 한결같이 감탄하는 한글 창제였으니 그것은 누구나 쉬운 문자로 지식과 정보를 나눌 수 있는 길이었다. 훈민정음은 세종 통치 막바지인 세종 25년(1443)에 창제되고 세종 28년(1446)에 반포되었으니 이는 세종의 온갖 학문과 업적이 축적되어 이룩된, 그야말로 융합 업적이었고 백성 중심 정치의 찬란한 꽃이었다.

그렇다면 어떻게 600돌의 의미를 기릴 수 있을까? 세종 정신을 각자의 자리에서 실천해 보는 것이다. 세종 정신은 한 마디로 배려와 소통, 창조적 융합 정신이었다. 그것은 보편 과학과 철학을 바탕으로 한 사람다움과 우리다움의 업적이었으니 세종 정신은 15세기에 머무르는 정신이 아니라 오늘도 내일도 더욱 꽃피워야 할 정신이요 길이었다. 세종은 15세기 명나라, 일본 등 주변국을 존중하며 자주 문화를 꽃피웠으니 세종의 길은 전 세계인들이 함께 나눠야 할 길이기도 하다.

아무쪼록 이 목록이 세종의 뜻을 잇는 각종 사업에 의미 있는 자료로 쓰였으면 한다.

일러두기

* 이 자료는 2018년 10월까지 국내에서 발행된 문헌으로 세종대왕기념사업회와 필자가 수집한 각종 자료에 국회도서관, 국립중앙도서관 등의 온라인 검색으로 보완한 목록이다. 최초 목록 문헌은 "세종대왕기념사업회(1983), 『세종연구자료총서 1-2』, 세종대왕기념사업회."이고 2차로 "김슬옹 엮음 (2017), 「'세종대왕, 세종학' 관련 연구·자료 문헌 목록」, 『세종학 연구』 16, 세종대왕기념사업회, 205-246쪽."으로 작성한 바 있다. 이 목록에는 인터넷 검색으로 나오지 않는 많은 문헌들이 포함돼 있다.
* '훈민정음' 관련 문헌은 "김슬옹 엮음(2015), 『훈민정음(언문·한글) 논저·자료 문헌 목록』, 역락."에서 따로 정리한 바 있어 국회도서관에서 '세종'을 핵심어로 설정한 훈민정음 문헌 일부만 포함시켰다.
* 1장은 분야별/주제별 발행/저작 연도순 목록이고 2장은 세종시대 문헌, 3장은 세종대왕기념사업회 역주 중심 문헌이다.
* 국한문 혼용 논저일 경우 제목은 되도록 원문을 살리되, 저자명과 출처명은 한글전용으로 바꾸었다.
* 부호는 다음과 같이 사용하였다.
  − 단행본
  　홍이섭(1971/2004 : 수정판), 『세종대왕』, 세종대왕기념사업회.
  − 학위 논문
  　이은희(1996), 『《칠정산 내편》의 연구」, 연세대학교 박사논문.
  − 일반 논문
  　박종국(1981), 「535돌의 한글날을 맞이하여」, 『세종문화』 49호(10.1), 세종대왕기념사업회, 3-4쪽.

제1장

간행 연도에 따른 주제별 목록

1. 단행본, 전집류(영인본 포함)

1) 인문·사회·과학 도서(학술 자료집 포함)

조선고서간행회 편(1911), 『龍飛御天歌, 全』, 조선고서간행회.

권제 외저(1937-1938), 『龍飛御天歌 上·下』, 경성제국대학법문학부.

최현배(1942), 『한글갈』, 정음문화사.

이상춘 편(1946), 『龍飛御天歌 : 註解』, 동화출판사.

계림사편집부(1949), 『朝鮮偉人傳』, 계림사.

허웅 역주(1955), 『龍飛御天歌 : 詩歌經典篇』, 정음사.

김성칠 역주(1959), 『龍飛御天歌』, 정양사.

(평양)사회과학원 민족고전연구소 역(1993), 『이조실록, 11-20』, 여강출판사.

황창건(1964), 『明實錄校勘記, 15-21 : 世宗實錄校勘記』, 중앙연구원역사언어연구소.

남광우(1966), 『東國正韻式 漢字音 硏究』, 한국연구원.

세종대왕기념사업회 편(1968), 『세종장헌대왕실록, 연대기 1-6』, 세종대왕기념사업회.

국사편찬위원회 편(1968), 『朝鮮王朝實錄, 1-8』, 국사편찬위원회.

세종대왕기념사업회 편(1969), 『세종장헌대왕실록, 17-30』, 세종대왕기념사
업회.

세종대왕기념사업회 편(1970), *King Seijong the Great : a biography of
Korea's most famous king*, King Seijong Memorial Society.

국사편찬위원회(1970), 『朝鮮王朝實錄, 1-10』, 국사편찬위원회.

이동림(1970), 『東國正韻 연구』, 동국대 국어국문학연구실.

이은상(1971), 『민족사의 불기둥 I』, 횃불사.

신숙주 외(조선, 1972), 『東國正韻 1-6』(영인본), 건국대출판부.

동화출판사(1972), 『韓國의 思想大全集 5-8』, 동화출판사.

세종(조선 제4대왕) 편(1972), 『東國正韻(及)解題, 冊1-7』, 건국대출판부.

아세아문화사(1972), 『龍飛御天歌 全』, 아세아문화사.

이태평 편저(1972), 『李王朝六百年史』, 양양사.

세종대왕기념사업회(1973), 『세종장헌대왕실록, 연대기 7-11』, 세종대왕기념
사업회.

조선총독부중추원 편(1973), 『(校訂)世宗實錄地理誌』, 태영사.

김상억 주해(1975), 『龍飛御天歌』, 을유문화사.

세종대왕기념사업회(1975), 『세종장헌대왕실록, 연대기 12-16』, 세종대왕기
념사업회.

한국고전총서간행회 편(1973-1976), 『(原本影印)韓國古典叢書 1-6(권1)』, 대
제각.

세종 외 편(1977), 『醫方類聚 : 世宗大王命撰, 第1-3, 5冊』, 김영출판사.

유창균(1979), 『東國正韻』, 형설출판사.

문화재청 세종대왕유적관리소(1980), 『영릉』, 세종대왕유적관리소.

세종 외 편(1981), 『醫方類聚 : 世宗大王命撰, 1-11』, 김강출판사.

이숭녕(1981), 『世宗大王의 學文과 思想 : 學者들과 그 業積』, 아세아문화사.

박종화(1981), 『(世宗大王) 육진개척』, 동화출판공사.

박종화(1981), 『(世宗大王) 훈민정음』, 동화출판공사.

세종대왕기념사업회(1981), 『세종대왕어록 1, 2』, 세종대왕기념사업회.

유창균(1981), 『東國正韻研究』, 형설출판사.

김구진(1982), 『세종대왕, 그 어린 시절』, 문맥.

장사훈(1982), 『世宗朝 音樂研究 : 世宗大王의 音樂精神』, 서울대학교 출판부.

한국정신문화연구원 편(1982), 『世宗朝 文化의 再認識』, 한국정신문화연구원.

한국정신문화연구원 편(1982), 『世宗朝文化研究 Ⅰ·Ⅱ』, 한국정신문화연구원.

김성배(1983), 『세종 시대의 예의범절』, 세종대왕기념사업회.

세종대왕기념사업회(1983), 『세종연구자료총서 1-2』, 세종대왕기념사업회.

이태극(1983), 『세종대왕의 어린시절』, 세종대왕기념사업회.

박종국(1984), 『세종대왕과 훈민정음』, 세종대왕기념사업회.

김윤경(1985), 『한결 金允經全集 1-5』, 연세대 출판부.

성경린(1985), 『세종 시대의 음악』, 세종대왕기념사업회.

손보기(1985), 『세종대왕과 집현전』, 세종대왕기념사업회.

안덕균(1985), 『세종 시대의 보건위생』, 세종대왕기념사업회.

이해철(1985), 『세종 시대의 국토방위』, 세종대왕기념사업회.

최철(1985), 『세종 시대의 문학』, 세종대왕기념사업회.

국립국악원(1986), 『世宗莊憲大王實錄樂譜 : 世祖惠莊大王實錄樂譜』, 국립국악원.

문명대(1986), 『세종 시대의 미술』, 세종대왕기념사업회.

박병호(1986), 『세종 시대의 법률』, 세종대왕기념사업회.

손보기(1986), 『세종 시대의 인쇄출판』, 세종대왕기념사업회.

전상운(1986), 『세종 시대의 과학』, 세종대왕기념사업회.

세종대왕기념사업회(1987), 『세종대왕 연보』, 세종대왕기념사업회.

세종대왕기념사업회(1988), 『세종문화유적총람 1-3』, 세종대왕기념사업회.

신숙주 외저(1988), 『東國正韻, 全』, 건국대출판부.

송호수(1989), 『위대한 민족 : 한글은 세종 이전에도 있었다』, 보림사.

과학백과사전종합출판사 엮음(1990), 『력사과학 론문집, 17-18』, 과학백과사
    전종합출판사.

광주·전남사료조사연구회(1991), 『조선왕조실록, 1-5』, 광주·전남사료조사
    연구회.

김영기(1992), *King Sejong the Great : the light of fifteenth century Korea*,
    Washington, D.C. : International Circle of Korean Linguistics.

문화체육부(1993), 『표준영정도록 : 역사를 빛낸 선현』, 문화체육부.

방기환(1993), 『(소설)용비어천가 1-5』, 문지사.

한국과학재단(1993), 『세종대 과학정책과 그 현대적 의의』, 한국과학재단.

이윤석 역(1992-1994), 『(完譯) 龍飛御天歌 上·中·下』, 효성여자대학교 한국
　　정신문화연구소.

이윤석 역(1994), 『(完譯) 龍飛御天歌 上·下』, 보고사.

진단학회(1994), 『韓國古典 심포지엄. 第4輯, 破閑集·補閑集·龍飛御天歌·月印
　　釋譜』, 일조각.

홍이섭(1994), 『洪以燮全集, 4-11』, 연세대학교 출판부.

박성래(1997), 『세종시대의 과학기술 그 현대적 의미』, 한국과학재단.

나일성(1997), 『곽수경에서 세종대왕까지의 동양천문학』, 연세대학교출판부.

문화체육부(1997), 『세종대왕 : 탄신 600돌 기념』, 문화체육부.[1]

세종대왕기념사업회(1997), 『21세기 문화·과학을 위한 세종대왕 재조명』, 세
　　종대왕기념사업회.

이윤석 역(1997), 『용비어천가 1-2』, 솔출판사.

장학근, 이민웅 공편(1997), 『조선시대 수군 :《실록》발췌 수군관련 사료집 1(태
　　조~세종)』, 신서원.

최명재(1997), 『訓民正音과 崔恒先生 : 訓民正音創制의 主體와 東國正韻 및 龍飛
　　御天歌의 撰述에 관한 硏究』, 정문당.

홍현보(1997), 『나랏말싸미 듕귁에 달아 : 세종대왕 문화 길라잡이』, 박이정.

김성환(1998), 『한국사 천년을 만든 100인 : 1001-2000』, 오늘의책.

김영기·한은주 편(1998), 『세종대왕(국립국어연구원총서 1)』, 신구문화사.

김재영(1998), 『조선의 인물 뒤집어 읽기 : 김재영 교수의 역사 기행』, 삼인.

---

1 민족문화의 선구자 세종대왕_노산 이은상
　세종대왕의 생애와 인간상_박종국
　새종대왕과 한글_가람 이병기
　세종대왕과 훈민정음 창제_임용기
　세종대왕과 별의 세계_나일성
　세종대왕 약사_(사)세종대왕기념사업회

세종대왕기념사업회(1998), 『세종문화사대계 1 : 어학· 문학』, 세종대왕기념
　　사업회.
한국정신문화연구원편집부(1998), 『世宗時代 文化의 現代的 意味』, 한국정신문
　　화연구원.
하유상(1998), 『용비어천가 : 실록 역사 소설』, 탐미미디어.
Peter H. Lee/김성언 역(1998), 『용비어천가의 비평적 해석』, 태학사.
강신항 외(1999), 『世宗朝의 思想과 學術文化』, 불함문화사.
김육훈(1999), 『그때 세종이 소리친 까닭은 : 쟁점으로 본 한국사』, 푸른나무.
손인수(1999), 『세종시대의 교육문화 연구』, 문음사.
세종대왕기념사업회(1999), 『세종문화사대계 4 : 윤리· 교육· 철학· 종교』, 세
　　종대왕기념사업회.
세종성왕탄신육백돌기념문집 편찬위원회(1999), 『세종성왕육백돌』, 세종대
　　왕기념사업회.
박병천(2000), 『(조선 초기)한글 판본체 연구 : 훈민정음· 동국정운· 월인천강
　　지곡』, 일지사.
세종대왕기념사업회(2000), 『세종문화사대계 2 : 과학』, 세종대왕기념사업회.
송혜진(2000), 『한국 아악사 연구』, 민속원.
금장태(2001), 『세종조 종교 문화와 세종의 종교 의식』, 한국학술정보.
세종대왕기념사업회(2001), 『세종문화사대계 3 : 정치· 경제· 군사· 외교· 역사』,
　　세종대왕기념사업회.
세종대왕기념사업회(2001), 『세종문화사대계 5 : 음악· 미술』, 세종대왕기념
　　사업회.
전주이씨담양군파세보편찬위원회(2001), 『全州李氏世宗王子潭陽君派世譜, 1-4
　　卷』, 전주이씨담양군파세보편찬위원회.
조남욱(2001), 『세종대왕의 정치철학』, 부산대학교 출판부.
한국정신문화연구원 편(2001), 『세종시내의 문화』, 태학사.
김석연(2002), *The Korean alphabet of 1446 : expositions, OPA, the visible*
　　speech sounds, translation with anotation, future applicability, Asea
　　Culture Press.

남상숙(2002), 『악학궤범의 악조연구』, 신아출판사.

서울특별시사편찬위원회(2002), 『漢城府資料集 : 朝鮮王朝實錄초, 7 : 世宗. 22年 (1440) – 世宗 29年(1447)』, 서울특별시사편찬위원회.

서울특별시사편찬위원회(2002), 『漢城府資料集 : 朝鮮王朝實錄초, 8 : 世宗 30年 (1448) – 文宗 1年(1451)』, 서울특별시사편찬위원회.

이석제(2002), 『(나라와 백성 향한) 세종의 번뇌』, 세종대왕기념사업회.

세종대왕기념사업회(2003), 『한글문헌 해제』, 세종대왕기념사업회.

세종대왕기념사업회(2003), 『훈민정음』, 세종대왕기념사업회.

강신항(2003), 『훈민정음연구』, 성균관대학교 출판부.

문화재청 세종대왕유적관리소(2003), 『세종대왕과 영릉』, 세종대왕유적관리소.

이한우(2003), 『세종, 그가 바로 조선이다 : 대한민국의 세종형(型) 지도자를 꿈꾸며』, 동방미디어.

전경일(2003), 『세종의 코드를 읽어라』, 한국경제신문 한경BP.

한태동(2003), 『세종대의 음성학』, 연세대학교 출판부.

이남우(2004), 『세종대왕과 한글의 기초 : the King Sejong and the Korean Alphabet Basic 158』, 세세출판사.

전경일(2004), 『(위대한 CEO)세종대왕 : 시대를 초월해 21세기 비전을 실천한 世宗』, 한국경제신문 한경BP.

최기억(2004), 『CEO 세종대왕 인간경영 리더십』, 이지북.

김제방(2006), 『세종대왕의 실수 : 도전과 응전의 우리 현대사 그 치열함 속으로』, 한솜.

문화재청 세종대왕유적관리소(2006), 『세종대왕릉과 효종대왕릉의 과거, 현재 그리고 미래』, 세종대왕유적관리소.

박현모(2006), 『세종의 수성 리더십』, 삼성경제연구소.

세종대왕기념사업회 엮음(2006), 『세종대왕기념사업회 50년사: 1956-2006』, 세종대왕기념사업회.

윤석민·유승섭·권면주(2006), 『(쉽게 읽는) 용비어천가 1·2』, 박이정.

이한수(2006), 『세종시대 '家'와 '國家'』, 한국학술정보.

이한우(2006), 『세종, 조선의 표준을 세우다 : 이한우의 군주열전 : 집념과 포용의 정치로 실현한 애민과 훈민, 세종을 찾아서』, 해냄출판사.

전경일(2006), 『창조의 CEO, 세종』, 휴먼비즈니스.

정윤재·정재훈 외(2006), 『세종의 국가경영』, 지식산업사.

정화순(2006), 『조선 세종대 조회아악 연구』, 민속원.

최익용(2006), 『이심전심 리더십』, 스마트비즈니스.

강명관(2007), 『책벌레들 조선을 만들다』, 푸른역사.

김슬옹(2007), 『28자로 이룬 문자혁명 훈민정음』, 아이세움.

박현모(2007), 『세종, 실록 밖으로 행차 하다 : 조선의 정치가 9인이 본 세종』, 푸른역사.

백기복(2007), 『대왕 세종 : 마음을 지배하니 세상이 나를 따른다』, 크레듀.

이수광(2007), 『조선의 마에스트로 대왕 세종』, 샘터.

이한(2007), 『나는 조선이다 : 조선의 태평성대를 이룩한 대왕 세종』, 청아출판사.

표정훈(2007), 『HD역사스페셜, 4 : 동아시아 문명의 클라이맥스, 고려와 조선』, KBS HD역사스페셜 원작, 효형출판.

함규진(2007), 『왕의 투쟁 : 조선의 왕, 그 고독한 정치투쟁의 권력사』, 페이퍼로드.

강상원(2008), 『世宗大王創製訓民正音 主役 慧覺尊者 信眉大師 : 우리말 실담어는 東西語源의 淵源이다』, 돈황문명.

김영욱(2008), 『한글 : 세종이 발명한 최고의 알파벳』, 루덴스.

김영재(2008), 『해바라기 언론의 용비어천가 : 김영재 제2언론평론집』, 한국학술정보.

김유조(2008), 『팩션쇼와 세종대왕 밀릉』, 한국문인협회.

김헌식(2008), 『세종, 소통의 리더십 : 마음을 얻는 자가 세상을 경영한다』, 북코리아.

박영규(2008), 『한권으로 읽는 세종대왕 실록』, 웅진씽크빅.

박현모(2008), 『세종처럼 : 소통과 헌신의 리더십』, 미다스북스.

서정민(2008), 『세종, 부패사건에 휘말리다 : 조말생 뇌물사건의 재구성』, 살림출판사.

조흥욱(2008), 『월인천강지곡의 문학적 연구』, 국민대학교 출판부.

지두환(2008), 『세종대왕과 친인척, 2-5』 역사문화.

최기억(2008), 『인간 경영의 천재 세종』, 이지북.

Diamond Sutra Recitation Group(2008), *King Sejong the Great*, 배문사.

강상원(2009), 『東國正韻실담어註釋 : 慧學尊者 信眉大師 諺解 表記法과 比較하여』, 정음청학술원.

김옥주(2009), 『세종대왕 납시오 1·2(소설로 실록을 읽다)』, 인간과자연사.

정윤재(2010), 『세종과 재상 그들의 리더십』, 서해문집.

조규태(2010), 『용비어천가』, 한국문화사.

박병련·김병선·신대철·이익주·박현모(2011), 『용비어천가와 세종의 국가경영』, 한국학중앙연구원출판부.[2]

이재홍(2011), 『동국정운 : 훈민정음의 창제 동기와 의의』, 어문학사.

김경록·김선주·김준혁·박현모·오항녕·이근호·이익주·한시준(2012), 『(역사에서 찾는)지도자의 자격 : 선덕여왕·왕건·정도전·세종·조광조·영조·정조·김구』, 꿈결.

김승우(2012), 『용비어천가의 성립과 수용』, 보고사.

김준태(2012), 『왕의 경영 : 수신에서 치국까지 정조가 묻고 세종이 답하다』, 다산북스.

박희민(2012), 『박연과 훈민정음』, Human & Books.

신봉승(2012), 『세종, 대한민국 대통령이 되다 : 대한민국 미래를 열 정치가의 표상』, 청아출판사.

신세돈(2012), 『세종대왕의 바른정치 외천본민 하늘』, 국가미래연구원.

---

2 ▣ 용비어천가의 서사와 음악
  1. "조선 초 王室의 祖上에 대한 기억" / 이익주(서울시립대학교)
  2. "용비어천가의 서술구조 연구" / 김병선(한국학중앙연구원)
  3. "용비어천가의 음악과 그 전승" / 신대철(한국학중앙연구원)
  ▣ 용비어천가와 세종의 정치
  4. "용비어천가의 정치사상과 정치적 기능" / 박병련(한국학중앙연구원)
  5. "용비어천가와 세종의 국가경영" / 박현모(한국학중앙연구원)

정영현(2012), 『(신뢰의 리더)세종의 정치와 리더십』, 북랩.

최현정(2012), 『(새 시대 창조의 리더)세종 : 선조들의 답장, 이 시대의 지도자의 자격』, 수선재.

김슬옹 · 김기섭 · 문숙희(2013), 『훈민정음과 세종음악』(추모 학술 자료집), 고 최종민 박사 추모학술제 준비 위원회.[3]

김주원(2013), 『훈민정음』, 민음사.

최종민(2013), 『훈민정음과 세종악보』, 역락.

다이애나 홍(2013), 『세종처럼 읽고 다산처럼 써라 : 운명을 바꾸는 글의 마법』, 유아이북스.

이상주(2013), 『세종의 공부 : 인문학과 실용의 경계를 넘어』, 다음생각.

정찬문(2013), 『(集賢殿 大提學)鄭麟趾 : 世宗朝 한글 창제 大提學』, 하동정씨 문성공파 종중.

강상원(2014), 『東國正韻실담어註釋』, 조선세종태학원 : 돈황문명출판사.

미래창조과학부 편(2014), 『용비어천가의 樂舞《봉래의》의 복원과 문화코드 탐색 [전자자료] : 歌 · 舞 · 樂의 융합적 관점을 바탕으로』, 미래창조과학부.

박현모(2014), 『세종이라면 : 오래된 미래의 리더십』, 미다스북스.

원경희(2014), 『여주를 말하고 세종이라 답하라』, 씽크스마트.

정윤재 · 박병련 · 이익주 · 박현모 · 조성환 · 조남욱(2014), 『세종 리더십의 핵심 가치』, 한국학중앙연구원출판부.

박창희 역주(2015), 『역주 용비어천가 : 완역대역본 상, 하』, 한국학중앙연구원출판부.

심재석(2015), 『龍飛御天歌에 보이는 高麗末 李成桂家 研究』, 미주.

오윤희(2015), 『왜 세종은 불교 책을 읽었을까 : 언해불전의 탄생, 그리고 열린사회를 향한 꿈』, 불광출판사.

한국기상기후아카데미(2015), 『조선왕조실록 역사 기후자료 : 세종 전반기』,

■ 주요 내용
김슬옹, 최종민 박사의 세종음악학의 주요 업적
김기섭, 실록에 나타난 세종 음악
문숙희, 세종창제 음악 용비어천가(봉래의)의 의미와 실제

한국기상기후아카데미.

박종국(2016), 『신의의 지도자 세종 정신』, 세종학연구원.

박현모(2016), 『세종의 적솔력 : 위기를 기회로 바꾼 리더십』, 흐름출판.

박현모 외(2016), 『세종의 서재 : 세종이 만든 책, 세종을 만든 책』, 서해문집.

박희민(2016), 『박연과 용비어천가』, 그루.

세종/정명훈 엮음/박승원 옮김(2016), 『세종의 말 : 우리가 미처 몰랐던 세종 대왕의 민면목』, 소울메이트 : 원앤원콘텐츠그룹.

오기수(2016), 『세종 공법』, 조율.

장덕진(2016), 『세종규칙 한글 1 : 훈민정음에 바탕을 둔 세종규칙 느낌 발견 식 융합판』, 동아기획.

장덕진(2016), 『세종규칙 한글 2 : 훈민정음에 바탕을 둔 세종규칙 느낌 발견 식 융합판』, 동아기획.

정영훈 엮음(2016), 『세종의 말 : 우리가 미처 몰랐던 세종대왕의 진면목』, 소 울메이트.

조병인(2016), 『세종식 경청』, 문우사.

한국기상학회(2016), 『조선왕조실록 역사 기후자료 : 세종 후반기』, 한국기상 학회.

박현모 외(2017), 『세종시대 국가경영 문헌의 체계화 사업백서 : 2013년도 선 정 한국학분야 토대연구지원사업』, 한국형리더십개발원 : 여주대학교 산 학협력단 세종리더십연구소.

양형일(2017), 『(대통령) 세종 : 세종대왕에게서 찾는 국가경영리더십』, 밥북 (BOB BOOk).

홍세미(2017), 『(낭송) 세종실록』, 북드라망.

강상원(2018), 『(東國正韻 佛敎語) 梵語大辭典』, 卷1-2』, 조선명륜관학술원 : 돈 황문명 출판사.

유명은(2018), 『(백성을 사랑한 어진 임금) 세종대왕』, 여주시.

이영훈(2018), 『세종은 과연 성군인가』, 백년동안.

조병인(2018), 『세종의 고(苦) : 대국의 민낯』, 정진라이프.

임종화 외(2018), 『실록으로 세종시대를 다시 읽다』(2018년 세종즉위 600돌

기념 원정재 세종실록 완독 기념 학술세미나), 원정재.**4**

김광옥(2018), 『세종 이도의 철학 : 생생의 길, 생민과 변역』, 경인문화사.

김주성(2018), 『(너무나, 인간적인 인간적인) 나는 세종이다』, 복오션.

김현식(2018), 『세종 207인의 리더십을 읽다』, 평민사.

이홍(2018), 『세종에서 창조습관을 묻다 : 국내 최고의 창조멘토 이홍 교수가
  밝혀낸 세종의 놀라운 5가지 습관』, 더숲.

田村洋幸(1968), 『(世宗實錄)日朝經濟史料』, 恒星社厚生閣.

片野次雄(1985), 『世宗大王とハングル : 李朝文化の源流を たずねる』, 誠文堂新光社.

片野次雄(2012), 『世宗大王のコリア史 : ハングル創製と李朝文化』, 彩流社.

(2) 세종 관련 소설, 산문

신태삼(1952), 『(歷史小說)世宗大王實記』, 세창서관.

박종화(1977), 『세종대왕, 1-10』, 동화출판공사.

박종화(1997), 『세종대왕 : 朴鍾和 대하역사소설, 1-12』, 기린원.

이상우(1997), 『실록소설 세종대왕, 상·하』, 동방미디어.

박충훈(2006), 『(세종 & 김종서)군신 : 박충훈 장편 역사소설』, 뿌리출판사.

이정명(2006), 『뿌리 깊은 나무 1-2 : 한글 속에 숨겨둔 대왕세종의 비밀 코드』,
  밀리언하우스.

고사리(2007), 『나는 세종대왕의 아버지다 : 아들아, 천하의 오명을 내가 다
  짊어지고 가겠다!』, 日月文學.

권오단(2008), 『세종, 대마도를 정벌하다 : 기해동정록』, 어문학사.

---

4 1. 성리학과 세종의 정치 - 권오향(철학박사, 성균관대 겸임교수)
  2. 세종의 5차원 경청 : 펌프이론 - 조병인(『세종의 고(苦) : 대국의 민낯』 저자, 경청문
    화연구소장)
  3. 세종실록 훈민정음(한글) 관련 기사의 의미 - 김슬옹(세종대왕기념사업회 전문위원,
    퀴즈 세종대왕 저자)
  4. 세종 초기의 중요 대신(大臣)들 - 임종화(세종실록 연구자, 원정재 대표)
  5. 세종시대 뒷골목 풍경 - 김기섭(세종리더십개발센터 대표, 원정재 유사)

김미숙(2008), 『소설 장영실 : 별의 아들, 세종과 장영실』, 시나리오친구들.

김종년(2008), 『(소설)대왕세종, 상권 : 천 개의 강을 비추는 달빛의 노래』, 아리샘.

김종년(2008), 『(소설)대왕세종, 하권 : 부드러운 카리스마의 위대한 희망의 노래』, 아리샘.

박충훈(2008), 『대왕세종 : 박충훈 역사소설, 1-3』, 가림출판사.

이상우(2008), 『대왕세종 : 이상우 역사장편소설, 1-3』, 집사재.

손선영(2013), 『세종특별수사대 시아이애이 : 서빙고 화마에 휩싸이다』, 한스미디어.

박석희 외(2013), 『경복궁에서 세종과 함께 찾는 조선의 정체성』, 미디어북스.

정찬주(2014), 『천강에 비친 달』, 작가정신.

조동인(2014), 『세종 인육 비사 : 간담(肝膽) : 조동인 미스터리 역사 장편소설』, 미래지향.

이상우(2016), 『세종대왕 이도 1 : 하늘과 땅과 사람』, 시간여행.

이상우(2016), 『세종대왕 이도 2 : 혈로를 뚫는 여장수』, 시간여행.

이상우(2016), 『세종대왕 이도 3 : 통곡하는 임금과 왕비』, 시간여행.

김슬옹· 김웅(2017), 『역사를 빛낸 한글 28대 사건』, 아이세움.

김연희 글· 김효진 그림(2018), 『하늘, 땅, 사람을 담은 세종대왕의 과학이야기』, 사계절.

윤영선· 김슬옹(2018), 『장영실과 갈릴레오 갈릴레이』, 숨쉬는책공장.

이상주(2018), 『조선의 혼 백강에 흐르다(세종의 최정예 후손 이경여 가문의 북벌과 교육정신)』, 부여군.

(3) 세종 관련 시집

김후란 글 / 김희백 글씨(1997), 『세종대왕 : 장편 서사시』, 어문각.

문현실(2012), 『세종(世宗)왈, 신문고(申聞鼓) 109 : 동화작가 문현실의 휴머니즘을 담은 첫 번째 시집』, 더플래닛.

신현득(2013), 『세종대왕 세수하세요』, 푸른사상.

정민기 글/이예지 그림(2014), 『세종대왕 형은 어디에 : 정민기 동시집』, 좋은땅.

(4) 세종 소재 전기

김도태(1956), 『世宗大王傳記』, 교양문고간행회.

함돈익(1958), 『韓國英雄名人傳』, 대지사.

홍이섭(1971/2004 : 수정판), 『세종대왕』, 세종대왕기념사업회.

이영호(1987), 『세종대왕』, 예림당.

김영일(1990), 『세종대왕』, 계림(계림닷컴).

어효선(1990), 『세종대왕(큰별 큰빛 75)』, 교학사.

이석인(1990), 『세종대왕』, 계림닷컴.

신예영(1992), 『세종대왕(짝꿍위인전 7)』, 새샘.

이영준(1992), 『세종대왕(애니메이션교과서위인 K001)』, 윤진문화사.

신현득(1992), 『세종대왕』, 교학사.

심후섭(1993), 『세종대왕(한국의 위인 한국의 고전 7)』, 대교출판.

장수철(1994), 『세종대왕』, 윤진문화사.

유인옥(1995), 『세종대왕과 장영실(인물한국사)』, 소담출판사.

이재철(1995), 『세종대왕(세계위인 4)』, 상서각.

강태희(1997), 『세종대왕(애니메이션위인전기)』, 윤진문화사.

김학선 글 / 남문원 그림(1997), 『세종대왕』, 지경사.

김학선(1997), 『세종대왕』, 지경사.

서찬석 글 / 박종관 그림(1997), 『EQ 인물전 세종대왕』, 능인.

엄기원(1997), 『세종대왕 (초등학교 1~3학년용)』, 지경사.

이주훈(1997), 『세종대왕』, 태서출판사.

이효성(1997), 『세종대왕』, 견지사.

박화목 글 / 최일호 그림(1998), 『세종대왕 : 한글 창제라는 불후의 업적을 남긴 성군』, 여명출판사.

이종억 글 / 양후영 그림(1998), 『세종대왕과 한글 창제』, 예솔.

서혜림(1999), 『세종대왕』, 꿈이있는집.

유창근(1999), 『세종대왕』, 중앙출판사.

윤상석(1999), 『세종대왕과 떠나는 훈민정음 게임여행』, 문공사.

윤승호(1999), 『세종대왕』, 대교출판.

차원재(1999), 『세종대왕』, 파랑새어린이.

최태호(1999), 『세종대왕』, 꿈동산.

박상재(1999/2000), 『세종대왕』, 문공사.

김선태(2000), 『세종대왕』, 바른사.

삼성출판사편집부(2000), 『세종대왕(삼성어린이세계위인 13)』, 삼성출판사.

안선모(2000), 『처음 만나는 위인전-세종대왕』, 삼성출판사.

정명숙(2000), 『세종대왕』, 태서출판사.

조정래(2000), 『세종대왕(큰작가 조정래의 인물 이야기 6)』, 문학동네.

권오석(2001), 『세종대왕』, 대일출판사.

유재복 글 / 이혜경 그림(2001), 『세종대왕』, 국민서관.

이재철(2001), 『세종대왕』, 상서각.

장길수(2001), 『세종때 과학자 장영실』, 계림(계림닷컴).

허순봉·이규성(2001), 『조선건국과 세종대왕(태조1대~세종4대)』, 은하수미
    디어.

YBM시사닷컴(2001), 『King Sejong(영문)』, YBM시사닷컴.

김희경(2002), 『언어의 신비기를 타고온 세종대왕 4』, 금세기.

박영규(2002), 『세종대왕과 그의 인재들』, 들녘.

차보금(2002), 『세종대왕』, 두산동아.

YBM시사닷컴(2002), 『King Sejong(한글)』, YBM시사닷컴.

김세실(2003), 『세종대왕(새샘위인동화)』, 새샘.

박용빈(2003), 『세종대왕』, ILB(아이엘비).

어린이 조선왕조실록 편찬위원회(2003), 『어린이 조선왕조실록 1 : 태조·정종·
    태종·세종·문종』, 아침나라.

예종화(2003), 『한글을 창제한 세종대왕』, 한국독서지도회.

김영근(2004), 『세종대왕(겨레를 밝힌 한글)』, 주니어랜덤(어린이중앙).

박은지(2004), 『세종대왕』, 초록세상.

최홍식(2004), 『세종대왕』, 평양 : 조선출판물수출입사.

김정우(2005), 『세종대왕(위대한 임금)』, 홍진미디어(아이템북스).

김학선(2005), 『위대한 임금 세종대왕』, 지경사.

강승임(2006), 『세종대왕 이순신 링컨-테마로 읽는 위인전 3인 3색 1』, 흰돌.

박시백 글/그림(2005), 『세종·문종실록-황금시대를 열다 (박시백의 조선왕
   조실록 04)』, 휴머니스트.

송윤섭(2005), 『세종대왕이 사랑한 조선 최고의 발명가 장영실』, 해와나무.

이석제(2005), 『(세종대왕 가라사대) 대마도는 우리땅』, 인간과자연사.

이유나(2005), 『한글의 창시자, 세종대왕(The Creator of Hangul, King Sejong
   the Great)』, 한솜.

한문희(2005), 『한글의 슬기와 세종대왕(세계기록유산 훈민정음 28글자에 담
   긴)』, 꿈이있는세상.

고정욱(2006), 『고정욱 선생님이 들려주는 세종대왕(위인이 좋아요)』, 산하.

김영근·장선환(2006), 『세종대왕-새시대큰인물 19』, 주니어랜덤(어린이중앙).

박화목(2006), 『세종대왕(교과서에 나오는 위대한 인물)』, 삼성당.

양은환(2006), 『세종대왕 - 우리 위인 동화 18』, 기탄동화.

정태선 글/김호정 그림(2006), 『세종 임금님, 글자를 만들어 주세요』, 책끼읽끼.

조성계 글/그림(2006), 『조선왕조 오백년 1 : 태조에서 세종까지』, 교학사.

김돌(2007), 『세종대왕과 친구하기』, 채우리.

김현수(2007), 『세종 : 대한민국 슈퍼 브랜드』, 웅진씽크하우스.

둥근아이(2007), 『세종대왕(5000년 겨레의 지도자)』, 홍진P&M.

마술연필 글/이수아 그림(2013), 『세종대왕 한글로 겨레의 눈을 밝히다』, 보
   물창고.

민병덕(2007), 『세종대왕(한국의 인물 3)』, 글동산.

배인완(2007), 『세종대왕(만화로 보는 위인)』, 담터미디어.

비단구두(2007), 『책 속에서 자란 아이, 세종대왕(1013 인물 매거진)』, 깊은책
   속옹달샘.

서울교육대학교 역사논술연구회(2007), 『역사논술교과서 세종대왕 : 역사학
   자 33인이 선정한 인물로 보는 한국사 18』, 파랑새어린이.

서지원(2007), 『세종대왕이 숨겨둔 비밀 문자 훈민정음 구출 작전(GOGO지식
   박물관 24)』, 한솔수북(한솔교육).

아이사랑(2007), 『세종대왕의 7가지 비밀』, 아테나.

유경환(2007), 『어진 임금 세종대왕』, 세종대왕기념사업회.

이나나(2007), 『세종대왕의 한글 읽기 완성』, 어드북스(한솔).

이영주(2007), 『세종대왕 기념관 – 신나는 교과서 체험 학습 58』, 스쿨김영사.

정종철 글/그림(2007), 『옥동자와 함께하는 세계를 빛낸 위인구출 대작전 1
: 세종대왕』, 영진미디어.

제퍼트웍스(2007), 『세종대왕』, 학산문화사.

진복희(2007), 『춤추는 세종대왕』, 효리원.

허순봉(2007), 『조선건국과 세종대왕(만화조선왕조실록1)』, 은하수미디어(은
하수).

김경희(2008), 『한글을 만든 위대한 임금, 세종대왕(포커스 한국위인동화)』,
흙마당.

김종민(2008), 『세종대왕 하면 판단력』, 글수레주니어.

남동욱(2008), 『노빈손 세종대왕의 화포를 지켜라 (신나는 노빈손 한국사 시
리즈 02)』, 뜨인돌.

모도리(2008), 『세종대왕』, 대원키즈.

미스터 페이퍼(2008), 『과학 문명의 꽃을 피운 세종대왕』, 글고은.

박영희·이소형, 정은혜 글/김부일 그림(2008), 『대왕세종을 만든 사람들』, 웅
진씽크하우스.

박종국(2008), 『겨레의 큰 스승 세종성왕』, 세종학연구원.

서찬석 글/심춘숙 그림(2008), 『대왕 세종』, 대교출판.

송영심 글/윤정주 그림, 정연식 감수(2008), 『실록 밖으로 나온 세종의 비밀
일기』, 가나출판사.

신주영 글/스카이 팡팡 그림(2008), 『대왕세종』, 영진닷컴.

여설하(2008), 『(한 권으로 보는)대왕세종』, 큰방.

유경원(2008), 『세종대왕과 그의 과학자들 1-5』, 동아사이언스.

이근(2008), 『위대한 임금 세종대왕-학습만화』, 능인.

이병욱(2008), 『찬란한 빛 세종대왕』, 아브라함 음악사.

이상각(2008), 『이도 세종대왕 : 조선의 크리에이터』, 추수밭.

이상배(2008), 『백성을 위해 나라 글을 만든 큰 임금 – 세종대왕』, 해와나무.

이만희 원작/조용도 그림(2008), 『신기전 : 절대강국을 꿈꾼 세종의 비밀병기』, 시공사.

이인 리더십 연구소 글/김은정 그림(2008), 『대왕 세종의 리더십 : 0.01%의 리더로 키울 리더십 01』, 이인북스.

이재윤 글/노이정 그림(2008), 『대왕 세종』, 재미북스.

한문희(2008), 『세계기록유산 한글과 세종대왕』, 창해.

홍승원 글/팽현준 그림(2008), 『만화 성왕세종 : 600년 전의 정보화 시대』, 바우나무.

진복희 글/김세진 그림(2008), 『세종대왕 : 민족 문화를 꽃피운 위대한 임금』, 효리원.

권기경 글/엄영순 그림(2012), 『세종의 비밀 프로젝트 훈민정음 파헤치기』, 지경사.

그림나무 글/이두원 그림(2012), 『Why People 세종대왕』, 예림당.

박연아 글/오렌지툰 그림(2012), 『정의공주 : 한글 창제의 숨은 공신 세종의 딸』, 동네스케치.

이영주 글/김순남 그림(2012), 『세종대왕기념관』, 주니어 김영사.

햇살과나무꾼 글/이상규 그림(2012), 『마법의 두루마리. 11 : 경회루에서 세종대왕을 만나다』, 비룡소.

김슬옹 글/이량덕 그림(2013), 『세종대왕부터 헐버트까지 한글을 지킨 사람들』, 아이세움.

도훈출판사 편집부(2013), 『조선 왕조 실록 1 : 태조 정종 태종 세종 문종』, 도훈출판사.

박시연 글/유수미 그림(2013), 『역사 속 세기의 로맨스 4 : 세종대왕과 소헌왕후』, 북스.

이상배 글/이주희 그림(2013), 『독서전쟁 세종대왕 vs 링컨』, 처음주니어.

진복희 글/김세진 그림(2013), 『세종대왕 : 세계 최고의 문자 한글을 만든 임금』, 효리원.

고수산나 글/최현묵 그림(2014), 『세종대왕 가출 실록 : 한글이 사라진 날의 기록』, 스푼북.

권오단 글/호와민 그림(2014), 『북소리 : 세종대왕이 정벌한 조선의 땅, 대마도』, 산수야.

김양순 글/김세현 그림(2014), 『과학과 백성을 아낀 임금 세종대왕』, 한국헤밍웨이.

김은희 글/이지후 그림(2014), 『세종대왕의 목욕 수건』, 밝은미래.

둥근아이 글/둥근아이 그림(2014), 『와우(Wow) 조선 황금기를 이끈 성군 세종대왕』, 형설아이.

서석영 글/김세현 그림(2014), 『한글을 만든 세종대왕』, 한국톨스토이.

원재길 글/최현묵 그림(2014), 『백성을 사랑한 임금, 세종』, 웅진다책 : 웅진씽크빅.

이근(2012), 『세종대왕 : 우리나라 가장 위대한 임금』, 능인.

이기범 글/지문 그림(2014), 『훈민정음 해례본 : 세종대왕과 함께 한 장 한 장 펼쳐 보는』, 그린북.

이상현 글/이관수 그림(2014), 『세종대왕 : 학문과 문화를 이끈 임금』, 알라딘북스.

이은서 글/김지연 그림(2014), 『세종대왕 : 세계 최고의 문자를 발명하다』, 보물창고.

고정욱 글/이강 그림(2015), 『고정욱 선생님이 들려주는 세종대왕』, 산하.

김슬옹(2015), 『퀴즈 세종대왕 : 머리에 쏙쏙! 재미는 두 배!』, 한글파크.

김영자 글/노정아 그림(2015), 『한글을 만든 세종대왕』, 통큰세상.

박승현 글/투리아트 그림(2015), 『축구왕과 세종대왕』, 북스.

박영규 글/김세현 그림(2015), 『과학을 일으킨 세종』, 통큰세상.

박영규 글/김세현 그림(2015), 『세종을 도운 황희와 맹사성』, 통큰세상.

박영규 글/김세현 그림(2015), 『훈민정음을 창제하다 : 조선 제4대 세종2』, 한국셰익스피어.

이상배 글/백명식 그림(2015), 『책귀신 세종대왕』, 좋은꿈.

이재승·이희철·우종민 글/이고은 그림(2015), 『세종대왕 : 소통 융합 혁신의 지도자』, 시공주니어.

최나미 글/하상철 그림(2015), 『박연과 세종대왕』, 한국헤르만헤세.

최재훈 글/정병훈 그림(2015), 『Who? 세종대왕』, 다산어린이.

김영자 글/노정아 그림(2016), 『한글을 만든 세종대왕』, 한국셰익스피어.

김영숙 글/조승연 그림(2016), 『세종대왕이 뿔났다 : 애민 정신에서 찾은 한글
　　탄생의 비밀』, 토토북.

김진욱, 손영운(기획)/임대환 그림(2016), 『세종대왕』, 와이즈만BOOKS.

송은영 글/오승만 그림(2016), 『세종대왕의 생각실험실 : 훈민정음』, 해나무.

이규민 글/한창수 그림(2016), 『세종대왕 : 훈민정음을 창제한 위대한 임금』,
　　한국슈바이처.

정수국(2017), 『세종이 들려주는 역사 이야기-치평요람에서 배우는 정치의
　　도리』, 세종대왕기념사업회.

피치마켓 글 그림(2017), 『세종대왕』, 서울도서관.

King Sejong Memorial Society(2006), *King Sejong the Great : the everlasting
　　light of Korea*, New York : Diamond Sutra Recitation Group.

(5) 세종 관련 학술 자료집

세종대왕기념사업회(1997), 『21세기 문화·과학을 위한 세종대왕 재조명(세종
　　대왕 탄신 600돌 기념 학술 대회)』, 세종대왕기념사업회.[5]

한국학중앙연구원 세종국가경영연구소 편(2007), 『세종의 국가 경영과 21세기
　　신문명(세종대왕 탄신 610돌 기념 세종 학술회의)』, 한국학중앙연구원·국
　　립국어원.[6]

5　허웅(세종조의 언어정책과 그 정신을 이어받는 길), 전상운(세종의 과학 정책), 안재순
　　(세종대왕의 윤리사상), 송방송(세종대왕의 음악 업적에 대한 역사적 재조명), 박병호
　　(세종대 법치의 역사적 의의), 차문법(세종대의 국방과 외교), 허정(세종대왕 시대의
　　보건의료)

6　이어령(세종시대와 21세기 한국), 전경일(세종의 창조 경영), 이한우(세종의 인재 경
　　영), 송혜진(세종의 문화 경영), 김영수(세종은 국가의 틀을 어떻게 정립했나), 박현모
　　(세종은 삶의 질을 어떻게 높였나), 배기찬(세종은 외교 안보 정책을 어떻게 펼쳤나)
　　정윤재(세종과 21세기 신문명 구상), 최용기(세종의 언어 정책과 21세기 한글), 안상수

한국학중앙연구원 세종국가경영연구소 편(2009), 『세종의 국가경영과 한중일 리더십 비교』(제1회 세종학 국제 학술회의 자료집), 세종문화회관.[7]

박현모(2010), 『세종학 개론』(세종실록 아카데미 교재), 주최 : 세종문화회관 (재단법인), 주관 : 한국학중앙연구원·세종국가경영연구소.

한국학중앙연구원 세종리더십연구소 편(2010), 『세종대왕의 한글창제와 리더십 승계』(제2회 세종학 학술회의 자료집), 국립고궁박물관 강당.[8]

한국학중앙연구원 세종리더십연구소 편(2010), 『세종대왕의 한글창제와 리더십 승계(제2회 세종학 학술회의 자료집)』, 국립고궁박물관 강당.

한국학중앙연구원 세종리더십연구소 편(2011), 『세종 리더십』(제3회 세종학 학술회의 자료집)』, 국립고궁박물관 강당.[9]

(한글의 미학 : 문자와 글꼴)

7 〈제1회의〉 세종시대의 음악, 국방, 한글
 - 로버트 프로바인(미국 메릴랜드대 교수), "음악가 세종의 리더십"
 - 노영구(국방대 교수), "세종의 영토경영 리더십"
 - 한재준(서울여대 교수), "디자이너 세종, 그의 한글 미학"
 〈제2회의〉 정치권력과 공간 활용, 동양3국의 경우 (13:30-15:00)
 - 박현모(한국학중앙연구원 세종국가경영硏 연구실장) "세종의 행행(行幸)과 친민(親民)의 정치"
 - 쉬카이(徐凱)(중국 북경대 교수) "강희제의 남순(南巡)을 통해본 君-民관계"
 - 하라 다케시(原 武史)(일본 메이지가쿠인[명치학원] 교수) "도쿠가와 시대 행렬에 보이는 시각의 지배"

8 기조강연 한국형리더십과 세종대왕 / 손 욱
 〈제1회의〉 세종리더십과 한글의 미래가치
 발표1 : "세종은 왜 훈민정음을 창제했나? : 법과 문자" / 박현모
 발표2 : "세종은 한글을 어떻게 활용했나? : 소통과 문자" / 신복룡
 발표3 : "한글에서 디자인의 미래를 발견하다 : 디자인과 문자" / 한재준
 〈제2회의〉 리더십 승계와 정책의 연속성
 발표1 : "조선왕조 리더십의 승계: 태종과 세종의 경우" / 박홍규
 발표2 : "현대 중국의 리더십 승계와 후계자 양성" / 이태환
 발표3 : "대한민국 리더십의 변화와 정책의 연속성" / 이면우

9 기조강연 『한글의 탄생』 - 〈지知=앎〉의 혁명 _ 노마 히데키 (일본 국제교양대학 교수)
 〈제1회의〉 세종리더십의 비교
 발표 1 : 당태종과 세종대왕 / 김택민 (고려대 교수)

한국학중앙연구원 세종리더십연구소 편(2012), 『세종의 한글 창제와 출판의
　　국가경영』(제4회 세종학학술회의), 한국학중앙연구원.

세종리더십연구소 편(2012), 『세종, 음악으로 다스리다』, 한국학중앙연구원·
　　세종리더십연구소.[10]

토지주택박물관 편(2012), 『한글과 세종』, 토지주택박물관.[11]

세종대왕기념사업회 편(2013), 『세종학 학술대회 : 세종시대 과학문화의 재조
　　명』(2013.12.13.), 세종대왕기념사업회.[12]

한국어정보학회(2014), 『한국어정보학회 춘계학술대회[전자자료] : 큰어른 이
　　도선생 탄신 617주년 기념』, 한국어정보학회 주최.

발표 2 : 정조의 탕평 정치와 세종 / 김문식(단국대 교수)
발표 3 : 한국의 세계화와 세종의 재조명 : 토마스 재퍼슨을 중심으로 / 노영찬(美조지
　　　메이슨대 교수)
〈제2회의〉세종리더십의 핵심개념
발표 1 : 세종의 리더십행동상 특징에 관한 연구 / 정윤재(한국학중앙연구원 교수)
발표 2 : 世宗의 '中庸'리더십에 관한 一考察 / 박병련(한국학중앙연구원 교수)
발표 3 : 세종의 실용사대의 외교 리더십 / 이익주(서울시립대 교수)
발표 4 : 세종의 민본정치 / 박현모(세종리더십연구소 연구실장)

10 신대철(세종대왕 樂政의 특성), 조홍욱(세종 창작 악장 시가에 나타난 세종의 정치적
　　의도), 송혜진(세종의 음악과 문예 정책), 임미선(세종대 신악 제정 이전과 이후 연례악
　　의 변화 양상), 문숙희(세종 창제 신악은 어떤 음악인가), 손선숙(세종시대 '봉래의'의
　　무용 구조 고찰)

11 지두환(조선 건국과 세종), 김주원(지의 혁명 : 한글의 원리와 우수성), 김슬옹(훈민정
　　음 창제과정), 박병련(세종의 엘리트 양성과 인사정책), 정윤재(세종 리더쉽의 형성과
　　전개), 홍윤표(한글문헌의 편찬과 부급), 이동복(세종시대 음악), 남문현(세종시대 과
　　학의 국제석 비교), 박재광(세종시대 외교와 국방경영), 박현모(세종정치의 빛과 그늘,
　　그 종합평가)

12 "세종대왕기념사업회 편(2013), 『세종학 연구』15, 세종대왕기념사업회."로 재간행되
　　었다.

(6) 전문 정기간행물

※ 세종대왕기념사업회 편(1986), 『세종학 연구』 1, 세종대왕기념사업회.
① 논문
　　손보기, 「조선 전기의 왕권과 언관」, 5-20쪽.
　　이남덕, 「15세기 국어의 어두자음군계 어휘의 어원 연구」, 21-62쪽.
　　이은성, 「천상열차분야지도의 분석」, 63-114쪽.
　　황준연, 「복전과 시조」, 115-147쪽.

※ 세종대왕기념사업회 편(1987), 『세종학 연구』 2, 세종대왕기념사업회.
① 논문
　　김용섭, 「『농서즙요(農書輯要)』의 농업기술」, 3-21쪽.
　　리태극, 「한국 시가(詩歌)에서 본 달의 영상(映像)」, 23-54쪽.
　　김용운, 「한국인의 자연관과 세종 과학」, 55-79쪽.
　　권오성, 「세종조 불교 음악 관계 문헌의 연구」, 81-112쪽.
② 자료
　　박종국, 『《몽산화상법어약록언해(蒙山和尙法語略錄諺解)》 해제』, 113-114쪽.
　　세종대왕기념사업회 영인, 《몽산화상법어약록언해(蒙山和尙法語略錄諺解)》,
　　　　1-146쪽.

※ 세종대왕기념사업회 편(1988), 『세종학 연구』 3, 세종대왕기념사업회.
① 논문
　　최철, 「옛노래 이해를 위한 세 가지 문제의 풀이」, 3-19쪽.
　　이상일, 「민간심상(民間心象)의 역사적 변형」, 21-38쪽.
　　송방송, 「세종조의 아악서(雅樂署)와 전악서(典樂署)」, 39-60쪽.
② 자료
　　이병두, 『정무론(正誣論) 역주』, 61-80쪽.
　　박종국, 《남명집언해(南明集諺解)》 해제, 81-85쪽.
　　세종대왕기념사업회 영인, 《남명집언해(南明集諺解)》, 1-160쪽.

※ 세종대왕기념사업회 편(1989), 『세종학 연구』4, 세종대왕기념사업회.
① 논문
　　박노준, 「사육신(死六臣) 시조(時調)의 절의(節義)」, 3-17쪽.
　　이강로, 「대명률 직해에 나타난 인용말의 연구」, 19-38쪽.
　　금장태, 「역학(易學)의 이해와 한국문화(韓國文化)」, 39-64쪽.
② 자료
　　박종국, 『《용비어천가(龍飛御天歌)》 해제, 65-70쪽.
　　세종대왕기념사업회 영인, 《용비어천가(龍飛御天歌)》, 1-124쪽.

※ 세종대왕기념사업회 편(1990), 『세종학 연구』5, 세종대왕기념사업회.
① 논문
　　서정수, 「겹주격 문장의 새로운 고찰」, 3-20쪽.
　　윤병로, 「근대한국의 신문학연구」, 21-39쪽.
　　박종국, 「《용비어천가(龍飛御天歌)》 역주」, 41-92쪽.
② 자료
　　세종대왕기념사업회 영인(1990), 《용비어천가(龍飛御天歌)》, 1-92쪽.

※ 세종대왕기념사업회 편(1991), 『세종학 연구』6, 세종대왕기념사업회.
① 논문
　　김용직, 「선구(先驅)와 철저(徹底)의 대입상(大立像)」, 3-21쪽.
　　김장호, 「'언어개혁'으로 본 한용운의 시」, 23-40쪽.
　　김재홍, 「한글의 쓰임새와 시적 가능성」, 41-63쪽.
　　박종국, 《용비어천가(龍飛御天歌)》 역주, 65-77쪽.
② 자료
　　세종대왕기념사업회 영인, 《용비어천가(龍飛御天歌)》, 1-100쪽.

※ 세종대왕기념사업회 편(1992), 『세종학 연구』 7, 세종대왕기념사업회.
① 논문
　김용직, 「선가위감 언해본(禪家龜鑑諺解本)의 서지(書誌)와 어학적 고찰」, 3-
　　27쪽.
　전인평, 「세종실록(世宗實錄) 아악보(雅樂譜)와 현행 문묘악(文廟樂)」, 31-
　　51쪽.
　최기호, 「한국어의 계통 연구」, 53-72쪽.
　임용기, 「《훈민정음》에 나타난 삼분법의 형성 과정에 대하여」, 73-97쪽.
　박종국, 『《용비어천가(龍飛御天歌)》 역주』, 99-122쪽.
② 자료
　세종대왕기념사업회 영인, 《용비어천가(龍飛御天歌)》, 1-124쪽.

※ 세종대왕기념사업회 편(1993), 『세종학 연구』 8, 세종대왕기념사업회.
① 논문
　문효근, 「《훈민정음》의 제자원리」, 3-282쪽.
② 자료
　「596돌 세종날 기념 학술 강연회-세종조 정신 문화의 현대적 조명」, 287-
　　356쪽.

※ 세종대왕기념사업회 편(1994), 『세종학 연구』 9, 세종대왕기념사업회.
① 논문
　이재호(1994), 「멸적 구국(滅敵九國)한 이순신의 위적(偉績)」, 3-48쪽.
　김정수(1994), 「한자 새김의 표준화를 위한 예비 연구2」, 49-188쪽.

※ 세종대왕기념사업회 편(1996), 『세종학 연구』 10, 세종대왕기념사업회.
① 논문
　박태권, 「최세진의 '노걸대 언해'연구」, 3-17쪽.
　김차균, 「우리말 음운의 축약현상」, 19-47쪽.

박종국, 「열운 장지영 스승의 삶과 학문」, 49-86쪽.
② 자료
세종대왕기념사업회 영인, 《금강경 삼가 권제1》, 1-80쪽.

※ 세종대왕기념사업회 편(1996), 『세종학 연구』11, 세종대왕기념사업회.
① 논문
김동규, 「현대 한국 언론의 보도 담론 연구」, 3-21쪽.
이효성, 「신문의 미래」, 23-38쪽.
정진석, 「언론의 국권수호운동과 겨레문화의 선양」, 39-56쪽.

※ 세종대왕기념사업회 편(1998), 『세종학 연구』12·13, 세종대왕기념
사업회.
① 논문
차문섭, 「세종대의 국방과 외교」, 5-27쪽.
송방송, 「세종대의 음악 업적에 대한 역사적 재조명」, 29-61쪽.
안재순, 「세종대왕의 윤리사상」, 63-87쪽.
강신항, 「사성통해 범례에 대하여」, 89-101쪽.
김학성, 「잡가의 생성기반과 사설 엮음의 원리」, 103-125쪽.
윤병로·이규찬, 「한국의 비평논쟁사 연구」, 127-144쪽.

※ 세종대왕기념사업회 편(2006), 『세종학 연구』14, 세종대왕기념사업회.
① 논문
최기호, 「'훈민정음' 원본의 발견 경위와 언어학적 가치」, 5-17쪽.
박병천, 「'훈민정음 해례본'의 한글 자형 수정방안에 대한 연구 – 사진본과
영인본의 한글문자를 대상으로」, 19-44쪽.
김무봉, 「'훈민정음' 원본의 출판 문화재적 가치」, 45-69쪽.
전용옥, 「한국어 정보학과 국어학 – 어문통합 다국어 정보시스템 구성 원
리를 중심으로」, 71-119쪽.

후쿠이 레이, 「'훈민정음'의 문자론적 성격」, 121-131쪽.
② 부록
홍현보, 「세종 영릉신도비명의 체재에 관한 연구」, 145-213쪽.

※ 세종대왕기념사업회 편(2013), 『세종학 연구』 15, 세종대왕기념사업회.
① 논문
나일성, 「세종시대의 천문기상학」, 5-12쪽.
한영호, 「기록 재구성을 통해 살펴 본 《칠정산》의 감춰진 모습」, 13-19쪽.
정호완, 「세종조 신기전의 체험교육 안 모색」, 21-50쪽.
정우영, 「세종시대 훈민정음 관련 문헌의 국어학적 재조명」, 51-72쪽.
이경록, 「『향약제생집성방(鄕藥濟生集成方)』과 조선초기의 의약」, 73-110쪽.
박종국, 「한문 문헌 언해와 현대화 고전국역사업 – 언해의 발자취와 한글학
회·세종대왕기념사업회·민족문화추진회」, 111-152쪽.

※ 세종대왕기념사업회 편(2016), 『세종학 연구』 16, 세종대왕기념사업회.
① 논문
남문현, 「세종대왕의 자격루 창제와 궁중 기사장 장영실」, 3-27쪽.
최홍식, 「음성학과 음성의학으로 풀어 보는 《훈민정음》 제자해(制·字解)」,
29-39쪽.
리의도, 「한글의 문자적 다중성」, 41-90쪽.
오기수, 「세종 공법(貢法)의 위대한 역사적 가치」, 91-132쪽.
홍현보, 「불경 언해본의 역주 현황과 의미」, 133-188쪽.
② 번역
Margaret Thomas / 김슬옹 옮김, 「세종대왕(1397-1450) : 언어와 언어학
분야의 50대 주요 사상가」, 189-198쪽.
원문 붙임 : (Margaret Thomas(2011), *King Sejong the Great*(1397-
1450). Fifty Key Thinkers on Language and Linguistics. London
and New York : Routledge.)

③ 부록

　김슬옹, 「'세종대왕, 세종학' 관련 연구·자료 문헌 목록」, 205-246쪽.

※ 『세종문화』(세종대왕기념사업회 1977-1985 발간 월회보) 서지정보

◎ 세종대왕기념사업회 편(1977), 『세종문화』 1호(10.1), 세종대왕기념사업회.
　안수길(1977), 「한글기계화의 여러 문제」, 2쪽.
　주요한(1977), 「한글 기계 글자판의 혼란」, 3쪽.
　고황경(1977), 「우리말 다듬기 운동」, 4쪽.

◎ 세종대왕기념사업회 편(1977), 『세종문화』 2호(11.1), 세종대왕기념사업회.
　이주근(1977), 「한글의 논리구조」, 『세종문화』 2호(11.1), 세종대왕기념사업
　　　회, 2쪽.
　손세일(1977), 「한글기계화와 문자개혁」, 3쪽.
　임종철(1977), 「한글 기계화 약사1」, 3쪽.
　박흥수(1977), 「세종대왕의 양전제도와 자주정신」, 4쪽.

◎ 세종대왕기념사업회 편(1977), 『세종문화』 3호(12.1), 세종대왕기념사업회.
　전상운(1977), 「세종의 과학정책1」, 1쪽.
　강태빈(1977), 「한글전용과 기계화의 필요성을 똑바로 알자」, 2쪽.
　임종철(1977), 「한글 기계화 약사2」, 3쪽.
　김태영(1977), 「한글과 신문」, 3쪽.
　류승국(1977), 「세종대왕의 정치이념과 자주정신」, 4쪽.

◎ 세종대왕기념사업회 편(1978), 『세종문화』 4호(1.1), 세종대왕기념사업회.
　이관구(1978), 「글자판 통일 등 모든 한글 기계화를 정력적으로 추진시키
　　　자」, 1쪽.
　이용태(1978), 「전자계산기를 위한 한글표시장치」, 2쪽.
　유경희(1978), 「한글과 전자 계산기」, 3쪽.

임종철(1978), 「한글 기계화 약사3」, 3쪽.

전상운(1978), 「세종의 과학정책2」, 4쪽.

◎ 세종대왕기념사업회 편(1978), 『세종문화』 5호(2.1), 세종대왕기념사업회.

전상운(1978), 「세종의 과학정책3」, 1쪽.

장봉선(1978), 「한글 글자판과 코오드1」, 2쪽.

송현(1978), 「한글 풀어쓰기는 한글 전용과 기계화를 그르치게 한다」, 3쪽.

신석호(1978), 「세종 시대의 여진에 대한 국방과 외교1」, 4쪽.

◎ 세종대왕기념사업회 편(1978), 『세종문화』 6호(3.1), 세종대왕기념사업회.

전상운(1978), 「세종의 과학정책4」, 1쪽.

장봉선(1978), 「한글 글자판과 코오드2」, 2쪽.

이현종(1978), 「세종 시대의 일본-유구에 대한 외교 국방1」, 3쪽.

신석호(1978), 「세종 시대의 여진에 대한 국방과 외교2」, 4쪽.

◎ 세종대왕기념사업회 편(1978), 『세종문화』 7호(4.1), 세종대왕기념사업회.

장봉선(1978), 「한글 글자판과 코오드3」, 2쪽.

이현종(1978), 「세종 시대의 일본-유구에 대한 외교 국방2」, 3쪽.

신석호(1978), 「세종 시대의 여진에 대한 국방과 외교3」, 4쪽.

조석환(1978), 「타자 행동으로 본 한글 타자 글판의 올바른 배열1」, 4쪽.

◎ 세종대왕기념사업회 편(1978), 『세종문화』 8호(5.1), 세종대왕기념사업회.

박종국(1978), 「세종 대왕의 정신을 본받자」, 2쪽.

조석환(1978), 「타자 행동으로 본 한글 타자 글판의 올바른 배열2」, 3쪽.

장봉선(1978), 「한글 글자판과 코오드4」, 3쪽.

이현종(1978), 「세종 시대의 일본-유구에 대한 외교 국방3」, 4쪽.

◎ 세종대왕기념사업회 편(1978), 『세종문화』 9호(6.1), 세종대왕기념사업회.

김병원(1978), 「언어와 읽기에 대한 새로운 접근1」, 2쪽.

이현종(1978), 「세종 시대의 일본-유구에 대한 외교 국방4」, 3쪽.
조석환(1978), 「타자 행동으로 본 한글 타자 글판의 올바른 배열3」, 3쪽.

◎ 세종대왕기념사업회 편(1978), 『세종문화』 10호(7.1), 세종대왕기념사업회.
김병원(1978), 「언어와 읽기에 대한 새로운 접근2」, 2쪽.
이현종(1978), 「세종 시대의 일본-유구에 대한 외교 국방5」, 3쪽.
조석환(1978), 「타자 행동으로 본 한글 타자 글판의 올바른 배열4」, 3쪽.

◎ 세종대왕기념사업회 편(1978), 『세종문화』 11호(8.1), 세종대왕기념사업회.
노도양(1978), 「세종 시대의 지리학적 업적」, 2쪽.
장사훈(1978), 「세종대왕의 음악 정책」, 3쪽.
박흥수(1978), 「조선 척도 기준으로서의 수표의 가치1」, 3쪽.
이현종(1978), 「세종 시대의 일본-유구에 대한 외교 국방6」, 3쪽.

◎ 세종대왕기념사업회 편(1978), 『세종문화』 12호(9.1), 세종대왕기념사업회.
손보기(1978), 「활자 인쇄술에 끼친 세종의 업적」, 2쪽.
박흥수(1978), 「조선 척도 기준으로서의 수표의 가치2」, 2쪽.
이태극(1978), 「세종대왕과 정음 반포」, 3쪽.

◎ 세종대왕기념사업회 편(1978), 『세종문화』 13호(10.1), 세종대왕기념사업회.
이관구(1978), 「한자 폐지론」, 2쪽.
김성배(1978), 「세종대왕과 겨레의 자랑」, 3쪽.
김석득(1978), 「훈민정음-참이치와 생성의 힘」, 4쪽.

◎ 세종대왕기념사업회 편(1978), 『세종문화』 14호(11.1), 세종대왕기념사업회.
김두중(1978), 「세종대왕의 의학에 관한 제생 위업1」, 2쪽.
안덕균(1978), 「세종 세대의 향약 정책1」, 3쪽.

◎ 세종대왕기념사업회 편(1978), 『세종문화』 15호(12.1), 세종대왕기념사업회.
　안덕균(1978), 「세종 세대의 향약 정책2」, 2쪽.
　이병도(1978), 「영화 '세종대왕'을 보고 나서(감상문)」, 3쪽.
　신석로(1978), 「영화 '세종대왕'에 대한 감상(감상문)」, 3쪽.
　김두중(1978), 「세종대왕의 의학에 관한 제생 위업2」, 3쪽.
　김구진(1978), 「세종대왕신도비」, 4쪽.

◎ 세종대왕기념사업회 편(1979), 『세종문화』 16호(1.1), 세종대왕기념사업회.
　이관구(1979), 「영화 뿌리깊은 나무(시)」, 1쪽.
　문교부(1979), 「한글 맞춤법 개정 시안1」, 2쪽.
　안덕균(1979), 「세종 세대의 향약 정책3」, 3쪽.

◎ 세종대왕기념사업회 편(1979), 『세종문화』 17호(2.1), 세종대왕기념사업회.
　문교부(1979), 「한글 맞춤법 개정 시안2」, 2쪽.
　김구진(1979), 「고전 국역의 방향과 그 문제점1」, 4쪽.

◎ 세종대왕기념사업회 편(1979), 『세종문화』 18호(3.1), 세종대왕기념사업회.
　문교부(1979), 「한글 맞춤법 개정 시안3」, 2쪽.
　이관구(1979), 「만해 선생의 자주 정신과 역사 의식1」, 3쪽.
　김구진(1979), 「고전 국역의 방향과 그 문제점2」, 4쪽.

◎ 세종대왕기념사업회 편(1979), 『세종문화』 19호(4.1), 세종대왕기념사업회.
　문교부(1979), 「한글 맞춤법 개정 시안4」, 2쪽.
　이관구(1979), 「만해 선생의 자주 정신과 역사 의식2」, 3쪽.
　김구진(1979), 「고전 국역의 방향과 그 문제점3」, 4쪽.

◎ 세종대왕기념사업회 편(1979), 『세종문화』 20호(5.1), 세종대왕기념사업회.
　문교부(1979), 「한글 맞춤법 개정 시안5」, 2-3쪽.
　이관구(1979), 「만해 선생의 자주 정신과 역사 의식3」, 3쪽.

김구진(1979), 「고전 국역의 방향과 그 문제점4」, 4쪽.

◎ 세종대왕기념사업회 편(1979), 『세종문화』 21호(6.1), 세종대왕기념사업회.
　문교부(1979), 「한글 맞춤법 개정 시안6」, 3쪽.

◎ 세종대왕기념사업회 편(1979), 『세종문화』 22호(7.1), 세종대왕기념사업회.
　신석호(1979), 「한국 성씨의 유래1」, 2쪽.
　이광규(1979), 「현대 사회와 동족 조직1」, 3쪽.

◎ 세종대왕기념사업회 편(1979), 『세종문화』 23호(8.1), 세종대왕기념사업회.
　신석호(1979), 「한국 성씨의 유래2」, 2쪽.
　이광규(1979), 「현대 사회와 동족 조직2」, 3쪽.

◎ 세종대왕기념사업회 편(1979), 『세종문화』 24호(9.1), 세종대왕기념사업회.
　김민환(1979), 「민족의 얼을 이어나갈 '먹거리'란 말」, 2쪽.
　전상운(1979), 「수표의 설치에 관하여」, 2쪽.
　박흥수(1979), 「조선 척도 기준으로서의 수표(水標)의 가치」, 3쪽.

◎ 세종대왕기념사업회 편(1979), 『세종문화』 25호(10.1), 세종대왕기념사업회.
　허발(1979), 「독일에 있어서의 국어 정책에 대하여1」, 2쪽.
　마이클로빈슨 / 강진숙 옮김(1979), 「최현배와 한국의 민족 운동」, 3쪽.
　박종국(1979), 「한글날 기념의 의의와 유래」, 4쪽.

◎ 세종대왕기념사업회 편(1979), 『세종문화』 26호(11.1), 세종대왕기념사업회.
　허발(1979), 「독일에 있어서의 국어 정책에 대하여2」, 3쪽.

◎ 세종대왕기념사업회 편(1979), 『세종문화』 27호(12.1), 세종대왕기념사업회.
　유경희(1979), 「두벌식 한글 입출력 장치에 관한 고찰」, 2쪽.
　허발(1979), 「독일에 있어서의 국어 정책에 대하여3」, 3쪽.

◎ 세종대왕기념사업회 편(1980), 『세종문화』 28호(1.1), 세종대왕기념사업회.
　이관구(1980), 「민족·통일의 간절한 축원」, 1쪽.
　허발(1980), 「독일에 있어서의 국어 정책에 대하여4」, 2쪽.
　고송무(1980), 「우랄 어족과 그 언어사용 민족들1」, 3쪽.

◎ 세종대왕기념사업회 편(1980), 『세종문화』 29호(2.1), 세종대왕기념사업회.
　베수마마타르 / 고승우 옮김(1980), 「몽고와 한국 만주 선조들의 민족-언어
　　학적 상호 관계에 관한 문제에 대해1」, 2쪽.
　고송무(1980), 「우랄 어족과 그 언어사용 민족들2」, 3쪽.

◎ 세종대왕기념사업회 편(1980), 『세종문화』 30호(3.1), 세종대왕기념사업회.
　김석득(1980), 「외솔 가신 지 열 돌」, 2쪽.
　베수마마타르 / 고승우 옮김(1980), 「몽고와 한국 만주 선조들의 민족-언어
　　학적 상호 관계에 관한 문제에 대해2」, 3쪽.

◎ 세종대왕기념사업회 편(1980), 『세종문화』 31호(4.1), 세종대왕기념사업회.
　이관구(1980), 「외솔 10주기 추모식 식사」, 2쪽.
　베수마마타르 / 고승우 옮김(1980), 「몽고와 한국 만주 선조들의 민족 - 언
　　어학적 상호 관계에 관한 문제에 대해3」, 3쪽.

◎ 세종대왕기념사업회 편(1980), 『세종문화』 32호(5.1), 세종대왕기념사업회.
　성경린(1980), 「세종대왕과 아악」, 2쪽.
　베수마마타르 / 고승우 옮김(1980), 「몽고와 한국 만주 선조들의 민족-언어
　　학적 상호 관계에 관한 문제에 대해4」, 3쪽.

◎ 세종대왕기념사업회 편(1980), 『세종문화』 33호(6.1), 세종대왕기념사업회.
　최종고(1980), 「법언어의 문제점1」, 2쪽.
　베수마마타르/고승우 옮김(1980), 「몽고와 한국 만주 선조들의 민족-언어
　　학적 상호 관계에 관한 문제에 대해5」, 3쪽.

◎ 세종대왕기념사업회 편(1980), 『세종문화』 34호(7.1), 세종대왕기념사업회.
　최종고(1980), 「법언어의 문제점2」, 2쪽.
　한상범(1980), 「헌법 개정과 표현 문제1」, 3쪽.
　임동권(1980), 「김성배 박사의 '한국의 민속'을 읽고(서평)」, 3쪽.

◎ 세종대왕기념사업회 편(1980), 『세종문화』 35호(8.1), 세종대왕기념사업회.
　이은성(1980), 「세종 시대의 역법 칠정산내편의 편찬1」, 2쪽.
　한상범(1980), 「헌법조문의 표기 및 표현 문제2」, 3쪽.
　김용언(1980), 「'광개토왕의 비문'에 대하여」, 3쪽.

◎ 세종대왕기념사업회 편(1980), 『세종문화』 36호(9.1), 세종대왕기념사업회.
　한상범(1980), 「헌법조문의 표기 및 표현 문제3」, 2쪽.
　이은성(1980), 「세종 시대의 역법 칠정산내편의 편찬2」, 3쪽.

◎ 세종대왕기념사업회 편(1980), 『세종문화』 37호(10.1), 세종대왕기념사업회.
　이은성(1980), 「세종 시대의 역법 칠정산내편의 편찬3」, 3쪽.
　한상범(1980), 「헌법조문의 표기 및 표현 문제4」, 3쪽.

◎ 세종대왕기념사업회 편(1980), 『세종문화』 38호(11.1), 세종대왕기념사업회.
　김선기(1980), 「외솔 최현배 박사의 학문과 인품1」, 2쪽.
　이은싱(1980), 「세종 시대의 역법 칠정산외편의 편찬1」, 3쪽.

◎ 세종대왕기념사업회 편(1980), 『세종문화』 39호(12.1), 세종대왕기념사업회.
　이은성(1980), 「세종 시대의 역법 칠정산외편의 편찬2」, 2쪽.
　김선기(1980), 「외솔 최현배 박사의 학문과 인품2」, 3쪽.

◎ 세종대왕기념사업회 편(1981), 『세종문화』 40호(1.1), 세종대왕기념사업회.
　이관구(1981), 「자국 통일을 다짐하는 새 질서 창조에 매진하자」, 1쪽.
　허웅(1981), 「세종조의 언어 정책과 그 정신을 오늘에 살리는 길1」, 2쪽.

김선기(1981), 「외솔 최현배 박사의 학문과 인품3」, 3쪽.
이은성(1981), 「세종 시대의 역법 칠정산외편의 편찬3」, 4쪽.

◎ 세종대왕기념사업회 편(1981), 『세종문화』 41호(2.1), 세종대왕기념사업회.
허웅(1981), 「세종조의 언어 정책과 그 정신을 오늘에 살리는 길2」, 2쪽.
김계곤(1981), 「외솔 선생의 잡음씨 설정에 대하여1」, 3쪽.
박흥수(1981), 「세종대왕의 과학 정책과 그 성과1」, 4쪽.

◎ 세종대왕기념사업회 편(1981), 『세종문화』 42호(3.1), 세종대왕기념사업회.
박종국(1981), 「배달겨레의 정신적 지주 외솔 선생」, 2쪽.
김계곤(1981), 「외솔 선생의 잡음씨 설정에 대하여2」, 3쪽.
박흥수(1981), 「세종대왕의 과학 정책과 그 성과2」, 4쪽.

◎ 세종대왕기념사업회 편(1981), 『세종문화』 43호(4.1), 세종대왕기념사업회.
박흥수(1981), 「세종대왕의 과학 정책과 그 성과3」, 2-4쪽.
김계곤(1981), 「박종국 엮은 '말본사전'(서평)」, 3쪽.
금장태(1981), 「세종 시대의 철학 사상1」, 4쪽.

◎ 세종대왕기념사업회 편(1981), 『세종문화』 44호(5.1), 세종대왕기념사업회.
박종국(1981), 「국학 연구의 보고 세종대왕실록」, 2-4쪽.
금장태(1981), 「세종 시대의 철학 사상2」, 4쪽.

◎ 세종대왕기념사업회 편(1981), 『세종문화』 45호(6.1), 세종대왕기념사업회.
금장태(1981), 「세종 시대의 철학 사상3」, 2-3쪽.

◎ 세종대왕기념사업회 편(1981), 『세종문화』 46호(7.1), 세종대왕기념사업회.
금장태(1981), 「세종 시대의 철학 사상4」, 2-3쪽.
박영호(1981), 「세종대왕과 법치주의1」, 3쪽.

◎ 세종대왕기념사업회 편(1981), 『세종문화』 47호(8.1), 세종대왕기념사업회.
　박영호(1981), 「세종대왕과 법치주의2」, 2쪽.
　이동준(1981), 「정음 창제와 철학 정신1」, 3쪽.

◎ 세종대왕기념사업회 편(1981), 『세종문화』 48호(9.1), 세종대왕기념사업회.
　박영호(1981), 「세종 대왕과 법치주의3」, 2쪽.
　이동준(1981), 「정음 창제와 철학 정신2」, 3쪽.

◎ 세종대왕기념사업회 편(1981), 『세종문화』 49호(10.1), 세종대왕기념사업회.
　이동준(1981), 「정음 창제와 철학 정신3」, 2쪽.
　박종국(1981), 「535돌의 한글날을 맞이하여」, 3-4쪽.

◎ 세종대왕기념사업회 편(1981), 『세종문화』 50호(11.1), 세종대왕기념사업회.
　김두종(1981), 「세종의 이상과 출판문화」, 2쪽.
　박지홍(1981), 「세종 대왕의 문학 사상과 출판 문화」, 3쪽.
　박상화(1981), 「한글그림」, 3쪽.

◎ 세종대왕기념사업회 편(1981), 『세종문화』 51호(12.1), 세종대왕기념사업회.
　박흥수(1981), 「세종의 과학 정신과 출판문화1」, 2쪽.
　김운태(1981), 「세종의 정치 철학」, 3쪽.

◎ 세종대왕기념사업회 편(1982), 『세종문화』 52호(1.1), 세종대왕기념사업회.
　이관구(1982), 「한글 문화의 창달과 희망찬 새해의 다짐」, 1쪽.
　이관구(1982), 「우리말과 글을 키우신 스승들을 위한 추도제전 개식의 말
　　씀」, 2쪽.
　허웅(1982), 「힌글학회 창립 예순돌 기념식 기념식사」, 2쪽.
　박종국(1982), 「세종대왕의 인간상」, 3쪽.
　박흥수(1982), 「세종의 과학 정신과 출판 문화2」, 4쪽.

◎ 세종대왕기념사업회 편(1982), 『세종문화』 53호(2.1), 세종대왕기념사업회.
　　손인수(1982), 「세종 시대의 교육1」, 2-3쪽.
　　이은성(1982), 「세종 시대의 해시계 앙부일구에 관하여1」, 4쪽.

◎ 세종대왕기념사업회 편(1982), 『세종문화』 54호(3.1), 세종대왕기념사업회.
　　손인수(1982), 「세종 시대의 교육2」, 2-4쪽.
　　이은성(1982), 「세종 시대의 해시계 앙부일구에 관하여2」, 3쪽.
　　이현종(1982), 「세종대왕의 업적과 시대 배경1」, 4쪽.

◎ 세종대왕기념사업회 편(1982), 『세종문화』 55호(4.1), 세종대왕기념사업회.
　　김성배(1982), 「전승 예술 민속과 인간문화재1」, 2쪽.
　　이현종(1982), 「세종대왕의 업적과 시대배경, 내치2」, 3쪽.
　　이은성(1982), 「다채로운 평면연구 해시계의 보급으로 세종대왕의 뜻을 받
　　　들자」, 4쪽.

◎ 세종대왕기념사업회 편(1982), 『세종문화』 56호(5.1), 세종대왕기념사업회.
　　이관구(1982), 「싱그런 5월 보름 만고 스승 오신 날」, 2쪽.
　　김성배(1982), 「전승 예술 민속과 인간문화재2」, 2쪽.
　　이현종(1982), 「세종대왕의 업적과 시대배경 대명정책3」, 3쪽.
　　한만영(1982), 「세종대왕의 음악적 업적1」, 4쪽.

◎ 세종대왕기념사업회 편(1982), 『세종문화』 57호(6.1), 세종대왕기념사업회.
　　이현종(1982), 「세종대왕의 업적과 시대배경, 대왜정책4」, 2쪽.
　　한만영(1982), 「세종대왕의 음악적 업적2」, 3쪽.

◎ 세종대왕기념사업회 편(1982), 『세종문화』 58호(7.1), 세종대왕기념사업회.
　　이은성(1982), 「윤달에 관하여」, 2쪽.
　　최승희(1982), 「세종조의 문화와 정치1」, 3쪽.

◎ 세종대왕기념사업회 편(1982), 『세종문화』 59호(8.1), 세종대왕기념사업회.
　서희환(1982), 「한글 서예의 창조적 연구1」, 2쪽.
　최승희(1982), 「세종조의 문화와 정치2」, 3쪽.

◎ 세종대왕기념사업회 편(1982), 『세종문화』 60호(9.1), 세종대왕기념사업회.
　한글학회(1982), 「일본의 역사교육 거짓꾸미기에 대한 성명」, 1-2쪽.
　서희환(1982), 「한글 서예의 창조적 연구2」, 2쪽.
　최승희(1982), 「세종조의 문화와 정치3」, 3쪽.

◎ 세종대왕기념사업회 편(1982), 『세종문화』 61호(10.1), 세종대왕기념사업회.
　서희환(1982), 「한글 서예의 창조적 연구3」, 2쪽.
　최승희(1982), 「세종조의 문화와 정치4」, 2쪽.
　이강로(1982), 「글자의 본질과 그 교육에 따르는 문제점1」, 3쪽.

◎ 세종대왕기념사업회 편(1982), 『세종문화』 62호(11.1), 세종대왕기념사업회.
　김방한(1982), 「언어상으로 본 한국 사람의 기원1」, 2쪽.
　이강로(1982), 「글자의 본질과 그 교육에 따르는 문제점2」, 3쪽.

◎ 세종대왕기념사업회 편(1982), 『세종문화』 63호(12.1), 세종대왕기념사업회.
　손보기(1982), 「형질 및 고고학상으로 본 한국 사람의 기원1」, 2쪽.
　이강로(1982), 「글자의 본질과 그 교육에 따르는 문제점3」, 2쪽.
　김방한(1982), 「언어상으로 본 한국 사람의 기원2」, 3쪽.

◎ 세종대왕기념사업회 편(1983), 『세종문화』 64호(1.1), 세종대왕기념사업회.
　이관구(1983), 「민주 통일과 인본 자주 정신」, 1쪽.
　손보기(1983), 「형질 및 고고학상으로 본 한국 사람의 기원2」, 2쪽.
　이강로(1983), 「글자의 본질과 그 교육에 따르는 문제점4」, 3쪽.
　정재도(1983), 「맞춤법에 대하여1」, 4쪽.

◎ 세종대왕기념사업회 편(1983), 『세종문화』 65호(2.1), 세종대왕기념사업회.

　정재도(1983), 「맞춤법에 대하여2」, 2-3쪽.

　손보기(1983), 「형질 및 고고학상으로 본 한국 사람의 기원3」, 3쪽.

◎ 세종대왕기념사업회 편(1983), 『세종문화』 66호(3.1), 세종대왕기념사업회.

　정재도(1983), 「맞춤법에 대하여3」, 2-3쪽.

　김성배(1983), 「관혼상제와 민속1」, 4쪽.

◎ 세종대왕기념사업회 편(1983), 『세종문화』 67호(4.1), 세종대왕기념사업회.

　정재도(1983), 「맞춤법에 대하여4」, 2쪽.

　김성배(1983), 「관혼상제와 민속2」, 3쪽.

　총무처(1983), 「정부에서 순화 제정한 행정 용어1(행정용어순화편람)」, 4쪽.

◎ 세종대왕기념사업회 편(1983), 『세종문화』 68호(5.1), 세종대왕기념사업회.

　정재도(1983), 「맞춤법에 대하여5」, 2쪽.

　김성배(1983), 「관혼상제와 민속3」, 3쪽.

　총무처(1983), 「정부에서 순화 제정한 행정 용어2(행정용어순화편람)」, 4쪽.

◎ 세종대왕기념사업회 편(1983), 『세종문화』 69호(6.1), 세종대왕기념사업회.

　총무처(1983), 「정부에서 순화 제정한 행정 용어3(행정용어순화편람)」, 1쪽.

　정재도(1983), 「맞춤법에 대하여6」, 2쪽.

　김진봉(1983), 「세종조의 진휼정책1」, 2쪽.

　김성배(1983), 「관혼상제와 민속4」, 3쪽.

◎ 세종대왕기념사업회 편(1983), 『세종문화』 70호(7.1), 세종대왕기념사업회.

　총무처(1983), 「정부에서 순화 제정한 행정 용어4(행정용어순화편람)」, 1쪽.

　정재도(1983), 「맞춤법에 대하여7」, 2쪽.

　김진봉(1983), 「세종조의 진휼정책2」, 2쪽.

　김성배(1983), 「관혼상제와 민속5」, 3쪽.

◎ 세종대왕기념사업회 편(1983), 『세종문화』 71호(8.1), 세종대왕기념사업회.
　총무처(1983), 「정부에서 순화 제정한 행정 용어5(행정용어순화편람)」, 1쪽.
　정재도(1983), 「맞춤법에 대하여8」, 2쪽.
　김진봉(1983), 「세종조의 진휼정책3」, 2쪽.
　김성배(1983), 「관혼상제와 민속6」, 3쪽.

◎ 세종대왕기념사업회 편(1983), 『세종문화』 72호(9.1), 세종대왕기념사업회.
　총무처(1983), 「정부에서 순화 제정한 행정 용어6(행정용어순화편람)」, 1쪽.
　정재도(1983), 「맞춤법에 대하여9」, 2쪽.
　김진봉(1983), 「세종조의 진휼정책4」, 2쪽.
　김성배(1983), 「관혼상제와 민속7」, 3쪽.

◎ 세종대왕기념사업회 편(1983), 『세종문화』 73호(10.1), 세종대왕기념사업회.
　총무처(1983), 「정부에서 순화 제정한 행정 용어7(행정용어순화편람)」, 1쪽.
　정재도(1983), 「맞춤법에 대하여10」, 2쪽.
　김진봉(1983), 「세종조의 진휼정책5」, 2쪽.
　김성배(1983), 「관혼상제와 민속8」, 3쪽.

◎ 세종대왕기념사업회 편(1983), 『세종문화』 74호(11.1), 세종대왕기념사업회.
　정재도(1983), 「맞춤법에 대하여11」, 2쪽.
　김진봉(1983), 「세종조의 진휼정책6」, 2쪽.
　김성배(1983), 「관혼상제와 민속9」, 3쪽.
　총무처(1983), 「정부에서 순화 제정한 행정 용어8(행정용어순화편람)」, 3쪽.

◎ 세종대왕기념사업회 편(1983), 『세종문화』 75호(12.1), 세종대왕기념사업회.
　총무처(1983), 「정부에서 순화 제정한 행정 용어9(행정용어순화편람)」, 1쪽.
　정재도(1983), 「맞춤법에 대하여12」, 2-4쪽.
　김성배(1983), 「관혼상제와 민속10」, 3쪽.
　김진봉(1983), 「세종조의 진휼정책7」, 4쪽.

◎ 세종대왕기념사업회 편(1984), 『세종문화』 76호(1.1), 세종대왕기념사업회.
　이관구(1984), 「'핵전쟁 3분전'을 '평화 전환 3분전'으로, 『세종문화』 76호
　　　(1.1). 세종대왕기념사업회76호. 1쪽.
　총무처(1984), 「정부에서 순화 제정한 행정 용어10(행정용어순화편람)」, 1쪽.
　정재도(1984), 「맞춤법에 대하여13」, 2~3쪽.
　김성배(1984), 「관혼상제와 민속11」, 3쪽.
　박종국(1984), 「세종대왕 어필 희우정과 망원정」, 4쪽.

◎ 세종대왕기념사업회 편(1984), 『세종문화』 77호(2.1), 세종대왕기념사업회.
　정재도(1984), 「맞춤법에 대하여14」, 2쪽.
　총무처(1984), 「정부에서 순화 제정한 행정 용어11(행정용어순화편람)」, 3쪽.

◎ 세종대왕기념사업회 편(1984), 『세종문화』 78호(3.1), 세종대왕기념사업회.
　총무처(1984), 「정부에서 순화 제정한 행정 용어12(행정용어순화편람)」, 1쪽.
　정재도(1984), 「맞춤법에 대하여15」, 2쪽.
　최완수(1984), 「세종 시대의 그림과 글씨1」, 3쪽.

◎ 세종대왕기념사업회 편(1984), 『세종문화』 79호(4.1), 세종대왕기념사업회.
　총무처(1984), 「정부에서 순화 제정한 행정 용어13(행정용어순화편람)」, 1쪽.
　정재도(1984), 「맞춤법에 대하여16」, 2쪽.
　최완수(1984), 「세종 시대의 그림과 글씨2」, 3쪽.

◎ 세종대왕기념사업회 편(1984), 『세종문화』 80호(5.1), 세종대왕기념사업회.
　총무처(1984), 「정부에서 순화 제정한 행정 용어14(행정용어순화편람)」, 1쪽.
　정재도(1984), 「맞춤법에 대하여17」, 2쪽.
　최완수(1984), 「세종 시대의 그림과 글씨3」, 3쪽.
　이은성(1984), 「상원 갑자년」, 4쪽.

◎ 세종대왕기념사업회 편(1984), 『세종문화』 81호(6.1), 세종대왕기념사업회.
　총무처(1984), 「정부에서 순화 제정한 행정 용어15(행정용어순화편람)」, 1쪽.
　정재도(1984), 「맞춤법에 대하여18」, 2쪽.
　이은성(1984), 「신법 지평일구에 영침(影針)을 꽂다1」, 3쪽.

◎ 세종대왕기념사업회 편(1984), 『세종문화』 82호(7.1), 세종대왕기념사업회.
　총무처(1984), 「정부에서 순화 제정한 행정 용어16(행정용어순화편람)」, 1쪽.
　정재도(1984), 「맞춤법에 대하여19」, 2쪽.
　이은성(1984), 「신법 지평일구에 영침(影針)을 꽂다2」, 3쪽.

◎ 세종대왕기념사업회 편(1984), 『세종문화』 83호(8.1), 세종대왕기념사업회.
　총무처(1984), 「정부에서 순화 제정한 행정 용어17(행정용어순화편람)」, 1쪽.
　김운태(1984), 「세종조의 정치·행정 사상1」, 2쪽.
　이은성(1984), 「신법 지평일구에 영침(影針)을 꽂다3」, 3쪽.

◎ 세종대왕기념사업회 편(1984), 『세종문화』 84호(9.1), 세종대왕기념사업회.
　김운태(1984), 「세종조의 정치·행정 사상2」, 2쪽.
　이관구(1984), 「월남 이상재 선생을 기리면서」, 3쪽.

◎ 세종대왕기념사업회 편(1984), 『세종문화』 85호(10.1), 세종대왕기념사업회.
　총무처(1984), 「정부에서 순화 제정한 행정 용어18(행정용어순화편람)」, 1쪽.
　김운태(1984), 「세종조의 정치·행정 사상3」, 2쪽.
　이관구(1984), 「서울 거리 이름은 되도록 토박이 말로」, 3쪽.

◎ 세종대왕기념사업회 편(1984), 『세종문화』 86호(11.1), 세종대왕기념사업회.
　김운태(1984), 「세종조의 정치·행정 사상4」, 2쪽.
　이은성(1984), 「대리석제 신법 지평일구1」, 3쪽.

◎ 세종대왕기념사업회 편(1984), 『세종문화』 87호(12.1), 세종대왕기념사업회.
　총무처(1984), 「정부에서 순화 제정한 행정 용어19(행정용어순화편람)」, 1쪽.
　김운태(1984), 「세종조의 정치·행정 사상5」, 2쪽.
　이은성(1984), 「대리석제 신법 지평일구2」, 3쪽.

◎ 세종대왕기념사업회 편(1985), 『세종문화』 88호(1.1), 세종대왕기념사업회.
　이관구(1985), 「새해는 분단 마흔돌, 통일 소원 이뤄보자」, 1쪽.
　이은성(1985), 「대리석제 신법 지평일구3」, 2쪽.
　이해구(1985), 「세종조 음악문화의 현대사적 재인식1」, 3쪽.
　한만영(1985), 「국악의 전망」, 4쪽.

◎ 세종대왕기념사업회 편(1985), 『세종문화』 89호(2.1), 세종대왕기념사업회.
　이은성(1985), 「대리석제 신법 지평일구4」, 2쪽.
　이해구(1985), 「세종조 음악문화의 현대사적 재인식2」, 3쪽.

◎ 세종대왕기념사업회 편(1985), 『세종문화』 90호(3.1), 세종대왕기념사업회.
　이은성(1985), 「물시계와 자격루」, 2쪽.

(6) 온라인 자료

김슬옹(2014), 돌멩이 하나라도 가벼이 여기지 마라 ["세종 정신"을 되살리자
　1], 우리문화신문. (http://www.koya-culture.com/)
김슬옹(2014), 노비 부부에게 출산 휴가를 주어라 ["세종정신"을 되살리자 2].
　우리문화신문. (http://www.koya-culture.com/)
김슬옹(2014), 밥은 백성의 하늘이니라 ["세종정신"을 되살리자 3]. 우리문화
　신문. (http://www.koya-culture.com/)
김슬옹(2014), 문자 모르는 백성도 시간을 알게 하라 ["세종정신"을 되살리자
　4, 백성을 위한 〈오목해시계〉]. 우리문화신문.(http://www.koya-culture.
　com/)
김슬옹(2014), 조화로운 소리로 백성들을 평화롭게 하라 ["세종정신"을 되살리

자 5, 〈세종의 절대 지음 사건〉]. 우리문화신문.(http://www.koya-culture.
com/)

김슬옹(2014), 나라의 운명은 인재양성에 달려 있다 ["세종정신"을 되살리자
6, 〈세종과 집현전 학사들〉]. 우리문화신문.(http://www.koya-culture.com/)

김슬옹(2014), 첨단과학 자명종 물시계, 자격루를 만들어라 ["세종정신"을 되
살리자 7, 〈장영실이 만든 자격루의 의미〉]. 우리문화신문.(http://www.
koya-culture.com/)

김슬옹(2014), 하늘의 이치를 알고 세계의 중심에 서라 ["세종정신"을 되살리자
8, 『칠정산내편』을 펴낸 까닭]. 우리문화신문.(http://www.koya-culture.
com/)

김슬옹(2014), 백성의 뜻을 물어 행하라 ["세종정신"을 되살리자 9, 〈세종의
여론조사〉]. 우리문화신문.(http://www.koya-culture.com/)

김슬옹(2014), 아픈 백성이 없게 하라 ["세종정신"을 되살리자 10, 〈향약집성
방과 의방유취〉]. 우리문화신문.(http://www.koya-culture.com/)

김슬옹(2014), 인쇄술 발전으로 누구나 책을 읽게 하라 ["세종 정신"을 되살리
자 11]. 우리문화신문.(http://www.koya-culture.com/)

김슬옹(2014), 지리서를 만들어 나라땅을 정비하라 ["세종 정신"을 되살리자
12]. 우리문화신문.(http://www.koya-culture.com/)

김슬옹(2014), 역사 바로 세우기에 온 힘을 기울여라 ["세종 정신"을 되살리자
13]. 우리문화신문.(http://www.koya-culture.com/)

김슬옹(2014), 죄인도 병으로 죽게 해서는 안 된다 ["세종 정신"을 되살리자
14]. 우리문화신문.(http://www.koya-culture.com/)

김슬옹(2014), 세종 인문학이 절실하다 [김슬옹의 세종한글이야기]. 우리문화
신문.(http://www.koya-culture.com/)

김슬옹(2014). 세종은 언제부터 훈민정음 창제를 고민했을까? [김슬옹의 세종
한글이야기], 우리문화신문. (http://www.koya-culture.com/)

김슬옹(2015), 세종 때보다 못한 지금의 재난극복, 우리문화신문. (http://www.
koya-culture.com/)

김슬옹(2015), 최만리 외 6인 언문 반포 반대 상소의 진실, 우리문화신문,

(http://www.koya-culture.com/)

김슬옹(2016), 세종 정음학이 바탕을 조명한 한태동의 책, 우리문화신문,
    (http://www.koya-culture.com/)

김슬옹(2016), 세종시에 세종학 대학원대학교를 세우자 [시평], 우리문화신문,
    (http://www.koya-culture.com/)

김슬옹(2016), 원경왕후의 꿈, 세종은 햇무리에 앉아 있었다, 우리문화신문,
    (http://www.koya-culture.com/)

김슬옹(2017), 훈민정음 정신을 드높인 책 "동국정운" 대표집필자 신숙주, 우
    리문화신문(www.koya-culture.com/)

최기호(2017), 세종대왕의 사상과 철학을 계승하자, 우리문화신문(www.koya-
    culture.com/)

최기호(2017), 세종대왕과 이순지, 하늘에 별을 그리다, 우리문화신문(www.koya-
    culture.com/)

최기호(2017), 세종대왕과 박연, 조선의 '황종률관'을 만들다, 우리문화신문
    (www.koya-culture.com/)

2. 학위 논문

1) 석사 학위 논문

박경조(1938), 「『龍飛御天歌』에 나타난 形態素 分布에 관한 統計的 硏究 : 文法形
    態素 중심으로」, 연세대 교육대학원 석사논문.

전재관(1955), 「龍飛御天歌考」, 고려대 대학원 석사논문.

김현기(1961), 「세종조의 문헌고」, 이화여대 대학원 석사논문.

박정순(1963), 「詩歌形式으로 본 龍飛御天歌 硏究」, 숙명여대 석사논문.

송병기(1964), 「世宗朝의 平安道 移民에 對하여」, 고려대 대학원 석사논문.

이윤기(1975), 「조선 세종조의 대일 무역의 특색」, 연세대 교육대학원 석사논문.

임명기(1976), 「世宗朝의 醫療政策에 따르는 藥材生産地에 대한 考察」, 연세대

교육대학원 석사논문.

도효근(1979), 「龍飛御天歌 漢字音 研究」, 충남대 대학원 석사논문.

조홍숙(1979), 「용비어천가의 율격 연구」, 서울대 대학원 석사논문.

김현숙(1980), 「朝鮮 世祖朝의 印刷文化에 대하여」, 이화여대 교육대학원 석사
　　논문.

정영주(1980), 「동국정운 후음 "ㅎ"초성고」, 건국대 대학원 석사논문.

이웅정(1981), 「세종의 의약정책에 관한 연구」, 중앙대 사회개발대학원 석사
　　논문.

백인빈(1981), 「반치음 △음가의 再攷 : 동국정운음을 中心으로」, 건국대 교육
　　대학원 석사논문.

장세원(1981), 「龍飛御天歌에 關한 研究」, 전북대 교육대학원 석사논문.

김항구(1982), 「世宗代의 修史事業」, 단국대 대학원 석사논문.

한상설(1982), 「조선초기 세종·세조의 불교신앙과 신권견제」, 동국대 대학원
　　석사논문.

임평룡(1984), 「세종조시대의 음악정책에 관한 연구」, 연세대 교육대학원 석
　　사논문.

채규동(1984), 「세종조의 지방행정 체제의 개편 : 조직 및 인사개혁을 중심으
　　로」, 서울대 행정대학원 석사논문.

남진석(1985), 「東國正韻의 'ㆍ'音 研究」, 명지대 대학원 석사논문.

이선희(1985), 「龍飛御天歌의 修辭法 研究」, 고려대 경영대학원 석사논문.

천영경(1986), 「朝鮮世宗代 船軍 研究」, 숭전대 대학원 석사논문.

한기선(1986), 「朝鮮朝 世宗의 抑佛과 信佛에 대한 研究」, 동국대 대학원 석사
　　논문.

이선자(1988), 「龍飛御天歌의 장르 性格」, 성균관대 교육대학원 석사논문.

김홍배(1989), 「世宗朝의 武藝的인 體育活動에 關한 研究 : 世宗實錄을 中心으로」,
　　서울대 대학원 석사논문.

박상태(1989), 「朝鮮初期의 北方徙民政策研究 : 世宗朝의 北方徙民政策을 中心으
　　로」, 동국대 교육대학원 석사논문.

최미향(1989), 「朝鮮初期 世宗朝의 女樂 연구」, 영남대 대학원 석사논문.

구경자(1990), 「龍飛御天歌 註解의 正音表記 語彙 연구」, 효성여대 대학원 석사 논문.

한형주(1990), 「朝鮮 世宗代의 古制研究에 대한 고찰」, 고려대 대학원 석사논문.

김현주(1992), 「'世宗樂譜'와 '大樂後譜'에 나타난 향악곡의 제2선율 고찰 : 致和 平·鳳凰吟·眞勺·橫殺門·井邑·紫霞洞에 기하여」, 부산대 대학원 석사논문.

강성희(1992), 「朝鮮 世宗代의 上疏에 관한 고찰」, 대구대 대학원 석사논문.

박찬수(1994), 「龍飛御天歌 연구」, 충남대 대학원 석사논문.

변계원(1994), 「致和平 一, 二, 三과 醉豊亨에 관한 연구 : 세종시대 창작기법에 관한 연구」, 서울대 대학원 석사논문.

강문식(1997), 「集賢殿출신 官人의 學問觀과 政治觀」, 서울대 대학원 석사논문.

고영화(1997), 「용비어천가 텍스트의 구성 원리 연구」, 서울대 대학원 석사논문.

유광희(1997), 「《용비어천가》 파격장 연구」, 경성대 교육대학원 석사논문.

이정화(1998), 「朝鮮 純祖代 科擧의 特徵 : 世宗·肅宗代와의 比較를 통해」, 서강 대 교육대학원 석사논문.

신재철(1999), 「세종대왕의 교육정책 및 학술정책에 관한 연구」, 경기대학교 교육대학원 석사논문.

최령(1999), 「세종조 鹵簿의 鼓吹에 관한 研究」, 영남대학교 대학원 석사논문.

심숙희(2000), 「세종조 악제발달에 관한 고찰」, 공주대 교육대학원 석사논문.

윤태호(2000), 「세종대왕의 교육정책 및 학술정책에 관한 연구」, 경기대 교육 대학원 석사논문.

이영래(2000), 「태종과 세종의 경연운영과 정치적 의미에 관한 연구」, 이화여 대 교육대학원 석사논문.

정태란(2000), 「조선전기 수학사에 관한 연구 : 세종시대를 중심으로」, 충남 대 교육대학원 석사논문.

송미향(2001), 「《세종실록》《오례》와 《국조오례의》의 악현비교 연구 : 길례와 가례를 중심으로」, 청주대 대학원 석사논문.

위철(2001), 「《세종악보》와 《대악후보》의 치화평·취풍형·봉황음·만전춘 비 교」, 서울대 대학원 석사논문.

이은주(2001), 「조선초 전세제의 운영문제와 세종의 공법구상」, 서울대 대학원 석사논문.

임병건(2001), 「《용비어천가》의 높임법 연구」, 제주대 교육대학원 석사논문.

황동석(2001), 「여주 세종대왕 역사주제공원 환경설계」, 서울대 환경대학원
　　석사논문.

설학줄(2002), 「학습자 중심의 옛글 학습 지도 방법 연구 : '세종 어제 훈민정
　　음'을 중심으로」, 경상대 교육대학원 석사논문.

이정엽(2002), 「《세종실록》, 《금합자보》, 《속악원보》 수록 여민락의 변천연구」,
　　서울대 대학원 석사논문.

강태호(2003), 「《용비어천가》 구조 분석 고찰」, 아주대 교육대학원 석사논문.

박주헌(2004), 「태봉의 풍수지리학적 입지특성 연구 : 순조, 세종 왕자, 예종
　　태봉을 중심으로」, 대구한의대 사회개발대학원 석사논문.

박환수(2004), 「세종의 국방 및 군사분야의 업적에 관한 연구」, 대전대 경영행
　　정사회복지대학원 석사논문.

이상희(2004), 「《세종실록악보》와 《세조실록악보》의 보태평과 정대업의 연구」,
　　영남대 대학원 석사논문.

한성주(2004), 「조선초기 수직여진인 연구 : 세종대를 중심으로」, 강원대 대
　　학원 석사논문.

이혜숙(2005), 「디자인으로서의 한글과 디자이너로서의 세종」, 국민대 테크
　　노디자인전문대학원 석사논문.

옹기현(2006), 「상호텍스트성을 고려한 읽기 교수·학습의 활용 방안 연구 :
　　《용비어천가》를 대상으로」, 전북대 교육대학원 석사논문.

이규철(2006), 「조선 초기(태조대~세종대)의 대외정보 수집활동」, 가톨릭대
　　대학원 석사논문.

황은실(2006), 「세종대 천문·역학의 발달과 의미」, 숙명여대 교육대학원 석
　　사논문.

박미아(2007), 「세종의 경연운영방식을 통해서 본 교육지도성 연구」, 전남대
　　교육대학원 석사논문.

박준범(2007), 「리더의 자질과 임무 및 세종대왕과 박정희 전 대통령의 리더
　　십 평가」, 고려대 행정대학원 석사논문.

이화숙(2007), 「《용비어천가》 무용 공연의 실체연구」, 세종대 공연예술대학원 석사논문.

박수원(2008), 「초등 사회과 교과서에 나타난 세종대왕 서술 내용 분석」, 서울교육대 교육대학원 석사논문.

박용현(2008), 「통합독서 전략 구상 연구 : 세종의 독서방식을 수용한 통합독서 전략 구상」, 목원대 교육대학원 석사논문.

이현선(2008), 「《동국정운》 한자음 연원 연구」, 이화여대 대학원 석사논문.

이다현(2009), 「경기체가·악장의 갈래 특성을 고려한 교육 방향 모색 :《한림별곡》,《용비어천가》를 중심으로」, 성균관대 교육대학원 석사논문.

한애희(2010), 「훈민정음과 용비어천가의 서체미 연구」, 경기대 미술·디자인대학원 석사논문.

백수연(2011), 「《광운》과《동국정운》의 비교를 통한 한·중 현대초성음가 연구」, 전북대 교육대학원 석사논문.

임다영(2011), 「《동국정운》 한자음과 현실 한자음의 비교연구 : 지섭과 해섭을 중심으로」, 연세대 대학원 석사논문.

김기섭(2012), 「세종시대 어전회의에 나타난 의사결정과 소통의 역할」, 경희대 언론정보대학원 석사논문.

김기주(2012), 「세종의 문화적 리더십과 이순신의 자기희생적 리더십의 비교」, 동의대 경영대학원 석사논문.

황은희(2012), 「초등 사회과 교과서의 세종 시기 문화 관련 서술 분석」, 서울교육대 교육대학원 석사논문.

김영배(2013), 「세종시대의 법과 정치」, 고려대 대학원 석사논문.

이미화(2013), 「세종조 음악 정비와 민본사상」, 연세대 교육대학원 석사논문.

심보라(2014), 「고등학교《한국사》 교과서의 세종 서술과 인물학습 방안」, 단국대 교육대학원 석사논문.

조해원(2014), 「태종의 선위와 세종 초 국정 운영」, 부산대 교육대학원 석사논문.

조대웅(2014), 「《世宗實錄樂譜》 收錄 定大業·保太平의 杖鼓點 研究」, 한국학중앙연구원대학원 석사논문.

이용승(2016), 「세종 브랜드 축제의 현황과 발전방안 연구」, 고려대 대학원 석
  사논문.

(2) 박사 학위 논문

유창균(1967), 「東國正韻의 編纂에 關한 硏究」, 서울대 대학원 박사논문.

이동림(1970), 「東國正韻 연구」, 동국대 대학원 박사논문.

이재철(1978), 「世宗朝集賢殿의 機能에 關한 硏究」, 성균관대 대학원 박사논문.

김선아(1986), 「龍飛御天歌 硏究 : 敍事詩的 構造分析과 神話的 性格」, 숙명여대
  대학원 박사논문.

이민수(1988), 「朝鮮世宗朝의 福祉政策硏究」, 단국대 대학원 박사논문.

조남욱(1989), 「世宗의 政治哲學에 관한 연구」, 성균관대 대학원 박사논문.

김동수(1992), 「《世宗實錄》 地理志의 연구 : 특히 産物·戶口·軍丁·墾田·姓氏項
  을 중심으로」, 서강대 대학원 박사논문.

김윤식(1992), 「世宗朝의 圖書 編撰 및 刊行에 관한 연구」, 성균관대 대학원 박
  사논문.

이은희(1996), 「칠정산 내편의 연구」, 연세대 대학원 박사논문.

전인평(1999), 「세종실록 봉래의의 장단과 속도」, 한국정신문화연구원 한국학
  대학원 박사논문.

이동복(2001), 「韓國古樂譜의 書誌學的硏究」, 대구가톨릭대 대학원 박사논문.

조희정(2002), 「사회적 문해력으로서의 글쓰기 교육 연구 : 조선 세종조 과거
  시험을 중심으로」, 서울대 대학원 박사논문.

최종민(2003), 「훈민정음과 세종악보의 상관성 연구」, 상명대 대학원 박사논문.

변혜원(2004), 「《용비어천가》의 연구 : 고사에 나타난 정음 표기 어휘를 중심
  으로」, 상명대 대학원 박사논문.

정화순(2004), 「조선 세종대 조회아악에 관한 연구」, 성균관대 대학원 박사논문.

이한수(2005), 「세종시대 '家'와 '國家'에 관한 논쟁」, 한국학중앙연구원 한국
  학대학원 박사논문.

장창하(2006), 「세종대의 여진정벌에 관한 연구」, 한국학중앙연구원 한국학

대학원 박사논문.

박찬수(2007), 「운정본《용비어천가》연구」, 충남대 대학원 박사논문.

백남신(2007), 「세종의 위민통치 이념에 따른 담임교사 리더십과 학급조직풍
토와의 관계」, 건국대 대학원 박사논문.

유재리(2008), 「세종의 왕권확립과정 연구」, 숙명여대 대학원 박사논문.

김승우(2010), 「《龍飛御天歌》의 成立과 受容·變轉 양상」, 고려대 대학원 박사
논문.

조운성(2011), 「《동국정운》한자음의 성모와 운모 체계 연구」, 연세대 대학원
박사논문.

김보현(2013), 「《용비어천가》의 해석의미론적 연구」, 서강대 대학원 박사논문.

노상봉(2013), 「《六祖法寶壇經諺解》에 나타난 漢字音 研究 :《東國正韻》과 비교
를 통하여」, 제주대 대학원 박사논문.

차익종(2014), 「東國正韻式 漢字音 研究」, 서울대 대학원 박사논문.

민병희(2016), 「조선전기 천문관측기기와 역법의 연구」, 충북대 대학원 박사
논문.

송성섭(2016), 「세종의 음악 창제 : 세종의 신악과 정간보의 창제 원리」, 서강
대 대학원 박사논문.

왕민(2016), 「조선 전기 한자음의 자음 표기 연구 :《동국정운》과《홍무정운역
훈》의 비교를 중심으로」, 경북대 대학원 박사논문.

염명경(2018), 「세종조 신악의 교화적 의의」, 서울대 대학원 박사논문.

3. 논문(핵심 주제만의 단행본도 포함), 학술 기사, 칼럼

1) 학문·세종학

배종대(2009), 「세종의 호학(好學)」, 『고려법학』 52권, 고려대학교 법학연구
원, 1-39쪽.

박현모(2010), 『세종학 개론』(세종실록 아카데미 교재), 주최 : 세종문화회관

(재단법인), 주관 : 한국학중앙연구원·세종국가경영연구소.

세종대왕기념사업회 편(2013), 『세종학 학술대회 : 세종시대 과학문화의 재조명』(12.13), 세종대왕기념사업회.[13]

김슬옹(2013), 「세종학의 필요성과 주요 특성」, 『한민족문화연구』 42, 한민족문화학회, 7-42쪽.

김슬옹(2014), 「한글학의 특성과 내용 구성 원리」, 『한국어학』 64호, 한국어학회, 35-58쪽.

김슬옹(2018), 「세종학의 위상과 전망」, 『세종대왕 즉위 600돌 및 572돌 한글날 기념 국어학 국제학술대회 : 훈민정음 연구의 현황과 전망』(발표집 : 2018. 10.13. 한글학회 강당), 한글학회, 165-198쪽.

설성경(2018), 「세종학의 현황과 과제」, 『세종대왕 즉위 600돌 및 572돌 한글날 기념 국어학 국제학술대회 : 훈민정음 연구의 현황과 전망』(발표집 : 2018. 10.13. 한글학회 강당), 한글학회, 223-198쪽.

2) 문자·언어

이긍종(1934), 「文字와 文化」, 『정음』 2, 조선어학연구회, 2-3쪽.

김민수(1956), 「동국정운(東國正韻) 해제」, 『한글』 123호, 한글학회, 98-107쪽.

유창돈(1959), 「漢字語使用의 史的考察 : 世宗朝를 中心으로」, 『사상계』 7권 7호, 사상계사, 340-346쪽.

연세대학교국어국문학회 편(1959), 「正音文章에 쓰인 漢字語 : 世宗朝篇」, 『인문과학』 3, 연세대학교문과대학, 135-151쪽.

신영철(1963), 「초등 국어 4-2 세종임금 : 文章의 分析을 中心으로 한 새 學習指導」, 『국어교육』 6, 한국국어교육연구회, 136-140쪽.

남광우(1964), 「東國正韻式 漢字音 聲調의 研究」, 『논문집』 9호, 중앙대, 9-34쪽.

유창균(1965), 「東國正韻研究 : 其二·九十一韻의 成立과 그 背景」, 『진단학보』

---

13 "세종대왕기념사업회 편(2013), 『세종학 연구』 15, 세종대왕기념사업회."로 재간행되었다.

28, 진단학회, 97-134쪽.

유창균(1965), 「東國正韻 硏究, 其一 : 韻一字 策定의 源流」, 『어문학』 12호, 한
국어문학회, 12-36쪽.

유창균(1966), 「東國正韻硏究, 其三 : 洪武正韻과의 比較」, 『어문학』 14호, 한국
어문학회, 21-58쪽.

유창균(1966), 「東國正韻 硏究 序說」, 『동양문화』 5, 대구대학동양문화연구소,
21-69쪽.

유창균(1966), 「《東國正韻序》 攷, 『아세아연구』 9권 2호, 고려대아세아문제연
구소, 107-146쪽.

유창균(1967), 「東國正韻式 漢字音의 基層에 대한 試論」, 『진단학보』 31, 진단
학회, 115-142쪽.

이동림(1967), 「俞昌均著 "東國正韻硏究"의 解析」, 『동악 어문논집』 5, 동악어
문학회, 1-48쪽.

유창균(1968), 「古今韻會擧要의 反切과 東國正韻과의 比較」, 『東洋文化』 8, 영남
대동양문화연구소, 95-142쪽.

이동림(1968), 「東國正韻 硏究(基三) : 그 再構方法과 結論」, 『논문집』 3·4, 동
국대, 89-104쪽.

박병채 평(1971), 『동국정운 연구』, 이동림 저「서평」, 『아세아연구』 41호, 고
려대 아세아문제연구소, 217-223쪽.

김선기(1972), 「『동국정운』의 ㅃ, ㄸ, ㄲ의 음가」, 『한글』 150, 한글학회, 3-15쪽.

남광우(1972), 「東國正韻」, 『국회도서관보』 9.1, 대한민국 국회도서관, 84-92쪽.

손성우(1972), 「東國正韻 發見과 影印에 對하에」 『서지학』 5, 한국서지학회, 5-
6쪽.

이흥우(1972), 「東國正韻 원본 完帙발견의 意義」 『월간 문화재』 4호, 월간문화재
사, 22-23쪽.

임창순 외(1972), 「調査報告書 : 東國正韻 篇」, 『국학자료』 창간, 문화재관리국장
서각, 26-27쪽.

정인승·성원경(1973), 「東國正韻硏究 : 原本校注를 試圖하여 古今韻會擧要와 再
構篇과 比較하면서」 『건국대학교학술지』 15호, 건국대학교, 45-84쪽.

천혜봉(1973), 「初刊 完帙의 東國正韻 : 書誌學的 側面에 있어서의 考察」, 『문화재 문화재관리국』 7, 문화재관리국, 1-15쪽.

남광우 해제(1974), 「申叔舟 等選 東國正韻」, 『한국학』 2, 영신 아카데미 한국학연구소, 56-57쪽.

고황경(1977), 「우리말 다듬기 운동」, 『세종문화』 1호(10.1), 세종대왕기념사업회, 4쪽.

김태영(1977), 「한글과 신문」, 『세종문화』 3호(12.1), 세종대왕기념사업회, 3쪽.

이주근(1977), 「한글의 논리구조」, 『세종문화』 2호(11.1), 세종대왕기념사업회, 2쪽.

김병원(1978), 「언어와 읽기에 대한 새로운 접근1」, 『세종문화』 9호(6.1), 세종대왕기념사업회, 2쪽.

김병원(1978), 「언어와 읽기에 대한 새로운 접근2」, 『세종문화』 10호(7.1), 세종대왕기념사업회, 2쪽.

김석득(1978), 「훈민정음-참이치와 생성의 힘, 『세종문화』 13호(10.1), 세종대왕기념사업회, 4쪽.

박갑천(1981), 「世宗의 창제정신과 한글의 우수성, 문화의 달을 맞아 조상의 얼과 슬기를 다시 기린다」, 『정훈』 94, 국방부, 86-91쪽.

이돈계(1981), 「《동국정운》서의 《매어유섭지요》에 대하여」, 『어학교육』 12, 전남대 어학연구소, 245-259쪽.

허웅(1981), 「세종조의 언어 정책과 그 정신을 오늘에 살리는 길1」, 『세종문화』 40호(1.1), 세종대왕기념사업회40호, 2쪽.

허웅(1981), 「세종조의 언어 정책과 그 정신을 오늘에 살리는 길2」, 『세종문화』 41호(2.1), 세종대왕기념사업회41호, 2쪽.

송호수(1984), 「한글은 世宗 이전에도 있었다」, 『광장』 125, 세계평화교수협의회, 147-156쪽.

이관수(1984), 「한글은 세종 때 창제되었다 : 송호수 교수의 한글은 世宗 이전에도 있었다는 주장을 보고」, 『광장』 126, 세계평화교수협의회, 62-71쪽.

권재선(1985), 「世宗의 御製東國正韻과 申叔舟 등의 反切」, 『인문과학연구』 3, 대구대인문과학연구소, 1-2쪽.

中村廣臣(1985), 「동국정운에서의 전탁음가의 유래」, 『논문집』 6, 경희호텔경
    영전문대학호텔경영연구소, 247-260쪽.

한태동(1985), 「東國正韻 硏究」, 『연세논총』(인문편) 21, 연세대 대학원, 279-
    320쪽.

성원경(1989), 「韓國에서 最初로 漢字에 表音한 東國正韻攷」, 『인문과학논총』
    21, 건국대인문과학연구소, 159-174쪽.

최동우(1993), 「세종의 'ㅣ'음 처리에 대하여」, 『부산한글』 12집, 한글학회부
    산지회, 195-204쪽.

김근수(1996), 「世宗親製訓民正音序의 國譯에 대한 考察」, 『한국학연구』 42, 한
    국학연구소, 3-14쪽.

권혁준(1997), 「《東國正韻》과 《古今韻會擧要》의 通·宕·曾·梗攝 음운 체계 비교」,
    『중국어문론총』 12집, 중국어문연구회, 15-39쪽.

권혁준(1997), 「《東國正韻》과 《古今韻會擧要》의 臻·山攝 음운 체계 비교, 『중국
    어문론총』 13집, 중국어문연구회, 7-26쪽.

남광우(1997), 「世宗大王의 訓民正音 創制精神의 再照明 : 現 語文·語文敎育政策
    批判과 그 代案 提示」, 『어문연구』 94, 한국어문교육연구회, 5-23쪽.

이병기(1997), 「세종대왕과 한글」, 문화체육부 편, 『세종대왕 : 탄신 600돌 기
    념』, 문화체육부, 44-47쪽.

임용기(1997), 「세종대왕과 훈민정음의 창제」, 문화체육부 편, 『세종대왕 : 탄
    신 600돌 기념』, 문화체육부, 48-85쪽.

권혁준(1998), 「《東國正韻》과 《古今韻會擧要》의 咸·深攝 음운 체계 비교, 『중국
    어문논총』 14, 중국어문연구회, 7-26쪽.

김석득(1998), 「세종 시대의 국어학」, 『세종문화사대계 1 : 어학·문학』, 세종
    대왕기념사업회, 89-198쪽.

김승곤(1998), 「세종 시대의 어문 정책」, 『세종문화사대계 1 : 어학·문학』, 세
    종대왕기념사업회, 199-304쪽.

김영배·김무봉(1998), 「세종 시대의 언해」, 『세종문화사대계 1 : 어학·문학』,
    세종대왕기념사업회, 305-416쪽.

허웅(1998), 「세종 시대 우리말의 음운 체계와 옛말본 체계」, 『세종문화사대

계 1 : 어학·문학』, 세종대왕기념사업회, 5-88쪽.

강길운(1999), 「세종대왕과 문자정책」, 세종성왕육백돌기념문집위원회 편
    (1999), 『세종성왕육백돌』, 세종대왕기념사업회, 303-306쪽.

강석규(1999), 「세종대왕과 벤쳐정신」, 세종성왕육백돌기념문집위원회 편
    (1999), 『세종성왕육백돌』, 세종대왕기념사업회, 307-308쪽.

고황경(1999),「국가발전과 우리말」, 세종성왕육백돌기념문집위원회 편(1999),
    『세종성왕육백돌』, 세종대왕기념사업회, 309-322쪽.

권재일(1999),「우리 말과 글에 대한 자긍심을 가지자」, 세종성왕육백돌기념문
    집위원회 편(1999), 『세종성왕육백돌』, 세종대왕기념사업회, 323-324쪽.

권혁준(1999),「《東國正韻》과《古今韻會擧要》의《遇果假攝》음운 체계 비교」, 『논
    문집』(신학·인문대학편) 34집, 강남대, 127-150쪽.

김계곤(1999),「훈민정음 창제를 기리며, 말글살이의 한글화를 다짐한다」, 세
    종성왕육백돌기념문집위원회 편(1999), 『세종성왕육백돌』, 세종대왕기
    념사업회, 325-328쪽.

김길자(1999),「세종대왕의 열린 의지를 꽃피워야 한다」, 세종성왕육백돌기념문
    집위원회 편(1999), 『세종성왕육백돌』, 세종대왕기념사업회, 329-330쪽.

김부희(1999),「지금이라도 우리의 얼을 되찾자」, 세종성왕육백돌기념문집위
    원회 편(1999), 『세종성왕육백돌』, 세종대왕기념사업회, 331-332쪽.

김영태(1999),「훈민정음을 받들어 읽는다」, 세종성왕육백돌기념문집위원회
    편(1999), 『세종성왕육백돌』, 세종대왕기념사업회, 247-249쪽.

김주원(1999),「훈민정음의 설축의 수용 과정」, 세종성왕육백돌기념문집위원
    회 편(1999), 『세종성왕육백돌』, 세종대왕기념사업회, 250-252쪽.

김차균(1999),「세종 임금과 성조」, 세종성왕육백돌기념문집위원회 편(1999),
    『세종성왕육백돌』, 세종대왕기념사업회, 253-260쪽.

나춘호(1999),「우리 글을 사랑하자!」, 세종성왕육백돌기념문집위원회 편(1999),
    『세종성왕육백돌』, 세종대왕기념사업회, 333-334쪽.

노명완(1999),「글깨치기와 한글」, 세종성왕육백돌기념문집위원회 편(1999),
    『세종성왕육백돌』, 세종대왕기념사업회, 335-337쪽.

려증동(1999),「세종대왕이 만든 배달글자」, 세종성왕육백돌기념문집위원회

편(1999), 『세종성왕육백돌』, 세종대왕기념사업회, 261-264쪽.

리의도(1999), 「한글, 제2의 탄생을 이룩해 낼 사람은 누구인가?」, 세종성왕육 백돌기념문집위원회 편(1999), 『세종성왕육백돌』, 세종대왕기념사업회, 338-339쪽.

문제안(1999), 「500년 동안 짓밟힌 한글, 50년 걸려 활짝 피어났습니다」, 세종 성왕육백돌기념문집위원회 편(1999), 『세종성왕육백돌』, 세종대왕기념사 업회, 340-346쪽.

박민수(1999), 「이놈들아」, 세종성왕육백돌기념문집위원회 편(1999), 『세종성 왕육백돌』, 세종대왕기념사업회, 345-346쪽.

박영순(1999), 「한글과 민족 문화」, 세종성왕육백돌기념문집위원회 편(1999), 『세종성왕육백돌』, 세종대왕기념사업회, 347-348쪽.

박태권(1999), 「세종성왕과 훈민정음 창제 배경」, 세종성왕육백돌기념문집위 원회 편(1999), 『세종성왕육백돌』, 세종대왕기념사업회, 265-267쪽.

배해수(1999), 「한국어와 한국인」, 세종성왕육백돌기념문집위원회 편(1999), 『세종성왕육백돌』, 세종대왕기념사업회, 349-353쪽.

백봉자(1999), 「신기한 한글」, 세종성왕육백돌기념문집위원회 편(1999), 『세 종성왕육백돌』, 세종대왕기념사업회, 354-356쪽.

서정범(1999), 「훈민정음의 정의 참뜻」, 세종성왕육백돌기념문집위원회 편 (1999), 『세종성왕육백돌』, 세종대왕기념사업회, 268-271쪽.

송민(1999), 「세종대왕의 우리말 표기법」, 세종성왕육백돌기념문집위원회 편 (1999), 『세종성왕육백돌』, 세종대왕기념사업회, 272-273쪽.

안송산(1999), 「세종대왕과 문맹 퇴치 운동」, 세종성왕육백돌기념문집위원회 편(1999), 『세종성왕육백돌』, 세종대왕기념사업회, 357-370쪽.

오동춘(1999), 「한글겨레와 한글얼」, 세종성왕육백돌기념문집위원회 편(1999), 『세종성왕육백돌』, 세종대왕기념사업회, 371-373쪽.

원광호(1999), 「문자논쟁은 이제 그만」, 세종성왕육백돌기념문집위원회 편 (1999), 『세종성왕육백돌』, 세종대왕기념사업회, 374-375쪽.

유만근(1999), 「남북간 날짜 다른 한글날」, 세종성왕육백돌기쪽념문집위원회 편(1999), 『세종성왕육백돌』, 세종대왕기념사업회, 376쪽.

이경복(1999), 「우리말 현시로가 힘 펴는 길」, 세종성왕육백돌기념문집위원회 편(1999), 『세종성왕육백돌』, 세종대왕기념사업회, 377-382쪽.

이근수(1999), 「세종조의 훈민정음 창제와 그 정신」, 세종성왕육백돌기념문집 위원회 편(1999), 『세종성왕육백돌』, 세종대왕기념사업회, 274-275쪽.

이기웅(1999), 「출판은 한글의 정신을 지키는 일」, 세종성왕육백돌기념문집위 원회 편(1999), 『세종성왕육백돌』, 세종대왕기념사업회, 383쪽.

이등룡(1999), 「세종의 음운 이론」, 세종성왕육백돌기념문집위원회 편(1999), 『세종성왕육백돌』, 세종대왕기념사업회, 276-279쪽.

이병주(1999), 「세종의 정음보급책」, 세종성왕육백돌기념문집위원회 편(1999), 『세종성왕육백돌』, 세종대왕기념사업회, 384-385쪽.

이석주(1999), 「복수표기 설정과 표준어 확대 사정」, 세종성왕육백돌기념문집 위원회 편(1999), 『세종성왕육백돌』, 세종대왕기념사업회, 386-387쪽.

이성민(1999), 「빛나는 한글 창제」, 세종성왕육백돌기념문집위원회 편(1999), 『세종성왕육백돌』, 세종대왕기념사업회, 280쪽.

이윤하(1999), 「세종대왕과 정음」, 세종성왕육백돌기념문집위원회 편(1999), 『세종성왕육백돌』, 세종대왕기념사업회, 281-282쪽.

이응백(1999), 「세종대왕」, 세종성왕육백돌기념문집위원회 편(1999), 『세종 성왕육백돌』, 세종대왕기념사업회, 388-390쪽.

이응호(1999), 「한국 초기 개신교의 전도용 한글 번역 책」, 세종성왕육백돌기념 문집위원회 편(1999), 『세종성왕육백돌』, 세종대왕기념사업회, 391-400쪽.

이주행(1999), 「중병에 걸려 있는 우리말을 살리는 길」, 세종성왕육백돌기념문 집위원회 편(1999), 『세종성왕육백돌』, 세종대왕기념사업회, 401-403쪽.

임홍빈(1999), 「훈민정음의 명칭에 대한 한 가지 의문」, 세종성왕육백돌기념문 집위원회 편(1999), 『세종성왕육백돌』, 세종대왕기념사업회, 283-288쪽.

전영우(1999), 「설득의 지혜」, 세종성왕육백돌기념문집위원회 편(1999), 『세종 성왕육백돌』, 세종대왕기념사업회, 404-405쪽.

전택부(1999), 「돈과 하늘의 별과 세종국제공항」, 세종성왕육백돌기념문집위 원회 편(1999), 『세종성왕육백돌』, 세종대왕기념사업회, 406-408쪽.

정동환(1999), 「한자 병용, 무엇이 문제인가?」, 세종성왕육백돌기념문집위원회 편(1999), 『세종성왕육백돌』, 세종대왕기념사업회, 409-410쪽.

정범진(1999), 「세종대왕의 훈민정음 창제를 둘러싼 최만리 등과의 논쟁」, 세종
  성왕육백돌기념문집위원회 편(1999), 『세종성왕육백돌』, 세종대왕기념사
  업회, 411-414쪽.

정재도(1999), 「한글과 글자의 돐」, 세종성왕육백돌기념문집위원회 편(1999),
  『세종성왕육백돌』, 세종대왕기념사업회, 415-416쪽.

정준섭(1999), 「헌법 소원과 한글」, 세종성왕육백돌기념문집위원회 편(1999),
  『세종성왕육백돌』, 세종대왕기념사업회, 417-420쪽.

조오현(1999), 「한글 전용이 100년 앞섰다면」, 세종성왕육백돌기념문집위원
  회 편(1999), 『세종성왕육백돌』, 세종대왕기념사업회, 421-422쪽.

주명건(1999), 「세종의 훈민정신과 세계 공용어」, 세종성왕육백돌기념문집위
  원회 편(1999), 『세종성왕육백돌』, 세종대왕기념사업회, 423-424쪽.

지춘수(1999), 「세종대왕과 최만리」, 세종성왕육백돌기념문집위원회 편(1999),
  『세종성왕육백돌』, 세종대왕기념사업회, 425-427쪽.

천기석(1999), 「문자의 창제와 수리논리」, 세종성왕육백돌기념문집위원회 편
  (1999), 『세종성왕육백돌』, 세종대왕기념사업회, 289-294쪽.

최남희(1999), 「한글박물관을 세우자」, 세종성왕육백돌기념문집위원회 편(1999),
  『세종성왕육백돌』, 세종대왕기념사업회, 428-429쪽.

최상진(1999), 「세종대왕과 언어학」, 세종성왕육백돌기념문집위원회 편(1999),
  『세종성왕육백돌』, 세종대왕기념사업회, 295-296쪽.

최성해(1999), 「월인천강지곡 심상」, 세종성왕육백돌기념문집위원회 편(1999),
  『세종성왕육백돌』, 세종대왕기념사업회, 297-298쪽.

최세화(1999), 「겨레의 보배, 나라의 큰 자랑 훈민정음」, 세종성왕육백돌기념문
  집위원회 편(1999), 『세종성왕육백돌』, 세종대왕기념사업회, 299-302쪽.

최정호(1999), 「세종대왕과 공황」, 세종성왕육백돌기념문집위원회 편(1999),
  『세종성왕육백돌』, 세종대왕기념사업회, 430-431쪽.

최현섭(1999), 「훈민정음의 반포와 세종대왕의 전략」, 세종성왕육백돌기념문
  집위원회 편(1999), 『세종성왕육백돌』, 세종대왕기념사업회, 432-433쪽.

한길(1999), 「세종로에는 세종대왕 동상을」, 세종성왕육백돌기념문집위원회
    편(1999), 『세종성왕육백돌』, 세종대왕기념사업회, 434-435쪽.

한영목(1999), 「세종대왕과 한글 사랑」, 세종성왕육백돌기념문집위원회 편
    (1999), 『세종성왕육백돌』, 세종대왕기념사업회, 436-437쪽.

허만길(1999), 「말글 정책은 국민 정신가짐에 영향을 미침을 알아야」, 세종성왕
    육백돌기념문집위원회 편(1999), 『세종성왕육백돌』, 세종대왕기념사업
    회, 438-440쪽.

허웅(1999), 「우리 말글을 보아 온/보는 두 가지 눈」, 『한힌샘주시경연구』 12,
    한글학회, 5-29쪽.

홍윤표(1999), 「한글이 익히기 쉽다는 것은」, 세종성왕육백돌기념문집위원회
    편(1999), 『세종성왕육백돌』, 세종대왕기념사업회, 441-444쪽.

권혁준(2001), 「《東國正韻》與《古今韻會擧要》之間的音位系統比較」, 『중국학보』
    43집, 한국중국학회, 3-32쪽.

권혁준(2001), 「《東國正韻》과 《古今韻會擧要》의 止·蟹攝 음운 체계 비교」, 『중
    국언어연구』 12집, 학고방, 203-234쪽.

박경송(2002), 「《東國正韻》에 나타난 조선음운학자들의 중고한어 음운 연구」,
    『중국언어연구』 15집, 학고방, 317-343쪽.

신용권(2003), 「《古今韻會擧要》, 《蒙古字韻》과 《東國正韻》」, 『알타이학보』 13호,
    한국알타이학회, 185-207쪽.

금지형(2005), 「東國正韻式 漢字音에서의 'ㆍ'의 音價 : 中國 漢字音과의 대비를
    중심으로」, 『어문연구』 125호, 한국어문교육연구회, 85-108쪽.

박병천(2006), 「'훈민정음 해례본'의 한글 자형 수정방안에 대한 연구 - 사진본
    과 영인본의 한글문자를 대상으로」, 세종대왕기념사업회 편(2006), 『세종
    학 연구』 14, 세종대왕기념사업회, 19-44쪽.

최기호(2006), 「'훈민정음' 원본의 발견 경위와 언어학적 가치」, 세종대왕기념
    사업회 편(2006), 『세종학 연구』 14, 세종대왕기념사업회, 5-17쪽.

왕옥지(2007), 「《蒙古字韻》과 《東國正韻》의 관계 연구 1」, 『중국학』 28집, 대
    한중국학회, 19-37쪽.

왕옥지(2008), 「《東國正韻》과 《蒙古字韻》의 實際分韻體系 比較硏究」, 『중국어문

논역총간』 23집, 중국어문논역학회, 139-166쪽.

왕옥지(2009), 「《蒙古字韻》과 《東國正韻》의 聲母·入聲 體系에 대한 深層考察」, 『중국어문논역총간』 24집, 중국어문논역학회, 413-430쪽.

조운성(2010), 「동국정운의 운류와 고금운회거요의 반절하자」, 『인문연구』 58호, 영남대 인문과학연구소, 315-336쪽.

조운성(2010), 「동국정운의 운류와 고금운회거요의 자모운」, 『서강인문논총』 28집, 서강대인문과학연구소, 203-225쪽.

조운성(2011), 「동국정운의 業모와 欲모」, 『구결연구』 26집, 태학사, 269-288쪽.

차익종(2012), 「동국정운식 한자음 표기 문헌 속의 동국정운 未收錄字와 그 注音」, 『관악어문연구』 37집, 서울대국어국문학과태학사, 151-177쪽.

김슬옹(2013), 「《訓民正音》(1446) "정음 예의"의 표준 공역 시안」, 『겨레어문학』 51집, 겨레어문학회, 263-324쪽.

정다함(2013), 「中國(듕귁)과 "國之語音(나랏말쏨)"의 사이 : 鮮初 漢文·漢吏文·漢語와 訓民正音의 관계성을 중심으로」, 『비교문학』 60집, 한국비교문학회, 255-280쪽.

사재동(2014), 「纂經《東國正韻》의 編緯와 活用樣相」, 『국학연구론총』 13호, 택민국학연구원, 47-70쪽.

이토 다카요시(2014), 「초기 언해문헌의 동국정운식 한자음 연구 : 주음 오류와 복수음 의미구별 양상을 중심으로」, 『국어학』 70호, 국어학회, 207-261쪽.

차익종(2014), 「동국정운의 중성 배열 원리에 대하여 : 훈민정음 해례본의 제자·합용·상합의 관점에서」, 『국어학』 70호, 국어학회, 157-183쪽.

김승우(2015), 「《용비어천가》의 단락과 구성에 대한 연구」, 『Journal of Korean culture』 Vol.28, 서정시학, 175-206쪽.

정다함(2015), 「《龍飛御天歌》에 나타난 易姓革命의 구체적 서사와 그 함의」, 『조선시대사학보』 72, 조선시대사학회, 7-55쪽.

정연찬(2015), 「東國正韻은 正當하게 評價되어야 한다」, 『언어와 정보사회』 24호, 서강대 언어정보연구소, 1-16쪽.

김슬옹(2016), 「신경준, 《운해훈민정음[邸井書]》의 정음 문자관」, 『한말연구』 39호, 역락, 33-70쪽.

리의도(2016), 「한글의 문자적 다중성」, 『세종학연구』 16, 세종대왕기념사업
　　회, 41-90쪽.

박찬수(2016), 「《용비어천가》 주해문의 '事見上' 유형 고찰」, 『어문연구』 90권,
　　어문연구학회, 151-176쪽.

차익종(2016), 「《동국정운》 복수음의 문헌 속 단일화 양상 : 《고금운회거요》와
　　의 관계를 중심으로」, 『국어학』 77호, 국어학회, 33-63쪽.

최영희(2016), 「조선시대 한글 판본 용비어천가 서체 해설」, 『월간서예』 420호,
　　미술문화원, 134-137쪽.

최홍식(2016), 「음성학 및 음성의학으로 풀어보는 『훈민정음』 제자해(制字解)」,
　　『세종학연구』 16, 세종대왕기념사업회, 29-39쪽.

한국학중앙연구원 장서각 왕실문헌연구실(2016), 「한글, 소통과 배려의 문자」,
　　『묵가』 128호, 묵가, 38-47쪽.

김승우(2017), 「신발굴 자료 '청년문고본(靑年文庫本)《용비어천가》'(1915)에 대
　　한 고찰」, 『국제어문』 74집, 국제어문학회, 343-370쪽.

강병헌(2017), 「세종대왕 리더십 '소통'과 '통합'」, 『Journal of ICT leaders』
　　2호(여름), 미오미디어.

김슬옹(2017), 「말과글이 만난 사람 : 세종대왕, 세종대왕 즉위 600돌을 앞두
　　고 세종을 만나다」, 『말과글』 152호, 한국어문기자협회, 75-82쪽.

이근우(2017), 「용비어천가 국문 가사와 한시의 성립 순서에 대하여」, 『민족
　　문화』 50, 한국고전번역원, 201-244쪽.

김슬옹(2018), 「세종실록 훈민정음(한글) 관련 기사의 의미」 임종화 외(2018),
　　『실록으로 세종시대를 다시 읽다』(2018년 세종즉위 600돌 기념 원정재
　　세종실록 완독 기념 학술세미나), 원정재, 42-53쪽.

김슬옹(2018), 「세종학의 위상과 전망」, 『세종대왕 즉위 600돌 및 572돌 한글날
　　기념 국어학 국제학술대회 : 훈민정음 연구의 현황과 전망』(발표집 : 2018.
　　10.13.한글학회 강당), 한글학회, 165-198쪽.

3) 문학

조희웅(1998), 「세종 시대의 산문 문학」, 『세종문화사대계 1 : 어학·문학』, 세
　종대왕기념사업회, 501-607쪽.

최철(1998), 「세종 시대의 시가 문학」, 『세종문화사대계 1 : 어학·문학』, 세종대
　왕기념사업회, 419-498쪽.

고석호(2002), 「월탄 역사소설의 민족 각성」, 『성균어문연구』 37집, 성균관대
　학교성균어문학회, 201-230쪽.

김영성(2012), 「역사적 공백을 서사화하는 소설의 방식 : 세종 시대를 배경으로
　한 팩션을 중심으로」, 『인문학연구』 88호, 충남대학교인문과학연구소, 5-
　37쪽.

김승우(2013), 「세종내의 景幾體歌 詩形에 대한 연구 : 경기체가의 시상 및 어
　법의 활용 양상」, 『한민족문화연구』 44집, 한민족문화학회, 99-134쪽.

정다함(2014), 「『龍飛御天歌』에 나타난 조선왕실의 '小中華'적 정체성 창출과
　타자인식 : 그 '比較'의 서사를 중심으로」, 『한국사학보』 57호, 고려사학
　회, 155-195쪽.

심경호(2015), 「안평대군의 '再送嚴上座歸南序' 등 불교 관련 시문에 관해서」,
　『민족문화연구』 68호, 고려대학교 민족문화연구원, 357-388쪽.

정다함(2015), 「『龍飛御天歌』에 나타난 易姓革命의 구체적 서사와 그 함의」, 『조
　선시대사학보』 72, 조선시대사학회, 7-55쪽.

4) 철학·사상

금장태(1981), 「세종 시대의 철학 사상1」, 『세종문화』 43호(4.1), 세종대왕기념
　사업회, 4쪽.

금장태(1981), 「세종 시대의 철학 사상2」, 『세종문화』 44호(5.1), 세종대왕기념
　사업회, 4쪽.

금장태(1981), 「세종 시대의 철학 사상3」, 『세종문화』 45호(6.1), 세종대왕기념
　사업회, 2-3쪽.

금장태(1981), 「세종 시대의 철학 사상4」, 『세종문화』 46호(7.1), 세종대왕기념

사업회, 2-3쪽.

금장태(1982), 「世宗朝의 哲學史想」, 한국정신문화연구원 편(1982), 『세종조문화연구Ⅰ』, 한국정신문화연구원, 283-326쪽.

금장태(1999), 「세종조 종교 문화와 세종의 종교 의식」, 『세종문화사대계 4 : 윤리·교육·철학·종교』, 세종대왕기념사업회, 497-?쪽.

김민수(1999), 「세종대왕의 학술에 대한 신념」, 세종성왕육백돌기념문집위원회 편(1999), 『세종성왕육백돌』, 세종대왕기념사업회, 197-200쪽.

김상근(1999), 「세종대왕의 전통 계승」, 세종성왕육백돌기념문집위원회 편(1999), 『세종성왕육백돌』, 세종대왕기념사업회, 201-202쪽.

김영실(1999), 「세종대왕의 만백성 밝히기」, 세종성왕육백돌기념문집위원회 편(1999), 『세종성왕육백돌』, 세종대왕기념사업회, 203-204쪽.

김영환(1999), 「세종대왕의 자주 정신」, 세종성왕육백돌기념문집위원회 편(1999), 『세종성왕육백돌』, 세종대왕기념사업회, 205-206쪽.

김용운(1999), 「세종 문화의 현대적 의미」, 세종성왕육백돌기념문집위원회 편(1999), 『세종성왕육백돌』, 세종대왕기념사업회, 207-208쪽.

김운태(1984), 「세종조의 정치·행정 사상1」, 『세종문화』 83호(8.1), 세종대왕기념사업회, 2쪽.

김운태(1984), 「세종조의 정치·행정 사상2」, 『세종문화』 84호(9.1), 세종대왕기념사업회, 2쪽.

김운태(1984), 「세종조의 정치·행정 사상3」, 『세종문화』 85호(10.1), 세종대왕기념사업회, 2쪽.

김운태(1984), 「세종조의 정치·행정 사상4」, 『세종문화』 86호(11.1), 세종대왕기념사업회8, 2쪽.

김운태(1984), 「세종조의 정치·행정 사상5」, 『세종문화』 87호(12.1), 세종대왕기념사업회, 2쪽.

김운태(1999), 「세종의 정치 지도이념과 실용주의적 개혁」, 세종성왕육백돌기념문집위원회 편(1999), 『세종성왕육백돌』, 세종대왕기념사업회, 209-211쪽.

김운태(2002), 「조선조 세종대왕의 민본사상」, 『사회정책논총』 14집 1권, 한국사회정책연구원, 77-93쪽.

김홍신(1999), 「세종대왕의 위대한 정신」, 세종성왕육백돌기념문집위원회 편
(1999), 『세종성왕육백돌』, 세종대왕기념사업회, 212쪽.

노태조(1999), 「삼강행실의 정신」, 세종성왕육백돌기념문집위원회 편(1999),
『세종성왕육백돌』, 세종대왕기념사업회, 213-214쪽.

류달영(1999), 「세종은 우리들의 영원한 태양」, 세종성왕육백돌기념문집위원
회 편(1999), 『세종성왕육백돌』, 세종대왕기념사업회, 215-218쪽.

문용주(1999), 「겨레의 정신적 지주가 되길…」, 세종성왕육백돌기념문집위원
회 편(1999), 『세종성왕육백돌』, 세종대왕기념사업회, 219-220쪽.

박종국(1981), 「世宗大王의 自主·改革·創造精神, 大王의 思想·精神은 새 時代 새
歷史 創造의 龜鑑」, 『정훈』 92, 국방부, 70-75쪽.

배동수(2002), 「세종의 정치사상」, 『정정』 15집, 건국대학교대학원정치학과,
111-121쪽.

배동수(2002), 「세종임금님의 정치사상」, 『황실학논총』 6호, 한국황실학회, 1-
17쪽.

서광석(1999), 「세종대왕의 애민정신과 훈민정음 보급 의지」, 세종성왕육백돌
기념문집위원회 편(1999), 『세종성왕육백돌』, 세종대왕기념사업회, 221-
222쪽.

손보기(1999), 「세종대왕의 민본정신과 국제사회」, 세종성왕육백돌기념문집위
원회 편(1999), 『세종성왕육백돌』, 세종대왕기념사업회, 223-225쪽.

손인수(1999), 「세종의 교육 행정과 교육 사상」, 『세종문화사대계 4 : 윤리·교
육·철학·종교』, 세종대왕기념사업회, 131-338쪽.

안재순(1998), 「세종대왕의 윤리사상」, 세종대왕기념사업회 편(1998), 『세종학
연구』 12·13, 세종대왕기념사업회, 63-87쪽.

안재순(1999), 「세종 대왕의 도덕 실천 운동과 윤리 정신」, 『세종문화사대계
4 : 윤리·교육·철학·종교』, 세종대왕기념사업회, 9-130쪽.

오재욱(1999), 「온 겨레가 오늘의 세종대왕으로」, 세종성왕육백돌기념문집위
원회 편(1999), 『세종성왕육백돌』, 세종대왕기념사업회, 226-227쪽.

오채원(2016), 「세종의 행복론 ‘공향(共享)’」, 『동아시아문화연구』 66집, 한양
대학교출판부, 13-34쪽.

이강로(1999), 「세종 성왕의 민주주의 바탕」, 세종성왕육백돌기념문집위원회 편(1999), 『세종성왕육백돌』, 세종대왕기념사업회, 228-229쪽.

이동준(1981), 「정음 창제와 철학 정신1」, 『세종문화』 47호(8.1), 세종대왕기념사업회, 3쪽.

이동준(1981), 「정음 창제와 철학 정신2」, 『세종문화』 48호(9.1), 세종대왕기념사업회48호, 3쪽.

이동준(1981), 「정음 창제와 철학 정신3」, 『세종문화』 49호(10.1), 세종대왕기념사업회, 2쪽.

이성무(1999), 「세종대왕은 왜 존경받아야 하는가?」, 세종성왕육백돌기념문집위원회 편(1999), 『세종성왕육백돌』, 세종대왕기념사업회, 230-232쪽.

이정호(1982), 「世宗大王의 哲學精神 - 人間尊嚴思想과 訓民正音의 創製原理를 中心으로」, 한국정신문화연구원 편(1982), 『세종조문화연구 Ⅱ』, 한국정신문화연구원, 309-342쪽.

이태근(1999), 「세종대왕의 눈」, 세종성왕육백돌기념문집위원회 편(1999), 『세종성왕육백돌』, 세종대왕기념사업회, 233쪽.

이항녕(1999), 「세종대왕에서 배울 점」, 세종성왕육백돌기념문집위원회 편(1999), 『세종성왕육백돌』, 세종대왕기념사업회, 234쪽.

조남욱(1999), 「세종조의 철학 사조와 세종의 철학 사상」, 『세종문화사대계 4 : 윤리·교육·철학·종교』, 세종대왕기념사업회, 339-496쪽.

최민홍(2002), 「세종대왕에 스며든 한철학」, 『한국철학연구』 31권, 해동철학회, 167-175쪽.

최재희(1999), 「세종대왕의 문화적 정신을 되새김」, 세종성왕육백돌기념문집위원회 편(1999), 『세종성왕육백돌』, 세종대왕기념사업회, 235-236쪽.

한상범(1999), 「법학자로서 실감하는 세종대왕의 통찰력과 백성에 대한 아낌과 애착」, 세종성왕육백돌기념문집위원회 편(1999), 『세종성왕육백돌』, 세종대왕기념사업회, 237-239쪽.

허웅(1999), 「세종 성왕의 정신 세계를 이어받는 길」, 세종성왕육백돌기념문집위원회 편(1999), 『세종성왕육백돌』, 세종대왕기념사업회, 240-244쪽.

홍일식(1999), 「세종대왕의 기본 사사은 효 사상이다」, 세종성왕육백돌기념문집위원회 편(1999), 『세종성왕육백돌』, 세종대왕기념사업회, 245-246쪽.

권오향(2018), 「성리학과 세종의 정치」, 임종화 외(2018), 『실록으로 세종시대를 다시 읽다』(2018년 세종즉위 600돌 기념 원정재 세종실록 완독 기념 학술세미나), 원정재, 1-22쪽.

Lee Young Gwan(2016), 「성리학에 대한 호머 헐버트의 견해(Study on the Homer Hulbert's View on Neo-Confucianism : Focuses on His Views of Sejong and Yeongjo in his History of Korea)」, 『한국사상과 문화』 81집, 수덕문화사, 113-141쪽.

5) 역사

조선어학연구회 편(1934), 「訓民正音頒布日에 對한 考證」, 『정음』 4, 조선어학연구회, 34-39쪽.

이현종(1982), 「세종대왕의 업적과 시대배경, 내치2」, 『세종문화』 55호(4.1), 세종대왕기념사업회, 3쪽.

이현종(1982), 「세종대왕의 업적과 시대배경, 대명정책3」, 『세종문화』 56호(5.1), 세종대왕기념사업회, 3쪽.

이현종(1982), 「세종대왕의 업적과 시대배경, 대왜정책4」, 『세종문화』 57호(6.1), 세종대왕기념사업회, 2쪽.

정구복(1982), 「世宗朝의 歷史意識」, 한국정신문화연구원 편(1982), 『세종조문화연구 Ⅰ』, 한국정신문화연구원, 115-147쪽.

김일환(1993), 「《自治通鑑》과 《自治通鑑綱目》이 朝鮮初期 歷史學에 미친 影響 : 世宗朝를 중심으로」, 『홍익사학』 5집, 홍익대학교사학회, 55-88쪽.

우수근(1990), 「南北 역사인식, 동질성과 이질성 : 통일新羅, 世宗, 李舜臣 등의 해석·평가 判異해」, 『동화』 3권 11호, 동화연구소, 122-129쪽.

이병선(1999), 「한국과 대마도와의 역사 관계 약고」, 세종성왕육백돌기념문집위원회 편(1999), 『세종성왕육백돌』, 세종대왕기념사업회, 476-479쪽.

이왕무(2015), 「《용비어천가(龍飛御天歌)》의 재발견과 왕업(王業)의 재구성」,

『포은학연구』 15권, 포은학회, 161-185쪽.

김슬옹(2017), 「성찰 인문학, 역사를 바로 세운 세종」, 『영웅』 17호(3월호), 꼬레아우라, 136-145쪽.

김슬옹(2017), 「세종시대 해적이(연표, 음력)」, 『영웅』 20호(6월호), 꼬레아우라, 84-94쪽.

정다함(2017), 「"뿌리 깊은 나무"와 "샘이 깊은 물"이라는 계보 : 《龍飛御天歌》에 담긴 역성혁명 서사와 태종 이방원의 역할」, 『한국사학보』 69호, 고려사학회, 227-270쪽.

6) 문화

유홍열(1949), 「세종과 우리문화」, 『한글』 107, 한글학회, 5-16쪽.

김경한(1950), 「世宗時代의 文化意識」, 『성균』 3, 성균관대학교.

김관호(1974), 「世宗精神과 우리의 反省」, 『어문연구』 2, 일조각, 139-147쪽.

이태진(1976), 「15세기 후반기 거족과 명족의식 : 《동국여지승람》 인물조의 분석을 통하여」, 『한국사론』 3, 서울대학교인문대학국사학과, 229-320쪽.

김성배(1978), 「세종대왕과 겨레의 자랑」, 『세종문화』 13호(10.1), 세종대왕기념사업회, 3쪽.

박종국(1978), 「세종대왕의 정신을 본받자」, 『세종문화』 8호(5.1), 세종대왕기념사업회, 2쪽.

윤영규(1978), 「愛國心 함양을 爲한 世宗의 얼 심기」, 『교육경기』 37, 경기도교육위원회, 47-53쪽.

이병도(1978), 「영화 '세종대왕'을 보고 나서(감상문)」, 『세종문화』 15호(12.1), 세종대왕기념사업회, 3쪽.

백형조(1978), 「民族文化의 創造者 世宗大王 : 東西名指揮官들의 逸話」, 『경찰고시』 159, 경찰고시사, 23-32쪽.

박종국(1979), 「한글날 기념의 의의와 유래, 『세종문화』 25호(10.1), 세종대왕기념사업회, 4쪽.

이관구(1979), 「영화 뿌리깊은 나무(시)」, 『세종문화』 16호(1.1), 세종대왕기념사업회, 1쪽.

박종국(1981), 「국학 연구의 보고 세종대왕실록」, 『세종문화』 44호(5.1), 세종
　　대왕기념사업회, 2-4쪽.

박종국(1981), 「535돌의 한글날을 맞이하여」, 『세종문화』 49호(10.1), 세종대
　　왕기념사업회, 3-4쪽.

강신항(1982), 「世宗朝의 語文政策」, 한국정신문화연구원 편(1982), 『세종조문
　　화연구 Ⅱ』, 한국정신문화연구원, 3-59쪽.

권연웅(1982), 「世宗朝의 經筵과 儒學」, 한국정신문화연구원 편(1982), 『세종조
　　문화연구 Ⅰ』, 한국정신문화연구원, 65-112쪽.

박종국(1984), 「세종대왕 어필 희우정과 망원정」, 『세종문화』 76호(1.1), 세종
　　대왕기념사업회, 4쪽.

여주군교육청 편(1984), 「世宗의 얼 繼承敎育을 通한 愛鄕心 鼓취」, 『경기장학』,
　　경기도교육위원회, 136-144쪽.

오출세(1984), 「세종대왕시대의 예의범절」, 『양지』 6, 안양공업전문대학, 212-
　　240쪽.

최완수(1984), 「세종 시대의 그림과 글씨1」, 『세종문화』 78호(3.1), 세종대왕기
　　념사업회, 3쪽.

최완수(1984), 「세종 시대의 그림과 글씨2」, 『세종문화』 79호(4.1), 세종대왕기
　　념사업회, 3쪽.

최완수(1984), 「세종 시대의 그림과 글씨3」, 『세종문화』 80호(5.1), 세종대왕기
　　념사업회, 3쪽.

김윤식(1986), 「世宗의 學問活動과 書籍文化」, 『국회도서관보』 186, 국회도서관,
　　5-14쪽.

중미굉(1986), 「世宗の對日外交と義敎時代 : 室町時代の日韓善隣外交 3」, 『한국
　　문화』 78, 주일대한민국대사관, 10-15쪽.

강신항(1991), 「왕권(王權)과 훈민정음 창제」, 한국겨레문화연구원 편(1991),
　　『겨레문화』 5, 세종대왕기념사업회, 3-23쪽.

조남욱(1993), 「世宗大王의 人權意識에 관한 硏究」, 『유교사상연구』 6집, 유교
　　학회, 335-369쪽.

조선어학연구회 편(1941), 「訓民宗編小序」, 『정음』 37, 조선어학연구회, 1-26쪽.

구범모(1997), 「世宗時代 文化의 現代的 意味」, 『정신문화연구』 69, 한국정신문화연구원, 251-256쪽.

남광우(1997), 「世宗大王의 訓民正音 創制精神의 再照明 (上) : 현 語文 · 語文敎育 政策 批判과 그 代案 提示」, 『자유』 288, 자유사, 75-84쪽.

남광우(1997), 「世宗大王의 訓民正音 創制精神의 再照明 (下) : 현 語文 · 語文敎育 政策 批判과 그 代案 提示」, 『자유』 289, 자유사, 73-88쪽.

박종국(1997), 「문화주체성 확립과 세계화의 계기로」, 『문화예술』 211, 한국문화예술진흥원, 20-27쪽.

허웅 · 박성래(1997), 「이어받아야 할 세종의 정신, 이루어야 할 한글의 세계화」, 『문화예술』 212, 한국문화예술진흥원, 6-14쪽.

강우방(1999), 「구영릉, 석조각의 충격」, 세종성왕육백돌기념문집위원회 편(1999), 『세종성왕육백돌』, 세종대왕기념사업회.

금장태(1999), 「세종대왕의 내불당」, 세종성왕육백돌기념문집위원회 편(1999), 『세종성왕육백돌』, 세종대왕기념사업회, 530-532쪽.

김석연(1999), 「한국문화의 표상적 세 자산」, 세종성왕육백돌기념문집위원회 편(1999), 『세종성왕육백돌』, 세종대왕기념사업회, 533-537쪽.

김일근(1999), 「세종대왕의 유일한 필적」, 세종성왕육백돌기념문집위원회 편(1999), 『세종성왕육백돌』, 세종대왕기념사업회, 538-539쪽.

김종태(1999), 「세종대왕과 그림」, 세종성왕육백돌기념문집위원회 편(1999), 『세종성왕육백돌』, 세종대왕기념사업회, 540-542쪽.

도수희(1999), 「세종대왕의 지명지 편찬」, 세종성왕육백돌기념문집위원회 편(1999), 『세종성왕육백돌』, 세종대왕기념사업회, 543-544쪽.

민병하(1999), 「세종대왕의 수사 사업」, 세종성왕육백돌기념문집위원회 편(1999), 『세종성왕육백돌』, 세종대왕기념사업회, 545-547쪽.

박병천(1999), 「한글 글꼴 창제의 신비적 조형성 예찬도」, 세종성왕육백돌기념문집위원회 편(1999), 『세종성왕육백돌』, 세종대왕기념사업회, 548-551쪽.

성경린(1999), 「국립국악원 개창」, 세종성왕육백돌기념문집위원회 편(1999), 『세종성왕육백돌』, 세종대왕기념사업회, 552-553쪽.

여민락 / 전인평(1999), 「세종대왕이 작곡한 음악」, 세종성왕육백돌기념문집
　　위원회 편(1999), 『세종성왕육백돌』, 세종대왕기념사업회, 562-564쪽.
이기갑(1999), 「글자의 심리」, 세종성왕육백돌기념문집위원회 편(1999), 『세종
　　성왕육백돌』, 세종대왕기념사업회, 554-555쪽.
이성천(1999), 「세종대왕의 위대한 음악정신」, 세종성왕육백돌기념문집위원
　　회 편(1999), 『세종성왕육백돌』, 세종대왕기념사업회, 556-557쪽.
이춘근(1999), 「세종대왕유적관리소의 효율적 관리를 위한 제언」, 세종성왕육
　　백돌기념문집위원회 편(1999), 『세종성왕육백돌』, 세종대왕기념사업회,
　　558-561쪽.
차재경(1999), 「한글날 국경일로 지정하고 한민족 대 제전의 날로 삼아야」, 세종
　　성왕육백돌기념문집위원회 편(1999), 『세종성왕육백돌』, 세종대왕기념사
　　업회, 565-566쪽.
차주환(1999), 「조선초의 경신수야」, 세종성왕육백돌기념문집위원회 편(1999),
　　『세종성왕육백돌』, 세종대왕기념사업회, 567-568쪽.
이만수(2005), 「세종대왕의 독서론」, 『독서문화연구』 4호, 대진대학교 독서문
　　화연구소, 13-26쪽.
정재훈(2005), 「世宗의 王子 敎育」, 『한국사상과 문화』 31집, 한국사상문화학
　　회, 129-152쪽.
김기섭·허경호(2012), 「세종시대 어전회의에 나타난 의사결정과 소통의 역할」,
　　『비교한국학』 20권 3호, 국제비교한국학회, 209-236쪽.
김기종(2012), 「15세기 불전언해의 시대적 맥락과 그 성격 : 간경도감본 언해불
　　전을 중심으로」, 『한국어문학연구』 58집, 한국어문학연구학회, 95-122쪽.
안상혁·주용성(2012), 「훈민정음 창제에 나타난 세종의 이상 : 드라마《뿌리
　　깊은 나무》와 원전 해례본과의 비교를 통해」, 『인문과학』 49집, 성균관대
　　학교인문과학연구소, 117-139쪽.
이다운(2012), 「TV드라마의 역사적 인물 소환 전략 :《뿌리 깊은 나무》를 중심
　　으로」, 『인문학연구』 88호, 충남대학교인문과학연구소, 91-111쪽.
조희정(2012), 「역사적 인물 세종과 '뿌리 깊은 나무'의 성과」, 『안과밖 : 영미
　　문학연구』 32호, 영미문학연구회, 131-149쪽.

백경선(2014), 「텔레비전 역사드라마《뿌리 깊은 나무》의 이중 담론」, 『한국극
　　예술연구』 43집, 한국극예술학회, 333-364쪽.

석창진(2014), 「조선 세종비 소헌왕후 국상의례와 그 의미」, 『역사민속학』 45
　　호, 민속원, 93-125쪽.

송일기(2014), 「永樂 內府刻本《四書大全》의 朝鮮 傳來와 流布」, 『한국문헌정보
　　학회지』 48권 1호, 한국문헌정보학회, 97-116쪽.

박상환, 오채원(2015), 「문화 기억으로서의 '세종 콘텐츠' 연구」, 『Oughtopia』
　　30권 2호, 경희대학교 인류사회재건연구원, 33-55쪽.

김일환(2015), 「조선시대 왕실의 溫泉 목욕법에 대한 연구」, 『역사와 실학』 58
　　집, 역사실학회, 37-83쪽.

조재형(2015), 「訓民正音 創制 目的의 考察 : 世宗 時代의 政治·社會的 狀況과 관
　　련하여」, 『인문과학연구』 45집, 강원대학교 인문과학연구소, 97-124쪽.

김영수(2016), 「세종대의 문화정체성 논쟁 : 훈민정음 창제를 둘러싼 논쟁을
　　중심으로」, 『한국동양정치사상사연구』 15권 1호, 한국동양정치사상사학
　　회, 31-66쪽.

이기대(2016), 「세종시의 지역 정체성과 세종의 인문정신」, 『한국학연구』 56
　　집, 고려대학교 한국학연구소, 33-63쪽.

서연호(2017), 「용비어천가 현대적 공연 의의 : 세종의 신악 – 뿌리 깊은 나무,
　　샘이 깊은 물」, 『국악누리』 156호, 국립국악원, 46-47쪽.

7) 과학·기술

전상운(1976), 「世宗大王의 科學政策」, 『과학과기술』 9권 10호, 한국과학기술
　　단체총연합회, 36-41쪽.

전상운(1976), 「世宗의 科學政策」, 『광장』 41, 세계평화교수아카데미사무국,
　　62-65쪽.

강태빈(1977), 「한글전용과 기계화의 필요성을 똑바로 알자」, 『세종문화』 3호
　　(12.1), 세종대왕기념사업회, 2쪽.

김용운(1977), 「世宗의 業績을 통해 본 東西科學思想」, 『한국학보』 6, 일지사,

205-219쪽.

손세일(1977), 「한글기계화와 문자개혁」, 『세종문화』 2호(11.1), 세종대왕기념사업회, 3쪽.

안수길(1977), 「한글기계화의 여러 문제」, 『세종문화』 1호(10.1), 세종대왕기념사업회, 2쪽.

임종철(1977), 「한글 기계화 약사1」, 『세종문화』 2호(11.1), 세종대왕기념사업회, 3쪽.

임종철(1977), 「한글 기계화 약사2」, 『세종문화』 3호(12.1), 세종대왕기념사업회, 3쪽.

주요한(1977), 「한글 기계 글자판의 혼란」, 『세종문화』 1호(10.1), 세종대왕기념사업회, 3쪽.

손보기(1978), 「활자 인쇄술에 끼친 세종의 업적」, 『세종문화』 12호(9.1), 세종대왕기념사업회, 2쪽.

송현(1978), 「한글 풀어쓰기는 한글 전용과 기계화를 그르치게 한다」, 『세종문화』 5호(2.1), 세종대왕기념사업회, 3쪽.

유경희(1978), 「한글과 전자 계산기」, 『세종문화』 4호(1.1), 세종대왕기념사업회, 3쪽.

이관구(1978), 「글자판 통일 등 모든 한글 기계화를 정력적으로 추진시키자」, 『세종문화』 4(1.1), 세종대왕기념사업회, 1쪽.

이용태(1978), 「전자계산기를 위한 한글표시장치」, 『세종문화』 4호(1.1), 세종대왕기념사업회, 2쪽.

임종철(1978), 「한글 기계화 약사3」, 『세종문화』 4호(1.1), 세종대왕기념사업회, 3쪽.

장봉선(1978), 「한글 글자판과 코오드1」, 『세종문화』 5호(2.1), 세종대왕기념사업회, 2쪽.

장봉선(1978), 「한글 글자판과 코오드2」, 『세종문화』 6호(3.1), 세종대왕기념사업회, 2쪽.

장봉선(1978), 「한글 글자판과 코오드3」, 『세종문화』 7호(4.1), 세종대왕기념사업회, 2쪽.

장봉선(1978), 「한글 글자판과 코오드4」, 『세종문화』 8호(5.1), 세종대왕기념
　　사업회, 3쪽.

전상운(1978), 「세종의 과학정책2」, 『세종문화』 4호(12.1), 세종대왕기념사업
　　회, 4쪽.

전상운(1978), 「세종의 과학정책3」, 『세종문화』 5호(2.1), 세종대왕기념사업
　　회, 1쪽.

전상운(1978), 「세종의 과학정책4」, 『세종문화』 6호(3.1), 세종대왕기념사업
　　회, 1쪽.

조석환(1978), 「타자 행동으로 본 한글 타자 글판의 올바른 배열1」, 『세종문화』
　　7호(4.1), 세종대왕기념사업회, 4쪽.

조석환(1978), 「타자 행동으로 본 한글 타자 글판의 올바른 배열2」, 『세종문화』
　　8호(5.1), 세종대왕기념사업회, 3쪽.

조석환(1978), 「타자 행동으로 본 한글 타자 글판의 올바른 배열3」, 『세종문화』
　　9호(6.1), 세종대왕기념사업회, 3쪽.

조석환(1978), 「타자 행동으로 본 한글 타자 글판의 올바른 배열4」, 『세종문화』
　　10호(7.1), 세종대왕기념사업회, 3쪽.

박흥수(1979), 「조선 척도 기준으로서의 수표(水標)의 가치」, 『세종문화』 24호
　　(9.1), 세종대왕기념사업회, 3쪽.

유경희(1979), 「두벌식 한글 입출력 장치에 관한 고찰」, 『세종문화』 27호
　　(12.1), 세종대왕기념사업회, 2쪽.

전상운(1979), 「수표의 설치에 관하여」, 『세종문화』 24호(9.1), 세종대왕기념
　　사업회, 2쪽.

채연석(1980), 「朝鮮 小銃筒의 發達 : 世宗시대 銃筒의 내부구조를 中心으로」, 『군
　　사』 1, 국방부전사편찬위원회, 129-142쪽.

이은성(1980), 「세종 시대의 역법 칠정산내편의 편찬1」, 『세종문화』 35호
　　(8.1), 세종대왕기념사업회, 2쪽.

이은성(1980), 「세종 시대의 역법 칠정산내편의 편찬2」, 『세종문화』 36호
　　(9.1), 세종대왕기념사업회, 3쪽.

이은성(1980), 「세종 시대의 역법 칠정산내편의 편찬3」, 『세종문화』 37호

(10.1), 세종대왕기념사업회, 3쪽.

박흥수(1981), 「세종대왕의 과학 정책과 그 성과1」, 『세종문화』 41호(2.1), 세종대왕기념사업회, 4쪽.

박흥수(1981), 「세종대왕의 과학 정책과 그 성과2」, 『세종문화』 42호(3.1), 세종대왕기념사업회, 4쪽.

박흥수(1981), 「세종대왕의 과학 정책과 그 성과3」, 『세종문화』 43호(4.1), 세종대왕기념사업회, 2-4쪽.

박흥수(1981), 「세종의 과학 정신과 출판문화1」, 『세종문화』 51호(12.1), 세종대왕기념사업회, 2쪽.

이은성(1981), 「세종 시대의 역법 칠정산외편의 편찬3」, 『세종문화』 40호(1.1), 세종대왕기념사업회, 4쪽.

박성래(1982), 「世宗代의 天文學 발달」, 한국정신문화연구원 편(1982), 『세종조문화연구 Ⅱ』, 한국정신문화연구원, 99-153쪽.

박흥수(1982), 「세종의 과학 정신과 출판 문화2」, 『세종문화』 52호(1.1), 세종대왕기념사업회, 4쪽.

박흥수(1982), 「世宗朝의 科學思想 – 特히 科學政策과 그 成果를 中心으로」, 한국정신문화연구원 편(1982), 『세종조문화연구 Ⅰ』, 한국정신문화연구원, 283-326쪽.

이은성(1982), 「세종 시대의 해시계 앙부일구에 관하여1」, 『세종문화』 53호(2.1), 세종대왕기념사업회, 4쪽.

이은성(1982), 「세종 시대의 해시계 앙부일구에 관하여2」, 『세종문화』 54호(3.1), 세종대왕기념사업회, 3쪽.

이은성(1982), 「다채로운 평면연구 해시계의 보급으로 세종대왕의 뜻을 받들자」, 『세종문화』 55호(4.1), 세종대왕기념사업회, 4쪽.

이태진(1982), 「世宗代의 農業技術政策」, 한국정신문화연구원 편(1982), 『세종조문화연구 Ⅱ』, 한국정신문화연구원, 63-96쪽.

허선도(1982), 「世宗朝의 火器發達」, 한국정신문화연구원 편(1982), 『세종조문화연구 Ⅱ』, 한국정신문화연구원, 155-278쪽.

한국과학사학회 편(1983), 『諸家曆象集·天文類抄』(영인본, 해제; 유경노), 성신여자대학교 출판부.

박성래(1985), 「世宗代의 天文施設」, 『경기과학』18, 경기도과학교육원, 43-50쪽.

이은성(1985), 「물시계와 자격루」, 『세종문화』90호(3.1), 세종대왕기념사업회, 2쪽.

이은성(1986), 「천상열차분야지도의 분석」, 세종대왕기념사업회 편(1986), 『세종학 연구』1, 세종대왕기념사업회, 63-114쪽.

김용운(1987), 「한국인의 자연관과 세종 과학」, 세종대왕기념사업회 편(1987), 『세종학 연구』2, 세종대왕기념사업회, 55-79쪽.

박신석(1987), 「世宗大王의 해시계」, 『측정표준』10권 4호, 한국표준연구소, 32-36쪽.

남문현(1988), 「世宗朝의 漏刻에 관한 硏究 : 報漏閣自擊漏」, 『동방학지』57, 연세대학교국학연구원, 53-94쪽.

박성래(1988), 「《七政算》을 世宗때 완성 : 세계 제2위 과시한 曆法」, 『과학과기술』224, 한국과학기술단체총연합회, 63-65쪽.

한영호(1998), 「時計製作史를 통해 살펴본 우리의 옛 기계기술 Ⅱ」, 『기계저널』38권 5호, 대한기계학회, 74-75쪽.

남문현(1989), 「世宗 自擊漏의 更點 報時 시스템의 復元」, 『전기학회논문지』38권 12호, 대한전기학회, 1022-1032쪽.

남문현(1994), 「世宗代 制御計測技術의 現代的 再照明」, 『전기학회지』43권 5호, 대한전기학회, 24-29쪽.

강춘기(1995), 「世宗 地理志의 資源植物考」, 『동양자원식물학회지』8권 1호, 동양자원식물학회, 95-114쪽.

강성문(1996), 「朝鮮前期의 關防論 硏究 : 世宗代의 行城論을 中心으로」, 『육사논문집』50, 육군사관학교, 79-107쪽.

김홍(1996), 「世宗朝의 火器開發」, 『논문집』42, 육군제3사관학교, 31-50쪽.

이용삼(1996), 「世宗代 簡儀의 構造와 使用法」, 『동방학지』93, 延世大學校國學硏究院, 159-203쪽.

나일성(1997), 「세종대왕과 별의 세계」, 문화체육부 편, 『세종대왕 : 탄신 600돌 기념』, 문화체육부, 86-99쪽.

박성래(1997), 「世宗의 科學과 天文」, 『어문연구』 94, 한국어문교육연구회, 27-36쪽.

강인구(1999), 「장영실의 매력」, 세종성왕육백돌기념문집위원회 편(1999), 『세종성왕육백돌』, 세종대왕기념사업회, 445-446쪽.

김종택(1999), 「지동설을 실증한 세종대왕」, 세종성왕육백돌기념문집위원회 편(1999), 『세종성왕육백돌』, 세종대왕기념사업회, 452-453쪽.

나일성(1999), 「세종대왕의 천문학」, 세종성왕육백돌기념문집위원회 편(1999), 『세종성왕육백돌』, 세종대왕기념사업회, 454-464쪽.

남문현(1999), 「새로운 물시계 만드시어 시간을 바로 잡으셨네」, 세종성왕육백돌기념문집위원회 편(1999), 『세종성왕육백돌』, 세종대왕기념사업회, 465-469쪽.

박형익(1999), 「한글과 컴퓨터」, 세종성왕육백돌기념문집위원회 편(1999), 『세종성왕육백돌』, 세종대왕기념사업회, 470-473쪽.

이웅근(1999), 「조선왕조실록의 데이터베이스화와 금후의 과제」, 세종성왕육백돌기념문집위원회 편(1999), 『세종성왕육백돌』, 세종대왕기념사업회, 480-481쪽.

이해철(1999), 「세종대왕의 철학과 과학기술사상」, 세종성왕육백돌기념문집위원회 편(1999), 『세종성왕육백돌』, 세종대왕기념사업회, 492-496쪽.

이현희(1999), 「세종대왕의 소방안전의식」, 세종성왕육백돌기념문집위원회 편(1999), 『세종성왕육백돌』, 세종대왕기념사업회, 497-502쪽.

우종옥(1999), 「새해맞이와 세종대왕의 과학 정신」, 세종성왕육백돌기념문집위원회 편(1999), 『세종성왕육백돌』, 세종대왕기념사업회, 482-483쪽.

이춘녕(1999), 「세종대왕과 농업」, 세종성왕육백돌기념문집위원회 편(1999), 『세종성왕육백돌』, 세종대왕기념사업회, 487-491쪽.

전상운(1999), 「세종대왕의 과학과 기술」, 세종성왕육백돌기념문집위원회 편(1999), 『세종성왕육백돌』, 세종대왕기념사업회, 503-506쪽.

최기호(1999), 「가장 쉬운 한글, 가장 빠른 정보사회」, 세종성왕육백돌기념문집위원회 편(1999), 『세종성왕육백돌』, 세종대왕기념사업회, 507-510쪽.

홍성표(1999), 「세종시대의 과학 발달이 주는 현대적 의미」, 세종성왕육백돌기념문집위원회 편(1999), 『세종성왕육백돌』, 세종대왕기념사업회, 513-516쪽.

후루가와 기이찌로(1999), 「소행성의 과학자(7365)」, 세종성왕육백돌기념문집위원회 편(1999), 『세종성왕육백돌』, 세종대왕기념사업회, 517-526쪽.

김용섭(2000), 「세종조의 농업 기술」, 『세종문화사대계 2 : 과학』, 세종대왕기념사업회, 292-406쪽.

손보기(2000), 「세종 시대의 인쇄 출판」, 『세종문화사대계 2 : 과학』, 세종대왕기념사업회, 83-232쪽.

안덕균(2000), 「세종 시대의 의학」, 『세종문화사대계 2 : 과학』, 세종대왕기념사업회, 233-292쪽.

이성규(2000), 「韓國史와 韓國科學史」, 『한국학연구』 11, 인하대학교한국학연구소, 207-240쪽.

이찬(2000), 「세종 시대의 지리학」, 『세종문화사대계 2 : 과학』, 세종대왕기념사업회, 469-551쪽.

전상운(2000), 「세종 시대의 산업 기술」, 『세종문화사대계 2 : 과학』, 세종대왕기념사업회, 407-466쪽.

전상운(2000), 「세종 시대의 천문 기상학」, 『세종문화사대계 2 : 과학』, 세종대왕기념사업회, 21-82쪽.

한영호·남문현·이수웅·이문규(2000), 「朝鮮의 천문시계 : 世宗의 欽敬閣漏에 대하여」, 『기술과 역사』 1호, 한국산업기술사학회, 111-152쪽.

방지원(2001), 「세종대의 과학 기술 문화재」, 『청람사학』 4, 한국교원대학교청람사학회, 255-300쪽.

김상태(2002), 「조선 전기의 水利施設과 農業經營形態에 대한 일고찰」, 『인하사학』 10집, 인하역사학회, 343-380쪽.

이용삼, 김상혁(2002), 「세종시대 창제된 천문관측의기 소간의(小簡儀)」, 『한국우주과학회지』 19권 3호, 한국우주과학회, 231-242쪽.

박종민(2003), 「조선 초기 國喪用 운반용구고 :《世宗莊憲大王實錄》《五禮儀》와《國朝五禮儀》중심으로」, 『민족문화』 26집, 민족문화추진회, 223-247쪽.

고재웅(2005), 「세종대왕과 측우기」, 『한국수자원학회지』 145호, 한국수자원학회, 93-99쪽.

김상태(2005), 「조선 전기의 수리시설과 벼농사」, 『국사관논총』106집, 국사편찬위원회, 329-371쪽.

박성래(2005), 「과학의 황금기 세종 시대의 성과와 그 의미 : 위정자여 하늘의 이치를 읽어라!」, 『문화와 나』 77호, 삼성문화재단, 24-27쪽.

문중양(2006), 「세종대 과학기술의 '자주성', 다시 보기」, 『역사학보』189집, 역사학회, 39-72쪽.

이용삼·정장해·김천휘·김상혁(2006), 「조선의 세종시대 규표(圭表)의 원리와 구조」, 『한국우주과학회지』 23권 3호, 한국우주과학회, 289-302쪽.

이문규(2007), 「동아시아 역사 속의 한국 과학, 다시 읽고 쓰기」, 『역사비평』 79호, 역사비평사, 171-193쪽.

나일성(2013), 「세종시대의 천문기상학」, 세종대왕기념사업회 편(2013), 『세종학 연구』 15, 세종대왕기념사업회, 5-12쪽.

구만옥(2013), 「세종, 조선 과학의 범형(範型)을 구축하다」, 『한국과학사학회지』 35권 1호, 한국과학사학회, 203-224쪽.

정호완(2013), 「세종조 신기전의 체험교육 안 모색」, 세종대왕기념사업회 편(2013), 『세종학 연구』 15, 세종대왕기념사업회, 21-50쪽.

한영호(2013), 「기록 재구성을 통해 살펴 본《칠정산》의 감춰진 모습」, 세종대왕기념사업회 편(2013), 『세종학 연구』 15, 세종대왕기념사업회, 13-19쪽.

남문현(2016), 「세종대왕의 간의대 자격루 창제 연구」, 『세종학연구』 16, 세종대왕기념사업회, 3-27쪽.

이문규(2016), 「천문의기 기술의 동아시아 전파 : 세종 때의 천문의기 제작을 중심으로」, 『동북아문화연구』 47집, 동북아시아문화학회, 77-94쪽.

전용훈(2016), 「한국 천문학사의 한국적 특질에 관한 시론 : 세종 시대 역산(曆算) 연구를 중심으로」, 『한국과학사학회지』 38권 1호, 한국과학사학회, 1-34쪽.

김슬옹(2017), 「세종 민본과학의 꽃 앙부일구」, 『영웅』 15호(1월호), 꼬레아우라, 135-145쪽.

김슬옹(2017), 「세종, 수학으로 문화·과학 강국의 초석을 놓다」, 『영웅』 22호

(8월호), 꼬레아우라, 88-98쪽.

8) 음악·무용

정인지(1430, 세종 12년), 《아악보》 서문, 『세종실록』 윤12.1.

성경린(1949), 「세종과 아악」, 『한글』 106, 조선어학회, 51-54쪽.(1949년 9/25
: 학회 이름을 "한글학회"로 바꿈, 『한글』 106는 1949년 7월에 나옴).

최정여(1958), 「世宗大王의 文化事業中 樂整理考 (上)」, 『논문집』 2, 청주대학교,
1-61쪽.

박동권(1960), 「世宗의 民謠政策」, 『문예』 2, 문예사, 144-147쪽.

최정여(1960), 「世宗大王의 文化事業中 樂整理考」, 『논문집』 3, 청주대학교, 9-
73쪽.

최종민(1973), 「世宗朝의 音樂改革과 孟思誠의 業蹟」, 『강릉교육대학논문집』 5,
강릉교육대학, 235-247쪽.

장사훈(1978), 「세종대왕의 음악 정책」, 『세종문화』 11호(8.1), 세종대왕기념
사업회, 3쪽.

성경린(1980), 「세종대왕과 아악」, 『세종문화』 32호(5.1), 세종대왕기념사업
회, 2쪽.

성경린(1985), 『세종 시대의 음악』, 세종대왕기념사업회.

임평룡(1984), 「세종조시대의 음악정책에 관한 연구」, 연세대 교육대학원 석
사논문.

한만영(1981), 「世宗의 音樂精神」, 『정신문화』 9, 한국정신문화연구원, 20-23쪽.

장사훈(1982), 『世宗朝 音樂研究 : 世宗大王의 音樂精神』, 서울대학교 출판부.

한만영(1982), 「세종대왕의 음악적 업적1」, 『세종문화』 56호(5.1), 세종대왕기
념사업회, 4쪽.

한만영(1982), 「세종대왕의 음악적 업적2」, 『세종문화』 57호(6.1), 세종대왕
기념사업회, 3쪽.

김창규(1984), 「세종조 사대악장고 : 가성덕과 축성수를 중심으로」, 『논문집』
19, 대구교육대학, 53-73쪽.

이해구(1985), 「세종조 음악문화의 현대사적 재인식1」, 『세종문화』 88호(1.1), 세종대왕기념사업회, 3쪽.

이해구(1985), 「세종조 음악문화의 현대사적 재인식2」, 『세종문화』 89호(2.1), 세종대왕기념사업회, 3쪽.

권오성(1987), 「세종조 불교 음악 관계 문헌의 연구」, 세종대왕기념사업회 편(1987), 『세종학 연구』 2, 세종대왕기념사업회, 81-112쪽.

김종수(1988), 「世宗朝 雅樂整備가 與民樂·保太平·定大業에 끼친 영향 : 제도적 측면」, 『한국문화』 9, 서울대학교한국문화연구소, 123-146쪽.

권태욱(1990), 「《世宗實錄樂譜》所載 宗廟祭禮樂의 樂調 研究」, 『한국음악학논집』 1집, 한국음악학연구회, 511-528쪽.

김형동(1990), 「世宗朝 雅樂 整備의 歷史的 背景 研究 : 麗末鮮初 政治·社會·思想을 中心으로」, 『한국음악학논집』 1집, 한국음악학연구회, 102-133쪽.

전인평(1992), 「세종실록과 금합자보의 여민락 장단」, 『중앙대학교인문과학논문집』 35, 중앙대학교, 511-536쪽.

전인평(1992), 「세종실록(世宗實錄) 아악보(雅樂譜)와 현행 문묘악(文廟樂)」, 세종대왕기념사업회 편(1992), 『세종학 연구』 7, 세종대왕기념사업회, 31-51쪽.

김형동(1993), 「樂調의 變遷에 關한 研究 : 최子·啄木·憂息을 中心으로」, 『한국음악사학보』 11집, 한국음악사학회, 313-347쪽.

김형동(1995), 「韓國音樂의 日本傳播 : 高麗壹越調를 中心으로」, 『한국음악사학보』 14집, 한국음악사학회, 69-91쪽.

김종수(1997), 「세종조 신악(新樂)의 전승 연구」, 『온지논총』 3, 온지학회, 249-277쪽.

송방송(1998), 「세종대의 음악 업적에 대한 역사적 재조명」, 세종대왕기념사업회 편(1998), 『세종학 연구』 12·13, 세종대왕기념사업회, 29-61쪽.

김세종(1999), 「Ne-naissance Rethinking the a'ak reforms by King Sejong and Pak Yon」, 『동양음악』 21, 서울대학교음악대학부설동양음악연구소, 155-174쪽.

박범훈(1999), 「世宗大王이 創製한 佛敎音樂 研究 : 舍利靈應記를 중심으로」, 『한국음악사학보』 23집, 한국음악사학회, 5-29쪽.

최령(1999), 「세종조 鹵簿의 鼓吹에 관한 研究」, 『한국음악학논집』 3집, 한국
    음악학연구회, 617-669쪽.

전인평(2000), 「세종실록 봉래의의 장단과 속도, 『중앙음악연구』 8·9, 중앙
    대학교 중앙음악연구소, 179-205쪽.

세종대왕기념사업회(2001), 『세종문화사대계 5 : 음악·미술』, 세종대왕기념사
    업회.

송방송(2001), 「세종조의 새 기보법 창안과 악서 편찬」, 『세종문화사대계 5 :
    음악·미술』, 세종대왕기념사업회, 219-310쪽.

송방송(2001), 「세종조의 신제 악가와 신악 창제」, 『세종문화사대계 5 : 음악·
    미술』, 세종대왕기념사업회, 311-370쪽.

송방송(2001), 「세종조의 왕립 음악기관」, 『세종문화사대계 5 : 음악·미술』,
    세종대왕기념사업회, 87-156쪽.

송방송(2001), 「세종조의 율관 제작과 악기 제조」, 『세종문화사대계 5 : 음악·
    미술』, 세종대왕기념사업회, 157-218쪽.

송혜진(2001), 「세종조의 음악 정책과 아악 제정」, 『세종문화사대계 5 : 음악·
    미술』, 세종대왕기념사업회, 25-62쪽.

신대철(2001), 「世宗代 以後 燕山君代의 鄕樂과 唐樂」, 『한국음악연구』 29집,
    한국국악학회, 81-119쪽.

최완수(2001), 「세종 시대의 미술」, 『세종문화사대계 5 : 음악·미술』, 세종대
    왕기념사업회, 371-470쪽.

한명희(2001), 「세종대왕의 음악 사상」, 『세종문화사대계 5 : 음악·미술』, 세
    종대왕기념사업회, 63-86쪽.

김율희(2002), 「세종조 궁중정재에 나타나는 예악사상(禮樂思想), 『무용예술
    학연구』 9집, 한국무용예술학회, 99-117쪽.

송방송(2002), 「조선왕조 건국초기의 정재사(呈才史) 연구 : 세종조의 신악(新
    樂)을 중심으로」, 『음악과민족』 23호, 민족음악학회, 193-232쪽.

최종민(2002), 「우리말과 음악의 소리울림틀 5 : 훈민정음과 세종실록 32칸악
    보의 소리묶임틀」, 『한국음악연구』 31집, 한국국악학회, 451-474쪽.

Robert C. Provine(2002), *A Chinese Document or a Korean Document? :*

The Description of Dasheng Performing Ensembles in the Koryosa, 『한국음악사학보』 29집, 한국음악사학회, 747-756쪽.

김세종(2003), 「《세종실록》 악보의 치화평 1·2·3에 대한 고찰 : 박과 장구의 장단구조를 중심으로」, 『한국음악연구』 33집, 한국국악학회, 171-188쪽.

남상숙(2003), 「조선전기 음악사연구의 성과와 나아갈 방향」, 『한국음악사학보』 30집, 한국음악사학회, 77-110쪽.

권오성(2004), 「《세종실록》 악보 중 'ㆆ'과 '배'의 고찰」, 『한국음악연구』 35집, 한국국악학회, 7-24쪽.

최종민(2004), 「우리말과 음악의 소리 울림틀 8 : 3·2틀의 의미와 음수율 틀 장단」, 『자하어문논집』 19집, 상명어문학회, 7-29쪽.

정화순(2005), 「조선 세종대 신제(新制) 조회아악(朝會雅樂)의 활용실태」, 『청대학술논집』 5집, 청주대학교학술연구소, 369-399쪽.

최종민(2005), 「훈민정음과 세종악보 창제 준비의 관련성」, 『자하어문논집』 20집, 상명어문학회, 7-31쪽.

정화순(2006), 「조선전기 문헌에서의 아악기 관련기록 비교검토」, 『동양예술논총』 10집, 강암서예학술재단, 113-148쪽.

권오성(2007), 「난계 박연선생에 대한 북한 음악계의 평가에 대하여」, 『한국음악연구』 42집, 한국국악학회, 313-319쪽.

문숙희(2007), 「《세종실록악보》 여민락의 음악형식과 그 변천에 관한 고찰」, 『한국음악연구』 41집, 한국국악학회, 23-51쪽.

송혜진(2008), 「세종의 문예감성과 연희의 정치」, 『동양예술』 19호, 한국동양예술학회, 187-220쪽.

조경아(2008), 「조선, 춤추는 시대에서 춤추지 않는 시대로 : 왕의 춤을 중심으로」, 『한국음악사학보』 40집, 한국음악사학회, 551-587쪽.

김세종(2012), 「세종조《율려신서》의 유입과 아악정비에 미친 영향」, 『호남문화연구』 51집, 전남대학교 호남학연구원, 1-39쪽.

문숙희(2012), 「세종 창제 신악은 어떤 음악인가」, 세종리더십연구소 편(2012), 『세종, 음악으로 다스리다』, 한국학중앙연구원·세종리더십연구소, 87-116쪽.

문숙희·손선숙·김유리(2012), 「해설이 있는 세종대왕의 음악세계」, 세종리더
십연구소 편(2012), 『세종, 음악으로 다스리다』, 한국학중앙연구원·세종
리더십연구소, 149–194쪽.

세종리더십연구소 편(2012), 『세종, 음악으로 다스리다』, 한국학중앙연구원·
세종리더십연구소.

손선숙(2012), 「세종시대 '봉래의'의 무용 구조 고찰」, 세종리더십연구소 편
(2012), 『세종, 음악으로 다스리다』, 한국학중앙연구원·세종리더십연구
소, 119–142쪽.

송혜나(2012), 「현행 한국 문묘제례악의 연원 및 제정 원리 연구, 원조임우대
성악보(元朝林宇大成樂譜) 고찰을 중심으로 1」, 『한국문화연구』 23호, 이
화여자대학교 한국문화연구원, 227–281쪽.

송혜진(2012), 「세종의 음악 정치 목적과 방법 고찰」, 『동양예술』 20호, 한국
동양예술학회, 187–220쪽.

송혜진(2012), 「세종의 음악과 문예 정책」, 세종리더십연구소 편(2012), 『세종,
음악으로 다스리다』, 한국학중앙연구원·세종리더십연구소, 37–53쪽.

송혜진(2016), 「'사리영응기' 소재 '삼불예참문'과 세종친제 불교음악」, 『동양
예술』 30호, 한국동양예술학회.

신대철(2012), 「세종대왕 樂政의 특성」, 세종리더십연구소 편(2012), 『세종,
음악으로 다스리다』, 한국학중앙연구원·세종리더십연구소, 9–22쪽.

이동복(2012), 「세종 시대 음악」, 토지주택박물관 편(2012), 『한글과 세종』,
토지주택박물관, 157–182쪽.

임미선(2012), 「세종대 신악 제정 이전과 이후 연례악의 변화 양상」, 세종리더
십연구소 편(2012), 『세종, 음악으로 다스리다』, 한국학중앙연구원·세종
리더십연구소, 65–83쪽.

조흥욱(2012), 「세종 창작 악장 시가에 나타난 세종의 정치적 의도」, 세종리더
십연구소 편(2012), 『세종, 음악으로 다스리다』, 한국학중앙연구원·세종
리더십연구소, 27–34쪽.

문숙희(2013), 「세종 창제 신악(新樂)은 어떤 음악인가? : 정대업, 보태평, 발
상에 한하여」, 『공연문화연구』 26집, 한국공연문화학회, 5–39쪽.

손선숙(2013), 「세종 시대《봉래의》의 무용구조 고찰」, 『대한무용학회논문집』
    71권 2호, 대한무용학회, 93-108쪽.

조규익(2013), 「鳳來儀 進·退口號의 기능적 의미와 텍스트 양상」, 『고시가연구』
    32집, 한국고시가문학회, 215-240쪽.

한흥섭(2013), 「15세기 조선 궁중의 예악관」, 『국학연구』 22집, 한국국학진흥
    원, 231-265쪽.

문숙희 외(2014), 「용비어천가의 樂舞《봉래의》의 복원과 문화코드 탐색 [전자
    자료] : 歌·舞·樂의 융합적 관점을 바탕으로」, 미래창조과학부.

송혜진(2016), 「'사리영응기' 소재 '삼불예참문'과 세종친제 불교음악」, 『동양
    예술』 30호, 한국동양예술학회.

박동근(2017), 「세종과 음악 : 세종의 음악 한글로 빛나다,『한글새소식』 537
    호(5월호), 한글학회.

최태성(2017), 「우리 음악의 새 장을 열다, 세종과 박연」, 『국악누리』 153호,
    국립국악원.

김슬옹(2018), 「세종, 음악과 도량형과 문자를 하나로 소통하다 – 조화로운 소
    리와 정확한 표준으로 백성들을 이롭게 하라」, 『영웅』 28호(2월호), 꼬레아
    우라, 108-125쪽.

신준봉·김호정·노진호(2018), 「세종, 20분의 1음 차이도 구분··· 절대음감으
    로 '화평 정치'(즉위 600년 다시 보는 세종 〈하〉, 『중앙일보』 2018.10.11.
    중앙일보사, 4쪽.

9) 건축·미술

윤효중(1949), 「世宗大王의 塑像을 完成하고」, 『민성』 5·7, 고려문화사, 54-
    55쪽.

윤룡이(1984), 「世宗實錄地理志의 磁器所 陶器所에 관하여」, 『선미술』 22, 선미
    술사, 100-104쪽.

강경숙(1994), 「《世宗實錄》 地理志 磁器所·陶器所 研究; 忠清道를 중심으로」, 『미
    술사학연구』 202, 한국미술사학회, 5-95쪽.

김영원(1995), 「世宗연간의 陶磁에 관한 考察」, 『미술자료』 55, 국립중앙박물관, 42-89쪽.

이생연(1998), 「木浦圈 陶磁器의 歷史的 背景 : 由來試論」, 『전남문화』 11, 한국문화원련합회전라남도지부, 145-160쪽.

정기철(2001), 「唐·宋·高麗·朝鮮의 宗廟 親祫享儀와 建築形式 比較 硏究」, 『대한건축학회논문집』 156호, 대한건축학회, 93-104쪽.

김동욱(2002), 「조선 초기 경복궁 수리에서 세종의 역할」, 『건축역사연구』 32호, 한국건축역사학회, 129-142쪽.

이현진(2003), 「朝鮮前期 永寧殿의 營建과 특징」, 『한국학보』 112호, 일지사, 168-202쪽.

김종태(2004), 「世宗實錄地理志에 나타난 中品磁器所에 관한 硏究 : 于下里 窯址를 中心으로」, 『디자인학연구』 58호, 한국디자인학회, 307-318쪽.

백부흠(2005), 「조선 백자의 발생 시기에 관한 검토」, 『역사와 경계』 55집, 부산경남사학회, 295-322쪽.

이혜숙·김인철(2005), 「디자이너로서의 세종과 디자인으로서의 한글」, 『기초조형학연구』 6권 1호, 한국기초조형학회, 203-214쪽.

김종태(2006), 「문헌자료를 중심으로 한 상주백자 연구」, 『디자인학연구』 67호, 한국디자인학회, 17-30쪽.

장동철(2008), 「尙州 大杓里窯址 陶磁片 硏究」, 『미술사학연구』 257호, 한국미술사학회, 5-29쪽.

장재혁·한동수(2004), 「경복궁의 건축공간에 관한 연구 - 世宗代 禮制整備에 따른 法宮體制와 外朝 一廓을 中心으로」, 『대한건축학회 논문집 - 계획계』 186호, 대한건축학회, 183-190쪽.

조규희(2015), 「시와 같은 그림의 문화적 함의 :《소상팔경도》를 중심으로」, 『한문학논집』 42집, 근역한문학회, 187-208쪽.

조규희(2015), 「안평대군의 상서(祥瑞) 산수 : 안견 필《몽유도원도》의 의미와 기능」, 『미술사와 시각문화』 16호, 사회평론, 6-33쪽.

10) 지리 · 유적 · 국토 · 영토 · 국방

김영상(1958), 「世宗大王과 李忠武公의 誕生地 : 現地踏査顚末報告」, 『향토서울』
    3, 서울특별시사편찬위원회, 53-75쪽.

송병기(1963), 「世宗朝의 平安道 移民에 對하여」, 『사총』 8, 고려대학교 문리과
    대학 사학학생회, 14-61쪽.

송병기(1964), 「세종조 양계행성 축조에 대하여」, 『사학연구』 8, 역사학연구
    회, 189-206쪽.

김태능(1965), 「太宗과 世宗時代의 濟州」, 『제주도』 21, 제주도, 88-101쪽.

이덕봉(1965), 「世宗實錄地理志考 : 博物地理學的 見地에서」, 『이공학보』 1, 중
    앙대학교이공대학학생회, 50-54쪽.

김성준(1966), 「이징옥과 육진」, 『사총』 2, 역사학연구회, 475-483쪽.

김종업(1973), 「世宗大王의 治績 : 特히 濟州道에 關한 治績研究」, 『논문집』 2,
    제주대학교양학부, 1225-2557쪽.

김찬흡(1973), 「世宗大王 當特의 濟州島 : 제주도 향토연구」, 『교육제주』 25, 제
    주도교육위원회, 132-139쪽.

김종업(1976), 「李祖世宗年間에 있어서의 濟州島 : 濟州島의 傳統文化 特輯」, 『제
    대학보』 16, 제주대학재건학생회, 31-43쪽.

김구진(1978), 「세종대왕신도비」, 『세종문화』 15호(12.1), 세종대왕기념사업회,
    4쪽.

노도양(1978), 「세종 시대의 지리학적 업적, 『세종문화』 11호(8.1), 세종대왕
    기념사업회, 2쪽.

노계현(1994), 「우리 영토의 역사적 고찰 : 對馬島」, 『자유공론』 330, 한국반
    공연맹 자유공론사, 204-215쪽.

박석희(1995), 「世宗大王陵域 방문자의 知覺水準 분석」, 『관광학연구』 19, 한국
    관광학회, 117-137쪽.

이희권(1995), 「世宗實錄 地理志의 姓氏條 研究」, 『양영학술연구논문집』, 양영
    회, 281-314쪽.

강경숙(1997), 「《世宗實錄》地理志 기록에 있는 磁器所 陶片의 특징 : 경기도와
    충청도의 5곳 가마터를 중심으로」, 『고고미술사론』 5호, 충북대학교고고

미술사학과, 39-89쪽.

강은경(1998), 「高麗後期 戶長層의 變化와 《世宗實錄地理志》의 土姓·亡姓」, 『동방학지』 99, 연세대학교국학연구원, 53-130쪽.

차문섭(1998), 「세종대의 국방과 외교」, 세종대왕기념사업회 편(1998), 『세종학 연구』 12·13, 세종대왕기념사업회, 5-27쪽.

강춘기(1999), 「실록지리를 통해서 본 세종」, 세종성왕육백돌기념문집위원회 편(1999), 『세종성왕육백돌』, 세종대왕기념사업회, 447-449쪽.

이찬(1999), 「세종대왕의 지도제작과 지리지의 편찬」, 세종성왕육백돌기념문집위원회 편(1999), 『세종성왕육백돌』, 세종대왕기념사업회, 484-486쪽.

이찬(2000), 「세종 시대의 지리학」, 『세종문화사대계 2 : 과학』, 세종대왕기념사업회, 469-551쪽.

박인호(2001), 「조선전기 지리서에 나타난 역사지리인식과 특성」, 『조선사연구』 10호, 조선사연구회, 213-232쪽.

오종록(2001), 「세종 시대의 북방영토 개척」, 『세종문화사대계 3 : 정치·경제·군사·외교·역사』, 세종대왕기념사업회, 801-820쪽.

차문섭·오종록·민현구(2001), 「세종 시대의 군사 제도의 정비와 국방」, 『세종문화사대계 3 : 정치·경제·군사·외교·역사』, 세종대왕기념사업회, 665-742쪽.

채연석(2001), 「세종 시대의 화약 제조와 화기의 발달」, 『세종문화사대계 3 : 정치·경제·군사·외교·역사』, 세종대왕기념사업회, 743-774쪽.

곽창권(2002), 「韓國의 地理志와 戶口統計」, 『통계』 54호, 대한통계협회, 13-20쪽.

이기봉(2003), 「朝鮮時代 全國地理志의 生産物 項目에 대한 檢討」, 『문화역사지리』 21호, 한국문화역사지리학회, 1-16쪽.

임영수(2003), 「전의(全義) '왕(王)의 물' 유적 : 세종대왕의 안질을 고친 것은 '전이초수'이다」, 『웅신문화』 16집, 공주향토문화연구회, 92-110쪽.

김구진(2004), 「조선 시대 6鎭 방어 전략 制勝方略의 입안과 그 간행」, 『간도학보』 1호, 한국간도학회, 207-243쪽.

김구진(2005), 「조선 시대 6鎭 방어 전략 《제승방략체제》의 연구」, 『백산학보』

71호, 백산학회, 341-397쪽.

김호동(2005), 「조선 초기 울릉도·독도에 대한 '空島政策' 재검토」, 『민족문화논총』 32집, 영남대학교민족문화구소, 257-290쪽.

문형진(2005), 「世宗의 對倭 포용정책과 犯罪증가실태」, 『일본연구』 24호, 한국외국어대학교 일본연구소, 53-73쪽.

이정주(2006), 「조선 초기 지리지 인물 관련 조목의 계량적 분석」, 『역사민속학』 23호, 민속원, 33-60쪽.

홍현보(2006), 「세종 영릉신도비명의 체재에 관한 연구」, 『동양고전연구』 25집, 동양고전학회, 313-349쪽.

홍현보(2006), 「세종 영릉신도비명의 체재에 관한 연구」, 세종대왕기념사업회 편(2006), 『세종학 연구』 14, 세종대왕기념사업회, 145-213쪽.

노기춘(2007), 「호남의 지역구분에 관한 연구」, 『호남문화연구』 40집, 전남대학교호남문화연구소, 179-207쪽.

이정주(2007), 「전국지리지를 통해 본 조선시대 忠·孝·烈 윤리의 확산 양상」, 『한국사상사학』 28집, 한국사상사학회, 293-324쪽.

안경호(2008), 「세종대왕 초장지(舊英陵)에 대한 재론(再論)」, 『정신문화연구』 111호, 한국학중앙연구원, 151-171쪽.

박현모(2010), 「세종의 변경관(邊境觀)과 북방영토경영 연구」, 『정치사상연구』 13권 1호, 한국정치사상학회, 31-52쪽.

박희용·이익주(2012), 「조선 초기 경복궁 서쪽 지역의 장소성과 세종 탄생지」, 『서울학연구』 47호, 서울시립대학교부설서울학연구소, 155-185쪽.

이정신(2012), 「고려·조선시대 윤관 9성 인식의 변화」, 『한국중세사연구』 32호, 한국중세사학회, 107-140쪽.

손승철(2013), 「조선전기 요도와 삼봉도의 실체에 관한 연구」, 『한일관계사연구』 44집, 경인문화사, 43-82쪽.

심현용(2015), 「星州 禪石山 胎室의 造成과 胎室構造의 特徵」, 『영남학』 27호, 경북대학교 영남문화연구원, 53-143쪽.

양윤미(2015), 「성주 世宗大王子 胎室 봉안 安胎用 陶磁器의 양상과 제작시기 연구」, 『영남학』 27호, 경북대학교 영남문화연구원, 145-179쪽.

주정율(2015), 「18세기 고지도를 활용한 조선전기 함길도 6진 개척의 과정 분
    석」, 『역사와 실학』 56집, 역사실학회, 175-198쪽.
윤용길(2017), 「청안현과 세종대왕 발자취」, 『괴향문화』 25집, 괴산향토사연
    구회.
신준봉 · 김호정 · 노진호(2018), 「세종 '실리적 사대' … 명나라 위신 세워주며
    백두산 땅 되찾다(즉위 600년 다시 보는 세종 〈상〉」, 『중앙일보』 2018.10.8.
    중앙일보사, 4쪽.

11) 인쇄 · 출판

박승빈(1937), 「訓民正音紀念講話 稿」, 『정음』 21, 조선어학연구회, 2-6쪽.
서울특별시사편찬위원회 편(1960), 「朝鮮王朝實錄 漢城초존 : 世宗莊憲大王實錄,
    文宗 恭順大王實錄, 端宗大王實錄」, 『향토서울』 8, 서울특별시사편찬위원
    회, 1169-1378쪽.
김완진(1972), 「世宗代의 語文政策에 對한 研究 : 訓民正音을 圍繞한 數三의 課題」,
    『성곡논총』 3집, 185-215쪽.
김전배(1973), 「世宗實錄地理志 解題」, 『문화재』 7, 문화재관리국, 157-161쪽.
남기욱(1975), 「世宗實錄地理誌에 關한 概要」, 『청대춘추』 20, 청주대학, 77-
    84쪽.
유홍열(1977), 「世宗大王과 集賢殿」, 『어문연구』 15 · 16, 일조각, 21-23쪽.
박종국(1980), 「세종대왕 기념 사업회와 외솔 최현배 선생, 외솔선생 가신 뒤
    10년」, 『나라사랑』 35, 외솔회, 30-33쪽.
박지홍(1981), 「세종대왕의 문학 사상과 출판 문화」, 『세종문화』 50호(11.1),
    「세종대왕기념사업회, 3쪽.
김두종(1981), 「세종의 이상과 출판문화」, 『세종문화』 50호(11.1), 세종대왕기
    념사업회, 2쪽.
이숭녕(1982), 「世宗大王の 言語政策と その 業績 上 : 世宗大王の 業績と 思想」,
    『アジア公論』 118, 한국국제문화협회, 103-116쪽.
이숭녕(1982), 「世宗大王の言語政策とその業績 (下) : 朝鮮王朝の公式史書《王朝

實錄》と册房 …」, 『アジア公論』120, 한국국제문화협회, 151-163쪽.

이숭녕(1983), 「崔世珍が 國語學に 及ぼした 影響; 世宗大王の 業績と 思想 9」, 『アジア公論』127, 한국국제문화협회, 143-155쪽.

하우봉(1983), 「세종대의 유교윤리 보급에 대하여 : '효행록'과 '삼강행실도'를 중심으로」, 『전북사학』 7, 전북대학교사학회, 17-50쪽.

권재선(1985), 「世宗의 御製東國正韻과 申叔舟 등의 反切」, 『인문과학연구』3, 대구대학교인문과학연구소, 1-2쪽.

유창균(1989), 「황극경세서가 국어학에 끼친 영향」, 『석당논총』15, 동아대학교 석당전통문화연구원, 69-102쪽.

려증동(1990), 「세종시대 언서책성에 대한 연구 :《세종실록》을 중심으로」, 『배달말』15, 배달말학회, 213-234쪽.

박병채(1990), 「『世宗大王의 訓民正音 御制序文 再吟味』에 대한 論評」, 『어문연구』 68, 일조각, 470-472쪽.

이응백(1990), 「世宗大王의 訓民正音 御制序文의 再吟味」, 『어문연구』68, 일조각, 450-458쪽.

임홍빈(1990), 「西征錄의 編著者에 관하여」, 『군사』21, 국방부전사편찬위원회, 153-168쪽.

김동수(1993), 「《世宗實錄》地理志 産物項의 검토」, 『역사학연구』12, 전남대학교사학회, 385-418쪽.

김동수(1993), 「《世宗實錄》地理志의 기초적 고찰」, 『성곡논총』24집, 성곡학술문화재단, 2127-2162쪽.

오항녕(1998), 「朝鮮 世宗代《資治通鑑思政殿訓義》와《資治通鑑鋼目思政殿訓義》의 編纂」, 『태동고전연구』15, 한림대학교부설태동고전연구소, 27-58쪽.

서인원(1999), 「世宗實錄地理志 編纂의 再檢討 (1)」, 『동국역사교육』7·8, 동국대학교역사교육과, 213-238쪽.

박종기(2000), 『高麗史』地理志 譯註 1 : 史料性格, 序文 譯註」, 『한국학논총』23, 국민대학교한국학연구소, 27-55쪽.

서인원(2000), 「世宗實錄地理志 編纂의 再檢討 (2)」, 『역사와교육』9집, 역사와교육학회, 101-138쪽.

김철웅(2003), 「조선초기 祀典의 체계화 과정」, 『문화사학』 20호, 한국문화사
　　학회, 189-207쪽.

유정일(2004), 「月印釋譜의 체제에 대한 일고찰」, 『불교어문논집』 9집, 한국
　　불교어문학회, 179-197쪽.

김무봉(2006), 「'훈민정음' 원본의 출판 문화재적 가치」, 세종대왕기념사업회
　　편(2006), 『세종학 연구』 14, 세종대왕기념사업회, 45-69쪽.

김순희(2006), 「《치평요람》고」, 『서지학연구』 33집, 서지학회, 189-215쪽.

조성을(2006), 「《世宗實錄》'地理志'와《高麗史》'地理志'의 歷史地理 認識：古朝
　　鮮·三韓·三國의 首都와 疆域을 中心으로」, 『조선시대사학보』 39, 조선시
　　대사학회, 77-111쪽.

김승우(2007), 「龍飛御天歌 향유·수용양상의 특징과 그 의미：鳳來儀 정재를
　　중심으로」, 『한국시가연구』 23집, 보고사, 81-113쪽.

박홍규·송재혁(2012), 「세종과《소학(小學)》：민풍(民風)과 사풍(士風)의 교화」,
　　『대한정치학회보』 20집 1호, 대한정치학회, 77-99쪽.

박종국(2013), 「한문 문헌 언해와 현대화 고전국역사업-언해의 발자취와 한
　　글학회·세종대왕기념사업회·민족문화추진회」, 세종대왕기념사업회 편
　　(2013), 『세종학 학술대회：세종시대 과학문화의 재조명』(2013.12.13.),
　　세종대왕기념사업회, 85-133쪽.

박현모(2013), 「세종(世宗)의《치평요람》편찬의 정치사상」, 『한국정치학회보』
　　47집 4호, 한국정치학회, 5-27쪽.

이태수(2013), 「新發掘된 古代의 中國語教材《忠義直言》考」, 『중국문학』 75집,
　　한국중국어문학회, 295-323쪽.

강창석(2014), 「'諺文字母'의 작성 주체와 시기에 대하여」, 『언어와 정보사회』
　　22호, 서강대학교 언어정보연구소, 27-52쪽.

고숙희(2014), 「조선시대 중국 실용전문서적의 전래와 수용：《無寃錄》을 중심
　　으로」, 『중국소설논총』 42집, 한국중국소설학회, 231-252쪽.

송일기(2014), 「永樂 內府刻本《四書大全》의 朝鮮 傳來와 流布」, 『한국문헌정보
　　학회지』 48권 1호, 한국문헌정보학회, 97-116쪽.

유근선(2014), 「《석보상절》과《월인천강지곡》제작의 선후 관계에 대하여：한

자음 표기를 중심으로」, 『어문학』 126호, 한국어문학회, 63-86쪽.

김슬옹(2015), 「《훈민정음》 해례본 간송본의 역사와 평가」, 『한말연구』 37호, 역락, 5-40쪽.

송일기·정왕근(2015), 「조선시대 금속활자본 불교서적의 서지적 연구」, 『한국문헌정보학회지』 49권 1호, 한국문헌정보학회, 223-246쪽.

정해은(2015), 「조선 초기 역사서와 《동국병감》의 편찬」, 『한국사학사학보』 32집, 한국사학사학회, 215-246쪽.

김슬옹(2016), 「'세종대왕, 세종학' 관련 연구·자료 문헌 목록」, 『세종학연구』 16, 세종대왕기념사업회, 205-246쪽.

홍현보(2016), 「불경 언해본의 역주 현황과 의미」, 『세종학연구』 16, 세종대왕기념사업회, 133-188쪽.

김슬옹(2017), 「인쇄술과 출판문화를 꽃피게 한 세종의 인문정책」, 『영웅』 23호(9월호), 꼬레아우라, 104-111쪽.

박현모(2017), 『세종시대 국가경영 문헌의 체계화 사업백서 : 2013년도 선정 한국학분야 토대연구지원사업』, 여주대학교 산학협력단 세종리더십연구소.

12) 정치·사회

이현종(1957), 「世宗의 對倭策 略考」, 『성균』 8, 성균관대학교, 105-120쪽.

이숭녕(1958), 「世宗의 言語政策에 關한 硏究 : 特히 韻書編纂과 訓民正音制定과의 關係를 中心으로 하여」, 『아세아연구』 1권 2호, 고려대학교아세아문제연구소, 29-83쪽.

한우근(1964), 「世宗朝에 있어서의 對佛敎施策」, 『진단학보』 25·26·27, 진단학회, 67-154쪽.

유영박(1966), 「世宗과 社會政策 : 荒政과 Sozialpolitik의 接近可能性의 檢討」, 『진단학보』 29·30, 진단학회, 129-143쪽.

유영박(1969), 「世宗朝의 財政政策 : 特히 收租案을 中心으로」, 『학술원논문집』 8, 대한민국학술원, 113-135쪽.

이화여자대학교사학과국사연구실 편(1973), 「李朝女性關係史料 李朝實錄 : 世宗

實錄」, 『이대사원』 11, 이대사학회, 101-137쪽.

박병호(1974), 「世宗 21年의 牒呈」, 『법사학연구』 1, 한국법사학회, 123-130쪽.

류승국(1977), 「세종대왕의 정치이념과 자주정신」, 『세종문화』 3호(12.1), 세
　　종대왕기념사업회, 4쪽.

박흥수(1977), 「세종대왕의 양전제도와 자주정신」, 『세종문화』 2호(11.1), 세
　　종대왕기념사업회, 4쪽.

전상운(1977), 「세종의 과학정책1」, 『세종문화』 3호(12.1), 세종대왕기념사업
　　회, 1쪽.

박흥수(1978), 「조선 척도 기준으로서의 수표의 가치1」, 『세종문화』 11호(8.1),
　　세종대왕기념사업회, 3쪽.

박흥수(1978), 「조선 척도 기준으로서의 수표의 가치2」, 『세종문화』 12호(9.1),
　　세종대왕기념사업회, 2쪽.

신석호(1978), 「세종 시대의 여진에 대한 국방과 외교1」, 『세종문화』 5호(2.1),
　　세종대왕기념사업회, 4쪽.

신석호(1978), 「세종 시대의 여진에 대한 국방과 외교2」, 『세종문화』 6호(3.1),
　　세종대왕기념사업회, 4쪽.

신석호(1978), 「세종 시대의 여진에 대한 국방과 외교3」, 『세종문화』 7호(4.1),
　　세종대왕기념사업회, 4쪽.

안덕균(1978), 「세종 세대의 향약 정책1」, 『세종문화』 14호(11.1), 세종대왕기
　　념사업회, 3쪽.

안덕균(1978), 「세종 세대의 향약 정책2」, 『세종문화』 15호(12.1), 세종대왕기
　　념사업회, 2쪽.

이태극(1978), 「세종대왕과 정음 반포」, 『세종문화』 12호(9.1), 세종대왕기념
　　사업회, 3쪽.

이현종(1978), 「세종 시대의 일본-유구에 대한 외교 국방1」, 『세종문화』 6호
　　(3.1), 세종대왕기념사업회, 3쪽.

이현종(1978), 「세종 시대의 일본-유구에 대한 외교 국방2」, 『세종문화』 7호
　　(4.1), 세종대왕기념사업회, 3쪽.

이현종(1978), 「세종 시대의 일본-유구에 대한 외교 국방3」, 『세종문화』 8호

(5.1), 세종대왕기념사업회, 4쪽.

이현종(1978), 「세종 시대의 일본-유구에 대한 외교 국방4」, 『세종문화』 9호 (6.1), 세종대왕기념사업회, 3쪽.

이현종(1978), 「세종 시대의 일본-유구에 대한 외교 국방5」, 『세종문화』 10호 (7.1), 세종대왕기념사업회, 3쪽.

이현종(1978), 「세종 시대의 일본-유구에 대한 외교 국방6」, 『세종문화』 11호 (8.1), 세종대왕기념사업회, 3쪽.

김진봉(1979), 「朝鮮世宗朝의 진휼정책에 관한 硏究, 特別對策을 中心으로」, 『논문집』 17, 충북대학교, 129-139쪽.

이광규(1979), 「현대 사회와 동족 조직1」, 『세종문화』 22호(7.1), 세종대왕기념사업회, 3쪽.

이광규(1979), 「현대 사회와 동족 조직2」, 『세종문화』 23호(8.1), 세종대왕기념사업회, 3쪽.

김진봉(1980), 「朝鮮 世宗朝의 진휼政策에 관한 硏究, 一般對策을 中心으로」, 『논문집』 19, 충북대학교, 51-60쪽.

남지대(1980), 「조선초기의 경연제도 : 세종·문종년간을 중심으로」, 『한국사론』 6, 서울대학교인문대학국사학과, 117-170쪽.

허웅(1980), 「세종의 언어 정책과 국어 순화 정신」, 『교육문제연구』 1, 동국대학교교육문제연구소, 53-60쪽.

김운태(1981), 「世宗朝의 政治·行政思想」, 『행정논총』 19권 2호, 서울대학교행정대학원, 234-247쪽.

김운태(1981), 「世宗朝政治文化, 世宗의 政治指導理念과 實用主義的 改革을 中心으로」, 『학술원논문집』 20, 대한민국학술원, 113-162쪽.

김운태(1981), 「세종의 정치 철학」, 『세종문화』 51호(12.1), 세종대왕기념사업회, 3쪽.

박영호(1981), 「세종대왕과 법치주의1」, 『세종문화』 46호(7.1), 세종대왕기념사업회, 3쪽.

박영호(1981), 「세종대왕과 법치주의2」, 『세종문화』 47호(8.1), 세종대왕기념사업회, 2쪽.

박영호(1981), 「세종대왕과 법치주의3」, 『세종문화』 48호(9.1), 세종대왕기념
　　사업회, 2쪽.

김운태(1982), 「世宗朝의 政治思想」, 한국정신문화연구원 편(1982), 『세종조문
　　화연구Ⅰ』, 한국정신문화연구원, 227-279쪽.

배영복(1982), 「世宗大王의 國防思想과 軍制改革에 관한 硏究」, 『정신전력연구』
　　3, 국군정신전력학교, 65-86쪽.

이수건(1982), 「世宗朝의 地方統治體制」, 한국정신문화연구원 편(1982), 『세종
　　조문화연구Ⅰ』, 한국정신문화연구원, 151-223쪽.

정두희(1982), 「世宗朝의 權力構造 - 臺諫의 活動을 中心으로」, 한국정신문화연
　　구원 편(1982), 『세종조문화연구Ⅰ』, 한국정신문화연구원, 3-62쪽.

최승희(1982), 「세종조의 문화와 정치1」, 『세종문화』 58호(7.1), 세종대왕기념
　　사업회, 3쪽.

최승희(1982), 「세종조의 문화와 정치2」, 『세종문화』 59호(8.1), 세종대왕기
　　념사업회, 3쪽.

최승희(1982), 「세종조의 문화와 정치3」, 『세종문화』 60호(9.1), 세종대왕기
　　념사업회, 3쪽.

최승희(1982), 「세종조의 문화와 정치4」, 『세종문화』 61호(10.1), 세종대왕기
　　념사업회, 2쪽.

김진봉(1983), 「세종조의 진휼정책1」, 『세종문화』 69호(6.1), 세종대왕기념사
　　업회, 2쪽.

김진봉(1983), 「세종조의 진휼정책2」, 『세종문화』 70호(7.1), 세종대왕기념사
　　업회, 2쪽.

김진봉(1983), 「세종조의 진휼정책3」, 『세종문화』 71호(8.1), 세종대왕기념사
　　업회, 2쪽.

김진봉(1983), 「세종조의 진휼정책4」, 『세종문화』 72호(9.1), 세종대왕기념사
　　업회, 2쪽.

김진봉(1983), 「세종조의 진휼정책5」, 『세종문화』 73호(10.1), 세종대왕기념
　　사업회, 2쪽.

김진봉(1983), 「세종조의 진휼정책6」, 『세종문화』 74호(11.1), 세종대왕기념

사업회, 2쪽.

김진봉(1983), 「세종조의 진휼정책7」, 『세종문화』 75호(12.1), 세종대왕기념
사업회, 4쪽.

김운태(1984), 「세종조의 정치·행정 사상1」, 『세종문화』 83호(8.1), 세종대왕
기념사업회, 2쪽.

김운태(1984), 「세종조의 정치·행정 사상2」, 『세종문화』 84호(9.1), 세종대왕
기념사업회, 2쪽.

김운태(1984), 「세종조의 정치·행정 사상3」, 『세종문화』 85호(10.1), 세종대
왕기념사업회, 2쪽.

김운태(1984), 「세종조의 정치·행정 사상4」, 『세종문화』 86호(11.1), 세종대
왕기념사업회, 2쪽.

김운태(1984), 「세종조의 정치·행정 사상5」, 『세종문화』 87호(12.1), 세종대
왕기념사업회, 2쪽.

이근수(1984), 「조선초기 차관체계와 그 성격」, 『논문집』 14, 경기대학교,
35-65쪽.

이민수(1984), 「世宗의 福祉政策에 關한 硏究 Ⅰ : 진휼問題를 中心으로」, 『대구
사학』 26, 대구사학회, 111-146쪽.

이현희(1985), 「세종의《田六等法》조선농경에너지정책의 효시」, 『에너지관리』
109, 에너지관리공단, 74-77쪽.

신용우(1986), 「世宗時 世子攝政에 對하여」, 『(송원대학)논문집』 12집, 송원실
업전문대학, 111-137쪽.

한기선(1986), 「朝鮮朝 世宗의 抑佛과 信佛에 대한 硏究」, 『홍익사학』 3, 홍익
대학교사학회, 3-62쪽.

구완회(1988), 「世宗朝의 守令六期法」, 『경북사학』 11, 경북사학회, 29-68쪽.

이문수(1988), 「世宗의 福祉政策에 關한 硏究 Ⅳ : 訓民正音 創製를 中心으로」,
『사회문화연구』 7, 대구대학교사회과학연구소, 47-65쪽.

장학근(1988), 「世宗·成宗年間의 新島 搜探政策」, 『해사논문집』 28집, 해군사
관학교, 9-30쪽.

김혜화(1990), 「朝鮮世宗朝 詹事院에 關한 硏究」, 『성신사학』 8집, 성신여자대

학교사학회, 91-113쪽.

이민수(1990), 「世宗朝의 國防政策과 國民福祉」, 『역사교육논집』 13·14, 역사교육학회, 559-595쪽.

한형주(1992), 「朝鮮 世宗代의 古制硏究에 對한 考察」, 『역사학보』 136, 역사학회, 77-121쪽.

지두환(1992), 「世宗代 對日政策과 李藝의 對日活動」, 『한국문화연구』 5, 부산대학교한국문화연구소, 49-66쪽.

이동희(1993), 「朝鮮 世宗代 承政院의 活動과 그 政治的 意味」, 『역사학보』 138, 역사학회, 1-31쪽.

최승희(1993), 「世宗朝 政治支配層의 對民意識과 對民政治」, 『진단학보』 76, 진단학회, 19-67쪽.

배영복(1994), 「世宗大王의 國防思想」, 『군사』 28, 국방군사연구소, 45-78쪽.

유영옥(1994), 「集賢殿의 運營과 思想的 傾向 : 性理學 理解를 中心으로」, 『부대사학』 18, 부산대학교사학회, 401-434쪽.

이지우(1994), 「世宗朝 北方赴防의 實態」, 『가라문화』 11, 경남대가라문화연구소, 5-29쪽.

유재춘(1995), 「《世宗實錄》 地理志 城郭記錄에 대한 檢討」, 『사학연구』 50, 한국사학회, 251-276쪽.

양계봉(1996), 「太宗·世宗 年間의 寶文閣 藏書 利用에 관한 硏究」, 『서지학연구』 12, 서지학회, 85-113쪽.

이호경(1996), 「世宗大王의 國防政策 : 北方政策의 中心으로」, 『논문집』 14, 경원대학교, 187-222쪽.

한형주(1996), 「朝鮮 世祖代의 祭天禮에 대한 硏究 : 太·世宗代 祭天禮와의 비교·검토를 중심으로」, 『진단학보』 81, 진단학회, 107-133쪽.

양계봉(1997), 「集賢殿 藏書 利用에 관한 硏究 : 世宗 2年-世宗 11年을 中心으로」, 『서지학연구』 14, 서지학회, 411-442쪽.

윤병석(1997), 「世宗大王의 文化政策」, 『어문연구』 94, 한국어문교육연구회, 24-26쪽.

김재영(1997), 「세종대왕의 정치 지도력」, 『호남정치학회보』 9, 호남정치학

회, 61-77쪽.

이상협(1997), 「朝鮮前期 北方徙民의 性格과 實相」, 『성대사림』 12·13」, 성균관
　대학교사학회, 157-183쪽.

양계봉(1998), 「藏書閣 藏書의 利用 : 世宗 12년-世祖 2년을 중심으로」, 『서지
　학연구』 16, 서지학회, 243-272쪽.

유성국(1998) 「世宗의 赦免政策」, 『연세법학연구』 5권 1호, 연세대학교연세법
　학연구회, 1-29쪽.

임용한(1998), 「조선초기의 수령제 개혁과 그 운영 : 태종 – 세종 연간을 중심
　으로」, 『인문학연구』 2, 경희대학교 인문학연구소, 277-315쪽.

강제훈(1999), 「朝鮮 太宗·世宗代 田稅의 부과와 수취」, 『한국사학보』 6호, 고
　려사학회, 237-270쪽.

유재춘(1999), 「世宗代 崔浣事件과 朝日關係의 推移」, 『한일관계사연구』 10집,
　한일관계사학회, 28-57쪽.

이정주(1999), 「朝鮮 太宗·世宗代의 抑佛政策과 寺院建立」, 『한국사학보』 6호,
　고려사학회, 214-236쪽.

지두환(1999), 「朝鮮初期 宗親封爵法의 變遷」, 『한국사상과문화』 4집, 수덕문
　화사, 151-174쪽.

한형주(1999), 「朝鮮 太宗·世宗代 社稷祭의 이해와 운영」, 『한국사학보』 6호,
　고려사학회, 183-213쪽.

한희숙(1999), 「朝鮮 太宗·世宗代 白丁의 생활상과 도적 활동」, 『한국사학보』
　6호, 고려사학회, 271-305쪽.

이장우(2000), 「世宗 27년(1445) 7월의 田制改革 分析 : 朝鮮初期 田稅制度와 國
　家財政의 일원화 추구와 관련하여」, 『국사관논총』 92집, 국사편찬위원회,
　175-197쪽.

이홍두(2000), 「朝鮮初期 野人征伐과 騎馬戰」, 『군사』 41, 국방부군사편찬연구
　소, 217-244쪽.

이희주(2000), 「世宗 代 君臣間의 統治樣態 : 道德規範의 制度化와 專制性을 中心
　으로」, 『사회과학논총』 13집, 서경대학교사회과학연구소, 47-66쪽.

한충희(2000), 「朝鮮 世宗代(세종 5-14년)摠制研究」, 『조선사연구』 9, 조선사

연구회, 33-61쪽.

김구진·한명기·나종우(2001), 「세종 시대의 대외 정책」, 『세종문화사대계 3 : 정치·경제·군사·외교·역사』, 세종대왕기념사업회, 821-924쪽.

김태영(2001), 「세종 시대의 부세 제도 개편」, 『세종문화사대계 3 : 정치·경제·군사·외교·역사』, 세종대왕기념사업회, 601-664쪽.

박병호(2001), 「세종 시대의 법과 가족 제도」, 『세종문화사대계 3 : 정치·경제·군사·외교·역사』, 세종대왕기념사업회, 285-398쪽.

배동수(2001), 「朝鮮 世宗의 北方政策」, 『한국북방학회논집』 8호, 한국북방학회, 115-126쪽.

사문경(2001), 「세종대 禪敎兩宗都會所의 설치와 운영의 성격」, 『조선시대사학보』 17, 조선시대사학회, 5-24쪽.

손보기(2001), 「세종의 역사 정신과 역사 편찬」, 『세종문화사대계 3 : 정치·경제·군사·외교·역사』, 세종대왕기념사업회, 925-?쪽.

이수건(2001), 「세종 시대의 지방 통치 체제」, 『세종문화사대계 3 : 정치·경제·군사·외교·역사』, 세종대왕기념사업회, 178-284쪽.

이해철(2001), 「세종 시대의 대마도 정벌」, 『세종문화사대계 3 : 정치·경제·군사·외교·역사』, 세종대왕기념사업회, 775-800쪽.

민덕기(2002), 「朝鮮時代の對日認識 : 世宗·成宗朝の認識」, 『日本文化學報』 12집, 韓國日本文化學會, 5-11쪽.

배동수(2002), 「세종의 정치사상」, 『정정』 15집, 건국대학교대학원정치학과, 111-121쪽.

배동수(2002), 「세종임금님의 정치사상」, 『황실학논총』 6호, 한국황실학회, 1-17쪽.

이한수(2002), 「조선초기 '家'와 '國家'에 관한 논쟁 : 양녕대군 폐세자와 세종의 즉위과정을 중심으로」, 『역사와사회』 28집, 국제문화강김수(1974), 「世宗代의 敎育法規(1419~1450)」, 『행정논집』 5, 동국대학교행정대학원, 61-72쪽.

김순남(2003), 「世宗代 體察使制의 運用」, 『한국사학보』 14호, 고려사학회, 105-150쪽.

김중권(2004), 「朝鮮 太祖·世宗年間 經筵에서의 讀書討論 考察」, 『서지학연구』

27집, 서지학회, 281-308쪽.

강제훈(2005), 「조선 世宗朝의 조회」, 『한국사연구』 128, 한국사연구회, 103-145쪽.

김문식(2005), 「선조대의 대리청정 논의」, 『문헌과 해석』 33호, 문헌과해석사, 36-51쪽.

김문식(2005), 「세종의 국왕권 이양 방안, 대리청정」, 『문헌과 해석』 31호, 문헌과해석사, 43-59쪽.

박승애(2005), 「世宗의 讀書活動에 관한 硏究 : 經筵 進講을 中心으로」, 『사대도협회지』 6집, 한국사립대학교도서관협의회, 101-120쪽.

박현모(2005), 「世宗과 經國의 政治 : 世宗은 外交的 難關을 어떻게 헤쳐 나갔는가」, 『유교문화연구』 9집, 성균관대학교 동아시아학술원 유교문화연구소, 23-50쪽.

배병삼(2005), 「정치가 세종의 한 면모 : '수령육기제' 도입과 제도화 과정을 중심으로」, 『정치사상연구』 11집 2호, 한국정치사상학회, 13-37쪽.

유미림(2005), 「세종의 훈민정음 창제의 정치」, 『동양정치사상사』 4권 1호, 한국·동양정치사상사학회, 131-153쪽.

이한수(2005), 「世宗時代의 政治 : 家와 國家의 긴장을 중심으로」, 『동양정치사상사』 4권 2호, 한국·동양정치사상사학회, 151-180쪽.

조남욱(2005), 「세종의 정치이념과 《大學衍義》」, 『유교사상연구』 23집, 한국유교학회, 27-55쪽.

한성주(2006), 「조선초기 受職女眞人 연구 : 세종대를 중심으로」, 『조선시대사학보』 36, 조선시대사학회, 67-108쪽.

민현구(2006), 「조선 世宗代 초엽의 兩王體制와 國政運營」, 『역사민속학』 22호, 민속원, 61-85쪽.

김삼웅(2007), 「세종 임금의 책사랑과 독서당제도」, 『기획회의』 204호, 한국출판마케팅연구소, 68-73쪽.

문형진(2007), 「조선 세종대 대명률 운용실태」, 『역사문화연구』 28집, 한국외국어대학교역사문화연구소, 399-412쪽.

박진훈(2007), 「조선 세종대 감옥의 개선과 수인(囚人)의 구휼」, 『문명연지』

8권 1호, 한국문명학회, 43-68쪽.

이종숙(2007), 「조선 후기 국장용(國葬用) 모란병[牧丹屛]의 사용과 그 의미 : 정조(正祖) 국장(國葬) 관련 의궤(儀軌) 분석을 중심으로」, 『고궁문화』 창간호, 국립고궁박물관, 58-91쪽.

정달영(2007), 「세종시대의 어문정책과 훈민정음 창제 목적」, 『한민족문화연구』 22집, 한민족문화학회, 7-30쪽.

한희숙(2007), 「조선 전기 奉保夫人의 역할과 지위」, 『조선시대사학보』 43, 조선시대사학회, 51-93쪽.

최죽산(2007), 「朝鮮世宗時期北方政策的考察」, 『동북아연구』 25호, 조선대학교 동북아연구소, 187-197쪽.

손욱·구자숙·백기복·박현모·송혜진(2008), 「세종대왕과 한국형 리더십(토론)」, 『동양사상』 19호, 예문동양사상연구원.

송혜진(2008), 「세종의 문예감성과 연희의 정치」, 『동양예술』 19호, 한국동양예술학회, 187-220쪽.

이종우(2008), 「세종조의 불교 정책」, 『종교연구』 50집, 한국종교학회, 159-185쪽, 1-38쪽.

박홍규(2012), 『중용』(中庸)과 세종(世宗)의 정치 : '구경(九經)'을 중심으로」, 『동양정치사상사』 11권 1호, 한국·동양정치사상사학회, 55-75쪽.

윤정(2012), 「肅宗 45년, 국왕의 耆老所 입소 경위와 그 정치적 함의 : 세자(景宗) 代理聽政의 명분적 보강」, 『역사문화연구』 43집, 한국외국어대학교역사문화연구소, 3-53쪽.

김지동(2013), 「조선전기 세종의 강무시행 평가와 안보적 함의」, 『대한정치학회보』 21집 2호, 대한정치학회, 231-248쪽.

박정민(2013), 「조선 세종대 여진인 통교체제의 정비」, 『한국사연구』 163, 한국사연구회, 189-220쪽.

박현모(2013), 「세조(世祖)의 국정운영 방식 연구 : 세종의 공론정치와 비교를 통해」, 『한국사연구』 161, 한국사연구회, 251-281쪽.

윤아영(2013), 「조선 환궁의식(還宮儀式)과 중국 환궁의식(還宮儀式)의 변별에 관한 연구」, 『한국음악연구』 54집, 한국국악학회, 253-277쪽.

윤정(2013), 「세종 3년 上王 太宗의 漢陽都城 改築의 정치사적 의미」, 『향토서울』 83호, 서울특별시 시사편찬위원회, 5-40쪽.

윤정(2013), 「태종 18년 開城 移御와 한양 還都의 정치사적 의미 : 讓寧大君 세자 폐립과 세종 즉위과정에 대한 공간적 이해」, 『서울학연구』 50호, 서울시립대학교 부설 서울학연구소, 109-144쪽.

한정수(2013), 「세종 대 宮中 養老宴의 성립과 의미」, 『서울학연구』 53호, 서울시립대학교 부설 서울학연구소, 95-128쪽.

한정수(2013), 「조선 태조~세종 대 숲 개발과 重松政策의 성립」, 『사학연구』 111호, 한국사학회, 41-81쪽.

허정희·이애련·전혜숙(2013), 「실록에 나타난 세종 대 정책과 목면 고찰」, 『한복문화』 16권 3호, 한복문화학회, 141-156쪽.

박현모(2014), 「세종의 법 관념과 옥사(獄事) 판결 연구」, 『한국정치연구』 23집 1호, 한국정치연구소, 1-24쪽.

신세돈(2013), 「세종의 복지정책 회고 : 노령복지를 중심으로」, 『한국경제포럼』 6권 3호, 한국경제학회, 45-56쪽.

이지훈(2014), 「조선 세종 국상의 의식 구성과 진행」, 『역사민속학』 45호, 민속원, 51-92쪽.

이홍두(2014), 「조선시대 강화도 馬牧場의 置廢와 戰馬의 생산」, 『군사』 93호, 국방부군사편찬연구소, 105-136쪽.

김윤주(2015), 「조선 초기 上王의 정치적 위상」, 『이화사학연구』 50집, 이화사학연구소, 201-233쪽.

김준태(2015), 「옹호연합모형(ACF)의 틀로 분석한 세종의 貢法 개혁 연구」, 『조선시대사학보』 74, 조선시대사학회, 247-272쪽.

석창진(2015), 「조선 초기 유교적 국상의례의 거행양상과 그 특징」, 『한국사학보』 58호, 고려사학회, 151-183쪽.

정재훈(2015), 「영조의 제왕학과 국정운영」, 『한국사상과 문화』 77집, 수덕문화사, 125-147쪽.

조병인(2015), 「세종, 형사정책의 표본을 보이다. 상」, 『형사정책연구소식』 135호, 한국형사정책연구원, 45-54쪽.

조병인(2015), 「세종, 형사정책의 표본을 보이다. 중」, 『형사정책연구소식』 138호, 한국형사정책연구원, 37-43쪽.

김만호(2016), 「세종대의 북방 개척과 김수연(金壽延)」, 『호남문화연구』 59집, 전남대학교 호남학연구원, 189-223쪽.

김슬옹(2016), 「정치로 인문 정신을 구현한 성군 세종대왕」, 『영웅』 7호(5월호), 꼬레아우라, 120-127쪽.

김슬옹(2016), 「세종은 '질문대왕·토론대왕'이었다」, 『영웅』 8호(6월호), 꼬레아우라, 108-116쪽.

김슬옹(2016), 「세종의 네 가지 자주 정신, 조선 르네상스의 빛이 되다」, 『영웅』 11호(9월호), 꼬레아우라, 92-103쪽.

김슬옹(2018), 「끝없이 낮은 데로 향했던 세종의 복지 정책」, 『영웅』 30호(4월호), 꼬레아우라, 90-102쪽.

김슬옹(2018), 「세종은 재난 극복의 성군이었다」, 『영웅』 31호(5월호), 꼬레아우라, 114-122쪽.

민순의(2016), 「조선 세종 대 僧役給牒의 시작과 그 의미」, 『한국불교학』 78집, 한국불교학회, 561-593쪽.

박경지(2016), 「조선 세종 초 마련된 상왕전 조알의식의 내용과 그 의미」, 『역사민속학』 50호, 민속원, 165-193쪽.

이정철(2016), 「조선왕조실록 가뭄 기록과 그 실제 : 세종 대(1418~1450)를 중심으로」, 『국학연구』 29집, 한국국학진흥원, 41-76쪽.

정윤재(2016), 「세종대왕의 수령고소금지법 개정과 "공공함"의 정치」, 『한국동양정치사상사연구』 15권 1호, 한국동양정치사상사학회, 1-29쪽.

조병인(2016), 「세종, 형사정책의 표본을 보이다. 하」, 『형사정책연구소식』 138호, 한국형사정책연구원, 40-50쪽.

조성관(2018), 「"세종은 양반에게만 聖君이었다" : 세종 재해석한 이영훈 전 서울대 교수 [인터뷰]」, 『주간조선』 2500호, 조선뉴스프레스.

박현모(2018), 「세종은 정말 노비 폭증의 원흉인가?」, 『주간조선』 2510호, 조선뉴스프레스, 38-41쪽.

이영훈(2018), 「노비 죽인 양반을 세종이 벌한 적이 과연 있었나 : 세종 논쟁

2라운드, 박현모 교수의 비판에 답한다」, 『주간조선』 2512호, 조선뉴스
프레스, 32-35쪽.

박현모(2018), 「세종은 사대주의자가 아니다 그는 사대 전략가다 : 세종 논쟁
3라운드, 이영훈 교수 세종 비판에 대한 두 번째 반박」, 『주간조선』 2516호,
조선뉴스프레스, 40-43쪽.

이영훈(2018), 「세종은 양천금혼의 빗장을 풀었다 : 세종 논쟁 4라운드, 박현모
교수의 재반박에 답하다」, 『주간조선』 2518호, 조선뉴스프레스, 50-52쪽.

박현모(2018), 「세종 즉위 600주년, '노동존중사회가 나아갈 길' 세종에게 물
으면?」, 『노동법률』 320호, 중앙경제.

박현모(2018), 「권력은 소유가 아니라 소통에서 나온다 : 세종 즉위 600돌…
다시 돌아본 세종의 리더십」, 『월간중앙』 508호, 중앙일보플러스.

조병인(2018), 「세종의 5차원 경청 : 펌프이론」, 임종화 외(2018), 『실록으로
세종시대를 다시 읽다』(2018년 세종즉위 600돌 기념 원정재 세종실록 완
독 기념 학술세미나), 원정재, 23-41쪽.

김기섭(2018), 「세종시대 뒷골목 풍경」, 임종화 외(2018), 『실록으로 세종시
대를 다시 읽다』(2018년 세종즉위 600돌 기념 원정재 세종실록 완독 기
념 학술세미나), 원정재, 80-99쪽.

13) 경제

이경식(2001), 「세종 시대의 토지 제도와 농업 정책」, 『세종문화사대계 3 : 정
치·경제·군사·외교·역사』, 세종대왕기념사업회, 399-534쪽.

이은주(2001), 「조선초 전세제의 운영문제와 세종의 공법구상」, 서울대 대학
원 석사논문.

신세돈(2014), 「세종대왕의 창조적 농업관」, 『신유통리서티』 3호, 농식품신유
통연구원.

신세돈(2014), 「세종의 화폐개혁 실패원인」, 『한국경제포럼』 7권 3호, 한국경
제학회, 33-51쪽.

오기수(2016), 「세종 공법(貢法)의 위대한 역사적 가치」, 『세종학연구』 16, 세

종대왕기념사업회, 91-132쪽.

오기수(2016), 『세종 공법』, 조율.

박평식(2001), 「세종 시대의 교환 경제와 상업 정책」, 『세종문화사대계 3 : 정치·경제·군사·외교·역사』, 세종대왕기념사업회, 535-600쪽.

김슬옹(2018), 「백성의 뜻을 물어 행하라 : 합리적인 토지세(공법)을 정하기 위한 세종의 노력」, 『영웅』 35호(9월호), 꼬레아우라, 132-145쪽.

14) 의료·의학

김두종(1957), 「世宗大王의 濟生偉業과 醫藥의 自主的發展」, 『논문집』 5, 서울대학교연구위원회, 11-64쪽.

김두종(1957), 「世宗大王의 濟生偉業과 醫藥의 自主的發展」, 『논문집』 5, 서울대학교연구위원회, 11-64쪽.

김구진(1975), 「世宗大王과 韓國醫學」, 『한의약』 10, 한의약사, 18-63쪽.

이숭녕(1975), 「世宗의 轉地療養에 대하여 : 特히 溫泉과 冷泉의 療養을 中心으로 하여」, 『어문연구』 7권 8호, 일조각, 11-34쪽.

홍문화(1976), 「世宗의 鄕藥政策」, 『동양학학술회의론문집』 1, 성균관대학교, 81-89쪽.

김두중(1978), 「세종대왕의 의학에 관한 제생 위업1」, 『세종문화』 14호(11.1), 세종대왕기념사업회, 2쪽.

김두중(1978), 「세종대왕의 의학에 관한 제생 위업2」, 『세종문화』 15호(12.1), 세종대왕기념사업회, 3쪽.

홍문화(1978), 「世宗의 鄕藥政策」, 『생약연구소업적집』 17, 서울대학교생약연구소, 171-180쪽.

이웅정(1982), 「世宗의 醫藥政策에 關한 硏究 1」, 『동서의학』 17, 제한동의학술원, 59-63쪽.

이웅정(1982), 「世宗의 醫藥政策에 關한 硏究 2」, 『동서의학』 18, 제한동의학술원, 37-43쪽.

이웅정(1983), 「世宗의 醫藥政策에 關한 硏究 3」, 『동서의학』 19, 제한동의학술

원, 48-61쪽.

김중권(1998), 「朝鮮初 醫書習讀에 관한 硏究 : 醫書習讀官을 中心으로」, 『서지학연구』 15, 서지학회, 51-76쪽.

권이혁(1999), 「세종대왕과 보건의료」, 세종성왕육백돌기념문집위원회 편(1999), 『세종성왕육백돌』, 세종대왕기념사업회, 450-451쪽.

김호(1999), 「여말선초 '鄕藥論'의 형성과 《鄕藥集成方》」, 『진단학보』 87, 진단학회, 131-149쪽.

안덕균(1999), 「세종의 의학사상」, 세종성왕육백돌기념문집위원회 편(1999), 『세종성왕육백돌』, 세종대왕기념사업회, 474-475쪽.

최철(1999), 「세종대왕과 한의학」, 세종성왕육백돌기념문집위원회 편(1999), 『세종성왕육백돌』, 세종대왕기념사업회, 511-512쪽.

이선복(2003), 「雷斧와 세종의 淋疾에 대하여」, 『역사학보』 178집, 역사학회, 59-81쪽.

이정화·김성수(2007), 「朝鮮時代 '地理志' 類에 나타난 韓藥資源 및 古傳醫學 情報」, 『논문집』 21호, 한국한의학연구원, 69-78쪽.

이경록(2012), 「조선전기 《의방유취》의 성취와 한계 : '상한'에 대한 인식을 중심으로」, 『한국과학사학회지』 34권 3호, 한국과학사학회, 461-493쪽.

이경록(2013), 「《향약제생집성방(鄕藥濟生集成方)》과 조선초기의 의약」, 세종대왕기념사업회 편(2013), 『세종학 연구』 15, 세종대왕기념사업회, 73-110쪽.

김성수(2015), 「조선 전기 鄕藥 정책과 《鄕藥集成方》의 편찬」, 『한국사연구』 171, 한국사연구회, 133-167쪽.

15) 교육

손인수(1982), 「세종 시대의 교육1」, 『세종문화』 53호(2.1), 세종대왕기념사업회, 2-3쪽.

손인수(1982), 「세종 시대의 교2」, 『세종문화』 54호(3.1), 세종대왕기념사업회, 2-4쪽.

손인수(1999), 『세종시대의 교육문화 연구』, 문음사.

손인수(1999), 「세종의 교육 행정과 교육 사상」, 『세종문화사대계 4 : 윤리·교
　　육·철학·종교』, 세종대왕기념사업회, 131-338쪽.
신재철(1999), 「세종대왕의 교육정책 및 학술정책에 관한 연구」, 경기대학교
　　교육대학원 석사논문.
윤태호(2000), 「세종대왕의 교육정책 및 학술정책에 관한 연구」, 경기대 교육
　　대학원 석사논문.
박민아(2007), 「세종의 경연운영방식을 통해서 본 교육지도성 연구」, 전남대
　　교육대학원 석사논문.
정호완(2013), 「세종조 신기전의 체험교육 안 모색」, 세종대왕기념사업회 편
　　(2013), 『세종학 연구』 15, 세종대왕기념사업회, 21-50쪽.

16) 인물

이병도(1934), 「世宗大王의 偉業」, 『정음』 4, 조선어학연구회, 26-33쪽.
방종현(1936), 「(訓民正音頒布記念을 앞두고) 正音 反對派의 上疏(1)」, 『조선일
　　보』 1936.10.22., 조선일보사, 5쪽.
방종현(1936), 「(訓民正音頒布記念을 앞두고) 正音 反對派의 上疏(2)」, 『조선일
　　보』 1936.10.23., 조선일보사, 5쪽.
방종현(1936), 「(訓民正音頒布記念을 앞두고) 正音 反對派의 上疏(3)」, 『조선일
　　보』 1936.10.24., 조선일보사, 5쪽.
방종현(1936), 「(訓民正音頒布記念을 앞두고) 正音 反對派의 上疏(4)」, 『조선일
　　보』 1936.10.27., 조선일보사, 5쪽.
방종현(1936), 「(訓民正音頒布記念을 앞두고) 正音 反對派의 上疏(5)」, 『조선일
　　보』 1936.10.28., 조선일보사, 5쪽.
방종현(1936), 「(訓民正音頒布記念을 앞두고) 正音 反對派의 上疏(6)」, 『조선일
　　보』 1936.10.29., 조선일보사, 5쪽.
방종현(1936), 「(訓民正音頒布記念을 앞두고) 正音 反對派의 上疏(7)」, 『조선일
　　보』 1936.10.30., 조선일보사, 5쪽.
문일평(1949), 『朝鮮人物誌』, 정음사.

최현배(1958), 「세종대왕의 성업과 한글」, 『지방행정』 7권 62호, 대한지방행정공제회, 34-40쪽.

이숭녕(1964), 「崔萬理 研究」, 『李相伯 博士 回甲記念論叢』, 43-74쪽.

이숭녕(1966), 「세종대왕의 개성의 고찰 : 특히 그 기호·체질·사상· 사생활 등의 고찰을 중심으로 하여」, 『대동문화연구』 3, 성균관대학교대동문화연구원, 19-82쪽.

이숭녕(1966), 「世宗大王의 人間性 : 學問·苦憫을 더듬으며」, 『교육평론』 96, 교육평론사, 14-17쪽.

최현배(1967), 「세종대왕의 위업과 민족문화의 현실 : 世宗大王의 民族文化의 現實」, 『국회보』 72, 국회사무처, 10-14쪽.

최현배(1968), 「세종대왕의 위업과 민족문화의 현실」, 『신세계』 6, 신세계사, 51-55쪽.

월간 한반도사 편(1971), 「世宗大王 : 한글 創制의 賢君」, 『한반도』 8, 한반도사, 88-91쪽.

심재기(1974), 「최만리의 언문 관계 반대 상소문의 추이」, 『우리문화』 5, 우리문화연구회.

하현망(1977), 「世宗大王과 民族精神」, 『시사』 169, 내외문제연구소, 67-74쪽.

신석로(1978), 「영화 '세종대왕'에 대한 감상(감상문)」, 『세종문화』 15호(12.1), 세종대왕기념사업회, 3쪽.

이병주(1978), 「民族不滅의 君主, 세종대왕」, 『정훈』 58, 국방부, 122-127쪽.

이현종(1978), 「孟思誠, 공민왕(1359) - 세종13(1431)」, 『국세』 134, 세우회, 114-115쪽.

최병식(1978), 「梅竹軒 成三問 研究」, 고려대 교육대학원 석사논문.

구남서(1979), 「세종의 얼심기를 通한 主體性 함양」, 『교육관리기술』 104, 한국교육출판, 162-165쪽.

한갑수(1979), 「세종대왕의 위대성」, 『이화』 38, 이화여자대학교, 9-12쪽.

최현배(1980), 「세종대왕의 위업과 민족문화의 현실」, 『나라사랑』 35, 외솔회, 86-95쪽.

박종국(1982), 「세종대왕의 인간상」, 『세종문화』 52호(1.1), 세종대왕기념사업회, 3쪽.

이숭녕(1982), 「世宗大王の 個性と 思想 (上)」, 『アジア公論』 122, 한국국제문
　　화협회, 143-160쪽.

이숭녕(1982), 「世宗大王の 經學思想」, 『アジア公論』 121, 한국국제문화협회,
　　143-151쪽.

이숭녕(1983), 「世宗大王の 個性と 思想 2 : その 嗜好·性格·思想· 私生活などに
　　對する 考察」, 『アジア公論』 123, 한국국제문화협회, 157-175쪽.

이숭녕(1983), 「世宗大王の 個性と 思想 3」, 『アジア公論』 124, 한국국제문화협
　　회, 162-171쪽.

이숭녕(1983), 「世宗大王の 個性と 思想 4」, 『アジア公論』 125, 한국국제문화협
　　회, 162-176쪽.

최기호(1983), 「훈민정음 창제에 관한 연구 : 집현전과 언문 반대 상소」, 『동
　　방학지』 36·37, 연세대, 531-557쪽.

김동수(1985), 「世宗實錄地理志 姓氏條의 檢討」, 『동아연구』 6, 서강대학교동
　　아연구소, 441-471쪽.

박종국(1989), 「《용비어천가(龍飛御天歌)》 해제」, 세종대왕기념사업회 편
　　(1989), 『세종학 연구』 4, 세종대왕기념사업회, 65-70쪽.

남지대(1990), 「세종을 어떻게 평가할 것인가; 남북 역사학의 쟁점」, 『역사비
　　평』 10, 역사비평사, 298-306쪽.

신숙주/고령 신씨 문헌 간행위원회(1984), 『保閑齋全書』 상·중·하, 은성문화사.

김슬옹(1993), 「세종과 최만리의 논쟁을 통해 다시 생각해 보는 한글 창제의
　　역사적 의미」, 『한글 새소식』 255, 한글학회, 9-10쪽.

이가원(1994), 「훈민정음의 창제」, 『열상고전연구』 7, 열상고전연구회, 5-24쪽.

박남일 엮음/KBS 자료제공(1995), 「세종과 최만리」, 『역사의 라이벌 1』, 계
　　백, 253-291쪽.

박종국(1997), 「세종대왕의 생애와 인간상」, 문화체육부 편, 『세종대왕 : 탄신
　　600돌 기념』, 문화체육부, 18-43쪽.

세종대왕기념사업회(1997), 「세종대왕 약사」, 문화체육부 편, 『세종대왕 : 탄
　　신 600돌 기념』, 문화체육부, 100-109쪽.

이은상(1997), 「민족문화의 선구자 세종대왕」, 문화체육부 편, 『세종대왕 : 탄신 600돌 기념』, 문화체육부, 3-17쪽.

최명재(1997), 『訓民正音과 崔恒 先生 : 訓民正音 創制의 主體와 東國正韻 및 龍飛御天歌의 撰述에 관한 硏究』, 정문당.

최항/세종대왕 기념사업회 편(1997), 『(국역) 태허정집』, 세종대왕기념사업회.

강문식(1998), 「集賢殿 출신 官人의 學問觀과 政治觀」, 『한국사론』 39, 서울대학교인문대학국사학과, 87-135쪽.

강주진 편역(1988), 『(保閑齋) 申叔舟正傳』, 세광출판사.

강영선(1999), 「세종대왕과 그 업적」, 세종성왕육백돌기념문집위원회 편(1999), 『세종성왕육백돌』, 세종대왕기념사업회, 569쪽.

권재선(1999), 「한글 사랑 세종 사랑」, 세종성왕육백돌기념문집위원회 편(1999), 『세종성왕육백돌』, 세종대왕기념사업회, 570-572쪽.

권정달(1999), 「즈믄[千] 강을 비춘 달빛」, 세종성왕육백돌기념문집위원회 편(1999), 『세종성왕육백돌』, 세종대왕기념사업회, 573-574쪽.

김경수(1999), 「朴彭年의 生涯와 現實 意識」, 『조선시대 사학보』 11, 조선시대사학회, 31-64쪽.

김구진(1999), 「세종성왕의 인간적 고뇌」, 세종성왕육백돌기념문집위원회 편(1999), 『세종성왕육백돌』, 세종대왕기념사업회, 105-112쪽.

김동길(1999), 「한국인의 자랑」, 세종성왕육백돌기념문집위원회 편(1999), 『세종성왕육백돌』, 세종대왕기념사업회, 575쪽.

김동소(1999), 「세종 임금의 말씨」, 세종성왕육백돌기념문집위원회 편(1999), 『세종성왕육백돌』, 세종대왕기념사업회, 576-579쪽.

김문협(1999), 「민족문화의 창달자 세종대왕」, 세종성왕육백돌기념문집위원회 편(1999), 『세종성왕육백돌』, 세종대왕기념사업회, 580-581쪽.

김석득(1999), 「훈민정음과 세종대왕」, 세종성왕육백돌기념문집위원회 편(1999), 『세종성왕육백돌』, 세종대왕기념사업회, 113-117쪽.

김승곤(1999), 「나라와 겨레를 안 참된 정치가 세종대왕」, 세종성왕육백돌기념문집위원회 편(1999), 『세종성왕육백돌』, 세종대왕기념사업회, 118-119쪽.

김용희(1999), 「아! 세종대왕」, 세종성왕육백돌기념문집위원회 편(1999), 『세종성왕육백돌』, 세종대왕기념사업회, 582-583쪽.

김재훈(1999), 「세종대왕에 대한 아쉬움과 그리움」, 세종성왕육백돌기념문집
　　위원회 편(1999), 『세종성왕육백돌』, 세종대왕기념사업회, 584-586쪽.

김종오(1999), 「세종대왕의 업적은 그야말로 초인적」, 세종성왕육백돌기념문
　　집위원회 편(1999), 『세종성왕육백돌』, 세종대왕기념사업회, 587-588쪽.

김종철(1999), 「1397년과 1997년 사이」, 세종성왕육백돌기념문집위원회 편
　　(1999), 『세종성왕육백돌』, 세종대왕기념사업회, 589-590쪽.

김학준(1999), 「정치학의 시각에서 본 세종대왕」, 세종성왕육백돌기념문집위
　　원회 편(1999), 『세종성왕육백돌』, 세종대왕기념사업회, 120-121쪽.

류제한(1999), 「세종성왕 탄생 600돌 기념탑 건립에 관하여」, 세종성왕육백돌
　　기념문집위원회 편(1999), 『세종성왕육백돌』, 세종대왕기념사업회, 591-
　　592쪽.

리환의(1999), 「세종대왕의 업적」, 세종성왕육백돌기념문집위원회 편(1999),
　　『세종성왕육백돌』, 세종대왕기념사업회, 593-595쪽.

박갑천(1999), 「3년 상과 신하 사랑」, 세종성왕육백돌기념문집위원회 편(1999),
　　『세종성왕육백돌』, 세종대왕기념사업회, 122-123쪽.

박붕배(1999), 「온 인류의 태양 세종성군」, 세종성왕육백돌기념문집위원회 편
　　(1999), 『세종성왕육백돌』, 세종대왕기념사업회, 596-598쪽.

박석홍(1999), 「세종대왕의 위대함과 그 추모자들」, 세종성왕육백돌기념문집
　　위원회 편(1999), 『세종성왕육백돌』, 세종대왕기념사업회, 599-600쪽.

박종국(1999), 「세종성왕의 생애와 인간상」, 세종싱왕육백돌기념문집위원회
　　편(1999), 『세종성왕육백돌』, 세종대왕기념사업회, 124-137쪽.

박지홍(1999), 「훈민정음 창제와 정의공주」, 세종성왕육백돌기념문집위원회
　　편(1999), 『세종성왕육백돌』, 세종대왕기념사업회, 138-139쪽.

박홍길(1999), 「세종성왕의 혜안」, 세종성왕육백돌기념문집위원회 편(1999),
　　『세종성왕육백돌』, 세종대왕기념사업회, 601-602쪽.

서정수(1999), 「(한글에 대한) 해외 학자들의 평가를 중심으로」, 세종성왕육
　　백돌기념문집위원회 편(1999), 『세종성왕육백돌』, 세종대왕기념사업회,
　　140-153쪽.

성낙수(1999), 「세종대왕과 매죽헌」, 세종성왕육백돌기념문집위원회 편(1999), 『세종성왕육백돌』, 세종대왕기념사업회, 154-156쪽.

송자(1999), 「한글은 세종을 대왕중의 대왕으로 만들었다」, 세종성왕육백돌기념 문집위원회 편(1999), 『세종성왕육백돌』, 세종대왕기념사업회, 157-158쪽.

신봉승(1999), 「성왕 세종의 불행과 고뇌」, 세종성왕육백돌기념문집위원회 편 (1999), 『세종성왕육백돌』, 세종대왕기념사업회, 159-163쪽.

신선철(1999), 「세종대왕의 인간적 면모」, 세종성왕육백돌기념문집위원회 편 (1999), 『세종성왕육백돌』, 세종대왕기념사업회, 164-165쪽.

심상필(1999), 「군주의 조건」, 세종성왕육백돌기념문집위원회 편(1999), 『세 종성왕육백돌』, 세종대왕기념사업회, 166-167쪽.

심종섭(1999), 「600돌을 기념하는 글」, 세종성왕육백돌기념문집위원회 편(1999), 『세종성왕육백돌』, 세종대왕기념사업회, 603-604쪽.

안병희(1999), 「세종대왕은 학자의 귀감」, 세종성왕육백돌기념문집위원회 편 (1999), 『세종성왕육백돌』, 세종대왕기념사업회, 605-606쪽.

안제이 무쉰스키(1999), 「폴란드 세종대왕고등학교라 이름 지음」, 세종성왕육 백돌기념문집위원회 편(1999), 『세종성왕육백돌』, 세종대왕기념사업회, 607쪽.

오경식(1999), 「위대한 역사의 흔적 : 세종대왕」, 세종성왕육백돌기념문집위 원회 편(1999), 『세종성왕육백돌』, 세종대왕기념사업회, 608-609쪽.

유목상(1999), 「위대한 세종 임금, 뛰어난 한글」, 세종성왕육백돌기념문집위 원회 편(1999), 『세종성왕육백돌』, 세종대왕기념사업회, 168-170쪽.

윤병로(1999), 「월탄의 역사소설 세종대왕」, 세종성왕육백돌기념문집위원회 편(1999), 『세종성왕육백돌』, 세종대왕기념사업회, 171-173쪽.

이광정(1999), 「천종지성 세종대왕」, 세종성왕육백돌기념문집위원회 편(1999), 『세종성왕육백돌』, 세종대왕기념사업회, 610-613쪽.

이규식(1999), 「세종대왕을 기리며」, 세종성왕육백돌기념문집위원회 편(1999), 『세종성왕육백돌』, 세종대왕기념사업회, 614-615쪽.

이돈주(1999), 「위대한 언어학자로서의 세종대왕」, 세종성왕육백돌기념문집 위원회 편(1999), 『세종성왕육백돌』, 세종대왕기념사업회, 174-175쪽.

이상태(1999), 「시월과 세종 대왕」, 세종성왕육백돌기념문집위원회 편(1999), 『세종성왕육백돌』, 세종대왕기념사업회, 176-178쪽.

이원순(1999), 「조선왕조실록을 통해서 보는 세종장헌대왕의 위상」, 세종성왕육백돌기념문집위원회 편(1999), 『세종성왕육백돌』, 세종대왕기념사업회, 179-182쪽.

이정재(1999), 「탁월한 교육자이신 세종대왕」, 세종성왕육백돌기념문집위원회 편(1999), 『세종성왕육백돌』, 세종대왕기념사업회, 616-617쪽.

이종익(1999), 「세종대왕의 지혜로 21세기를 맞이하자」, 세종성왕육백돌기념문집위원회 편(1999), 『세종성왕육백돌』, 세종대왕기념사업회, 618-619쪽.

이태극(1999), 「모든 국책의 수립과 시행에서는 세종성왕님의 훈민정음 창제 반포시행의 일관된 정신을 이어받아 궁행하여야 한다.」, 세종성왕육백돌기념문집위원회 편(1999), 『세종성왕육백돌』, 세종대왕기념사업회, 183-184쪽.

이현복(1999), 「세종대왕의 은덕과 나의 한글 사랑 40년」, 세종성왕육백돌기념문집위원회 편(1999), 『세종성왕육백돌』, 세종대왕기념사업회, 620-622쪽.

이혜순(1999), 「세종대왕과 집현전 학사 권채」, 세종성왕육백돌기념문집위원회 편(1999), 『세종성왕육백돌』, 세종대왕기념사업회, 185-186쪽.

임수복(1999), 「세종대왕의 업적을 기리며」, 세종성왕육백돌기념문집위원회 편(1999), 『세종성왕육백돌』, 세종대왕기념사업회, 623-624쪽.

장대성(1999), 「세종대왕과 지식경영」, 『기술관리』192, 한국산업기술진흥협회, 10-19쪽.

장대성(1999), 「세종대왕의 최고경영자 리더십과 지식경영」, 『산업연구』11, 경기대학교한국산업경제연구소, 327-337쪽.

장세경(1999), 「세종대왕과 집현전 학사들」, 세종성왕육백돌기념문집위원회 편(1999), 『세종성왕육백돌』, 세종대왕기념사업회, 187-188쪽.

성우상(1999), 「훈민정음과 세종의 지혜」, 세종성왕육백돌기념문집위원회 편(1999), 『세종성왕육백돌』, 세종대왕기념사업회, 189-192쪽.

정의순(1999), 「백성의 아버지 세종」, 세종성왕육백돌기념문집위원회 편(1999), 『세종성왕육백돌』, 세종대왕기념사업회, 625-627쪽.

조병일(1999), 「세종대왕탄신 600돌을 추모하며」, 세종성왕육백돌기념문집위원회 편(1999), 『세종성왕육백돌』, 세종대왕기념사업회, 628쪽.

조용란(1999), 「세종대왕을 추모함」, 세종성왕육백돌기념문집위원회 편(1999), 『세종성왕육백돌』, 세종대왕기념사업회, 629-636쪽.

주병덕(1999), 「세종대왕 탄신 600돌을 맞으며」, 세종성왕육백돌기념문집위원회 편(1999), 『세종성왕육백돌』, 세종대왕기념사업회, 637쪽.

차문섭(1999), 「세종과 황희」, 세종성왕육백돌기념문집위원회 편(1999), 『세종성왕육백돌』, 세종대왕기념사업회, 193-196쪽.

유한준 엮음(2000), 『성삼문·박팽년』, 대일출판사.

민현구(2002), 「세종대왕(世宗大王) : 한국사에 이상시대(理想時代)를 세운 영주(英主)」, 『한국사시민강좌』 30집, 일조각, 65-82쪽.

강신항(2002), 「신숙주의 학문과 인간-신숙주와 운서(韻書)」, 『새국어생활』 12-3, 국립국어연구원, 43-56쪽.

강신항(2002), 「申叔舟의 音韻學」, 『어문연구』 116, 한국어문교육연구회, 349-375쪽. 재수록; 강신항(2007), 『國語學散稿』, 월인, 165-193쪽.

민현구(2002), 「신숙주의 학문과 인간-신숙주와 집현전 학자들」, 『새국어생활』 12-3, 국립국어연구원, 71-87쪽.

안병희(2002), 「신숙주의 학문과 인간-신숙주의 생애와 학문」, 『새국어생활』 12-3, 국립국어연구원, 5-25쪽.

이강로(2002), 「보한재 신숙주 선생의 생애」, 『한힌샘 주시경 연구』 14·15, 한글학회, 17-42쪽.

이돈주(2002), 「신숙주의 언어학적 업적」, 『한힌샘 주시경 연구』 11, 한글학회, 43-75쪽.

이돈주(2002), 「신숙주의 학문과 인간 - 신숙주와 훈민정음」, 『새국어생활』 12-3, 국립국어연구원, 27-42쪽.

이현희(2002), 「신숙주의 국어학적 업적」, 『보한재 신숙주의 역사적 재조명(문화관광부 2002년도 10월의 문화인물 선정 '보한재 신숙주선생의 달' 출판 및 학술대회)』, 고령 신씨 대종회 고령신씨 문충공파 종약회, 7-22쪽.

정광(2002), 「成三問의 학문과 조선전기의 譯學」, 『어문연구』 30-3, 한국어문교육연구회, 259-291쪽.

최기호(2002), 「신숙주의 《해동제국기》에 대한 고찰」, 『한힌샘 주시경 연구』 14·15, 한글학회, 77-102쪽.

강신항(2004), 「문정공 최항 선생의 생애와 업적」, 『어문연구』 32-4, 한국어 문교육연구회, 427-447쪽.

김민수(2004), 「훈민정음 창제와 최항 : 그 새로운 사실의 규명을 위하여」, 『새 국어생활』 14-3, 국립국어연구원, 105-114쪽.

안병희(2004), 「世宗의 訓民正音 創制와 그 協贊者」, 『國語學』 44, 국어학회, 3-38쪽. 재수록; 안병희(2007), 『訓民正音 硏究』, 서울대 출판부.

임동철(2004), 「補閑齋 申叔舟의 生涯와 業績」, 『충북향토문화』 16, 충북향토 문화연구소, 35-48쪽.

전인초(2004), 「崔恒과 龍飛御天歌」, 『어문연구』 124, 한국어문교육연구회, 449- 474쪽.

최기호(2004), 「훈민정음 창제와 정의공주의 변음토착 문제」, 『세종 탄신 607 돌 기념 학술대회 자료집-우리의 소리와 말은 어떻게 만났는가』, 한국국악 학회·한국어정보학회.

최명재(2004), 「최항 선생의 생애와 주요 업적」, 『새국어생활』 14-3, 국립국 어연구원, 127-134쪽.

황선엽(2004), 「최만리와 세종」, 『문헌과 해석』 26(봄호), 문헌과해석사, 87- 98쪽.

정광(2005), 「申叔舟와 訓民正音 創製」, 『논문집』 5, 국제고려학회 서울지회, 3-40쪽. 재수록; 정광(2006), 『훈민정음의 사람들』, 제이앤씨.

황선엽(2004), 「최만리와 세종」, 『문헌과 해석』 26호, 문헌과해석사, 87-98쪽.

박주(2005), 「孟思誠의 생애와 세종대의 儒敎倫理 보급」, 『조선사연구』 14집, 형설출판사, 1-24쪽.

상문식(2008), 「세종의 '인재경영'과 집현전」, 『선비문화』 13호, 남명학연구원, 18-24쪽.

김슬옹(2008), 「세종과 소쉬르의 통합언어학적 비교 연구」, 『사회언어학』 16권 1호, 한국사회언어학회, 1-23쪽.

김슬옹(2008), 「訓民正音 세종 '서문'의 현대 번역 비교와 공역 시안」, 『한국어의미학』 25호, 한국어의미학회, 1-25쪽.

김슬옹(2008), 「한글(훈민정음) 공로자 28인 선정과 그 의미」, 『한글새소식』 425, 한글학회, 11-13쪽.

박소현(2008), 「대왕세종의 신하, 박연과 맹사성」, 『자연과 문명의 조화 : 대한토목학회지』 334호, 대한토목학회, 62-65쪽.

최영선 편저(2009), 『한글 창제 반대 상소의 진실』, 신정.

김영수(2010), 「문성공 정인지의 생애와 업적」, 『괴산문화』 18, 괴산향토사연구회.

류주희(2010), 「훈민정음 창제와 甲子上疏」, 해동공자 최충선생기념사업회(사), 『청백리 최만리 선생의 행적과 사대의식(역사 인물 재조명 학술세미나 자료집)』, 신정, 127-158쪽.

민현식(2010), 「甲子 上疏文의 텍스트 분석과 국어교육적 含意」, 해동공자 최충선생기념사업회(사), 『청백리 최만리 선생의 행적과 사대의식(역사 인물 재조명 학술세미나 자료집)』, 신정, 171-246쪽.

장윤희(2010), 「문자생활사의 측면에서 본 甲子 上疏文」, 해동공자 최충선생기념사업회(사), 『청백리 최만리 선생의 행적과 사대의식(역사 인물 재조명 학술세미나 자료집)』, 신정, 263-286쪽.

해동공자 최충선생기념사업회(사)(2010), 『청백리 최만리 선생의 행적과 사대의식(역사 인물 재조명 학술세미나 자료집)』, 신정.

한소진(2011), 『정의공주』, 해냄.

Margaret Thomas(2011), *King Sejong the Great(1397-1450), Fifty Key Thinkers on Language and Linguistics*, London and New York : Routledge, pp.49-55.

박현모(2012), 「'뿌리깊은 나무'로 보는 세종 리더십」, 『인문정책포럼』 12, 경제·인문사회연구회, 150-153쪽.

백승종(2012), 「조선왕조 창건의 리더십 정도전과 세종」, 『HRD』 263호, 한국HRD협회, 78-81쪽.

신세돈(2012), 「세종은 어떻게 국가를 통치했는가 : 정치의 요체는 사람을 얻

는 것이고, 백성은 국가의 근본이다」, 『전경련』 570호, 전국경제인연합
회, 28-31쪽.

안국승(2012), 「延昌尉 安孟聃과 宗家의 變遷過程」, 『경기향토사학』 8, 전국문
화원연합회경기도지회, 237-282쪽.

김슬옹(2013), 『한글을 지킨 사람들』, 아이세움.

신병주(2013), 「세종 : 소통과 포용의 리더십」, 『선비문화』 23호, 남명학연구
원, 21-31쪽.

정우영(2013), 「세종시대 훈민정음 관련 문헌의 국어학적 재조명」, 세종대왕
기념사업회 편(2013), 『세종학 연구』 15, 세종대왕기념사업회, 51-72쪽.

김문식(2004), 「세종의 특별한 자식 교육법」, 『선비문화』 2호, 남명학연구원,
25-30쪽.

김해영(2014), 「英祖朝 世宗·端宗 胎室의 修改 役事」, 『남명학연구』 44집, 경상
대학교 경남문화연구원 남명학연구소, 187-220쪽.

박현모(2014), 「세종대왕의 비전공감 리더십」, 『통합인문학연구』 6권 2호, 한
국방송통신대학교 통합인문학연구소, 89-112쪽.

이강규(2014), 「한글은 세종 큰임금이 세자와 함께 만들었다」, 『한글새소식』
505호, 한글학회, 18-20쪽.

박현모(2015), 「세종, 삶을 고양시키는 길을 책에서 찾다」, 『기획회의』 394호,
한국출판마케팅연구소, 24-25쪽.

Margaret Thomas 지음/김슬옹 번역(2016), 「외국인이 본 언어와 언어학 분야
의 50대 주요 사상가 : 세종대왕(1397-1450)」, 『영웅』 12호(10월호), 꼬레
아우라, 50-58쪽. (원문 59-65쪽)

김주원(2016), 「세종 임금과 조선 실록」, 『한글새소식』 526호, 한글학회, 6-7쪽.

이홍(2016), 「세종의 창조습관」, 국가공무원인재개발원 편, 『명강의에서 길을
찾다』 국가공무원인재개발원.

최선일·이은영·류숙열(2016), 「세종·정조 영재성의 실증적 고찰 및 비교」, 『영
재와 영재교육』 15권 2호, 가람문화사, 5-33쪽.

Margaret Thomas(2011)/김슬옹 옮김(2017), 「세종대왕(1397-1450), 『세종학
연구』 16, 세종대왕기념사업회, 189-198쪽. (원문 재수록 : 199-204쪽)

강문식(2017), 「신숙주(申叔舟)의《해동제국기(海東諸國記)》: 조선시대 대일 외교의 지침서」, 『동아시아의 문자와 책』(인하대학교 한국학연구소 편), 글로벌콘텐츠.

신숙주 지음/허경진 옮김(2017), 『해동제국기』, 보고사.

김슬옹(2018), 「세종의 인재혁명, 인재를 키우고 더불어 뜻을 이루다」, 『영웅』 29호(3월호), 꼬레아우라, 112-121쪽.

김슬옹(2018), 「성삼문의《훈민정음》해례본 저술과 보급 공로」, 『한글의 탄생과 우리 겨레의 삶』(572돌 한글날 기념, 제10회 집현전 학술대회 발표집: 2018.10.11.국립고궁박물관 별관 강당), 외솔회, 9-23쪽.

문동석(2018), 「집현전 학자 최항의 활동과 업적」, 『한글의 탄생과 우리 겨레의 삶』(572돌 한글날 기념, 제10회 집현전 학술대회 발표집: 2018.10.11. 국립고궁박물관 별관 강당), 외솔회, 117-126쪽.

성낙수(2018), 「훈민정음 창제에 도움을 준 왕실의 인물들」, 『한글의 탄생과 우리 겨레의 삶』(572돌 한글날 기념, 제10회 집현전 학술대회 발표집: 2018.10.11.국립고궁박물관 별관 강당). 외솔회, 149-165쪽.

이대로(2018), 「세종의 마음과 한 일을 되새기고 본받자」, 『세종대왕 즉위 600돌 및 572돌 한글날 기념 국어학 국제학술대회: 훈민정음 연구의 현황과 전망』(발표집: 2018.10.13.한글학회 강당), 한글학회, 199-222쪽.

임종화(2018), 「세종 초기 중요 대신(大臣)들」, 임종화 외(2018), 『실록으로 세종시대를 다시 읽다』(2018년 세종즉위 600돌 기념 원정재 세종실록 완독 기념 학술세미나), 원정재, 54-79쪽.

장윤회(2018), 「정인지의 생애와 훈민정음」, 『한글의 탄생과 우리 겨레의 삶』(572돌 한글날 기념, 제10회 집현전 학술대회 발표집: 2018.10.11.국립고궁박물관 별관 강당), 외솔회, 127-148쪽.

17) 기관

이광린(1954), 「世宗朝의 集賢殿」, 최현배 선생 환갑 기념 논문집 간행회 편(1954), 『崔鉉培 先生 還甲記念文集』, 사상계사,[14] 157-176쪽.

김동욱(1957), 「正音廳始末」, 『논문집』(인문사회과학) 5, 서울대학교, 109-126쪽.

최승희(1966), 「集賢殿 研究 상」, 『역사학보』 32, 역사학회, 1-58쪽.

최승희(1967), 「集賢殿 研究 하」, 『역사학보』 33, 역사학회, 39-80쪽.

이숭녕(1971), 「鑄字所·册房·正音廳의 相互關係에 對하여」, 『동대논총』 2, 동덕
여자대, 89-100쪽. 재수록; 상은조용욱박사고희기념사업회(1971), 「鑄字
所·册房·正音廳의 相互關係에 對하여」, 『상은조용욱박사송수기념논총』,
159-170쪽.

이숭녕(1973), 「文宗과 正音廳」, 『법시(法施)』 66, 법시사, 6-10쪽.

신석호(1974), 「학문의 발전과 편찬사업」, 『한국사』 11, 국사편찬위원회.

이근수(1979), 「朝鮮朝의 國語政策史」, 『논문집』 3, 한성대학교, 1-51쪽.

려증동(1993), 「'집현전 7학사 하옥사건'에 대하여」, 『한국언어문학』 28, 한국
언어문학회.

이근우(2016), 「언문청의 창제시기와 정음청의 위치에 대하여」, 『인문사회과
학연구』 17-1, 부산 인문사회과학연구소, 352-356쪽.

---

14 박음 연도는 단기 4287년을 병기함.

제2장

세종시대 옛 문헌

1. 세종 시대에 엮어지고 펴낸 책

※ 길잡이

이 자료는 다음 두 문헌을 바탕으로 세종대왕기념사업회가 다듬은 것이다.

손보기(1986), 『세종 시대의 인쇄출판』, 세종대왕기념사업회.
손보기(2000), 「세종 시대의 인쇄 출판」, 『세종문화사대계 2 : 과학』, 세종대왕기념사업회, 83-232쪽.

1) 소리-글자

책 이름	펴낸 해		참고
	세종	서기	
음의(音義)	22	1440	주자
운회언역(韻會諺譯)	26	1444	엮음
홍무정운역훈(洪武正韻譯訓)	26	1444~55	활자
훈민정음(訓民正音)	28	1446	목판
동국정운(東國正韻)	29	1447~48	
사성통고(四聲通攷)	29	1447~53	목판
홍무정운통고(洪武正韻通攷)	29	1447~?	목판

2) 음악-아악

책 이름	펴낸 해		참고
	세종	서기	
하황은곡(賀皇恩曲)	1	1419	
주례악서(周禮樂書)	7	1425	목판
진씨악서(陳氏樂書)	7	1425	엮음
악장38수12율성(樂章38首12律聲)	8	1426	주자소 주자
아악보(雅樂譜)	12	1430	엮음
민속가요(民俗歌謠)	15	1433	엮음
회례아악신성(會禮雅樂新成)	15	1433	엮음
원묘악장(原廟樂章)	15	1433	엮음
악보(樂譜)	29	1447~51	주자소 주자

3) 의례

책 이름	펴낸 해		참고
	세종	서기	
알성의주(謁聖儀註)	태종 14	1414	엮음
신찬건원릉제의주(新撰健元陵祭儀註)	즉위년	1418	엮음
장일통요(葬日通要)	1	1419	주자소 주자
왕세자친영의주(王世子親迎儀注)	8	1426	엮음
시형론	20	1438	엮음
삼례소(三禮疏)	22	1440	목판
의주상정(儀註詳定)	26	1444	엮음
오례의주(五禮儀注)	26	1444~51	목판

4) 나라 문학

책 이름	펴낸 해		참고
	세종	서기	
원재선생집(圓齋先生集)	즉위년	1418	영월 목판
화산별곡(華山別曲)	7	1425	엮음
동인지문(東人之文)	13	1431	주자소 주자
익재난고(益齋亂藁)	14	1432	목판
춘정집(春亭集)	15	1433	경상도 목판
익재집(益齋集)	13	1431	주자소 주자
민속가요(民俗歌謠)	15	1433/9	엮음
삼한시귀감(三韓詩龜鑑)	17	1435	주자소 주자
응제시(應製詩)	17	1435~37	축-목판
동문선(東文選)	18	1436	목판
동국세년가(東國世年歌)	18	1436	주자소 주자
삼원참찬연수서(三元參贊延壽書)	20	1438	전주부 목판

책 이름	펴낸 해		참고
	세종	서기	
동국문감(東國文鑑)	22	1440	엮음
두시언해(杜詩諺解)	27	1445~47	목판
용비어천가(龍飛御天歌)	27	1445~47	목판
복재선생유고(復齋先生遺藁)	28	1446	목판
석보상절(釋譜詳節)	29	1447~49	주자소 주자
월인천강지곡(月印千江之曲)	29	1447~49	주자소 주자

5) 외국말

책 이름	펴낸 해		참고
	세종	서기	
노걸대(老乞大)	5	1423	목판
박통사(朴通事)	5	1423	목판
이학지남(吏學指南)	5	1423	목판
노걸대(老乞大)	16	1434	목판
박통사(朴通事)	16	1434	목판

6) 외국 문학

책 이름	펴낸 해		참고
	세종	서기	
신간역거삼장문선대책 (新刊歷擧三場文選對策)	2~?	1420	주자소 주자
신간유편역거삼장문선고부 (新刊類編歷擧三場文選古賦)	2~?	1420	주자소 주자
문선(육신주)(文選(六臣註))	2~?	1420	주자소 주자
오조명신언행록(五朝名臣言行錄)	2~?	1420	주자소 주자

책 이름	펴낸 해		참고
	세종	서기	
선본대자제유전해고문진보 (善本大字諸儒箋解古文眞寶)	2	1420	옥천 목판
선본대자제유전해고문진보후집 (善本大字諸儒箋解古文眞寶後集)	2	1420	옥천 목판
송조명현오백가파방대전문수 (宋朝名賢五百家播芳大全文粹)	7	1425	주자소 주자
서산선생진문충공문장정종 (西山先生眞文忠公文章正宗)	10	1428	주자소 주자
시경(詩經)	11	1429	주자소 주자
주문공집(朱文公集)	11	1429	주자소 주자
시전대전(詩傳大全)	16	1434	주자소 주자
선시연의(選詩演義)	16	1434	주자소 주자
시전대전(詩傳大全)	17	1435	주자소 주자
분류보주이태백시(分類補註李太白詩)	17	1435	주자소 주자
한유문주석(韓柳文注釋)	21	1439	주자소 주자
시인옥설(詩人玉屑)	21	1439	충청도 목판
주문공교창려선생집(朱文公校昌黎先生集)	22	1440	주자소 주자
제가주한유문집(諸家註韓柳文集)	22	1440	주자소 주자
신천집(新千集)	22	1440	개성 목판
당유선생집(唐柳先生集)	22	1440	개성 목판
당유선생집(唐柳先生集)	22	1440	주자소 주자
어제태평집(御製太平集)	22	1440	개성 목판
번천문집협주(樊川文集夾註)	22	1440	금산 목판
선시(選詩)	24	1442	주자소 주자
찬주분류두시(纂註分類杜詩)	26	1444	주자소 주자
시선(詩選)	26	1444	주자소 주자
증간교정왕장원집주분류동파선생시 (增刊校正王壯元集註分類東坡先生詩)	26~?	1444	주자소 주자

책 이름	펴낸 해		참고
	세종	서기	
당시고취(唐詩鼓吹)	26~?	1444	주자소 주자
당시고취속편(唐詩鼓吹續編)	26~?	1444	주자소 주자
당송구법(唐宋句法)	26~?	1444	주자소 주자
비해당선반산정화(匪懈堂選半山精華)	27	1445	목판
당한림이태백문집(唐翰林李太白文集)	29	1447	상주목 목판
완릉매선생시선(宛陵梅先生詩選)	29	1447	원주부 목판
북경팔경시집(北京八景詩集)	31	1449	목판
황화집(皇華集)	32	1449	주자

7) 농사 – 사냥

책 이름	펴낸 해		참고
	세종	서기	
농서(農書)	10	1428	1천부 목판
해청도(海靑圖)	11	1429	1백부 목판
농사직설(農事直說)	12	1430	목판
농사직설(農事直說)	12	1430	주자소 주자
잠경(蠶經)	13	1431	목판
농사직설(農事直說)	19	1437	목판
양전산계법(量田算計法)	22	1440	주자소 활자

8) 의약–법의학

책 이름	펴낸 해		참고
	세종	서기	
의옥집(疑獄集)	즉위년	1418	목판

책 이름	펴낸 해		참고
	세종	서기	
세의득효방(世醫得效方)	7	1425	춘천 목판
향약구급방(鄕藥救急方)	9	1427	충청도 목판
향약채취월령(鄕藥採取月令)	13	1431	주자소 주자
보주동인경(補註銅人經)	13	1431	경상도 목판
직지방(直指方)	13	1431	주자소 주자
상한유서(傷寒類書)	13	1431	주자소 주자
의방집성(醫方集成)	13	1431	주자소 주자
보주동인경(補註銅人經)	13	1431	경주 목판
향약채취월령(鄕藥採取月令)	13	1431	주자소 주자
향약집성방(鄕藥集成方)	15	1433	전라강원 목판
초의방(抄醫方)	15	1433	엮음
태산요록(胎産要錄)	16	1434	주자소 주자
신간보주석문황제내경소문 (新刊補註釋文黃帝內經素問)	16~?	1434	주자소 주자
영류금방(永類鈐方)	20	1438	진주 목판
신주무원록(新註無寃錄)	20	1438	한성부 목판
고신도(拷訊圖)	21	1439	그림
검시장식(檢屍狀式)	21	1439	
검시규식(檢屍規式)	24	1442	목판
의방류취(醫方類聚)	24	1442~45	목판
침구택목편집(針灸擇目編集)	29	1447	목판
맥경(脈經)	31	1449	목판

9) 나라 역사

책 이름	펴낸 해		참고
	세종	서기	
왕친록(王親錄)	태종17	1417	엮음
고려사(高麗史)	즉위년	1418~51	주자소 주자
사명문서(事明文書)	3	1421	엮음
고려사절요(高麗史節要)		1451~53	주자소 주자
태조실록(太祖實錄)	7	1425	주자소 주자
태종공정대왕상례의궤 (太宗恭靖大王喪禮儀軌)	7	1425	상례상정소 필사본
원경왕후상례의궤(元敬王后喪禮儀軌)	7	1425	상례상정소 필사본
공정대왕실록(恭靖大王實錄)	8	1426	주자소 주자
종실보첩(宗室譜牒)	10	1428	엮음
고려사초록(高麗史抄錄)	10	1428	주자소 주자
태종실록(太宗實錄)	13	1431	주자소 주자
금귀집(金龜集)	16	1434	엮음
동국연대주해(東國年代註解)	18	1436	주자소 주자
선원유부록(璿源類附錄)	21	1439	엮음
시자수집(諡字蒐輯)	21	1439	엮음
삼공신등록(三功臣謄錄)	21	1439	엮음
사대문서의주(事大文書儀注)	22	1440	엮음

10) 외국 역사

채 이름	펴낸 해		참고
	세종	서기	
독사선간일대일군각유통체 (讀史先看一代一君各有統體)	2~?	1420	주자소 주자

책 이름	펴낸 해		참고
	세종	서기	
전국책(戰國策)	2~?	1420	주자소 주자
통감(강목)속편(通鑑綱目續編)	5	1423	주자소 주자
어제대고(御制大誥)	5	1423	주자소 주자
전후한직해(前後漢直解)	5	1423	주자소 주자
자치통감강목(資治通鑑綱目)	6	1424	주자소 주자
사기(史記)	7	1425	주자소 주자
서경(書經)	9	1427	전라도 목판
춘추(春秋)	9	1427	전라도 목판
자치통감(資治通鑑)	9	1427	주자소 주자
서한이하역대보계도(西漢以下歷代譜系圖)	10	1428	그림
초사후어(楚辭後語)	10	1428	주자소 주자
역대계보도(歷代系譜圖)	10	1428	주자소 주자
송감(宋鑑)	11	1429	주자소 주자
음주전문춘추괄례시말좌전구두직해 (音註全文春秋括例始末左傳句讀直解)	13	1431	금산 목판
춘추부록(春秋附録)	15	1433	엮음
전한서(前漢書)	16	1434	주자소 주자
자치통감강목(資治通鑑綱目)	16	1434	주자소 주자
소미가숙점교부음통감절요 (少微家塾點校附音通鑑節要)	16	1434	주자소 주자
음주자치통감(音註資治通鑑)	17	1435	주자소 주자
역대세년가(歷代世年歌)	18	1436	주자
강목통감훈의(綱目通鑑訓義)	18	1436~38	주자
춘추호씨전(春秋胡氏傳)	21	1439	주자
국어(國語)	22	1440	주자
치평요람(治平要覽)	23	1441~45	주자
명황계감(明皇誡鑑)	23	1441	목판

책 이름	펴낸 해		참고
	세종	서기	
찬주부음자치통감외기증의 (纂註附音資治通鑑外記增義)	25	1443	활자

11) 유학-철학

책 이름	펴낸 해		참고
	세종	서기	
예기천견록(禮記淺見錄)	즉위년	1418	제주 목판
유설경학대장(類說經學隊杖)	2~?	1420	주자소 주자
대학연의(大學衍義)	4	1422	주자소 주자
시경(詩經)	5	1423	강원도 목판
서경(書經)	5	1423	강원도 목판
예기(禮記)	5	1423	강원도 목판
춘추(春秋)	5	1423	강원도 목판
주역(周易)	5	1423	지방도 목판
성리대전(性理大全)	5	1423	경상도 목판
대학(大學)	5	1423	지방도 목판
중용(中庸)	5	1423	지방도 목판
논어집주대전(論語集註大全)	5	1423	지방도 목판
맹자(孟子)	5	1423	지방도 목판
효경대의(孝經大義)	5	1423	주자소 주자
대학대전(大學大全)	6	1424	주자소 주자
장자권재구의(莊子·鬳齋口義)	7	1425	주자소 주자
양촌선생입학도설(陽村先生人學圖說)	7	1425	진주목 목판
성리대전(性理大全)	8	1426	주자소 주자
역경(易經)	9	1427	지방도 목판

책 이름	펴낸 해		참고
	세종	서기	
주자대전(朱子大全)	9	1427	지방도 목판
신간성리대전(新刊性理大全)	9	1427	경상도 목판
성리대전(性理大全)	9	1427	경상도 목판
주역대전(周易大全)	9	1427	경상도 목판
서전대전(書傳大全)	9	1427	전라도 목판
춘추대전(春秋大全)	9	1427	전라도 목판
성리대전(性理大全)	9	1427	전라도 목판
경서대전(經書大全)	10	1428	주자소 주자
성리대전(性理大全)	10	1428	강원도 목판
사서대전(四書大全)	10	1428	강원도 목판
상서(尙書)	12	1430	충청도 목판
예기(禮記)	12	1430	충청도 목판
치가절요(治家節要)	13	1431	목판
오경천견록(五經淺見錄)	15	1433	주자소 주자
입학도설(入學圖說)	15	1433	주자소 주자
예기천견록(禮記淺見錄)	15	1433	주자소 주자
진서산독서기을집상대학연의 (眞西山讀書記乙集上大學衍義)	16	1434	주자소 주자
삼강행실(三綱行實)	16	1434	목판
성리대전(性理大全)	17	1435	목판
오경대전(五經大全)	17	1435	목판
근사록(近思錄)	18	1436	주자소 주자
근사록집해(近思錄集解)	18	1436	목판
논어(論語)	22	1440	목판
맹자(孟子)	22	1440	목판
주역참동계(周易參同契)	23	1441	주자소 주자

책 이름	펴낸 해		참고
	세종	서기	
신편음점성리군서구해 (新編音點性理群書句解)	26	1444	주자소 주자
중용장구혹문(中庸章句或問)	28	1446	주자소 주자
춘추경전집해(春秋經傳集解)	32	1450	주자소 주자

12) 불교

책 이름	펴낸 해		참고
	세종	서기	
묘법연화경(妙法蓮華經)	2	1420	구월산 목판
묘법연화경(妙法蓮華經)	4	1422	화암사 목판 고양 대자암
대자반야법화경(大慈般若法華經)	4	1422	목판
화엄진음경(華嚴眞音經)	5	1423	목판
육경합부 - 금강경, 아미타경, 보현행원품, 관세음보살, 보문품 (六經合部-金剛經, 阿彌陀經, 普賢行願品, 觀世音菩薩, 普門品)	7	1425	고산 안심사
영가진각선사증도가(永嘉眞覺禪師證道歌)	7	1425	고창 목판
금강반야바라밀경(金剛般若波羅密經)	8	1426	선경암 목판
현수제승법수(賢首諸乘法數)	9	1427	목판
묘법연화경요해(妙法蓮華經要解)	12	1430	목판
보제존자삼종가(普濟尊者三種歌)	17	1435	송광사 목판
함허당득통화상어록(涵虛堂得通和尙語錄)	22	1440	봉암사 목판
금강반야바라밀경(金剛般若波羅密經)	22	1440	가평 영제암 목판
묘법연화경(妙法蓮華經)	25	1443	화암사 목판
불설장수멸죄호제동자다라니경 (佛說長壽滅罪護諸童子陀羅尼經)	28	1446	가야 지관시 목판

책 이름	펴낸 해		참고
	세종	서기	
석보상절(釋譜詳節)	29	1447~49	주자소 활자
현행서방경(現行西方經)	30	1448	목판
석가여래십지수행기(釋迦如來十地修行記)	30	1448	이천부 목판
월인천강지곡(月印千江之曲)	29	1447~49	활자
불조삼경(佛祖三經)	31	1449	화암사 목판
사리영응기(舍利靈應記)	31	1449	목판
대방광불화엄경팔불사의 (大方廣佛華嚴經八不思義)	31	1449	목판

13) 겨레 교육

책 이름	펴낸 해		참고
	세종	서기	
소학대문토(小學大文吐)	7~?	1425	주자소 주자
대천자문(大千字文)	7	1425	목판
소학(小學)	9	1427	목판
집성소학(集成小學)	10	1428	주자소 주자
효행록초록(孝行錄抄錄)	10	1428	주자소 주자
집성소학(集成小學)	10	1428	목판
구해효경(句解孝經)	11	1429	목판
삼십사효행록(三十四孝行錄)	10	1428	설순 엮음
동몽선습(童蒙先習)	11	1429	목판
직해소학(直解小學)	13	1431	목판
충신도(忠臣圖)	13	1431	목판
삼강행실도(三綱行實圖)	14	1432	목판
효행록(孝行錄)	15	1433	경주 목판
신찬삼강행실도(新撰三綱行實圖)	15	1433	목판

책 이름	펴낸 해		참고
	세종	서기	
계음주(戒飮酒)	15	1433	주자
독서법(讀書法)	16	1434	강원 목판
집성소학(集成小學)	16	1434	1만부 목판
표제주소소학(標題註疏小學)	18	1436	목판
대학언해(大學諺解)	30	1448	목판
중용언해(中庸諺解)	30	1448	목판
논어언해(論語諺解)	30	1448	목판
맹자언해(孟子諺解)	30	1448	목판
소학집주(小學集註)	32	1450	주자소 주자
예기대문언독(禮記大文諺讀)	32	1450	목판

14) 법전

책 이름	펴낸 해		참고
	세종	서기	
의옥집(疑獄集)	즉위년	1418	홍주 목판
신전결과고금원류전론(新箋決科古今源流全論)	2~?	1420	주자소 주자
경제육전(經濟六典)	8	1426	주자소 주자
속육전(續六典)	8/12	1426	목판
신속육전(新續六典)	8/12	1426	주자
등록(謄錄)	8/12	1426	주자소 주자
육전(六典)	10	1428	주자소 주자
이문등록긴요문서(吏文謄錄緊要文書)	13	1431	엮음
휼형교지(恤刑教旨)	13	1431	주자소 주자
이문등록(吏文謄錄)	14	1432	주자소 주자

책 이름	펴낸 해		참고
	세종	서기	
신찬경제속육전(新撰經濟續六典)	15	1433	주자소 주자
속전보유(續典補遺)	17	1435	주자소 주자
검시장식(檢屍狀式)	21	1439	한성·각도목판
신주무원록음주(新註無寃錄音註)	21	1439	엮음
신주무원록(新註無寃錄)	22	1440	원주목 목판
은대집의례(銀臺集儀禮)	22	1440	개성 목판
오례의(五禮儀)	26	1444~51	주자
신제동관의장도(新製東官儀仗圖)	30	1448	안견 그림

15) 병법

책 이름	펴낸 해		참고
	세종	서기	
진법(陣法)	3	1421	목판
오진법(五陣法)	3	1421	목판
진도(陣圖)	15	1433	목판
계축진설(癸丑陣說)	15	1433	주자소 주자
장감박의소재제장시설 (將鑑博義所載諸將施設)	19	1437	목판
역대병요의주(歷代兵要儀註)	26	1444	목판
총통등록(銃筒謄錄)	30	1448	목판
동국병감(東國兵鑑)	32	1450	주자소 주자

16) 중국 법전

책 이름	펴낸 해		참고
	세종	서기	
어제대고(御製大誥)	5	1423	승문원 목판
지정조격(至正條格)	5	1423	승문원 엮음
원육전(元六典)	8	1426	주자소 활자
당률소의(唐律疏義)	9	1427	목판
신속원육전(新續元六典)	13	1431	강원도 목판
대원통제(大元通制)	13	1431	주자소 주자
지정조격(至正條格)	13	1431	주자소 주자
대명률(大明律)	13	1431~46	목판
대명률강해(大明律講解)	22~?	1440	주자소 주자
사륜전집(絲綸全集)	24	1442	목판
사륜요집(絲綸要集)	24	1442	목판

17) 천문

책 이름	펴낸 해		참고
	세종	서기	
당선명력(唐宣明曆)·원수시력(元授時曆)·보교회보중성력요(步交會步中星曆要)	5	1423	교정(校正)
수시력입성(授時曆立成)	5	1423	서운관 목판
수시력첩법입성(授時曆捷法立成)	5	1423	서운관 목판
보교회보중성역요(步交會步中星曆要)	5	1423	서운관 목판
당선명력(唐宣明曆)	5	1423	서운관 목판
태일산법음청(太一算法陰晴)	10	1428	엮음
칠정산내편(七政算內篇)	14	1432~42	엮음
칠정산외편(七政算外篇)	14	1432	엮음

책 이름	펴낸 해		참고
	세종	서기	
선덕십년일월오성능범 (宣德十年日月五星凌犯)	17	1435	목판
대통력주(大統曆注)	24	1442	목판
대통력일통궤(大統曆日通軌)	26	1444	목판
사여전도통궤(四餘纏度通軌)	26	1444	주자소 주자
오성통궤(五星通軌)	26	1444	목판
제가역상집(諸家曆象集)	27	1445	목판
칠정산외편정묘년일식가령 (七政算外篇丁卯年日食假令)	28	1446	목판
칠정산내편(七政算內篇)	28	1446	목판
중수대명력정묘일월식가령 (重修大明曆丁卯日月食假令)	28	1446	목판
태음통궤(太陰通軌)	28	1446	목판
태양통궤(太陽通軌)	28	1446	목판
경오원력(庚午元曆)	28	1446	목판
교식통궤(交食通軌)	28	1446	목판

18) 책력

책 이름	펴낸 해		참고
	세종	서기	
기해년책력(己亥年冊曆)	1	1419	목판, 관상감 교서관 5,000부
경오년책력(庚午年冊曆)	2	1420	
신축년책력(辛丑年冊曆)	3	1421	
임인년책력(壬寅年冊曆)	4	1422	
계묘년책력(癸卯年冊曆)	5	1423	
갑진년책력(甲辰年冊曆)	6	1424	
을사년책력(乙巳年冊曆)	7	1425	

책 이름	펴낸 해		참고
	세종	서기	
병오년책력(丙午年册曆)	8	1426	
정미년책력(丁未年册曆)	9	1427	
무신년책력(戊申年册曆)	10	1428	
기유년책력(己酉年册曆)	11	1429	
경술년책력(庚戌年册曆)	12	1430	
신해년책력(辛亥年册曆)	13	1431	
임자년책력(壬子年册曆)	14	1432	
계축년책력(癸丑年册曆)	15	1433	
갑인년책력(甲寅年册曆)	16	1434	
을묘년책력(乙卯年册曆)	17	1435	
병진년책력(丙辰年册曆)	18	1436	
정사년책력(丁巳年册曆)	19	1437	
무오년책력(戊午年册曆)	20	1438	목판, 관상감 교서관 5,000부
기미년책력(己未年册曆)	21	1439	
경신년책력(庚申年册曆)	22	1440	
신유년책력(辛酉年册曆)	23	1441	
임술년책력(壬戌年册曆)	24	1442	
계해년책력(癸亥年册曆)	25	1443	
갑자년책력(甲子年册曆)	26	1444	
을축년책력(乙丑年册曆)	27	1445	
병인년책력(丙寅年册曆)	28	1446	
정묘년책력(丁卯年册曆)	29	1447	
무진년책력(戊辰午册曆)	30	1448	
기사년책력(己巳年册曆)	31	1449	
경오년책력(庚午年册曆)	32	1450	

19) 수학

책 이름	펴낸 해		참고
	세종	서기	
태일산법음청(太一算法陰晴)	10	1428	엮음
신간송양휘산법(新刊宋楊輝算法)	15	1433	목판
승제통변산보(乘除通變算寶)	15	1433	목판
누주통의(漏籌通義)	19	1437	목판
양전산계법(量田算計法)	26	1444	주자소 주자

20) 지리-지도

책 이름	펴낸 해		참고
	세종	서기	
주부군현지지(州府郡縣地志)	6	1424	
부령경(夫靈經)	13	1431	서운관
천일경(天一經)	13	1431	서운관
지주림(地珠林)	13	1431	서운관
지리대전(地理大全)	13	1431	목판
지리전서(地理全書)	13	1431	목판
지리신서(地理新書)	13	1431	목판
신찬팔도지리지(新撰八道地理志)	14	1432	엮음
각지지도(各地地圖)	16	1434	엮음
함길도지도(咸吉道地圖)	16	1434	엮음
일본도(日本圖)	21	1439	엮음
세종실록지리지(世宗實錄地理志)	단종 2년	1454	주자소 주자

21) 사전

책 이름	펴낸 해		참고
	세종	서기	
문헌통고(文獻通考)	7	1425	목판
운부군옥(韻府群玉)	18	1436	목판
운부군옥(韻府群玉)	19	1437	강원도 목판

22) 서체 법첩

책 이름	펴낸 해		참고
	세종	서기	
전서천자문(篆書千字文)	7	1425	목판
신간설암법첩(新刊雪庵法帖)	13	1431	목판
역대제왕명현집(歷代帝王名賢集)	32	1450	안평 목판
고첩왕희지진행초삼체 (古帖王羲之眞行草三體)	32	1450	안평 목판
조자앙진초천자등서법 (趙子昻眞草千字謄書法)	32	1450	안평 목판

2. 책 엮고, 찍고, 펴낸 해적이(기록) – (1392~1450)

이 항목은 청분실서목과 성암고서문고목록, 윤병태 한국서지연표를 참고하여 엮었다. 청-은 청분실서목, 성-은 성암문고 : 다음 표는 //쌍 세로 테두리, =쌍 가로 테두리, /외테두리, 18/12는 테두리 길이 18cm 너비 12cm를 뜻하며, 20/11은 한 줄에 20자 11줄을 뜻한다. 날자는 음력을 가리킨다.

연대	월/일	내용
태조 1년(1392)	7/28	예문춘추관(藝文春秋館), 성균관(成均館), 교서감(校書監), 서적원(書籍院)을 두다.
태조 1년(1392)	9/21	개국공신록권(開國功臣錄券) - 나무 활자로 찍게 하다.
태조 1년(1392)	10/13	조준(趙浚)에게 고려사(高麗史) 엮게 하다.
태조 2년(1393)	1/29	김희선(金希善) 향약혜민경험방(鄕藥惠民經驗方)을 강습하도록 청하다.
태조 2년(1393)	7/	해인사(海印寺) 옛 탑을 다시 세우고 그 안에 대장경 모시다. - 불교통사 상.
태조 2년(1393)	8/20	정도전(鄭道傳) 사시수수(四時蒐狩圖)도 엮다.
태조 3년(1394)	2/16	권중화(權仲和) - 동국역대제현비록촬요(歷代諸賢秘錄撮要)를 엮어 올리게 하다.
태조 3년(1394)	4/	계림부(鷄林府) 삼국사기(三國史記)를 다시 펴내다. - 간기
태조 3년(1394)	5/30	정도전(鄭道傳) 조선경국전(朝鮮經國典)을 엮다. - 삼봉집
태조 3년(1394)	7/12	지리도참참고(地理圖識參考) 엮다.
태조 3년(1394)	7/17	법화경(法華經) 4부 옮겨 베껴 절에 나누어 모시다.
태조 4년(1395)	1/25	정도전(鄭道傳) 고려사(高麗史) 엮어서 받침. - 동문선(東文選) 92, 서문, 고려국사서(高麗國史序). - 동문선 92, 서문, 고려국사서. 양촌집 30
태조 4년(1395)	2/1	서찬(徐贊)이 새긴 나무자로 대명률직해(大明律直解) 100부를 찍다.
태조 4년(1395)	2/13	예문춘추관(藝文春秋館)을 두다.
태조 4년(1395)	4/1	삼군부(三軍府) 수수도(蒐狩圖) 진도(陣圖)의 나무판을 새기다.
태조 4년(1395)	6/6	정도전(鄭道傳) 경제문감(經濟文鑑) 엮어 바치다.
태조 4년(1395)	9/4	정혼(鄭渾) 정관정요(貞觀政要) 교정하다.
태조 4년(1395)	9/	개국원종공신녹권(開國原從功臣)을 나누어주다.
태조 4년(1395)	10/	인천안목(人天眼目)을 목판으로 찍고 판은 회암사(檜巖寺)에 두다. - 간기
태조 4년(1395)	12/	석각천문도(石刻天文圖) 이룩함. - 양촌집, 22, 발문, 천상열차분야지도(天象列次分野地圖).
태조 5년(1396)	2/22	통도사(通度寺)에 보제수엽경(普齊樹葉經)을 수장하다.

연대	월/일	내용
태조 6년(1397)		* 개국원종공신녹권(開國原從功臣錄券)를 나무자로 찍다. (심지백(沈之伯)에게 준 1축 동아대박물관 소장) - 청255-6.
태조 6년(1397)	7/	주심부(註心賦) 무학(無學)스님 펴내다. - 발문.
태조 6년(1397)	12/26	경제육전(經濟六典) 펴내다.
태조 6년(1397)		* 입학도설(入學圖說) 20×14=24×13 흑구.
태조 7년(1398)	5/10	고려대장경(高麗大藏經)판을 강화(江華) 선원사(禪源寺)에서 지천사(支天寺)로 옮기다.
태조 7년(1398)	5/1	즉위후의 사초(史草)를 바치게 하다.
태조 7년(1398)	6/12	공민왕~공양왕 사초 바치게 하다.
태조 7년(1398)	12/17	사서절요(四書節要)를 엮어 바치다.
정종 1년(1399)	5/	향약제생집성방(鄕藥濟生集成方)을 끝내다. - 양촌집 22, 발어류. 향약집성방(鄕藥集成方), 우의방(牛醫方), 마의방(馬醫方)을 한 책으로 강원도 감영에서 펴내다. - 발문.
정종 1년(1399)	9/	고봉화상선요(高峰和尙禪要)를 지리산(智異山) 덕기사(德奇寺)에서 판에 새겨 다시 펴내다. - 간기.
정종 2년(1400)	1/10	집현전(集賢殿)을 보문각(寶文閣)으로 부르게 하다.
정종 2년(1400)	1/11	유항선생시집(柳巷先生詩集)을 펴내다. 발문=//20/11-18/12- 청-79.
정종 2년(1400)	12/22	수창궁(壽昌宮)에 불이 나서 사고(史庫)에서 서책을 끄내다.
태종 1년(1401)	2/25	좌명공신(佐命功臣)에게 녹권(錄券)을 주다.
태종 1년(1401)	7/13	교서감(校書監)을 교서관(校書館)으로 고치다.
태종 1년(1401)	6/11	수창궁(壽昌宮) 불나서 사고(史庫)를 중추원(中樞院)에서 상의원(尙衣院)으로 옮기다.
태종 1년(1401)	6/	역대제왕혼일강리도지(歷代帝王混一彊理圖誌)를 이회(李薈)에게 본국 지도를 널리고 일본을 붙여 새 지도를 만들게 하다. - 양촌집 22, 발문.
태종 2년(1402)	6/8	하륜(河崙) 등에게 삼국사(三國史)를 엮게 하다.
태종 2년(1402)	6/9	근천정(覲天庭) 5장(章), 수명명(受明命) 6장의 악장(樂章) 2편을 올리다.
태종 2년(1402)	7/15	강릉, 신간표제공자가어구해(新刊標題孔子家語句解)를 펴내다. - 발문.

연대	월/일	내용
태종 2년(1402)	7/20	이맹균(李孟畇)이 큰자로 쓴 채전상서(蔡傳尙書)를 올리다. 서전(書傳)과 요순(堯舜)이 빠졌으므로 이담(李擔)에게 보태게 하였다.
태종 2년(1402)	8/26	하륜(河崙) 조선성덕가(朝鮮聖德歌) 12장을 올리다.
태종 3년(1403)	2/13	주자소(鑄字所)를 두고 내부와 대소 신료의 구리쇠를 바치게 하다. 놋쇠 활자를 부어내어 계미자(癸未字)라 부르게 되다. 경연의 고시주서좌씨전(古詩注書左氏傳)을 주자본(鑄字本)으로 하다.
태종 3년(1403)		* 십칠사찬고금통요(十七史纂古今通要)를 찍다. -청 328.
태종 3년(1403)		* 송조표전총류(宋朝表箋總類) 1책 17/8, =23.5/15 이인영 학총 12집, 청-390-1.
태종 3년(1403)	6/5	각도에서 바친 경서를 문신에게 나누어주다.
태종 3년(1403)	8/29	평양부에서 찍은 주문공가례(朱文公家禮) 150부를 문신에게 나누어주다.
태종 3년(1403)	8/30	하륜 등이 동국사략(東國史略-일명 三國史略)을 찬하여 올리다.
태종 3년(1403)	10/27	명나라의 사신이 원자(元子)에게 책을 가져오다. 원사(元史), 십팔사략(十八史略), 신당고색(山堂考索), 제신주의(諸臣奏議), 대학연의(大學衍義), 춘추회통(春秋會通), 진서산독서기(眞西山讀書記), 주자성서(朱子成書) 각 한부씩.
태종 3년(1403)		* 계미자(癸未字) 활자(活字) 청255-6.
태종 4년(1404)	3/27	이빈(李彬) 명(明)에서 돌아오다. 영락(永樂) 2년, 대통력(大統曆) 100본, 고금열녀(古今烈女).
태종 4년(1404)	10/28	의정부 명률(明律)을 우리말로 옮겨서 나누어 줄 것을 청하다. 목은시고(牧隱詩稿) 나무판을 찍어 펴내다. 18/ 12.2-, 20/10-, 청-84.
태종 4년(1404)	10/28	의정부 명률(明律)을 우리말로 옮겨서 나누어 줄 것을 청하다. 목은시고(牧隱詩稿) 나무판을 찍어 펴내다. 18/ 12.2-, 20/10-, 청-84.
태종 5년(1405)	3/	성달생(成達生)이 쓴 묘법연화경(妙法蓮華經)을 전라도 도솔산 안심사(安心寺)에서 펴내다. - 발문.
태종 5년(1405)	10/2	국사(國史)를 경복궁(景福宮) 근정전(勤政殿) 서랑(西廊)에 옮기다.
태종 6년(1406)	10/	이숭인(李崇仁)의 유고(遺藁) 도은선생집(陶隱先生集) 나무판을 찍다.
태종 7년(1407)	7/21	일본 사신 대장경을 청하다. 1부를 주다.

연대	월/일	내용
태종 7년(1407)	8/18	속육전(續六典) 수찬소(修撰所)를 두다. 개국원종공신녹권 (開國原從功臣錄券) 1407년(沈之伯). - 동아대 박물관 소장. 심칠사찬고금통요 (十七史纂古今通要) 펴내다. -청-328.
태종 8년(1408)	3/22	병서습독제조(兵書習讀提調)를 두다.
태종 8년(1408)	4/2	세자(世子) 제(禔) 명(明)에서 돌아오다. 인효황후권선서(仁孝皇后勸善書), 효자왕후전(孝慈王后傳), 및 명제어제시(明帝御製詩)를 받아오다.
태종 8년(1408)	11/15	화엄경(華嚴經)을 찍어내도록 명하다. - 양촌집, 22, 발문.
태종 9년(1409)	4/	계미자(癸未字)로 십일가주손자(十一家註孫子)를 찍어내다.(손, 415).
태종 9년(1409)	4/11	일본 사신이 관음(觀音)의 화상(畫像)을 바치다. 그 청에 따라 대장경(大藏經) 1부, 보제수엽서(菩提樹葉書) 1엽을 내리다.
태종 9년(1409)	9/4	김과(金科)를 불러 그가 엮은 대학연의류편(大學衍義類編)의 잘못된 것을 꾸짖다.
태종 9년(1409)	9/8	예조(禮曹)에서 역대 실록(實錄)의 수찬법(修撰法)을 올리다.
태종 10년(1410)	1/11	하륜(河崙) 등이 태조실록(太祖實錄)을 엮기 시작하다.
태종 10년(1410)	2/7	처음으로 주자소(鑄字所)에서 서적을 찍게 하고 이를 팔도록 하다.
태종 10년(1410)		* 목판 금주(錦州) 20/11 18/12 흑구 전라관찰사 청79.
태종 11년(1411)	6/19	문서응봉사(文書應奉司)를 승문원(承文院)으로 고치다.
태종 11년(1411)	6/	행원품(行願品), 금강반야(金剛般若), 천로반야(川老般若), 심경대두해(心經大頭解), 대전화상주심경(大顚和尙注心經), 공선(空禪)을 고창(高敞) 문수사(文殊寺)에서 펴내다. - 발문.
태종 11년(1411)	6/	마하반야바라밀다심경(摩訶般若波羅密多心經)을 문수사(文殊寺)에서 거듭 펴내다.
태종 11년(1411)	7/29	남부 학당(南部學堂)을 성명방(誠明坊)에 두다.
태종 11년(1411)	10/21	일본 국사(國師)의 청에 따라 대장경(大藏經) 1부를 내리다.
태종 11년(1411)	12/2	대명률(大明律)을 우리말로 옮겨서 원률(元律)의 혼용을 금하다.
태종 12년(1412)	4/3	예조 충주사고의 대송반악도(大宋般樂圖)를 상고하도록 청하다.
태종 12년(1412)	4/14	경제육전원집상절(經濟六典元集詳節) 3권, 속집상절(續集詳節) 3권을 다시 정하고 찍어내서 나누어주다.

연대	월/일	내용
태종 12년(1412)	6/22	충주사고(忠州史庫)의 음양서(陰陽書) 20질을 서운관(書雲觀)에 내리다. 사고의 책을 햇볕과 바람 쪼이는 임무를 하는 포쇄사관(曝曬史官)의 뜻에 따르다.
태종 12년(1412)	7/9	요(遼)나라 사람 신득재(申得財)의 종이를 주자소에 내려서 십칠사(十七史)를 찍어내다. 종이 장인(匠人)들이 배우게 하다.
태종 12년(1412)	7/	목민심감(牧民心鑑)을 지방용으로 지평현감(砥平縣監) 김희회(金熙晦)가 찍어 내다. - 발문.
태종 12년(1412)	8/7	충주사고의 책을 올리다. 신비집(神秘集)은 봉해서 올려서 불에 태우다. 나머지는 춘추관에 간직하다.
태종 12년(1412)	10/26	선원록(璿源錄)·종친록(宗親錄)·유부록(類附錄)을 만들어 1부는 왕부(王府), 1부는 동궁(東宮)에 간직하다. 24:10.
태종 13년(1413)	2/30	원속전(元續典)을 펴내서 나누어주다.
태종 13년(1413)	3/11	해인사의 대장경(大藏經)을 찍어서 양주(楊州) 구리면(九里面) 개경사(開慶寺)에 두다.
태종 13년(1413)	3/22	태조실록(太祖實錄) 15권 끝내다.
태종 13년(1413)	5/21	사고(史庫)를 장생전(長生殿)에서 사훈각(思勳閣)의 재궁(齋宮)으로 옮기다.
태종 14년(1414)	4/27	하륜(河崙)이 도성형성곡(都城形成曲) 8장, 도인송도곡(都人松都曲) 8장의 2편을 올리다.
태종 14년(1414)	5/10	정도전(鄭道傳) 등이 쓴 고려사(高麗史)를 하륜에게 감수하게 하다. 승문원(承文院)이 충목왕 3년(1347) 이후의 수교 조획(受敎條畫)을 엮게 하다.
태종 14년(1414)	7/17	여주(驪州) 신륵사(神勒寺)의 대장경(大藏經)을 일본 국왕에게 보내고 천안군(天安郡) 영산(寧山) 경덕사(慶德寺)의 대반야경(大般若經)을 일본 중 규주(圭籌)에게 내리다.
태종 14년(1414)	8/7	하륜(河崙) 등에게 고려사 공민왕 이후의 사실을 고치게 하다.
태종 14년(1414)	12/15	명률역해(明律譯解)의 틀린 곳을 남재(南在) 등에게 고치도록 상정도감제조(詳定都監提調)로 삼다.
태종 15년(1415)	5/6	대명분류율(大明分類律)을 펴내서 서울 5부와 지방 각관에 나누어 주게 하다. - 간기.
태종 15년(1415)	5/	안암사(安巖寺) 주지(住持) 성거(省琚)가 쓴 금강반야바라밀경(金剛般若波羅蜜經)을 펴내다.
태종 15년(1415)	7/25	종이 만드는 조지소(造紙所)를 두다.

연대	월/일	내용
태종 15년(1415)	8/	신간음점성리군서구해(新刊音點性理羣書句解) 평양부(平壤府)에서 펴내다. - 발문, 연표, 서물동호회보.
태종 15년(1415)		* 번천문집협주(樊川文集夾註)를 공산(公山)에서 펴내다. - 간기, 연표.
태종 15년(1415)	10/23	명나라 사신이 영락제(永樂帝)가 준 동인도(銅人圖)를 가져오다. - 태종문황제실록 167, 영락 1312, 임자.
태종 15년(1415)	12/14	장수멸죄호제동자다라니경(長壽滅罪護諸童子陀羅尼經)을 찍어내다.(同書 跋, 年表【藏】고려대) 침구동인도(鍼灸銅人圖)를 찍어서 국내에 나누어주다.
태종 16년(1416)	2/	장수멸죄제동자다라니경(長壽滅罪諸童子陀羅尼經)을 권기(權機) 등의 시주로 펴내다. - 발문, 연표, 고려대 소장.
태종 16년(1416)	2/	번천문집협주(樊川文集夾註)(나무판)이 공주(公州)에서 완성되다. - 간기, 연표. 서울대 소장.
태종 16년(1416)	3/27	승선직지록(乘船直指錄) 300부를 주자소에서 찍어 각도에 나누다.
태종 16년(1416)	4/15	하륜(河崙)이 만든 동국략운(東國略韻)을 찍어서 나누어주다.
태종 16년(1416)	6/19	봉서국(奉書局)을 상의원(尙衣院)과 아우르다.
태종 16년(1416)	6/20	하륜 등에게 고려사(高麗史) 충정왕(忠定王) 이전을 세 부분으로 나누어 보고 바로잡게 하다.
태종 16년(1416)	7/21	춘추관(春秋館)의 국사(國史)를 햇빛과 바람에 쏘이게 하다.
태종 16년(1416)	8/20	일본 사신이 대장경(大藏經)을 청하여 충청, 경상도의 여러 절에 보내 질이 맞는 것을 보내게 하다.
태종 16년(1416)		* 도은선생집(陶隱先生集).
태종 17년(1417)	2/5	왕친록(王親錄)을 돌려 받다. 종부시(宗簿寺) 2건을 엮어 올려서 그 가운데 1건은 세자에게 맡겼던 것이다.
태종 17년(1417)	4/28	신찬건원릉제의주(新撰健元陵祭儀註)를 예조가 바치다.
태종 17년(1417)	5/15	제왕운기(帝王韻紀)를 경주부가 펴내다. - 발문, 연표, 서물동호회보.
태종 17년(1417)	5/24	농상집요(農桑輯要)에서 뽑아 펴낸 양잠방(養蠶方)을 주해(註解)하여 펴내다. 일찍이 곽존중(郭存中)이 뽑아서 낸 일이 있었다.
태종 17년(1417)	7/12	향약구급방(鄕樂救急方)을 의흥현(義興縣)에서 다시 펴내다. 대장도감(大藏都監)에서 펴낸 나무판이 못쓰게 되었기 때문이다. - 발문, 연표, 조선의서지
태종 17년(1417)	11/5	참서(讖書)를 금하다.

연대	월/일	내용
태종 17년(1417)	12/15	서운관(書雲觀)의 참서 2상자를 불태우다.
태종 17년(1417)	12/20	명나라에서 준 신승전(神僧傳), 제불여래보살명칭가곡(諸佛如來菩薩名稱歌曲), 책력(冊曆)들을 노귀산(盧龜山) 등이 가지고 돌아오다. - 태종문황제실록,187, 영락 15, 6, 무신.
태종 17년(1417)		* 쌍매당선생협장문집(雙梅堂先生夾藏文集) 17.5/13.2 = 20/11 흑구 -청-90.
태종 18년(1418)	3/30	예기천견록(禮記淺見錄)을 제주목(濟州牧)에서 되새기다. - 발문, 연표, 고려대소장.
태종 18년(1418)	3/	원재선생집(圓齋先生集)을 새겨서 펴내다. - 발문, 연표.
태종 18년(1418)	5/	의옥집(疑獄集)을 홍주목(洪州牧)에서 펴내다. 18.5/13.5-, 20/11-간기, 조선의 서지 -청, 167.
세종 즉위년(1418)	12/25	고려사(高麗史)를 다시 엮게하다.
세종 1년(1419)	1/8	하식은곡(賀息恩曲)을 변계량(卞季良)에게 명하여 엮어 내게 하다.
세종 1년(1419)	3/9	장일통요(葬日通要)를 정이오(鄭以吾) 등에게 엮어 올리게 하다.
세종 1년(1419)	9/20	고려사(高麗史)를 유관(柳觀) 등에게 개수(改修)하게 하다.
세종 2년(1420)	윤1/19	향악(鄉樂)의 노랫말을 헌수(獻壽)와 경계(警戒) 뜻과 말로 각각 3수씩 변계량(卞季良)에게 짓게 하다.
세종 2년(1420)	5/28	변계량(卞季良)이 고려사(高麗史)의 천재지이(天災地異) 기록을 엮어 바치다.
세종 2년(1420)	8/	묘법연화경(妙法蓮華經)이 구월산(九月山) 장불사(長佛寺) 보봉자(寶峯子)에게 새겨 펴내게 하다. - 간기, 고려대소장.
세종 2년(1420)	10/25	일본에서 송희경(宋希璟)이 돌아와 견문한 바를 시(詩)로 지어 노송당일본행록(老松堂日本行錄)을 바치다.
세종 2년(1420)	?	소미가숙점교부음통감절요(少微家塾點校附音通鑑節要), 경자자(庚子字), 23/15.3, 19/11,흑구 청-334 하동정씨 인지(麟趾) 백수(伯睢) 인(印). 소학대문토(小學大文吐) 경자자(庚子字) (復刻)13/10.7 -, 9/6, 청-35. 종이 5첩 14장
세종 2년(1420)		* 신전결과고금원류지론속집(新箋決科古今原流至論續集) - 경자자(庚子字) //= 23/15.3 -21/11 -청 355.
세종 2년(1420)		* 논어집주대전(論語集註大全) 경자자(庚子字) //= 23/15/3 -21/11 -청 318-9.
세종 3년(1421)	1/7	충주사고(忠州史庫)의 서적부(書籍簿)를 친히 보고 필요한 책을 가져오게 하다.

연대	월/일	내용
세종 3년(1421)	1/30	수교고려사(讎校高麗史)를 유관(柳觀) 등이 올리다.
세종 3년(1421)	2/5	각 관청의 서책(書冊)의 판목(版木)을 관리가 정돈하여 간직하게 하고 흩어지지 않게 하다.
세종 3년(1421)	3/23	고려와 명의 외교 문서를 등사(謄寫)하여 중외(中外)의 사고(史庫)에 수장하게 하다.
세종 3년(1421)	3/24	주자소에 술 120병을 내리다. 이에 앞서 책을 찍는데 동판(銅版)에 글자를 늘려 놓고 황랍(黃蠟)을 녹여 부어 굳은 다음에 찍어내었다. 따라서 황랍이 몹시 많이 들어가기에 하루에 찍어내는 바가 수장에 지나지 않았다. 세종 임금께서 친히 지시하여 기획하고 공조참판(工曹參判) 이천(李蕆), 전(前) 소윤(少尹) 남급(南汲)에게 명하여 동판을 다시 부워 내어 글자 모습과 꼭 맞게 만들었더니 밀랍(蜜蠟)이 흘러 나가지 않아서 하루에 수십 백장을 찍어낼 수 있게 되었다. 임금은 그들의 일하는 수고를 생각하여 자주 술과 고기를 내려주고 자치통감강목(資治通鑑綱目)-경자자본(庚子字本)을 찍게 하고 집현전(集賢殿)으로 하여금 그 틀린 것들을 바로잡게 하였다. 세종 2년(1420) 겨울부터 세종 4년(1422) 겨울까지 걸려서 끝냈다.
세종 3년(1421)	3/26	책을 서울과 지방에서 사게 하고 책을 바치는 자는 그 뜻에 따라 혹은 포백(布帛)을 주거나 관작(官爵)을 주어 상을 내리게 하라 하다.
세종 4년(1422)	3/	이 달에 성달생(成達生)이 쓴 묘법연화경(妙法蓮華經)을 새겨져 대자암(大慈庵)에 모시다.(고려대 소장).
세종 4년(1422)	10/29	주자소에 명하여 글자 모양을 고쳐서 부어 내게 하고 책을 찍게 하여 변계량(卞季良)에게 명하여 발문(跋文)을 쓰게 하였다. 대학연의발문(大學衍義跋文). - 춘정집, 12, 대학연의발문. 세종이 주자소에 명하여 글자 모양을 고쳐 만들어 책을 바치게 하고 변계량(卞季良) -발문. 주자 - 많은 책 찍고 후세에 전하니, 무궁한 이익, 세종 2년(1420) 11월 세종이 이천(李蕆)에게 모양 고쳐 만들게 하여 정교하고 치밀하게 되었다. 김익정(金益精), 정초(鄭招)에게 감독 7달만에 성공. - 인쇄 하루에 20여장-태종이 시작-세종 이어받아-조리 주밀 개선되다. 모든 책 찍어 모든 사람 배울 수 있다. 文敎 일흥-先進 世道益盛, 漢書惟念 財利兵革, 比之則 天壤之辨, 朝鮮萬世無限之福.
세종 4년(1422)		* 자치통감강목(資治通鑑綱目), 경자자(庚子字) 24/15.3 = 22/11 흑구. 성암 소장, 청-335-6 실록 11. 3-3 병술, 38권 9-11-정해 주자소에 술 129병을 내리다. 이보다 앞서 책을 찍을 때 동판에 밀랍을 녹여서 굳은 다음에 찍었는데 밀랍이 너무나 들어서 하루에 찍는 양이 불과 몇 장에 지나지 않았다. 세종이 내고(內庫)의 왜지(倭紙) 959첩(貼)을 내어 주자소에 통감강목(通鑑綱目)을 다시 찍게 하였다.

연대	월/일	내용
세종 5년(1423)	1/24	병조계(兵曹啓) … 주자소 궐내 출입인 신부를 지니게 하였다. 165. 19/8ㄴ 53/ 闕內出入人信符.
세종 5년(1423)	2/5	호조에 명하여 주자소에서 강목속편(綱目續編)을 찍기 위해 책종 이를 만들게 하여 경상도 1,500권, 전라도 2,500권을 나누어 만들게 하다.
세종 5년(1423)	2/5	주자소로 하여금 강목속편(綱目續編)을 인쇄하고자 하오니 경상도에 책지(冊紙) 1,500권, 전라도에 2,500권을 갖추게 하되 국고의 쌀로서 민간의 닥나무와 교환하여 종이를 만들어 바치게 하라고 하였다.
세종 5년(1423)	2/10	문신에 명하여 당선명력(唐宣明曆), 원수시력(元授時曆), 보문회보 중성력요(步文會中星曆要) 등의 여러 책의 차이를 교정하여 서운관에 두다.
세종 5년(1423)	3/15	각도에서 찍어 보낸 사서(四書) 오경(五經)의 10부씩을 성균관과 5부 학당에 나누어주다.
세종 5년(1423)	3/23	집현전에 명하여 법조우(范祖禹)의 당감(唐鑑)을 베끼게 하다.
세종 5년(1423)	6/23	주자소로 하여금 노걸대(老乞大), 박통사(朴通事), 전후한직해(前後漢直解), 효경(孝經) 등의 서책을 찍어내게 하다.
세종 5년(1423)	8/2	주자소에서 통감속편(通鑑續編)을 찍어 바치다. 문신에게 나누어주다.
세종 5년(1423)	12/	송조명현오백가파방대전문수(宋朝名賢五百家播芳大全文粹)를 주자로 찍어내게 하다. - 세종실록인출기.
세종 6년(1424)	1/11	주자소에서 찍어낸 송파방(宋播芳) 각 한 부씩을 문신들에게 나누어주다.
세종 6년(1424)	1/19	일본에서 온 사신의 중에게 대반야경(大般若經)을 주다.
세종 6년(1424)	2/7	일본에 사신을 보내 불경류(佛經類)를 선물로 하다.
세종 6년(1424)	2/14	주자소에서 찍어낸 대전대학(大全大學) 50벌을 문신에게 나누어주다.
세종 6년(1424)	3/1	춘추관(春秋館)에서 공정(恭靖) 대왕, 공정(恭定) 대왕 양조(兩朝)의 실록을 엮기 시작하다.
세종 6년(1424)	3/25	정인지에게 명하여 개원점(開元占)을 교정하게 하다.
세종 6년(1424)	6/	전라도 고산(高山)의 안심사(安心寺)에서 성달생(成達生)이 쓴 금강경(金剛經)과 아미타경(阿彌陀經) · 보현행원품(普賢行願品) · 관세음보살보문품(觀世音菩薩普門品)을 한 책으로 합한 육경합부(六經合部)를 개판(改版)하다. - 발문, 간기, 연표(고려대소장).

연대	월/일	내용
세종 6년(1424)	8/2	조지소에서 대잎, 솔잎, 볏짚, 버들잎의 4가지 책 종이 40첩(貼)을 바치다. 이를 주자소에 내리다.
세종 6년(1424)	8/11	유관(柳觀) 등이 수교고려사(讎校高麗史)를 바치다. 윤회(尹淮) 서문을 쓰다. - 동문선 93, 서문.
세종 6년(1424)	8/11	유관(柳觀) 등이 수교고려사(讎校高麗史)를 엮어 올리다. 윤회(尹淮) 서문을 쓰다. - 동문선 93, 서문.
세종 6년(1424)	10/	고창(高敞) 문수사(文殊寺)에서 영가진각선사증도가(永嘉眞覺禪師證道歌)를 펴내다. - 간기, 연표, 고려대 소장.
세종 6년(1424)	11/11	(10)23/4ㄱ 무자 2ㄱ 주자소에서 찍은 宋播芳 각1부를 대소신에게 내려주다.
세종 6년(1424)	11/15	지지(地志)와 주부군현(州府郡縣)의 연혁을 변계량(卞季良)에게 지어 바치게 하다.
세종 6년(1424)	11/16	(264)26-25ㄴ 정미. 동철(銅鐵)의 생산지를 시험하다. 전라도 용택(龍澤), 동리향(銅里鄕)에서는 군인 20명을 부려 7일 동안 11냥중을 고주(鼓鑄)하고 경상도 김해(金海) 사읍교(沙邑橋)에서는 군인 30명이 13일 동안 19냥을 고주하고 창원(昌原) 북배동(北背洞)에서는 군인 30명이 15일간 57냥중을 고주하고 동(銅)이 섞인 생연석(生鉛石) 한 말 일곱 되와 납(鉛) 58냥중을 고주하였다.
세종 6년(1424)	11/24	(266)26-25ㄴ 정미. 紙造所進, 新造蒿節紙, 二百八貼, 松葉紙二十二貼, 命下鑄字所.
세종 7년(1425)	1/17	주자소에서 찍어낸 장자(莊子)를 문신들에게 나누어주다.
세종 7년(1425)	1/24	사기(史記)를 찍어 나누어주기 위해 책종이를 만들어 바치다.
세종 7년(1425)	2/24	악서(樂書)를 엮어 바치게 하다.
세종 7년(1425)	2/	춘천부(春川府)에서 세의득효방(世醫得効方)을 펴내다. - 발문, 연표, 조선의 서지.
세종 7년(1425)	4/1	각 절이 현재 소장하고 있는 여러 불경 책과 나무판의 숫자를 장부에 기록하여 바치도록 하다.
세종 7년(1425)	4/2	화산별곡(華山別曲)을 변계량(卞季良)이 지어 바치다.
세종 7년(1425)	6/2	춘추관(春秋館)의 청을 받아 지리지(地理志)를 엮는데 자료로 참고하기 위해 충주사고에서 관집사(觀集寺)로 옮겨 놓았던 주부군현의 패보사(稗補社) 창립에 관한 문적(文籍) 자료를 찾아 올려 보내게 하다.
세종 7년(1425)		* 진주목에서 양촌선생입학도설(陽村先生入學圖說)을 펴내다. - 간기, 연표, 남애 장서.

연대	월/일	내용
세종 7년(1425)	7/15	교서관(校書館) 서원(書員)을 주자소(鑄字所) 서원(書員)으로 바꾸어 부르기로 하다.
세종 7년(1425)	윤7/17	임금에게 바치는 책의 겉장은 모두 흰 능화문 종이[白綾花紙]를 쓰고 그 밖의 것은 전지를 받은 뒤에 능단을 고르게 하다.
세종 7년(1425)	9/1	각도와 각 군청에 있는 책의 나무판을 이어 받을[傳掌] 때를 분명하게 하도록 하다.
세종 7년(1425)	11/8	주자소에서 찍어낸 사기(史記)를 문신에게 나누어주다.
세종 7년(1425)		* 을사 경자자 史記//=21/11 23/15.3 청320. 충청 전라 경상감사에게 뜻을 전하여 사마천(司馬遷)의 사기(史記)를 찍어 나누어주고자 한다. 책 종이는 닥을 공물(貢物)로 사서 보내도록 하라. 실록 30권 같은 해 11월 예조에 다시 말하기를 주자소에 사기(史記)를 찍어 문신들에게 나누어 주라 하였다. 성종 갑인자본 17/10 25-17.5
세종 7년(1425)		* 임신 일본 국왕 사신 奎籌-經史類題 20권 나누어주다. 22-24ㄴ 庚子字 類說經學隊杖 3권 1책/ 대 18/8 소 18/16 20-11/7 흑구 청 354-5 최치원 찬
세종 7년(1425)	11/24	의례상정소(儀禮詳定所)에서 엮은 태종공정대왕(太宗恭定大王), 원경왕후(元敬王后), 상장의궤(喪葬儀軌) 3건을 예조, 충주사고 각 곳에 나누어 두게 하다.
세종 7년(1425)	12/5	태조실록(太祖實錄)을 1벌 더 베껴서 사고에 두게 하다.
세종 7년(1425)	12/23	명나라에서 집성소학(集成小學) 100벌을 사오게 하다.
세종 7년(1425)		* 을사 경자자 史記//=21/11 23/15.3 청320. 충청 전라 경상 감사에게 뜻을 전하여 사마천(司馬遷)의 사기(史記)를 찍어 나누어주고자 한다. 책종이는 닥을 곡물로 사서 보내도록 하라. 실록 30권 같은 해 11월 계미조에 다시 말하기를 주자소에 사기(史記)를 찍어 문신들에게 나누어 주라 하였다. 성종 갑인자본 17/10 25- 17.5.
세종 8년(1426)	2/8	속육전(續六典)을 이직(李稷) 등이 엮어 올리다. - 동문선 93, 서문.
세종 8년(1426)	4/25	봉상시(奉常寺) 소장의 조선국악장(朝鮮國樂章)에 갖추지 못한 점을 들어 악서(樂書)를 엮다.
세종 8년(1426)	5/19	도화원(圖畫院)에 있는 고려조의 왕들과 비주(妃主)들의 영정(影幀)의 밑그림을 태우게 하다.
세종 8년(1426)	8/15	춘추관에서 공정대왕실록(恭靖大王實錄)을 올리다.
세종 8년(1426)	8/16	세자친영의주(王世子親迎儀注)를 엮어 내게 하다
세종 8년(1426)	11/24	명나라 임금이 보낸 오경(五經), 사서(四書), 성리대전(性理大全) 한 벌 모두 120책, 통감강목(通鑑綱目) 한벌 14책을 김시우(金時遇)가 가지고 오다.

연대	월/일	내용
세종 8년(1426)	12/3	속육전(續六典)과 등록(謄錄)을 엮어서 바치다. - 동문선 93, 서문.
세종 8년(1426)	12/8	성리대전을집(性理大全甲乙集)을 펴내도록 하다.
세종 8년(1426)	12/15	신속육전(新續六典), 원육전(元六典)을 각 800벌, 등록(謄錄) 100벌 주자소에서 찍어내게 하다.
세종 9년(1427)	3/23	당률소의(唐律疏義)를 주자소에서 찍어서 중외 관리에게 나누어 주다.
세종 9년(1427)	7/1	역대의 여러 역사서를 경연에 보내다.
세종 9년(1427)	7/18	신간성리대전(新刊性理大全)을 경상감사가 바치다.
세종 9년(1427)	7/9	향약구급방(鄕藥救急方)을 충청도에 보내어 펴내게 하다.
세종 9년(1427)	10/28	대전시(大全詩), 춘추(春秋)를 전라도감사에게 명하여 펴내게 하다.
세종 9년(1427)	11/3	강목통감(綱目通監)을 주자소에서 펴내게 하다.
세종 10년(1428)	1/26	책판의 보전 보관의 법을 정하게 하다. 강원도감사가 사서대전(四書大全)을 세 곳에서 나누어 새겨서 각 기관을 정해서 분류 장치하고 수령이 교대할 때 해유시재(解由時載)한 보기에 따른 것이다.
세종 10년(1428)	3/23	태일산법음청(太一算法陰晴)의 기록법을 정하여 1년의 풍우음청(風雨陰晴)을 매일 같이 상세히 적어서 해마다 적어 바치게 하다.
세종 10년(1428)	4/16	명나라 사신에게 성리대전어록(性理大全語錄)에 대한 것을 묻다.
세종 10년(1428)	윤4/1	속육전(續六典)을 다시 엮도록 정초(鄭招) 등에게 명하다.
세종 9년(1427)	9/	현수제승법수(賢首諸乘法數)를 수놓아 펴내다. - 발문, 연표.
세종 10년(1428)	윤4/1	성리대전(性理大全) 50벌을 경상감사가 바치다. 문신 2품아문에게 나누어주고 춘추관, 성균관에 각 한 벌씩을 간직하게 하다.
세종 10년(1428)	윤4/13	농종(農種)의 방을 뽑아서 책을 지어 올리게 하고 경상감사에게 올리도록 명하고 또 농서(農書) 1000부를 찍어 바치게 하다.
세종 10년(1428)	윤4/18	세종이 변계량(卞季良) 등과 사서(四書)의 토(吐)에 대하여 의논하다.
세종 10년(1428)	윤4/	문선(文選)을 찍어내다. 발문, 연표.
세종 10년(1428)	5/21	서한이하역대계보(西漢以下歷代譜系圖)를 김돈(金墩)에게 얹게 하다.
세종 10년(1428)	7/1	세종이 일본에서 백편상서(百篇尙書)를 사올 것과 일본 종이 만드는법[倭紙造作法W]을 배워 올 것을 말하다.
세종 10년(1428)	7/13	충청, 전라도, 감사에게 농법(農法)을 뽑아 책을 지어 올리게 하다.
세종 10년(1428)	8/14	반야경(般若經) 한 부를 대마도주(對馬島主)에게 주다.

연대	월/일	내용
세종 10년(1428)	8/27	태종공정왕(太宗恭定王)·원경왕후(元敬王后)의 상장의궤(喪葬儀軌)를 충주사고(忠州史庫)에 수장하게 하다.
세종 10년(1428)	9/8	집성소학(集成小學)을 허조(許稠)에게 엮어 주자소에서 찍게 하다.
세종 10년(1428)	10/3	예전에 엮은 이십사효(二十四孝)에 이어 다시 이십여효(二十餘孝)를 보태서 전조와 삼국 시대의 효행자(孝行者)를 모아 한 책을 만들도록 설순(偰循)에게 명하였다. 또 춘추관에 있는 고려사(高麗史)를 뽑아서 기록하게 하다.
세종 10년(1428)	10/24	선원록(璿源錄)은 10년에 한번 가다듬고 종실보(宗室譜)는 3년마다 이어 베끼도록 종부시(宗簿寺)에 이르다.
세종 10년(1428)	11/12	문장정종(文章正宗) 초사(楚辭) 등을 주자소에서 찍어내게 하다.
세종 10년(1428)	11/29	육전(六典) 5권, 등록(謄錄) 1권을 이직(李稷) 등이 엮어 올리다. 하연(河演) 등에게 명하여 다시 엮어내게 하다.
세종 10년(1428)	12/13	성리대전(性理大全)과 경서대전(經書大全)을 펴낸 사람에게 미곡(米穀)을 내리다.
세종 11년(1429)	2/6	농서(農書) 한 부씩을 정부, 6조, 당상(堂上)에게 내리다.
세종 11년(1429)	2/23	새로 펴낸 역(易), 서(書), 춘추(春秋)의 나무판을 경상감사에서 바치니 이를 주자소에 두게 하다.
세종 11년(1429)	3/6	새로 새긴 시(詩), 예(禮)의 나무판을 전라감사가 올리니 주자소에 두게 하다.
세종 11년(1429)	3/18	초사(楚辭)를 나누어주다.
세종 11년(1429)	3/18	원속육전(元續六典)을 중외관(中外官)에게 찍어 나누어주다.
세종 11년(1429)	3/22	경연(經筵)에 있는 구해효경(句解孝經)을 주자소로 하여금 210질을 찍어내게 하다.
세종 11년(1429)	3/26	경연의 책은 권마다 경연(經筵) 두 장의 도서 인장(圖書印章)을 찍어 표시하고, 내사(內賜) 두 자의 도서를 만들어 주는 사람에게 표하도록 하다.
세종 11년(1429)	4/22	사서대전(四書大全) 50건을 강원감사가 바치다. 4벌은 종학(宗學)에 3벌은 집현전에 나머지는 문신에게 나누다.
세종 11년(1429)	5/16	농사직설(農事直說)을 정초(鄭招)에게 엮게 하다.
세종 11년(1429)	5/20	효경(孝經)을 나누어주다.
세종 11년(1429)	5/29	국어(國語), 송파방(宋播芳), 자치통감(資治通鑑), 문원영화(文苑英華), 주문공집(朱文公集), 주례(周禮) 동암증의(東巖證義) 등의 책을 각도에 구하게 하다.

연대	월/일	내용
세종 11년(1429)	6/27	안동 사람 주문공집(朱文公集) 32권을 올리다.
세종 11년(1429)	7/23	매를 잡기위해 해청도(海靑圖) 100권을 나누어주다.
세종 11년(1429)	8/	서산선생진문충공문장정종(西山先生眞文忠公文章正宗)을 찍어내다. 23/15.3 = 21/11 흑구, -청-393~4.
세종 11년(1429)		* 기해 목판 진주간(晉州刊) 오백가주음(五百家註音) 창려선생외집(昌黎先生外集) 16/10 19.5~20.5/ 청 영락(永樂) 기해 여름 4월.
세종 11년(1429)		* 기유 경자 자간본 서산선생진문충공(西山先生眞文忠公) 문장정종(文章正宗)//=23/15.3 청 393-6 대자1.0/1.0 소자 0.8/0.5 경연(經筵) 인. 新鑄字 御經筵 命左代言金赭曰 不可不知其令 鑄字所印 之 翌年 八月 印成 新鑄字 極爲精緻.
세종 12년(1430)	2/14	농사직설(農事直說)을 중외에 나누어주다.
세종 12년(1430)	3/20	상서(尙書) 30건, 예기(禮記) 20건을 경상도에서 찍어 올리다.
세종 12년(1430)	4/26	태종실록(太宗實錄)을 황희(黃喜)에게 감수하게 하다.
세종 12년(1430)	8/29	사람을 대마도(對馬島)에 보내 책 종이를 만들고 왜닥[倭楮]을 구하게 하다.
세종 12년(1430)	9/29	악보(樂譜)를 엮게 하다.
세종 12년(1430)	12/10	주자소에 고문선(古文選)을 주다.
세종 12년(1430)	윤12/1	아악보(雅樂譜)를 끝내다. 정인지(鄭麟趾)가 서문(序文)을 쓰다.
세종 12년(1430)		* 경술 경자자 문선(文選) 6신주 실록 50 12/12 병자 청390-1 주자본 고문선(古文選)을 종친(宗親)과 문신(文臣)에 나누어주다.
세종 13년(1431)	1/21	이문등록(吏文謄錄) 속의 연례(年例)를 빼놓은 긴요문서(緊要文書)를 뽑아서 주자소로 하여금 찍어내게 하다.
세종 13년(1431)	2/28	주자 인쇄는 널리 펼 수 없으므로 나무판으로 좌전(左傳)을 널리 행하게 한다.
세종 13년(1431)	3/17	태종실록(太宗實錄) 36권을 춘추관에서 엮어내다.
세종 13년(1431)	4/25	태조(太祖), 공정(恭靖), 태종(太宗)의 세 실록을 충주사고에 봉안하다.
세종 13년(1431)	5/11	직지방(直指方), 상한유시(傷寒類書), 의방집성(醫方集成)을 각각 50건씩을 주자소에서 찍어내게 하고 또 보주동인경(補註銅人經)은 그림[圖形]이 있으므로 경상도에서 판에 새기게 하여 이를 전의감(典醫監), 혜민국(惠民局) 제생원(濟生院)에 나누어주게 하다.

연대	월/일	내용
세종 13년(1431)	5/13	강원도에 있는 이속원육전(吏續元六典)의 나무판에 이즈러진 곳을 수보(修補)하여 찍어 내고 이어 찍어내서 나누어주게 하다.
세종 13년(1431)	5/22	동인지문(東人之文), 익제집(益齋集)을 윤회(尹准)에게 다시 교정하게 하고 주자소에서 이를 찍어내게 하다. – 익제난고 발문.
세종 13년(1431)	5/	음주전문춘추괄예시말좌전구독직해(音註全文春秋括例始末左傳句續直解)를 복각 간행하다. – 발문, 연표, 간송문고.
세종 13년(1431)	6/2	휼형(恤刑)의 교지(敎旨)를 내려 주자소에서 찍어내서 중외에 나누어주다.
세종 13년(1431)	6/2	새로 펴낸 설암법첩(雪庵法帖)을 나누어주다.
세종 13년(1431)	9/2	명나라 사신이 가져온 불경(佛經)들을 회암사(檜巖寺)에 간직하다.
세종 13년(1431)	11/4	충신도(忠臣圖)를 설순(偰循)에게 엮어 올리게 하다.
세종 13년(1431)	11/	치가절요(治家節要)를 밀양(密陽)에서 펴내다. – 발문, 연표. 고려대.
세종 13년(1431)	12/	향약채취월령(鄕樂採取月令)을 찍어서 나누어주다. – 발문, 연표, 조선의서지.
세종 13년(1431)		* 원주각(原州刻) 역옹패설(櫟翁稗說) //=17/10 17.5/18,5 흑구 청 7 복각 갑인 자본 성화5 / 25.5/18/0 흑구.
세종 14년(1432)	1/19	신찬팔도지리지(新撰八道地理志)를 맹사성이 올리다.
세종 14년(1432)	6/9	신찬삼강행실(新撰三綱行實)을 올리다. 효자(孝子), 충신(忠臣), 열녀(烈女)의 사적을 각각 108명 앞에 그림[圖形]을 그리고 사실을 기록하다.
세종 14년(1432)	6/14	육전(六典)을 찍어서 나누어주다.
세종 14년(1432)	6/	삼강행실도(三綱行實圖)를 주자소에 명하여 새겨 내게 하다. 서문, 고려대.
세종 14년(1432)	8/3	각도 감사에게 책을 찍는 데 앞으로 임금께 아뢴 다음에 펴내게 하다. 다른 도와 겹칠 수도 있고 긴요하지 않은 책을 펴내거나, 재정의 낭비를 막기 위한 것이다.
세종 14년(1432)	8/16	책의 장정(粧幀), 배접(褙接), 주자소에서의 각자(刻字) 등을 빼고는 소임이 없는 중들은 논죄하고 군에 들게 한다.
세종 14년(1432)	11/16	상의원(尚衣院) 소장의 죽책(竹册), 옥책(玉册)은 종묘(宗廟) 6실에 간직한다.
세종 15년(1433)	1/1	신찬경제육전(新撰經濟六典)을 황희(黃喜) 등이 고쳐 닦아 올리다. 주자소에 명하여 찍어 내게 하다. – 간기, 일본 궁내성 도소료.

연대	월/일	내용
세종 15년(1433)	1/5	율려청(律呂廳)을 따로 두다.
세종 15년(1433)	1/7	회례아악(會禮雅樂)을 새로 만든 공을 상주다.
세종 15년(1433)	1/	송양산법(宋楊輝算法)을 경주부에서 펴내다.
세종 15년(1433)	2/6	새로이 원묘악장(原廟樂章)을 엮다.
세종 15년(1433)	2/9	진씨집설(陳氏集設), 천견록(淺見錄), 춘추부록(春秋附錄)을 찍을 것을 조목조목 이르다.
세종 15년(1433)	2/24	삼강행실도(三綱行實圖)의 발문이 정초(鄭招)에 의해 지어 바쳐지다.
세종 15년(1433)	5/	승제통변산보(乘除通變算寶)를 경주부에서 펴내다. 명나라 근덕(勤德) 서당 간본 복각 =// 22/23.5, 25/16 흑구 -청- 173-74.
세종 15년(1433)	6/11	향약집성방(鄕樂集成方) 85권을 유효통(俞孝通) 등이 엮어 올리다. 권채 서문을 쓰다.
세종 15년(1433)	7/4	진서(陣書)를 하경복(河敬復) 등이 엮어내다. 계축진설(癸丑陣說)이라 이름짓고 진도(陣圖)와 함께 주자로 찍어내다.
세종 15년(1433)	8/25	신간송양휘산법(新刊宋楊輝算法) 100건을 경상감사가 올리다. 집현전, 호조, 서운관, 습산국(習算局)에게 나누어주다.
세종 15년(1433)	8/27	향약집성방(鄕樂集成方)을 전라, 강원도에서 나누어 펴내다.
세종 15년(1433)	8/	효행록(孝行錄) 판이 전하지 않으므로 경주부에서 거듭 펴내다. 권근 주, 권전. 권준 엮다. 19.2/13 - 20/10 흑구 -청- 46.
세종 15년(1433)	9/12	민속가요(民俗歌謠)의 노랫말을 뽑아내서 바치다.
세종 15년(1433)	10/28	계음주(誡飮酒)의 교서(敎書)를 유의손(柳義孫)이 받아 엮은 것을 주자소에서 찍어내게 하여 중외에 나누어주다.
세종 15년(1433)		* 경주각본(慶州刻本) 효행록(孝行錄) 20/10, 19.2~17/13 흑구 청35.
세종 16년(1434)	2/6	요동(遼東)에 이변(李邊)을 보내서 직해소학(直解小學)에 대한 질문을 하게 하다.
세종 16년(1434)	3/5	태산요록(胎産要錄)을 노중례(盧重禮)에게 엮게 하고 주자소로 하여금 찍어내게 하다.
세종 16년(1434)	3/5	독서법(讀書法)을 강원도에서 펴내게 하다.
세종 16년(1434)	4/9	함길도(咸吉道)의 지도(地圖)를 그려 사영(使營)에 수장하게 하고 또 변장(邊將)에게 나누어 보내다
세종 16년(1434)	4/27	삼강행실(三綱行實)을 펴내고 윤회(尹淮)에게 교서를 짓게 하다.
세종 16년(1434)	5/24	각도 각관에게 지도(地圖)를 만들어 올려 보내게 하다.

연대	월/일	내용
세종 16년(1434)	5/25	명나라에서 준 음극서사(陰隲書四) 141건을 나누어주고 명칭가곡 (名稱歌曲) 135건을 선·교(禪敎) 양종(兩宗)에게 나누어 소장하게 하다.
세종 16년(1434)	6/5	널리 의방(醫方)을 뽑아서 이를 다스리다.
세종 16년(1434)	6/21	노걸대(老乞大), 박통사(朴通事)를 승문원(承文院), 사역원(司譯院) 에 나누어주다.
세종 16년(1434)	6/26	통감훈의(通鑑訓義)를 만들다. - 동문선. 94, 서문.
세종 16년(1434)	7/2	조판주조법을 이천(李蕆)에게 명하여 고치다. 경연에 효순사실(孝順事實), 위선음즐(爲善陰隲), 논어(論語) 등의 책을 글자본으로 하고 모자란 부분은 진양대군에게 쓰게하여 큰자 20여만자를 다시 부어내다.(甲寅字, 또는 衛夫人字) 하루 40여장을 찍어내며 글자체 가 명확하고 바르며, 일이 쉽고 전의 배가 되었다. 이천에게 명하여 태종이 억지로 우겨서 개량 명령. 밀랍을 판 밑에 펴고 글자 맞추어 끼다. - 무르고 연해서 굳지 않으니 이 단점을 고쳐서 만들라 권하여 밀을 쓰지 않고 많이 박아 내어도 글자가 삐뚤어지지 않게 하니 아름답게 여긴다. 대군(진양) 큰자는 북정(北征)으로 구리-쇠는 소요도 많으나 이 일도 해야하니 이천(李蕆), 김돈(金墩), 김빈(金鑌), 장영실(蔣英實), 이세형(李世亨), 이순지(李純之)에게 명하였다. 효순사실(孝順事實), 위선음즐(爲善陰隲), 논어(論語), 자본 부족자 진양대군보충 20여만자 부워내다.
세종 16년(1434)	7/16	새로 부워낸 큰자로 자치통감(資治通鑑)을 찍도록 하다. - 인출기 -일본 봉좌문고.
세종 16년(1434)	7/	선시연의(選詩演義)를 주자로 찍다.
세종 16년(1434)	8/5	선생상전(先生相傳)의 문서를 선원전(璿源殿)에 두게 하다.
세종 16년(1434)	8/16	금귀집(金龜集) 신구(新舊) 2건을 춘추관에 내림. 고려(高麗) 고사 (故事) 쓴 책이다.
세종 16년(1434)	8/26	시선시연의(選詩演義)를 나누어주다.
세종 16년(1434)	10/	진서산독서기을집상대학연의(眞西山讀書記乙集上大學衍義)를 주자로 찍다. - 인출기, 고려대, 일본 궁내성.
세종 16년(1434)	11/5	시정기(時政記)는 햇빛-바람쏘이기[曝曬]식년(式年)에는 충주사고 에 두게 하다.
세종 16년(1434)	11/25	삼강행실(三綱行實)을 주고 각도에 나누어주다.
세종 16년(1434)	11/	자치통감강목(資治通鑑綱目)을 주자로 찍다. - 인출기, 규장각, 한양대.

연대	월/일	내용
세종 16년(1434)	12/28	지정조격(至正條格)을 문신에게 나누어주다.
세종 17년(1435)	2/6	대반야경(大般若經)을 대마도에 주다.
세종 17년(1435)	3/5	호삼성(胡三省)의 음주자치통감(胡三省音註資治通鑑) 100권을 조수(趙須)가 올리다. 빠진 곳이 있으므로 구하여 오게 하다.
세종 17년(1435)	3/6	제도(諸道)에 문신(文臣)을 보내어 유전(遺典)을 구하게 하다. 음주자치통감의 나머지 권을 얻어 올리게 하다.
세종 17년(1435)	4/8	승문원(承文院)의 사자체(寫字體)를 진자(晉字)로 하게 하다.
세종 17년(1435)	4/8	큰자로 근사록(近思錄)을 찍어내게 하다. 집성소학(集成小學) 10,000벌을 주자소에 있는 책 판으로 찍게 하다.
세종 17년(1435)	4/8	허조(許稠)-집성소학(集成小學)-일용(日用)-혜민국(惠民局) 같이 종이+쌀+콩으로 밑천 삼아 만여본을 찍어 팔면[賣]-본전을 관에 바치면(賣不善, 頒之善)-경의 말이 좋으니 장차 행하겠다. 주자소가 모든 책판을 찍어낸 것이 좋으니 의논하여 아뢰라.
세종 17년(1435)	4/	시전대전(詩傳大全)을 주자로 찍어내다. - 인출기, 서울대.
세종 17년(1435)	7/7	명나라에서 돌아온 심도원(沈道源)이 호삼성(胡三省)의 음주자치통감(音註資治通鑑) 1부를 올리다.
세종 17년(1435)	9/12	경복궁 안으로 주자소를 옮기고 승지에게 이를 관장케 하다. 주자소에는 목판을 두고 교서관에서 이를 맡게 하다.
세종 17년(1435)	9/12	(134) 70 주자소 설립 뒤부터 궐 안의 아문(衙門)으로 삼았다. 역사를 독려하고 승정원이 주관하게 하다. 관사(官司)가 궐 밖에 있어 불편, 전 주자소는 목판만 찍게 하고 교서관 2품 이상 문신(文臣) 1인, 승지(承旨) 1인, 제조(提調), 교서(校書), 참외(參外) 2~3인이 전관(專管)하고 해유시(解由時) 상세히 함을 정식으로 하게 하다.
세종 17년(1435)	9/24	명에 남지(南智)를 보내다. 호삼성(胡三省)의 음주자치통감(音註資治通鑑)을 청하게 하다. 통감전편(通鑑前編), 진경(陳桱) 역대필기(歷代筆記) 송사(宋史)를 청하게 하다. 또 영락대전(永樂大典) 간행이 있었는지, 중국의 주자의 모양을 알아보게 하다.
세종 17년(1435)	9/	분류보주이태백시(分類補註李太白詩)를 찍어내다. - 인출기, 국립도서관 일산문고.
세종 17년(1435)	10/24	각도 각관에 일러서 성리대전(性理大全)과 사서오경대전(四書五經大全) 등의 책을 향교(鄕校)에 갖추고 읍인(邑人)들이 스스로 갖추고자 할 때는 종이만 보내면 주자소의 판으로 찍어 보내게 하다.
세종 17년(1435)	11/20	속전(續典)의 빠진 조건(條件)을 주자소에서 찍어내게 하여 그 끝에 붙이게 하다.

연대	월/일	내용
세종 17년(1435)	12/21	명나라 임금이 내린 호삼성(胡三省)의 음주자치통감(音註資治通鑑) 1벌을 가져오다.
세종 17년(1435)		* 보재존자삼종가(普濟尊者三種歌)를 순천부(順天府) 송광사(松廣寺)에서 펴내다. - 간기, 조선구서고.
세종 18년(1436)	1/29	이백시집(李白詩集) 주자소에서 찍어서 종친, 문신 5품이상 관원에게 나누어주다. -청371-2 송 양제현(楊齊賢) 저//=18/10, 26.5 /17.5 문자 1.5 0.9/0.7
세종 18년(1436)	2/27	훈의통감(訓義通鑑)을 문신에게 나누어주다.
세종 18년(1436)	2/29	함길, 평안, 황해도에 가서 산천의 형세를 그려내게 하다.
세종 18년(1436)	3	역대세년가(歷代世年歌)를 주자로 찍어내다. - 가재유고 군 1, 운부군옥(韻府群玉)을 찍어내다(경재유고). 발문.
세종 18년(1436)	4/4	역대세년가(歷代世年歌)를 권도(權蹈)에게 주해(註解)하고 엮어내게 하여 주자소에서 찍어내다. - 동문선, 94, 서문, 역대세년가 이계전 서문.
세종 18년(1436)	4/4	(214) 72 자치통감(資治通鑑)의 편찬, 역대세년가(歷代世年歌) 주석, 권도(權蹈) 주해(註解) 주자소 대소 신하에게 나누어 주라.
세종 18년(1436)	5	표제주소소학(標題註疏小學)을 주자로 찍어내다. - 인출기, 연세대.
세종 18년(1436)	6	근사록(近思錄)을 주자로 찍어내다. - 인출기, 서울대, 고려대.
세종 18년(1436)	7/29	강목통감훈의(綱目通鑑訓義)를 이계전(李季甸)에게 엮게한 지 3년이 지나 유의손(柳義孫)에게 서문을 짓게 하다. 새 주자(큰자)로 강(綱)을 옛 자(甲寅字) 목(目)으로 하여 찍어내게 하다. - 회헌일고 서, 자치통감강목훈의 서.
세종 18년(1436)	8	자치통감(資治通鑑) 294권을 찍어내다. - 인출기, 규장각, 고려대.
세종 18년(1436)	10/8	75 자격루(自擊漏) 주자소 2인 구임(久任).
세종 19년(1437)	2/30	묘법연화경(妙法蓮華經)을 대마도(對馬島)에 주다
세종 19년(1437)	4/28	대장경판(大藏經板)의 전수관장[傳掌]을 엄하게 하다.
세종 19년(1437)	6/6	개국(開國), 정사(定社), 좌명(佐命)의 삼공신등록(三功臣謄錄) 2벌을 바치다. 1벌은 궁내, 1건은 춘추관에 내려서 사고(史庫)에 간직하게 하다
세종 19년(1437)	6/18	누주통의(漏籌通義)를 함길, 평안의 각도 각관에게 내리다.
세종 19년(1437)	6/	경연(經筵)에 수장되어 있는 운부군옥(韻府群玉)의 좋은 판본 2벌을 강원감사에게 보내 새겨서 펴내게 하다. - 발문.

연대	월/일	내용
세종 19년(1437)	7/19	사전(史傳)을 참고하여 장감박의(將鑑博義)에 실린 제장(諸將)의 사실을 엮어 내게 하고 남수문(南秀文)에게 발문을 쓰게 하다.
세종 19년(1437)	7/23	농사직설(農事直說)을 찍어서 각도 감사에게 나누어주다.
세종 19년(1437)	9/9	주자소 구임(久任) (294) 78.
세종 20년(1438)	2/19	예조(禮曹)에서 일본도(日本圖)를 바치다. 유의손(柳義孫)에게 풀이 글을 쓰게 하다.
세종 20년(1438)	4/	영류금방(永類鈐方)을 진주부(晉州府)에서 새겨 찍어내다. - 발문, 조선의서지.
세종 20년(1438)	6/17	돌아간 분에게 내리는 시(諡)자를 모은 책을 끝내다. 유의손(柳義孫)이 서문을 쓰다.
세종 20년(1438)	11/30	한유문주(韓柳文注)를 엮어서 마무리하다. 남수문(南秀文)에게 발문(跋文)을 쓰게 하고, 주자소에 명하여 펴내게 하다
세종 20년(1438)	11/	신주무원록음주(新註無寃錄音註)를 최치운(崔致雲) 등이 주를 붙여 마무리 하다.
세종 20년(1438)	11/	자치통감강목(資治通鑑綱目)을 주자로 찍어내다. - 인출기, 규장각, 고려대
세종 20년(1438)		* 주문공창려선생집(朱文公昌黎先生集) 18/10 26.5/17.5 실록 83-20-11 경술 조 청291. 갑인자 당유선생집(唐柳先生集) 최만리(崔萬理) 등 편 //=18/10, 26.5/17.5
세종 20년(1438)		* 청266-7 活 丙辰字-晉陽字 사정전훈의 -납[鉛]활자. 자치통감강목-병자자-갑인자 사정전훈의 진양대군자=//납활자, 18/10+12X5 26.5 X17.5 @2.2/2.8 150책
세종 21년(1439)	1/13	강화(江華)에 심은 왜닥[倭楮]의 씨를 태안(泰安), 진도(珍島), 남해(南海), 하동(河東)에 나누어 심게 하다.
세종 21년(1439)	2/5	선원유부록(璿源類附錄)을 허조(許稠) 등이 엮어 올리다.
세종 21년(1439)	2/6	검시장식(檢屍狀式)을 한성부(漢城府)에 명하여 펴내게 하고 각도 관찰사, 제주안찰사에게 판을 새겨 찍어내게 하여 각관에 나누어 주게 하다.
세종 21년(1439)	3/9	육전(六典), 율문(律文), 농잠서(農蠶書), 삼강행실(三綱行實)을 부거현(富居縣)에 보내다.
세종 21년(1439)	4/5	주자소에서 찍어낸 책은 1벌을 의정부에 보내도록 하다.
세종 21년(1439)	4/5	의정부 서적없어서 불편. 주자소 인서 반사함을 항식으로 하시어 =종지 85-1ㄱ 임오

연대	월/일	내용
세종 21년(1439)	6/26	사헌부 시폐(時弊)을 아뢰다. 조종실록(祖宗實錄), 전조사적(前朝史籍), 경서(經書), 제자서(諸子書), 경제 조장서(經濟條章書) 등을, 몇 권 써 가지고 각도, 각산에 나누어 수장하게 하도록 청하다. 이 청만 받아 드리다.
세종 21년(1439)	7/3	성주(星州), 전주(全州)에 사고(史庫)를 두어 전적(典籍)을 수장하게 하다.
세종 21년(1439)	7/16	도서(圖書) 인신(印信)의 체제를 바르게 하기 위해 경외(京外) 아문(衙門)으로 하여금 그 인신을 찍어 교서관(校書館)에 보내게 하다.
세종 21년(1439)	10/17	고신(拷迅)의 그림을 중외에 나누어주게 하다.
세종 21년(1439)	10/28	함길도 신설 각관에 시(詩), 서(書), 춘추(春秋)를 찍어보내다.
세종 21년(1439)	11/	춘추호씨전(春秋胡氏傳) 경주부윤 이효인(李孝仁)이 펴내다. - 회헌일고 발문, 신간춘추호씨전 발.
세종 21년(1439)	11/	시인옥설(詩人玉屑)을 충청도에서 펴내다. 감사 윤형(尹炯) 발(跋)을 쓰다. 집현전 경연 수장의 일본 정중(正中) 1(1324)년 간본을 수교한 것이다. - 윤형 발문, 간기.=//21/11
세종 21년(1439)	11/	주자소 제가주한유씨집(諸家註韓柳氏集)을 펴내다. 집현전이 엮다. 남수문(南秀文) 발문(跋文).
세종 21년(1439)	11/	경자자 전한서(前漢書) 1420-30//=21/11 23/15.3 흑구 청321-1 손 415
세종 21년(1439)		* 임제주백가의시집(林祭酒百家衣詩集) 안동 각본 =// 19.3/16-16/10 흑구 청-75
세종 21년(1439)		*安東刻本 林祭酒百家衣詩集=//16×10 19.3-16 흑구
세종 22년(1440)	1/	신주무오원록(新註無冤錄)을 원주목(原州牧)에서 펴내다. - 발문, 조선의서지.
세종 22년(1440)	2/3	88권 양녕(讓寧) - 주자소 인책=판각. 청 275-6 春秋經傳集解 갑인자=//18×10, 26.5×17.5
세종 22년(1440)	2/6	89-34-35 병신(丙申) 경연의 국어(國語), 음의(音義)의 1본이 자못 탈락이 있으니 소장된 책의 잘못을 고치고 빠진 곳을 보충하여 시정하라.
세종 22년(1440)	2/24	요동(遼東)에 가는 인편에 대명집체(大明集體) 1벌을 구하게 하다.
세종 22년(1440)	4/15	상서사(尙瑞司)에서 춘추관을 금내(禁內)에 새로 짓다.
세종 22년(1440)	4/25	동국문감(東國文鑑), 은대집(銀臺集), 의례(儀禮), 어제태평집(御製大平集) 등 각 12벌을 개성부에서 찍어 올리다.

연대	월/일	내용
세종 22년(1440)	6/26	국어(國語)를 보정하여 주자소에서 찍어서 널리 펼치도록 집현전에 명하다.
세종 22년(1440)	6/	당유선생집(唐柳先生集)을 찍어내다. - 인출기, 국립도서관, 서울대, 규장각.
세종 22년(1440)	6/	번천문집(樊川文集)의 협주(夾註)를 새로 찍다. 21~22.5/15.5= 17/8 흑구-간기, -청-224.
세종 22년(1440)	7/8	사대문서의주(事大文書儀注)를 민의생(閔義生)에게 엮게하다.
세종 22년(1440)	7/	함허당득통화상어록(涵虛堂得通和尙語錄)을 문인 문수가 의양산 봉암사(鳳巖寺)에서 찍어 내고 나무판을 두어두다. - 간기, 서물동회보. 서울대.
세종 22년(1440)	8/10	주자소에서 찍어서 각품에 나누어주는 책을 3월안으로 장황하여 승정원에 보내어 선사지기(宣賜之記)를 받을 것을 항식으로 하다.
세종 22년(1440)		* 세종조 각본 木 春秋經傳左氏轉句解/-24/14/ 17.7~20 /12.7 흑구.
세종 22년(1440)		* 경신 木 錦山刊//=17/8, 21.6~22.5/15 武字圖劃 疑出於宋人 청 224-5.
세종 23년(1441)	6/28	치평요람(治平要覽)을 나누어 책임지고 끝내게 하다.
세종 23년(1441)	9/29	명황계감(明皇戒鑑)을 이선 등에게 엮게 하다.
세종 23년(1441)	10/18	직해소학(直解小學) 200벌을 찍어내어 각관과 향교, 문신에게 나누어주다.
세종 24년(1442)	2/11	예조 교서반강(敎書頒降)의 의주(儀註)를 계(啓)하다.
세종 24년(1442)	3/1	용비어천가(龍飛御天歌)의 자료를 수집하기 위해 태조(太祖)의 운봉전(雲峯戰) 사적에 대해 상세히 계하게 하다.
세종 24년(1442)	6/	선시(選詩)를 주자로 찍어내다. - 인출기, 일본 봉좌문고.
세종 24년(1442)	8/12	신개(申槩) 등이 엮은 고려사(高麗史)를 올리다.
세종 24년(1442)	9/30	진한(秦漢) 이후 명까지의 모든 제고조칙(制誥詔勅)을 모아 기록하여 사륜요집(絲綸要集)이라 이름하다. 정인지(鄭麟趾)에게 골라 뽑아서 따로이 만들다.
세종 24년(1442)	12/20	치평요람찬집관(治平要覽撰集官)에게 잔치를 베풀다.
세종 24년(1442)		* 춘정선생문집(春亭先生文集)각본, 변계량(卞季良) 역음 =// 22.5 / 16 -21/11 흑구 -청 93
세종 25년(1443)	4/21	두시제가주(杜詩諸家註)를 중외에서 사들이게 하다.

연대	월/일	내용
세종 25년(1443)	5/	성달생(成達生)의 글씨로 쓴 묘법연화경(妙法蓮華經)을 전라도 고산(高山) 화암사(花巖寺)에서 찍어내다. 21.7/14-20/10 정통8 계해, -간기; -청- 194~ 6고려대, 연세대.
세종 25년(1443)	6/17	(124) 100-33S(31) ?
세종 25년(1443)	6/21	승문원(承文院) 조지소(造紙所)-주자소(鑄字所)-목사서용 1년 후 100-33ㄴb.
세종 25년(1443)	7/6	지금 역(曆)은 내편(內篇)의 법에 따라 일월식(日月食)을 추산(推算)하여 책을 만들어 올리게 하다.
세종 25년(1443)	12/	훈민정음(訓民正音) 28자를 새로 만들다.
세종 26년(1444)	1/20	양전산계법(量田算計法)을 정하여 주자소에서 찍어내게 하고 이를 나누어주다.
세종 26년(1444)	2/16	운회(韻會)를 우리말로 옮기게 하다. - 보한재집, 15, 서, 홍무정운서
세종 26년(1444)	5/1	대전경서(大全經書)를 청주향교(淸州鄕校)에 주다.
세종 26년(1444)	5/13	대장경(大藏經), 의방(醫方)의 나무판본이 흥천사에 있음을 듣고 의원(醫員)에게 고열하게 하다.
세종 26년(1444)	7/1	주자소에서 찍은 병서(兵書) 60벌을 평안 함길 양도에 나누어 보내다.
세종 26년(1444)	7/	사여전도통궤(四餘纏度通軌)를 주자로 찍어내다. -인출기, 규장각.
세종 26년(1444)	8/14	통감훈의(通鑑訓義), 성리군서(性理群書), 근사록(近思錄), 통감강목(通鑑綱目), 유문(柳文), 한문(韓文), 통감절요(通鑑節要), 집성소학(集成小學), 사륜집(絲綸集) 각 1벌을 청주향교에 주다.
세종 26년(1444)	10/11	오체의주(五體儀注)를 변효문(卞孝文)에게 상정하게 하다. 사숙재집, 8, 오례의서.
세종 26년(1444)	11/18	치평요람(治平要覽), 역대병요(歷代兵要), 의주상정(儀註詳定)을 위해 수고한 제유에게 잔치를 베풀다.
세종 27년(1445)	1/7	요동(遼東)에 신숙주(申叔舟) 등을 보내 운서(韻書)에 대해 질문하게 하다.
세종 27년(1445)	1/29	평안도 무창(茂昌), 우예(虞芮), 위원(謂源) 등에 있는 군 향교의 생도(生徒) 교훈용 사서(四書), 소학(小學) 등의 책을 다른 예에 따라 제를 달아 주다.
세종 27년(1445)	3/30	치평요람(治平要覽) 150권이 마무리 되다.

연대	월/일	내용
세종 27년(1445)	3/30	제가역상집(諸家曆象集)이 마무리 되다. 이순지(李純之)가 명을 받아 엮어내다.
세종 27년(1445)	4/5	용비어천가(龍飛御天歌)를 올리다. 시(詩) 모두 125장이다.
세종 27년(1445)	4/26	성제총록(聖濟摠錄)을 제도 감사로 하여금 구하게 하다.
세종 27년(1445)	10/28	의방류취(醫方類聚)를 3년 걸려 모두 365권 마무리하다.
세종 27년(1445)	10/29	돈수(頓首)를 고쳐 계수(稽首)로 쓰게 하다.
세종 27년(1445)	11/21	태조실록(太祖實錄) 15권, 공정왕실록(恭靖王實錄) 6권, 태종(太宗實錄) 36권 각 4벌을 써서 1벌은 춘추관(春秋館) 본관(本館) 실록각(實錄閣)에, 3벌은 각각 충주(忠州), 전주(全州), 성주(星州)에 나누어 두도록 하다.
세종 27년(1445)	12/18	전주, 충주, 성주에 관을 보내 삼조(三朝)의 실록을 봉안하게 하다.
세종 27년(1445)		*안평대군(安平大君) 용(瑢)이 왕안석(王安石)의 시(詩)를 골라 반산정화(半山精華)를 엮다. 반산정화 서문. 윤20. 병태 =// 19.5/13.3 – 20/9 흑구 신숙주 서 –청 126-28.
세종 27년(1445)		*匪懈堂 半山精華 청126-9 정통 기축 안평자서//=20/9, 19.5/13.3 흑구 윤20
세종 28년(1446)	2/	불설장수멸죄호제동자다라니경(佛說長壽滅罪護諸童子陀羅尼經)을 새겨서 가야산(伽倻山) 지관사(止觀寺)에서 펴내다. – 간기, 고려대.
세종 28년(1446)	4/30	102-9ㄴ-10ㄱ-11ㄴ(101-2) 의정부(議政府) 아뢰기를, 근래 수재(水災)·한재(旱災)로 주자소(鑄字所)에서 박아 내는 서책(書冊) 및 외방(外方)의 책지(冊紙)를 만드는 것을 금년 가을을 한(限)하여 정파(停罷)하소서 하니, 따르시다.
세종 28년(1446)	5/15	검시장식(檢屍狀式)을 정하다. 형조에게 자호(字號)를 달고 형조에서 도서를 눌러 시행하데 하다. 한성부와 각부에 나누어 보내다.
세종 28년(1446)	8/	복재선생유고(復齋先生遺藁)를 펴내다. – 간기, 간송문고.
세종 28년(1446)	9/	훈민정음(訓民正音) 마무리 되다.
세종 28년(1446)	10/8	춘추관 사고의 문서는 과거 식년(科擧式年)의 예에 따라 2년을 두고 진(辰), 술(戌), 축(丑), 미(未)년에 햇볕과 바람 쪼이게 하다.
세종 28년(1446)	10/	중용장구혹문(中庸章句或問)을 주자로 찍이내다.
세종 28년(1446)	11/8	언문청(諺文廳)을 두고 태조실록(太祖實錄)에서 사적(事迹)을 상고하여 용비시(龍飛詩)에 끼어 넣게 하다. – 용재총화 7.
세종 28년(1446)	12/2	석가보(釋迦譜)를 김수온(金守溫)에게 증수(增修)하게 하다. – 석보상절 수양대군 서.

연대	월/일	내용
세종 29년(1447)	2/	용비어천가(龍飛御天歌)에 최항(崔恒)이 주해(註解)를 가하여 10권으로 만들어 올리다. - 최항 발문.
세종 29년(1447)	5/15	당한림이태백문집(唐翰林李太白文集)을 상주목(尙州牧)에서 펴내다. - 발문, 조선구서고.
세종 29년(1447)	6/5	악가(樂歌)의 정제(定制)를 세워 악보(樂譜)를 통용하게 하다. 수양대군(首陽大君) 등이 엮은 석보상절(釋譜詳節)의 정음역해(正音譯解) 끝맺다. 세종이 찬송을 더하여 월인천강(月印千江)이라 이름하다. - 월인석보 수양대군 서.
세종 29년(1447)	7/	완릉매선생시선(宛陵梅先生詩選)을 금산군(금산군)에서 펴내다. 안평대군(安平大君) 용(瑢) 엮다. 21.5/16.5 -15/9 흑구 - 청 125.
세종 29년(1447)		* 신주무원록(新註無冤錄)을 원주부(原州府)에서 펴내다. - 발문, 조선의서지.
세종 29년(1447)	9/	동국정운(東國正韻)을 신숙주(申叔舟) 등이 엮어서 마무리 하다.
세종 29년(1447)	10/16	용비어천가(龍飛御天歌) 550벌을 나누어주다.
세종 29년(1447)		* 이태백문집(李太白文集) 상주 각본 -/ 20/13.3 -경적방고지 6.
세종 30년(1448)	1/	현행서방경(現行西方經)을 금산(錦山) 직지사에서 펴내서 안치하다. 신제동관의장(新製東官儀仗)을 안견(安堅)에게 그리게 하고 대소의장도(大小駕儀仗圖)를 다시 고쳐 장황하고 책으로 만들다. - 용재총화1
세종 30년(1448)	3/21	왕세손(王世孫)의 관속으로서 강서원(講書院)을 두다.
세종 30년(1448)	3/28	김구(金鉤)에게 사서(四書)의 언역(諺譯)을 맡게 하다. - 필원잡기 1
세종 30년(1448)	5/	석가여래십지수행기(釋迦如來十地修行記)를 이부(吏部)에서 간행하다. - 서문.
세종 30년(1448)	7/20	주자소 제거(提擧)를 별좌(別坐)라 고쳐 부르다.
세종 30년(1448)	8/3	이문등록(吏文謄錄) 5년마다 한차례 베껴 쓰고, 10년마다 한차례씩 찍어내게 하다.
세종 30년(1448)	8/27	일본 사신편에 대장경(大藏經) 한 부를 주다.
세종 30년(1448)	9/13	총통등록(銃筒謄錄)을 제도 절제사(節制使), 처치사(處置使)에게 주다. 춘추관에 비장(秘藏)하게 하다.
세종 30년(1448)	10/17	동국정운(東國正韻)을 도와 성균관, 4부 학당에 나누어주다.
세종 30년(1448)	10/28	진도(陣圖), 진설(陣說)을 찍어 각도에 나누어주다.
세종 31년(1449)	1/4	고려사(高麗史)를 수교하게 하다.

연대	월/일	내용
세종 31년(1449)	1/28	고려사(高麗史)를 다시 엮고자 김종서(金宗瑞) 등에게 보수하게 하다.
세종 31년(1449)	2/4	석보상절(釋譜詳節)을 해주목(海州牧)에 수장하다. - 장서기, 국립도서관.
세종 31년(1449)	2/5	고려사(高麗史)를 기, 전, 표, 지(紀傳表志)로 나누어 엮게 하다.
세종 31년(1449)	3/2	춘추관 사초(史草) 소장의 금방(禁防)을 엄하게 하다.
세종 31년(1449)	3/2	동인경(銅人經) 맥경(脈經) 각 1벌을 함길도에 나누어주다.
세종 31년(1449)	3/	북경8경시집(北京八景詩集)이 펴내다. - 발문.
세종 31년(1449)	10/	불조삼경(佛祖三經), 불유교경(佛遺敎經) 등을 다시 펴내다. - 발문, 조선구.
세종 31년(1449)	11/20	사리영응기(舍利靈應記)를 김수온(金守溫)이 엮다. - 발문, 육당문고.
세종 31년(1449)	12/28	운서(韻書)를 질문하여 바로잡기 위해 신숙주(申叔舟) 등을 명의 사신이 머무는 태평관(太平館)에 왕래 시키다.
세종 32년(1450)	윤1/3	명의 사신에게 성삼문(成三問) 등을 보내 사신에게 운서(韻書)를 묻게 하다. 정인지(鄭麟趾) 등이 명 사신과 창화(唱和)하다.
세종 32년(1450)	윤1/20	명의 사신이 돌아가다 명사와의 주고받은 시부(詩賦)를 모아 황화집(皇華集)을 만들다.
세종 32년(1450)	윤1/20	인경지(印經紙)를 조지소로 하여금 감독하게 하다.
문종 즉위년(1450)	3/11	동국병감(東國兵鑑)을 펴내게 하다. - 동국병감.
문종 즉위년(1450)	7/4	주자소를 철폐 시키다.
문종 즉위년(1450)		* 고문진보대전후집(古文眞寶大全 後集) =// 22/16.5 -15/9 안평-경오자-성종, 49, 5년 11월 계유- -청 399-400.
문종 즉위년(1450)		* 경오 고문진보대전(古文珍寶大全) 후집(後集) 문종 경오자 간본/ 15/9, 22/16.5 어미 대소 2종 청399-400 대1.5 소 1.1/0.8 세종32 (1450) 안평글씨 주자로 찍다. 성종실록 49 성종5년 11월 계유조에 왕이 이르기를 좌부승지 김영견이 말하기를 지금 무슨 주자를 써서 책을 찍는가 답하여 갑인(甲寅), 을해(乙亥) 양년 주자한 바를 가지고 합니다. 연이나 책찍기는 경오자(庚午字)가 가장 좋으나 용의 글자로 이미 모두 부셔 버리라는 명으로 강희안(姜希顔)이 자본을 쓰게 하여 을해자(乙亥字)를 이룬 바입니다. 성현의 용재총화(慵齋叢話)에 나오는 바이다. 권7에 이르기를 임신 연간(壬申年間)에 문종이 다시 경자자(庚子字)를 녹여서 안평대군(安平大君)의 글자를 쓰게 하여 임신자(壬申字) 운운하였지만 무릇 잘못된 이야기다.

	기묘년(己卯年) 1939년(?) 가람 이병기 선생이 이 책을 처음 얻으시어 1942 임오년(壬午年) 봄에 고향으로 가게 되자 (일본 총독부가 소개를 강권할 때) 선생이 이 책을 둘로 나누어 뒷부분을 주셨기에 가지게 되었다. 다른 곳에 없는 책이 되었다. 글자체는 훈련도감(訓鍊都監) 초간(初刊) 여러 책과 꼭 같으며 판식과 지질(紙質)이 또한 세종, 세조 연간 또는 선조 36년 12월 29일(경술) 사정(司正) 이희원(李希愿)이 안평대군자(安平大君字) 고문진보(古文眞寶) 7책이라고 바쳤다는 기록이 선조실록 169권에 보이는 바 이 책이 이 책 중의 한 권이었을 것으로 보인다. 최근에 석남 송석하님이 또한 경(오)자 십일가주손자(十一家註孫子) 잔본(殘本) 한권을 얻었다.

3. 세종 시대의 인쇄 문화 – 청분실서목에서 뽑은 자료

판의 모습에서 테두리가 쌍둘레인 것은 // WW, 홋 둘레는 / W로 나타내고 처음의 17/18은 17자 8행을 23.5/15.0은 테두리 길이1, 너비(반판)을 나타낸다. 청은 청분실서목, 윤은 윤병태 한국서지연표, 성은 성암고서목록을 나타낸다.

태조 6년(1397)	개국원종공신(開國原從功臣) 심지백(沈之伯) 녹권(錄券) 1407간, 자체 구양순체(歐陽詢體) 닮았음. 십칠사찬(十七史纂) 고금통요(古今通要) 청 328-9.
태종 3년(1403)	계미자(癸未字) 활자(活字) 청 255-6.
태종 3년(1403)	계미자본(癸未子本) 송조표전총류(宋朝表牋總類) 5권 1책//=17/8 23.5/15/0 대자 1.3/1/5 소자 1.0 /0.7 이인영 학총 12집 청 390-1
태종 10년(1410)	목판(木版) 금주(錦州) 20/11 18.0/12.0 검은 막대 전라관찰사. 청 79
태종 16년(1416)	태종 6 도은선생집(陶隱先生集) /- 19/11. 20.0~21.0 /13.5 청 86.

세종 2년(1420)	경자자(庚子字) 소미가숙점교부음통감절요(少微家熟點校附音通鑑節要) // =19/1123.0/15.3 청 334 하동정씨(河東鄭氏) 인지(麟趾) 백수(伯睢) 인(印).
세종 2년(1420)	나무판
세종 2년(1420)	경자자(庚子字) 신전결과고금원류지론속집(新箋決科古今源流至論續集) 송(宋) 임경(林駉) 엮다. 청355 //= 21/11 -23.0/15.3 흑구
세종 2년(1420)	경자(庚子) 활자 논어집주대전(論語集註大全) 송 주희 엮다. //= 21/11/ 23.0/15.3 청318-9
세종 2년(1420)	4/10/29- 주자 글자체 새로 만들기 18-10ㄴ 세종이 주자소에 명하여 글자모양을 고쳐 만들어 책을 박게하다. 卞季良-발문 주자-많은책 찍고 후세에 전하니, 무궁한 이익, 1420년 11월 세종이 李蕆에게 모양 고쳐 만들게 하여 정교하고 치밀하게 되었다. 김익정(金益精)·정초(鄭招)에게 감독 7달 만에 성공. -인쇄 하루에 20여장-태종이 시작-세종 이어받아-조리 주밀 개선되다. 모든책 찍고 모든사람 배울 수 있다. 문교(文敎) 일흥-先進 世道益盛, 漢唐 惟念, 財利兵革, 比之則天壤之辨, 朝鮮萬世無限之福.
세종 2년(1420) 이후	복각(覆刻) 소학대문토(小學大文吐) 경자자(庚子字) 복각(復刻)/-9/6 -13.0/10.7. 청35 종이 5첩 14장
세종 3년(1421)	주자소에 술 120병 내리다 앞서 책을 찍는데 -11-15ㄴ-16ㄱ 글자-활자를 동판에 늘어놓고 황랍(黃蠟)을 끓여부어 군은 뒤에 찍었2-263/ 육오(六五)기 때문에 밀랍(蜜蠟)이 많이 들고 하로로 찍어내는 것이 하루에 몇장[數紙]에 불과하였다. 이에 -경자자- 세종께서 직접 지휘하시어 공조참판(工曹參判) 이천(李蕆)- 전(前) 소윤(小尹) 남급(南汲)으로 하여금 구리판을 다시 부워 내어 글자의 모양과 꼭 맞게 만들게 하였다. 밀납을 녹여 붓지않아도 글자가 이동하지 않고 해정(楷正)하여 하루에 수십백지를 찍어낼 수 있다. -임금은 그들의 노고를 생각하여 자주 술과 고기를 내려 주고 자치통감강목(資治通鑑綱目)을 찍어내라고 명령하고 집현전(集賢殿)으로 하여금 교정하게 하고 세종 2년(1420) 겨울~세종 4년(1422) 겨울에 이르러 일을 끝냈다. 세종 1420 2/ 木版 양촌선생문집(陽村先生文集) 7권 초간본 /- 20/10 17.8/12.2 흑구 청 91-2.
세종 4년(1422)	경자자 자치통감강목(資治通鑑綱目) 22책 //=22/11 24.0/15.3 검은 막대. 칭 335-6 실록11, 3-3병술, 38권 9-11-정해. 주자소에 술 120병을 내리다. 이보다 앞서 책을 찍을 때 동판에 밀랍을 녹여서 군은 다음에 찍었는데 밀랍이 너머나 들고 하로에 찍는양이 불과 몇 장에 지나지 않았다. 세종이 내고의 왜지 959첩을 내어 주자소에 통감강목을 다시 찍게 하였다.

세종 5년(1423)	5/1/24-19/8ㄴ 53/ 궐내출입인신부(闕內出入人信符) 5/2/5-주자소로 하여금 강목속편(綱目續編)을 인쇄하고자하오니 경상도에 책지(冊紙) 1,500권, 전라도에 2,500권을 준비하되 국고의 쌀로서 민간의 닥나무와 교환하여 종이를 만들어 바치게 하라고 하였다. 19-12ㄴ
세종 5년(1423)	5/6/23//322-3 사역원 첩정- 노걸대(老乞大)·박통사(朴通事) 전후한(前後漢) 직해효경(直解孝經)을 찍게 하다. 20/26ㄴ76/ 주자소(鑄字所) 인출하소서 하여 이에 따르다.
세종 5년(1423)	5/8/ 경술(庚戌) 통감속편-주자소진(鑄字所進) 통감속편(通鑑續編) 문신에게 나누어주다. 21-8ㄱ 82/ 5/8/丁巳 통감속편을 찍은 승인서원(僧人書員) 재랑(齋郎) 등에게 면포 74필, 정포 52필 나누어주다. 21-8ㄴ 82
세종 5년(1423)	5/11/갑신(甲申) 호조에 전지하여 주자소의 책찍기에 광장지(廣壯紙)를 만들기 위해-각도의 창고미두(倉庫米豆)로 환원하여 충청도(忠淸道) 400권 경상도(慶尙道) 900권 전라도(全羅道) 700권을 백저(白楮)로 바꾸어 올리라. 22-10ㄴ
세종 6년(1424)	6/11/11(10)-- 23/4ㄱ무자(戊子) 2ㄱ 주자소에서 찍은 송파방(宋播芳) 각 1부를 대소신에게 내려주다.
세종 6년(1424)	6/11/16(264), 26-25ㄴ-丁未- 동철의 생산을 시험하다- 전라도 용담(龍潭), 동리향(銅里鄕)에서는 군인 20명을 부려 이래 동안 11냥중을 고주(鼓鑄)하고 경상도 김해(金海) 사읍교(삼邑橋)에서는 군인30명이 13일 동안 19냥을 고주하고 창원(昌原) 북배동(北背洞)에서는 군인 30명이 15일간 57냥중을 고주하고 동이 섞인 생연석(生鉛石) 한말 일곱되로 연 58냥중을 고주하였다.
세종 6년(1424)	6/11/24(266) --26-26ㄴ-을미(乙未) 지조소진(紙造所進) 신조고절지208첩(新造篙節紙208貼)과 송엽지22첩(松葉紙22貼)을 내리다.
세종 7년(1425)	5/25/임신(壬申) 일본 국왕 사신 규주(奎籌)--경사류제(經史類題) 20권 차등 있게 내리다. 22-24ㄴ 庚子字 類說經學隊杖 3권 1책 /- 대 18/8 소 18/16 20.0-11/7 검은 막대 청 354-5 최치원 찬
세종 7(1425)	7/1/ 17(307) ---27-10ㄱ-무자(戊子) 분사(分賜) 주자소에서 찍은 장자(莊子)를 문신에게 내리다.
세종 7(1425)	7년 을사 경자자 史記 //= 21/11 23.0/15.3 청 320 세종 27권 7년 1월 1 을미 충청 전라 경상감사에게 뜻을 전하여 사마천(司馬遷)의 사기(史記)를 찍어 나누어주고자 한다. 책종이는 닥을 곡물을 주고 사서 보내도록 하라.

	실록 30권 같은해 11월 계미조에 다시 말하기를 주자소에 사기(史記)를 찍어 문신들에게 나누어주라 하였다. 성종 갑인자본 17 /10 25.0~17.5
세종 7(1425)	7/ 나무판 양촌선생입학도설(陽村先生入學圖說)(간기) 을사(乙巳) 여름- (윤/4) 11/ 1429 기해 목판(木板) 진주(晉州) 간 오백가주음(五百家註音) 창려선생 외집(昌黎先生外集) 16/10. 19.5~20.5 / 청 영락(永樂) 기해 여름 4월
세종 11년(1429)	11/ 기유 경자자(庚子字) 간본 서산선생진문충공(西山先生眞文忠公) 문장 정종(文章正宗) //= 23.0/15.3 청 393-6 대자 1.0/1.0 소자 0.8/0.5 경연(經筵) 인 세종 42권 10/ 경신조 11 신주자로 찍은 御經筵 命 左代言 金赭曰 不可不知 其令 鑄字所印之 翌年 8月 印成 新鑄字 極爲精緻
세종 12년(1430)	12/ 경술 경자자 경자자 문선(文選) 6신주 실록 50 12/12/병자 청390-1 주자본 고문선(古文選)을 종친과 문신에 나누어주다.
세종 13년(1431)	13/ 목(木) 원주각(原州刻) 역옹패설(櫟翁稗說) //= 17 /10 17.5/18.5 흑구 청7 복각 갑인 자본 성화 5 /- 25.5/18/0 흑구
세종 13년(1431)	13/ 목(木) 원주(原州) 각본 //= 17/10 17.5~18.7 /13.5 검은 막대 봉좌문 고(蓬左文庫) 청 78
세종 15년(1433)	15/ 목(木) 경주각본(慶州刻本) 효행록(孝行錄) /- 20/10 19.2~17 / 13.0 흑구 청 35
세종 16년(1434)	16/3/5 (125) ---63- 노중례(盧重禮)에게 태산요록(胎産要錄)을 편찬하게 하여 주자소(鑄字所) 로 하여금 인반(印頒)하게 하다. 강원도 독서법(讀書法) 간행하게 하다.
세종 16년(1434)	16/6/21(244) 64/ 주자소(鑄字所)에서 찍어내다. -노걸대(老乞大)·박통사(朴通事) -승문원 (承文院). 사역원(司譯院)에 나누어주게 하다.
세종 16년(1434)	16/7/2 (260) 65/ 이천(李蔵)에게 태종(太宗)이 억지로 우겨서 개량며령 밀랍을 판밑에펴고 글자 맞추어 끼다. -굳지 않으니 이 단점을 고치도록 권하여 밀을 쓰지 않고 많이 박아내어도 글자 비뚜러지지 않게 하니 아름답게 여겼다. 대군 (진양) 큰자는 북정으로 구리-쇠는 소용도 많으나 이일도 해야하니 이천 (李蔵), 김돈. 김빈, 장영실, 이세형, 정척, 이순지, 에게 명하였다. 효순사 실(孝順事實), 위선음즐(爲善陰騭), 논어(論語)의 자본으로 쓰고 부족자는 진양대군이 보서하여 20여만자를 부워내다.

세종 17년(1435)	17/4/8/ (6-7) 68/ 허조(許稠)가 집성소학(集成小學)과 일용(日用)-혜민국(惠民局) 같이 종이 +쌀 +콩으로 미천삼아 만여본을 찍어 팔면-본전을 관에 바치고 나누어주 게 하다. 책판을 찍어내는 것이 좋으니 의논하여 아뢰라.
세종 17년(1435)	17/9/12 (134) 70 주자소 설립 뒤부터 궐안의 아문으로 삼았다. 역가를 독려하고 승정원이 주관하게 하다. 관서가 궐밖에 있어 불편하니, 전 주자소는 목판만 찍게하 고 교서관 2품아문 문사 1인 승지 1인, 제조, 교서, 교리, 참외 2-3인이 전관하고 해유(解由) 시 상세히 정식으로 하게 하다.
세종 17년(1435)	17/10/24-(157) 각도 감사에게 성리대전(性理大全)·사서대전(四書大全)·오경대전(五經大 全), 판목(板木)-주자소(鑄字所)에 두고 각지방에서 원하면 종이를 보내서 찍어보내기로 한다.
세종 17년(1435)	18/1/290(193) 71 갑인자(甲寅字) 주자소 이백시집(李白詩集)을 종친, 문신 5품이상 관원에 게 나누어주다. 청 371-2 송 양재현(楊齋賢) 저 //=18/10 26.5/17.5 문자 1.5 0.9/0.7 세종 실록 71,18-1, 을미조 종친과 문인에게 나누어주다.
세종 18년(1436)	18/4/4(214) 72 자치통감(資治通鑑)을 편찬하고, 역대세년가(歷代世年歌)와 +권도 주해를 주자소 대소 신하에게 나누어주게 하다.
세종 18년(1436)	18/10/8 75 자격루(自擊漏) 주자소(鑄字所) 2인 구임(久任)으로 하다.
세종 19년(1437)	19/7/19 (241) 78 장감박의(將鑑博義) -장수의 사실을 절충하다.
세종 19년(1437)	19/9/9 (294) 78, 주자소(鑄字所) 직원 구임(久任) 시키다.
세종 20년(1438)	20/11/30- -83-20ㄴ-30 경술(庚戌) 집현전(集賢殿)에 명하여 한유문(韓柳文) 주석하여 남수문(南秀文)이 발문 을 쓰다. 주자소에 명하여 중외에 반포하다. 남수문 발 경전 사기(史記) 모두 나누 어주다.
세종 20년(1438)	20/ 청266-7 활(活) 병진자(丙辰字)-진양자(晉陽字) 사정전훈의(思政殿訓義) 자치통감강목(資治通鑑綱目)-병자자-갑인자는 납활자이다. 18/10+ 12X5 26.5 X17.5 @2.2/2.8 150책
세종 20년(1438)	20/ 청-287-90 주문공교창려선생집(朱文公校昌黎先生集) 18/10 26.5/ 17.5 실록 83-20-11 경술(庚戌) 조 청291, 갑인자(甲寅字) 당유선생집(唐柳先生集) 최만리(崔萬理) 등 엮다. //= 18 /10, 26.5/17.5

세종 21년(1439)	21/4/5/ 85- 1ㄱ임오 (1439) 의정부 서적없어서 불편, 주자소 인서하여 나누어줄 때 한 벌을 의정부에 보냄을 항식으로 하시오. 왕이 따르다.
세종 21년(1439)	21/ 목(木) 안동(安東) 각본 임제주백가의시집(林祭酒百家衣詩集) //=16x10 19.3-16.0 흑구
세종 21년(1439)	21/11 木 충청도 시인옥설(詩人玉屑)을 간행하다. 일본 정중원건본을 주기 로 하다. 윤형(尹炯) 간기 윤 19 송 위경지(魏慶之) 찬 //= 21/11 18.0 /12.8 제천에 판목이 있다. 경자자 전한서(前漢書) 1420-30 //=21/11 23.0-15.3 검은 막대 청 321-1 손 415
세종 22년(1440)	22/2/3/ 88권 청-275-6/ 춘추경전집해(春秋經傳集解) -갑인자 =// 18x10, 26.5x17.5
?	세종조 각본 춘추경전좌씨전구해(春秋經傳左氏轉句解) /- 24/14/ 17.7~ 20.0 12.7 흑구 청 140
세종 22년(1440)	22/2/26 (214) 89-34-35 병신(丙申) 경연의 국어(國語) 음의 일본 자못 탈락이 있으니 소장된 책의 잘못을 고 치고 빠진 곳을 보충하여 시정하라
세종 22년(1440)	22/ 경신 목(木) 금산(錦山) 간 //=17/8 21.6~22.5 /15.0 // 무자도획(武 字圖劃) 의출어(疑出於) 송인(宋人) 청 224-5
세종 22년(1440)	22/8/10 (271) 90-8-26S 주자소 장황(粧䌙) -본원-선사기(宣賜記) 영위항식(永爲恒式)
세종 24년(1442)	24/ 목(木) 춘정선생집(春亭先生集) 21/11. 22.5/16.0 검은 막대 을해자본 복각하다. 청 93
세종 25년(1443)	25/6/21(127) -100-33ㄴ 승문원 조지소(造紙所)-주자소(鑄字所)-본사(本司) 서용(敍用) 1년후
세종 25년(1443)	25/6/17 (124) 100-33
세종 26년(1444)	26/1/20 (328-9) 103- 의정부 호조(戶曹)-정문(呈文) 전지(傳旨) 방(方) 5척(尺), 적(積) 25척(尺) 속결(束結)-1단(段) 경무(頃畝) 1푼(分)=1보(步) 주지소로 하여금 씌어 나누어주고 계산하게 하라 하니 이에 따르다.
세종 26년(1444)	26/7/1/ 105-1ㄴ 예조 주자소로 하여금 병서(兵書) 60부를 모인하여 평안 함경도에 나누 어주고 분부하라 하시다.

세종 27년(1445)	안평대군(安平大君) 왕안석(王安石)의 시(詩)를 골라 본인이 쓴 글자를 신고 반산정화(半山精華)를 엮어 펴내다. (서문)-윤20 병태.
세종 27년(1445)	비해당(匪懈堂) 반산정화(半山精華) 청 126-9 정통 기축 안평자서 //= 20/9 19.5/13.3 검은 막대 윤 20.
세종 28년(1446)	28/4/29 (414) 102-9ㄴ-10ㄱ-11ㄴ(101-2) 의정부 계 근래 수제 한제로 주자소의 방책지가 감지 따르시다.
세종 29년(1447)	29/ 목판(木版) 당한림 이태백문집(李太白文集) 상주(尙州) 간 16/8 -117.5 -18.5 송간본을 복각(復刻)=20/12 청217-8 20/12/ /- 18.5-20.0/13.3 經籍訪古誌 6
세종 29년(1447)	29/ 목(木) 금산판(錦山板) 안평대군 찬 완릉(宛陵) 매선생시선(梅先生詩選) 15/9 /- 21.5/16/5 청 125-6
세종 31년(1449)	(己巳) 31/ -정유(丁酉) 2/4 가선대부 황해도 관할 출척사겸 병나 절제 겸 해주목사 신 윤보기 수결
세종 32년(1450)	32/경오 고문진보대전(古文珍寶大全) 후집(後集) 문종 경오자(庚午字) 간본 /- 15/9. 22.0/16.5 어미 대소 2종 청399-400/ 대 1.5 소1.1/0.8 세종32(1450) 안평글자 주자로 찍다. 성종실록 49 성종5년 11월 계유조에 왕이 이르기를 좌부승지 김영견(金永堅)이 말하기를 지금 무슨 주자를 써서 책을 찍는가 답하여 갑인(甲寅), 을해(乙亥) 양년 주자한 바를 갖이고 합니다. 연이나 책찍기는 경오자(庚午字)가 가장 좋으나 용(溶)의 글자를 이미 모두 부셔버리라는 명으로 강희안이 자본을 쓰게하여 을해자를 이룬 바입니다. 성현의 용재총화에 나오는 바이다. 권 7 에 이르기를 임신년간에 문종이 다시 경자자를 녹여서 안평대군에게 글자를 쓰게 하여 임신자운운하였지만 므릇 잘못된 이야기이다. 기묘년 1939년 가람 이병기선생이 이책을 처음 얻으시어 1942 임오년 봄에 고향으로 가게 되자 (일본 총독부가 소개를 강권할 때) 선생이 이 책을 둘로 나누어 뒷부분을 주셨기에 가지게 되었다. 다른 곳에 없는 책이 되었다. 글자체는 훈련도감초간 여러 책과 꼭 같으며 그 지질이 또한 세종, 세조 연간 또한 선조36년 12월경술사정 이희원이 안평대군자 고문진보 7책이라고 바쳤다는 기록이 선조실록 169권에 보이는 바 이 책이 그 책중의 한권 이었을 것으로 보인다. 최근에 석남 송석하씨가 또한 경(오)자 십일가주손자잔본 한권을 얻었다. 세조초 정관정요주해(貞觀政要註解) /- 17 /9 =22.0 /15/5 을해자(乙亥字) 3종 대 22.0 /15.5 중 1
단종 1년(1453)	단종1 갑인자(甲寅字) 선덕9년 김빈 발문 경태4년 4월 인출 17/10, 25.0/17.5 태종시찬, 지 세종조 공흘 허인사인(許人私印)-서유오(書有誤) 세종시 무릇 책은 반드시 널리 펴야 하며 그 중 고려사절요 54권이 집현전에 수장되어 있다.

단종 1년(1453)	활자 갑인자본 김종서 등 찬 선덕(宣德) 9년 김빈 주자발문 청 249 경태4(14) 4월 인출 /- 17 /10 25.0-17.5 영천균헌 서계인기 인 설파당장(雪坡堂藏)
단종 2년(1454)	주자본 태종조 인 경태(景泰) 갑술 계미자(癸未字) 복각 /- 17/8, 23.0/ 15.2 청 86 음주전문(音註全文) 춘추괄례시말(春秋括例始末) 좌전구독직해(左傳 句讀直解) 청 139-40
단종 2년(1454)	단종 2/ 청 398 신간유편역거삼장(新刊類編歷擧三場) 문선고부(文選古賦) 8권1책 청 398 원- 경자자 간본 //= 21/11 23.0/15/3 검은 막대 1454 밀양 간본 번조판본
성종 13년(1482)	중종 목활자본 ? 동국사략(東國史略) 박상(朴詳) 찬 존권(存卷)4-6결, /- 18/10 25.5/18.0 청253
명종 16년(1561)	세조 7. 북정록(北征錄) 6권 2책 을해자(乙亥字)/- 17/9 22.0/15.5 천순(天順) 7 어제병장설(御製兵將說) 을해자(乙亥字) /- 17 /9 대-12/6 22.0/15.5 대자 1.9 세조실록 21-7.19 기사 을해 경진

4. 고전국역사업 실적 목록

1) 한문고전/과학기술고전(1968~2017년)

구분	종수	서명	편저자	총책수 (별책색인)	간행 년도
조선왕조 실록	1	국역 세종장헌대왕실록	실록청	30책(2)	1968~1995
	2	국역 태조강헌대왕실록	실록청	3책(1)	
	3	국역 정종공정대왕실록	실록청	1책	
	4	국역 태종공정대왕실록	실록청	9책(1)	
	5	국역 문종실록	실록청	4책(1)	
	6	국역 단종실록	실록청	4책(1)	
	7	국역 세조실록	실록청	12책(1)	
	8	국역 예종실록	실록청	3책(1)	
	9	국역 성종실록	실록청	43책(2)	
	10	국역 숙종실록	실록청	34책(2)	
	11	국역 경종·경종수정실록	실록청	5책(1)	
	12	국역 영조실록	실록청	38책(2)	
	13	국역 정조실록	실록청	12책	
	14	국역 순조실록	실록청	14책(1)	
	15	국역 헌종실록	실록청	3책(1)	
	16	국역 철종실록	실록청	3책(1)	
	17	조선왕조실록 주석색인		1책	1994
	18	조선왕조실록 인명색인		3책	1997/2002 /2006
소계		18종 222책(22)			
승정원 일기	1	국역 승정원일기 -순종-	승정원	7책(1)	1994
소계		1종 7책(1)			

일반고전	1	국역 증보문헌비고	홍문관	40책(3)	1978~1996
	2	국역 매월당집	김시습	5책	1977~1980
	3	국역 장릉지	윤순거 외	1책	1979
	4	국역 삼강행실도	설순 외	3책	1982
	5	국역 공사견문록	정재륜	1책	1983
	6	국역 향약채취월령	유효통	1책	1983
	7	국역 동국통감	서거정	8책(1)	1996~1998
	8	국역 삼국사절요	서거정	2책	1996
	9	국역 여사제강	유계	4책(1)	1997~1998
	10	국역 태허정집	최항	1책	1997
	11	국역 통문관지	김지남 외	4책(1)	1998
	12	국역 서운관지	성주덕	1책	1999
	13	국역 제승방략	이일	1책	1999
	14	국역 국조인물고	미상	34책(2)	1999~2007
	15	국역 심양장계	세자 시강원	3책	1999~2000
	16	국역 사숙재집	강희맹	1책	1999
	17	국역 치평요람	정인지 등	57책(2)	2001~2015
	18	국역 각사등록		69책	2004~계속
	19	국역 학교등록	예조	4책	2010
	20	국역 서원등록	예조	4책	2015
	21	국역 연행록	황재	12책	2015~계속
	22	국역 역대사선	이시선	7책	2016~계속
	23	국역 열성어제		2책	2016~계속
소계		23종 265책(10)			

	1	국역 제가역상집	이순지	2책	2013
	2	국역 향약제생집성방	권중화	1책	2013
	3	국역 구급이해방	윤필상 외	1책	2013
	4	국역 육일재총서	남상길·남병철	5책	2013~2014
	5	국역 의림촬요	양예수	10책	2014~계속
	6	국역 천동상위고	최천벽	3책	2015
	7	국역 추보첩례	관상감	1책	2015
	8	국역 주서관견	조태구	1책	2015
과학기술 고전	9	국역 선택요략	이순지	2책	2016
	10	국역 오성통궤·태양통궤·태음통궤	이순지·김담	1책	2016
	11	국역 사여전도통궤·교식통궤·대통력일통궤	이순지·김담	1책	2016
	12	국역 선택기요	남병길	1책	2017
	13	국역 교식추보법	이순지·김석제	1책	2017
	14	국역 주학실용	변언정	1책	2017
	15	국역 의감산정요결	이이두	2책	2017
	16	국역 의방유취	세종명찬	1책	2017
소계		20종 34책			
총계		62종 528책(33)			

2) 한글고전(1991~2017년)

종별	책이름	편저자	총책수	간행년도
1	역주 석보상절 제6·9·11	수양대군	4책	1991
	역주 석보상절 제13·19			1991
	역주 석보상절 제20			2012
	역주 석보상절 제21			2012
2	역주 월인석보 권1·2	세종/세조	17책	1992
	역주 월인석보 권7·8			1993
	역주 월인석보 권9·10			1994
	역주 월인석보 권11·12			1999
	역주 월인석보 권17·18			1995
	역주 월인석보 권20			2004
	역주 월인석보 권19			2008
	역주 월인석보 권25상			2008
	역주 월인석보 권22			2009
	역주 월인석보 권23			2009
	역주 월인석보 권4			2010
	역주 월인석보 권13			2010
	역주 월인석보 권14			2010
	역주 월인석보 권15			2010
	역주 월인석보 권21상			2010
	역주 월인석보 권21하			2010
	역주 월인석보 권25하			2010
3	역주 능엄경언해 1집	세조 한계희 (韓繼禧) 김수온 신미(信眉)	5책	1996
	역주 능엄경언해 2집			1996
	역주 능엄경언해 3집			1997
	역주 능엄경언해 4집			1997
	역주 능엄경언해 5집			1998

종별	책이름	편저자	총책수	간행년도
4	역주 법화경언해 1집	세조	7책	2000
	역주 법화경언해 2집			2001
	역주 법화경언해 3집			2002
	역주 법화경언해 4집			2002
	역주 법화경언해 5집			2002
	역주 법화경언해 6집			2003
	역주 법화경언해 7집			2003
5	역주 원각경언해 1집	신미(信眉) 효령대군 한계희(韓繼禧)	10책	2002
	역주 원각경언해 2집			2002
	역주 원각경언해 3집			2004
	역주 원각경언해 4집			2005
	역주 원각경언해 5집			2006
	역주 원각경언해 6집			2005
	역주 원각경언해 7집			2005
	역주 원각경언해 8집			2006
	역주 원각경언해 9집			2007
	역주 원각경언해 10집			2008
6	역주 남명집언해 상	세종/세조 학조(學祖)	2책	2002
	역주 남명집언해 하			2002
7	역주 몽산화상법어약록언해	신미(信眉)	1책	2002
8	역주 구급방언해 상	미상	2책	2003
	역주 구급방언해 하			2004
9	역주 금강경삼가해 1집	문종 세조 학조(學祖) 한계희(韓繼禧)	5책	2006
	역주 금강경삼가해 2집			2006
	역주 금강경삼가해 3집			2006
	역주 금강경삼가해 4집			2007
	역주 금강경삼가해 5집			2007

종별	책이름	편저자	총책수	간행년도
10	역주 육조법보단경언해 1집	학조 (學祖)	3책	2006
	역주 육조법보단경언해 2집			2007
	역주 육조법보단경언해 3집			2007
11	역주 선종영가집언해 1집	세조 신미(信眉) 해초(海超) 효령대군	2책	2007
	역주 선종영가집언해 2집			2007
12	역주 구급간이방언해 권1	윤호 임원준 허종	5책	2007
	역주 구급간이방언해 권2			2008
	역주 구급간이방언해 권3			2008
	역주 구급간이방언해 권6			2008
	역주 구급간이방언해 권7			2009
13	역주 불설아미타경언해	세조	1책	2008
14	역주 불정심다라니경언해	학조(學祖)		
15	역주 진언권공	학조(學祖)	1책	2008
16	역주 삼단시식문언해			
17	역주 목우자수심결	신미(信眉)	1책	2009
18	역주 사법어언해			
19	역주 분문온역이해방	김안국(金安國) 문세련(文世璉) 유지번(柳之蕃)	1책	2009
20	역주 우마양저염역치료방	미상		
21	역주 반야심경언해	효령대군 한계희(韓繼禧) 해초(海超)	1책	2009
22	역주 언해두창집요	허준(許浚)	1책	2009
23	역주 간이벽온방	박순몽 박세거	1책	2009
24	역주 신선태을자금단	이종준		

종별	책이름	편저자	총책수	간행년도
25	역주 영험약초	소혜왕후	1책	2010
26	역주 상원사어첩	세조		
27	역주 삼강행실도	설순	1책	2010
28	역주 이륜행실도	조신	1책	2010
29	역주 정속언해	김안국	1책	2010
30	역주 경민편	김정국		
31	역주 언해태산집요	허준	1책	2010
32	역주 번역소학 권6·7·8·9·10	김전·최숙생	1책	2011
33	역주 소학언해 권1·2	교정청	4책	2011
	역주 소학언해 권3·4			
	역주 소학언해 권5			2012
	역주 소학언해 권6			
34	역주 논어언해 권1·2	교정청	2책	2011
	역주 논어언해 권3·4			
35	역주 분류두공부시언해 권10	오숙·김상복	1책	2011
	역주 분류두공부시언해 권11		1책	2012
	역주 분류두공부시언해 권14		1책	2013
	역주 분류두공부시언해 권15/권16상		2책	2014
	역주 분류두공부시언해 권8상/권16하/권17		3책	2015
	역주 분류두공부시언해		3책	2016
	역주 분류두공부시언해		4책	2017
36	역주 불설대보부모은중경	신심사(神心寺)	1책	2011
37	역주 여씨향약언해	김안국	1책	2012
38	역주 연병지남	한 교	1책	2012
39	역주 중용언해	교정청	1책	2012

종별	책이름	편저자	총책수	간행년도
40	역주 대학언해	교정청	1책	2012
41	역주 맹자언해 권1·2·3·4·5	교정청	1책	2012
	역주 맹자언해 권6·7·8·9·10		1책	2013
	역주 맹자언해 권11·12·13·14		1책	
42	역주 사리영응기	김수온	1책	2013
43	역주 백련초해	김인후	1책	2013
44	역주 몽산화상육도보설언해	취암사	1책	2013
45	역주 칠대만법	희방사	1책	2013
46	역주 권념요록	보우		
47	역주 병학지남	장용영	1책	2013
48	역주 화포식언해	이서	1책	2013
49	역주 신전자취염초방언해			
50	역주 여사서언해 권1·2·3	이덕수	1책	2014
	역주 여사서언해 권4		1책	
51	역주 여소학언해 권1·2·3	박문호	1책	2014
	역주 여소학언해 권4·5·6		1책	2015
52	역주 효경언해	교정청	1책	2014
53	역주 여훈언해	최세진	1책	2014
54	역주 시경언해 권1·2·3·4	교정청	1책	2014
	역주 시경언해 권5·6·7·8 / 권9·10·11		2책	2015
	역주 시경언해 권12·13·14·15		1책	2016
	역주 시경언해 권16·17·18		1책	2017
55	역주 가례언해 권1·2/권3·4·5	신식	2책	2014
	역주 가례언해 권6·7·8/권9·10		2책	2015
56	역주 경신록언석	홍태운	1책	2015

종별	책이름	편저자	총책수	간행년도
57	역주 서경언해 권1·2·3	교정청	1책	2015
	역주 서경언해 권4·5		1책	2016
58	역주 동국신속삼강행실도1~5집	이성 등	5책	2015
59	역주 주역언해 권1	교정청	2책	2016
	역주 주역언해 권2			
	역주 주역언해 권3		1책	2017
60	역주 마경초집언해 권상		2책	2016
	역주 마경초집언해 권하			
61	역주 윤음언해 1집		1책	2016
	역주 윤음언해 2집		1책	2017
62	역주 오륜행실도 권1	이병모 등	5책	2016
	역주 오륜행실도 권2			
	역주 오륜행실도 권3			
	역주 오륜행실도 권4			
	역주 오륜행실도 권5			
63	역주 종덕신편언해 상·중·하	김육	3책	2017
64	역주 어제상훈언해	영조	1책	2017
65	역주 어제훈서언해	영조	1책	2017
66	역주 별행록절요언해	지눌	1책	2017
67	역주 천주실의 상		1책	2017
소계	67종		153책	

책이름
역주 석보상절(4책) 제6·9·11/제13·19 /제20/제21
역주 월인석보(17책) 권1·2/권7·8/권4/권9·10/권11·12/권13/권14/권15/권17·18/ 권19/권20/권21상/권21하/권22/권23/권25상/권25하
역주 능엄경언해(5책) 제1·2/제3·4/제5·6/제7·8/제9·10
역주 법화경언해(7책) 권1/권2/권3/권4/권5/권6/권7
역주 원각경언해(10책) 권1/권2/권3/권4/권5/권6/권7/권8/권9/권10
역주 남명집언해(2책) 상/하
역주 몽산화상법어약록언해(1책)
역주 금강경삼가해(5책) 제1/제2/제3/제4/제5
역주 육조법보단경언해(3책) 상/중/하
역주 선종영가집언해(2책) 상/하
역주 불설아미타경언해/불정심다라니경언해(합본)
역주 진언권공/삼단시식문언해(합본)
역주 목우자수심결/사법어언해(합본)
역주 반야바라밀다심경언해(1책)
역주 상원사중창권선문/영험약초/오대진언(합본)
역주 사리영응기(1책)
역주 몽산화상육도보설언해(1책)
역주 칠대만법/권념요록(합본)
역주 불설대보부모은중경(1책)
역주 별행록절요언해(1책)
역주 구급방언해(2책) 상/하
역주 구급간이방언해(5책) 권1/권2/권3/권6/권7
역주 분문온역이해방/역주 우마양저염역병치료방(합본)
역주 언해태산집요(1책)
역주 언해두창집요(1책)
역주 간이벽온방/벽온신방/역주 신선태을자금단(합본)
역주 마경초집언해(2책) 상/하
역주 삼강행실도(1책)
역주 이륜행실도(1책)
역주 동국신속삼강행실도(5책) 권1/권2/권3 /권4/권5
역주 오륜행실도(5책) 권1/권2/권3/권4/권5
역주 정속언해/경민편(합본)
역주 여씨향약언해(1책)
역주 번역소학(1책) 권6·7·8·9·10
역주 소학언해(4책) 권1·2/권3·4/권5/권6
역주 논어언해(2책) 권1·2/권3·4
역주 중용언해(1책)
역주 삼강행실도(1책)
역주 이륜행실도(1책)
역주 동국신속삼강행실도(5책) 권1/권2/권3/권4/권5

책이름
역주 오륜행실도(5책) 권1/권2/권3/권4/권5
역주 정속언해/경민편(합본)
역주 여씨향약언해(1책)
역주 번역소학(1책) 권6·7·8·9·10
역주 소학언해(4책) 권1·2/권3·4/권5/권6
역주 논어언해(2책) 권1·2/권3·4
역주 중용언해(1책)
역주 대학언해(1책)
역주 맹자언해(3책) 권1·2·3·4·5/권6·7·8·9·10/권11·12·13·14
역주 시경언해(5책) 권1·2·3·4/권5·6·7·8/권9·10·11/권12·13·14·15/권16·17·18
역주 서경언해(2책) 권1·2·3/권4·5
역주 주역언해(3책) 권1/권2/권3
역주 분류두공부시언해(15책) 권3상/권3하/권5상/권5하/권8상/권8하/권10/권11/ 권14/권15/권16상/권16하/권17/권18/권21
역주 백련초해(1책)
역주 연병지남(1책)
역주 병학지남(1책)
역주 화포식언해/신전자취염초방언해(합본)
역주 여사서언해(2책) 권1·2·3/권4
역주 여소학언해(2책) 권1·2·3/권4·5·6
역주 효경언해(1책)
역주 여훈언해(1책)
역주 가례언해(4책) 권1·2/권3·4·5/권6·7·8/권9·10
역주 종덕신편언해(3책) 상/중/하
역주 윤음 언해(2책) 1집/2집
역주 어제상훈언해(1책)
역주 어제훈서언해(1책)
역주 천주실의언해(상편)
역주 경신록언석(1책)
67종 153책

제3장

세종대왕기념사업회 역주 사업의 현황과 의미

홍현보

1. 머리말

고려대장경연구소 오윤희 소장은『대장경, 천년의 지혜를 담은 그릇』
(2011, 불광출판사)에서 고려대장경을 '짝퉁'이라고 표현하여 논란이 일었던
적이 있다. 그의 말에 따르면, 우선 초조대장경은 송나라의 개보대장경을
엎어놓고 베낀 것이고 재조대장경(해인사 팔만대장경)은 또 초조대장경을 놓
고 베낀 것이니 가장 오래된 목판 인쇄물이라는 말도, 그리고 글씨가 수려
하다는 말도 온전히 우리 것이 아니기 때문에 잘못이라는 것이다. 종교
경전이란 교조(敎祖)의 말을 후대 사람이 글로 적은 것으로, 말을 글로 옮기
는 작업에서부터 근원적인 오류가 생기기 마련이다. 같은 말을 쓰는 사람
이 상대방의 말을 듣고 다른 장소, 다른 자리에서 그 말을 전달하는 가운데
서도 토씨 하나 어감 하나 다르지 않게 전하기는 쉽지 않은 일인데, 하물며
수십 년 수백 년의 시간이 흐르면서 말이 다르고 문화가 다른 사람들에게

그 말을 전할 때 생기는 오류는 그 거리만큼이나 커질 수밖에 없는 일이다. 불교 경전은 이미 처음 기록된 산스크리트어 경전이 거의 사라진 상태이고, 그마저 부처가 설법하던 말은 산스크리트어가 아닌 속어였다고 하니 이것을 번역한 한문 불경이야 말할 나위도 없을 것이다. 그러므로 오윤희 소장의 말처럼 짝퉁이라고 매도하기보다는 원전을 옮길 때 생기는 오류를 최소화하려는 고려인의 최선의 선택이 아니었나 싶다. 기독교에서는 성경 말씀에 일점 일획도 더하거나 빼지 말라는 말이 있다.[1] 이러한 것도 따지고 보면 오류를 최소화하려는 것임이 틀림없다. 기독교가 전 세계에 전파되면서 수많은 번역 성경이 발간되었으니 그때마다 오류는 생길 수밖에 없었을 것이다. 즉, 두 언어집단 사이에 말에서 말로, 말에서 글로, 글에서 글로 바뀔 때는 번역이 반드시 필요하지만 말의 차이, 문화의 차이, 문법의 차이로 인하여 번역은 처음 말한 사람의 뜻과 생각에 얼마만큼의 오류는 생기게 마련이다. 구마라습[2]은 일찍이, "천축인의 풍속은 가장 문채를 숭상하여 그들의 찬불사는 매우 아름답지만, 이제 이를 중국어로 번역하면 단지 그 뜻만 알 수 있지 그 말씨는 알 수 없는 것이다."라고 말한 바대로 번역이란, 말과 글의 뜻을 그대로 담아내기가 매우 어려운 일이다. 이 말은 김만중이 그의 저서 《서포만필》(1687)에서 옮긴 말인데, 그도 이렇게 적고 있다. "송강의 「관동별곡」, 전후 「사미인가」는 조선의 「이소(離騷)」(중국 굴원(屈原)이 쓴 글) 같이 훌륭한 글이나, 그것은 한자로는 쓸 수가 없기 때문에 오직 시인들이 노래로 전하여 서로 이어받아 전해지고 혹은 한글로 써서 전해질 뿐이다. 어떤 사람이 칠언시(한시)로써 관동별곡을 번역하였지만, 아름답

---

1 신명기 4:2, 마태복음 5:18.

2 쿠마라지바(Kumārajīva) : 344~413, 인도 사람으로 산스크리트어의 불경 아미타경, 금강반야바라밀경, 묘법연화경 등을 한문으로 번역하여 중국에 전한 승려. 경률 74부 380여 권을 펴냈다고 한다.

게 될 수가 없었다. 이치가 정녕 그런 것이다."라고 하였다. 우리 겨레는 오랫동안 중국말과 계통적으로 매우 다른 말을 쓰면서도 글자는 한자를 써왔다. 서양이 로마제국의 지배 속에서 로마자를 받아들여 제나라 말을 기록했듯이, 동양의 선진문화는 한자로 기록되어 전해 들어왔으며, 중국의 한자 기록물들은 상대적으로 높은 학문과 지식을 담고 있었으므로 그대로 우리에게 보급되었던 것이다.

이 글에서는 불경 언해본의 역주 현황을 정리해 봄으로써 그 성과가 어느 정도인지를 파악하고, 우리 말글의 연구와 발달에 어떤 도움을 주었는지 그 의미를 찾고자 하였다. 그러나 불경 언해본의 역주 현황만을 정리하는 것은 그 의미와 성과를 파악하는 데 매우 미흡하고, 오히려 적으나마 오해를 살 수도 있다. 그러므로 불경 언해본의 현황과 역주 현황을 거론하기에 앞서, 한글 문헌의 시발점인 훈민정음 반포부터 생긴 한글 문헌 전반에 걸친 이해와 한문 고전의 번역 활동을 통시적으로 살펴보고, 그 맥락 위에서 불경 언해본과 그 역주 현황을 파악하고자 한다.

2. 한글 문헌의 범위

1) 한글 문헌[3]

한글 고문헌의 상한선은 한글이 반포된 1446년이고, 하한선은 서지학계에서 일반적으로 통용되는 고서의 하한선인 1910년이다. 한글 문헌은 판본으로 간행된 것은 물론, 한글 편지와 한글 고문서, 한글 가사 등 손으로 쓴 필사본 자료를 망라한다. 문헌의 주 내용이 한문으로 표기되어

---

3 백두현(2015), 『한글문헌학』, 태학사, 23쪽.

있으면서 그 속에 한글로 쓴 문장이나 어휘가 들어간 자료도 한글 문헌에 포함된다. 《용비어천가》의 많은 내용이 한문이지만 한글 문장으로 작성된 가사가 들어 있으므로 당연히 한글 문헌에 속한다. 조선시대 대표적인 농서의 하나인 《농가집성(農家集成)》은 내용의 대부분이 한문 문장이지만 강희맹이 1492년에 펴낸 《금양잡록(衿陽雜錄)》에는 곡식 어휘의 어휘 표기에 한글이 사용되어 있으므로 한글 문헌으로 간주한다.

그러나 한자의 음과 뜻을 이용하여 우리말을 적은 향찰 자료와 이두 자료, 그리고 한자의 약체자(略體字)를 이용한 구결 자료는 한글 문헌에 포함되지 않는다. 이들은 국어사 자료이기는 하나 한글 문헌은 아닌 것이다. 그러나 한글로 표기된 구결 자료는 한글 문헌에 넣을 수 있다. 표기가 한글로 된 것만 한글 문헌으로 인정한다.

2) 언해본

한글 문헌 중 대표적인 것이 언해본(諺解本)이다. 한문으로 된 원전을 '언문(諺文)'으로 번역한 책이라는 말이다. '언해(諺解)'라는 말이 책이름에 공식적으로 사용된 것은 《정속언해(正俗諺解)》부터다.[4] 중종 13년(1518)에 쓴 강혼(姜渾)의 《이륜행실도》 서문에는 경상도 관찰사 김안국(金安國)이 11가지나 되는 책을 간행했다고 하였다. 즉, 《동몽수지(童蒙須知)》, 《구결소학(口訣小學)》, 《삼강행실도(三綱行實圖)》, 《이륜행실도(二倫行實圖)》, 《성리대전(性理大全)》, 《언해정속(諺解正俗)》, 《언해여씨향약(諺解呂氏鄕約)》, 《언해농서(諺解農書)》, 《언해잠서(諺解蠶書)》, 《언해창진방(諺解瘡疹方)》, 《언해벽온방(諺解辟瘟方)》이라 했다. 그런데 이 11가지 책 중에서 유독 《정속언해》만이 책이름에 '언해'라는 말을 쓴 것이다. 이때부터 '언해'라는 말이 일반적인 용어

---

4 김문웅(2010), 『역주 정속언해』 해제, 세종대왕기념사업회.

로서 굳어진 것으로 보인다. 그 이전에는 언문으로 번역하였다고 해도 책 이름이나 글 내용에 '언해'라는 말을 붙이지는 않았다. 조선왕조실록에 '언 해'라는 말이 등장한 것은 중종 9년(1514)이 처음이다.[5]

○《언해의서(諺解醫書)》한 장을 정원(政院)에 내렸다. "이 방문(方文)에, 놀 라서 죽은 사람은 쥐엄나무 열매 껍데기로 다스리면 3~4일 뒤에라도 소생할 수가 있다고 하였다. 조종조에서는 우부 우부(愚夫愚婦)에게도 다 알게 하려고 언문으로 번역까지 하셨으니, 죽은 사람이 소생한다는 것은 꼭 모르겠으나 또 한 이럴 이치가 없다고 할 수도 없다. 사람을 살린다는 것은 실로 큰일인데, 근래 대궐 안에서 여러 번 이런 일이 있었으니, 의사(醫司)로 하여금 방문에 의해서 약을 만들어서 문소전과 연은전 및 여러 군사청에 나누어 주어서 서로 구하도록 하라."

[以諺解醫書一張 下政院曰 此方言 瘞死人以皂莢治之 則雖三四日後 得蘇云 祖宗 朝欲使愚夫愚婦 皆得知之 至以諺文飜譯 死人之得蘇 未可必也 然亦不可謂無是理也 活人之命 實是大事 近來闕內 屢有如此事 令醫司 依方劑此藥 分賜文昭延恩殿及諸 軍士廳 使相救之]　　　　　　　　　　　　　　　　　－《중종실록》, 중종 9/1514/4/14

'언해 의서'라는 말에서 언해란 '언문으로 번역한 것'이라는 뜻을 밝힌 첫 기록이라 할 수 있다.

언해본이란 직역하면 '언문(한글)으로 번역한 책'이다. 이와 비슷한 말로 '언간(諺簡)'이 있는데 이 또한 '한글로 쓴 편지', '언문 간찰'의 준말이다.[6] 그러나 언해본이 반드시 한글로만 번역된 것만은 아니다. 오히려 한자가 더 많이 쓰이기도 한다. 또 문자도 한문뿐만 아니라 몽고문자나 가나문자 일 수도 있다. 중요한 것은 다른 나라 말로 된 원전이 있어서 이 원전을

---

5 김슬옹(2005), 『조선시대 언문의 제도적 사용 연구』, 한국문화사, 33~34쪽 참조.
6 '언(諺)-' 관련 어휘에 대한 총체적 규명은 "김슬옹(2005), 「《조선왕조실록》의 한글 관련 기사를 통해 본 문자생활 연구」, 상명대 대학원 박사논문" 참조.

우리말 문법으로 번역한 글이어야 한다. 다만 우리나라 사람이 쓴 원전이
라도 한자나 다른 나라 말로 쓰여진 것이면 언해의 대상이 되는 것이다.

예컨대, 《삼강행실도》와 《이륜행실도》는 우리나라 사람이 엮은 것이지
만 인용한 내용은 대다수가 중국의 역사서에서 그대로 가져온 것이다. 또
이것을 그대로 합본한 것이 《오륜행실도》이다. 그런데 이 형식을 그대로
빌어 엮은 《동국신속삼강행실도》는 원전이 없이 우리나라 사람이 새롭게
쓴 내용이지만 한문 원전을 먼저 기록하고 이를 언해한 언해문을 나란히
붙인 것이다. 대다수 고전 문헌이 이와 같은 형식이기 때문에 우리는 흔히
모든 한글 문헌을 언해본이라 부르는 오류를 범하기도 한다.

일찍이 세종은 《용비어천가》와 《월인천강지곡》을 언문으로 창작하여
보인 바 있다. 그러나 많은 사람들이 이 책들을 언해본에 포함시켜 말한
다. 고전 문헌이 모두 한문 원전을 갖춘 것은 아니며, 처음부터 언문으로
쓰여진 책도 있으므로 큰 틀에서 '한글 고전'이란 말을 쓰는 것이 옳다.

'언문(諺文)'이란 말은 세종이 처음부터 썼던 말이다. 홍윤표(2003)에 따
르면,

> '언문'은 '한글'의 다른 이름이다. 우리 문자를 중국 문자에 비해 낮추어 부르
> 는 것이 '언문'이라는 인식은 이제 바뀌어야 한다. 《세종실록》의 '是月 上親製
> 諺文二十八字'란 기록만 보아도 이 인식이 잘못 되었음을 보여 준다. 임금이
> 직접 만든 문자를 일컬으면서 낮추어 부르는 말을 쓸 리가 없다.[7]

라고 하였고, 홍현보(2012)에 따르면,

---

7 「조선시대 언간과 한글 서예로의 효용성」, 『조선시대 한글 서간의 서예적 재조명』,
   (세종한글서예큰뜻모임, 2003), 2쪽.

  태조부터 1443년 '언문'이란 말이 처음 나타나기 이전까지의 기록을 모두 찾은 것이다. 이처럼 이미 한자 '언(諺)'을 자연스럽게 자주 사용한 것을 볼 수 있는데, 이때에 사용하던 '언(諺)'이라는 말은, 주로 속담(俗談)으로 해석할 수 있다. 그런데 속담은 흔히, '예로부터 민간에 전하여 오는 쉬운 격언이나 잠언'을 이르는 말인데 비해, 위의 여러 문장을 앞뒤 문맥으로 보면 비슷하면서도 다른 뜻으로도 쓰고 있다. 즉, 속담이 아니더라도 '거리에서 사람들이 말하는 이야기, 소문, 누군가에게 듣고 전하는 말, 지금 말하는 사람의 귀에 들리는 이야기'처럼, 어떤 '기록된 문자'가 아니라 '많은 사람들의 입에 오르내리며 전하는 말'이라는 공통점이 있다. 이것은 한자 '언(諺)'의 제1의미인 '전하는 말'의 뜻으로 쓰였기 때문이다.[8]

  이렇게 '언문'이란 말이 나타나면서 '언해, 언간, 언역, 언석' 따위의 합성어가 만들어진 것이다. 즉 '번역, 역훈, 직해' 따위보다 '언-'자를 붙여 말하는 것이 더 확실하게 뜻을 전달할 수 있었으므로 자연스럽게 새로운 말들이 쓰이게 된 것이다.

3) 한글 필사본과 한글 고문서

(1) 한글 필사본

  한글 필사본은 자료의 생성 연대를 기록하지 않은 것이 대다수라서 국어의 역사적 변천을 연구하는데 매우 어려운 자료이고, 이본이 많은 필사본은 그 상호 연관 관계를 밝히기도 어렵다는 단점에도 불구하고, 언해본이 가지지 못한 중요한 장점이 있다. 간행 과정이 상당히 엄격한 공

---

8 「우리 사전의 왜곡된 '언문' 뜻풀이에 관한 연구」, 『한글』 298호(한글학회, 2012), 55쪽. 조선왕조실록의 태조실록부터 세종실록 정음 창제 이전까지 '언(諺)'이란 글자가 29회 쓰였다고 하고 이를 모두 제시하고 있다. 창제 이후의 '언(諺)'의 사용양상과 동계는 "김슬옹(2005), 『조선시대 언문의 제도적 사용 연구』, 한국문화사." 참조.

공(公共)의 교정을 거쳐 간행되는 언해본과 달리, 필사본은 그 시대와 현장의 일상 언어에 더 가까운 말을 구사하기 때문에 풍부하고 다양한 언어 자료를 확보할 수 있다.[9]

필사본 중 가장 양적으로 많은 것이 한글 편지(언간, 언찰)다. 언간은 언문으로 쓰인 간찰을 말하기 때문에 모든 글자가 한글로만 쓰인 편지만을 말하는 것으로 인식하겠지만, 꼭 그렇지는 않다. 한글 문헌에 한글과 한자가 같이 쓰인 문헌도 포함시키듯이, 언간도 한글로만 쓴 편지만을 의미하지 않는다. 언간은 국한 혼용의 언간과 한글 전용 언간의 두 가지가 있지만, 언간의 대부분은 국문 전용의 언간이다. 언간은 필사본이지만 고문서류나 고소설류 등과는 서로 구분되는 점이 있다. 언간에는 이두나 구결이 전혀 사용되지 않는다는 것이다. 왜냐 하면 구결은 대개 한문구에 붙는 것인데, 언간에는 한문구가 많이 사용되기는 하지만, 대개 구(句) 정도만 사용될 뿐 구두(句讀) 전체에 사용되지 않기 때문이다. 그리고 언간은 본인이 직접 쓴 것이라는 점에서 개인적인 필체의 다양함과 개성이 가장 잘 드러나 있다.[10] 김일근 교수는 『언간의 연구』(1986) 머리말에서 자신이 소장하고 있는 언간이 350여 편이라고 하였는데, 그 뒤 많은 언간이 출토되었고 많은 학자들의 연구가 이어져, 묘지 출토 언간이 425장[11]이며, 사대부가 언간이 1,900장에 육박하고, 왕실 언간이 405장이나 알려졌다고 한다.[12]

이밖에도 기행문, 일기, 역사서, 가장전기(家狀傳記), 제문(祭文), 여성교육서, 음식조리서, 한글 서화(書畵), 문학류, 한글 고문서 필사본 등이 다양하게 전하고 있다.

---

9 백두현(2015), 『한글문헌학』, 태학사, 188쪽 참조.
10 홍윤표(2003), 위 책 5-6쪽 참조.
11 백두현(2015)의 191-192쪽 도표 참조.
12 백두현(2015)의 193쪽 참조.

지금까지 알려진 필사본 중 가장 오래된 문헌은 《오대산 상원사 중창 권선문》(1464)이었다.[13] 이 문헌은 신미 등이 중창권선문을 쓰고 세조가 답신으로 보낸 편지(어첩)를 합철하여 만든 접기식 책이다. 그러나 신미 등이 보낸 권선문은 천순 8년(세조 10, 1464)이라 기록되어 있으나 세조의 어첩에는 날짜가 적혀 있지 않아 편의상 1464년에 이 문헌이 만들어진 것이라 했으나, 세조실록 35권 세조 11년(1465) 2월 20일 기사에 물품을 보냈다는 기록이 있으니 바로 이 어첩에 기록된 물품이며 그와 함께 어첩 이 전달되었을 것이 분명하다. 또 이 어첩의 글씨를 보면 권선문과 어첩 이 같은 사람의 글씨임을 알 수 있으니, 처음의 편지를 보고 나중에 누군 가 필사하였음을 짐작케 한다. 그렇다면 이 문헌의 글씨는 1465년 이후 에 쓴 것이니, 사찰을 중건한 낙성식(1466) 이후로 봄이 옳다.[14]

발표자가 우연히 발견한 자료는 《세종실록》 부록인 「악보」이다. 《세종 실록》은 문종 2년(1452)부터 2년 동안 정초본(필사본)을 판찬하였으나 세 조 12년(1466)부터 6년 동안 이를 놋쇠활자인 을해자로 세 벌 더 찍었다. 그러나 《세종실록》의 부록인 「오례의」, 「악보」, 「지리지」만은 그림 따위 가 섞인 자료로서 주자로 찍어내지 않고 정초본 그대로를 끼워 편찬하였 다. 그 가운데 「악보」인 정간보는 용비어천가를 가사로 하였는데, 치화 평에는 125장 전체를 3번, 취풍형에는 1번씩 반복해서 적고 있다. 정초본 을 완성한 해(단종 1년, 1453)로 볼 때 세조 어첩보다 10여년이 앞서는 자료 이다. 지금 그 전주사고본(정족산본)이 규장각에 소장되어 있다.

---

13 백두현(2015)의 430쪽 참조.
14 이 문헌의 어문생활사적 맥락과 의미에 대해서는 "김슬옹(2012), 『조선시대의 훈민정음 발달사』, 역락, 96쪽." 참조.

(2) 한글 고문서

한글 고문서는 고문서 양식을 대체로 따르면서 한글로 표기된 각종 문서와 기록물을 말한다. 현전하는 한글 고문서들은 19세기 이후에 작성된 것이 많다. 한글 고문서의 작성은 개인적 혹은 사적 목적으로 이루어지는 것이 보통이다. 한글 고문서가 관문서로 작성된 사례는 매우 드물다. 윤음이나 관청의 문서처럼 관문서거나, 매매 문서, 계약 문서, 왕실 의례 문서, 권선문이나 물목과 같은 종교 문서, 의복과 음식, 주거에 관련된 의식주 문서, 가계도나 문중 기록물, 상속에 관련된 가족·친족 문서, 공동체 생활 문서, 개인 생활 문서 등 다양한 형태가 있다. 한글 고문서 자료는 국어사 연구뿐 아니라 한글생활사와 사회사 등 다양한 연구에 기여할 수 있다.[15]

3. 한글 창제와 한글 문헌의 실재

1) 훈민정음 창제 이전의 번역[16]

서기전부터 이미 우리나라에 한자가 전해져 삼국시대에는 기록문화가 활발히 전개되었는데, 우리말이 중국어와 매우 달랐으므로 한문 문법을 따라 적으면서도, 한자의 음과 훈(새김)을 이용해 글을 쉽게 읽거나 우리말 문장으로 완성하려는 시도로 이두문자(吏讀文字)와 구결문자(口訣文字)를 만들어 썼다. 이러한 시도는 어떤 규정이나 규칙이 없이 이루어졌으므로 번역 자체가 매우 한정적이었다. 그러므로 중국의 원전 그대로를

---

15 백두현(2015)의 222-233쪽 참조.

16 박종국(2013), 「한문 문헌 언해와 현대화 고전국역사업」, 『세종학연구』 15, 세종대왕기념사업회, 115쪽 참조.

베끼거나 한문을 배워 읽을 뿐이었으니, 온전한 번역은 아니었다.

1) 설총-우리말로써 구경(九經)을 해독하여 후생들을 훈도하였다.
-《삼국사기》 권제46 열전

2) 원효-우리말로써 중국과 그 주변국의 방속(方俗) 물명(物名)을 알고 있었고, 육경(六經)과 문학(文學)을 훈해(訓解)하였다.
-《삼국유사》 권제4 의해

3) 권근-태종의 명에 의하여 시경, 서경, 역경의 토를 달았다.
-《세종실록》, 세종 10/1428/윤4/18

4) 대명률직해(大明律直解) - 이두 번역본. - 태조 4년(1395)

5) 양잠경험촬요(養蠶經驗撮要) - 이두 번역본. - 태종 15년(1415)

6) 우마양저염역병치료방(牛馬羊猪染疫病治療方) - 이두 번역본.
- 중종 36년(1541)

2) 훈민정음 창제 이후의 번역

훈민정음 창제는 단순히 백성이 말을 쉽게 적어 뜻을 펼칠 수 있도록 한 1차적인 의도뿐만 아니라, 당시 중국의 앞선 문화와 우리 조상들이 남긴 기록들을 현실음으로 풀고 적으면서 쉽게 알고, 올바르게 이해할 수 있는 길을 열어 줌으로써, 실질적인 교육이 이루어질 수 있게 해 주었으며, 우리말의 풍부한 어휘를 마음껏 구사하여 깊고 세밀한 심정과 생각을 구체적으로 전달할 수 있게 해 주었다. 그러므로 이보다 더 확실하고 정확한 번역의 도구가 있을 수 없었으며, 진정한 언문일치의 언어생활이 펼쳐질 수 있었던 것이다. 사람들이 이 새로운 글자로 가장 우선적으로 하고 싶었던 것은 무엇이었을까? 편지였을 것이다. 가까운 사람들과 마음을 전하고 정을 나누며 아주 먼 곳까지 전할 수 있었으니 이보다 가슴 벅찬 일이 또 있을까?

다음은 한자의 발음법이다. 그때까지 모든 기록은 한자로 되어 있었으나 그 발음을 정확하게 표현할 방법이 없었는데, 정음으로 그 한자의 발음을 통일시키고 이를 가르쳐 한글로 적을 수 있게 되면서, 교육과 학습은 더욱 능률을 높일 수 있었다. 예컨대,《삼강행실도》는 중국의 역대 역사서를 총망라하여 훌륭한 인물을 선별하여 기록한 책인데, 세종은 훈민정음을 창제하자마자 맨 먼저 이 책을 떠올렸다. 아니 이미 창제 중에도 늘 염두에 둔 일이었는지도 모른다. 이 책이 아무리 그림을 넣어 엮었다 해도 한문을 모르면 그 내용을 정확히 파악할 사람이 많지 않았을 것이라는 생각에 우선 이 책을 우리말로 번역해 다시 편찬하면 백성들이 얼마나 좋아하겠는가 하면서, 만약 언해하여 펴낸다면 방방곡곡에서 효자, 충신, 열녀가 줄을 지어 나타날 것이라고 고무된 말을 하기도 하였다. 세종의 지시로 만들어진 《삼강행실도》(한문본)는 성종 때 언해본이 나왔고, 그 뒤로도 수없이 많은 재판이 이루어졌다. 또 광해군은 이를 본받아 1,587명의 이야기를 엮은 《동국신속삼강행실도》를 언해하여 펴내기도 하였고, 중종 때는《이륜행실도》를 언해하여 펴내기도 하였다. 뒤이어 정조는《오륜행실도》를 간행케 했는데, 이때는 굵고 선명한 한글 글씨를 본문에 당당히 새겨서 찍어내기도 하였다. 또 누구든지 문학도가 될 수 있었다. 소설을 쓴다든지, 시를 쓴다든지, 어떠한 글이라도 쉽게 엮어냄으로써 문장을 만들고 이야기를 꾸미고 부처의 일생을 기록할 수도 있게 된 것이다.《동국정운》과《홍무정운역훈》과 같이 우선 중국의 한자음과 우리가 읽는 한자음의 차이를 정음으로 적어 보임으로써 쉽게 이해하고 정확한 음으로 기록할 수 있게 되었다. 나아가 한문으로 된 그때까지의 모든 문헌들을 우리말로 풀어 우리글로 적을 수 있게 되었으니 바로 여기서 저절로 번역물이 생기게 되는 것이다.

그러나 안타까운 것은, 훈민정음을 반포한 지 4년도 채 되지 않아 세종은 운명하였으니, 한글로만 글을 적는 방식은 더 이상 진척되지 못하였고, 우리말 기록 양식은 두 갈래로 나뉘게 되었다.

세종은《훈민정음》을 반포하고 제일 먼저 서사시《용비어천가》를 지었는데 이 시가집의 체재를 보면, 우리말 문장을 큰 글자로 적은 뒤에 그 시구의 뜻을 한문으로 풀이하였다. 또 세종이 지은《월인천강지곡》은 600여곡의 노랫말을 우리말 문장으로만 적었다. 분명 세종은 한문을 먼저 앞세우는 언해 형식이 아니라 오로지 훈민정음만 써서 우리말로 창작을 할 수 있는 그런 세상을 일찌감치 꿈꾸었음에 틀림없다. 앞서 수양대군이 지은《석보상절》도 원전 없이 우리말로만 적는 방식을 취하였는데, 이 또한 분명 세종의 뜻에 따른 것으로 볼 수 있다. 이를 보고 세종이 지은《월인천강지곡》은 모두 한글로 쓰되 한자말은 한글 밑에 작은 글씨로 한자를 밝혀주었을 뿐이다. 이렇게 세종이 살아생전에 나온 책들은 원전을 나란히 적는 방식이 아니었다. 이러한 언해 방식은《명황계감언해》(성종 18년, 1477)와《태평광기언해》(선조 이후)로 이어져, 조선 후기에 등장하는 고전소설류처럼 창작물의 한글 전용 형식으로 발전하였지만, 세종이 떠난 후에 나온《훈민정음 언해》(세종어제훈민정음)에서 선보인 방식은 이와는 전혀 다른 방식으로서, 원전을 적고 이어서 언해문을 적는 방식이 번역의 틀로 자리잡게 되었다. 창작물은 원전이 있을 수 없는 것이고, 훈민정음도 지엄하신 부왕의 반포서를 언해하는 것이기 때문에 먼저 원전의 문장을 앞에 놓고 그보다 낮춰 언해문을 새기게 된 것이다. 이러한 방식은 곧바로 이어진 간경도감본에서도 마찬가지였다. 오히려 이런 방식의 해석은 기존의 문자와 새로운 문자를 비교하며 읽음으로써 우리 중세어의 말밑을 정확하게 알 수 있도록 길잡이 구실을 해주었고, 국어학을 위해서도 최고의 역주 방식이 아닐 수 없다.

세종시대 정음문헌 목록[17]

건수	연대	자료의 명칭	성격	분류 (관판 여부)	비 고
1	1446	훈민정음(訓民正音)	언어	관판	해례본(解例本)
2	1446~7	훈민정음(訓民正音)	언어	관판	언해본(諺解本)
3	1447	용비어천가 (龍飛御天歌)	역사	관판	10권. 건국 서사시
4	1447	석보상절(釋譜詳節)	불교	관판	24권 중 10권만 전함. 활자본. 한문은 제시되지 않음.
5	1447	월인천강지곡 (月印千江之曲)	불교	관판	3권 중 상권만 전함. 활자본. 저경(底經)이 있는 찬불시집
6	1448	동국정운(東國正韻)	언어	관판	6권. 활자. 한국 표준한자음사전
7	1449	사리영응기 (舍利靈應記)	불교	관판	활자본. 한글 표기 사람이름[人名]
8	1447~ 1455	홍무정운역훈 (洪武正韻譯訓)	언어	관판	16권. 중국 표준한자음사전. 1· 2권 미발견. 단종3년에 간행

그러므로 지금까지 남아 있는 대다수 우리말 문헌은 한문 원전을 앞세우고 뒤에 언해문을 기록하는 형식을 기본 틀로 삼고 있다. 다만 원전이 없거나 창작물일 경우는 한자말도 모두 언문으로만 적는 형식이 지배적이다. 현대사회에서 번역이란, 번역문만 적을 뿐, 원전을 나란히 적지는 않음을 볼 때, 조선 시대 한문의 원전을 존대하거나 중시한 자세는 언해본만의 특성이라 할 수 있다.

---

17 정우영(2013), 「세종시대 훈민정음 관련 문헌의 국어학적 재조명」, 『세종학연구 15』, 세종대왕기념사업회, 53쪽에서 [표 1]을 인용함.

3) 한글 문헌의 실재

(1) 세종대왕기념사업회의 조사 목록

1991년, 세종대왕기념사업회가 한글 고전 역주 사업을 시작할 때 조사
하여 제시한 문헌은 대략 350종이었다. 그 목록을 제시하면 다음과 같다.

① 15세기 문헌(40종)

번호	책이름	번호	책이름
01	용비어천가(龍飛御天歌)	19	주역전의대전구결(周易傳義大全口訣)
02	훈민정음 해례본(訓民正音解例本)	20	구급방언해(救急方諺解)
03	훈민정음 언해본(訓民正音諺解本)	21	목우자수심결(牧牛子修心訣)
04	석보상절(釋譜詳節)	22	몽산화상법어약록언해(蒙山和尙法語略錄諺解)
05	월인천강지곡(月印千江之曲)	23	법어언해(法語諺解)
06	동국정운(東國正韻)	24	지장보살본원경언해(地藏菩薩本願經諺解)
07	월인석보(月印釋譜)	25	해동제국기(海東諸國記)
08	사리영응기(舍利靈應記)	26	내훈(內訓)(권1, 2, 3)
09	능엄경언해(楞嚴經諺解)(권1~10)	27	초간두시언해(初刊杜詩諺解)
10	금강경언해(金剛經諺解)	28	남명집언해(南明集諺解)
11	묘법연화경언해(妙法蓮華經諺解)	29	관음경언해(觀音經諺解)
12	선종영가집언해(禪宗永嘉集諺解)(上, 下)	30	명황계감언해(明皇誡鑑諺解)
13	반야심경언해(般若心經諺解)	31	삼강행실도(三綱行實圖)
14	불설아미타경언해(佛說阿彌陀經諺解)	32	금강경삼가해(金剛經三家解)
15	상원사중창권선문(上院寺重創勸善文)	33	불정심경언해(佛頂心經諺解)
16	원각경언혜(圓覺經諺解)	34	오대진언(五大眞言)
17	원각경구결(圓覺經口訣)	35	구급간이방(救急簡易方)
18	주역전의구결(周易傳義口訣)	36	구급간이방언해(救急簡易方諺解)(권1, 2)

37	금양잡록(衿陽雜錄)	39	진언권공언해(眞言勸供諺解)
38	육조법보단경언해(六祖法寶壇經諺解) (권 상·중)	40	삼단시식문언해(三段施食文諺解)

② 16세기 문헌(42종)

번호	책이름	번호	책이름
01	번역노걸대(飜譯老乞大)	20	불설대보부모은중경 (佛說大報父母恩重經)
02	속삼강행실도(續三綱行實圖)	21	성관자재구수육자선정 (聖觀自在求修六字禪定)
03	번역박통사(飜譯朴通事)	22	진언집(眞言集)
04	노박집람(老朴集覽)	23	선가귀감(禪家龜鑑)
05	번역소학(飜譯小學)	24	칠대만법(七大萬法)
06	이륜행실도(二倫行實圖)(玉山書院本)	25	염불작법(念佛作法)
07	정속언해(正俗諺解)(李源周 敎授本)	26	광주판천자문(光州版千字文)
08	여씨향약언해(呂氏鄕約諺解)(尊經閣本)	27	논어언해(論語諺解)
09	촌가구급방(村家救急方)	28	신증유합(新增類合)
10	시용향악보(時用鄕樂譜)	29	백련초해(百聯抄解)
11	간이벽온방언해(簡易辟瘟方諺解)	30	초발심자경(初發心自經)
12	훈몽자회(訓蒙字會)	31	발심수행초(發心修行抄)(松廣寺版)
13	우마양저염역치료방 (牛馬羊猪染疫治療方)	32	중간경민편(重刊警民編)
14	분문온역이해방(分門瘟疫易解方)	33	경민편언해(警民編諺解)(東京敎育大本)
15	논어대문구결(論語大門口訣)	34	성초심학인문(誠初心學人文)(松廣寺版)
16	남화진경대문구결(南華眞經大文口訣)	35	석봉천자문(石峯千字文)
17	구해남화진경구결(句解南華眞經口訣)	36	농사직설(農事直說)
18	소학집설구결(小學集說口訣)	37	맹자언해(孟子諺解)
19	예기집설대전구결(禮記集說大全口訣)	38	효경언해(孝經諺解)

| 39 | 구황촬요(救荒撮要)(萬曆本) | 41 | 중용언해(中庸諺解)(陶山書院本) |
| 40 | 대학언해(大學諺解)(陶山書院本) | 42 | 소학언해(小學諺解)(陶山書院本) |

③ 17세기 문헌(44종)

번호	책이름	번호	책이름
01	악장가사(樂章歌詞)	20	어록해 초간본(語錄解初刊本) (鄭瀁의 初刊本)
02	언해두창집요(諺解痘瘡集要)	21	어록해 중간본(語錄解重刊本)
03	언해태산집요(諺解胎産集要)	22	경민편언해(警民篇諺解)(奎章閣本)
04	연병지남(練兵指南)	23	여훈언해(女訓諺解)
05	동의보감(東醫寶鑑)(湯液篇)	24	유합(類合)(七長寺 소장본·靈藏寺本)
06	동국신속삼강행실도 (東國新續三綱行實圖)	25	신간구황촬요(新刊救荒撮要) (윤석창 교수 소장본)
07	태평광기언해(太平廣記諺解)	26	노걸대언해(老乞大諺解)
08	계축일기(癸丑日記)	27	첩해신어(捷解新語)(初刊本)
09	두창경험방(痘瘡經驗方)	28	박통사언해(朴通事諺解)
10	중간두시언해(重刊杜詩諺解)(권1~25)	29	구황보유방(救荒補遺方)
11	가례언해(家禮諺解)(권1~10)	30	역어유해(譯語類解)
12	권념요록(眷念要錄)	31	왜어유해(倭語類解)
13	화포식언해(火砲式諺解)	32	경세훈민정음도설(經世訓民正音圖說)
14	신전자취염초방언해 (新傳煮取焰硝方諺解)	33	인조대왕행장(仁祖大王行狀)(필사)
15	구황촬요벽온방(救荒撮要辟瘟方)	34	신간구황촬요(新刊救荒撮要) (가람문고본)
16	산성일기(山城日記)	35	천자문(千字文)(5종)
17	마경초집언해(馬經抄集諺解)	36	서궁일기(西宮日記)
18	벽온신방(辟瘟新方)	37	논어언해(論語諺解)
19	농가집성(農家集成)	38	대학언해(大學諺解)

39	맹자언해(孟子諺解)	42	치문경훈(緇門警訓)
40	불설광본대세경(佛說廣本大歲經)	43	화포식언해(火砲式諺解)
41	연병지남언해(練兵指南諺解)	44	간이벽온방언해(簡易辟瘟方諺解)

④ 18세기 문헌(107종)

번호	책이름	번호	책이름
01	천자문(千字文) (靈藏寺板·松廣寺本·甲戌本)	20	개수첩해신어(改修捷解新語)(初刊本)
02	유합(類合)(靈藏寺板)	21	물보(物譜)
03	팔세아(八歲兒)	22	화동정음통석운고(華東正音通釋韻考)
04	소아론(小兒論)	23	동문유해(同文類解)
05	청어노걸대(淸語老乞大)	24	대학율곡선생언해(大學栗谷先生諺解)
06	미타참절요(彌陀懺節要)	25	논어율곡선생언해(論語栗谷先生諺解)
07	오륜전비기언해(五倫全備記諺解)	26	중용율곡선생언해(中庸栗谷先生諺解)
08	오륜전비언해(五倫全備諺解) (권1~8)	27	맹자율곡선생언해(孟子栗谷先生諺解)
09	희설(喜雪)(觀水齋遺稿)(歌詞)	28	지장경언해(地藏經諺解)
10	경민편(警民篇)	29	삼운성휘(三韻聲彙)
11	천자문언석(千字文諺釋)	30	천의소감언해(闡義昭鑑諺解) (권수, 권1~4)
12	주석천자문(註釋千字文)	31	종덕신편언해(種德新編諺解)
13	여사서언해(女四書諺解)	32	어제훈서언해(御製訓書諺解)
14	어제내훈언해(御製內訓諺解)	33	계주윤음(戒酒綸音)
15	몽어노걸대(蒙語老乞大)	34	대방광불화엄경보현행원품 (大方廣佛華嚴經普賢行願品)(雙溪寺板)
16	동몽선습언해(童蒙先習諺解)	35	어제경세문답언해(御製警世問答諺解)
17	어제소학언해(御製小學諺解)	36	어제경민음(御製警民音)
18	어제상훈언해(御製常訓諺解)	37	어제경세문답속록언해 (御製警世問答續錄諺解)
19	어제자성편언해(御製自省篇諺解)	38	어제조훈언해(御製祖訓諺解)

39	화엄경행원품(華嚴經行願品)	59	어제제주대정정의등읍부로민인서(御製濟州大靖靜義等邑父老民人書)
40	박통사신석언해(朴通事新釋諺解)	60	첩해신어(捷解新語)(重刊本)
41	어제백행원(御製百行源)	61	유경기대소민인등윤음(諭京畿大小民人等綸音)
42	몽어유해(蒙語類解)(권상, 하)	62	유중외대소신서윤음(諭中外大小臣庶綸音)
43	송강가사(松江歌詞)(關西本)	63	유호서대소민인등윤음(諭湖西大小民人等綸音)
44	십구사략언해(十九史略諺解)	64	어제유원춘도영동영서대소사민윤음(御製諭原春道嶺東嶺西大小士民綸音)
45	역어유해(譯語類解)(補)	65	유경기민인윤음(諭京畿民人綸音)
46	염불보권문(念佛普勸文)(桐華寺板)(海印寺板)	66	유경기홍충전라경상원춘육도윤음(諭京畿洪忠全羅慶尙原春六道綸音)
47	언해납약증치방(諺解臘藥症治方)	67	유경상도관찰사급진읍수령윤음(諭慶尙道觀察使及賑邑守令綸音)
48	훈음종편(訓音宗編)	68	유경상도도사겸독운어사김재인서(諭慶尙道都事兼督運御使金載人書)
49	일동장유가(日東壯遊歌)	69	유함경도남북관대소사민윤음(諭咸鏡道南北關大小士民綸音)
50	청구영언(靑丘永言)	70	유호서민인등윤음(諭湖西民人等綸音)
51	해동가요(海東歌謠)	71	한청문감(漢淸文鑑)
52	명의록언해(明義錄諺解)	72	자휼전칙(字恤典則)
53	신석팔세아(新釋八歲兒)	73	어제사기호별진자윤음(御製賜畿湖別賑資綸音)
54	방언유석(方言類釋)	74	어제왕세자책례후각도신군포절반탕감윤음
55	박통사신석언해(朴通事新釋諺解)	75	효유윤음언해(曉諭綸音諺解)
56	신석소아론(新釋小兒論)	76	어제유함경남북관내소민인능윤음(御製諭咸鏡南北關大小民人等綸音)
57	방언집석(方言集釋)	77	전율통보(典律通補)
58	속명의록언해(續明義錄諺解)	78	병학지남(兵學指南)

79	가체신금사목(加髢申禁事目)	94	경신록언해(敬信錄諺解)
80	고금석림(古今釋林)	95	전설인과곡(奠說因果曲)
81	신번첩해몽어(新飜捷解蒙語)	96	오륜행실도(五倫行實圖)
82	첩해몽어(捷解蒙語)	97	제중신편(濟衆新編)
83	무예도보통지언해(武藝圖譜通志諺解)	98	윤음언해(綸音諺解)
84	몽어유해보편(蒙語類解補編)	99	인어대방(隣語大方)
85	어제유양주포천부로민인등서 (御製諭楊州抱川父老民人等書)	100	무예도보통지언해(武藝圖譜通志諺解)
86	증수무원록언해(增修無寃錄諺解)	101	선조대왕행장(先朝大王行狀)
87	가례석의(家禮釋義)	102	노계가사(蘆溪歌詞)
88	유제주대정정의등읍부로민인서 (諭濟州大靜旌義等邑俘虜民人書)	103	아언각비(雅言覺非)
89	유제도도신윤음(諭諸道道臣綸音)	104	화음방언자의해(華音方言字義解)
90	호남육읍민인등윤음(湖南六邑民人等綸音)	105	유서필지(儒胥必知)
91	어제양로무농반행소학오륜행실향의 식향약조례윤음	106	불우헌집(不憂軒集)
92	중간노걸대언해(重刊老乞大諺解)	107	고산유고(孤山遺稿)
93	청장관전서(青莊館全書)		

⑤ 19세기 문헌(77종)

번호	책이름	번호	책이름
01	신간증보삼략직해(新刊增補三略直解) (廣通坊)	07	농문전(己未石橋新刊)
02	주석천자문(註釋千字文)(甲子本) (重刊本)	08	조선위국자휘(朝鮮偉國字彙)
03	몽유편(蒙喩篇)	09	의종손익(醫宗損益)
04	유중외대소민인등척사윤음 (諭中外大小民人等斥邪綸音)	10	천자문(千字文)(壬戌本)
05	서유긔(丙辰孟冬華山新刊)	11	성교절요(聖敎切要)
06	자류주석(字類註釋)	12	아희원람(兒戲原覽)

13	김씨세효도(金氏世孝圖)	44	잠상집요(蠶桑輯要)
14	쥬년첨례광익	45	예슈셩교젼서
15	규합총서(閨閣叢書)	46	화산중봉긔
16	계몽편(啓蒙篇)	47	한영ᄌ뎐
17	로한자전(푸칠로)	48	치명일기
18	물명고(物名考)	49	진리편독삼자경(眞理便讀三字經)
19	가곡원류(歌曲源流) (국악원본, 남창본 · 여창본)	50	국민소학교독본(國民小學校讀本)
20	이언역해(易言譯解)	51	텬로력뎡(天路歷程)
25	삼성훈경(三聖訓經)	52	진교절요(進敎節要)
26	어제유대소신료급중외민인척사윤음 (御製諭大小臣僚及中外民人斥邪綸音)	53	국한회어(國漢會語)
27	척사윤음(斥邪綸音)	54	신정심상소학(新訂尋常小學)
28	관성제군명성경(關聖帝君明聖經)	55	소학독본
29	명성경언해(明聖經諺解)	56	쥬교요지
30	동문자모분해(東文字母分解)	57	튀서신ᄉ
31	경신록언해(敬信錄諺解)	58	신약전서
32	화어류초(華語類抄)	59	물명괄
33	화음계몽언해(華音啓蒙諺解)	60	아학편(兒學篇)
34	방약합편(方藥合編)	61	구운몽(丁亥季春布洞)
35	고신성경문답(古新聖經問答)	62	금향뎡긔(상하)(由洞新刊)
36	고경(古經) · 고성경(古聖經)	63	당경젼(壬子七月美洞重刊)
37	유서필지(儒胥必知)(이본)	64	뎐운치젼
38	한중록(閑中錄)	65	됴웅젼(紅樹洞重刊)
39	의유당일기(意幽堂日記)	66	샤시남졍긔(상하)(歲在辛亥季冬由洞新板)
40	ᄉ민필지(士民必知)	67	숙영낭자전
41	서유견문(西遊見聞)	68	숙향전(상중하)
42	국문정리(國文正理)	69	신미록
43	정몽유어(正蒙類語)	70	양풍운전

71	울지경덕전(甲子季秋銅峴新刊)	75	춘향전(완판본)
72	월봉긔(由泉新刊)	76	현슈문전(상하)(油洞新刊)
73	장풍운전	77	홍길동전
74	졔마무젼(紅樹洞重刊)		

⑥ 20세기 문헌(39종)

번호	책이름	번호	책이름
01	자전석요(字典釋要)	21	일어유해(日語類解)
02	신정천자문(新訂千字文)	22	몽학이천자(蒙學二千字)
03	소년(少年)(雜誌)	23	신자전(新字典)
04	역대천자문(歷代千字文)	24	통학경편(通學經篇)
05	독립신문(獨立新聞)	25	자림보주(字林補註)
06	모던 조선외래어사전(李鍾極)	26	도형천자문(圖形千字文)
07	지나어강좌	27	시문신독본(時文新讀本)
08	경세종(經世鐘)(新小說)	28	작문천자(作文千字)
09	금수회의록(禽獸會議錄)(新小說)	29	조선역사천자문(朝鮮歷史千字文)
10	동광(雜誌名)	30	재봉춘(再逢春)(新小說)
11	동국속삼강행실도(東國續三綱行實圖)	31	조군영적지(竈君靈蹟誌)
12	두견성(杜鵑聲)(新小說)	32	조선어학(朝鮮語學)(朴勝彬)
13	물명찬(物名纂)	33	죽서루(竹西樓)(新小說)
14	법화경언해(法華經諺解)	34	추월색(秋月色)
15	비행선(飛行船)(新小說)	35	속수한문훈몽(續修漢文訓蒙)
16	빈상설(鬢上雪)(新小說)	36	한어초(漢語抄)
17	삼역총해(三譯總解)	37	혈(血)의 누(淚)(新小說)
18	선가귀감언해(禪家龜鑑諺解)	38	홍무정운역훈(洪武正韻譯訓)
19	송뢰금(松籟琴)(新小說)	39	황금탑(黃金塔)(新小說)
20	은세계(銀世界)		

(2) 홍윤표 교수의 목록[18]

1998년 세종대왕기념사업회가 '한국글꼴개발원'을 부설하면서 국내 글
꼴의 개발 현황을 파악하고 한글의 글꼴 연구, 개발, 보급을 위해《글꼴》
창간호(1998)에 게재한 목록인데, 이 목록은 단국대학교에 계셨던 홍윤표
교수가 작성한 것이다. 문헌은 모두 900편인데, 실록 등 문헌에 책이름
이 기록되었지만 전하지 않거나 아직 밝혀지지 않은 책과, 같은 책이라
도 중간본이나 복각본을 모두 별개의 문헌으로 수록하고 있다.

1446년 : 訓民正音(解例本)

1447년 : 龍飛御天歌, 釋譜詳節, 月印千江之曲(卷上)

1448년 : 東國正韻

1449년 : 舍利靈應記

1455년 : 洪武正韻譯訓

1459년 : 月印釋譜

1461년 : 楞嚴經諺解(활자본)

1462년 : 楞嚴經諺解(목판본)

1463년 : 法華經諺解

1464년 : 禪宗永嘉集諺解, 阿彌陀經諺解(原刊本, 不傳), 金剛經諺解, 般若心
經諺解, 上院寺御牒重創勸善文

1465년 : 圓覺經諺解

1466년 : 救急方諺解(不傳)

1467년 : 牧牛子修心訣, 蒙山和尙法語略錄諺解, 四法語諺解

18《글꼴 1998》(세종대왕기념사업회 부설 한국글꼴개발원, 1998) 창간호, 461-479쪽에
수록된 홍윤표 교수의 '한글 문헌 자료 목록'임.

1471년 : 海東諸國記(不傳)

1472년 : 龍飛御天歌, 圓覺經諺解

1475년 : 內訓(不傳)

1481년 : 分類杜工部詩諺解, 三綱行實圖

1482년 : 金剛經三家解, 南明集諺解

1485년 : 佛頂心經諺解, 五大眞言, 靈驗略抄(不傳)

1489년 : 救急簡易方(不傳)

1492년 : 衿陽雜錄, 伊路波

1495년 : 樂學軌範, 法華經諺解(원간본의 後刷本), 金剛經諺解(後刷本)

1496년 : 六祖法寶壇經諺解, 眞言勸供, 三壇施食文

1500년 : 法華經諺解, 牧牛子修心訣諺解(慶尙道 봉서사 복각본), 四法語諺解
        (중간본, 경상도 봉서사판)

1512년 : 海東諸國記

1514년 : 續三綱行實圖

1517년 : 蒙山和尙法語略錄諺解(중간본, 충청도 고운사판), 四法語諺解(중간본,
        충청도 고운사판), 四聲通解, 續添洪武正韻

1518년 : 飜譯小學(不傳), 正俗諺解, 二倫行實圖, 朱子增損呂氏鄕約諺解

1519년 : 重刊警民編(不傳)

1520년 : 禪宗永嘉集諺解(1464년판의 복각본, 長水寺板)

1521년 : 蒙山和尙法語略錄諺解(중간본, 금강산유첨사판)

1522년 : 別行錄節要諺解

1523년 : 楞嚴經諺解(1463년판의 복각본), 蒙山和尙法語略錄諺解(중간본), 法
        華經諺解(복각본)

1525년 : 蒙山和尙法語略錄諺解(중간본, 황해도 심원사판), 簡易辟瘟方(不傳)

1527년 : 訓蒙字會

1531년 : 五大眞言(중간본)

1535년 : 蒙山和尙法語略錄諺解(주안본, 영변 빙발암판), 五大眞言(중간본, 황
해도 심원사판)

1538년 : 村家救急方(全羅道 南原 開刊本)

1539년 : 吏文諸書輯覽(不傳)

1541년 : 牛馬羊猪染疫治療方(활자본)

1542년 : 月印釋譜(권21, 안동 광흥사 중간본), 分門瘟疫易解方(충남대 낙장본)

1543년 : 蒙山和尙法語略錄諺解(중간본, 전라도 진안 중대사판), 四法語諺解(중
간본, 전라도 진안 중대사판)

1545년 : 楞嚴經諺解(1463년판의 복각본), 法華經諺解(복각본)

1547년 : 法華經諺解(복각본)

1550년 : 五大眞言(중간본), 靈驗略抄(중간본)

1553년 : 般若心經諺解(원간본의 복각본, 황해도 심원사판), 佛說大報父母恩重
經諺解(경기도 장단 화장사판)

1558년 : 阿彌陀經諺解(복각본, 전라도 덕룡산 쌍계사판)

1559년 : 月印釋譜(권23, 순창 무량굴판), 訓蒙字會

1560년 : 聖觀自在求修六字禪定

1561년 : 釋譜詳節(권11), 佛頂心經諺解(평안도 해탈암 복각본)

1562년 : 月印釋譜(권21, 순창 무량굴판)

1563년 : 佛說大報父母恩重經諺解(전라도 송광사판)

1564년 : 般若心經諺解(전라도 순창 무량사판, 원간본의 복각본), 佛說大報父
母恩重經諺解(황해도 명엽사 복각본)

1567년 : 佛說大報父母恩重經諺解(은진 쌍계사 복각본), 蒙山和尙六道普說
諺解

1568년 : 月印釋譜(권1,2, 풍기 희방사판)

1569년 : 月印釋譜(권21, 忠淸道 한산지 죽산리 白介萬家 刻本), 眞言集(전라도
　　　　 안심사판), 七大萬法(풍기 희방사판), 五大眞言(은진 쌍계사판)

1572년 : 月印釋譜(권7, 8, 풍기 비로사판), 念佛作法(千佛山 開天寺板)

1573년 : 內訓(중간본)

1574년 : 楞嚴經諺解(1463년판의 복각본), 呂氏鄕約諺解(乙亥字本, 중간본), 新
　　　　 增類合(黃海道 海州板, 不傳)

1575년 : 金剛經諺解(全羅道 安心寺板), 圓覺經諺解(全羅道 安心寺板, 복각본),
　　　　 光州千字文(日本 東京大學本)

1576년 : 新增類合, 沙羅樹幀

1577년 : 蒙山和尙法語略錄諺解(중간본, 전라도 松廣寺板), 四法語諺解(중간본,
　　　　 全羅道 松廣寺板), 誠初心學人文(全羅道 松廣寺板), 發心修行章(全羅道
　　　　 松廣寺板), 野雲自警(全羅道 松廣寺板)

1578년 : 簡易辟瘟方(乙亥字 중간본) 牛馬羊猪染疫病治療方(중간본)

1579년 : 二倫行實圖(개간본), 禪家龜鑑諺解, 重刊警民編(진주 간행본)

1581년 : 三綱行實圖(중간본) 續三綱行實圖(중간본), 農事直說(내사본)

1583년 : 石峰千字文, 誠初心學人文(京畿道 龍仁 서봉사판), 發心修行章(京畿道
　　　　 龍仁 서봉사판), 野雲自警(京畿道 龍仁 서봉사판), 石峰千字文(내각문
　　　　 고본)

1587년 : 小學諺解

1590년 : 大學諺解, 中庸諺解, 論語諺解, 孟子諺解, 孝經諺解

1592년 : 佛說大報父母恩重經諺解(풍기 희방사판)

1593년 : 宣祖國文敎書

1601년 : 石峰千字文(辛丑重刊本, 不傳), 李海龍千字文

1603년 : 神器秘訣

1604년 : 養正篇(不傳), 五大眞言隨求經(瑞山 迦山 講堂寺版)

1605년 : 新增類合(李壽崙家本)

1606년 : 周易諺解(내사본), 三綱行實圖(중간본)

1608년 : 三綱行實圖(중간본, 내사본), 諺解痘瘡集要, 諺解胎産集要, 諺解救
急方(不傳), 新增類合(訂正本)

1609년 : 三經四書釋義

1610년 : 樂學軌範(복각본, 太白山本), 禪家龜鑑諺解(중간본), 梁琴新譜, 誠初
心學人文(松廣寺版)

1611년 : 內訓(중간본, 訓練都監字本), 大學諺解(중간본)

1612년 : 龍飛御天歌(원간본의 복각본, 萬曆本), 練兵指南, 孟子諺解(중간본, 內
賜本), 論語諺解(중간본, 內賜本), 小學諺解(중간본), 中庸諺解(중간본,
內賜本)

1613년 : 東醫寶鑑(活字本), 訓蒙字會(중간본 內賜本), 詩經諺解, 簡易辟瘟方
(중간본, 訓練都監字本)

1614년 : 四聲通解(중간본, 木活字本), 芝峰類說

1617년 : 東國新續三綱行實圖

1621년 : 聖觀自在求修六字禪定(德山 伽耶山版)

1623년 : 妙法蓮華經諺解(중간본, 雲興寺版)

1625년 : 佛說大報父母恩重經諺解(중간본)

1630년 : 觀音經諺解(중간본), 普賢行願品

1631년 : 孝經大義(중간본), 念佛作法(淸道 水岩寺版), 大學諺解(중간본, 內賜
本), 孟子諺解(중간본, 內賜本), 中庸諺解(중간본, 內賜本) 論語諺解(중
간본), 佛頂心經諺解(중간본, 奉佛庵版)

1632년 : 分類杜工部詩諺解(중간본), 家禮諺解

1633년 : 鄕藥集成方(중간본)

1634년 : 五大眞言(雙溪寺板)

1635년 : 佛說大報父母恩重經諺解(중간본), 火砲式諺解, 新傳煮取焰焇方諺
　　　　　解, 五大眞言(중간본, 雙溪寺版)

1636년 : 牛馬羊猪染疫病治療方(海州板, 1578년판의 복각본), 御製內訓, 佛說
　　　　　阿彌陀經諺解(중간본, 水巖寺版)

1637년 : 勸念要錄(華嚴寺板)

1639년 : 救荒撮要, 救荒撮要瘢瘟方

1640년 : 南征歌

1644년 : 牛馬羊猪染疫病治療方(1578년의 복각본), 佛頂心觀世音經(梵魚寺板,
　　　　　音譯本), 鍼灸經驗方(湖南觀察營版), 觀音經諺解(梵魚寺版)

1648년 : 佛說阿彌陀經諺解(중간본, 水巖寺版)

1650년 : 石峰千字文(庚寅重補本)

1653년 : 辟瘟新方

1654년 : 童蒙先習(完山版)

1655년 : 農家集成, 樂學軌範(복각본)

1656년 : 內訓(중간본), 四聲通解(중간본, 목판본), 警民篇諺解(중간본)

1657년 : 語錄解(초간본), 佛說天地八陽神呪經(天冠寺版), 佛說廣本大藏經(長
　　　　　興 天冠山版)

1658년 : 重刊警民編諺解(중간본), 佛說大報父母恩重經諺解(江原道 襄陽 新興
　　　　　寺板), 千手經(鳳岩寺版), 眞言集(중간본, 新興寺版)

1659년 : 龍飛御天歌(중간본, 順治本)

1660년 : 新刊救荒撮要(西原縣版), 救荒補遺方

1661년 : 千字文(七長寺板)

1664년 : 類合(七長寺板)

1666년 : 孝經諺解(내사본), 佛家日用時黙言作法(新興寺版)

1668년 : 佛說大報父母恩重經諺解(慶尙道 開寧 敲防寺板), 小學諺解(중간본)

1669년 : 語錄解(改刊本)

1670년 : 老乞大諺解, 童蒙先習(중간본), 佛說天地八陽神呪經(新興寺版), 閨
壼是議方(필사본)

1675년 : 老乞大諺解(戊申字本)

1676년 : 佛說大報父母恩重經諺解(影子庵板), 捷解新語, 救荒補遺方(중간본)

1677년 : 朴通事諺解, 要路院夜話記

1678년 : 排字禮部韻略(중간본), 經世正韻

1679년 : 排字禮部韻略(중간본)

1680년 : 佛說大報父母恩重經諺解(淸道 水岩寺板)

1682년 : 馬經抄集諺解, 童蒙先習(중간본)

1684년 : 中庸諺解(중간본, 內賜本), 兵學指南

1685년 : 火砲式諺解(중간본, 黃海監營本)

1686년 : 佛說大報父母恩重經諺解(梁山 曹溪庵板), 佛說大報父母恩重經諺解
(慶州天龍寺板), 新刊救荒撮要(武城版), 農事直說(중간본)

1687년 : 佛說大報父母恩重經諺解(佛巖寺板), 松江歌詞(星州本)

1688년 : 兵學指南(南原營板), 佛說大報父母恩重經諺解(平安道 妙香山 祖院庵
板), 眞言集(佛影臺版), 佛說大報父母恩重經諺解(淸道 磧川寺本)

1690년 : 譯語類解, 松江歌詞(黃州本)

1691년 : 石峰千字文(辛未夏重刊本)

1693년 : 孟子諺解(중간본, 內賜本), 中庸諺解(중간본, 內賜本, 元宗木活字本)

1694년 : 千字文(甲戌重刊本), 眞言集(金山寺版)

1695년 : 中庸諺解(중간본), 大學諺解(중간본), 詩經諺解(戊申字活字本), 周易諺
解(戊申字活字本), 書經諺解(戊申字活字本)

1696년 : 千字文(丙子本)

1698년 : 新增類合(중간본), 新傳煮硝方諺解

1700년 : 類合(靈長寺板), 千字文(靈長寺板)

1702년 : 佛說阿彌陀經諺解(固城 雲興寺板), 三韻補遺

1704년 : 念佛普勸文(慶北 醴川 龍門寺板), 彌陀懺略抄(醴川), 清語老乞大(不傳), 三譯總解(不傳), 八歲兒(不傳), 小兒論(不傳)

1705년 : 佛說大報父母恩重經諺解(定州 大德 龍藏寺板)

1707년 : 禮記大文諺讀

1708년 : 松江歌詞(關西本)

1711년 : 痘瘡經驗方(尙州板), 兵學指南(雲峰營板), 新增類合(중간본)

1712년 : 觀世音菩薩靈驗略抄(甘露寺版)

1713년 : 樂學拾零(瓶窩歌曲集)

1716년 : 佛說大報父母恩重經(龍泉寺版), 觀世音菩薩靈驗略抄(甘露寺版), 喪禮諺解(필사본)

1717년 : 佛說大報父母恩重經諺解(開城 龍泉寺板), 火藥合劑式(南兵營)

1720년 : 佛說大報父母恩重經諺解(全羅道 金溝 金山寺板), 增補三韻通考

1721년 : 伍倫全備諺解, 觀世音菩薩靈驗略抄(證心寺版), 喜雪(觀水齋遺稿 所收)

1723년 : 百聯抄解(중간본), 家範

1724년 : 辟瘟新方(중간본, 계주갑인자본), 東醫寶鑑(日本刊行本)

1727년 : 二倫行實圖(중간본, 箕營本), 內訓(嶺營本), 辟瘟新方(중간본)

1728년 : 靑丘永言, 大悲心陀羅尼, 난리가

1730년 : 三綱行實圖(중간본, 校書館本, 各道監營本), 二倫行實圖(중간본, 校書館本, 各道監營本), 千字文(송광사판), 類合(송광사판), 警民編(尙州本, 1658년의 복각본)

1731년 : 佛說大報父母恩重經諺解(泰博山 鎭靜寺板), 警民編諺解(草溪板)

1732년 : 漆室遺稿(필사본)

1734년 : 春秋正音

1735년 : 經書正音(목활자본, 大學正音, 孟子正音, 書傳正音, 詩經正音, 中庸正音),
李茂實千字文(不傳)

1736년 : 御製內訓(중간본, 戊申字本), 女四書諺解, 新增類合(중간본)

1737년 : 捷解蒙語(不傳), 兵學指南(右兵營重刊本)

1739년 : 金剛別曲(필사본)

1741년 : 臨終正念訣(大邱八公山 修道寺板), 父母孝養文(大邱八公山 修道寺板),
蒙語老乞大(不傳), 佛說阿彌陀經(修道寺版), 普勸念佛文(修道寺版), 大
彌陀懺略抄要覽(修道寺版)

1742년 : 童蒙先習諺解, 大方廣佛華嚴經普賢行願品

1743년 : 樂學軌範(중간본)

1744년 : 御製小學諺解, 小學諸家集註,

1745년 : 御製常訓諺解, 老乞大諺解(平壤監營 重刊本)

1746년 : 御製自省篇諺解(필사본)

1747년 : 華東正音通釋韻考, 松江歌詞(星州本)

1748년 : 同文類解, 警民篇諺解(完營本, 南原版), 重刊捷解新語, 臨終正念訣
(晋州版, 修道寺版의 複刻本)

1749년 : 論語栗谷先生諺解, 大學栗谷先生諺解, 中庸栗谷先生諺解, 孟子栗
谷先生諺解

1750년 : 訓民正音韻解

1751년 : 三韻聲彙

1752년 : 註解千字文(초간본), 洪武正韻(중간본)

1753년 : 佛說阿彌陀經(중간본, 桐華寺板), 東醫寶鑑(嶺營本), 王郞返魂傳(桐華
寺版)

1754년 : 東醫寶鑑(중간본, 嶺營改刊本, 完營重刊本)

1755년 : 海東歌謠(乙亥本)(不傳)

1756년 : 闡義昭鑑諺解, 御製訓書諺解

1757년 : 御製戒酒綸音

1758년 : 種德新編諺解, 新增類合(海印寺本)

1759년 : 吉夢歌(溫故錄 所收), 佛說阿彌陀經諺解(중간본, 奉印寺版)

1760년 : 普賢行願品(雙溪寺版), 中庸諺解(중간본)

1761년 : 御製經世問答諺解(필사본), 老乞大新釋

1762년 : 御製警民音, 地藏經諺解(咸鏡道 文川 頭流山 見性庵板), 觀世音菩薩
靈驗略抄(伽耶寺版), 大悲心陀羅尼(중간본)

1763년 : 御製經世問答續錄諺解(필사본), 海東歌謠(癸未本), 新釋老乞大諺解
(不傳)

1764년 : 御製祖訓諺解(필사본), 念佛普勸文(桐華寺板), 古今歌曲, 日東壯遊
歌, 妙法蓮華經諺解(伽耶寺版)

1765년 : 龍飛御天歌(중간본, 1659년판의 복각본), 朴通事新釋諺解, 念佛普勸
文(九月山 興律寺板), 朴通事新釋, 清語老乞大, 龍飛御天歌(중간본,
乾隆本), 御製百行願, 地藏經諺解(藥師殿版)

1766년 : 東醫寶鑑(중국간행본), 蒙語老乞大(改訂版, 不傳)

1768년 : 蒙語類解(不傳), 松江歌詞(關西本)

1769년 : 佛說天地八陽神呪經(鳳停寺版), 三門直指(隱寂寺版), 海東歌謠(改訂本)

1770년 : 洪武正韻(중간본)

1771년 : 남히문견록(南海聞見錄)

1772년 : 十九史略諺解(嶺營刊本)

1773년 : 北關路程錄

1774년 : 三譯總解(중간본), 理藪新編

1775년 : 譯語類解補

1776년 : 念佛普勸文(중간본, 陜川 海印寺板)

1777년 : 明義錄諺解, 八歲兒(改刊本), 小兒論, 重刊眞言集(萬淵寺版)

1778년 : 方言類釋(필사본), 續明義錄諺解, 奎章全韻

1781년 : 改修捷解新語(중간본), 御製諭濟州大靜旌義等邑父老民人書

1782년 : 御製諭京畿大小民人等綸, 御製諭海西綸音, 御製諭中外大小臣庶綸音, 御製諭湖西大小民人等綸音

1783년 : 字恤典則, 御製諭京畿洪忠道監司守令等綸音, 御製諭湖南民人等綸音, 御製諭原春道嶺東嶺西大小士民綸音, 御製諭咸鏡南北關大小士民綸音, 御製諭京畿民人綸音, 御製諭慶尙道觀察使及賑邑守令綸音, 御製諭慶尙道都事兼督運御史金載人書

1784년 : 密敎開刊集(星州 佛靈山 修道庵板), 曉諭綸音, 御製賜畿湖別賑資綸音, 御製諭王世子冊禮後各道臣軍布折半蕩減綸音. 御製諭濟州民人綸音, 經書正音(중간본, 通文館藏板)

1785년 : 火砲式諺解(중간본)

1786년 : 賞春曲(不憂軒集 所收)

1787년 : 念佛普勸文(중간본, 茂長 禪雲寺板), 兵學指南(壯營藏板本), 華東正音通釋韻考(秘閣本), 典律通補

1788년 : 御製諭咸鏡南北關大小民人等綸音, 加髢申禁事目, 同文彙考

1789년 : 古今釋林

1790년 : 武藝圖譜通志諺解, 隣語大方(목판본), 增修無冤錄諺解, 捷解蒙語(改訂版), 蒙語類解(중간본), 蒙語類解補篇, 蒙語老乞大(중간본)

1791년 : 音譯地藏經(松廣寺版), 華東正音通釋韻考(完營本), 兵學指南(壯勇營版), 孤山遺稿

1792년 : 增修無冤錄諺解, 御製諭楊州抱川父老民人等書, 正俗諺解(중간본), 家禮釋義

1793년 : 御製諭濟州邑父老民人書

1794년 : 佛說大報父母恩重經諺解(全州 南高寺板, 金山寺板 複刻本), 御製諭諸
道道臣綸音, 湖南六邑民人綸音, 勸善曲(佛巖寺版)

1795년 : 持經靈驗傳(楊州 佛巖寺板), 老乞大諺解(중간본), 御製養老務農頒行
小學五倫行實劉儀式鄕約條禮綸音, 佛說天地八陽神咒經(佛巖寺版),
慈宮樂章, 靑壯館全書

1796년 : 敬信錄諺釋(佛巖寺版), 佛說大報父母恩重經諺解(龍珠寺板), 新傳煮
硝方諺解(중간본), 奠說因果曲, 御定奎章全韻, 捷解新語文釋, 增修
無冤錄諺解(중간본), 金剛般若波羅密經諺解(佛巖寺版), 佛說大報父
母恩重經諺解(龍珠寺版)

1797년 : 五倫行實圖(古活字整理本), 兵學指南(岡營本), 增修無冤錄諺解(嶺營),
童蒙先習諺解(중간본), 眞言要抄(佛巖寺版), 佛說十二摩訶般若波羅
密多經(佛巖寺版), 某宛朴俊漢書簡

1798년 : 兵學指南(溜城), 才物譜

1799년 : 濟衆新編(활자본), 佛說阿彌陀經諺解(雲門寺版), 妙法蓮華經諺解(松
廣寺版), 牧牛子修心訣諺解(松廣寺版)

1800년 : 眞言集(望月寺版), 兵學指南(商山版), 奎章全韻, 崔國楨 崔경書簡, 小
田幾五郞宛崔경書簡

1801년 : 佛說大報父母恩重經(南高寺版), 胎敎新記諺解(手稿本)

1802년 : 物譜(필사본)

1803년 : 三傳語官宛永野兼一郞書簡, 某宛朴致儉書簡

1804년 : 十九史略諺解(중간본, 京中改板), 註解千字文(중간본)

1805년 : 新刊增補三略直解(廣通坊), 恨中錄, 晝永編(前半部, 필사본), 內田茂
古衙門宛賑恤廳別將朴聖奎李裨將書簡

1806년 : 佛說大報父母恩重經諺解(高山 安心寺板), 農家集成(중간본), 新刊救
荒撮要(중간본), 晝永編(後半部, 필사본)

1809년 : 十九史略諺解(花谷新刊本), 新傳煮硝方諺解(중간본), 閨閤叢書(필사본)

1810년 : 蒙喩篇

1811년 : 玉彙韻考

1813년 : 交隣須知(권3, 필사본, 日本 沈壽官本)

1814년 : 千字文(甲戌중간본), 東醫寶鑑(중간본, 嶺營改刊, 完營重刊本), 玆山魚譜

1819년 : 雅言覺非

1820년 : 周易諺解(內閣藏板), 書傳諺解(內閣藏板), 詩經諺解(內閣藏板), 大學
諺解(內閣藏板), 中庸諺解(內閣藏板), 論語諺解(內閣藏板), 孟子諺解(內
閣藏板)

1821년 : 金剛中庸圖歌(필사본)

1822년 : 妙法蓮華經諺解(중간본), 論語諺解(嶺營藏版)

1824년 : 諺文志(필사본), 造像功德經(榆岾寺版), 孟子諺解(嶺營重刊本), 類合
(필사본, 日本 京都大本)

1825년 : 增註三字經

1826년 : 周易諺解(嶺營藏版), 書傳諺解(嶺營藏版)

1828년 : 大學諺解(嶺營藏版), 中庸諺解(嶺營藏版), 詩經諺解(嶺營藏版)

1829년 : 吏讀便覽, 頤齋遺稿

1830년 : 李茂實千字文(중간본), 周易諺解(嶺營藏版)

1832년 : Remarks on the Corean Language(Ch. Gützlaff)

1834년 : 韓語訓蒙(필사본, 日本 沈壽官本)

1835년 : 朝鮮偉國字會, 四七正音韻考(필사본)

1836년 : 東言考(不傳)

1837년 : 和語類解(필사본, 日本 京都大本)

1839년 : 諭中外大小民人等斥邪綸音

1842년 : 交隣須知(권3, 필사본, 日本 沈壽官本)

1844년 : 언히녹조대스법보단경(필사본), 漢陽歌(甲辰新刊)

1845년 : 漂民對話(日本 京都大本)

1846년 : 諺音捷考(필사본), 淑香傳(필사본, 日本 京都大本)

1847년 : 千字文(중간본, 由洞新刊)

1848년 : 三說記(戊申十一月由洞新刊), 노섬샹좌서

1849년 : 對談秘密手鑑(필사본, 日本 京都大本)

1851년 : 옥쥬호연(玉珠好緣, 咸豊辛亥六月武橋新刊), 謝氏南征記(辛亥季冬由洞新板), 壬辰錄(完南開板),

1852년 : 太上感應篇圖說諺解, 댱경젼(張景傳, 咸豊壬子七月美洞), 交隣須知(권4의 일부, 필사본, 日本 沈壽官本)

1854년 : 漂民對話(필사본, 日本 沈壽官本)

1855년 : 事類博解

1856년 : 字類註釋(필사본), 佛說大報父母恩重經, 西遊記(丙辰孟冬華山新刊)

1857년 : 千字文(丁巳本), 됴웅전(丁巳仲秋改板), 李茂實千字文(중간본), 千手經(奉恩寺版), 觀音菩薩呪經諺解

1858년 : 쟝풍운전(張豊雲傳, 咸豊戊午紅樹洞新刊), 唐太宗傳(戊午紅樹洞新刊), 淑香傳(戊午九月冶洞新刊)

1859년 : 五倫行實圖(중간본–복각본), 隣語大方(필사본, 日本 京都大本), 三國志(咸豊乙未紅樹洞新刊), 三國志(石橋新刊), 농문젼(石榴坊), 龍門傳(乙未石橋新刊), 東寰錄

1860년 : 슉영낭ᄌ젼(淑英娘子傳, 咸豊庚申二月紅樹洞新刊), 華東正音通釋韻考, 醫宗損益, 슈호지(水滸誌, 庚申刊)

1861년 : 임진록(紅樹洞), 辛未錄(紅樹洞), 千字文(完山重刊本), 佛說天地八陽神呪經(磧川寺版)

1862년 : 千字文(杏谷新刊本), 九雲夢(55장본, 壬戌孟秋完山改板), 大學諺解(嶺

營重刊本), 周易諺解(嶺營重刊本), 論語諺解(嶺營重刊本), 書傳諺解(嶺營重刊本), 詩經諺解(嶺營重刊本), 中庸諺解(嶺營重刊本), 天主聖教工課, 九雲夢(壬戌孟秋完山開刊)

1863년 : 孝經諺解(중간본), 南薰太平歌(石洞刊)

1864년 : 訓民篇(필사본), 韓語訓蒙(필사본, 日本 京都大本), 同文彙考(續刊), 省察記略, 悔罪直指, 신명초힝(神命初行), 령셰대의(領洗大義), 聖教要理問答, 天堂直路, 셩교졀요(聖教切要), 主教要旨, 울치경덕젼(銅峴), 千字文(武橋), L. de Rosny, AperÇu de la langue Corèenne, 尉遲敬德傳(甲子季秋銅峴新刊).

1865년 : 天主聖教禮規, 쥬년첨례광익, 金氏世孝圖

1866년 : 註解千字文(武泉), 됴웅젼(趙雄傳, 杏洞開板), 聖經直解廣益

1868년 : 醫宗損益, 朝鮮歌(필사본, 日本 京都大本)

1869년 : 閨閤叢書(목판본), 十九史略諺解(중간본, 花谷新刊), 日用作法(兜率庵), 儒胥必知, 東文字母分解(필사본)

1870년 : 周易諺解(全州河慶龍藏版), 論語諺解(全州河慶龍藏版), 大學諺解(全州河慶龍藏版), 中庸諺解(全州河慶龍藏版)

1871년 : 佛說阿彌陀經諺解(水落山 德寺版), 孤山別曲(玉鏡軒遺稿 所在)

1872년 : 五倫行實圖(중간본), 儒胥必知

1873년 : 新刊增補三略直解(嶺營本)

1874년 : 로한ᄌ뎐(푸칠로), 御定奎章全韻, La langue coréenne(Ch. Dallet)

1875년 : 易言, 림쟝군젼

1876년 : 南宮桂籍, 歌曲源流

1877년 : Corean Primer(J. Ross)

1878년 : The Corean Language(J. Ross), 天主聖教功課(2판)

1879년 : 地藏經諺解(경기도 양주 寶晶寺板), A Comparative Study of

Japanese and Korean Language(W.G. Aston)

1880년 : 過化存神, 三聖訓經, 敬信錄諺釋(후쇄본), 太上感應篇圖說諺解(중
간본), 金剛般若波羅多密經(중간본), 公敎證略, 한불ᄌ뎐(Dictionaire
Coréen-FranÇais), 韓語入門(上下, 寶迫繁勝), 日韓 善隣通語(上下,
寶迫繁勝), Notes on the Corean Language (J. MacIntyre)

1881년 : 竈君靈蹟誌, 御製諭大小臣僚及中外民人等斥邪綸音, 交隣須知, 善
隣通語, Grammaire Coréenne(F. C. Ridel), 龍潭遺詞, 天主聖敎
功課(3판), 佛說阿彌陀經諺解(普光寺 淨願寺版)

1882년 : 敬惜字紙文, 御製諭八道四都耆老人民等綸音, 佛家日用時黙言作法,
령셰대의(領洗大意)(안안도니 著), 예수셩교누가복음젼셔(J. Ross),
예수셩교요안닉복음젼셔(J. Ross), 訂正隣語大方(日本 外務省),
Corean Speech(J. Ross), The Corean Language(W. E. Griffis),
女小學(필사본)

1883년 : 關聖帝君明聖經諺解, 易言諺解, 交隣須知(日本外務省藏板本), 華音
啓蒙諺解, 佛說阿彌陀經諺解(普光寺版), 셩교요리문답(중간본), 마
가복음, 마태복음, 예수셩교누가복음데ᄌ행젹, 예수셩교요안
닉복음, 懸吐漢韓新約聖書

1884년 : 關聖帝君五倫經, 正蒙類語, 마가복음, 예수셩교셩셔말코복음,
예수셩교셩셔맛디복음, 신약마가젼복음셔언희, 셩교빅문답(聖
敎百問答), 텬당직로(天堂直路), 쥬년쳠례광익, 텬쥬셩교례규(天主
聖敎禮規), 露韓辭典, 重訂方藥合編, 物名考(一簑文庫本)

1885년 : 國漢會語, 主敎要旨(改訂版), 方藥合編, 예수셩교요안닉복음이비
쇼셔신, 긔히년일긔(己亥年日記, 필사본), 廣見雜錄(蓮谷集 所收), 화
원악보(龜隱), 신약마가젼복음셔언희(H. G. Underwood), 랑ᄌ회
긔(浪子悔改)

1886년 : 蠶桑輯要(필사본), 增補諺簡牘, 텬쥬셩교공과(天主聖敎工課)(4판),
漢城周報(1886-1888)

1887년 : 녀손훈ᄉ·규문상목(필사본), 셩교요리문답(聖敎要理問答), 御定奎
章全韻(여洞), 天主聖敎工課, 대쥬보셩요셥셩월, 新約全書, 예슈
셩교젼셔(문광셔원), 마가복음, 勸農節目(필사본), 林將軍傳(同治丁
亥孟冬), 언문말칙(A Corean Manual, or phrase Book with Introductory
Grammar(M.C. Imbault-Huart)

1888년 : 蒙語類訓

1889년 : 마가의 젼흔 복음셔언희, 女士須知, ᄉ민필지(士民必知), Manual
de la langue coréenne parlée(M.C. Imbault-Huart)

1890년 : 東醫寶鑑(中國 石印本), 全韻玉篇, 物名纂(필사본), 셩찰긔략(省察記
略), 聖敎撮理, 텬쥬셩교공과(중간본), 누가복음젼(路加福音傳, 京
城 朝鮮耶蘇敎書會), 보라달로마인셔, 韓英 英韓字典(A Concise
Dictionary of the Korean Language, H. G. Underwood), 韓英文法(An
Introduction to the Korean Spoken Language (H. G. Underwood)

1891년 : 셩묘연월, 신명초힝, 요한복음젼, 羅韓小辭典(Parvum voca-
bularium lation-coreanum adusum studiosae juventutis coreanae),
권즁회개, Introduction, English-Corean Dictionary(J.Scott), 婦
女必知, 샹뎨진리(上帝眞理, 그리스도셩셔), 예수힝젹(耶蘇行蹟), A
Corean Manual, or Phrase Book(2nd ed.J. Scott)

1892년 : 구세론, 그리스도문답, 마태복음젼, 셩경직희(聖經直解), 儒胥
必知(중간본), 찬미가, 趙雄傳(完山新刊), ᄉ도힝젼, 反切

1893년 : 권즁론, 됴웅젼(봉셩에셔), 구약공부, 약한의 긔록한 디로복음,
過化存神(중간본), 찬양가, 龍潭遺詞(再刊), 셩경도셜(聖經圖說),
신덕통론(信德統論), 의경문답(義經問答), 장원량우샹론(張袁兩友

相論), 중싱지도(重生之道)

1894년 : 千字文(甲午本), 죠만민광(照萬民光, 漢陽 락동영국성교회), 구셰진젼
(救世眞詮), 李茂實千字文(중간본), 텬쥬셩교공과(중간본), 삼요록
(三要錄), 예수영희도문, 복음대지(福音大旨), 신약마가전목음셔
언희(Underwood 修正本), 찬양가, 훈ᄋ진언(訓兒眞言), 鳳溪集(필
사본), 인가귀도(引家歸道), 스과지남(辭課指南, Korean Grammatical
Forms)

1895년 : 國漢會語, 西遊見聞(日本 東京 交詢社), 스민필지, 텬로력뎡(天路歷
程)(Bunyan 著 Gale 譯), 누가복음, 마가복음, 요한복음, 마태복음
젼, 구셰진쥬, 진교졀요(進敎節要), 신약젼셔, 치명일기, 國民小
學讀本, 萬國略史, 夙惠紀略, 小學萬國地誌, 天主聖敎功課(5판), 眞
理便讀三字經, 찬미가(미이미교년화회), 沈淸傳(完山新刊), 單語連
語 日話朝雋, 복음요스(福音要史)

1896년 : 독립신문(1896-1899), 新訂尋常小學, 텬쥬셩교례규(天主聖敎禮規)
(중간본), 마태복음젼, 부활쥬일례배, 복음요스(Charles. Foster 著
D.L. Gifford 譯), 텬쥬셩교십이단, 萬國略史, 찬미가, 의원의힝젹
(醫院의 行蹟), 경셰론(經世論), 閨壼要覽(필사본)

1897년 : 國文正理, 티서신스(태서신사), 성경직히(민아오스딩), 바울이 갈
나대인의게 흔 편지, 야곱의 공번된 편지, 賀樂醫員史蹟, 증남
포목포각국조계쟝졍, Gale, 韓英字典(A Korean-English Dictionary),
셩교감략(聖敎鑑略), 주교요지, 찬송시, 대한그리스도인회보, 思
鄕歌(필사본)

1898년 : 佛說阿彌陀經(密陽 表忠寺板), 퇴별가(21장본, 戊戌仲秋完西新刊), 國
語文法, 령셰대의(중간본), 마태복음, 누가복음, 마가복음, 베
드로젼셔, 후셔, 사도행전, 로마인서, 고린도젼셔, 고린도후

셔, 필립보인셔, 데살노니가인젼후셔, 골노시인셔, 듸모데젼, 듸모데후셔, 듸도셔, 빌네몬, 히브리인셔, 요한일이삼유다셔, 佛說阿彌陀經諺解(表忠寺版), 시편촬요, 每日新聞(1898-1899), 皇城新聞(1898-1910), 뎨국신문(帝國新聞)(1898-1910), 時事叢報, 三經合部

1899년 : 舊約撮要(京城 大英國宗古聖教會), 에베소인셔, 쥬년쳠례광익

다음의 문헌 자료들은 간행 연도나 필사 연도가 불분명한 것들이다.

16세기 : 藍紙金字能淨一切眼疾病陁羅尼經

1571년~1573년 : 村家救急方

1620년~1630년 : 女訓諺解

17세기 : 吏文大師, 太平廣記諺解

17세기 중엽 : 吏文輯覽(複刻本)

17세기말 : 諺解臘藥症治方

1720년대 : 警民篇諺解(重刊, 平安道版)

1725년~1776년 : 頤齋遺稿

1779년(?) : 漢淸文鑑

18세기 중엽 : 漢語抄, 華東叶音通釋(필사본)

18세기말 : 倭語類解, 海東農書, 孝經小學抄解

18세기말-19세기초 : 吏文襍例, 古文眞寶諺解(필사본)

1801년~1834년 : 物名考

1820년대 : 物名考(柳僖)

1829년~1932년 : 意幽堂日記

1850년대 : 公審判歌

1851년~1854년 : 先世諺蹟

1895년~1897년 : 聖經直解

1897년~1899년 : 그리스도신문

19세기 : 廣才物譜

19세기말~20세기초 : 音韻捷考

19세기말 : 華語類抄, 啓蒙篇諺解, 烈女春香守節歌

(3) 문화관광부의 목록

2001년, 한글 옛 문헌을 체계적으로 수집, 정리, 역주, 발간하기 위한 방안으로 펴낸『한글 옛 문헌 정보 조사 연구』보고서[19]에 따르면, 훈민정음 창제 때부터 20세기까지 한글로 지은 문헌을 종합적으로 조사한 결과 429종을 발굴하여, '한글 옛 문헌 총목록'을 제시한 바 있다. 앞서 제시한 홍윤표 교수의 목록보다 적은 것은 중간본이나 후쇄본, 복각본 등을 제시하지 않았고, 19세기, 20세기의 외국 자료들과 성경 자료들이 빠져 있기 때문이다.

이 보고서는 전체 429종 중에서 '중요한 한글 옛 문헌 목록'으로 172종을 선별하여 서지적으로 간단한 설명을 하였고, 3단계로 '한층 더 자료적 가치가 많아서 우선 현대국어로 번역하고 쉽게 주석할 필요가 있는 것'을 *표시로 제시하였다.

---

19 문화관광부 국고지원사업으로, 연구 책임자 김석득, 연구 기관장 세종대왕기념사업회 박종국, 연구원 최기호, 김정수, 권재일, 성낙수, 조오현으로 구성된 연구진이 펴낸 보고서다.

가. 15세기 문헌 – 41종

나. 16세기 문헌 – 54종

다. 17세기 문헌 – 61종

라. 18세기 문헌 – 145종

마. 19세기 문헌 – 83종

바. 20세기 문헌 – 45종

4. 한글 문헌의 분류

1) 동서양의 문헌 분류

한글 문헌은 판본으로 간행된 것, 한글 편지와 한글 고문서, 한글 가사 등 손으로 쓴 필사본 자료를 망라한다. 한글 문헌은 종이의 질이나 판본의 종류에 따라 원간본(원본)과 이를 재가공한 여러 가지 판본으로 나눌 수도 있고, 그 가공한 방법도 매우 다양하게 이루어지므로 개별 문헌의 사료적 가치는 제작자, 제작처, 제작 방법, 제작 내용, 보존 상태 등에 따라 천차만별이라 해도 과언이 아니다. 그러나 가장 중요한 요소는 '어느 시대의 우리말을 표기한 자료인가? 어느 지역의 말을 나타낸 것인가? 어떤 방법으로 만들어진 문헌이냐?' 하는 것이라 할 수 있다. 그런 면에서, 원간본이 아무리 많은 중간본, 후쇄본, 복각본을 가졌다 해도 각각의 자료는 우리 말글의 역사를 담고 있기 때문에 똑같이 중요한 자료가 된다. 그럼에도 그 가운데서 가장 오래된 자료(예컨데, 방점 표시를 한 자료)가 더 중요함은 두말할 나위도 없다.

한글 문헌의 분류는 다른 일반 문헌과 마찬가지로 그 내용과 형식면에서 여러 방법이 있을 수 있다. 중국은 전통적인 분류 방법으로 '경·사·자·집(經史

子集)'을 썼는데, 우리나라도 이와 같은 분류 방법을 계승하여 쓰기도 한다. 우리나라 최고의 백과사전격인《증보문헌비고》[20]는 총 250권의 방대한 분류서로 상고시대부터 조선시대까지 우리나라의 모든 제도와 문물을 16개 분야로 분류하여 연대순으로 정리하였다. 영조 46년(1770)에 간행한《동국문헌비고》를 계속 보완하여 순종 2년(1908)에 완성한《증보문헌비고》가 간행되었는데, 상위고(12권)·여지고(27권)·제계고(14권)·예고(36권)·악고(19권)·병고(10권)·형고(14권)·전부고(13권)·재용고(7권)·호구고(2권)·시적고(8권)·교빙고(13권)·선거고(18권)·학교고(12권)·직관고(28권)·예문고(9권) 등의 16고로 되었다. 현대에 들어서 대학이나 공공 도서관에서는 서양의 듀이 십진분류법을 활용하여 번호를 부여하고 있다. 국제표준도서번호(ISBN)와 부가기호로 표기되는데, 국제표준도서번호는 국가별 고유번호와 발행자번호, 서명식별번호 등으로 구성하고, 부가기호는 십진분류를 활용해 다음과 같이 적용하고 있다.

독자대상기호 – ⓪ 교양, ① 실용, ② 여성, ④ 청소년, ⑤ 학습참고서1, ⑥ 학습참고서2, ⑦ 아동, ⑨ 전문

발행형태기호 – ⓪ 문고본, ① 사전, ② 신서판, ③ 단행본, ④ 전집 총서 시리즈, ⑤ 전자출판물, ⑥ 도감류, ⑦ 그림책 만화, ⑧ 혼합자료, 점자자료, 마이크로자료

내용분류기호 – ⓪ 총류 – 컴퓨터 과학, 도서학, 서지학, 문헌정보학, 백과사전, 강연집, 연설문집, 일반연속간행물, 일반, 학회, 단체, 협

---

20 세종대왕기념사업회에서는 19년에 걸쳐《증보문헌비고》국역본을 발간한 바 있다. 특별하고 중요한 일은《증보문헌비고》마지막 부분인 제108권 악고19편에 '훈민정음'을 소개하고 있다는 것인데, 공문관 편집자가 간략히 설명한 뒤, 정인지 서문이 먼저 나오고, 그 뒤에 세종의 서문과 음가를 적은 예의편이 나오며, 숙종이 적은 후서(後序)가 나온다. 또 성현, 이수광, 홍양호 등이 훈민정음에 대해 말한 기록을 보충하였다.

회, 기관, 박물관, 신문, 언론, 저널리즘, 일반전집, 총서, 향토자료

① 철학, 심리학, 윤리학 – 철학일반, 형이상학, 인식론, 인과론, 인간학, 철학체계, 경학, 사서오경(四書五經), 동양철학, 사상, 서양철학, 논리학, 심리학, 풍수지리, 역술, 관상, 윤리학, 도덕철학, 자기계발

② 종교 – 종교일반, 비교종교학, 불교, 기독교, 천주교, 유대교, 도교, 천도교, 단군교, 대종교, 신도(神道), 힌두교, 브라만교, 이슬람교, 조로아스터교, 기타 종교

③ 사회과학 – 사회과학일반, 통계학, 경제학, 경영학, 관광경영, 부동산, 회계학, 조세, 보험, 취업사회학, 사회복지, 사회문제 정치학, 외교학, 선거, 입법, 통일, 남북관계 행정학, 경비지도사, 경호, 경찰, 법학, 교육학, 풍속, 예절, 민속학, 국방, 군사학

④ 자연과학 – 자연과학일반, 수학, 물리학, 화학, 천문학, 지구과학, 광물학, 생명과학, 식물학, 동물학

⑤ 기술과학 – 기술과학일반, 의학, 약학, 한의학, 보건학, 간호학, 다이어트, 요가, 농학, 수의학, 수산학, 임업, 조경 공학, 공업일반, 토목공학, 환경공학, 도시공학, 건축공학, 건축재료·구조·설비·마감, 기계공학, 군사공학, 원자핵공학, 자동차, 로봇, 전기공학, 전자공학, 화학공학, 연료공업, 식품공학, 음료기술(와인, 커피, 차), 제조업, 인쇄술, 생활과학, 의복, 미용, 식음료, 주택관리, 육아

⑥ 예술 – 예술일반, 건축술, 건물인테리어 조각 및 조형예술 공예, 장식미술, 서예, 회화, 도화, 판화, 사진예술, 음악, 국악, 오페라, 뮤지컬, 공연예술 및 매체예술, 영화, 연극, 무

용, 대중연예 등 오락, 스포츠

⑦ 언어 – 언어일반, 한국어, 중국어, 일본어 및 기타, 아시아
어, 영어, 독일어 및 기타, 게르만어, 프랑스어, 스페인어,
이탈리어, 기타 언어

⑧ 문학 – 문학일반, 한국문학, 중국문학, 일본문학 및 기타, 아
시아 문학, 영미문학, 독일문학 및 기타, 게르만문학, 프랑스
문학, 스페인문학, 이탈리아문학, 기타 문학

⑨ 역사, 지리, 관광 – 역사일반, 아시아, 유럽, 아프리카, 북아
메리카, 남아메리카, 오세아니아, 남극, 북극 지방, 지리, 관
광, 전기, 족보

2) 한글 문헌의 분류

한글 문헌을 주제에 따라 분류[21]하면 다음과 같다. 대주제에 따라 큰
부류를 설정하고, 그 부류 안에 속하는 문헌을 소주제에 따라 나누어 분
류하는 방법이다.

(1) 종교서류

① 불교서 – 경전 언해본, 한글 불교 관련 문헌 : 능엄경언해(1461/1462),
법화경언해(1463), 금강경언해(1464) 등 간경도감판 불교 언해서, 불
설대보부모은중경, 지장경언해, 법어(사법어)(1466), 몽산화상법어약
록언해(1467), 몽산화상육도보설언해(1567), 염불보권문(1704) 등

② 유교서 – 사서삼경 언해본, 유교의 도덕서와 윤리서, 여성교육서 :

---

21 여기서는 백두현 교수의『한글문헌학』(2015, 태학사)의 분류 방법을 따르고, 그 설명을
참고하여 나름대로 정리하여 제시하였다.

논어언해, 맹자언해, 대학언해, 중용언해, 시경언해, 서전언해, 주역
언해, 번역소학(1518), 소학언해(1588 외), 효경언해(1590 외), 내훈
(1472), 여훈언해(1532), 여사서언해(1736) 등

③ 도교서 – 노장사상서, 도교경전류 언해서, 관성교 문헌 : 구해남화진
경(16세기), 태상감응편도설언해(1852), 경신록언해(1880), 과화존신
(1880), 관성제군명성경언해(1855), 관성제군오륜경(1884), 삼성훈경
(1880), 남궁계적(1876), 각세진경(1880) 등

④ 그리스도교서 – 천주교서, 기독교서 : 천주성교공과(1862), 영세대의
(1864), 성교요리문답(1864), 천당직로(1864), 성교절요(1864), 성경직
해광익(1866), 성교백문답(1884), 천당직로(1884), 주년첨례광익(1884),
1877년의 요한복음, 마가복음, 누가복음, 마태복음, 사도행전 번역,
예수성교 누가복음전서(1882), 예수성교 요안내복음전서(1882), 예수
성교전서(1887), 신약전서(1906) 등

⑤ 동학교서 – 동학교와 천도교의 한글 경전류 : 용담유사(1863) 등

⑥ 민간신앙서 – 점복, 관상, 풍수 등 민간신앙서, 음양서 : 일백첨, 사주
길흉자해법(1917), 당화주역(1929), 언문상법(1916), 언문관상법(1929),
상지가, 도선아동방북신부 등

(2) 전문서류

① 의서(醫書) : 구급방언해(1466), 구급간이방언해(1489), 구급이해방언
해(1499), 벽온방언해(1518), 창진방언해(1518), 간이벽온방언해(1525),
촌가구급방(1538/1572), 언해두창집요(1608), 언해태산집요(1608), 동
의보감(1613), 백병구급신방 등

② 역학서(譯學書) – 한학서 : 번역노걸대(1517), 번역박통사(1517), 노걸대
언해(1670), 박통사언해(1677), 오륜전비언해(1721), 역어유해(1690), 노

박집람(1517경) / 몽학서 : 첩해몽어(1737/1790), 몽어노걸대(1737/1766/
1790), 몽어유해(1768/1790), 몽어유해보편(1790) / 왜학서 : 첩해신어
(1676), 개수첩해신어(1748), 왜어유해(1700년대초), 인어대방(1790/1873),
교린수지(1813/1842) / 청학서 : 청어노걸대(1704/1774), 동문유해(1748),
삼역총해(1704/1774), 팔세아(1704/1774), 소아론(1704/1774) 등

③ 병서(兵書) - 무예도보통지언해(1790), 연병지남(1612), 병학지남(1684
외), 화포식언해(1635), 신전자초방언해(1698/1796) 등

④ 농서(農書) - 잠서언해(1518), 농서언해(1518), 잠상집요(1886), 농사직
설(1581), 금양접록(1492), 농가집성(1655) 등

⑤ 법의서 - 증수무원록언해(1790) 등

⑥ 음식조리서 - 산가요록(1459경), 수운잡방(16세기), 음식디미방(1670
경), 주방문, 주식방문 등

(3) 역사서류

① 십구사략언해(16세기부터), 재조번방지(임란때), 명의록언해(1790?), 선
보집략언해, 조선역사(1895), 동국역사(1899), 동국사기(19세기말), 신
정 동국역사(1906), 초등본국역사(1908), 대한역사(1908), 초등대한역
사(1908)

② 번역 징비록, 계축일기, 산성일기, 병자일기

③ 윤씨행장(김만중 어머니 행장), 고행록(정경부인 한산이씨), 퇴계선생언
행록, 학봉선생가장, 영세보장, 선대보행록, 수원백씨가장 등

④ 만국약사(1895), 아국역사(1898), 파란국말년전사(1899), 중동전기, 미
국독립사, 애급근세사(1904) 등

(4) 자서 물명류

① 천자문 : 주흥사 천자문 – 광주천자문(1575), 석봉천자문(1583), 주해
천자문(1752) / 분류 천자문 – 부별천자문(1913), 정몽유어, 동몽수독
천자문(1925) / 역사 천자문 – 조선역사천자문(1928), 동천자(김호직),
영사속천자문

② 유합 – 유합(類合), 신증유합(1574/1576)

③ 훈몽자회(1527) – 동경도도서관 소장본, 존경각문고 소장본, 내각문
고 소장본, 중간본.

④ 어록해(1657) – 초간본, 개간본, 필사본

⑤ 물명류 – 재물보(1798), 청장관물명고(19세기초), 물보(1802), 물명고
(1824), 물명괄, 물명류해, 물명찬, 송간이록 등

(5) 운서류 – 동국정운(1447), 홍무정운역훈(1455), 사성통고(?), 사성
통해(1517), 화동정음통석운고(1747), 삼운성휘(1751), 규장전운(1796), 전
운옥편 등

(6) 교화서류

① 행실도류 – 삼강행실도(1481/1581/1730), 속삼강행실도(1514/ 1727), 동
국신속삼강행실도(1617), 이륜행실도(1518), 오륜행실도(1797), 오륜행
록(1936), 영남삼강록(1939) 등

② 그밖의 교하서 – 주자중손여씨향약인해(1518), 경민편(1518), 정속언
해(1519)

(7) 문학류 – 운문문학과 산문문학

① 시가 – 용비어천가(1447), 월인천강지곡(1447), 악학궤범, 두시언해(1481/1632), 백련초해(1576), 언해절구(?), 청구영언(1728), 해동가요(1755), 가곡원류(1876), 고금가곡, 남훈태평가, 동가선, 송강가사(1690년~1696년 사이(황주본), 1696년 5월~1698년 1월 사이(의성본), 1747년(성주본), 1768년(관서본)), 불우헌집(1786), 노계집, 관서별곡, 연행별곡(1694), 일동장유가(김인겸), 만언사(안조환), 한양가(한산거사), 연행가(홍순학) 등/ 내방가사/ 종교 가사 등

② 고소설 – 설공찬전(1511), 홍길동전(17세기초), 임진록, 조웅전, 유충렬전, 구운몽, 사씨남정기, 창선감의록, 옥린몽, 옥루몽, 숙향전, 운영전, 옥단춘전, 진대방전, 완월회맹연, 명주보월빙, 판소리소설(옹고집전, 배비장전, 춘향전, 심청전, 흥부전, 토끼전)의 경판본과 완판본과 안성판본 등.

③ 기행문과 견문록 – 다수.

(8) 언간류

① 나신걸언간(신창맹씨묘 출토 언간)(1490년경)

② 순천김씨언간(순천김씨묘 출토 언간)(1560년대~1580년대)

③ 송강정철가 언간(1571, 1572, 1573, 1593)

④ 안민학 애도문(1576)

⑤ 원이 엄마 편지(이응태묘 출토 언간)(1585)

⑥ 학봉 김성일 언간(1592)

⑦ 현풍곽씨언간(진주하씨묘 출토 언간)(1602~1650)

⑧ 유시정 언간(진주유씨가 묘 출토 언간)(1658이전)

⑨ 이동표 언간(진성이씨 이동표 가 언간)(1700이전)

⑩ 은진송씨 송규렴 가 언간(1709이전)

⑪ 왕실 언간 – 선조, 효종, 숙종, 정조, 인선왕후, 순원왕후, 명성왕후 등

(9) 한글 고문서류 – 고문서는 대부분 이두문 혹은 한문으로 쓰여졌으나 한글로 표기된 것도 더러 있다.

3) 기타 분류 방법

백두현(2015)에서는, 앞서 나눈 '주제별 분류 방법' 외에도, 홍윤표 교수의 『근대국어연구』에서 인용한 분류 방법(원래 한글로 쓰인 자료, 한문 원문에 한글로 구결을 단 자료, 한문 원문을 한글로 번역한 자료)과, 재료별 분류(종이, 나무, 돌, 흙, 금속, 의복), 시대별 분류, 지역별 분류 방법 등을 간략히 설명하고 있다.

한글 문헌이 1차적으로 우리말의 통시적 연구, 즉 국어사를 위한 자료이기 때문에, 무엇보다도 중세어와 근세어의 음운사·문법사·의미사·어휘사 등을 위한 자료로 활용할 때는 문헌의 집필 시기나 발간 시기를 따라 연차적으로 분류하는 것이 현대어 역주사업을 위해서 바람직한 분류 방법이고, 우리말 표기의 변천 과정을 일목요연하게 바라보는 데에도 도움을 주는 방법이다.

세종대왕기념사업회가 1990년부터 시작한 '한글 고전 역주 사업'도 창제 초기 문헌부터 발간 연대순으로 역주하였는데, 우리말의 시대적 변화를 알아보기에는 매우 단순한 방법이지만 기본적인 방법이라 여겼기 때문이다. 또한 시대별로 차례차례 연구 결과물이 나오면, 동시대의 문헌을 비교해 봄으로써 국어의 공시론적 연구도 다양하게 전개될 수 있을 것이다.

5. 조선 시대의 간행물과 언해사업

1) 세종 시대 인쇄문화

세종은 1397년 5월 15일(음력 4월 10일)에 태어나 22세인 1418년 8월에 즉위하였고 1450년 2월에 승하할 때까지 32년간 임금 자리에 있었다. 우리 역사상 세종 때만큼 넓은 분야에 걸쳐서 균형 있게 학문이 발달한 때는 드물다. 겨레를 뿌리로 하여 겨레 문화의 바탕을 마련한 것은 실로 세종 때에 이루어졌다고 하겠다.

세종이 즉위했을 때에 간행된 책을 분야별로 분류하여 보면 다음과 같다.[22]

차례	분야	종류	간행 기간	비율(%)
가	소리-글자	7가지	1440~1447년	2.0
나	음악-아악	8가지	1425~1451년	2.4
다	의례	6가지	1419~1451년	1.8
라	겨레문학	16가지	1418~1449년	4.7
마	외국말	5가지	1423~1434년	1.5
바	외국문학	38가지	1420~1450년	11.2
사	농사-사냥	6가지	1428~1437년	1.8
아	의약학	17가지	1425~1449년	5.0
자	법의학	6가지	1418~1442년	1.8
차	겨레역사	13가지	1418~1451년	3.8
카	외국역사	27가지	1420~1441년	8.0

---

22 이 조사는 이 책 3부 2장에 실려 있는 '손보기(1986), 『세종시대의 인쇄출판』, 세종대왕기념사업회, 42쪽에 제시된 목록을 도표화한 것이며, 다만 종별 비율(%)은 글쓴이가 산출하여 덧붙인 것이다.

타	유교-철학	41가지	1418~1450년	12.1
파	불교-철학	22가지	1420~1449년	6.5
하	겨레교육	23가지	1425~1450년	6.8
갸	법전	19가지	1418~1448년	5.6
냐	중국법전	11가지	1421~1450년	3.3
댜	천문	52가지	1423~1446년	15.4
랴	수학	5가지	1428~1444년	1.5
먀	지리-지도	11가지	1431~1454년	3.3
뱌	사전	3가지	1425~1437년	0.9
샤	서체-법첩	5가지	1425~1450년	1.5
합계	21분야	338가지	1418~1454(36년간)	100.9

위의 분류를 가짓수대로 배열하면 다음과 같다.

순서	분야	5	10	15	20	25	30	35	40	45	50	55	가지
1	천문												52
2	유교-철학									41			
3	외국문학									38			
4	외국역사							27					
5	겨레교육						23						
6	불교-철학						22						
7	법전					19							
8	의약학					17							
9	겨레문학					16							
10	겨레역사				13								
11	지리지도			11									
12	중국법전			11									

13	음악-아악	8								
14	소리-글자	7								
15	농사-사냥	6								
15	의례	6								
15	법의학	6								
18	서체-법첩	5								
18	외국말	5								
18	수학	5								
21	사전	3								

이와 같이, 세종이 즉위한 때만 해도 338가지의 책이 간행되었고, 그 분야도 다양하게 분포되어 있다. 그러므로 세종 시대 간행서를 어느 한 분야에만 국한하여 순위를 매긴다는 것은 세종의 위업을 편향되게 평가하는 일이 될 것이다. 예컨대, 불교 관련 책이 22가지나 되지만, 전체 간행물에서 6.5%밖에 안 되며, 그마저 한글 문헌은 앞서 밝힌 표에 의하면, 《석보상절》, 《월인천강지곡》, 《사리영응기》 정도뿐이다.

유교정치를 표방한 조선은 개국 초부터 억불책을 써왔고, 태종대에는 더욱 강화하였다. 세종이 훈민정음을 창제하자마자 가장 먼저 그 글로 펴내고자 했던 책은 《삼강행실도》(한문본)였다. 그 다음은 유교 경전이었다. 이미 1444년 2월 20일 실록에는, 최만리 등의 상소로 신하들과 언쟁을 할 때 세종은 사서삼경을 언해하라는 지시를 내린 것으로 보인다.[23]

원래 세종은 불교에 대한 시책을 선대의 것에 따랐다. 왕실 중심의 기우

---

23 《세종실록》 세종 30년(1448) 3월 28일 기사에, "집현전에서 어명을 받들어 언문(諺文)으로 사서(四書)를 번역하게 하였다. 직제학 김문(金汶)이 이를 맡아 했었으나, 김문이 죽었으므로, 집현전에서 김구(金鉤)를 천거하기에 특명으로 부른 것이며, 곧 판종부시사를 제수하였다."라는 기록이 있다.

㈜雨)·구병(救病)·명복(冥福) 등을 위한 불사(佛事)는 세종대에도 계속 이루어졌다. 세종은 유신(儒臣)들의 극단적인 불교전폐론에도 불구하고 조종상전(祖宗相傳)의 불교를 급히 없앨 수는 없다는 태도를 가졌다. 그러나 불교의 세속권을 재정리할 필요를 느껴 세종 1년에는 사찰노비를 정리해 국가에 귀속시켰다. 세종 6년에는 불교의 종파를 선교 양종으로 병합했으며, 사사(寺社)·사사전·상주승(常住僧)의 액수를 재정리하였다. 즉, 선교 양종에 각 18사(寺) 모두 36사를 본사로 인정하고, 사원전은 7,760결(結), 상주승 3,600인으로 삭감·정리하였다. 법석송경(法席誦經)과 도성(都城) 안에서의 경행(經行)도 파했고, 궐내의 연등행사도 없앴다. 그리고 여항(閭巷)에서의 연등도 승사(僧舍) 이외에서는 일체 금하였다.

이처럼 세종의 불교에 대한 시책은 불교의 세속권의 정리·약화와 불교 행사의 제한으로 나타났으나 다만 왕실과 세종 개인적인 면에서는 달랐다. 세종 14년에 효령대군이 한강에서 7일간의 수륙재를 행하는 것을 막지 않았고, 세종 17년부터 24년까지는 흥천사의 사리각·석탑의 중수, 안거회(安居會)·경찬회(慶讚會)의 설행을 둘러싸고 유신들의 강력한 반대에도 불구하고 이를 강행하였다.

세종 26년(1444)에 다섯째 아들 광평대군이 죽었고, 세종 27년(1445)에는 일곱째 아들 평원대군이 죽었다. 또, 세종 28년(1446)에 왕비 소헌왕후가 죽자 왕은 유신의 반대에도 불구하고 불경의 금서(金書)와 전경법회(轉經法會)를 강행하였다. 그리고 세종 30년에는 모든 신하의 반대를 물리치고 내불당을 세웠다. 세종의 불교에 대한 태도는 말년에 오면서 크게 변하는데, 이는 두 아들과 왕후를 연이어 잃게 됨에 따라 정신적으로 큰 타격을 입은 때문으로 보인다. 또한, 왕 자신의 건강이 악화된 것도 그가 불교로 기우는 데 크게 영향을 주었을 것으로 짐작된다.

이 결과 세종 말년에 오면 세종과 유신 간에 불교를 둘러싸고 격렬한 대립과 논란이 계속되었다. 이와 같은 현상이 발생한 것은 개국 초부터 국가의 기본시책이 숭유억불이었으나, 유교는 정치이념·학문·철학·윤리적인 면의 욕구를 채워줄 뿐, 종교적인 욕구가 충족될 수 없는 것이었기 때문이라고 풀이된다.

2) 세조의 불전 간행 사업

세종에 이어 세조는 간경도감(刊經都監)을 세조 7년(1461)에 설치하여, 많은 불교 관련 서적을 간행하였고, 이를 다시 언해하여 언해사업을 활발히 전개하였다. 이로 보아 세조는 세종과 달리 매우 불교와 관련된 일로 치우침이 많았다 할 수 있다. 세조는 이러한 불사(佛事)에 대해 모두 선왕인 세종의 유업이라고 하였다. 우리가 잘 아는 《훈민정음 언해본》도 세조 5년(1459)에 펴낸 《월인석보》 맨 앞에 기록된 자료다. 자신이 즉위하여 간경도감을 설치하기도 전에 대군 때 지은 《석보상절》과 부왕 세종이 지은 《월인천강지곡》을 합쳐서 《월인석보》를 엮은 것인데, 세조 자신이 직접 쓴 서문에는,

> 옛날 병인년(1446)에 소헌왕후께서 일찍 돌아가심에 서러워 슬퍼하는 가운데 어찌할 바를 알지 못하였더니, 선왕께서 나더러 말씀하시기를, "추천(追薦; 불교 예식)에 불경을 옮겨 쓰는 것 만한 것이 없으니, 네가 석보(부처 일대기)를 만들어 옮김이 마땅하니라." 하시매, 내가 인자하신 분부를 받들어 더욱 생각함을 넓이 하여 승우 스님과 도선 스님 두 율사가 각각 보(일대기)를 만든 것이 있다고 하여, 얻어 보니 그 자세함과 줄임이 같지 아니하매, 두 책을 합하여 '석보상절'을 만들어 완성하고, 정음(正音)으로 번역하여 사람마다 쉽게 알 수 있게 하여, 이 책을 세종께 올리니, 세종께서 보아 주시고, 곧 찬가를 지으시어 그 이름을 '월인천강'이라 하셨으니, 이제 와서 높이 받들기를 어찌 소홀히 하겠는가?
> 요즈음(세조 3년, 1457) 집안의 불행한 일을 만나, 맏아들(세자)이 지레 죽

어 없어지니, 부모의 뜻은 천성에 근본을 둔 것이라, 그러므로 슬픈 마음 움직임이 어찌 예나 지금이나 다를 바가 있겠는가?

생각건댄 이 월인석보는 선고(세종)께서 지으신 것이니, 예나 이제나 서리가 오고 이슬이 내리매 애달퍼 더욱 슬퍼하노라. 우러러 효도할 일을 생각하건댄, 모름지기 일을 앞서 이루어낼 것을 먼저 해야 하는 것이니, 만 가지 정사가 비록 많지만 어찌 겨를이 없겠는가?

의심스런 곳이 있으면 반드시 널리 물어 그에 기대어(의논한 사람은 혜각존자 신미, 판선종사 수미, 판교종사 설준, 연경사 주지 홍준, 전 화암사 주지 효운, 전 대자사 주지 지해, 전 소요사 주지 해초, 대선사 사지와 학열과 학조, 가정대부 동지중추원사 김수온 등이다.) 깊은 도의 근본을 구하여 다듬었다.

라고 하였다. 일찍이 세종의 명령을 받들어 궁궐 안에 내불당을 짓는 등, 세조의 불심은 어릴 때부터 매우 깊었다. 《세종실록》116권, 세종 29년(1447) 6월 5일 기사에는,

김수온(金守溫)의 형이 출가하여 중이 되어 이름을 신미(信眉)라고 하였는데, 수양 대군 이유(李琇)와 안평 대군 이용(李瑢)이 심히 믿고 좋아하여, 신미를 높은 자리에 앉게 하고 무릎 꿇어 앞에서 절하여 예절을 다하여 공양하고 김수온도 또한 부처에게 아첨하여 매양 대군들을 따라 절에 가서 불경을 펼쳐 놓고 합장하고 공경하여 읽으니, 사림(士林)에서 모두 웃었다.

라는 기록이 있을 정도였다. 간경도감본(9종 35권) 전후로 불전 언해본을 정리하면 다음과 같다.[24]

---

24 이 도표는 오윤희(2015), 『왜 세종은 불교 책을 읽었을까』, 불광출판사, 136쪽에서 인용하였음. 그런데 세조 7년(1461) 교서관에서 간행한 금속활자본 《능엄경언해》가 빠졌다.

간경도감 전후	간행 연도	불전
간경도감 이전	세종 25년(1443)	훈민정음 창제
	세종 28년(1446)	훈민정음 반포
	세종 29년(1447)	석보상절
		월인천강지곡
		(월인석보 번역 완성)
	세종 31년(1449)	사리영응기
	세조 5년(1459)	월인석보
		몽산화상법어약록언해
간경도감본	세조 8년(1462)	능엄경(대불정수능엄경)언해 10권
	세조 9년(1463)	법화경(묘법연화경)언해 7권
	세조 10년(1464)	선종영가집언해 2권
		아미타경(불설아미타경)언해 1권
		금강경(금강반야바라밀경)언해 2권
		반야심경(반야바라밀다심경)언해 1권
	세조 11년(1465)	원각경(대방광원각수다라요의경)언해 10권
	세조 13년(1467)	목우자수심결언해 1권
		법어(사법어)언해 1권
간경도감 이후	성종 13년(1482)	금강경삼가해
		남명집언해
	성종 16년(1485)	불정심다라니경언해
	연산군 2년(1496)	육조법보단경언해
	중종 17년(1522)	법집별행록절요언해
	명종 8년(1553)	불설대보부모은중경언해
	선조 즉위년(1567)	몽산화상육도보설언해(後印本)

간경도감에서는 언해사업뿐만 아니라 많은 불전을 간행하였는데, 그 언해본 외의 한문본 간행물 모두를 보이면 다음과 같다.[25]

번호	책이름	권수	저자	간행연도
1	금강반야경소개현승	6	공철(公哲)	1461년
2	대반열반경의기원지승	14	공공(鞏空)	1461년
3	대승아비달마잠집론소	16	현범(玄範)	1461~1462년
4	묘법연화경찬술	2	혜정(惠淨)	(?)
5	정명경집해관중소	4	도액(道液)	1461~1462년
6	관세음보살보문품삼현원찬과문	1	사효(思孝)	1461~1462년
7	대반열반경소	20	법보(法寶)	1461~1462년
8	개사분률종기의경승	20	행만(行滿)	(?)
9	수능엄경의소주경	20	자선(子璿)	(?)
10	화엄경론	100	영변(靈辯)	(?)
11	원각례참략본	4	종밀(宗密)	(?)
12	사분율상집기	14	징연(澄淵)	1461년
13	능엄경계환해산보기	1	(?)	1461년
14	대승기신론필삭기	6	자선(子璿)	1462년
15	대방광불화엄경합론	120	이통현(李通玄)	1462년
16	대비로자나성불신변가지경의석연밀승	10	각원(覺苑)	1462년
17	유가론소	40	지주(智周)	1462년
18	능엄경의해	30	함휘(咸輝)	1462년
19	오삼련약신학비용	3	응지(應之)	1462년
20	진실주집	3	묘행(妙行)	1462년
21	지장보살본원경	2	실차난타(實叉難陀)	1462년

25 《한국민족문화대백과사전》(한국학중앙연구원) '간경도감' 참조.

22	구사론송소승	8	상진(常眞)	1463년
23	노산집	10	혜원(慧遠)	1463년
24	보리달마사행론	1	달마(達磨)	1464년
25	선문삼가염송집	6	구암(龜庵)	1464년
26	대방광원각수다라요의경	3	종밀(宗密)	1464년
27	자애화상광록	2	(?)	1466년
28	무주묘법연화경	7	구마라습(鳩摩羅什)	1467년
29	원종문류집해	22	의천(義天)	1468년
30	석문홍각범림한록	2	각범(覺範)	1468년
31	금광명경문구소	3	지보(智譜)	(?)
합계	31종	500권		1461~1468 (8년간)

이와 같이 간경도감에서 펴낸 책은 언해본 9종 35권과 한문본 31종 500권을 합하면 모두 40종 535권에 이른다.

3) 조선 시대 인쇄문화

손보기의 『금속활자와 인쇄술』(1977, 세종대왕기념사업회)에서는 우리나라 역사상 모든 인쇄물을 시대별로 나열하였는데, "활자로 찍은 책목록"에는 고려시대 6가지의 활판본 책을 비롯하여, 조선 개국부터 1897년까지의 모든 책을 제시하였다. 그 책이름이 1,320여 책에 이른다.[26]

이 가운데 한글 문헌에 쓰인 활자는 다음과 같은 글자(주자)가 있다고 하였다.

---

26 손보기(1977), 『금속활자와 인쇄술』, 세종대왕기념사업회, 280~333쪽(이 책 3부 2장 수록) 목록 참조.

1446년 갑인자 한글자	1684년 운각자체 한글자
1455년 강희안자 한글자	1693년 원종자체 한글자
1465년 정란종자 한글자	1778년 갑인자체 한글자
1580년 한호자체 한글자	1810년 이이엄체 한글자
1668년 갑인자체 한글자	1895년 학부활자 한글자

물론《다라니경》(706)이나《훈민정음》(1446)처럼 목판본인 책은 손보기 (1977)의 목록에서 제외되었으므로 삼국시대부터 고려시대, 조선시대의 목 판본까지 망라한다면 실로 셀 수 없을 만큼 많을 것이다. 그중에서도 고려 시대 팔만대장경판본(81,258판)과 조선시대 책력(해마다 5천벌씩 나무판을 새겨 찍었음)만 해도 그 양을 짐작하기가 벅차다. 그러므로 훈민정음 창제부터 제작된 한글 목판본과 필사본, 고문서까지 망라한다면 한글 문헌도 분량은 실로 엄청날 것이다. 앞에서 제시한 목록 중에서, 세종 시대 목판본만을 보이면 다음과 같다.[27]

1417년	제왕운기 - 경주부 양잠방 - 농상집요에서 곽존중 뽑다 향약구급방 - 의흥부 다시 새김
1418년	예기천견록 - 제주목 다시 새김 원재선생집 - 영월군 의옥집 - 홍주
1420년	묘법연화경 - 구월산 장봉사 선본대자제유전해고문진보 - 옥천 선본대자제유전해고문진보후집 - 옥천
1421년	진법 - 서울 오진법 - 서울

---

27 손보기(1986),『세종시대의 인쇄출판』, 세종대왕기념사업회, 48~54쪽 목록 참조.

1422년	묘법연화경 - 변계량
	묘법연화경 - 성달생(대자암)
	대자반야법화경 - 고양 대자암
	삼례소
1423년	사서삼경 - 각도 인쇄
	지정조격 - 50부
	이학지남 - 50부
	어남어제대고 - 50부
	성리대전 - 경상도
	시경 - 강원도
	서경 - 강원도
	예기 - 강원도
	춘추 - 강원도
	주역 - 강원도
	대학 - 지방
	중용 - 지방
	역경 - 지방
	논어집주대전 - 지방
	맹자 - 지방
	입학도설 - 진주목
	화엄진음경
	수시력입성 - 서운관
	수시력첩법입성 - 서운관
	보교회보중성역요 - 서운관
	당선명력 - 서운관
1424년	금강경 - 고산 안심사
	아미타경 - 고산 안심사
	보현행원품 - 고산 안심사
	관세음보살보문품 - 고산 안심사
	영가진각선사증도가 - 고창 문수사
1425년	세의득효방 - 춘천부
	양촌선생입학도설 - 진주목
	대천자문
	진씨악서
	주례악서
	금강반야바라밀경 - 선경암
	문헌통고 - 서울
	전서천자문 - 서울
1426년	성리대전갑을집 - 서울
	주자대전 - 지방

1427년   신간성리대전 – 경상도
         향약구급방 – 충청도
         현수제승법수 – 서울
         성리대전 – 전라도
         당률소의 – 서울

1428년   성리대전 – 경상도 50부
         농서 – 서울 1,000부
         소학
         경서대전
         집성소학

1429년   사서대전 – 강원도 50부
         해청도 – 각도에 줌. 서울 100부
         구해효경
         동몽선습

1430년   상서(尙書) – 충청도 30부
         예기(禮記) – 충청도 20부
         묘법연화경요해
         농사직설

1431년   좌전(左傳) – 서울
         보주동인경 – 경상도
         음주전문춘추괄례시말좌전구두직해 – 금산(복각)
         신간설암법첩 – 서울
         치가절요 – 밀양
         잠경
         신속원육전 – 강원도
         대명률 – 서울
         지리대전 – 서울
         지리전서 – 서울
         지리신서 – 서울

1432년   삼강행실도 – 서울 주자소
         신찬팔도지리지 – 서울

1433년   승제통변산보 – 경주부
         신간송양휘산법 – 경상도 100부
         향약집성방 – 전라, 강원 85부
         효행록 – 경주부 다시 찍다
         계음주 – 유의손 엮음. 서울 주자소
         삼강행실도 – 서울 주자소
         진도(陣圖) – 서울

1434년	독서법 – 강원도
	노걸대 – 서울
	박통사 – 서울
	집성소학 – 소학
	각지지도 – 서울
	함길도지도 – 서울
1435년	집성소학 – 명판 서울 주자소
	사서오경대전 – 서울 주자소
	성리대전 – 서울 주자소
	보제존자삼종가 – 순천 송광사
	동문선 – 서울
	선덕십년일월오성릉범 – 서울
1436년	운부군옥 – 서울
	근사록집해 – 서울
1437년	누주통의
	운부군옥 – 서울. 전에 찍음
	농사직설 – 서울
	응제시 – 서울
	장감박의소재제장시설 – 서울
1438년	영류금방 – 진주
	삼원참찬연수서 – 진주
	신주무원록 – 한성부
1439년	검시장식 – 한성부, 각도, 제주안무사
	시인옥설 – 충청도. 일본판 교정
	춘추호씨전 – 경주부
	일본도 – 서울
1440년	신주무원록 – 원주목
	동국문감 – 개성부. 12부 바치게 함.
	은대집 – 개성부. 12부 바치게 함.
	의례 – 개성부. 12부 바치게 함.
	어제태평집 – 개성부. 12부 바치게 함.
	번천문집협주 – 금산
	함허당득통화상어록 – 희양산 봉암사
	금강반야바라밀경 – 가평 영제암
	신천집 – 개성
	당류선생집 – 개성
	어제태평집 – 개성
1441년	명황계감 – 서울
	논어 – 서울
	맹자 – 서울

1442년	검시규식 – 한성부 사륜전집 – 서울 사륜요집 – 서울 대통력주 – 서울
1443년	묘법연화경 – 고산 화암사 역대병요의주 – 서울
1444년	대통력일통궤 – 서울 오성통궤 – 서울
1445년	의방류취 – 365권. 서울 주자소 비해당선반산정화 – 서울 제가역상집 – 서울
1446년	불설장수멸죄호제동자다라니경 – 가야산 지관사 검시장식 – 서울 형조 등등. 복재선생유고 – 서울 훈민정음 – 서울 주자소 칠정산외편정묘년일월식가령 – 서울 칠정산내편 – 서울 증수대명력정묘일월식가령 – 서울 태음통궤 – 서울 태양통궤 – 서울 경오원력 – 서울 교식통궤 – 서울
1447년	당한림이태백문집 – 상주목 완릉매선생시선 – 금산군 신주무원록 – 원주부 용비어천가 – 서울 주자소. 550부 두시언해 – 서울 홍무정운통고 – 서울 침구택일편집 서울
1448년	현행서방경 – 서울 석가여래시지수행기 – 이부(伊府)
1449년	북경팔경시집 – 서울 불조삼경 – 천보산 회암사 맥경(脈經) – 서울 사리영응기 대방광불화엄경팔불사의 – 서울
1450년	역대제왕명현집 – 안평대군 고첩왕희지진행초삼체 – 안평대군

	조자앙진초천자 - 안평대군
	세종제연향아악보 - 주자소
1451년	오례의주 - 실록청
1453년	사성통고 - 정음청(1441~)

세종 시대만 해도 171가지의 목판 인쇄가 이루어졌다. 목판 인쇄는 목
활자와 금속활자 인쇄와 함께 조선 시대 전반에 걸쳐 필요할 때마다 제작
하였고, 문중이나 사찰에서는 주로 목판본을 사용하였다. 무구정광다라
니경과 팔만대장경처럼 대다수 불경이 경판, 즉 목판본인데, 활판은 조
판이 튼튼하지 못하여 동시에 찍어내는 부수에 제한이 있고, 또 한 번 사
용하면 해판되어 동일한 판에서의 후쇄(後刷)가 불가능하였기 때문에 목
판을 선호한 것이다. 목판본은 비용이 많이 드는 것이 단점이지만, 한번
새겨놓으면 많이 소요되는 책을 언제라도 찍어낼 수 있고, 또 책판을 잘
보존하면 오래도록 책을 찍어 널리 유통시킬 수 있는 큰 장점이 있어서
조선 말기까지 꾸준히 성행하였다. 또 복각본도 결국 목판본이므로 현존
하는 경판은 목판이라 해도 과언이 아니다.

4) 조선의 불교 관련 한글 문헌

동국대 김무봉 교수가 정리한 불교 관련 한글 문헌 목록을 보면 다음
과 같다.

1. 15세기 불교 관련 문헌 - 29종
   1) 석보상절(釋譜詳節, 1447년)
   2) 월인천강지곡(月印千江之曲, 1447년)
   3) 사리영응기(舍利靈應記, 1449년)

4) 월인석보(月印釋譜, 1459년)

5) 몽산법어언해(蒙山法語諺解, ?1459년)

6) 활자본 능엄경언해(活字本 楞嚴經諺解, 1461년)

7) 활자본 아미타경언해(活字本 阿彌陀經諺解, ?1461년)

8) 목판본 능엄경언해(木版本 楞嚴經諺解, 1462년)

9) 법화경언해(法華經諺解, 1463년)

10) 선종영가집언해(禪宗永嘉集諺解, 1464년)

11) 목판본 아미타경언해(木版本 阿彌陀經諺解, 1464년)

12) 금강경언해(金剛經諺解, 1464년)

13) 반야심경언해(般若心經諺解, 1464년)

14) 상원사 어첩 및 중창 권선문(上院寺 御牒 重創勸善文, 1464년)

15) 원각경언해(圓覺經諺解, 1465년)

16) 원각경구결(圓覺經口訣, 1465년)

17) 목우자수심결언해(牧牛子修心訣諺解, 1467년)

18) 사법어언해(四法語諺解, ?1467년)

19) 한글판 오대진언(五大眞言, ?1476년)

20) 수구영험(隨求靈驗, 1476년)

21) 금강경삼가해(金剛經三家解, 1482년)

22) 남명집언해(南明集諺解, 1482년)

23) 불정심경언해(佛頂心經諺解, 1485년)

24) 오대진언(五大眞言, 1485년)

25) 영험약초(靈驗略抄, 1485년)

26) 육조법보단경언해(六祖法寶壇經諺解, 1496년)

27) 진언권공(眞言勸供, 1496년)

28) 삼단시식문언해(三檀施食文諺解, 1496년)

29) 개간 법화경인해(改刊 法華經諺解, 1500년)

2. 16세기 불교 관련 문헌 – 10종

1) 법집별행록절요언해(法集別行錄節要諺解, 1522년)

2) 불설대보부모은중경언해(佛說大報父母恩重經諺解, 1553년)

3) 성관자재구수육지선정(聖觀自在求修六字禪定, 1560년)

4) 불설장수멸죄호제동자다라니경언해(佛說長壽滅罪護諸童子陀羅尼經諺解, 15세기중엽)

5) 몽산화상육도보설언해(蒙山和尚六道普說諺解, 1567년)

6) 선가귀감언해(禪家龜鑑諺解, 1569년)

7) 칠대만법(七大萬法, 1569년)

8) 진언집(眞言集, 1569년)

9) 염불작법(念佛作法, 1572년)

10) 계초심학인문, 발심수행장, 야운자경서(誡初心學人文, 發心修行章, 野雲自警序, 1577년)

한편, 앞서 제시한 홍윤표 교수의 '한글 문헌 자료 목록' 중에서 불교 관련 문헌만 정리하면,

1. 15세기 불교 관련 문헌 – 28종

1) 1447년 : 석보상절

2) 1447년 : 월인천강지곡(권상)

3) 1449년 : 사리영응기

4) 월인석보(1459년)

5) 능엄경언해(활자본)(1461년)

6) 능엄경언해(목판본)(1462년)

7) 법화경언해(1463년)

8) 선종영가집언해(1464년)

9) 아미타경언해(원간본, 전하지 않음)(1464년)

10) 금강경언해(1464년)

11) 반야심경언해(1464년)

12) 상원사어첩 중창권선문(1464년)

13) 원각경언해(1465년)

14) 목우자수심결(1467년)

15) 몽산화상법어약록언해(1467년)

16) 사법어언해(1467년)

17) 원각경언해(1472년)

18) 금강경삼가해(1482년)

19) 남명집언해(1482년)

20) 불정심경언해(1485년)

21) 오대진언(1485년)

22) 영험약초(전하지 않음)(1485년)

23) 법화경언해(원간본의 후쇄본)(1495년)

24) 금강경언해(후쇄본)(1495년)

25) 육조법보단경언해(1496년)

26) 진언권공(1496년)

27) 삼단시식문(1496년)

28) 법화경언해(1500년)

2. 16세기 불교 관련 문헌 – 55종

1) 목우자수심결언해(경상도 봉서사 복각본)(1500년)

2) 사법어언해(중간본, 경상도 봉서사판)(1500년)

3) 몽산화상법어약록언해(중간본, 충청도 고운사판)(1517년)

4) 사법어언해(중간본, 충청도 고운사판)(1517년)

5) 선종영가집언해(1464년판의 복각본, 장수사판)(1520년)

6) 몽산화상법어약록언해(중간본,금강산유첨사판)(1521년)

7) 별행록절요언해(1522년)

8) 능엄경언해(1463년판의 복각본)(1523년)

9) 몽산화상법어약록언해(중간본)(1523년)

10) 법화경언해(복각본)(1523년)

11) 몽산화상법어약록언해(중간본, 황해도 심원사판)(1525년)

12) 오대진언(중간본)(1531년)

13) 몽산화상법어약록언해(주안본, 영변 빙발암판)(1535년)

14) 오대진언(중간본, 황해도 심원사판)(1535년)

15) 월인석보(권21, 안동 광흥사 중간본)(1542년)

16) 몽산화상법어약록언해(중간본, 전라도 진안 중대사판)(1543년)

17) 사법어언해(중간본, 전라도 진안 중대사판)(1543년)

18) 능엄경언해(1463년판의 복각본)(1545년)

19) 법화경언해(복각본)(1545년)

20) 법화경언해(복각본)(1547년)

21) 오대진언(중간본)(1550년)

22) 영험약초(중간본)(1550년)

23) 반야심경언해(원간본의 복각본, 황해도 심원사판)(1553년)

24) 불설대보부모은중경언해(경기도 장단 화장사판)(1553년)

25) 아미타경언해(복각본, 전라도 덕룡산 쌍계사판)(1558년)

26) 월인석보(권23, 순창 무량굴판)(1559년)

27) 성관자재구수육자선정(1560년)

28) 석보상절(권11)(1561년)

29) 불정심경언해(평안도 해탈암 복각본)(1561년)

30) 월인석보(권21, 순창 무량굴판)(1562년)

31) 불설대보부모은중경언해(전라도 송광사판)(1563년)

32) 반야심경언해(전라도 순창 무량사판, 원간본의 복각본)(1564년)

33) 불설대보부모은중경언해(황해도 명엽사 복각본)(1564년)

34) 불설대보부모은중경언해(은진 쌍계사 복각본)(1567년)

35) 몽산화상육도보설언해(1567년)

36) 월인석보(권1,2, 풍기 희방사판)(1568년)

37) 월인석보(권21, 충청도 한산지 죽산리 백개만가 각본)(1569년)

38) 진언집(전라도 안심사판)(1569년)

39) 칠대만법(풍기 희방사판)(1569년)

40) 오대진언(은진 쌍계사판)(1569년)

41) 월인석보(권7, 8, 풍기 비로사판)(1572년)

42) 념불작법(천불산 개천사판)(1572년)

43) 릉엄경언해(1463년판의 복각본)(1574년)

44) 금강경언해(전라도 안심사판)(1575년)

45) 원각경언해(전라도 안심사판, 복각본)(1575년)

46) 몽산화상법어약록언해(중간본, 전라도 송광사판)(1577년)

47) 사법어언해(중간본, 전라도 송광사판)(1577년)

48) 계초심학인문(전라도 송광사판)(1577년)

49) 발심수행장(전라도 송광사판)(1577년)

50) 야운자경(전라도 송광사판)(1577년)

51) 선가귀감언해(1579년)

52) 계초심학인문(경기도 용인 서봉사판)(1583년)

53) 발심수행장(경기도 용인 서봉사판)(1583년)

54) 야운자경(경기도 용인 서봉사판)(1583년)

55) 불설대보부모은중경언해(풍기 희방사판)(1592년)

3. 17세기 불교 관련 문헌 – 35종

1) 오대진언수구경(서산 가산 강당사판)(1604년)

2) 선가귀감언해(중간본)(1610년)

3) 계초심학인문(송광사판)(1610년)

4) 성관자재구수륙자선정(덕산 가야산판)(1621년)

5) 묘법연화경언해(중간본, 운흥사판)(1623년)

6) 불설대보부모은중경언해(중간본)(1625년)

7) 관음경언해(중간본)(1630년)

8) 보현행원품(1630년)

9) 염불작법(청도 수암사판)(1631년)

10) 불정심경언해(중간본, 봉불암판)(1631년)

11) 오대진언(쌍계사판)(1634년)

12) 불설대보부모은중경언해(중간본)(1635년)

13) 오대진언(중간본, 쌍계사판)(1635년)

14) 불설아미타경언해(중간본, 수암사판)(1636년)

15) 권념요록(화엄사판)(1637년)

16) 불정심관세음경(범어사판, 음역본)(1644년)

17) 관음경언해(범어사판)(1644년)

18) 불설아미타경언해(중간본, 수암사판)(1648년)

19) 불설천지팔양신주경(천관사판)(1657년)

20) 불설광본대장경(장흥 천관산판)(1657년)

21) 불설대보부모은중경언해(강원도 양양 신흥사판)(1658년)

22) 천수경(봉암사판)(1658년)

23) 진언집(중간본, 신흥사판)(1658년)

24) 불가일용시묵언작법(신흥사판)(1666년)

25) 불설대보부모은중경언해(경상도 개녕 고방사판)(1668년)

26) 노불설천지팔양신주경(신흥사판)(1670년)

27) 불설대보부모은중경언해(영자암판)(1676년)

28) 불설대보부모은중경언해(청도 수암사판)(1680년)

29) 불설대보부모은중경언해(양산 조계암판)(1686년)

30) 불설대보부모은중경언해(경주 천룡사판)(1686년)

31) 불설대보부모은중경언해(불암사판)(1687년)

32) 불설대보부모은중경언해(평안도 묘향산 조원암판)(1688년)

33) 진언집(불영대판)(1688년)

34) 불설대보부모은중경언해(청도 적천사본)(1688년)

35) 진언집(금산사판)(1694년)

3. 18세기 불교관련 문헌 – 48종

  1) 불설아미타경언해(고성 운흥사판)(1702년)

  2) 념불보권문(경북 예천 용문사판)(1704년)

  3) 미타참략초(예천)(1704년)

  4) 불설대보부모은중경언해(정주 대덕 용장사판)(1705년)

  5) 관세음보살영험약초(감로사판)(1712년)

6) 불설대보부모은중경(용천사판)(1716년)

7) 관세음보살령험략초(감노사판)(1716년)

8) 불설대보부모은중경언해(개성 용천사판)(1717년)

9) 불설대보부모은중경언해(전라도 금구 금산사판)(1720년)

10) 관세음보살령험략초(증심사판)(1721년)

11) 대비심다라니(1728년)

12) 불설대보부모은중경언해(태박산 진정사판)(1731년)

13) 임종정념결(대구팔공산 수도사판)(1741년)

14) 부모효양문(대구팔공산 수도사판)(1741년)

15) 불설아미타경(수도사판)(1741년)

16) 보권염불문(수도사판)(1741년)

17) 대미타참략초요람(수도사판)(1741년)

18) 대방광불화엄경보현행원품(1742년)

19) 임종정념결(진주판, 수도사판의 복각본)(1748년)

20) 불설아미타경(중간본, 동화사판)(1753년)

21) 불설아미타경언해(중간본, 봉인사판)(1759년)

22) 보현행원품(쌍계사판)(1760년)

23) 지장경언해(함경도 문천 두류산 견성암판)(1762년)

24) 관세음보살령험략초(가야사판)(1762년)

25) 대비심다라니(중간본)(1762년)

26) 염불보권문(동화사판), (1764년)

27) 묘법연화경언해(가야사판)(1764년)

28) 염불보권문(구월산 흥률사판)(1765년)

29) 지장경언해(약사전판)(1765년)

30) 불설천지팔양신주경(봉정사판)(1769년)

31) 삼문직지(은적사판)(1769년)

32) 염불보권문(중간본, 합천 해인사판)(1776년)

33) 중간진언집(만연사판)(1777년)

34) 염불보권문(중간본, 무장 선운사판)(1787년)

35) 음역지장경(송광사판)(1791년)

36) 불설대보부모은중경언해(전주 남고사판, 금산사판 복각본)(1794년)

37) 권선곡(불암사판)(1794년)

38) 지경령험전(양주 불암사판)(1795년)

39) 불설천지팔양신주경(불암사판)(1795년)

40) 불설대보부모은중경언해(용주사판)(1796년)

41) 금강반야바라밀경언해(불암사판)(1796년)

42) 불설대보부모은중경언해(룡주사판)(1796년)

43) 진언요초(불암사판)(1797년)

44) 불설십이마가반야바라밀다경(불암사판)(1797년)

45) 불설아미타경언해(운문사판)(1799년)

46) 묘법련화경언해(송광사판)(1799년)

47) 목우자수심결언해(송광사판)(1799년)

48) 진언집(망월사판)(1800년)

4. 19세기 불교 관련 문헌 – 18종

1) 불설대보부모은중경(남고사판)(1801년)

2) 불설대보부모은중경언해(고산 안심사판)(1806년)

3) 묘법연화경언해(중간본)(1822년)

4) 조상공덕경(유점사판)(1824년)

5) 증주삼자경(1825년)

6) 언히녹조대ᄉ법보단경(필사본)(1844년)

7) 불설대보부모은중경(1856년)

8) 천수경(봉은사판)(1857년)

9) 관음보살주경언해(1857년)

10) 불설천지팔양신주경(적천사판)(1861년)

11) 불설아미타경언해(수낙산 덕사판)(1871년)

12) 地藏經諺解(경기도 양주 보정사판)(1879년)

13) 금강반야바라밀경(중간본)(1880년)

14) 불설아미타경언해(보광사 정원사판)(1881년)

15) 불가일용시묵언작법(1882년)

16) 불설아미타경언해(보광사판)(1883년)

17) 1898년 : 불설아미타경(밀양 표충사판))

18) 불설아미타경언해(표충사판)(1898년)

김무봉 교수는 15세기 불교 관련 한글 문헌을 29종이라고 했으나 홍윤표 교수는 28종이라고 하였다. 이것은 1465년 '원각경 구결' 자료를 제외한 차이다. 홍윤표 교수의 목록을 기준으로 정리한다면, 조선의 불교 관련 문헌 종수는 다음과 같다.

15세기 – 28종
16세기 – 55종
17세기 – 35종
18세기 – 48종
19세기 – 18종
20세기 – 2종(법화경언해, 선가귀감언해 – 세종대왕기념사업회 조사 목록)

15세기부터 20세기까지 불교 관련 한글 문헌은 모두 186종에 가깝다는 결론이 나온다. 이와 같이 많은 인쇄물 가운데 불교 관련 책이 적은 편은 아니다. 그러나 숭유억불 시대에 학습과 교육의 대부분은 불교와 거리가 멀었을 것이고, 그나마 간행한 불교 서적도 남의 눈치를 보며 몰래몰래 보아야 했을 것이다. 그런 측면에서 보면 불교 서적의 독자는 매우 한정적이고 좁아지기 마련이다. 그럼에도 이미 세조가 국가적으로 정교한 번역과 교열, 교정을 통하여 불전들을 언해하였기 때문에 불경언해본에 전하는 우리말과 그 표기는 매우 정확한 국어학적 자료임에는 틀림없다. 조선 후기에 나타나는 필사본들이 개별적이고 다양한 필체와 어법을 보이는 반면, 조선 초기의 간경도감을 비롯한 관판본들은 국어학적으로 매우 정확한 우리 말글 자료로서 매우 귀중한 자료임에 틀림없다.

6. 한글 문헌의 역주 현황

1) 우리 고전의 번역

2007년 한국고전번역원이 설립되면서 국내의 고전 번역 사업을 총괄하고 있다. 본디 이 단체는 민족문화추진회로 발족하여 한문 고전을 번역해 오다가, 2007년에 국립 기관이 되었다. 이 단체가 처음 창립하게 된 취지는 우리 고전의 대다수가 한문으로 되어 있으므로 한글시대의 도래에 따른 대응책으로 고전을 번역하여 현대화하자는 것이었다. 창립 준비 위원으로 한글학자 최현배 선생이 앞장섰다는 사실이 많은 것을 시사하고 있다. 창립 경위에 대해 박종국(2015)[28]은 다음과 같이 설명하고 있다.

> 그 동안의 노력이 헛되었으나, 필자(세종대왕기념사업회 간사)는 다시 공화당 정책위원회 정책실을 방문 세종대왕기념관 건립비 문제를 가지고 다시 의논하였다. 이때 정책실 의견이 세종대왕기념관 건립, 학술원·예술원·국사편찬위원회 청사 신축, 국립도서관 이전 등 문화시설 확충 추진을 위한 학·예술 문화계 인사들의 결합체를 구성 함께 추진하자는 것이었다. 그리하여 필자는 돌아와 먼저 이 문제를 최현배 선생(세종대왕기념사업회 대표이사 겸 한글학회 이사장)께 말씀드리고, 박종화 선생(예술원 회장)과 이병도 선생(학술원 회장)께 말씀드린 다음 몇 분의 중견 인사를 만나 의논하여 빠른 시일 내에 우리의 문화시설 확충과 민족 문화 앙양 사업 추진을 위한 학·예술 문학계 원로 중진 대표가

---

28 「한문 문헌 언해와 현대화 고전국역사업」, 『세종학연구』 15, 세종대왕기념사업회, 2015, 144쪽에서 인용함.

망라된 총체의 임의단체를 조직하여 본 사업들을 공화당 정책위원회와 함께 추진하기로 하였다. 그리하여 1965년 10월 9일 한글날 기념식을 거행한 지 일주일이 되기 전인 10월 13일 중구 필동 한국의 집에서 뜻을 같이하는 최현배·박종화·이병도·신석호(국사편찬위원회 사무국장)·김상기(문화재 보호위원장)·최상수(경희대 교수, 민속학자)·박종흥(한국사상연구회 회장)·김계숙(서울대학교 도서관장)·이해랑(연극연구소 극장장) 선생 등이 모여 사회단체 발기인회(준비)를 조직하였다. 이날 발기인회에서 발기 창립 총회 준비소위원으로 최현배·박종화·이병도·신석호·손재형(서예가) 선생 등을 선정하고, 이분들로 하여금 창립 총회를 준비하도록 하였다. (중간 생략)

드디어 민족 문화의 보존·개발 및 연구를 위한 제시설과 계획을 추진하여 문화 진흥에 이바지함을 목적으로 1965년 11월 6일 상오 9시 30분 서울대학교 의과대학 강당(일명 교수회관)에서 학·예술 문학인의 결합체인 "민족문화추진위원회"의 창립 총회를 개최하였다.

이미 1956년 10월 9일에 창립한 세종대왕기념사업회의 구상으로 고전 번역 사업을 추진하면서 고전 번역과 연구를 위한 전문기관으로 민족문화추진회가 설립되어 곧바로 국역 사업이 시작되었다. 이때 처음으로 국역한 것이《연려실기술》(1966년)이다. 세종대왕기념사업회도 이때부터《세종실록》을 번역하기 시작하여 1968년에 제1권을 간행하면서《조선왕조실록》국역 사업의 첫발을 내디뎠다.

일제 강점기에도 간간이 고전번역서가 간행되기도 했고, 해방 되자마자 20년 동안 30여종이나 나왔다. 이를 표로 보이면 다음과 같다.[29]

---

29 『고전번역연감 2010』, 한국고전번역원, 539쪽에서 발췌함.

연번	서명	역자	간행처	간행연도
1	국역 오정세고	권홍섭	삼육출판사	1928
2	역주 삼국사기1	이병도	박문서관	1840
3	역주 삼국사기2	이병도	박문서관	1943
4	삼국유사	사서연역회	고려문화사	1946
5	병자록	윤재영	정음사	1947
6	역주 삼국사기3	이병도	박문출판사	1947
7	방랑 김립시집	–	대문사	1948
8	원문국역대조 고려보조국사법어	이종욱	동심사	1948
9	국역 율곡전서 정선	율곡선생기념 사업회	율곡선생기념사업회	1950
10	난중일기	설의식	수도문화사	1953
11	역주 삼국유사	이병도	동국문화사	1956
12	연암선집1	이민수	통문관	1956
13	완역 목민심서	원창규	신지사	1956
14	완역 목민심서	원창규	성일문화사	1956
15	완역 목민심서	원창규	창원사	1956
16	국역 반계수록 전제편	농업은행조사부	농업은행조사부	1959
17	금오신화	이가원	통문관	1959
18	한국역대 명시전서	이병두	명문당	1959
19	국역 대전회통	김춘동, 정재각, 조기준, 이희봉	고려대학교 민족문화연구소출판부	1960
20	완역 삼국사기	김종권	선진문화사	1960
21	징비록 상	이재호	부산대학교 한일문화연구소	1960
22	국역 율곡성리학전서	김경탁	고려대학교출판부	1961
23	징비록 하	이재호	부산대학교 한일문화연구소	1961
24	국역주해 반계수록1	한장경	충남대학교	1962

연번	서명	역자	간행처	간행연도
25	국역주해 반계수록2	한장경	충남대학교	1962
26	선가귀감	선학간행회	법통사	1962
27	선가귀감	법정	홍법원	1962
28	역주 일동기유	이재호	부산대학교 한일문화연구소	1962
29	역주 해동제국기	이재호	부산대학교 한일문화연구소	1962
30	임진록 박씨전	이경선	정음사	1962
31	국역 파한집 용재총화	구자균	고려대학교 민족문화연구소	1964
32	원신보수교집록 사송유취	이영근, 서상용, 남만성, 윤재수	법제처	1964
33	국역 야은길선생문집	이은, 성낙훈, 신호열	고려서적	1965
34	속대전	이영근, 서상용	법제처	1965

2010년 『고전번역연감』의 '해방 이후 국내 고전번역서 간행 목록'에 따르면, 위의 내용부터 2008년까지 총 3,341책이 간행되었다. 그러나 발표자가 검토해 보니, 이 목록에 없는 책들이 많았다. 특히 한글 고전의 역주본 간행물은 4책에 불과했다. 이는 세종대왕기념사업회가 1990년부터 2008년까지 발간한 한글 고전 역주본 47책에서 43책이 누락된 통계였다.

2) 한글 문헌의 역주

세종대왕기념사업회는 1990년부터 훈민정음 창제 이후 정음(한글)으로 쓰였거나 정음 글씨가 들어있는 고전만을 대상으로 현대어로 번역하고 주석을 달아 책으로 내는 '한글고전역주사업'을 시작하였다. 2015년에 간

행한『역주 동국신속삼강행실도』머리말에 따르면,

> 　우리 회 창립 59돌의 해이자 광복 70돌이 되는 올해는 우리 회가「한문고전국
> 역사업」을 착수한 지 48돌이 되었고,「한글고전역주사업」을 추진한 지 25돌이
> 되었다. 그 동안 우리 회가 낸 700여 책의 국역 학술 간행물이 말해 주듯이,
> 명실상부한 우리나라 반만년 역사 이래 최고의 한글 국역, 역주 간행 기관임을
> 자부하는 바이다. 우리 고전의 현대화는 전문 학자뿐만 아니라 일반 독자에게도
> 매우 유용한 작업일 수밖에 없다. 우리 회가 이 사업을 추진함으로써 그 결과
> 고전의 대중화를 통한 지식 개발 사회의 문화 자본 구축과 역사 의식 및 한국학
> 연구 활성화에 기여는 물론, 새 겨레문화 창조 발전에 크게 기여하고 있으며,
> 앞으로도 이 사업이 끊임없이 이어지리라 믿어 의심치 않는다.

라고 하였다. 그동안 여러 출판사나 기관에서 산발적으로 한글 문헌의
역주본을 출판하였으나 발표를 준비하는 시간이 짧아 많은 한글 문헌의
역주본들을 찾아서 통계를 내지는 못하였다.

　한국어세계화재단에서는 2003년부터 이른바 '100대 한글 문화유산'을
선정하여 산발적으로 역주본을 내다가, 2012년에 문을 닫고 세종학당으
로 통합되었다. 그동안 간행한 역주본은,

> 　훈민정음(2005), 연행가(2005), 초발심자경문언해(2005), 홍무정운역훈(2006),
> 국문연구의정안(2006), 역주 번역노걸대와 노걸대언해(2006), 금강경언해(2006),
> 송강가사(2006), 춘향전(2006), 규장전운, 전운옥편(2008), 구운몽(2008), 한
> 양가(2008), 의유당관북유람기(2008).

등 12책이 있는데, 위의 책들은 신구문화사에서 출판하였으며, 이 출판사
는 이현희 등의『두시와 두시언해』(1997) 6권·7권과, 허웅· 이강로의『월인
천강지곡 상』(1999)을 출판하기도 하였다.

박이정출판사는 『쉽게 읽는 용비어천가』(2006) 1편, 2편, 『쉽게 읽는 선가귀감언해』(2006), 『쉽게 읽는 경민편언해』(2006)을 출판하였다. 박이정출판사는 2015년부터 김광순 교수 소장 필사본 고전소설 454종 중에서 100책을 선정하여 '김광순 소장 필사본 고소설 100선'이라는 주제로 현대어 번역본을 내기 시작하였다.

서울대학교 규장각한국학연구원은 한국학공동연구총서로, 『역주 증수 무원록언해』(2004), 『역주 오륜행실도』(2006)를 냈고, 서울대학교출판문화원에서는 『현대역 구운몽』(2007)도 낸 바 있다.

동국대학교출판부는 『《석보상절》 제23·24 연구』(2009)를 냈는데, 이 책은 일조각에서 1972년에 냈던 책을 저자(김영배)가 다시 고친 신판(新版)이다.

국립한글박물관은 2014년부터 소장자료총서를 내고 있는데, 1집(2014)엔 '곤전 어필'을, 2집(2015)엔 '열녀전(언해본)'을 역주하여 펴냈다.

한국학중앙연구원은 AKS역주총서로서 『역주 용비어천가』(2015) 상·하 2책을 냈다.

이밖에도 전국의 대학교나 연구단체에서 학술 자료로서 총서를 출판하는 경우가 많다.

개인적으로 출판하기도 하는데, 백두현 교수는 『음식디미방 주해』(2006)를 내기도 하였다.

여기서 잠깐 한글 고문서 자료 정리에 대해 언급하고자 한다. 한글 고문서는 지금 여러 기관에서 디지털 작업을 통하여 고문서 자료를 각자 관리하고 있다. 그래서 각 기관마다 소장본이나 수집 자료 내용이 겹치거나 다른데, 서울대 규장각 한국학연구원 디지털아카이브, 한국역사정보시스템 디지털아카이브, 국립국어원 디지털 한글박물관(국립한글박물관으로 이장), 한국학중앙연구원 한국학자료센터, 한국국학진흥원 유교넷 등에서 지원하고 있다. 다만 한글 고문서만을 정리한 기관은 아직 없다.

한글 고문서는 크게 분류하여, ① 관부문서, ② 사인문서, ③ 기록물(기록문서)로 분류할 수 있다.[30]

다만 여기서는 세종대왕기념사업회가 그동안 역주한 한글 문헌을 표로 보이면 다음과 같다.

세종대왕기념사업회 한글고전 역주 현황(1991~2015)

종별	책이름	편저자	총책수	간행년도
1	역주 석보상절 제6·9·11	수양대군	4책	1991
	역주 석보상절 제13·19			1991
	역주 석보상절 제20			2012
	역주 석보상절 제21			2012
2	역주 월인석보 권1·2	세종/세조	17책	1992
	역주 월인석보 권7·8			1993
	역주 월인석보 권9·10			1994
	역주 월인석보 권11·12			1999
	역주 월인석보 권17·18			1995
	역주 월인석보 권20			2004
	역주 월인석보 권19			2008
	역주 월인석보 권25상			2008
	역주 월인석보 권22			2009
	역주 월인석보 권23			2009
	역주 월인석보 권4			2010
	역주 월인석보 권13			2010
	역주 월인석보 권14			2010
	역주 월인석보 권15			2010

---

30 이상규(2011), 『한글 고문서 연구』, 도서출판 경진, 78쪽 참조.

종별	책이름	편저자	총책수	간행년도
2	역주 월인석보 권21상	세종/세조	17책	2010
	역주 월인석보 권21하			2010
	역주 월인석보 권25하			2010
3	역주 능엄경언해 1집	세조 한계희 김수온 신미	5책	1996
	역주 능엄경언해 2집			1996
	역주 능엄경언해 3집			1997
	역주 능엄경언해 4집			1997
	역주 능엄경언해 5집			1998
4	역주 법화경언해 1집	세조	7책	2000
	역주 법화경언해 2집			2001
	역주 법화경언해 3집			2002
	역주 법화경언해 4집			2002
	역주 법화경언해 5집			2002
	역주 법화경언해 6집			2003
	역주 법화경언해 7집			2003
5	역주 원각경언해 1집	신미 효령대군 한계희	10책	2002
	역주 원각경언해 2집			2002
	역주 원각경언해 3집			2004
	역주 원각경언해 4집			2005
	역주 원각경언해 5집			2006
	역주 원각경언해 6집			2005
	역주 원각경언해 7집			2005
	역주 원각경언해 8집			2006
	역주 원각경언해 9집			2007
	역주 원각경언해 10집			2008
6	역주 남명집언해 상	세종, 세조, 학조(學祖)	2책	2002
	역주 남명집언해 하			2002

종별	책이름	편저자	총책수	간행년도
7	역주 몽산화상법어약록언해	신미(信眉)	1책	2002
8	역주 구급방언해 상	미상	2책	2003
	역주 구급방언해 하			2004
9	역주 금강경삼가해 1집	문종 세조 학조 한계희	5책	2006
	역주 금강경삼가해 2집			2006
	역주 금강경삼가해 3집			2006
	역주 금강경삼가해 4집			2007
	역주 금강경삼가해 5집			2007
10	역주 육조법보단경언해 1집	학조	3책	2006
	역주 육조법보단경언해 2집			2007
	역주 육조법보단경언해 3집			2007
11	역주 선종영가집언해 1집	세조, 신미, 해초, 효령대군	2책	2007
	역주 선종영가집언해 2집			2007
12	역주 구급간이방언해 1집	윤호 임원준 허종	5책	2007
	역주 구급간이방언해 2집			2008
	역주 구급간이방언해 3집			2008
	역주 구급간이방언해 6집			2008
	역주 구급간이방언해 7집			2009
13	역주 불설아미타경언해	세조	1책	2008
14	역주 불정심다라니경언해	학조		
15	역주 진언권공	학조	1책	2008
16	역주 삼단시식문언해			
17	역주 목우자수심결언해	신미	1책	2009
18	역주 사법어언해			
19	역주 분문온역이해방	김안국, 문세련, 유지번	1책	2009
20	역주 우마양저염역병치료방	미상		

종별	책이름	편저자	총책수	간행년도
21	역주 반야바라밀다심경언해	효령대군, 한계희, 해초	1책	2009
22	역주 언해두창집요	허준(許浚)	1책	2009
23	역주 신선태을자금단	이종준		
24	역주 간이벽온방	박순몽,박세거	1책	2009
25	역주 벽온신방	안경창 등		
26	역주 상원사 중창권선문·어첩	신미, 학열, 학조/세조		
27	역주 영험약초	?학조	1책	2010
	역주 수구영험			
	역주 오대진언			
28	역주 삼강행실도	설순	1책	2010
29	역주 이륜행실도	조신	1책	2010
30	역주 정속언해	김안국	1책	2010
31	역주 경민편	김정국		
32	역주 언해태산집요	허준	1책	2010
33	역주 번역소학 권6·7·8·9·10	김전·최숙생	1책	2011
34	역주 소학언해 권1·2	교정청	4책	2011
	역주 소학언해 권3·4			2011
	역주 소학언해 권5			2012
	역주 소학언해 권6			2012
35	역주 논어언해 권1·2	교정청	2책	2011
	역주 논어언해 권3·4			2011
36	역주 분류두공부시언해 권8상	오숙·김상복	1책	2015
	역주 분류두공부시언해 권10			2011
	역주 분류두공부시언해 권11			2012
	역주 분류두공부시언해 권14			2013
	역주 분류두공부시언해 권15			2014

종별	책이름	편저자	총책수	간행년도
36	역주 분류두공부시언해 권16상	오숙·김상복	1책	2014
	역주 분류두공부시언해 권16하			2015
	역주 분류두공부시언해 권17			2015
37	역주 불설대보부모은중경	신심사	1책	2011
38	역주 여씨향약언해	김안국	1책	2012
39	역주 연병지남	한 교	1책	2012
40	역주 중용언해	교정청	1책	2012
41	역주 대학언해	교정청	1책	2012
42	역주 맹자언해 권1·2·3·4·5	교정청	1책	2012
43	역주 사리영응기	김수온	1책	2013
44	역주 백련초해	김인후	1책	2013
45	역주 몽산화상육도보설언해	취암사	1책	2013
46	역주 칠대만법	희방사	1책	2013
47	역주 권념요록	보우		
48	역주 맹자언해 권6·7·8·9·10	교정청	1책	2013
	역주 맹자언해 권11·12·13·14	교정청	1책	2013
49	역주 병학지남	장용영	1책	2013
50	역주 화포식언해	이서	1책	2013
51	역주 신전자취염초방언해	이서	1책	2013
52	역주 여사서언해 권1·2·3	이덕수	1책	2014
	역주 여사서언해 권4		1책	2014
53	역주 여소학언해 권1·2·3	박문호	1책	2014
	역주 여소학언해 권4·5·6		1책	2015
54	역주 효경언해	교정청	1책	2014
55	역주 여훈언해	최세진	1책	2014
56	역주 시경언해 권1·2·3·4	교정청	1책	2014
	역주 시경언해 권5·6·7·8		1책	2015

종별	책이름	편저자	총책수	간행년도
56	역주 시경언해 권9·10·11·12	교정청	1책	2015
57	역주 서경언해 권1·2·3	교정청	1책	2015
58	역주 가례언해 권1·2	신식	1책	2014
	역주 가례언해 권3·4·5		1책	2014
	역주 가례언해 권6·7·8		1책	2015
	역주 가례언해 권9·10		1책	2015
59	역주 동국신속삼강행실도 1	광해군 찬집청	5책	2015
	역주 동국신속삼강행실도 2			2015
	역주 동국신속삼강행실도 3			2015
	역주 동국신속삼강행실도 4			2015
	역주 동국신속삼강행실도 5			2015
60	역주 경신록언석	홍태운	1책	2015
전체 60종 124책				

3) 불경 언해본의 역주

세종대왕기념사업회가 1990년부터 2015년까지 간행한 한글고전 중 불교 관련 한글 문헌은 25종 66책이며, 세부 사항은 다음과 같다.

종별	책이름	편저자	총책수	간행년도
1	역주 석보상절 제6·9·11	수양대군	7권 4책	1991
	역주 서보상절 제13·19			1991
	역주 석보상절 제20			2012
	역주 석보상절 제21			2012

	역주 월인석보 권1·2		1992
	역주 월인석보 권7·8		1993
	역주 월인석보 권9·10		1994
	역주 월인석보 권11·12		1999
	역주 월인석보 권17·18		1995
	역주 월인석보 권20		2004
	역주 월인석보 권19		2008
	역주 월인석보 권25상		2008
2	역주 월인석보 권22	세종/세조	20권 17책	2009
	역주 월인석보 권23		2009
	역주 월인석보 권4		2010
	역주 월인석보 권13		2010
	역주 월인석보 권14		2010
	역주 월인석보 권15		2010
	역주 월인석보 권21상		2010
	역주 월인석보 권21하		2010
	역주 월인석보 권25하		2010
3	역주 능엄경언해 권1·2	세조/ 한계희(韓繼禧)/ 김수온(金守溫)/ 신미(信眉)	10권 5책	1996
	역주 능엄경언해 권3·4		1996
	역주 능엄경언해 권5·6		1997
	역주 능엄경언해 권7·8		1997
	역주 능엄경언해 권9·10		1998
4	역주 법화경언해 권1	세조	7권 7책	2000
	역주 법화경언해 권2		2001
	역주 법화경언해 권3		2002
	역주 법화경언해 권4		2002
	역주 법화경언해 권5		2002

종별	책이름	편저자	총책수	간행년도
4	역주 법화경언해 권6	세조	7권 7책	2003
	역주 법화경언해 권7			2003
5	역주 원각경언해 권1(서)	신미/효령대군 /한계희	10권 10책	2002
	역주 원각경언해 권2(상1의1)			2002
	역주 원각경언해 권3(상1의2)			2004
	역주 원각경언해 권4(상1의2)			2005
	역주 원각경언해 권5(상2의1, 2의2)			2006
	역주 원각경언해 권6(상2의2, 2의3)			2005
	역주 원각경언해 권7(하1의1, 1의2)			2005
	역주 원각경언해 권8(하2의1, 2의2)			2006
	역주 원각경언해 권9(하3의1)			2007
	역주 원각경언해 권10(하3의2)			2008
6	역주 남명집언해 상	세종/세조 /학조(學祖)	2권 2책	2002
	역주 남명집언해 하			2002
7	역주 몽산화상법어약록언해	신미	1책	2002
8	역주 금강경삼가해 제1	문종/세조/학조 /한계희	5권 5책	2006
	역주 금강경삼가해 제2			2006
	역주 금강경삼가해 제3			2006
	역주 금강경삼가해 제4			2007
	역주 금강경삼가해 제5			2007
9	역주 육조법보단경언해 (제1)	학조	3권3책	2006
	역주 육조법보단경언해 (제2)			2007
	역주 육조법보단경언해 (제3)			2007
10	역주 선종영가집언해 상	세조/신미/해초 /효령대군	2권2책	2007
	역주 선종영가집언해 하			2007
11	역주 불설아미타경언해	세조	1책	2008
12	역주 불정심다라니경언해	학조(學祖)		

종별	책이름	편저자	총책수	간행년도
13	역주 진언권공 언해	학조(學祖)	1책	2008
14	역주 삼단시식문언해			
15	역주 목우자수심결언해	신미(信眉)	1책	2009
16	역주 사법어언해			
17	역주 반야바라밀다심경언해	효령대군/한계희/해초	1책	2009
18	역주 영험약초·수구영험·오대진언	소혜왕후	1책	2010
19	역주 상원사중창권선문어첩	세조		
20	역주 불설대보부모은중경	신심사(神心寺)	1책	2011
21	역주 사리영응기	김수온	1책	2013
22	역주 백련초해	김인후	1책	2013
23	역주 몽산화상육도보설언해	취암사	1책	2013
24	역주 칠대만법	희방사	1책	2013
25	역주 권념요록	보우		
25종			66권 66책	

7. 역주 사업의 의미와 활용

세종 말년에 불교에 대한 관심이 높아져 아들 수양대군과 안평대군에게 불경 언해 사업을 지휘케 하고 내불당을 짓게 하였으며, 자신이 직접 월인천강지곡을 짓기도 하였다. 아들 수양은 임금이 되어서도 부왕의 뜻이었다면서 더욱 불교에 대한 관심을 높였다. 이로 인해 간경도감이 설치되고 수많은 불경을 인쇄하고 불경 언해도 함께 이루어졌다.

불법을 널리 보급하기 위해 행해졌던 일련의 역경사업의 결과물이 당시

한국어의 언어사실을 반영하고 있기 때문에 한국어사 기술에 상당히 중요한 의미를 지니면서 국어학의 연구 대상이 되어 왔다. 물론 이러한 불경자료들이 그 시대 언중들의 생생한 구어까지 반영하고 있는 것은 아니지만, 고려와 조선 초의 '구결 불경'들은 조선시대 불경언해 자료와 더불어 국어사 연구에 적지 않은 성과를 가져다 주었고, 이를 이은 '언해 불경'의 경우에는 엄격한 구결 현토 및 번역의 과정을 거쳐 이루어지기 때문에 번역투의 문장이라는 한계를 가지고 있다. 그러나 비록 당시의 언어 상황 전반을 반영하고 있지는 않지만 《석보상절》 등 문헌에 따라서는 얼마든지 좋은 자료로 활용할 수 있는 예도 있고, 협주도 우리말 연구에 활용 가치가 높다.

이만한 자료를 가졌다는 사실만으로도 불경언해가 국어사 연구에 기여하는 바는 크다. 음운이나 표기법의 변천을 살핀다든지 형태 및 통사적 특성과 변천을 살피는 데에도 활용가치가 높다. 한편 번역 형식의 문어체가 정착해 가는 과정을 우리는 이들의 비교 연구에서 살필 수 있고, 어휘 및 문체의 변화 등 언어의 다양한 변화를 정리할 수 있게 되었다. 뿐만 아니라 이들은 서지학 및 불교학 연구에도 적지 않은 정보를 제공해 준다. 그러나 무엇보다 중요한 것은 이들 불경 언해들이 중세 국어 시기는 물론 근대 국어 시기까지의 국어사 연구에서 거의 절대적이라고 할 만큼 많은 정보를 담고 있다는 사실이다.

현재 세종대왕기념사업회의 고전문헌 국역 지원 사업은 크게 둘로 나눌 수 있으니, ①'일반고전 국역'과 ②'한글고전 역주'이다. 일반고전 국역사업은 한국고전번역원과 같은 성격의 사업이므로 함께 종합 디비(DB) 구축 작업을 할 수 있겠으나, '한글고전' 국역사업의 결과물은 한문 번역 위주가 아닌 '옛한글 언해류'의 역주(譯註) 사업이므로 한국고전번역원과 그 성격이 다르며, 대상 문헌과 문헌의 성격도 다르기 때문에 국어학자를 중심으로 한 새로운 협의체가 생겨야 할 것으로 본다.

한문으로 된 일반 고전과 한글 문헌의 국역은 본질적으로 국역의 방향이 다르다. 한문으로 된 우리 일반 고전을 국역하는 일은 한문 문헌을 현대 한국어로 번역하여 현대인들에게 우리 조상들의 학문과 역사를 읽게 하려는 데 궁극적인 목적이 있다면, 이 한글고전 역주 사업은 기본적으로 세종대왕의 훈민정음 창제 이후 우리 말글의 변화와 그 환경을 연구하는 국어학, 언어학적 연구가 목적이 된다.

즉, 한글고전의 내용이 어떠하든지 간에 우리말과 그 표기된 모습을 찾고 비교하고 통합하여 우리말의 전개 역사와, 변천과 변화의 모습을 학문적으로 체계 있게 정리하고, 나아가 우리 말글의 풍부한 어휘와 뿌리를 찾는 것이 목적이다.

아울러 조선 시대 전반을 통해 국가가 백성과의 소통을 위해 어떻게 한글을 보급하고 도서를 간행하였으며, 그 주된 내용이 무엇인지를 살피는 인문학, 사회학, 문학, 철학 관계자가 독자층을 이루며, 일반 독자들도 우리말의 어원과 변천 과정에 관심을 갖은 사람들이 될 것이다.

세종대왕기념사업회는 1990년부터 지금까지 30여 년 동안 훈민정음 창제 이후 초기 한글고전 문헌부터 18세기까지 시대별로 빠짐없이 한글고전의 역주본 발간 사업을 추진하여 오고 있으며, 이로 인한 간행물이 120여 책에 이른다. 산발적으로 다른 기관이나 출판사에서 간행된 몇 권을 제외하면 대다수 한글고전을 시대순으로 역주하여 그 데이터 자료를 비축하고 있어, 그 어떤 기관보다 상대적으로 큰 권한과 장점을 가지고 있다.

1967년부터 1994년까지 30여 년 동안 국역한 조선왕조실록은 이후 데이터베이스로 전산화하여 검색기능을 추가하는 작업을 거쳐, 지금은 전 세계에서 가장 광범위한 역사자료가 되었다. 지구촌 어디서나 인터넷을 켜면 우리 조선왕조 500년의 역사가 매일매일 기록된 것을 읽어 볼 수가 있는 것이다.

이와 같이 한글 문헌의 궁극적인 목표는 1차적으로 만들어진 책을 데 이터베이스화하여 모든 한글 자료를 통합적으로 관리하는 시스템 안에 넣고, 검색기능을 부가함으로써 우리말의 시대별 모습과 풍부한 어휘, 문장, 이야기들을 자유롭게 얻어낼 수 있게 하는 것이다.

이러한 전산화 작업에는 원문, 언해문, 현대어 번역문, 국어학적 풀이, 용어와 용례 등이 동시에 이루어져야 하며, 원본 사진을 제시하여 글꼴(서체)의 발전사와 인쇄의 발전사로 이어지게 하여야 한다.

세종대왕(1397-1450) : 언어와 언어학 분야의 50대 주요 사상가

Margaret Thomas 지음 / 김슬옹 번역

이 글은 북미 언어학사 학회장을 지낸 마가렛 토머스(Margaret Thomas) 교수의 "King Sejong the Great(1397-1450), *Fifty Key Thinkers on Language and Linguistics*(London and New York : Routledge. 2011), pp.49-55"를 번역한 것이다. 토머스(Thomas, 2011)는 세종대왕을 정치가(임금)가 아닌 언어학 사상가로 높이 평가했다는 점에서 주목할 만하다. 이 책에서 선정한 50대 언어학자를 세기와 국적별로 정리해 보면 다음과 같다.

차례	세기별	생물연대	이름	나라
1	기원전	기원전 5세기 또는 기원전 4세기	파니니(Pāṇini)	인도
2		기원전 428/427년-기원전 349/347년	플라톤(Plato)	그리스
3		기원전 384년-기원전 322년	아리스토텔레스(Aristotle)	그리스
4		기원전 116년-기원전 27년	마르쿠스 테렌티우스 바로 (Marcus Terentius Varro)	로마
5			성경에 등장한 언어들 (Language in the Bible)	
6	4세기, 6세기	4세기, 6세기	엘리우스 도나투스와 프리스키 아누스 (Aelius Donatus and Priscianus of Caesarea)	로마
7	8세기	796년	시바와이히(Sībawayhi)	페르시아
8	12세기	12세기	The First Grammarian	
9	13세기-15세기	1250년-1400년	중세 사변 문법가 (The Speculative Grammarians)	
10	14세기-15세기	1397년-1450년	세종대왕 (King Sejong the Great)	한국
11	17세기	1612년-1694년, 1615년-1695년	앙투안 아르노와 클로드 랑슬로 (Antoine Arnauld and Claude Lancelot)	프랑스
12		1614년-1672년	존 윌킨스(John Wilkins)	영국
13	17세기-18세기	1632년-1704년	존 로크(John Locke)	영국
14		1709년-1784년	사무엘 존슨(Samuel Johnson)	영국
15	18세기	1715년-1780년	에띠엔 보노 드 꽁디약 (Étıenne Bonnot, Abbé de Condillac)	프랑스
16	18세기-19세기	1744년-1803년	요한 고트프리트 헤르더 (Johann Gottfried Herder)	독일

차례	세기별	생물연대	이름	나라
17	18세기-19세기	1767년-1845년, 1772년-1829년	아우구스트 빌헬름 폰 슐레겔과 칼 빌헬름 프레드리히 폰 슐레겔 (August Wilhelm von Schlegel and Karl Wilhelm Friedrich von Schlegel)	독일
18		1767년-1835년	빌헬름 폰 훔볼트 (Wilhelm von Humboldt)	독일
19		1785년-1863년	제이콥 그림(Jacob Grimm)	독일
20		1791년-1867년	프란츠 보프(Franz Bopp)	독일
21	19세기	1823년-1900년	프리드리히 막스 뮐러 (Friedrich Max Müller)	독일
22		1824년-1880년	폴 브로카(Paul Broca)	프랑스
23		1827년-1894년	윌리엄 드와이트 휘트니 (William Dwight Whitney)	미국
24		1837년-1915년	제임스 머레이 (James A. H. Murray)	스코틀랜드
25		1845년-1912년	헨리 스위트(Henry Sweet)	영국
26		1845년-1929년	얀 보두앵 드 쿠르트네이 (Jan Baudouin de Courtenay)	폴란드
27		1849년-1919년	카를 브루크만(Karl Brugmann)	독일
28		1857년-1913년	페르디낭 드 소쉬르 (Ferdinand de Saussure)	스위스
29		1860년-1943년	오토 제스퍼슨(Otto Jespersen)	노르웨이
30		1881년-1967년	대니얼 존스(Daniel Jones)	영국
31		1884년-1939년	에드워드 사피어(Edward Sapir)	미국
32		1887년-1949년	레오나르드 블룸필드 (Leonard Bloomfield)	오스트리아
33		1889년-1951년	루드비히 비트겐슈타인 (Ludwig Wittgenstein)	오스트리아
34		1890년-1960년	존 루퍼트 퍼스(John Rupert Firth)	영국
35		1896년-1934년	레프 비고츠키 (Lev Semenovich Vygotsky)	러시아

차례	세기별	생몰연대	이름	나라
36	19세기	1896년-1982년	로만 야콥슨(Roman Jakobson)	러시아
37		1897년-1941년	벤자민 리 워프 (Benjamin Lee Whorf)	미국
38		1899년-1965년	루이 옐름슬레우(Louis Hjelmslev)	덴마크
39	20세기	1911년-1960년	존 오스틴(J. L. Austin)	영국
40		1912년-2000년	케네스 파이크(Kenneth L. Pike)	미국
41		1913년-1988년	폴 그라이스(H. Paul Grice)	영국
42		1915년-2001년	조셉 그린버그 (Joseph H. Greenberg)	미국
43		1916년-2000년	찰스 하케트(Charles F. Hockett)	미국
44		1925년-1997년	로저 윌리엄 브라운 (Roger William Brown)	미국
45		1925년-	마이클 할리데이 (M. A. K. Halliday, Michael Alexander Kirkwood Halliday)	영국
46		1927년-	윌리엄 라보프(William Labov)	미국
47		1928년-	노암 촘스키(Noam Chomsky)	미국
48		1934년-2001년	케니스 L. 헤일(Kenneth L. Hale)	미국
49		1938년-1999년	제임스 맥콜리(James D. McCawley)	스코틀랜드
50		1958년-	데보라 카메론(Deborah Cameron)	미국

　이렇게 보면 특정 개인은 47명인데 파니니와 세종대왕을 빼고는 모두 서양인이다. 국적으로 보더라도 대부분 유럽인들이니 세종대왕의 선정은 유럽인의 시각으로 보면 매우 이례적인 것이다. 그러나 선정 이유는 한글 창제 업적을 바탕으로 매우 명확하고 보편적 평가를 내리고 있다. 곧 한글 창제에 대해 "hangeul contributes to the general study of language by disrupting eurocentric assumptions about the nature of writing systems

(한글은 표기법의 본질에 관한 유럽 중심의 가설을 차단하고 언어의 일반 연구에 영향을 미쳤다)"라고 하면서 램지의 평가를 바탕으로 "Hangeul is a marvel among the world's writing systems, an orthography of 'rarified elegance and mathematical consistency(한글은 전 세계 문자역사에서 기적이었고, 세련되고 우아하면서도 수학적 일관성이 있는 철자법이었다)"라고 평가하고 있다.

세종대왕을 정치가로서가 아니라 학자와 사상가로서 조명하는 일은 세종대왕기념사업회가 『세종학연구』 발간을 통해 꾸준히 해오고 있다. 필자가 인류 역사상 가장 많이 인용되고 평가받고 있는 언어학자인 소쉬르와 탈근대철학자인 들뢰즈와 비교하는 논문을 발표한 것도 그와 같은 맥락에서였다.

> 김슬옹(2008), 「세종과 소쉬르의 통합언어학적 비교 연구」, 『사회언어학』 16권 1호」, 1–23쪽, 한국사회언어학회, 김슬옹(2010), 『세종대왕과 훈민정음학』, 지식산업사, 재수록. 404–439쪽.
> 김슬옹(2014), 「세종과 들뢰즈의 언어관」, 『세계문자심포지아 2014 : 문자 생태계, 그 100년 후를 읽는다』, 세계문자연구소 1회 국제학술대회 (10.24–26) 발표자료집, 세계문자연구소.
> 김슬옹(2013), 「세종학의 필요성과 주요 특성」, 『한민족문화연구』 42, 한민족문화학회, 7–42쪽.

이런 맥락에서 토머스가 세종대왕을 선정하고 평가한 근거로 기술한 이 글은 의미가 매우 높아 번역 소개하게 된 것이다. 원문의 의도를 존중하여 꼭 필요한 경우에만 역주를 달았다.

[번역] 세종대왕(1397-1450)

세종대왕(King Sejong, Seycong, Seijong)은 한국 조선 왕조의 매우 유명한 4대 임금이었고 조선왕조 역사는 1392년부터 1910년 일본이 조선을 강제 병합하기까지 이어졌다. 세종이 다스린 시기는 자주의식과 성리학, 군사중앙통치, 농업사회가 발달된 진보 시대로 평가되고 있다. 세종은 타고난 지적 재능을 실천한 임금으로 문화, 과학, 기술 진보를 이룩해냈다.

세종의 가장 뛰어난 업적은 '한글'이라고 부르는 한국 문자의 발명이었다. 한글은 전 세계 문자 역사에서 기적이었고, 세련되고 우아하면서도 수학적 일관성이 있는 철자법이었다(Ramsey 1992:50).[1] 한글은 세종 시대 논란거리였던 이두와 같은 다른 문자들을 대체할 수 있었다. 한글은 북한, 남한 모두의 공식 표기 체계이지만 북한과 남한 사이의 확실한 사용 방식의 차이가 있는데 이는 남북한 한글 표기 방식이 550년의 언어 변화를 반영하는 것이다.[2] 게다가 한글은 아주 적절한 언어학을 반영한 디자인으로 한국어 공동체에 특별한 가치가 있으며, 한글은 표기법의 본질에 관한 유럽

---

1 역주 : 램지가 기술한 원문은 다음과 같다. "Sejong's achievements in other fields are many and considerable. But it is the alphabet for which he is remembered and revered by Korean people. Sejong, the wise and compassionate king, was also the logical builder of systems. He believed in reason and order, and the Korean alphabet, his ultimate creation, embodies those principles. In its rarified elegance and mathematical consistency we see Sejong the man_ Ramsey(1992:50)"

2 역주 : 북한과 남한의 맞춤법이 다르고 북한은 광복 이후 김일성 정권이 출범하면서 한글전용을 단행한 반면 남한은 일부에서나마 국한문 혼용을 하고 있는 것과 같은 표기 체계 차이를 염두에 둔 서술로 보인다. 남한은 2005년 국어기본법 제정으로 공문서에서 한글전용을 온전히 이룰 수 있었다. 언론 가운데 중앙지인 조선일보, 한국일보, 세계일보, 문화일보 등은 온전한 한글전용을 하지 않고 있다. 한글전용으로 1988년에 창간된 한겨레신문을 시작으로 경향신문, 중앙일보 등은 한글전용을 실천하고 있다. 1896년에 서재필이 중심이 되어 한글전용인 '독립신문'이 나왔으나 4년을 넘기지 못하고 폐간된 이해 국한문 혼용문이 주류 문체로 내려온 것이다.

중심의 가설을 차단하고 언어의 일반 연구에 영향을 미쳤다.

한글의 특이한 한 측면은 지역 선례 없이 증명가능한 근거로부터 한글을 충분히 발전시킨 것이다. 이러한 전통의 모든 것은 세종 덕분이었다. 세종은 그의 통치 25년에 한글을 창조하였고 그것을 정밀하게 다듬는데 3년의 시간을 보냈고 그리고 1446년 10월 9일 공식적으로 한글을 반포하였다(King Sejong Memorial Society 1970:61). 현재, 세종이 유일한 한글 창제자인지 논란이 되고 있다(Lee 1997 : Yeon 2008). 세종이 단독으로 창제하였는지 집현전 학제들과 창제하였는지 외부의 모델에 의존하여 창조하였는지, 그리고 만약 그렇다면 그 모델이 몽골의 '파스파(Phags-pa)'인지 인도의 '산스크리트' 문자인지 논란이 되고 있다(Ledyard 1966/1998).

또한 세종이 군주로서 자신의 재능을 발휘하여 성리학 모델로 조선왕조의 실제적인 문제에 과도하게 자신의 의무를 적용한 것은 아닌지 작은 논쟁거리가 되고 있다. 만 21살에 왕위를 이어받은 세종은 대마도 정벌로 일본 해적의 위협을 줄이고 여진족의 침입에 대비하여 국경을 강화하였다. 세종은 15세기에 왕실의 지식 집합소인 집현전('Hall of Worthies')을 재조직하였고 나라에서 영리하고 가장 뛰어난 젊은 학자들을 모았다. 게다가 조언가로서 집현전 학자들이 집현전에서 지리('Geographical Descriptions of the Eight Provinces'), 의학('The Great Collection of Native Korean Prescriptions'), 농업('Straight Talk on Farming') 등의 주제를 다룬 문헌들을 편찬하는 일을 도왔다(Hejtmanek 1992:24). 세종과 집현전 학자들은 예술을 발전시켰고 궁중음악을 정비하였으며 세금과 형법전을 합리적으로 만들었다. 또한 도덕행동의 본보기를 알렸으며 측우기, 자격루, 앙부일구, 인쇄기술의 향상을 포함한 기술적인 혁신을 제시하였다.

세종이 발명한 한글과 인쇄기술의 혁신은 문맹률을 줄이려는 그의 고민을 보여준다. 15세기 한국의 학자들은 이미 중국의 문법 전통에서 유래한 문자 두 개를 제거하였다. 그러나 중국어 문자들은 장래성 없이 한국인들에게 쓰이는 토대가 되었는데 왜냐하면 중국(분리된 주어, 동사, 목적어 구조인 중국 티벳어족의 언어는 음절구조를 매우 강요)과 중세한국(교착적, 형태음소의 정교함, 아마도 주어, 동사, 목적어 구조인 알타이어족의 언어는 복잡한 음절과 모음조화가 특징)의 활자에는 엄청난 차이가 있었기 때문이다. 그럼에도 동아시아의 소중화 국가로서 중국의 오래 지속된 문화 지배는 억누를 수 없는 명성과 함께 중국의 철자법을 수용하게 하였다. 세종시대의 집현전 학자와 세종의 신하들인 왕족과 신하들은 중국어를 기반으로 하는 이두('Clerk Reading')라는 문자를 썼다(Ledyard 1966/1998:31-83). 이두로 쓰인 문서는 중국어 특징과 비슷한 번역으로 한국의 어휘(명사와 언어의 핵심)를 대신하였다. 한국말의 억양 요소와 문법 요소를 각각의 중국어 특정 문자의 의미에 상관없이 유사한 소리의 특징으로 대체하였다. 중국어로 쓰인 문서를 해석할 수 있는 한국어로 만들면서 또 다른 기술이 발달하였다. 학자들은 중국 한자를 압축하여 구결이라고 불린 요소를 창조하였는데 구결은 한자 형태의 복잡성을 줄이고 중국어의 의미로부터 분리하여 만든 것이다. 구결(한글의 철자법)은 중국 문서의 순서를 한국어의 필수적인 요소인 억양 또는 기능 요소를 대신하기 위해서 덧붙이고 중국어를 한국어로 번역하는 것을 가능하게 만들었다.

이두와 구결은 전문화된 기술로 매우 복잡하게 읽고 쓰는 것을 가능하게 만들었다. 한국의 행정관리들은 매우 변화된 교착어를 가지고 있지만 그들의 경험을 중국어의 철자법을 받아들이는데 유사한 문제에 직면한 일본과 함께 공유하였다. 일본의 서기들은 한국의 이두와 구결과 비슷한 것들을 발달시켜, 최소한의 일본어 음절을 나타내는 48개의 기호로 이루어진 음절문자를 만들었다. 문화적, 역사적, 언어적 요인들로 인해 일본인들은 그들의 철자법을 한국으로부터 배운 것 이상으로 복잡하게 이어갔지만, 한편으

로는 독특하지만 알아채기 힘든 한자 모델로 남아 있다. 그 결과 아주 두드
러진 다층적인 문자체계를 갖추게 되었고 어마어마한 인지적 도전을 극복
하였다.

그러나 15세기 무렵 한국에서는 세종대왕이 다른 일을 계획하였다. 이
두와 구결을 재정비하면서 일반 백성들의 기대에 부응하도록 전념하였
고, 세종은 훈민정음을 만들었다('the correct sounds for the instruction of
the people') 후에 언어학자인 주시경(1876-1914)에 의해서 '한글'이라 명명
되었다(Kim-Renaud 1997a:1). 세종은 그의 발명인 한글을 아래와 같이 소
개하였다.

"The sounds of our country's language are different from those of the
Middle Kingdom and are not smoothly adaptable to those of Chinese
characters. Therefore, among the simple people, there are many who have
something they wish to put into words but are never able to express their
feelings. I am distressed by this, and have newly designed twenty-eight
letters. I desire only that everyone practice them at their leisure and make
them convenient for daily use. (trans. Ledyard 1966/1998:277)

우리나라 말이 중국과 달라 한자와는 서로 통하지 않느니라. 그래서 어리석
은 백성이 말하고자 하는 바가 있어도 끝내 제 뜻을 펴지 못하는 사람이 많으
니라. 내가 이것을 가엾게 여겨 새로 스물여덟 글자를 만드니, 모든 사람들로
하여금 쉽게 익혀서 날마다 쓰는 데 편안하게 하고자 할 따름이니라.

– 재번역 : 역자

세종이 창제한 28자에 나타난 원래 글꼴 디자인은 정확한 각도로 대칭으
로 짜여 있는 간결하면서도 강력한 선을 사용하였다. 후에 한글 글꼴은
역동적인 붓글씨에 맞추어졌다.[3] 한글은 일본의 음절 문자가 아닌 진정한

자모 알파벳으로 짜여졌다. 왜냐하면 분리된 모음과 자음을 개별적으로 나타내기 때문이다. 그럼에도 개별 문자를 조합하여 음절을 구성할 수 있다. 예를 들어 '님'이라는 음절은 독립된 기호인 'ㄴ', 'ㅣ', 'ㅁ'으로 구성되어 있고 모음핵을 중심으로 보기에 일관성 있는 사각형의 구성단위로 쓰이며 왼쪽에서 오른쪽으로, 위에서 아래로 정확하게 분석하는 것이 가능하다.(음절 단위로 오른쪽에서 왼쪽, 위에서 아래로 배치가 가능하다.) 개별적인 음소를 합성하여 음절이 이루어지고, 음절을 모아 단어가 되고, 한글은 이러한 여러 개로 이루어진 단어를 연결하여 말할 수 있게끔 해결해 주었다. 이것과 함께 한글은 중국이나 일본의 전통적인 철자법보다 더 풍부하게 현실의 심리언어학적 실재를 대체하였다. 게다가 중세 한국말은 높낮이의 억양이 있는 언어였다. 한글은 각 음절의 거성, 평성, 상성 등의 억양을 음절 공간 안에 점을 찍어 기록했다. 이러한 배치는 중국어나 일본어가 예를 들어 설명할 수 없는 언어의 소리 특징의 또 다른 측면이다(King 1996).

세종은 자음과 모음을 구별하였다. 그는 모음 목록을 우주철학의 두드러진 세 가지 상징 기호를 사용하여 정의하였다. 하늘을 나타내는 점(·)은 중국의 '양'(밝음/무거움)의 개념과 연관되었고, 땅을 나타내는 수평선(ㅡ)은 '음'(어두움/가벼움)의 개념과 연관되었고, 수직선(ㅣ)은 지구와 하늘의 사이에 서 있는 곧은 사람의 형상을 나타냈다. 한글 모음은 전략적으로 이 세 가지 요소를 모음조화 범주 안에서 배치하였다. 중세 한국어의 모음의 억양과 첨가된 글꼴은 모음 근원의 특징과 조화를 잘 이루었다. 그러므로 세종은 모음을 두 개의 하위부류로 구분하였다. 양성모음-오, 아, 애-의 유형은 함께 조화를 이룬다. 그렇게 양성모음을 형성한다는 사실은 하늘을

---

3 역주 : 아래아(·)와 같은 둥근 점이 찍힌 모음자(중성자)는《훈민정음》(1446) 해례본 이후에 나오는《용비어천가》(1447) 같은 문헌에서는 짧은 막대형으로 바뀌는데, 이것은 중성자에서 둥근 점을 찍기 어려운 붓글씨 특성에서 비롯된 것으로 보인다.

나타내는 점이 땅을 나타내는 수평선 위에 있거나 사람을 나타내는 수직선 오른쪽에 나타내 어디서든 특별한 꼴을 형성함을 의미한다. 음성모음-우, 에, 으-도 마찬가지로 조화를 이룬다. 땅을 나타내는 수평선 아래, 또는 사람을 나타내는 수직선 왼쪽에 하늘을 나타내는 점을 찍어 뚜렷하게 맞추었다.[4] 이렇게 하여 모음의 형태를 통해 조화를 이루는 하위 구분에 대한 정보를 부호화 하였다. 한글의 이중모음과 모음의 구성은 음운체계의 정형화에도 비슷한 측면이 있다. 그것은 또한 한국인의 우주철학의 기호에 대하여 정확한 발음을 나타낸 통찰력을 아주 생생하게 등록하기도 하였다 (Kim-Renaud 1997b:170-75).

세종은 중국의 음운체계 이론과 함께 나란히 한국어 소리가 지닌 고유의 특징을 분석하고 유사한 자음을 보여주었다. 그는 한글 자음을 발성과 조음 특성에 따라 분류하였다(Ledyard 1996/1998:209-32). 대략 5개의 조음점인 '어금니'(연구개음), '혀'(혀끝) '입술소리' '앞니'(이), '후두'로 구분된다. 발음 특성은 네 가지 명확한 기준점인 '아주 맑은'(긴장음, 무기파열음), '일부 맑은'(긴장음, 기식 파열음), '아주 흐린(이완음, 준성문음)', '맑지도 흐리지도 않은'(비음) 등으로 구별한다.[5] 발성은 구분하지 않는다. 모든 것이 5x4의 틀 속에 딱 들어맞지는 않으며 명확한 자료를 위해 추가적인 하위분류가 필요하다.[6] 불완전한 역사적 지식이 중세 한국어 음운학의 완전한 재건을 방해하고 있다. 그러나 세종의 음운 체계 분석은 주목할 만한 설득력이 있다. 더 주목할 만한 사실은 한글은 정제된 음운학과 조음에 대한 통찰을

---

4 역주 : 수직선을 중심으로 양성모음은 점이 오른쪽, 음성모음은 왼쪽인데 원문은 정반대로 되어 있다. 실수인 듯하다.

5 역주 : 각각 "아주 맑은 전청음(ㄷ), 부분적으로 맑은 차청음(ㅌ), 아주 흐린 전탁음(ㄸ), 아주 맑지도 흐리지도 않은 불청불탁음(ㄴ)"을 가리킨다.

6 역주 : 초성자(자음)를 조음 위치에 따라 '아음, 설음, 순음, 치음, 후음'으로 나누고 조음 특성에 따라 '전청, 차청, 불청불탁, 전탁'으로 나눈 체계를 말한다.

드러낸다는 것이다. 세종은 아주 뚜렷한 자음을 기본 상태로 설계하였다. 게다가 전략적으로 '완전하게 맑은 자음 'ㄱ'에 수평적인 획을 더해 아주 유사한, '부분적으로 맑은' 기식음의 자음으로 'ㅋ'을 만들었다. 'ㄱ'을 이중의 형태로 하여 '완전히 이완된' 연구개음으로 자음 'ㄲ'을 만들었다. 이런 식으로 한글의 형태는 자음의 조음점을 유지하면서 발음되는 힘에 따라 음운학 관계를 나타낸다.

그러나 아마도 가장 주목할 사실은 한글이 1940년까지 인지되지 않았다는 점이다. 이 해에 오랫동안 보지 못했던 세종시대의 집현전 저작물인 훈민정음 해례본('Explanations and examples of the correct sounds for the instruction of the people')이 재발견되었다. 이 책은 한글의 자음 모양이 계획적으로 상형되었다고 나타내고 있다. '어금니'(연구개음)를 형상화하는 'ㄱ'은 혀뿌리가 연구개 쪽을 접촉하는 모양을 최소 도형으로 나타내고 있으며 '앞니'(이)를 형상화하는 'ㅅ'은 들어올린 혀끝을 그렸다.[7] '입술소리'를 형상화하는 'ㅍ'은 입술주변을 묘사하고 있다.[8]

Sampson(1985)은 한글을 '자질' 표기법으로 규정하였고, 그것은 말소리를 '조음, 기식음과 억양' 등과 같은 자질 단계에서 분석하여 그것을 음소로 만들고 음소를 합성하면 음절이 되게 하였다. 게다가 자음의 형태는 발음나는 곳을 바탕으로 도형 차원에서 상형화한 것이고, 특히 형태와 발음 의미를 통합적으로 보여준다.

세종시대에 한글은 한글이 그들의 문화 패권에 위협을 가한다고 느끼는 비협조적인 반대 학자들과 충돌하였다(Lee 1997). 결국 독창적인 한글이

---

7 역주 : 'ㄴ'과 혼동한 듯하다. 원문 : 'incisor' (dental) s illustrates a raised tongue tip

8 역주 : 입술소리의 기본 상형자로 입모양을 본뜬 'ㅁ'과 가획자인 'ㅂ, ㅍ'에 대한 확장 관계에 대한 정확한 이해 없이 기술한 듯하다.

이겼지만 심지어 현대 문인들조차 몇몇 맥락 안에서 한자와 한글을 섞어 쓰고 있다. 대한민국은 세종의 발명을 매년 10월 9일 한글날로 기념한다.

영국의 언어학자인 로이 해리스(Roy Harris; b.1931)는 표기법의 언어학에 대해 폭넓게 글을 써 왔다. 표기는 입말을 반영한다는 개념이 아리스토텔 레스 또는 더 일찍부터 서양언어 연구를 통해 이루어져 왔다. Harris(1986: 29-56)는 페르디낭 드 소쉬르, 레오나르드 블룸필드, 루드비히 비트겐슈타 인과 많은 사람들은 쓰기는 분명히 (추상화된) 말하는 것을 기록했다는 것을 당연시 했다는 것을 보여주었다. Harris의 이러한 추정은 언어에 대한 통 찰로서 철자법을 평가 절하한 것이다. 그것은 또한 '알파벳의 독재'를 초래 한 것으로 어떤 측면에서는 비알파벳 체계를 알파벳 체계에 비해 상대적으 로 덜 발달된 체계로 평가절하한 것으로 볼 수 있다.

그렇지만 한국의 한글은 입말(speech)을 그대로 기록하지 않는다. 오히려 한글은 입말의 소리 구성 특성을 기록한다. 게다가 한글은 알파벳과 비알 파벳 이분법을 넘어 소리의 구성요소들보다는 소리나는 모양을 그대로 반영하는 문자로 비알파벳의 상징이 되었다. 이런 까닭에 한글은 철자법 연구에서 더 주목할 만한 가치가 있다. Harris (2000:137)는 알파벳에 대한 경솔한 우선순위를 마치 각각의 작은 방울이 분리된 것처럼 보이는 물을 그리는 것이 최고의 물방울을 그리는 방법과 같다는 믿음과 같게 여긴 셈이다. 한글은 어딘가에 있었던 우연한 입자의 형태가 아니고 언어의 물 방울 원리를 분석한 것과 같은 문자이다. 그렇게 하면서 한글은 서양의 언어전통에서 동떨어진 상태에서 쓰기와 말하기에 관한 유럽 중심 가설에 도전한 셈이다.

세종에 대한 주요 저작물

세종의 언어학 저작에 대한 영어로 된 고전은 레드야드가 1966년 캘리포니아 대학에서 받은 박사 학위 논문으로, 이 논문은 1998년에 한국의 신구문화사 출판사에서 "The Korean Language Reform of 1446"라는 제목으로 나왔다. 이 책 4장 부록으로《훈민정음》해례본(한문본)이 영문으로 번역되어 있다.[9]

더 읽을거리

Harris, R.(1986), *The Origin of Writing*, La Salle, IL : Open Court.

Harris, R.(2000), *Rethinking Writing*, Bloomington, IN : Indiana University Press.

Hejtmanek, M.(1992), 'Chiphyonjon', *in Y-K.* Kim-Renaud (ed.), *King Sejong the Great : The Light of Fifteenth Century Korea*,

---

9 역주 : 레드야드 박사논문의 정확한 서지정보는 다음과 같다.

G. K. Ledyard(1966), *"The Korean Language Reform of 1446 : The Origin, Background, and Early History of the Korean Alphabet."* Ph.D. Dissertation. University of California.

이 논문을 수정 증보하여 한국에서 출판한 책은 다음과 같다.

Gari Keith Ledyard(1998), *The Korean language reform of 1446*, 『국립국어연구원 총서 (2)』, 신구문화사.

이 책에 있는《훈민정음》해례본 영문 번역문의 서지정보는 다음과 같다.

Gari Keith Ledyard(1966), *Translation of Hunminjeongeum-The correct sounds for the Instruction of the People and Hunminjeongeum haerye Explanation and Examples of The Correct Sounds for the Instruction of the People*, "The Korean language reform of 1446 : the origan. background. and early history of the Korean alphabet." Thesis (Ph.D.) Univ. of California. pp.221-260.

＊ '훈민정음' 자체 표기는 현대 로마자표기법으로 바꾼 것이다. 훈민정음 관련 각종 서지 계보와 문헌 목록은 필자가 펴낸 "김슬옹 엮음(2015), 『훈민정음(언문·한글) 논저·자료 문헌 목록』, 역락." 참조

Washington, DC : International Circle of Korean Linguistics.

Kim-Renaud, Y.-K. (ed.)(1997a), *The Korean Alphabet : Its History and Structure*, Honolulu : University of Hawai'i Press.

Kim-Renaud, Y.-K.(1997b), 'The phonological analysis reflected in the Korean writing system', in Y.-K. Kim-Renaud (ed.), *The Korean Alphabet : Its History and Structure*, Honolulu : University of Hawai'i Press.

Kim-Renaud, Y.-K.(ed.)(1992), *King Sejong the Great : The Light of Fifteenth Century Korea, Washington*, DC : International Circle of Korean Linguistics.[10]

King,R.(1996), 'Korean Writing', in P.T. Daniels and W. Bright (eds), *The World's Writing Systems*, Oxford : Oxford University Press.

King Seijong Memorial Society(1970), *King Seijong the Great : A Biography of Korea's Most Famous King*, Seoul : King Seijong Memorial Society.

Lee, K.-M.(1997), 'The Inventor of the Korean alphabet', in Y.-K. Kim-Renaud (ed.), *The Korean Alphabet : Its History and Structure*, Honolulu: University of Hawai'i Press.

Ramsey, S. R.(1992), 'The Korean alphabet', in Y.-K. Kim- Renaud (ed.), *King Sejong the Great : The Light of Fifteenth Century Korea*, Washington, DC : International Circle of Korean Linguistics.

Sampson, G.(1985), *Writing Systems : A Linguistic Introduction*,

---

10 이 책은 한국어 번역판 "김영기·한은주 편(1998), 『세종대왕(국립국어연구원총서 1)』, 신구문화사."가 나와 있다. 후반부에 영어판도 재수록했다.

Stanford, CA : Stanford University Press.

Yeon, J.(2008), *'Queries on the origin and the inventor of Humin chongum'*, SOAS-AKS Working Papers in Korean Studies, 1.

[영문 전문]

FIFTY KEY THINKERS ON LANGUAGE
AND LINGUISTICS KING SEJONG THE GREAT(1397–1450)[11]

King Sejong (also 'Seycong', 'Seijong') was the much celebrated fourth monarch of the Joseon, or Yi, dynasty of Korea, traditionally dated from 1392 to (in some accounts) Japan's annexation of Korea in 1910. Sejong's reign (1418–50) is depicted as a progressive era during which a self-confident, neo-Confucian civil and military bureaucracy ruled an agricultural society. Sejong was an intellectually gifted, hands-on king. He promoted cultural, scientific and technological advances. His consummate achievement was the invention of the Korean alphabet now known as Hangeul (also 'hankul', 'han'gul'). Hangeul is a marvel among the world's writing systems, an orthography of 'rarified elegance and mathematical consistency' (Ramsey 1992:50). Controversial during Sejong's day, hangeul has displaced other writing practices

---

11 출전 : Margaret Thomas(2011), *King Sejong the Great(1397–1450)*. Fifty Key Thinkers on Language and Linguistics, London and New YorK : Routledge, pp.49–55.

as the officially sanctioned orthography of both North and South Korea, granted certain usage differences between north and south, and granted certain, modifications to accommodate 550 years of language change. In addition to its felicitous linguistic design, and its specific value to Korean speech communities, hangeul contributes to the general study of language by disrupting eurocentric assumptions about the nature of writing systems.

One unusual facet of hangeul is that it emerged fully developed, without local precedent, from an identifiable source. Tradition attributes full responsibility to Sejong : he created hangeul in the twenty-fifth year of his reign, spent three years refining it, then promulgated it publicly on 9 October 1446 (King Sejong Memorial Society 1970:61). In modern times, the unique authorship of hangeul by Sejong is disputed (Lee 1997; Yeon 2008). Whether Sejong (alone or not) relied on an external model, and if so, whether that model was Mongolian 'Phags-pa or one of the Indic scripts brought to Korea with Buddhism, is also debated (Ledyard 1966/1998).

Less controversial is that Sejong exceeded his duty as a monarch and model of neo-Confucian virtue in applying his talents to the country's practical problems. Ascending the throne at age twenty-one, he reduced the threat of Japanese piracy and strengthened Korea's borders against Manchuria. He reorganized the Jiphyeonjeon ('Hall of Worthies'), a kind of fifteenth-century royal think-tank that assembled the country's brightest and most enterprising young scholars. In addition to serving as advisors, the Jiphyeonjeon compiled texts on topics such as geography ('Geographical Descriptions of the Eight Provinces'), pharmaceuticals ('The Great Collection of Native Korean Prescriptions'),and agriculture ('Straight Talk on Farming') (Hejtmanek 1992:24). Sejong and his advisors also patronized the arts, reformed court music, rationalized tax and penal codes, publicized examples of moral behaviour, and introduced technological innovations, including rain gauges, water clocks, sundials and improved printing techniques.

Sejong's innovations in printing and his invention of hangeul demonstrate his concern with spreading literacy. Fifteenth- century Korean scholars already had at their disposal two scripts derived from Chinese orthographic tradition. Chinese characters, however, are an unpromising foundation for writing Korean because of the vast typological differences between Chinese (an isolating, SVO, Sino-Tibetan tone language with highly constrained syllable structures) and Middle Korean (an agglutinative, morphophonemically elaborate, SOV language, probably Altaic, with complex syllables and vowel harmony). Nevertheless, China's long- sustained cultural dominance as East Asia's 'Middle Kingdom' invested Chinese orthography with irresistible prestige. In Sejong's day, the Jiphyeonjeon and dynastic historians employed a writing system called idu ('clerk readings'), based on Chines (Ledyard 1966/1998: 31-83). Texts written in idu represented Korean lexical stems (nouns and verbal nuclei) with translation equivalents in Chinese characters. The inflectional elements and grammatical particles of Korean were represented by matching each one to a Chinese character perceived as having similar sound properties, regardless of the character's meaning. To render texts written in Chinese interpretable in Korean, another technique developed. Scholars abbreviated Chinese characters to create elements called gugyeol, reducing their graphic complexity and disassociating them from their meanings. Gugyeol were interpolated into the sequence of characters in a Chinese text to represent the inflectional or functional elements essential to Korean, making it possible to read Chinese in Korean.

Idu and gugyeol made writing and reading highly complex, specialized skills. Korean scribes shared their experience with the Japanese, who faced parallel problems in adapting Chinese orthography to their own highly inflected, agglutinative language. Japanese scribes developed analogies to Korean idu and gugyeol, then went on to create a syllabary, a set of 48 symbols that represent minimal Japanese syllables. Cultural, historical and linguistic factors led the Japanese to continue complexifying their orthographic practices beyond what they learned from Koreans, while remaining tethered to the prestigious but uncongenial Chinese model. The result is a multi-layered system of stunning intricacy, the mastery of which poses formidable cognitive challenges.

In fifteenth-century Korea, however, King Sejong took a different path. Recognizing that mastering idu and gugyeol required a commitment that exceeded what could be expected of the general population, Sejong created hunminjeongeum ('the correct sounds for the instruction of the people': also hunmin chong'um) — later renamed hangeul (Korean [or

"great"] script') by linguist Chu Sigyon (1876–1914) (Kim–Renaud 1997a:1).
Sejong introduced his invention of hangeul thus:

The sounds of our country's language are different from those of
the Middle Kingdom and are not smoothly adaptable to those of
Chinese characters. Therefore, among the simple people, there are
many who have something they wish to put into words but are never
able to express their feelings. I am distressed by this, and have newly
designed twenty–eight letters. I desire only that everyone practice
them at their leisure and make them convenient for daily use.

(trans. Ledyard 1966/1998:277)

Sejong's original design for the twenty–eight letters used sparse,
stiff lines juxtaposed symmetrically, favouring right angles. Later,
their shapes were adapted to the dynamics of brush–writing. Hangeul
forms a true alphabet, not a Japanese–style syllabary, because
individual symbols represent separate vowels or consonants. However,
individual letters are assembled into blocks that constitute syllables.
For example, the syllable 'nim' is comprised of in dependent symbols
for n, i and m, integrated around the vowel nucleus into a visually
coherent rectangular unit, parsed from left to right and top to bottom
(with successive syllable blocks arrayed in columns, right to left and top to
bottom). By synthesizing individual phonemes into syllable blocks,
then assembling syllables into words, hangeul resolves the stream
of speech into units multiple levels. With this, hangeul represents
psycholinguistic reality more richly than Chinese of Japanese
orthographic traditions. Moreover, Middle Korean was a pitch–accent

language; hangeul records the High, Low of Rising tone of each syllable by the placement of a dot within the margins of the syllable block. This captures another facet of the sound properties of language uninstantiated in Chinese or Japanese (King 1996).

Sejong distinguished vowels from consonants. He defined the inventory of vowels using three cosmologically salient symbols: a dot standing for heaven, associated with the Chinese concept of yang 'bright/heavy': a horizontal line for earth, associated with yin 'dark/lightweight'; a vertical line for man, who stands between heaven and earth. Hangeul vowels strategically juxtapose these three elements with reference to the categories of vowel harmony. In Middle Korean, the vowels in an inflection or particle attached to a root must harmonize with the character of the root vowel. Sejong therefore divided the vowels into two subclasses. Yang vowels $-$ o, a, A $-$ pattern together harmonically. The fact that they form a set is signaled by the appearance of a heavenly dot either above an earthly horizontal line, or left of a vertical line standing for man, somewhere inside their specific graphic shape. Yin vowels $-$ u, ∂, i $-$ likewise form a harmonic set, which is signalled by the appearance of a heavenly dot either below an earthly horizontal line, or left of a vertical line standing for man, somewhere inside their specific graphic shape. Yin vowels $-$ u, e, i $-$ likewise form a harmonic set, which is signalled by the appearance of a vertical standing for man. In this way, a vowel's shape encodes information about its harmonic subclass membership. Hangeul diphthongs and vowel-plus-glide constructions likewise respect phonological patterning. They also graphically register fine phonetic perceptions according to Korean cosmological semiotics (Kim-Renaud 1997b: 170-75).

Sejong's treatment of the consonants shows familiarity with Chinese phonological theory alongside original analysis of the sound properties of Korean. He cross-classified hangeul consonants according to place of articulation and 'strength' (Ledyard 1966/ 1988: 209-32). Roughly, there are five places of articulation: molar (dorsal or velar); lingual (apical); labial; incisor (dental); and laryngeal. 'Strength' has four values: 'wholly clear' (tense, unaspirated stops); 'partly clear' (tense, aspirated stops); 'wholly eluvial' (lax, preglottalized stops); and 'neither clear nor eluvial' (nasals; h, l, z). Voicing is not distinguished. Not every cell in the implied 5 X 4 matrix is filled in, and certain data require additional subclassification. Incomplete historical knowledge hampers our full reconstruction of Middle Korean phonetics. But Sejong's phonological analysis is remarkably cogent. What is more remarkable is that hangeul reveals refined phonetic and articulatory insight. Sejong invested wholly clear consonants with default starus. Adding a strategically placed single horizontal stroke to a 'wholly clear' consonant such as k yields a parallel 'partly clear', aspirated consonant, kh. Doubling the shape of k yields the 'wholly eluvial', preglottalized consonant k'. In this way, the shapes of hangeul reveal their phonetic relationships across different values for strength, while holding place of articulation constant.

But perhaps the most remarkable fact about hangeul was not

recognized until 1940. In that year, a long-lost essay by Sejong's Jiphyeonjeon, entitled Hunminjeongeum Haerye (Explanations and examples of the correct sounds for the instruction of the people), was rediscovered. This text indicates that hangeul consonant shapes are deliberately iconic: the symbol for 'molar' (velar) k is a miniature diagram of the base of the tongue in contact with the velum: 'incisor' (dental) s illustrates a raised tongue tip: labial p depicts rounded lips, etc.

Sampson(1985) labels hangeul a 'featural' orthography, which analyses the elements of speech at the level of features such as place of articulation, aspiration and tone, then synthesizes features into phonemes, and phonemes into syllables. Moreover, a consonant's shape graphically illustrates its articulatory basis, uniquely synthesizing form and meaning.

In Sejong's century, hangeul met intransigent opposition from scribes who felt it threatened their cultural hegemony (Lee 1997). Eventually, the ingenuity of the system won the day, although even modern writers mix hangeul with Chinese characters in some contexts. The Republic of Korea commemorates Sejong's invention annually on 9 October, Hangeul Day.

British linguist Roy Harris (b. 1931) has written extensively about the linguistics of writing systems across time. From Aristotle or earlier, the notion that writing represents speech runs through western language study; Harris (1986; 29-56) shows that Ferdinand de Saussure, Leonard Bloomfield, Ludwig Wittgenstein and many others take for granted that writing visibly records (idealized) speech. To Harris, this assumption devalues orthography as a source of insight into language. It also leads to the 'tyranny of the alphabet', one aspect of which is the depreciation of non-alphabetic writing systems as underdeveloped relative to alphabetic systems.

Korean hangeul, however, does not record speech. Rather, it records the constituent features of speech. Moreover, its iconic basis disrupts an alphabetic/non-alphabetic dichotomy insofar as the individual symbols non-arbitrarily represent articulatory gestures rather than (components of) sounds. For these reasons, hangeul deserves more attention in the study of orthography. Harris (2000: 137) equates unthinking prioritization of the alphabet to belief that 'the best kind of drawing of a jet of water must be one in which each droplet is separately shown'. Hangeul analyses jets of language into sub-droplet particles, wherein the shapes of particles are not accidental. In doing so it challenges eurocentric assumptions about writing and speech from outside western linguistic tradition.

Sejong's major works

The classic source in English for Sejong's linguistic work is G.K. Ledyard's 1966 University of California at Berkeley dissertation, *The Korean Language Reform of 1446* (1998, Singu Munhwasa, Seoul). An Appendix to Chapter 4 translates the *Humminjeongeum* and *Humminjeongeum Haerye*.

Futher reading

Harris, R.(1986), *The Origin of Writing*, La Salle, IL : Open Court.

Harris, R.(2000), *Rethinking Writing*, Bloomington, IN: Indiana University Press.

Hejtmanek, M.(1992), 'Chiphyonjon', in Y-K. Kim-Renaud (ed.), *King Sejong the Great : The Light of Fifteenth Century Korea*, Washington, DC : International Circle of Korean Linguistics.

Kim-Renaud, Y.-K. (ed.)(1997a), *The Korean Alphabet : Its History and Structure*, Honolulu : University of Hawai'i Press.

Kim-Renaud, Y.-K.(1997b), 'The phonological analysis reflected in the Korean writing system', in Y.-K. Kim-Renaud (ed.), *The Korean Alphabet : Its History and Structure*, Honolulu : University of Hawai'i Press.

Kim-Renaud, Y.-K.(ed.)(1992), *King Sejong the Great : The Light of Fifteenth Century Korea, Washington*, DC : International Circle of Korean Linguistics.[12]

King, R.(1996), 'Korean Writing', in P.T. Daniels and W. Bright (eds), *The World's Writing Systems*, Oxford : Oxford University Press.

King Seijong Memorial Society(1970), *King Seijong the Great: A Biography of Korea's Most Famous King*, Seoul : King Seijong Memorial Society.

---

12 이 책은 한국어 번역판 "김영기·한은주 편(1998), 『세종대왕(국립국어연구원총서 1)』, 신구문화사."가 나와 있다. 후반부에 영어판도 재수록했다.

Lee, K.-M.(1997), 'The Inventor of the Korean alphabet', in Y.-K. Kim-Renaud (ed.), *The Korean Alphabet : Its History and Structure*, Honolulu : University of Hawai'i Press.

Ramsey, S. R.(1992) 'The Korean alphabet', in Y.-K. Kim-Renaud (ed.), *King Sejong the Great : The Light of Fifteenth Century Korea*, Washington, DC : International Circle of Korean Linguistics.

Sampson, G.(1985), *Writing Systems : A Linguistic Introduction*, *Stanford*, CA : Stanford University Press.

Yeon, J.(2008), *'Queries on the origin and the inventor of Humin chongum'*, SOAS-AKS Working Papers in Korean Studies, 1.

세종시대 해적이(연표, 음력)

◐ 조선 세종(1397.4.10.~1450.2.17), 재위 1418~1450년. 조선의 4대 임금으로 언어학자이자, 음악가, 천문학자, 문자 발명가. 실제 이름은 이도(李祹), 어릴 때 이름은 막동(莫同), 어른 된 뒤의 이름은 원정(元正). 서거 뒤 공적을 기려 붙인 이름인 시호(諡號)는 '세종장헌영문예무인성명효대왕(世宗莊憲英文睿武仁聖明孝大王)'. 이를 줄여 흔히 '세종'이라 부르지만, 특별한 경우 현대 관점에서 묘호와 실제 이름을 합쳐 '세종 이도'로 부르기도 한다.

※ 주요 참고문헌

《조선왕조실록》(http://sillok.history.go.kr/)

《태종실록》

《세종실록》과 1권 총서

1454년 2월 22일. 명나라 황제에게 보낸 부고 가운데 세종 업적

홍이섭(1971/2004 : 수정판), 『세종대왕』, 세종대왕기념사업회.

세종대왕기념사업회(1981), 『세종대왕어록 1, 2』, 세종대왕기념사업회.

세종대왕기념사업회(1987), 『세종대왕 연보』, 세종대왕기념사업회.

박종국(1984/1993), 『세종대왕과 훈민정음』, 세종대왕기념사업회 199-224쪽.

한국정신문화연구원(2004), 『한국사연표』, 동방미디어(주).

김슬옹(2007), 『28자로 이룬 문자혁명 훈민정음』, 아이세움, 249-254쪽.

신세돈(2011), 『외천본민 : 세종대왕의 바른정치』, 국가미래연구원.

박현모(2014), 『세종이라면 : 오래된 미래의 리더십』, 미다스북스.

김슬옹(2015), 『퀴즈 세종대왕』, 한글파크.

조병인(2016), 『세종식경청』, 문우사.

김슬옹(2017), 「세종대왕, 세종학' 관련 연구·자료 문헌 목록」, 『세종학 연구』 16, 세종대왕기념사업회, 205-246쪽.

◆ 세종시대 해적이 ◆

1397년 4월 10일(양력 5월 15일, 태조 6년) 한양 준수방(지금의 서울 통인동 일대, 세종마을) 잠저에서 정안군(이방원, 훗날 태종)과 민씨 부인(훗날 원경왕후)의 셋째 아들로 태어나다.

1408년 2월(태종 8년, 12세) 충녕군에 책봉되고 심온의 딸과 혼인하다.

1412년 5월 3일(태종 12년, 16세) 충녕군, 충녕대군에 오르다.

1418년 6월 3일(태종 18년, 22세) 세자인 양녕대군(이제)을 폐하고 충녕대군을 왕세자로 책봉하다.

1418년 8월 8일(세종 즉위년 22세) 태종이 상왕으로 물러앉고 22세의 세자(세종)에게 임금 자리를 물려주다(국보 내려줌).(태종실록 36권)

1418년 8월 10일(양력 9월 9일, 세종 즉위년 22세) 세종이 근정전에서 즉위하다.(태종실록 36권)

1418년 8월 11일(세종 즉위년 22세) 근정전에서 즉위 교서를 발표하며 어짊을 베풀어 정치를 하기로 다짐하다.(《세종실록》 첫 기록)

1418년 8월 22일(세종 즉위년 22세) 사은사로 북경에 갔었던 원민생(元閔生)이 '황제가 세자 교체를 준허(準許)하였다'는 요지의 예부 자문(咨文)을 싸가지고 귀국했다.

1418년 10월 7일(세종 즉위년, 22세) 첫 경연을 열고, 경연관들의《대학연의》 강론을 듣고 과거 방식과 인재 선발 문제에 대해 논의하다.

1418년 11월 3일(세종 즉위년 22세) 임금이 되어 처음으로 경외의 관리들이 행해야 할 7가지 조목을 공문으로 하달하다.

1418년 12월 23일(세종 즉위년 22세) 좌의정 박은의 무고로 태종이 세종의 장인인 심온에게 사약을 내리다.

1418년 12월 25일(세종 즉위년 22세) 정도전이 첨삭한《고려사》를 고쳐 짓게 하다.

1419년 2월 25일(세종 1년 23세) 기자(箕子, 고조선 때에 있었다고 하는 전설상의 기자조선의 시조)의 비석을 세우게 하다.

1419년 6월 17일(세종 1년 23세) 상왕의 명으로 삼군 도체찰사 이종무가 227척의 배와, 1만 7285명의 군사를 이끌고 대마도를 정벌하다.(17일은 바람이 심해서 바다로 나갔다가 다시 돌아왔다가 이틀 뒤인 19일에 출정한 것으로 되어 있음)

1419년 9월 20일(세종 1년 23세) 변계량 등에게 《고려사》를 고쳐 쓰게 하다.

1419년 9월 26일(세종 1년 23세) 노상왕(정종)이 인덕궁의 정침에서 63세로 서거하다.

1419년 1월 2일(세종 1년 23세) 대행 상왕(정종) 재궁이 발인하여 능소(陵所)에 이르다.

1420년 3월 16일(세종 2년 24세) 집현전을 확장하여 영전사, 대제학, 제학, 부제학, 직제학, 직전, 응교, 교리, 부교리, 수찬, 부수찬, 박사, 저작, 정자 등의 관원을 두다.

1420년 7월 10일(세종 2년 24세) 태종의 왕비가 중궁(中宮)에 정위(正位)한 지 21년 만에 춘추 56세로 별전에서 훙(薨)하다.

1420년 9월 17일(세종 2년 24세) 천전을 거행하고 왕비의 재궁을 받들어서 현궁에 하관하다.

1420년 10월(세종 2년 24세) 동활자 경자자(경자년에 만든 활자)를 만들기 시작하다.

1421년 1월 30일(세종 3년 25세) 유관과 변계량이 교정한 《고려사》를 세종에게 바치다.

1421년 3월 24일(세종 3년 25세) 주자소에서 경자자를 완성하고, 이천과 남급으로 하여금 인쇄술을 개량하게 하여 하루 수십, 수백 장을 찍을 수 있게 되다.

1421년 6월 9일(세종 3년 25세) 율문의 옥구도(獄具圖)를 참작하여 신장(訊杖)의 교판을 제작하여 서울과 지방에 반포하게 하다.

1421년 7월 2일(세종 3년 25세) 서운관에 있던 《천문비기(天文秘記)》를 궁중으로 옮기다.

1421년 10월 27일(세종 3년 25세) 창덕궁 인정전에서 원자 이향을 왕세자로 책봉하고 책문을 내리다.

1421년 12월 22일(세종 3년 25세) 형조가 사형에 해당하는 죄를 조사할 때는 반드시 제1심 판결을 상세히 검토하도록 규정을 정하다

1421년(세종 3년 25세) 남양부사 윤사웅, 부평부사 최천구, 동래 관노 장영실을 중국으로 유학 보내다.

1422년 1월 21일(세종 4년 26세) 신문고의 절차와 처벌 규정을 보완하다.

1422년 5월 10일(세종 4년 26세) 태상왕(태종)이 연화방 신궁에서 춘추 56세로 훙하다.

1422년 9월 6일(세종 4년 26세) 태상왕(태종)의 재궁을 발인하여 대모산의 헌릉에 장사지내다.

1423년 2월 25일(세종 5년 27세) 임금의 첫딸인 정소공주가 13세로 죽다.

1423년 6월 5일(세종 5년 27세) 수령의 임기를 30개월에서 60개월로 연장하다.

1423년 7월 3일(세종 5년 27세) 부왕 태종이 승하하고 처음으로 신하들에게 왕지를 내려서, 백성을 은혜로 기르고 어루만져 편안하게 해수고(혜양무수), 백성의 원통하고 억울한 마음을 없애주어 모든 백성이 살아가는 즐거움(생생지락)을 느끼게 하라고 이르다.

1423년 12월 29일(세종 5년 27세) 춘추관의 유관, 윤회에게 《고려사》를

고쳐서 다시 짓게 하다.

1424년 2월 8일(세종 6년 28세) 창덕궁 서장문 안에 사청(射廳)을 지어서 상대호군 삼군진무를 입직시켜 활쏘기를 익히게 하다.

1424년 11월 18일(세종 6년 28세) 악기도감을 설치하고, 생(笙)·화(和)·우(竽) 등의 악기를 만들다.

1424년 11월 24일(세종 6년 28세) 지조소(종이를 만드는 곳)에서 호절지(蒿節紙)·송엽지(松葉紙) 등을 만들다.

1425년 2월 2일(세종 7년 29세) 처음으로 동전을 만들어 사용하다.(동전 주조에 대해 의논하고 이름을 조선통보로 정하다.)

1425년 2월 24일(세종 7년 29세) 박연의 건의에 따라 악학 관련 문신을 두어 악서를 짓게 하다.

1425년 6월 23일(세종 7년 29세) 예문관 대제학 변계량의 진언에 따라 동반은 4품 이상, 서반은 2품 이상으로 하여금 매일 들어와서 윤대(輪對) 하게 하다.

1425년 7월 7일(세종 7년 29세) 왕지(王旨)를 '교지'라 고쳐 부르다.

1425년 8월 26일(세종 7년 29세) 남양에서 나는 돌로 '석경'이라는 악기를 만들게 하다.

1425년 9월 4일(세종 7년 29세) 가마 모양의 운반용 수레 강주(杠輈) 2백 대를 제작하여 널리 나눠 주다.

1425년 9월 25일(세종 7년 29세) 평양에 단군 사당을 세우게 하다.

1425년 11월 2일(세종 7년 29세) 경상감사 하연이 《입학도설(入學圖說)》, 《사서(四書)》 등을 지어 올려, 이를 사부 학당에 나누어 주다.

1425년 11월 8일(세종 7년 29세) 주자(쇠붙이를 녹여 부어 만든 활자)로 인쇄 한 사마천의 《사기》를 문신들에게 나누어 주다.

1426년 2월 15일(세종 8년 30세) 한성부에 큰 불이 나 경시서와 북쪽의 행랑, 중부·남부·동부의 인가들이 불타다.

1426년 2월 26일(세종 8년 30세) 금화도감을 설치하다.

1426년 4월 17일(세종 8년 30세) 관노비의 첩이 아이를 낳으면 휴가를 기존의 7일에 백일간을 더 주게 하다.

1426년 9월 22일(세종 8년 30세) 여진어에 능한 자를 사역원에 속하게 하여 야인관 통사로 삼다.

1426년 12월 3일(세종 8년 30세) 수찬색이 《속육전》과 《등록》을 편찬하여 바치다.

1426년 12월 11일(세종 8년 30세) 나이가 젊고 장래가 있는 이를 뽑아 사가 독서(집이나 절에서 국비로 연구하는 제도)를 하게 하다.

1426년 12월 15일(세종 8년 30세) 《신속육전》·《원육전》과 《등록》을 주자소로 하여금 인쇄케 하다.

1427년 5월 15일(세종 9년 31세) 박연이 남양에서 나는 돌로 1틀(12개)의 편경을 만들다. 박연이 석경을 만들어 바치다.

1427년 9월 11일(세종 9년 31세) 《향약구급방(고려시대 1236년, 고종 23년경에 최초 간행 추정)》을 인쇄하여 널리 알리게 하다.

1428년 윤 4월 1일(세종 10년 32세) 경상도에서 인쇄하여 바친 중국의 《성리대전》 50부를 문신들에게 나누어 주다.

1428년 9월 25일(세종 10년 32세) 신백정(천민 계급에 대하여 관아에서 내린 칭호)을 평민과 함께 군사 인원으로 뽑다.

1429년 2월 5일(세종 11년 33세) 금령의 조문을 요약하여 광화문 밖 등지에 내걸게 하다.

1429년 3월 23일(세종 11년 33세) 밤중에 서울의 훈도방 거리에서 왜관의 통역사 이춘발이 홍성부라는 인물이 동원한 폭력배들에 의해 피살되다.

1429년 4월 22일(세종 11년 33세) 강원도에서 《사서대전》 50건을 인쇄하여 바치다.

1429년 7월 18일(세종 11년 33세) 세자의 배필인 휘빈 김씨를 사제로 내쫓다.

1429년 9월 15일(세종 11년 33세) 서울 용산 강상(江上)에 위치한 군자감의 기울어진 건물을 똑바로 세우려다가 승도 다섯 명이 압사하고 30여 명이 부상하다.

1429년 5월(세종 11년 33세) 정초 등에게 명하여 《농사직설》을 짓게 하다.

1430년 1월 26일(세종 12년 34세) 봉상시 윤 이안경을 강원도에 보내어 요도를 방문하게 하다.

1430년 2월 14일(세종 12년 34세) 정초 등이 지은 《농사직설》을 각 도에 배포하다.

1430년 2월 20일(세종 12년 34세) 포천으로 강무를 갔다가 갑작스런 기상 변화로 호종하던 군인 26명과 말 69필과 소 1두가 추위와 굶주림으로 죽다.

1430년 3월 5일(세종 12년 34세) 새로운 공법(토지세법)에 대한 여론 조사를 지시하다.

1430년 4월 3일(세종 12년 34세) 상호군 홍사석과 전농 윤 신인손을 각각 강원도와 함길도로 보내어 요도를 찾아보게 하다.

1430년 8월 10일(세종 12년 34세) 호조에서 새로운 공법(토지 세금법)에 대한 여론 조사 결과를 보고함(17만 여명의 백성들이 투표에 참여하여, 9만 8,657명이 찬성, 7만 4,148명이 반대).

1430년 9월 27일(세종 12년 34세) 통신사로 일본을 다녀온 박서생의 제안에 따라, 물을 타고 저절로 회전하면서 물을 퍼 올리는 일본식 수차(水車)를 적극 보급하게 하였다.

1430년 10월 25일(세종 12년 34세) 상정소(詳定所)에서 관청에서 복무하는 여종이 아이를 낳을 달과 낳은 후 백 일 동안 휴가를 건의하여 시행하게 하다.

1430년 윤12월 1일(세종 12년 34세) 정인지 등이 《아악보》를 완성하다.

1430년 윤12월 9일(세종 12년 34세) 예문제학 윤회로 하여금 전국 감사에게 내리는 일반교서를 짓게 하다.

1431년 3월 2일(세종 13년 35세) 명나라에 유학생(김한, 김자안)을 보내 산법(산수)을 배우게 하다.

1431년 3월 17일(세종 13년 35세) 춘추관(春秋館)에서 《태종실록(太宗實錄)》 36권을 편찬하여 올리다.

1431년 4월 25일(세종 13년 35세) 예문관 검열 김문기를 보내서 《태조· 공정· 태종실록》을 충주사고에 봉안하다.

1431년 5월 11일(세종 13년 35세) 주자소에서 《직지방(直指方)》,《상한류서(傷寒類書)》,《의방집성(醫方集成)》,《보주동인경(補註銅人經)》 등을 인쇄하게 하다.

1431년 6월 2일(세종 13년 34세) 법을 집행하는 관리들에게 전례를 들어 공평하고 신중한 옥사 판결을 명하는 《휼형교지》를 친히 지어 반포하다.

1431년 6월 23일(세종 13년 35세) 조서강과 권극화에게 《대명률》을 상정소에서 이두로 번역해 풀이하게 하다.

1431년 11월 4일(세종 13년 35세) 충신도를 모아서 기록하게 하다.

1431년 12월(세종 13년 35세) 노중례 등이 《향약채취월령(鄉樂採取月令)》을 편찬하다.

1432년 1월 19일(세종 14년 36세) 맹사성 등이 《신찬팔도지리지(新撰八道地理志)》를 편찬하다. 화포(火砲)를 비치하여 유사시에 대비하다.

1432년 6월 9일(세종 14년 36세) 집현전 부제학 설순이 효자, 열녀, 충신 100인의 행적을 그리고 사실을 기록한 뒤 시를 붙인 《삼강행실》을 편찬하다.

1432년 가을(세종 14년 36세) 천문관측소 간의대(簡儀臺)를 만들다.

1432년 10월 12일(세종 14년 36세) 평민들과 섞여 살면서 군역을 치루고 있는 신백정 자제에게 향학(鄕學)에 입학하는 것을 허가하다.

1433년 1월 1일(세종 15년 37세) 회례연에서 편경 연주를 듣고 아홉 번째 줄 소리가 약간 높음을 박연에게 지적하다.

1433년 1월 4일(세종 15년 37세) 상정소 도제조《경제속육전》을 완성하여 올리니, 임금이 주자소에 명하여 인쇄하게 하였다.

1433년 4월 26일(세종 15년 37세) 최윤덕 등이 15,000명의 원정군을 이끌고 압록강변의 여진족 이만주(李滿住)를 토벌하다.

1433년 5월 3일(세종 15년 37세) 원묘인 문소전이 완공되어 태조와 태종의 신위판을 이안(移安)하다.

1433년 6월 9일(세종 15년 37세) 정초, 박연, 김진 등이 혼천의를 만들다.

1433년 6월 11일(세종 15년 37세) 집현전의 유효통, 노중례, 박윤덕 등이 우리나라 질병과 풍토에 적합한 한의학 책《향약집성방》85권을 집필하다.

1433년 9월 16일(세종 15년 37세) 장영실이 자격궁루(自擊宮漏)를 만들다.

1433년 10월 24일(세종 15년 37세) 부민고소금지법을 개정하여, 부민이 자기의 원억을 호소하는 소장은 수리하여 바른 대로 판결해 주되, 관리의 오판에 대한 책임은 묵인하게 하다.

1434년 3월 5일(세종 16년 38세) 노중례에게 명하여《태산요록(胎産要錄)》을 편찬하게 하고, 주자소로 하여금 인쇄하여 반포하게 하다.

1434년 4월 26일(세종 16년 38세) 아기 낳는 여종의 남편에게 30일 휴가를 주게 하다.

1434년 4월 27일(세종 16년 38세)《삼강행실》을 인쇄하다.

1434년 6월(세종 16년 38세) 밀양에서《고금운회거요(古今韻會擧要)》를 간행하다.

1434년 6월 24일(세종 16년 38세) 장영실 등이 자격루를 만들다.

1434년 7월 1일(세종 16년 38세) 장영실 등이 만든 새 누기(漏器, 물시계)를 사용하다.

1434년 7월 2일(세종 16년 38세) 이천이 총감독(김돈, 김빈, 장영실, 이세형, 정척, 이순지 등 참여)하여 인쇄판과 글자에 관한 법을 개량하고, 새 활자인 갑인자(甲寅字)를 만들다. 진양대군 이유(훗날 세조)가 글씨를 써 20여만 자를 만들어 하루에 40장까지 인쇄하여 예전보다 인쇄가 갑절 쉬워지다.

1434년 7월 16일(세종 16년 38세) 갑인자로《자치통감》을 간행하다.

1434년 10월 2일(세종 16년 38세) 한자 모르는 백성들을 위해 열두띠 동물신 그림으로 시각 표시를 한 앙부일구(오목 해시계)를 혜정교와 종묘 앞에 설치해 시간을 알게 하다.

1435년 3월 7일(세종 17년 39세) 사헌부에 전지하여 효령 대군이 회암사에서 불사를 베푸는 것을 금하지 말게 하다.

1435년 4월 17일(세종 17년 39세) 회암사에 쌀 50석을 내려주다.

1435년 5월 12일(세종 17년 39세) 흥천사의 사리각을 헐고 수리할 것을 승지들에게 이르다.

1435년 9월 12일(세종 17년 39세) 주자소를 경복궁 안으로 옮기다.

1435년 10월 19일(세종 17년 39세) 목판을 구주자소(舊鑄字所)에 두고 교서관(校書館)에서 관리하게 하다.

1435년 11월 20일(세종 17년 39세)《속전》을 수찬할 때 제외시킨 조건들을 주자소에 인쇄하게 시켜서 맨 뒤에다 붙이게 하다.

1436년 4월 4일(세종 18년 40세)《자치통감훈의(資治通鑑訓義)》를 편찬하여 인쇄, 배포하다.

1436년 4월 12일(세종 18년 40세) 의정부와 육조의 관계를 육조직계제에서 의정부서사제로 바꾸다.

1436년 10월 26일(세종 18년 40세) 두 번째 세자빈 봉씨를 폐출시키다.

1436년 12월 28일(세종 18년 40세) 의정부에 교지를 내려서 양원 권씨를 세 번째 세자빈으로 책봉하다.

1436년 12월(세종 18년 40세) 백과전서인《운부군옥(韻府群玉)》을 간행하다.

1436년 12월(세종 18년 40세)《자치통감강목훈의》를 인쇄하기 위해 수양 대군 유에게 글을 쓰게 하고 납 활자 병진자(丙辰字)를 만들다.

1437년 4월 15일(세종 19년 41세) 정초, 장영실, 김빈 등이 시계의 일종인 일성정시의(日星定時儀)·현주일구(懸珠日晷)·행루(行漏)·천평일구(天平日晷) 등을 새로 만들다.

1437년 7월 23일(세종 19년 41세) 각 도 감사에게 명하여《농사직설》등 을 활용해 농사짓는 법을 백성에게 권장하게 하다.

1437년 9월 22일(세종 19년 41세) 평안도절제사 이천에게 병사 8,000명을 주어서 압록강 너머 여진족을 재차 정벌하게 하다.

1438년 1월 7일(세종 20년 42세) 대호군 장영실이 흠경각(천문 시계인 '옥 루'를 설치한 곳)을 완성하고 천체를 관측하다.

1438년 1월 10일(세종 20년 42세) 태종에 의해 폐세자되어 경기 이천으 로 쫓겨나 살던 양녕대군을 서울에 들어와 살도록 허락하다.

1438년 3월 2일(세종 20년 42세) 임금이《태종실록》을 보려고 하였다가 신하들이 반대하여 그만두다

1439년 1월 13일(세종 21년 43세) 강화의 왜닥씨를 충청도 태안, 전라도 진도, 경상도 남해·하동에 나누어 심게 하여 종이 원료의 생산을 확대하다.

1439년 2월 2일(세종 21년 43세) 서울과 지방의 옥에 대한 설비기준을 마련하다.

1439년 2월 6일(세종 21년 43세) 한성부에서《검시장식》을 간행하고 각 도에서 인쇄하여 반포하게 하다.

1439년 7월 3일(세종 21년 43세) 경상도 성주와 전라도 전주에 사고(史庫, 국가의 중요한 책을 보관하는 곳)를 짓게 하다.

1440년(세종 22년 44세) 최치운, 이세형, 변효문김황 등이 검시지침서인 《무원록》에 주해(註解)를 더하고 음훈을 붙여 신주무원록(新註無冤錄)을 완성하여 올리니, 목판으로 인쇄하여 전국에 반포하였다.

1441년 3월 17일(세종 23년 45세) 거리 측정 장치가 붙은 기리고차(記里鼓車)를 만들어 사용하다.

1441년 6월 28일(세종 23년 45세) 정인지에게 《치평요람(治平要覽)》을 편찬하게 하다.

1441년 7월 23일(세종 23년 45세) 왕세자빈 권씨가 원손(훗날의 단종)을 낳다.

1441년 7월 24일(세종 23년 45세) 왕세자빈 권씨가 졸하여 조례(弔禮)를 행하다.

1441년 8월(세종 23년 45세) 양수표(강이나 저수지 따위의 수위를 재기 위해 설치하는 눈금이 있는 표지)를 세우다.

1441년 8월 18일(세종 23년 45세) 세자(이향, 훗날 문종)의 아이디어로 장영실 등으로 하여금 측우기를 만들게 하다.

1441년 9월 29일(세종 23년 45세) 이선, 박팽년, 이개 등이 명을 받아 《명황계감(明皇誠鑑)》을 짓다.

1441년 10월 18일(세종 23년 45세) 《직해소학(直解小學)》 200본을 인쇄하여 향교와 문신에게 나누어 주다.

1442년 5월 8일(세종 24년 46세) 비의 양을 측정하는 제도를 마련하다.

1442년 8월 12일(세종 24년 46세) 신개, 권제 등이 《고려사》를 지어 올리다.

1442년 9월 3일(세종 24년 46세) 의정부에서 첨사원의 제도를 개정하여 아뢰다.

1442년 9월 12일(세종 24년 46세) 죄인의 사망보고서를 형조에서 자세히 핵실하도록 하다.

1442년 9월 30일(세종 24년 46세) 집현전에 명하여 행정 제도에 관한 《사륜전집(絲綸全集)》을 편찬하도록 하고, 정인지로 하여금 《사륜전집》을 요약한 《사륜요집(絲綸要集)》을 편찬하게 하다.

1443년 4월 17일(세종 25년 47세) 임금의 병이 심하여 세자가 정사를 섭행하고 승화당에 남면하여 조회 받도록 승지들에게 명하다.

1443년 12월 (세종 25년 47세) 훈민정음(언문) 28자를 창제하다.

1444년 2월 16일(세종 26년 48세) 집현전에 명하여 《고금운회(古今韻會)》를 언문으로 풀어 쓰도록 하다. 집현전 교리 최항, 부교리 박팽년, 부수찬 신숙주, 이선로, 이개, 돈령부 주부 강희안 등에게 명하여 의사청(議事廳)에 나아가 언문으로 《운회(韻會)》를 번역하게 하고, 동궁(훗날 문종)과 진양대군(훗날 수양대군) 유(柔), 안평대군 용(瑢)으로 하여금 그 일을 관장하게 하다.

1444년 2월 20일(세종 26년 48세) 집현전 부제학 최만리가 신석조, 김문, 정창손, 하위지, 송처검, 조근 등과 더불어 훈민정음에 반대하는 7인 연합 언문반대상소문을 올리다.

1444년 윤7월 25일(세종 26년 48세) 옛 성현들의 교훈이 담긴 《권농교서》를 반포하여 백성들이 부지런히 농사에 힘쓰게 할 것을 전국의 관리들에게 하교하다.

1444년 11월 24일(세종 26년 48세) 삼한 국대부인 안씨가 졸하니 염습(斂襲)에 관한 제구(諸具)를 전부 관(官)에서 갖추어 공급하도록 명하고, 부의를 후하게 내려주다

1444년 12월 7일(세종 26년 48세) 5남 광평대군 이여가 창진을 앓다가 20세로 죽다.

1445년 1월 7일(세종 27년 49세) 신숙주, 성삼문, 손수산을 요동에 보내 운서(韻書)를 질문하여 오게 하다.

1445년 1월 16일(세종 27년 49세) 7남 평원대군 이임이 홍역을 앓다가 19세로 죽다.

1445년 3월 30일(세종 27년 49세) 정인지 등이《치평요람》을 만들다. 이순지 등이《제가역상집(諸家曆象集)》, 『칠정산내외편(七政算內外編)』등을 편찬하다.

1445년 4월 5일(세종 27년 49세) 권제, 정인지, 안지 등이《용비어천가》10권(시가 총 125장)을 지어 올리다.

1445년 9월 29일(세종 27년 49세) 세자가 임금을 대신하여 평강현에서 강무하다.

1445년 10월 27일(세종 27년 49세) 3년에 걸쳐 365권으로 편찬된 의학백과사전《의방유취(醫方類聚)》가 완성되다.

1446년 3월 24일(세종 28년, 50세) 세종의 왕비(소헌왕후)가 수양대군 집에서 승하하다.

1446년 9월 상순(세종 28년 50세) 훈민정음 해설서인《훈민정음》(해례본)을 완성하여 펴내다.

1446년 9월 27일(세종 28년 50세) 12율의 기본음인 황종율(黃鐘律)을 낼 수 있는 정확한 황종관(黃鐘管)을 만들고, 그 길이를 기준으로 영조척(營造尺; 목수가 쓰던 자)을 만들다.

1446년 10월 10일(세종 28년 50세) 임금이 대간의 죄를 일일이 들어 훈민정음으로 써서, 환관 김득상에게 명하여 의금부아 승정원에 보이게 하다.

1446년 10월 11일(세종 28년 50세) 이계전과 어효첨에게 명하여《고려사》를 고쳐 짓게 하다.

1446년 7월 17일(세종 28년 50세) 소헌왕후의 재궁을 유주에 태워 헌릉 서쪽 산줄기의 능소에 이르다.

1446년 11월 8일(세종 28년 50세) 언문청을 설치하다.

1446년 12월 26일(세종 28년 50세) 이과(吏科)와 이전(吏典) 등의 하급 관리 시험에《훈민정음》(해례본)을 시험 과목으로 정하다.

1447년 4월 20일(세종 29년 51세) 관리 시험에 먼저《훈민정음》(해례본)을 시험하여, 합격한 자에게만 다른 시험을 보게 하다.

1447년 2월 21일(세종 29년 51세) 부민의 수령 고소를 전면 허용하고 해당 수령을 즉시 파출하게 하다.

1447년 6월 4일(세종 29년 51세)《용비어천가》·《여민락》·《취화평》·《취풍형》 등의 음악을 잔치에 사용하게 하다.

1447년 7월(세종 29년 51세) 세종의 명으로 둘째 아들 수양대군이《석보상절(釋譜詳節)》을 저술함(간행은 1449년).

1447년 7월(세종 29년 51세) 세종이 직접 훈민정음으로《월인천강지곡》을 저술하다(간행은 1449년).

1447년 9월 29일(세종 29년 51세) 신숙주 등이 세종의 명으로《동국정운》을 편찬하다. (간행은 1448년)

1447년 10월 16일(세종 29년 51세)《용비어천가》550본을 신하들에게 내려 주다.

1448년 3월 28일(세종 30년 52세) 김구에게 언문으로 사서를 번역하게 하다.

1448년 7월(세종 30년 52세) 좌의정 하연 등을 빈청(고급 관리들의 회의실)에 불러, 환관 김득상과 최읍으로 하여금 언문 문서 두어 장을 가지고 오게 한 뒤, 사관을 물리치고 비밀히 의논하다.

1448년 10월 17일(세종 30년 52세)《동국정운》을 성균관·사부학당 및 각 도에 내려 주다.

1448년 12월 5일(세종 30년 52세) 궁궐에 내불당 건립하고 5일에 걸쳐 경찬회를 베풀다.

1449년 1월 18일(세종 30년 52세) 내불당에서 경찬회를 거듭 베풀고 4일 만에 파하다.

1449년 1월 28일(세종 31년 53세) 《고려사》를 고쳐서 다시 짓도록 명하다.

1449년 10월 5일(세종 31년 53세) 어떤 사람이 하정승을 비난하는 언문 글을 벽위에 쓰다.

1449년 12월 11일(세종 31년 53세) 수양대군이 지은 《석보상절》, 세종이 지은 《월인천강지곡》을 간행하다.

1449년 12월 11일(세종 31년 53세) 세종 스스로 신악(新樂, 향악과 당악, 아악 등을 참고하여 만든 새로운 음악)의 가락을 조정하다.

1449년 12월 28일(세종 31년 53세) 신숙주 등이 교열한 운서에 대해 한양에 온 중국 사신들에게 신숙주, 성삼문 등으로 하여금 태평관에 오가게 하며 질문하게 하다.

1450년 윤 1월 3일(세종 32년 54세) 성삼문, 신숙주, 손수산에게 명하여 운서를 중국 사신에게 묻게 하다.

1450년 2월 17일(양력 4월 8일, 세종 32년, 54세) 여덟째아들인 영응대군의 집 동별궁(東別宮)에서 승하하다.

————————— 사후————————

1450년 2월 22일. 명나라 황제에게 부고를 전하다.

1450년(문종 즉위년) 6월 12일, 세종 유언에 따라 소헌 왕후 심씨가 안장된 영릉(당시 광주, 지금의 서울시 서초구 내곡동, 태종과 원경왕후 민씨의 무덤인 헌릉 서쪽 산줄기에 있었음) 서쪽방에 합장하다.

1451년(문종 1년) 8월 25일, 김종서 등이 《고려사》 편찬을 끝내다.

1452년(문종 2년) 2월 20일, 세종대왕의 신도비를 영릉(당시 광주)에 세우다.

1469년(예종 1년) 3월 6일, 세종의 영릉(당시 광주, 지금 내곡동)을 지금 여주(당시 여흥) 자리로 옮기다.

참고문헌

【제1부】 세종학의 위상과 전망 / 17

조선왕조실록 온라인판(www.sillok.history.go.kr)
세종대왕기념사업회(https://www.facebook.com/groups/)

김광옥(2018), 『세종 이도의 철학 : 생생의 길, 생민과 변역』, 경인문화사.
김슬옹(1985), 「우리식 한글화와 제2의 의식혁명」, 『한글새소식』 151호(3월호), 한글
　　학회, 23-25쪽.
김슬옹(2008), 「세종과 소쉬르의 통합언어학적 비교 연구」, 『사회언어학』 16권 1호,
　　1-23쪽, 한국사회언어학회, 재수록 : 김슬옹(2011ㄱ), 『세종대왕과 훈민정음학』(개
　　정판), 지식산업사, 403-438쪽.
김슬옹(2010), 「세종의 '훈민정음' 관점으로 본 외솔의 한글운동론」, 『나라사랑』 118집,
　　외솔회, 152-172쪽.
김슬옹(2011ㄱ), 『세종대왕과 훈민정음학』(개정판), 지식산업사.
김슬옹(2011ㄴ), 국어교육을 위한 근대국어 시대구분론, 『사회언어학』 19권 2호. 한국
　　사회언어학회, 85-106쪽.
김슬옹(2012), 「한글 우수성을 통해 본 한글문화 가지의 보편성과 특수성」, 『한글문화
　　가치 확산을 통한 한글의 세계화 전략』(세종대왕 탄신 615돌 기념 학술회의(2012.
　　5.14.), 자료집), 한글문화연대, 13-43쪽.
김슬옹(2013), 「세종학의 필요성과 주요 특성」, 『한민족문화연구』 42, 한민족문화학
　　회, 7-42쪽.

김슬옹(2014), 「세종과 들뢰즈의 언어관」, 『세계문자심포지아 2014 : 문자생태계, 그 100년 후를 읽는다』, 세계문자연구소 1회 국제학술대회(10.24-26) 발표자료집, 세계문자연구소.

김슬옹(2015), 『퀴즈 세종대왕 : 머리에 쏙쏙! 재미는 두 배!』, 한글파크.

김슬옹(2015), 「《훈민정음》 해례본 간송본의 역사와 평가」, 『한말연구』 37호, 역락, 5-40쪽.

김슬옹 엮음(2015), 『훈민정음(언문·한글) 논저·자료 문헌 목록』, 역락.

김슬옹(2016), 「'세종대왕, 세종학' 관련 연구·자료 문헌 목록」, 『세종학 연구』 16, 세종대왕기념사업회, 205-246쪽.

김슬옹(2016), 「세종은 '질문대왕·토론대왕'이었다」, 『영웅』 8호(6월호), 꼬레아우라, 108-116쪽.

김슬옹(2016), 「세종의 네 가지 자주 정신, 조선 르네상스의 빛이 되다」, 『영웅』 11호 (9월호), 꼬레아우라, 92-103쪽.

김슬옹(2016), 「신경준, 《운해훈민정음[邸井書]》」의 정음 문자관」, 『한말연구』 39호, 역락, 33-70쪽

김슬옹(2016), 「정치로 인문 정신을 구현한 성군 세종대왕」, 『영웅』 7호(5월호), 꼬레아우라, 120-127쪽.

김슬옹(2017), 「성찰 인문학, 역사를 바로 세운 세종」, 『영웅』 17호(3월호), 꼬레아우라, 136-145쪽.

김슬옹(2017), 「세종 민본과학의 꽃 앙부일구」, 『영웅』 15호(1월호). 꼬레아우라. 135-145쪽.

김슬옹(2017), 「세종, 수학으로 문화·과학 강국의 초석을 놓다」, 『영웅』 22호(8월호), 꼬레아우라, 88-98쪽.

김슬옹(2017), 「세종시대 해적이(연표, 음력)」, 『영웅』 20호(6월호), 꼬레아우라, 84-94쪽.

김슬옹(2017), 「인쇄술과 출판문화를 꽃피게 한 세종의 인문정책」, 『영웅』 23호(9월호), 꼬레아우라, 104-111쪽.

김슬옹(2018), 「끝없이 낮은 데로 향했던 세종의 복지 정책」, 『영웅』 30호(4월호), 꼬레아우라, 90-102쪽.

김슬옹(2018), 「백성의 뜻을 물어 행하라 : 합리적인 토지세(공법)을 정하기 위한 세종의 노력」, 『영웅』 35호(9월호), 꼬레아우라, 132-145쪽.

김슬옹(2018), 「세종, 음악과 도량형과 문자를 하나로 소통하다 – 조화로운 소리와 정

확한 표준으로 백성들을 이롭게 하라」, 『영웅』 28호(2월호), 꼬레아우라, 108-125쪽.

김슬옹(2018), 「세종실록 훈민정음(한글) 관련 기사의 의미」, 임종화 외(2018), 『실록으로 세종시대를 다시 읽다』(2018년 세종즉위 600돌 기념 원정재 세종실록 완독 기념 학술세미나), 원정재, 42-53쪽.

김슬옹(2018), 「세종은 재난 극복의 성군이었다」, 『영웅』 31호(5월호), 꼬레아우라, 114-122쪽.

김슬옹(2018), 「세종의 인재혁명, 인재를 키우고 더불어 뜻을 이루다」, 『영웅』 29호(3월호), 꼬레아우라, 112-121쪽.

나일성(1997), 『곽수경에서 세종대왕까지의 동양천문학』, 연세대학교출판부.

박종국(2013), 「한문 문헌 언해와 현대화 고전국역사업-언해의 발자취와 한글학회·세종대왕기념사업회·민족문화추진회」, 세종대왕기념사업회 편(2013), 『세종학 연구』 15, 세종대왕기념사업회, 111-152쪽.

박현모(2007), 『세종, 실록 밖으로 행차 하다』, 푸른역사.

반재원·허정윤(2007), 『한글 창제 원리와 옛글자 살려 쓰기』, 역락.

백두현(2012), 「융합성의 관점에서 본 훈민정음의 창제 원리」, 『훈민정음과 오늘』 (2012년 훈민정음학회 국내학술대회 발표논문집), 훈민정음학회, 88-126쪽.

세종대왕기념사업회(1983), 『세종연구자료총서 1-2』, 세종대왕기념사업회.

윤덕중·반재원(1983), 『훈민정음 기원론』, 국문사.

이동연 외(2008), 「생태주의 특집」, 『문화과학』 56호, 문화과학사.

이숭녕(1981), 『世宗大王의 學文과 思想 : 學者들과 그 業積』, 아세아문화사.

이은희(1996), 「칠정산 내편의 연구」, 연세대 박사 학위 논문.

이한우(2006), 『세종, 조선의 표준을 세우다』, 해냄출판사.

이호영·황효성·아비딘, 『바하사 찌아찌아 1』, 훈민정음학회.

전태현(2012), 「찌아찌아족 한글 교육의 실태에 관한 연구」, 『외국어교육연구』 26권 2호, 외국어교육연구소, 113~137쪽.

전태현·조태영(2013), 「찌아찌아족 한글 사용의 미래-문자사의 관점에서」, 『한글』 298호, 한글학회, 107-138쪽.

정덕영(2012), 『찌아찌아 마을의 한글학교』, 서해문집.

정우영(2013), 「세종시대 훈민정음 관련 문헌의 국어학적 재조명」, 세종대왕기념사업회 편(2013), 『세종학 연구』 15, 세종대왕기념사업회, 51-72쪽.

정희성(1994), 「훈민정음의 창제 원리를 위한 과학 이론의 성립」, 『한글』 224, 한글학

회, 193-222쪽.

조병인(2016), 『세종식 경청』, 문우사.

조태영(2012), 「문기(文氣) 전통과 한글 전파」, 『교수신문』 2012년 9월 3일, 6쪽.

최현배(1944/1982), 『한글갈』, 정음문화사.

한국과학사학회 편(1983), 『제가역상집, 천문유초』(영인본)(유경노 해제), 성신여자대학교출판부.

한태동(2009), 『사유의 흐름』, 연세대학교출판부.

한태동·현우식(2011), 『역사학 방법론 강의』, 연세대학교출판부.

Deleuze. Gilles & Guattari. Félix(1980), *Mille Plateaux-Capitalisme et Schizophrénie.* Paris : Les Édition De Minuit. 김재인 옮김(2001), 『천 개의 고원-자본주의의 분열증 2』, 새물결.

Deleuze. Gilles(1969), *Logique du sens*, Paris : Editions de Minuit, 이정우 옮김(1999), 『의미의 논리』, 한길사.

Deleuze. Gilles(1981), *Difference et repetition.* Paris : Presses Universitaires de France, 김상환 옮김(2004), 『차이와 반복』, 민음사.

Edward O. Wilson(1999), *Consilience_The Unity of Knowledge.* New York : Vintage Books A Division of Random House, INC, 최재천·장대익 옮김(2007), 『통섭』, 사이언스북스.

E.O.Reischauer and J.K. Fairbank(1960), *East Asia The Great Tradition,* Boston Houghton Miffin Company.

Fischer, Steven Roger(2001), *A History of Writing,* Reaktion Books.

G. Sampson(1985), *WRITING Systems : A linguistic introduction.* London: Hutchinson Publishing Group : 신상순 역(2000), 『세계의 문자 체계』, 한국문화사.

Hulbert.H.B.(1892a). *The Korean Alphabet.* Edited by F.Ohlinger, Mrs.F. Ohlinger. *The Korean Repository* Vol. Ⅰ.1(January), Seoul : The Trilingual Press.

Hulbert.H.B.(1892b), *The Korean Alphabet Ⅱ.* Edited by F.Ohlinger, Mrs. F.Ohlinger. *The Korean Repository* Vol.Ⅲ.3(March). Seoul: The Trilingual Press.

Jared Diamond.(1994), *Writing Right.* Discover 15-6(June), 이현복 간추려 옮김(1994), 바른 글자살이, 『한글 새소식』 8, 이광호 옮김(1994), 올바른 표기법, 『말글생활』 2(가을호), 말글사.

Margaret Thomas(2011), *King Sejong the Great(1397-1450)*, Fifty Key Thinkers on Language and Linguistics. London and New YorK : Routledge. pp.49-55; 김슬옹 옮김(2016), 「세종대왕(1397-1450)」, 『세종학 연구』16, 세종대왕기념사업회, 189-198쪽.(원문 재수록 : 199-204쪽).

S. Robert Ramsey(2010), *The Korean Writing System in the World of the 21 Century.* SCRIPTA vol.2, The Hunminjeongeum Society(훈민정음학회), pp.1-13.

Tai Dong Han(1956), Methodology of History : A Study of Method from Ranke to Toynbee. Ph.D. Princton, New Jercy. 재수록 :『동방학지』4·5집, 1961, 연세대학교, 동방학연구소.

【제2부】 세종 융합 인문학 / 59

1. 영인본

신경준(1750, 영조 26), 《訓民正音圖解》(영인본, 2007), 학선재.

유희(1824, 순조 24), 《諺文志》(영인본), 한양대학교부설 국학연구원.

宋濂 외(1973), 《洪武正韻》(영인본, 1973), 아세아문화사.

胡廣 편(1994), 《性理大全》(영인본, 1984), 보경문화사.

이혜구 역주(2000), 《신역악학궤범》, 《樂學軌範》(영인본), 국립국악원.

熊忠(1297), 《古今韻會擧要》(영인본, 1975), 아세아문화사.

2. 일반논문

강신항(1963), 「《訓民正音》解例理論과 《性理大全》과의 聯關性」, 『국어국문학』26, 국어국문학회, 177-185쪽.

강신항(2003ㄱ), 『훈민정음연구』, 성균관대학교출판부.

강신항(2003ㄴ), 「正音'에 대하여」, 『한국어연구』1, 한국어연구회, 7-25쪽.

강신항(2009), 『훈민정음 창제와 연구사』, 경진.

권오성·김세종(1993), 『역주 난계선생 유고』, 국립국악원.

권은선(2007), 「『洪武正韻譯訓』 중국어 성모의 정·속음 대응 양상」, 『韓中言語文化研究』12집, 韓國現代中國研究會, 39-65쪽.

권재선(1992), 『한글 연구(Ⅰ)』, 우골탑.

김동준(2007), 「소론계 학자들의 자국어문 연구활동과 양상」, 『민족문학사연구』 제35호, 민족문학사학회 민족문학사연구소, 8-39쪽.

김무림(1991), 「洪武正韻譯訓의 音韻論的 연구」, 고려대학교 대학원 박사 학위논문.

김병훈(2004), 『율려와 동양사상』, 예문서원.

김석득(2009), 『우리말 연구사』, 태학사.

김석연(1993), 「정음 사상의 재조명과 부흥」, 『한글』 219, 한글학회, 155-217쪽.

김세환(2008), 「中國文字의 收容과 《訓民正音》」, 『中國學』 30집, 대한중국학회, 35-58쪽.

김슬옹(2005), 『조선시대 언문의 제도적 사용 연구』, 한국문화사.

김슬옹(2008), 「세종과 소쉬르의 통합언어학적 비교 연구」, 『사회언어학』 16권 1호, 1-23쪽, 한국사회언어학회, [김슬옹(2011)에 402-424쪽에 재수록].

김슬옹(2011), 『세종대왕과 훈민정음학(개정판)』, 지식산업사.

김슬옹(2012ㄱ), 「한글 우수성, 과학성, 독창성에 대한 통합 연구」, 『문법교육』 16호, 문법교육학회, 37-82쪽.

김슬옹(2012ㄴ), 「맥락으로 통합되는 국어교육의 길 찾기」, 동국대출판부.

김슬옹(2012ㄷ), 「조선시대의 훈민정음 발달사」, 역락.

김슬옹(2013), 「세종학의 필요성과 주요 특성」, 『한민족문화연구』 42, 한민족문화학회, 7-42쪽.

김슬옹(2014), 「세종(世宗, King Sejong)의 '정음 언어관'의 맥락에 대하여 – '통합'과 '유통(流通)' 관점에서의 재조명」, 『2014년 훈민정음학회 제3회 전국학술대회 발표논문집』(5.10), 41-63쪽.

김영주(2004), 「少論系 學人의 言語意識 硏究, 1 : 《正音》 硏究를 중심으로」, 『東方漢文學』 27집, 동방한문학회, 291-320쪽.

김일권(2007), 『동양 천문사상 하늘의 역사』, 예문서원.

김주원(2013), 『훈민정음-사진과 기록으로 읽는 한글의 역사』, 민음사.

김주필(2012), 「訓民正音'의 性格과 '轉換'의 意味」, 『어문학논총』 31집, 국민대학교 어문학 연구소, 1-30쪽.

문중량(2006), 「"세종대 과학기술의 '자주성', 다시 보기」, 『역사학보』 189집, 歷史學會, 39-72쪽.

문효근(1993), 「훈민정음 제자 원리」, 『세종학 연구』 8, 세종대왕기념사업회, 3-282쪽.

문효근(1995), 「김윤경의 학문의 세계와 이를 계승 발전시키기 위한 하나의 시론」, 『동방학지』 89·90집. 연세대학교 국학연구원, 1-43쪽.

박동근(1993), 「훈민정음에 나타난 禮樂과 正音·正聲 사상과의 관계」, 춘허 성원경 박사 화갑 기념 논총 간행위원회 편, 『한중음운학논총』 1, 서광학술자료사, 279-294쪽.

박동근(2005), 「울음표현 흉내말의 연구」, 『한글』 267호(봄), 한글학회, 141-175쪽.

박동규(2001), 「샤오 용의 사상이 한글 제정에 끼친 영향」, 『한글』 253호, 한글학회, 103-133쪽.

박선우(2009), 「음성부호로서의 훈민정음—훈민정음과 일반적 음성부호의 비교」, 『한국어학』 43, 한국어학회, 125-150쪽.

박동근(1993), 「훈민정음에 나타난 禮樂과 正音·正聲 사상과의 관계」, 춘허 성원경 박사 화갑 기념 논총 간행위원회 편, 『한중음운학논총』 1, 서광학술자료사, 279-294쪽.

박영규(2013), 『세종으로 훈민정음을 보다』, 미간행본.

박종국(2006), 『훈민정음 종합연구』, 세종학연구원.

박창원(2005), 『훈민정음』, 신구문화사.

박희민(2012), 『박연과 훈민정음』, Human & Books.

반재원(2001), 『한글과 천문』, 한배달.

방종현(1948), 『訓民正音通史』, 일성당서점.

백두현(2012), 「융합성의 관점에서 본 훈민정음의 창제 원리」, 『어문론총』 57권 10호, 한국문학언어학회, 115-156쪽.

백두현(2013), 「작업 단계로 본 훈민정음의 제자 과정과 원리」, 『한글』 301호, 한글학회, 83-124쪽.

성원경(1971), 「東國正韻과 洪武正韻譯訓音의 比較研究」, 『학술지』 12집, 建國大學校學術院, 별책부록.

성원경(1976), 「『홍무정운역훈』에 있어서의 문제점 : 역훈본 교주를 시도하여 원본과 대조하면서」, 『한불연구』, 한불문화연구소, 21-55쪽.

심소희(2013), 『한자 정음관의 통시적 연구』, 이화여자대학교출판부.

유창균(1981), 『몽고운략과 사성통고의 연구』, 형설출판사.

유창균(1989), 「황극경세서가 국어학에 끼친 영향」, 『石堂論叢』 15, 東亞大學校 石堂傳統文化研究院, 69-102쪽.

이경희(2007), 「八思巴字와 訓民正音의 공통특징 - 편찬배경과 표음문자 중심으로」, 『중국어문학논집』 43, 중국어문학회, 169-186쪽.

이극로(1932), 「訓民正音의 獨特한 聲音 觀察」, 『한글』 5, 조선어학회, 198-201쪽, [《國語

學論叢》, 정음사, 1948, 재수록].

이기문(1996), 「현대적 관점에서 본 한글」, 『새국어생활』 6권 2호, 국립국어연구원, 3-18쪽.

이돈주(1988), 「訓民正音의 中國音韻學的 背景」, 신상순·이돈주·이환묵 편, 『훈민 정음의 이해』, 한신문화사, 199-238쪽.

이동림(1970), 『東國正韻 研究』, 상(연구편)·하(재구편), 동국대 국어국문학연구실.

이상규(2012), 「잔엽 상주본《훈민정음》 분석」, 『한글』 298호, 한글학회, 5-50쪽.

이상규(2014), 「『훈민정음』에 대한 인문지리학적 접근」, 『한민족어문학회 창립 40돌 기념 학술대회 자료집』, 한민족어문학회, 1-18쪽.

이상혁(2004), 『훈민정음과 국어연구』, 역락.

이상혁(2006), 「훈민정음. 언문. 반절. 그리고 한글의 역사적 의미-우리글 명칭 의미의 어휘적 함의를 중심으로」, 정광 외, 『역학서와 국어사 연구』, 태학사, 444-487쪽.

이숭녕(1969), 「『皇極經世書』의 李朝後期 言語研究에의 影響」, 『震檀學報』 32, 震 檀學會, 105-130쪽.

이숭녕(1972), 「『性理大全』과 李朝言語의 研究」, 『東洋學』 2, 檀國大學校附設東洋 學研究所, 5-9쪽.

이영월(2009), 「훈민정음에 대한 중국운서의 영향 관계 연구 : 삼대어문정책을 중심으 로」, 『中國學研究』 50집, 中國學研究會, 255-274쪽.

임용기(2008), 「세종 및 집현전 학자들의 음운 이론과 훈민정음」, 『한국어학』 41, 한국 어학회, 115-156쪽.

정우영(2005), 「국어 표기법의 변화와 그 해석 : 15세기 관판 한글문헌을 중심으로」, 『한국어학』 26, 한국어학회, 293-326쪽.

정우영(2013), 「세종시대 훈민정음 관련 문헌의 국어학적 재조명-문헌 연구에서 제기 된 몇 가지 문제를 중심으로」, 『2013년 세종시대 과학 문화의 재조명 학술대회 발표논문집』, 세종대왕기념사업회, 47-72쪽.

정희성(1989), 「수학적 구조로 본 훈민정음의 창제 원리」, 『1989년도 한글날 기념 학 술 대회 논문집』, 한국 인지과학회·정보과학회.

조규태(2010), 『번역하고 풀이한 훈민정음』, 한국문화사.

조성산(2009), 「조선후기 소론계의 東音 인식과 訓民正音 연구」, 『韓國史學報』 36호, 고려사학회, 87-118쪽.

주성일(2009ㄱ), 《사성통해》 범례고1」, 『中國文學研究』, 38집, 韓國中文學會, 115-150쪽.

주성일(2009ㄴ), 「《사성통해》 범례고2」, 『中國文學硏究』 39집, 韓國中文學會, 215-245쪽.

진용옥·안정근(2001), 「악리론으로 본 정음창제와 정음소 분절 알고리즘」, 『음성과학』 8권 2호, 한국음성과학회, 49-60쪽.

최영애(2003), 「『蒙古字韻』과 그 음운특징 : 15,6세기의 한국자료를 통하여」, 『중국어문학논집』 24호, 중국어문학연구회, 89-115쪽.

최종민(2013), 『훈민정음과 세종악보』, 역락.

최현배(1942/1982), 『한글갈』, 정음문화사.

한태동(1983), 「훈민정음의 음성 구조」, 『537돌 한글날 기념 학술 강연회 자료집』(단독), 세종대왕기념사업회.

한태동(1998/2003), 『세종대의 음성학』, 연세대학교출판부.

허웅(1985), 『국어음운학』, 샘문화사.

허재영(1993), 「훈민정음에 나타난 성운학의 기본 개념」, 춘허 성원경 박사 화갑 기념 논총 간행위원회 편, 『한중음운학논총』 1, 서광학술자료사.

홍기문(1946), 『正音發達史』 상·하, 서울신문사 출판국.

홍현보(2012), 「우리 사전의 왜곡된 '언문' 뜻풀이에 관한 연구」, 『한글』 298호, 한글학회, 51-105쪽.

黃德寬·陳秉新(1990), 『漢語文字學史』, 安徽; 安徽敎育出版社, 하영삼 옮김(2000), 『漢語文字學史』, 동문선.

Ferdinand de Saussure. (tr) Wade Baskin(1959), Course in General Linguistics, New York : Philosophical Library; (페르디낭 드 소쉬르/최승언 옮김, 1990, 『일반언어학 강의』, 서울 : 민음사).

G. K. Ledyard(1966), The Korean Language Reform of 1446 : The Origin. Background. and Early History of the Korean Alphabet." Dissertation. University of California. Berkeley. Cat. No. 6608333. University Microfilms International, Ann Arbor.

G. Sampson(1985), WRITING Systems : A linguistic introduction. London : Hutchinson Publishing Group; (신상순 역, 2000, 『세계의 문자체계』, 한국문화사)

Gilles Deleuze(1969), Logique du sen. Paris : Editions de Minuit; (이정우 옮김, 1999, 『의미의 논리』, 서울 : 한길사)

Margaret Thomas(2011), King Sejong the Great(1397-1450), Fifty Key Thinkers on Language and Linguistics, London and New York : Routledge, pp.49-55.

Sek Yen Kim-Cho(2001), The Korean Alphabet of 1446 : Exposition. OPA. the Visible Speech Sounds, Annotated Translation. Future Applicability Hwun Min Ceng Um, Humanity Books & AC Press(아세아문화사).

【제3부】 세종학·세종대왕 문헌 목록 / 281

김문웅(2010), 『역주 정속언해』, 세종대왕기념사업회.

김일근(1986), 『언간의 연구』, 건국대학교출판부.

박종국(2003), 『한글문헌 해제』, 세종대왕기념사업회.

박종국(2013), 「한문 문헌 언해와 현대화 고전국역사업-언해의 발자취와 한글학회·세종대왕기념사업회·민족문화추진회」, 세종대왕기념사업회 편(2013), 『세종학 학술대회 : 세종시대 과학문화의 재조명』(2013.12.13.), 세종대왕기념사업회, 85-133쪽.

백두현(2015), 『한글문헌학』, 태학사.

세종대왕기념사업회(1998), 『글꼴』, 세종대왕기념사업회 부설 한국글꼴개발원.

세종대왕기념사업회(2006), 『세종대왕기념사업회 50년사』, 세종대왕기념사업회.

손보기(1977), 『금속활자와 인쇄술』, 세종대왕기념사업회.

손보기(1986), 『세종시대의 인쇄출판』, 세종대왕기념사업회.

오윤희(2011), 『대장경, 천년의 지혜를 담은 그릇』, 불광출판사.

오윤희(2015), 『왜 세종은 불교 책을 읽었을까』, 불광출판사.

이상규(2011), 『한글 고문서 연구』, 경진.

정우영(2013), 「세종시대 훈민정음 관련 문헌의 국어학적 재조명」, 세종대왕기념사업회 편(2013), 『세종학 연구』 15, 세종대왕기념사업회, 51-72쪽.

한국고전번역원(2010), 『고전번역연감』 창간호, 한국고전번역원.

홍윤표(2003), 「조선시대 언간과 한글 서예로의 효용성」, 『조선시대 한글 서간의 서예적 재조명』, 세종한글서예큰뜻모임.

홍현보(2012), 「우리 사전의 왜곡된 '언문' 뜻풀이에 관한 연구」, 『한글』 298, 한글학회, 51-105쪽.

찾아보기

■ 책명, 편명, 용어

▣ 인명

세종대왕기념사업회 소개

목적 및 목표

1. 목적

세종성왕의 성덕과 위업을 추모하여 이를 길이 보존 선양하고 민족 문화 창달에 이바지함을 목적으로 함.

2. 목표

세종성왕의 성덕과 위업을 추모하고 성왕의 민족 자주 정신과 애민정신 및 과학적 창조정신을 온 국민에게 계승시켜 민족 중흥의 역사적 과업을 수행하는데 일익을 담당함.

방침

　우리 겨레 최대의 위인이요, 최고의 은인이신 세종성왕의 성덕과 위업을 추모하여 이를 길이 보존 선양하고 민족 문화 창달에 이바지하기 위한 목적 사업의 하나로 건립한 세종대왕기념관에서 성왕의 유물 및 유적을 수집 보존 전시하고 한글 및 국학의 발달 발전에 관한 연구와 실제적 사업을 다음과 같이 실시함.

1. 세종대왕기념관과 세종대왕박물관의 운영 관리
2. 세종대왕에 관한 문헌 및 국학 자료의 편찬 간행
3. 세종대왕의 유물 및 유적의 수집 보존
4. 우리 겨레의 학술과 예술의 진흥 및 선전
5. 한글의 정보화와 세계화 운동
6. 국학에 관한 연구 및 교육
7. 고전국역 간행
8. 세종정신을 바탕으로 한 문화 환경과 복지 운동 전개
9. 세종 문화 종합 연구관 건립
9. 본회의 목적 사업과 관련 있는 정부의 위탁 사업
10. 그 밖에 본회의 목적 달성에 필요한 사업

본 회의 기구표

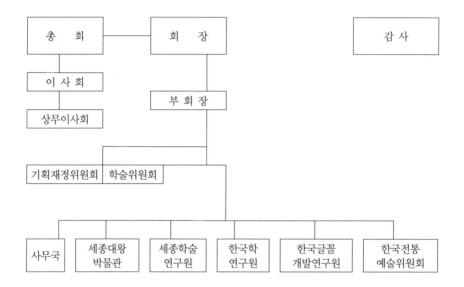

저자 김슬옹

철도고 1학년 시절부터 40년간 한글과 세종을 드높이는 운동과 연구의 한 길을 걷고 있다. 세종대왕기념사업회 전문위원, 세종대왕나신곳성역화국민위원회 사무총장, 국어단체연합 국어문화원 부원장, 한글학회 연구위원, 훈민정음 가치 연구소 소장으로 일하고 있다.

2015년 《훈민정음》 해례본 최초 복간본(간송미술문화재단, 교보문고) 간행 학술 책임자로 간송본 원본을 최초로 직접 보고 해설서를 썼다.

38회 외솔상(2016, 문화/학술 부문), 대한민국 독서진흥대상(2014), 문화체육부장관상(2013), 연세봉사상(2008), 짚신문학 평론상(2007) 등을 받았다.

가장 듣고 싶은 국어 강사 1위 선정(교보코칭센터, 2006년), '베스트 티처' 상 수상 교수의 수업 모형 선정(문화인류학회, 이용숙 교수, 2009년), 연세대민주동문회에서 가장 듣고 싶은 강사 3인 선정, 최우수 강의 평가상(한국사이버대) 등을 받았다.

주요 논저로는 '세종과 소쉬르의 통합언어학적 비교 연구'를 비롯한 118여 편의 논문과 『세종대왕과 훈민정음학』, 『28자로 이룬 문자혁명 훈민정음』(우수 세종 도서), 『조선시대의 훈민정음 발달사』(우수 학술 도서), 『훈민정음해례본 입체강독본』(2018베이징 국제도서전 한국을 대표하는 40권 선정) 등 62권의 저서(공저 34권)가 있다.

세종학과 융합 인문학

2019년 1월 8일 초판 1쇄 펴냄

지은이 김슬옹
기　획 세종대왕기념사업회
펴낸이 김흥국
펴낸곳 도서출판 보고사

책임편집 이순민
표지디자인 손정자

등록 1990년 12월 13일 제6-0429호
주소 경기도 파주시 회동길 337-15 2층
전화 031-955-9797(대표)
　　　 02-922-5120~1(편집), 02-922-2246(영업)
팩스 02-922-6990
메일 kanapub3@naver.com / bogosabooks@naver.com
http://www.bogosabooks.co.kr

ISBN 979-11-5516-851-6　93300
ⓒ 김슬옹, 2018

정가 35,000원